saur

Michael Dickreiter

Handbuch der Tonstudiotechnik

Band 1

Raumakustik, Schallquellen, Schallwahrnehmung, Schallwandler, Beschallungstechnik, Aufnahmetechnik Klanggestaltung

Herausgegeben von der SRT
– Schule für Rundfunktechnik –

6. verbesserte Auflage

K·G·Saur München 1997

Herausgeber:
SRT – Schule für Rundfunktechnik
Aus- und Fortbildungsinstitut der
deutschen Rundfunk- und Fernseh-Anstalten
Wallensteinstr. 121, 90431 Nürnberg

Die Deutsche Bibliothek – CIP-Einheitsaufnahme

Handbuch der Tonstudiotechnik / hrsg. von der Schule für
Rundfunktechnik. Michael Dickreiter. – München : Saur.
ISBN 3-598-10588-6
ISBN 3-598-11320-X (6. Aufl.)

NE: Dickreiter, Michael [Bearb.]: Schule für Rundfunktechnik
‹Nürnberg›

Bd. 1. Raumakustik, Schallquellen, Schallwahrnehmung,
Schallwandler, Beschallungstechnik, Aufnahmetechnik,
Klanggestaltung. – 6., verb. Aufl. – 1997
ISBN 3-598-11321-8

Druck/Binden: Strauß Offsetdruck, Mörlenbach
Printed in the Federal Republik of Germany

ISBN 3-598-11320-x (Gesamt)
ISBN 3-598-11321-8 (Band 1)

Vorwort

Als 1977 die 1. Ausgabe dieses Handbuchs mit 2.500 Exemplaren in einem Ringordner für die Mitarbeiter der Rundfunkanstalten – damals gab es nur öffentlich-rechtlichen Rundfunk – erschien, war noch nicht abzusehen, daß sich im Laufe der nun zwanzig seitdem vergangenen Jahre dieses Handbuch mit rund 30.000 bisher verkauften Exemplaren zu einem Standardwerk der professionellen Audiotechnik entwickeln würde. Auf 4 Auflagen mit nur geringfügigen Änderungen folgte 1987 (Band 1) bzw. 1990 (Band 2) eine völlig neubearbeitete und erweiterte 5. Auflage. Mit der vorliegenden 6. Auflage wird das Handbuch ein weiteres Mal fortgeschrieben.

Diese zwanzig Jahre waren – abgesehen von den letzten wenigen Jahren – gekennzeichnet durch eine hochentwickelte und in großem Umfang quasistandardisierte Technik, entstanden aus der Zusammenarbeit und den hohen Qualitätsansprüchen der öffentlich-rechtlichen Rundfunkanstalten, festgehalten in einer Reihe von Pflichtenheften, die Maßstäbe für Qualität setzen.

Dies waren Idealbedingungen für ein Handbuch dieser Art. Noch ist die Zeit der analogen quasistandardisierten Signalverarbeitung keineswegs vorbei, noch sind in großem Umfang analoge Geräteparks problemlos in Betrieb, auch unter Gesichtspunkten der Qualität nicht unbedingt zweite Wahl. Bei neuen Geräten und Systemen hingegen ist der Übergang zur digitalen Signalverarbeitung keine diskutierte Frage mehr, schon aus Kostengründen nicht.

Wie findet die neue Technik Eingang in die Neuauflage eines Handbuchs, das in der „analogen Ära“ entstanden ist? Von den 6 Kapiteln in Band 1 berühren 5 die digitale Verarbeitung von Tönen nicht, allenfalls perifer; Akustik, Wahrnehmung, Schallwandler und Aufnahmetechnik sind schließlich Grenzstationen zur realen, analogen Welt. Bei der Klangbearbeitung, dem 6. Kapitel, dominiert heute geräteintern digitales Soundprocessing, was für den Anwender sich vor allem auf Bedienroutinen auswirkt, natürlich auch auf die Signalimputs und -outputs. Die Funktionen und ihre Auswirkungen auf den Klang sind zwar vielfältiger geworden, unterscheiden sich im Kern aber kaum von analogen Lösungen.

Etwas anders stellt sich der Inhalt von Band 2 in seinem Verhältnis zur neuen Technik dar. Analoge magnetische Aufzeichnung und Tonregieanlagen werden heute durch digitale Anlagen ersetzt, so gesehen beschreiben diese Kapitel zwar eine noch weit verbreitete, nicht aber künftige Technik. Da diese Kapitel schon vorlagen und die Technik noch weithin in Anwendung ist, werden sie für diese Auflage ohne wesentliche Änderungen beibehalten. Die Hörfunk-Betriebstechnik (Kapitel 9) befindet sich in einem rasanten Umbruch, der die Beschreibung eines Ist-Zustands verbietet. Um hier überhaupt einen Überblick über die Aufgaben und Funktionen geben zu können, erschien die Beibehaltung des Kapitels aus der 5. Auflage, geringfügig ergänzt, sinnvoll, zumal sich neue Technik bisher auch nur bei einzelnen Programmen vollzogen hat und allgemein gültige Systemlösungen sich erst allmählich entwickeln. Kapitel 10, digitale Tontechnik, wurde entsprechend der Entwicklung um das Harddiskrecording mit Workstations erheblich erweitert, beschränkt sich ansonsten aber weiterhin auf grundlegende Verfahren, da die aktuellen Realisierungen nach wie vor in kurzen Zyklen ersetzt werden.

Nürnberg, im Juni 1996 Michael Dickreiter

Inhalt

1. Akustik

Akustik ist die Wissenschaft vom Schall. Schall sind mechanische Schwingungen und Wellen eines elastischen Mediums. Das Medium kann z.B. Luft (Luftschall), Wasser (Wasserschall) oder ein Festkörper (Körperschall) sein. Dem Ohr wird Schall durch das Medium Luft übermittelt. Liegen diese Schallwellen im Hörbereich, haben sie also Frequenzen zwischen etwa 16 Hz und 16 kHz, so spricht man von Hörschall, liegen ihre Frequenzen unter 16 Hz, spricht man von Infraschall, liegen sie über 16 kHz, von Ultraschall. Bei Frequenzen über 10^9 Hz spricht man von Hyperschall.

Je nach seiner Form unterscheidet man hauptsächlich folgende Arten eines Schallsignals (Grundbegriffe DIN 1320, siehe 2.1.1):

(Reiner) Ton: Sinusförmige Schallschwingung im Hörbereich. Die in der Musik übliche Bestimmung des Begriffes „Ton" weicht von der in der Akustik üblichen ab; in der Musik wird das Schallereignis, das einer einzelnen Note entspricht, Ton genannt. In der Terminologie der Akustik handelt es sich dabei um einen Klang, der zusätzlich Geräuschanteile enthält.

Tongemisch: Aus Tönen beliebiger Frequenzen zusamengesetzter Schall.

Klang: Hörschall, der aus Grund- und Obertönen besteht.

Einfacher Klang oder harmonischer Klang: Hörschall, der aus einer Reihe von Teiltönen, deren Frequenzen ganzzahlige Vielfache einer Grundfrequenz sind, besteht, der also nur aus dem Grundton und den dazugehörigen Obertönen zusammengesetzt ist.

Mehrfacher Klang oder Klanggemisch: Hörschall, der aus mehreren einfachen Klängen besteht.

Schallimpuls: Einmaliges Schallereignis von kurzer Dauer.

Tonimpuls: Ton von kurzer Dauer.

Rauschen: Schallsignal statistischer Natur, bei dem nur ein kontinuierliches Intensitätsspektrum angegeben werden kann.

Weißes Rauschen: Weißes Rauschen ist aus sehr vielen, sehr dicht nebeneinander liegenden Sinusschwingungen zusammengesetzt. Diese Teilschwingungen haben gleiche Amplituden; ihre Phasen sind statistisch gleichmäßig unabhängig voneinander verteilt. Die Teiltondichte pro Hz Bandbreite ist konstant. Weißes Rauschen ist also ein Rauschen, dessen spektrale Intensitätsdichte in dem interessierenden Frequenzbereich konstant ist. Spektrale Intensitätsdichte ist der Quotient aus Schallintensität und der dazugehörigen (schmalen) absoluten Frequenzbandbreite. Der interessierende Frequenzbereich ist meist 20 Hz bis 20000 Hz.

Rosa Rauschen: Beim Rosa Rauschen nimmt die Amplitude pro Frequenzverdopplung um den Faktor 0,7 ab, der Pegel also um 3 dB. Es handelt sich um ein Rauschen, dessen spektrale Intensitätsdichte umgekehrt proportional der Frequenz ist. Beim Weißen Rauschen bleibt die Intensität in einem absoluten Frequenzband konstant (z.B. in einem Band von 100 Hz Breite), bei Rosa Rauschen bleibt sie in einem relativen Frequenzband, also einem bestimmten Intervall konstant (z.B. in einem Terzbereich).

Geräusch: Schallsignal, das oft ein nicht zweckbestimmtes Schallereignis darstellt und meistens Anteile von Rauschen, Ton- und Klanggemischen enthält.

Im folgenden wird hauptsächlich Luft-Hörschall berücksichtigt, da durch ihn üblicherweise Schallereignisse an die Ohren gelangen und als Hörereignisse bewußt werden bzw. vom Mikrofon aufgenommen werden.

1.1 Schallfeld

Wenn eine Schallquelle das sie umgebende Medium (z.B. Luft) zum Mitschwingen anregt, so entsteht um die Schallquelle eine sich ausbreitende Schallwelle, ein Schallfeld. Ohne Medium, also im Vakuum, wird kein Schallfeld erzeugt. Jede Schallwelle ist verbunden mit räumlichen und zeitlichen Schwankungen von Dichte und Druck des Mediums sowie mit Schwankungen der Geschwindigkeit der um ihre Ruhelage schwingenden Teilchen. Im „freien Schallfeld“ kann sich der Schall völlig ungehindert ausbreiten, er trifft nicht auf Hindernisse; er erreicht den Hörer oder das Mikrofon nur auf direktem Wege, daher auch Direktschall genannt. Im „diffusen Schallfeld“ wird der Schall vielfach an den Wänden und Gegenständen eines Raumes reflektiert, gebeugt, zerstreut oder gebündelt; im diffusen Schallfeld sind praktisch sehr viele verschiedene freie Schallfelder statistisch einander überlagert. Die Schallenergie ist im diffusen Schallfeld im Gegensatz zum freien Schallfeld im Idealfall gleichmäßig über den ganzen Raum verteilt, eine Vorzugsrichtung der Schallausbreitung gibt es nicht. Zur Beschreibung eines Schallfeldes ist die Angabe der Orts- und Zeitabhängigkeit zweier Schallfeldgrößen notwendig; in der Praxis werden meist Druck und Schnelle (Bewegungsgeschwindigkeit der Teilchen) gewählt. [1.1], [1.2], [1.3], [1.4], [1.5], [1.6], [1.7].

1.1.1 Schallausbreitung in der Luft

Die Schallquelle bringt in ihrer unmittelbaren Umgebung die Luftteilchen zum Schwingen; diese übertragen bei Zusammenstößen die Schwingungen weiter auf die ihnen benachbarten Teilchen usw., so daß sich die Schwingung der Schallquelle als Schallwelle über das Medium ausbreitet. Dabei schwingen die Teilchen um ihre Gleichgewichtslage herum in der Ausbreitungsrichtung der Welle (Longitudinal-

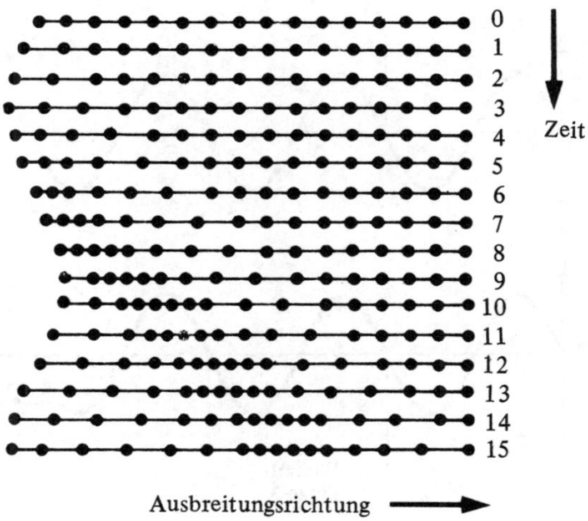

Abb. 1/1. Schematische Darstellung der Ausbreitung einer Schallwelle in Luft in 15 aufeinanderfolgenden Zeitpunkten.

welle). Sie ändern dabei periodisch ihre Bewegungsgeschwindigkeit und ihre Bewegungsrichtung. Durch ihre Auslenkung aus der Gleichgewichtslage (Schallausschlag) verursachen sie periodisch Dichteschwankungen, also Verdichtungen und Verdünnungen und damit Druckschwankungen. *Abb. 1/1* macht anhand der Auslenkung der Luftteilchen die Ausbreitung einer Schallwelle anschaulich.

Die Ausbreitungsgeschwindigkeit der Schallwelle in Luft wird als Schallgeschwindigkeit c bezeichnet. Sie hängt von der Temperatur ab, was sich z.B. in der Stimmung der Blasinstrumente und der Orgel auswirkt. Bei 10 °C beträgt die Schallgeschwindigkeit etwa 338 m/s, pro °C nimmt sie um 0,6 m/s zu und beträgt demnach bei 20 °C etwa 344 m/s und bei 30 °C etwa 350 m/s. Einen vernachlässigbaren Einfluß auf die Schallgeschwindigkeit haben der stationäre Luftdruck, die Feuchtigkeit und der Gehalt an Kohlendioxyd unter den in der Praxis auftretenden Bedingungen.

Wenn sich eine Schwingung in einem Medium als Welle ausbreitet, treten zu einem bestimmten Zeitpunkt in jeweils gleichen Abständen in der Ausbreitungsrichtung immer wieder dieselben Schwingungszustände (Phasen) auf, z.B. die größte Bewegungsgeschwindigkeit oder die größte Dichte der Luftmoleküle. Diesen Abstand bezeichnet man als Wellenlänge λ (siehe *Abb. 1/2*). Betrachtet man z.B. den Schalldruckverlauf an einer Stelle im zeitlichen Ablauf, so kann dasselbe Schwingungsbild beobachtet werden wie bei der Betrachtung entlang einer Welle in einem Zeitpunkt. Beim Zeitbild der Schwingung ergibt sich aus dem zeitlichen Abstand zweier gleicher Schwingungszustände die Dauer einer Schwingungsbewegung als Periodendauer T. Die Anzahl der Schwingungen pro Sekunde heißt Frequenz f.

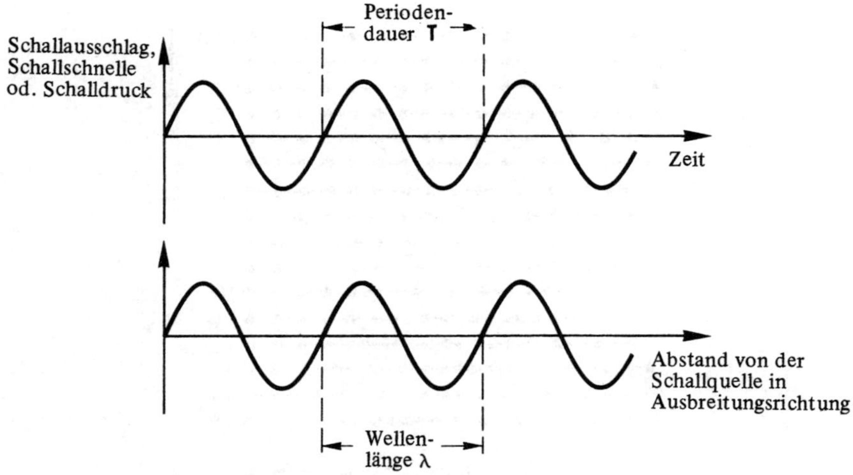

Abb. 1/2. Periodendauer und Wellenlänge einer Schwingung.

$f = \frac{1}{T}$ f = Frequenz [Hz]
T = Periodendauer [s]

Zwischen Schallgeschwindigkeit c, Wellenlänge λ und Frequenz f eines Tones besteht folgende Beziehung:

$\lambda = \frac{c}{f}$ c = Schallgeschwindigkeit [m/s]
f = Frequenz [Hz]
λ = Wellenlänge [m]

Tab. 1/1 gibt für einige Frequenzen die Wellenlänge an.

Tab. 1/1. Frequenz und Wellenlänge in Luft.

Frequenz	Wellenlänge
16 Hz	21,2 m
20 Hz	17 m
100 Hz	3,4 m
1 000 Hz	34 cm
10 000 Hz	3,4 cm
16 000 Hz	2,1 cm
20 000 Hz	1,7 cm

Die Zeit, die eine Schallwelle benötigt, um eine bestimmte Strecke zurückzulegen, wird als Laufzeit t bezeichnet. Sie errechnet sich aus der Beziehung:

$t = \frac{l}{c}$

t	=	Laufzeit [s]
l	=	Weg, den die Schallwelle zurücklegt [m]
c	=	Schallgeschwindigkeit [m/s]
	=	344 m/s bei 20 °C

Für 34 m ist die Laufzeit also 0,1 s = 100 ms, für 1 m rund 3 ms.

Während die Luftteilchen einer Schallwelle stets in der Ausbreitungsrichtung dieser Welle schwingen, also Longitudinalschwingungen sind, gibt es bei Festkörpern bzw. Flüssigkeiten neben der Longitudinalwelle, die hier als Dichtewelle auftritt, mehrere andere Wellenformen: Oberflächenwelle, Biegewelle, Torsionswelle, Transversal- oder Schubwelle und Dehnwelle (*Abb. 1/3*). Die Schallgeschwindigkeit in Festkörpern ist im allgemeinen wesentlich höher als in Luft, sie liegt bei einigen tausend m/s, und damit ist auch die Wellenlänge wesentlich größer als in Luft.

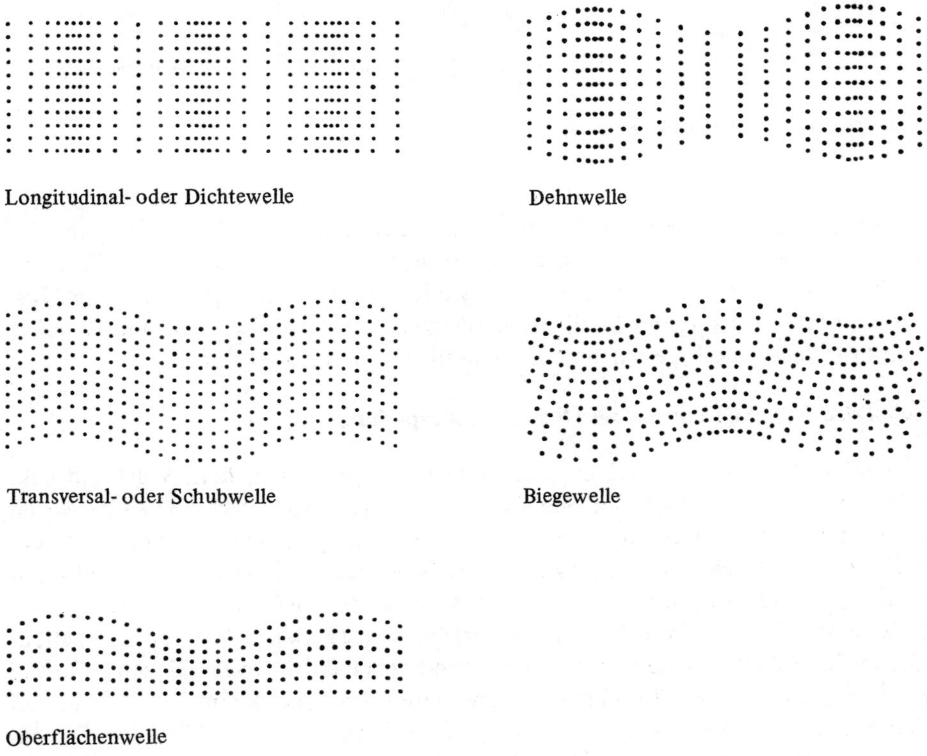

Abb. 1/3. Wellenformen in Festkörpern.

Kugelwelle und ebene Welle

Da die Ausbreitung der Schallwelle in Luft geradlinig nach allen Richtungen erfolgt, liegen die Punkte gleicher Phasen, d.h. gleicher Verdichtung oder Verdünnung, auf konzentrischen Kugelflächen um eine allseitig gleichmäßig abstrahlende punkt- oder kugelförmige Schallwelle. Mit zunehmendem Abstand von der Schallquelle nähern sich die Flächenelemente dieser Kugelflächen immer mehr ebenen Flächenelementen, die Kugelwelle nimmt mit wachsender Entfernung zur Schallquelle allmählich die Eigenschaften einer ebenen Welle an. Bei Kugelwellen sind alle Schallfeldgrößen auf Kugelschalen um die Schallquelle konstant, während sie bei ebenen Wellen in Ebenen senkrecht zur Ausbreitungsrichtung konstant sind (*Abb. 1/4*).

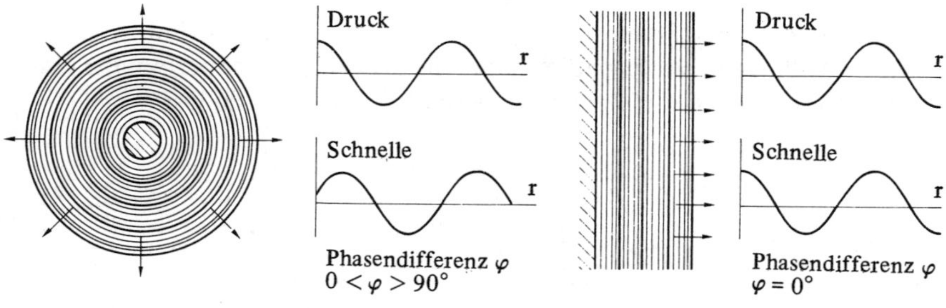

Abb. 1/4. Kugelwelle und ebene Welle.

In der ebenen Welle sind Druck und Schnelle, Schnelle ist die Geschwindigkeit der Teilchenbewegung, immer in Phase. Wo also der Druck seinen größten Wert erreicht, ist auch die Bewegungsgeschwindigkeit der Teilchen am größten. In der Kugelwelle sind Druck und Schnelle in Abhängigkeit von der Frequenz und dem Abstand zur Schallquelle gegeneinander phasenverschoben (siehe unten).

Schalldruck, Schallschnelle und Schallkennimpedanz

Der Schalldruck ist der durch die Schallschwingung hervorgerufene Wechseldruck. Die Druckschwankungen der Schallwelle überlagern sich dem atmosphärischen Gleichdruck. Akustische Berechnungen werden häufig mit dem Schalldruck durchgeführt, da er durch eine einzige Zahlenangabe definiert (skalare Größe) und somit mathematisch relativ einfach zu verwenden ist. Der Schalldruck wird in Pascal oder Newton/m^2 (1 Pa = 1 N/m^2), früher bevorzugt μbar (1 μbar = 0,1 Pa), angegeben. Die im Hörschall üblicherweise vorkommenden Schalldruckwerte liegen zwischen p_0, dem geringsten bei 1000 Hz wahrnehmbaren Schalldruck von $2 \cdot 10^{-5}$ Pa, und dem Schalldruck der Schmerzgrenze von etwa $1{,}5 \cdot 10^2$ Pa. Ein mäßig lauter Ton hat einen Schalldruck von etwa 0,1 Pa = 1 μbar. Der normale atmosphärische Luftdruck beträgt etwa 1000 Hektopascal = 1 bar; der durchschnittliche Schalldruck ist damit nur 1 Millionstel des Atmosphärendrucks.

Die Schallschnelle ist die Wechselgeschwindigkeit eines schwingenden Teilchens. Man benutzt den Ausdruck „Schnelle" statt „Geschwindigkeit", um Verwechslungen mit der Ausbreitungsgeschwindigkeit zu vermeiden. Die Schallschnelle der Teilchen, die in einer Schallwelle schwingen, ist sehr gering. Sie beträgt z.B. bei einem Schalldruck von 0,1 Pa in Luft nur 0,25 mm/s.

Schalldruck und Schallschnelle werden meist als Effektivwert angegeben. Der Effektivwert oder quadratische Mittelwert einer Wechselgröße ist die Wurzel aus dem zeitlichen Mittelwert des Quadrats des Drucks bzw. der Schnelle. Bei sinusförmigen Schwingungen ist der Effektivwert gleich dem Spitzenwert/$\sqrt{2}$, also etwa das 0,7fache des Spitzenwerts. Bei anderen Schwingungsformen nimmt der Effektivwert andere Werte an.

Schalldruck p und Schallschnelle v haben im Fernfeld einer Schallquelle, also im annähernd ebenen Schallfeld, einen analogen Verlauf; sie sind bei gleichbleibender Amplitude der Frequenz f direkt und dem Abstand von der Schallquelle r umgekehrt proportional, bei konstanter Schalleistung und somit annähernd konstanter Lautstärke sind Schalldruck und Schallschnelle nur der Entfernung umgekehrt proportional; für die Augenblickswerte gilt:

$$p \sim \frac{f}{r} \cdot \sin 2\pi \left(ft - \frac{r}{\lambda}\right)$$

$$v \sim \frac{f}{r} \cdot \sin 2\pi \left(ft - \frac{r}{\lambda}\right)$$

$$p \sim v$$

p = Schalldruck [N/m^2]
f = Frequenz [Hz]
r = Abstand von der Schallquelle [m]
t = Zeit [s]
λ = Wellenlänge [m]
v = Schallschnelle [m/s]

Während sich der Wert des Schalldrucks im Nahfeld der Schallquelle wie im Fernfeld verhält, steigt die Schallschnelle im Nahfeld u.U. ganz erheblich stärker an; das ist bei Schnelle-Empfängern zu beachten, es trifft aber auch bei Druckgradientenempfängern zu (Nahbesprechungseffekt):

$$v \sim \frac{f}{r} \cdot \sqrt{1 + \left(\frac{\lambda}{2\pi r}\right)^2} \cdot \sin \left[2\pi \left(ft - \frac{r}{\lambda}\right) + \varphi\right]$$

$$\text{mit } \operatorname{tg}\varphi = \frac{\lambda}{2\pi r}$$

v = Schallschnelle [m/s]
f = Frequenz [Hz]
r = Abstand von der Schallquelle [m]
λ = Wellenlänge [m]
t = Zeit [s]

Der Schnelleanstieg an einem bestimmten Punkt im Nahfeld ist von der Frequenz abhängig: je tiefer die Frequenz, um so stärker ist der Anstieg, der durch Schnellewandler und auch Druckgradientenmikrofone als Anhebung tiefer Frequenzen wirksam werden kann, sofern er nicht elektrisch ausgeglichen wird. Weiterhin ist bei gegebener Frequenz der Druckgradienten- bzw. der Schnelleanstieg vom Abstand zur Schallquelle abhängig. *Tab. 1/2* gibt für verschiedene Frequenzen an, bei welchem „kritischen Abstand“ von der Schallquelle eine Pegelerhöhung um 3 dB gegenüber hohen Frequenzen eintritt.

Tab. 1/2. Kritische Schallquellenabstände für verschiedene Frequenzen bzw. Töne.

Frequenz	musikal. Ton	kritischer Abstand
16,25 Hz	C″	6,4 m
32,50 Hz	C′	3,2 m
65 Hz	C	1,6 m
130 Hz	c	0,8 m
260 Hz	c′	0,4 m
520 Hz	c″	0,2 m

Der Quotient aus Schalldruck und Schallschnelle ist in der ebenen Welle stets und an jedem Raumpunkt konstant, er wird als Schallkennimpedanz bezeichnet, früher als Schallwellenwiderstand.

$$\frac{p}{v} = Z_o$$

p = Schalldruck [Pa]
v = Schallschnelle [m/s]
Z_o = Schallkennimpedanz der ebenen Welle [Ns/m^3]

Die Schallkennimpedanz der ebenen Welle Z_0 errechnet sich aus der Dichte ϱ und der Schallgeschwindigkeit c:

$$Z_0 = \varrho \cdot c$$

Z_0 = Schallkennimpedanz der ebenen Welle [Ns/m^3]
ϱ = Dichte [kg/m^3]
c = Schallgeschwindigkeit [m/s]

Bei Normaldruck und 20 °C ist die Schallkennimpedanz der Luft $Z_0 = 408$ Ns/m^3.

Im Nahfeld einer Schallquelle, d.h. in einer Kugelwelle, ist die Schallkennimpedanz nicht mehr überall konstant, die in diesem Fall als spezifische Schallkennimpedanz bezeichnete Größe ist eine komplexe Größe mit Wirk- und Blindanteil.

Schalldruckpegel

Um die auftretenden großen Unterschiede des Schalldrucks besser erfassen zu können, verwendet man im allgemeinen zur Kennzeichnung des Schalldrucks den absoluten Schalldruckpegel L_p, auch kurz einfach Schallpegel genannt. Der Schallpegel entspricht zudem besser dem menschlichen Lautstärkeempfinden. Der Schallpegel ist das 20fache logarithmierte Verhältnis des Schalldrucks zu einem vereinbarten Bezugsschalldruck p_0. Maßeinheit ist das dB (DIN 5493).

$L_p = 20 \lg \frac{p}{p_0}$

L_p = absoluter Schalldruckpegel [dB]
p = Schalldruck [Pa]
p_0 = Bezugsschalldruck $2 \cdot 10^{-5}$ Pa (= $2 \cdot 10^{-4}$ μbar)

p_0 ist ein genormter Bezugsschalldruck (DIN 45 630), der etwa der Hörschwelle entspricht. Die Hörschwelle liegt für 1000 Hz bei 4 dB, für 2000 Hz bei –4 dB; die Schmerzgrenze ist für 1000 Hz bei 130 dB, für 2000 bei 120 dB. Der Bereich mittlerer Lautstärke entspricht einem Schallpegel von ungefähr 70–80 dB.

Verwendet man als Bezugsschalldruck einen beliebigen, frei gewählten Druck, so handelt es sich um den „relativen Schalldruckpegel". Da das Gehör den Schalldruck in Abhängigkeit von der Frequenz unterschiedlich bewertet, hat man für Messungen den „bewerteten Schallpegel" eingeführt, der entsprechend den Eigenschaften des Gehörs insbesondere der Frequenzen zwischen 500 und 5000 Hz bei der Messung berücksichtigt. Je nach der Lautstärke wird dabei eines der drei genormten Filter nach DIN EN 60651 entsprechend den Bewertungskurven A, B oder C der Messung zugrunde gelegt (*Abb. 1/5*).

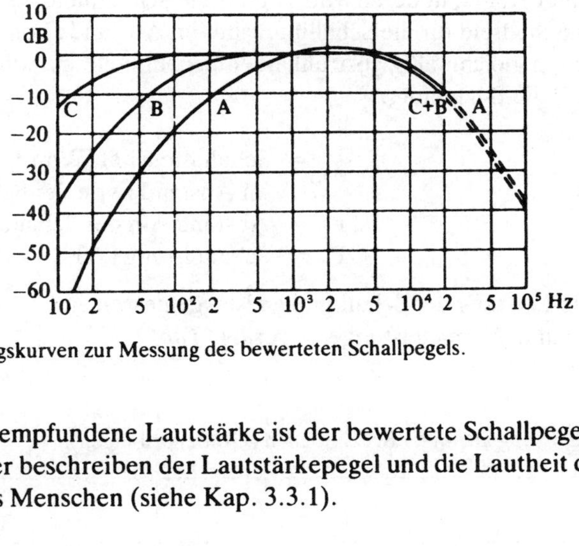

Abb. 1/5. Bewertungskurven zur Messung des bewerteten Schallpegels.

Ein Maß für die empfundene Lautstärke ist der bewertete Schallpegel nur in erster Näherung. Besser beschreiben der Lautstärkepegel und die Lautheit das Schallstärkeempfinden des Menschen (siehe Kap. 3.3.1).

Schalleistung und Schallintensität

Während die mathematische Beschreibung des Schallfeldes am einfachsten mit Hilfe des Schalldrucks oder Schalldruckpegels erfolgt, verwendet man zur Beschreibung der Schallquelle in erster Linie die Energiegrößen Schalleistung und – wie auch zur Beschreibung des Energiegehalts eines Schallfelds – die Schallintensität.

Die Schallintensität I ist die Schalleistung, die durch eine Flächeneinheit, die senkrecht zur Ausbreitungsrichtung der Schallwelle steht, hindurchströmt. Die Einheit ist also W/m^2. Die Schallintensität I einer ebenen Welle ist gleich dem Produkt aus effektivem Schalldruck und effektiver Schallschnelle:

$$I = p_{eff} \cdot v_{eff}$$

oder unter Verwendung der Schallkennimpedanz Z_0

$$I = \frac{p_{eff}^2}{Z_o}$$

I = Schallintensität $[W/m^2]$
p_{eff} = effektiver Schalldruck [Pa]
v_{eff} = effektive Schallschnelle [m/s]
Z_o = Schallkennimpedanz $[Ns/m^3]$

Für Normalbedingungen im Raum gilt also

$$I = \frac{1}{408} p_{eff}^2$$

Die gesamte Schalleistung einer Schallquelle ergibt sich als Summe aller Schallintensitäten, die auf Flächenelementen, die zur Ausbreitungsrichtung senkrecht stehen, rund um die Schallquelle ermittelt werden. Diese Flächenelemente liegen auf der Oberfläche einer Kugel, in deren Mittelpunkt die Schallquelle strahlt. Damit ergibt sich im freien Schallfeld für die Schallintensität im Abstand r von einer kugelförmig nach allen Seiten gleichmäßig abstrahlenden Schallquelle in Abhängigkeit von der Schalleistung P die Beziehung:

$$I = \frac{P}{4\pi r^2}$$

I = Schallintensität $[W/m^2]$ im Abstand r von der Schallquelle
r = Abstand von der Schallquelle [m]
P = Schalleistung [W]

Die akustische Leistung der Schallquellen ist – gemessen an Größenordnungen von mechanischen und Wärmeleistungen – gering (*Tab. 1/3*).

Tab. 1/3. Schalleistungen einiger Schallquellen (Größenordungen).

Schallquelle	Schalleistung P [Watt]
Unterhaltungssprache	$10^{-6}...10^{-5}$
Menschliche Stimme (Höchstwert)	$10^{-3}...10^{-2}$
Geige (fortissimo)	10^{-3}
Klarinette, Horn (fortissimo)	$5 - 10^{-2}$
Klavier (fortissimo)	$2 - 10^{-1}$
Trompete (fortissimo)	$3 - 10^{-1}$
Orgel, Pauke (fortissimo)	10
Orchester (75 Musiker)	70
Alarmsirene	1000
Raketen	bis 10^8

So wie der Schalldruck auch im dB-Maß als Schalldruckpegel L_p angegeben wird, so kann auch die Schalleistung als Schalleistungspegel L_P und die Schallintensität als Schallintensitätspegel L_I in dB angegeben werden. Als Bezugswert ist für die Schallleistung 1 pW = 10^{-12} Watt, für die Schallintensität 1 pW/m² = 10^{-12} gebräuchlich (DIN 1320)

1.1.2 Einflüsse auf die Schallausbreitung in einem Raum

Das freie Schallfeld existiert praktisch nur in eigens dafür hergerichteten sog. „schalltoten Räumen“, angenähert auch z.B. über einer schneebedeckten Fläche. In Räumen stellen sich der ungehinderten, geradlinigen Schallausbreitung Hindernisse (Wände, Gegenstände im Raum usw.) entgegen, die die Schallausbreitung beeinflussen:

1. Totale oder teilweise Reflexion der Schallwelle bewirkt eine Änderung der Ausbreitungsrichtung entweder im gesamten Frequenzbereich oder nur im Bereich höherer Frequenzen (Einfluß der Wellenlänge) sowie Schallbündelung und Schallzerstreuung.
2. Beugung der Schallwelle bewirkt eine Änderung der geradlinigen Ausbreitungsrichtung besonders im Bereich der tieferen Frequenzen oder ein Umgehen von Hindernissen (Einfluß der Wellenlänge).
3. Totale oder teilweise Absorption der Schallwelle bewirkt, daß der Schallwelle Energie entzogen wird, wodurch sie vernichtet oder geschwächt wird, in der Regel ist die Absorption frequenzabhängig (Einfluß der Wellenlänge).

Schallreflexion

Für die Betrachtung der Schallreflexion eignet sich die Darstellung der Schallausbreitung als Schallstrahl analog der Lichtausbreitung. Es gelten dabei die aus der Optik bekannten Gesetze der Reflexion an ebenen Spiegeln bzw. an Streu- und Hohlspiegeln. Bedingung für die Gültigkeit der Gesetze ist, daß die reflektierende Fläche groß gegen die Wellenlänge der reflektierten Schallwelle ist, d.h. eine Ausdehnung von wenigstens einigen Wellenlängen besitzt [1.4, 1.7, Bd. 1].

Schallreflexion an ebenen Flächen

Trifft ein Schallstrahl auf eine hinreichend große ebene Fläche (*Abb. 1/6*), so wird er unter demselben Winkel (α' in *Abb. 1/6*) reflektiert, unter dem er auf die Wand trifft (α). Einfallender und reflektierter Strahl liegen dabei in einer Ebene. Durch entsprechende Ausrichtung der reflektierenden Fläche kann der Schallstrahl in jede beliebige, gewünschte Richtung gelenkt werden, was bei der raumakustischen Gestaltung Anwendung findet.

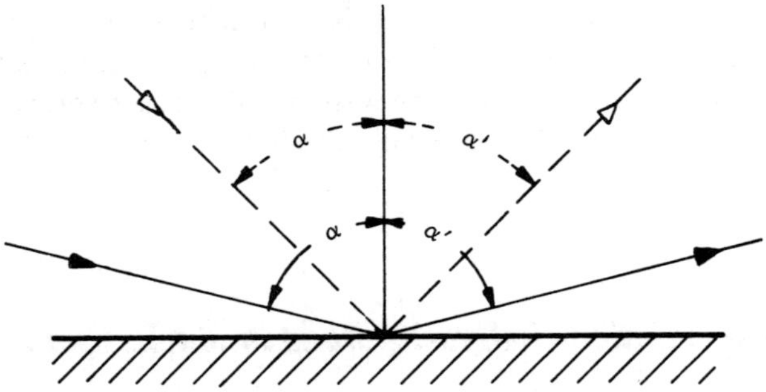

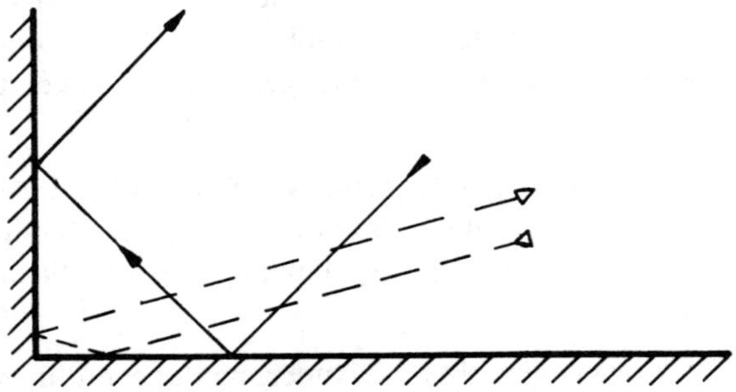

Abb. 1/6. Schallreflexion an einer ebenen Fläche und an einer rechtwinkligen Ecke (je zwei Beispiele).

Trifft ein Schallstrahl auf eine rechtwinklige Ecke, so wird er zweimal so reflektiert, daß er parallel zum einfallenden Strahl zurückkehrt (*Abb. 1/6*).

Zwischen parallelen, reflektierenden Wänden kann es zu „stehenden Wellen" kommen: Eine senkrecht auftreffende Schallwelle wird hier immer wieder mit ihrer eigenen Reflexion überlagert. Dadurch können sich an gewissen Punkten die Schallwellen ganz oder teilweise gegenseitig auslöschen, an anderen verstärken. Im Gegensatz zur fortschreitenden Welle gibt es also ortsfeste Auslöschungen, die bei Aufnahmen – z.B. bei tiefen Orgeltönen – und bei Messungen stören können. Bedingung für das Zustandekommen stehender Wellen ist, daß der Wandabstand gleich der halben Wellenlänge oder einem ganzzahligen Vielfachen davon ist. *Abb. 1/7* zeigt die Druckverteilung in stehenden Wellen; bei vollständiger Reflexion – wie in *Abb. 1/7* – ist der Schall in den Druckknoten ausgelöscht, in den Druckbäuchen verdoppelt. Eine stehende Welle kann bei einem bestimmten Wandabstand also immer nur für eine Frequenz und deren harmonische Obertöne auftreten. Ferner entsteht eine stehende Welle nur bei einem Dauerton. In der Praxis treten stehende Wellen als Raumresonanzen besonders in kleineren Räumen auf; sie kennzeichnen neben den wenig verzögerten Reflexionen die typische „Wohnzimmerakustik". Bei der Aufnahme können solche Resonanzen durch oft nur geringfügiges Verschieben des Mikrofons unschädlich gemacht werden.

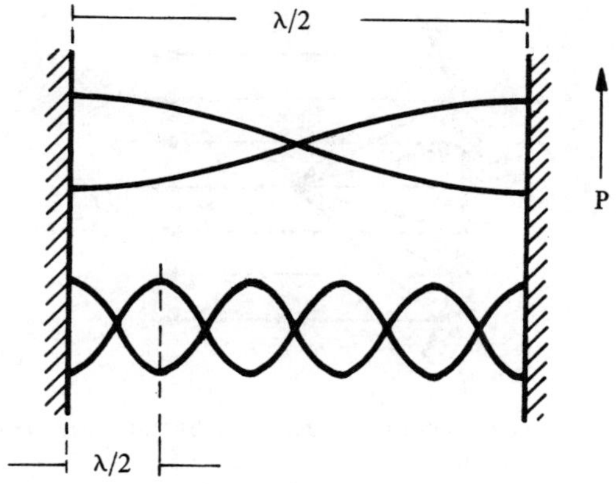

Abb. 1/7. Druckverteilung in stehenden Wellen zwischen zwei parallelen Wänden.

Bei impulsartigem Schall entsteht zwischen parallelen Wänden ein Flatterecho, da das Signal dauernd hin und her reflektiert wird. Bei größerem Wandabstand ist dabei die schnelle Abfolge einzelner Echos wahrnehmbar, bei kleinerem Wandabstand (< etwa 8 m) wird die Abfolge der Echos so rasch, daß ein sog. „Klangecho" entsteht: Der Schallimpuls erhält eine Art Nachhall, der indes nur eine bestimmte Tonhöhe hat, die vom Wandabstand und dem Standort des Hörers abhängt [1.7].

Schallreflexion an gekrümmten Flächen

Trifft eine Schallwelle auf eine nach innen gewölbte (konkave) Fläche, so müssen – je nach dem Abstand zwischen Schallquelle und reflektierender Hohlfäche – vier verschiedene Fälle unterschieden werden:

1. Der Abstand Schallquelle–reflektierende Fläche ist größer als der halbe Krümmungsradius r/2 der Fläche, jedoch kleiner als r: Der gesamte reflektierte Schall wird in einem Punkt, der außerhalb des Krümmungsradius liegt, gesammelt (*Abb. 1/8*).

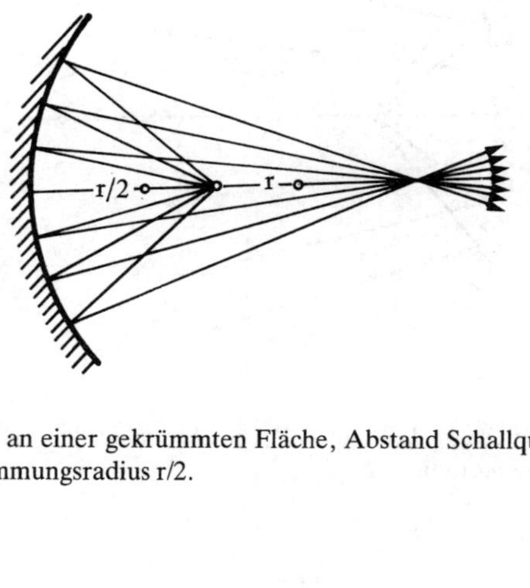

Abb. 1/8. Schallreflexion an einer gekrümmten Fläche, Abstand Schallquelle–reflektierende Fläche größer als der halbe Krümmungsradius r/2.

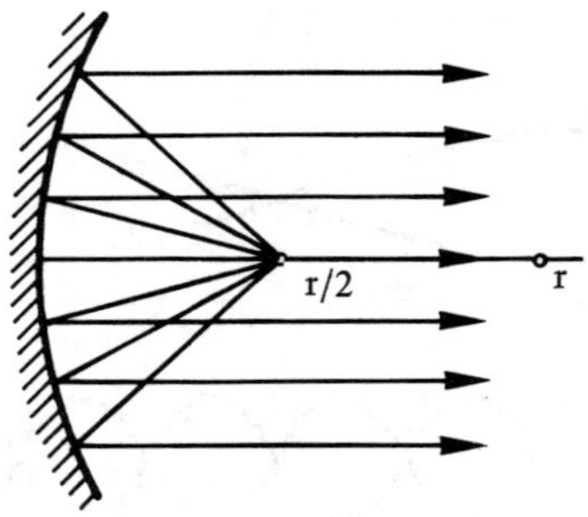

Abb. 1/9. Schallreflexion an einer gekrümmten Fläche, Abstand Schallquelle–reflektierende Fläche gleich dem halben Krümmungsradius r/2.

2. Der Abstand Schallquelle–reflektierende Fläche ist gleich dem halben Krümmungsradius r/2 der Fläche: Die auseinanderlaufenden Schallstrahlen verlaufen nach der Reflexion parallel (*Abb. 1/9*).

3. Der Abstand Schallquelle–reflektierende Fläche ist kleiner als der halbe Krümmungsradius r/2 der reflektierenden Fläche: Die Schallstrahlen streben nach der Reflexion auseinander, die Anordnung zerstreut den Schall (*Abb. 1/10*).

4. Der Abstand Schallquelle–reflektierende Fläche ist größer als der Krümmungsradius r: Auch in diesem Fall ergibt sich eine zerstreuende Wirkung (*Abb. 1/11*), die sogar noch stärker ist.

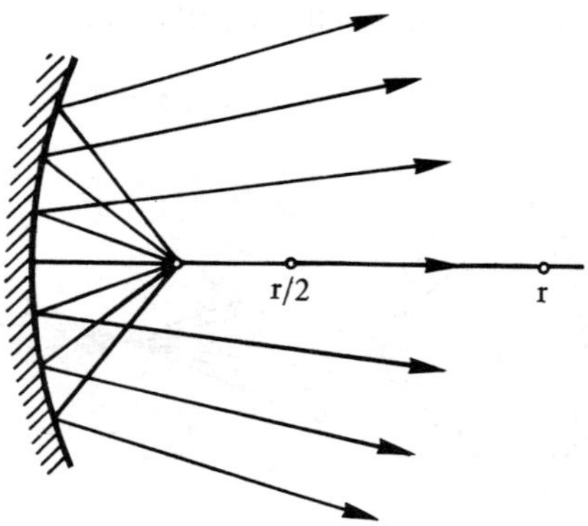

Abb. 1/10. Schallreflexion an einer gekrümmten Fläche, Abstand Schallquelle–reflektierende Fläche kleiner als der halbe Krümmungsradius r/2.

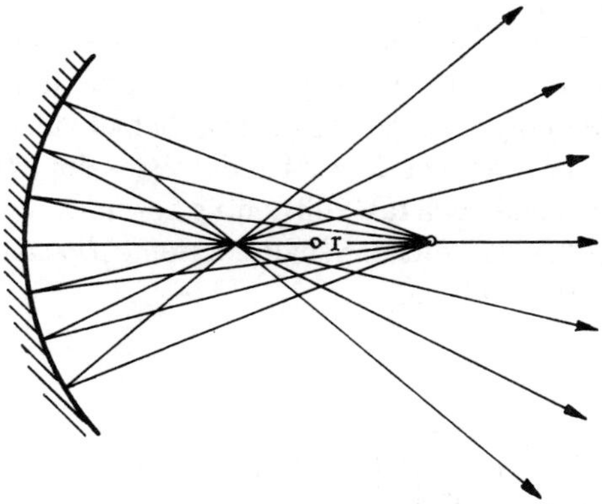

Abb. 1/11. Schallreflexion an einer gekrümmten Fläche, Abstand Schallquelle–reflektierende Fläche größer als der Krümmungsradius r.

Solche gewölbten Flächen sind vor allem die Gewölbe alter Kirchen und anderer historischer Gebäude. Es ist in jedem einzelnen Fall zu prüfen, inwieweit ein Gewölbe schallzerstreuende oder schallsammelnde Wirkung hat. Nach außen gewölbte (konvexe) Flächen haben unabhängig vom Abstand Schallquelle–Wand bzw. Hörer zerstreuende Wirkung.

Die Fokussierung einer Schallwelle kann bei Darbietungen und Aufnahmen zu einer unerwünschten Heraushebung einzelner Schallquellen aus einem größeren Schallkörper führen, die besonders auch deshalb als störend empfunden wird, weil die Schallquelle im Gewölbe zu sein scheint. Demgegenüber erhöht die Schallzerstreuung die im allgemeinen erwünschte Diffusität eines Raums und führt damit zu einer gleichmäßigeren Raumerfüllung durch den Schall.

Schallbeugung

Ist die Ausdehnung eines Gegenstandes, auf den eine sinusförmige Schallwelle bei ihrer Ausbreitung trifft, in der Größenordung der Wellenlänge des Schalls oder kleiner, so wird dieses Hindernis von der Schallwelle so umgangen, als ob es nicht vorhanden wäre (*Abb. 1/12*). Da die Wellenlänge des Hörschalls zwischen etwa 20 m und 2 cm liegt, wird es im allgemeinen in einer aus vielen Teilfrequenzen zusammengesetzten Schallwelle relativ tieffrequente Anteile geben, die um das Hindernis herumgebeugt werden; höherfrequente Anteile hingegen werden von dem Hindernis reflektiert, gelangen also nicht hinter das Hindernis, wo ein Schallschatten entsteht. Damit wird ein komplex zusammengesetzter Klang durch ein Hindernis, das sich zwischen Schallquelle und Hörer befindet, klanglich dumpfer (lineare Verzerrung). An einer Kante wird eine Schallwelle in den Schallschatten hineingebeugt, und zwar um so stärker, je tiefer die Frequenz ist.

Einfluß der Wellenlänge auf die Schallreflexion und die Schallbeugung

Um den Schall reflektieren zu können, muß eine Fläche mindestens einen Durchmesser haben, der mehreren Wellenlängen der zu reflektierenden Schallwelle entspricht. Ist die Ausdehnung geringer, so wird der Schall um das Hindernis herumgebeugt. Selbst wenn der Durchmesser des Hindernisses doppelt so groß wie die Wellenlänge ist, wird der Schall noch fast vollständig herumgebeugt. Erst bei fünffacher Ausdehnung erscheint ein deutlicher Schallschatten. *Abb. 1/12* zeigt an einigen Beispielen die Schallschattenbildung.

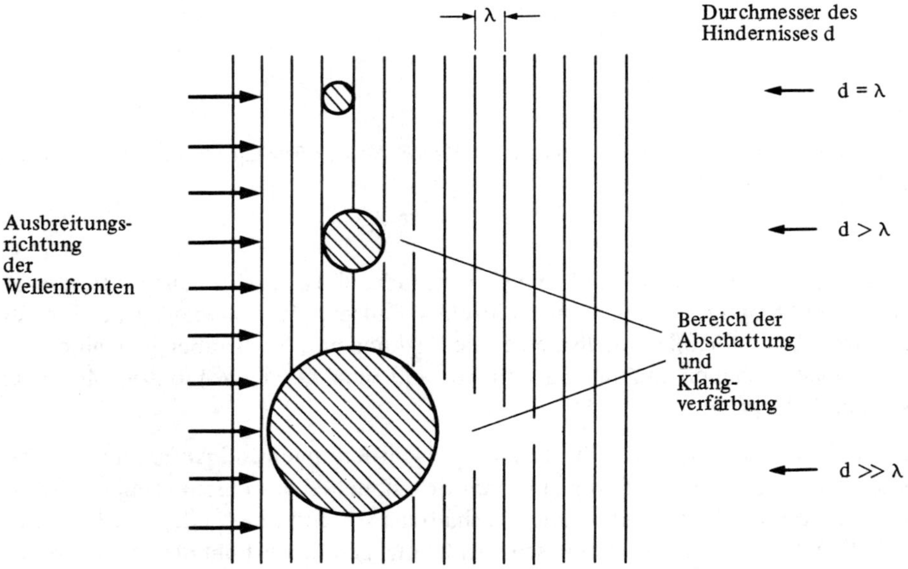

Abb. 1/12. Schallbeugung an einem Zylinder für verschiedene Verhältnisse von Wellenlänge λ zu Zylinderdurchmesser d.

Wenn eine Schallwelle nicht mehr um das Hindernis herumgebeugt wird, wirkt das Hindernis als Reflektor. Die Bedingungen für das Zustandekommen einer vollständigen Reflexion hängen von verschiedenen Faktoren ab: Der Wirkungsbereich eines Reflektors reicht zu um so tieferen Frequenzen hinab, je größer die reflektierende Fläche ist, weiterhin je kleiner ihr Abstand zur Schallquelle ist, je kleiner ihr Abstand zum Hörer ist und je steiler die Schallwelle auf den Reflektor trifft [1.2], [1.9]. Für die tiefste noch reflektierte Frequenz f_u gilt:

$$f_u = \frac{2c}{(d \cdot \cos\alpha)^2} \cdot \frac{a_1 \cdot a_2}{a_1 + a_2}$$

f_u = tiefste noch reflektierte Frequenz [Hz]
c = Schallgeschwindigkeit [m/s]

d = Durchmesser des Reflektors [m]
α = Einfallswinkel des Schallstrahls [°]
a_1 = Entfernung Reflektor – Schallquelle [m]
a_2 = Entfernung Reflektor – Hörer [m]

Schallbrechung

Unter Brechung versteht man die Richtungsänderung des Schallstrahls beim Übergang zu einem Medium mit anderer Schallgeschwindigkeit. Die Brechung ist in der Raumakustik nur für die Schallabsorption von Bedeutung. Im Freien, wo der Schall weit größere Strecken zurücklegen kann, kommt es aber durch Temperaturunterschiede einzelner Luftschichten zu Brechungserscheinungen, da die Schallgeschwindigkeit von der Temperatur abhängt. Liegt eine wärmere Luftschicht über einer kälteren (Inversion), so wird der Schall zur Erde hin geleitet, es können sog. Überreichweiten des Schalls entstehen (Föhnwetterlage oder am frühen Morgen, wenn die Sonne erst die oberen Luftschichten erwärmt hat); bei umgekehrter Schichtung (Normalfall) wird der Schall von der Erde weg nach oben gebeugt, der akustische Horizont liegt deshalb höher als der optische.

Schallabsorption

Bereits bei der Schallausbreitung in Luft, besonders aber beim Auftreffen auf Hindernisse wird dem Schall durch Absorption Energie entzogen. [1.7, Bd. 1], [1.10], [1.11], [1.12], [1.13]

Als Maß für die Absorption wird der Absorptionsgrad α angegeben. Er ist eine Zahl zwischen 1 (totale Absorption) und 0 (keine Absorption, totale Reflexion); er kann auch in % angegeben werden. Der Absorptionsgrad α ist gleich dem Verhältnis von absorbierter Energie zu auftreffender Energie; bei der absorbierten Energie ist die durch die Wand hindurchgehende Energie eingeschlossen. Das Verhältnis der Schalleistungen oder Schallintensitäten führt zu demselben Ergebnis. Die Bestimmung des Absorptionsgrades erfolgt im Hallraum (DIN 52 212) oder in einem Rohr (DIN 52 215). Absorptionsgradwerte über 1 findet man gelegentlich angegeben, sie sind unter praxisnahen Bedingungen bestimmt und tragen der Tatsache Rechnung, daß die wirksame Fläche eines Absorbers etwas größer ist als seine geometrische Fläche. Die Gesamtabsorption einer Wand oder eines Raumes, das sog. Absorptionsvermögen A, ergibt sich als Produkt von Absorptionsgrad α und der absorbierenden Fläche S. A ist also gleich der äquivalenten Absorptionsfläche mit $\alpha = 1$, auch „Fläche offenes Fenster“ genannt.

$A = \alpha \cdot S$ — A = Absorptionsvermögen [m^2]
α = Absorptionsgrad [dimensionslos]
S = absorbierende Fläche [m^2]

Bei unterschiedlichen Materialien mit verschiedenen Absorptionsgraden ergibt sich A als Summe der Teilabsorptionsvermögen:

$$A = \alpha_1 \cdot S_1 + \alpha_2 \cdot S_2 + \ldots$$

Eine wesentliche Eigenschaft eines Absorbers ist die Frequenzabhängigkeit seines Absorptionsgrades, die sich einerseits aus den Materialeigenschaften, andererseits aus der konstruktiven Anordnung (Wandabstand, Abdeckung usw.) ergibt. Man unterscheidet im Hinblick auf die spektrale Wirksamkeit Höhenabsorber, Tiefenabsorber und Mittenabsorber.

Die wichtigsten Funktionsprinzipien der Schallabsorption sind:

Reibung durch Luftbewegung in Poren: Durch die Bewegung der schwingenden Luftteilchen in offenporigen Materialien (Faserstoffen, offenporige Schäume) wird Schallenergie durch Reibung entzogen und in Wärmeenergie umgewandelt. Die Absorption ist bei höheren Frequenzen in einem relativ breiten Frequenzbereich wirksam.

Reibung von durch Resonanz verstärkter Luftbewegung in Helmholtzresonatoren: Die Luftbewegung wird im „Hals" der Hohlraumresonatoren durch Resonanz verstärkt; dadurch wird die Reibung und damit die Absorption vergrößert. Diese Absorber sind in einem relativ schmalen Frequenzband um die Resonanzfrequenz wirksam.

Anregung von Platten zum Mitschwingen: Dem Schallfeld wird dadurch Energie entzogen, daß Platten, die verglichen mit Luft ein sehr hohes spezifisches Gewicht haben, zum Mitschwingen angeregt werden, in ihrer Bewegung aber durch federnde Unterlagen und innere Reibung gedämpft werden. Die Absorption ist schmalbandig, kann aber durch Kombination verschiedener Elemente breitbandig gemacht werden.

Die Absorber müssen an der Decke und auf mindestens zwei zueinander senkrecht stehenden Wandflächen angeordnet werden und sollten anteilmäßig zur Größe der jeweiligen Raumbegrenzungsfläche verteilt werden. Der dabei auf den Boden entfallende Anteil der Absorber wird zusätzlich an der Decke angeordnet. Die genaue Lage der Absorber richtet sich danach, welche Flächenanteile für nützliche Schallreflexionen (z. B. Deckenspiegel in Konferenzräumen und Konzertsälen) benötigt werden bzw. wo schädliche Reflexionen unterdrückt werden müssen.

Die Absorption in Luft macht sich nur im Bereich hoher Frequenzen von etwa 5 kHz an bemerkbar und nimmt mit steigender Frequenz zu, wodurch die Nachhallzeit insbesondere größerer Räume bei hohen Frequenzen weitgehend durch die Luftabsorption bestimmt wird.

Höhenabsorber

Höhenabsorber absorbieren hauptsächlich im Bereich hoher Frequenzen. Meist handelt es sich dabei um sog. »poröse Absorber«, zu denen in erster Linie Faserstoffe zählen (Vorhänge, Teppiche, Polstermöbel, Platten aus Stein- und Glaswolle usw.). Bei diesen Absorbern strömt die Luft bei ihrer Schwingungsbewegung in den zahlreichen Poren und Kanälen des Materials hin und her. Die dabei durch die Reibung erzeugte Wärmeenergie wird der Schallenergie entzogen.

Da die Absorptionswirkung eines Materials mit der Schallschnelle im Absorber ansteigt, ist ein Absorber dann am wirksamsten, wenn er sich im Bereich eines Schnellemaximums der Schallwelle befindet, in einem Schnellenullpunkt ist er praktisch nicht wirksam. Eine an einer harten Wand reflektierte Welle hat aber an der Reflexionsfläche einen Schnellenullpunkt, im Abstand von ¼ Wellenlänge von der Wand ein Schnellemaximum. Deshalb ist die Absorption zu tieferen Frequenzen hin um so wirksamer, je dicker die poröse Schicht ist oder/und je größer ihr Abstand zur Wand ist *(Abb. 1/13)*.

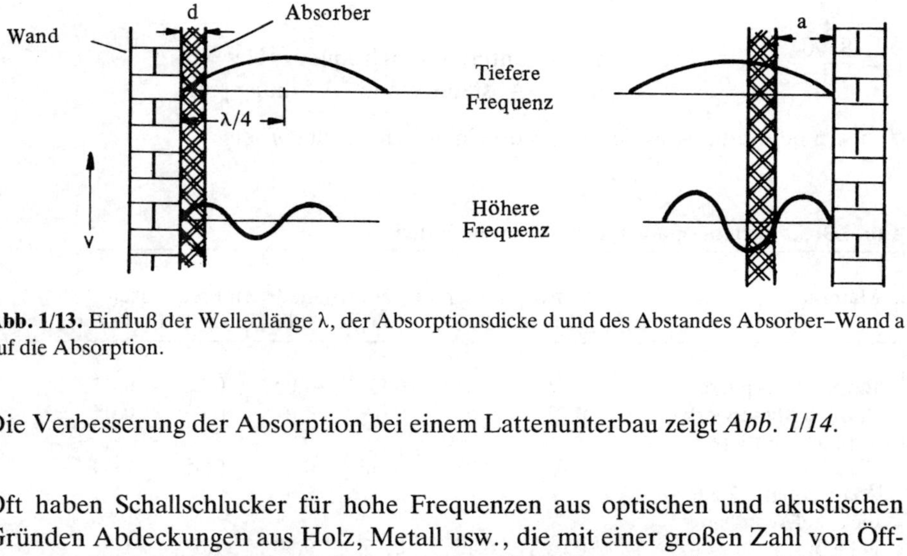

Abb. 1/13. Einfluß der Wellenlänge λ, der Absorptionsdicke d und des Abstandes Absorber–Wand a auf die Absorption.

Die Verbesserung der Absorption bei einem Lattenunterbau zeigt *Abb. 1/14*.

Oft haben Schallschlucker für hohe Frequenzen aus optischen und akustischen Gründen Abdeckungen aus Holz, Metall usw., die mit einer großen Zahl von Öffnungen versehen sind. Die Abdeckungen bewirken eine Ausdehnung der Absorption nach tieferen Frequenzen hin, während hohe Frequenzen etwas weniger bedämpft werden.

Ein universeller, bei Bedarf leicht anzubringender Höhenabsorber ist ein frei hängender Vorhang aus nicht zu leichtem Stoff. Der Vorhang absorbiert wirksam bei Wellenlängen, die kürzer als der vierfache Abstand Wand–Vorhang sind. Daraus läßt sich die Formel für die untere Grenzfrequenz f_u ableiten, oberhalb der die Absorption einsetzt; Falten ergeben einen gleichmäßigeren Frequenzgang der Absorption.

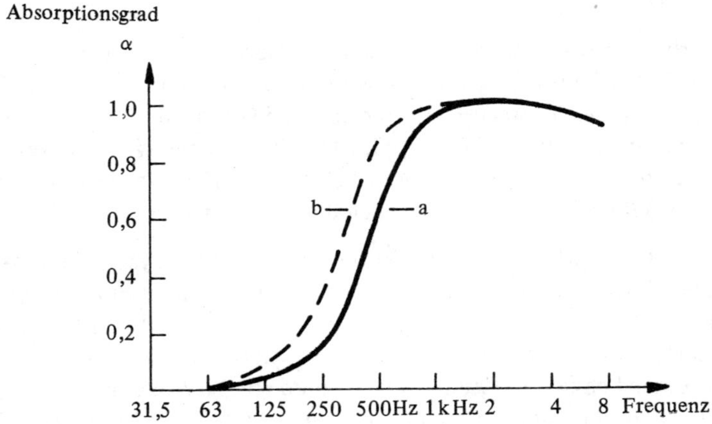

Abb. 1/14. Verlauf des Absorptionsgrades α handelsüblicher Akustikplatten.
a. direkt auf die Wand gesetzt,
b. auf Lattenrost, 2,2 cm vor der Wand befestigt.

$$f_u = \frac{8500}{d}$$

f_u = untere Grenzfrequenz [Hz]
d = Abstand Wand – Vorhang [cm]

Tab. 1/3 nennt die Absorptionsgrade einiger Höhenabsorber.

Tab. 1/3. Absorptionsgrade verschiedener Materialien.

Material	Absorptionsgrade bei verschiedenen Frequenzen					
	125 Hz	250 Hz	500 Hz	1000 Hz	2000 Hz	4000 Hz
Beton, unverputzt	0,01	0,01	0,02	0,02	0,02	0,03
Putz auf Mauerwerk	0,02	0,02	0,03	0,04	0,05	0,05
Teppich, mittlere Dicke	0,05	0,08	0,20	0,30	0,35	0,40
Akustikplatte 2 cm dick, auf Wand aufgeklebt	0,05	0,15	0,55	0,90	1,0	1,0
Akustikplatte 2 cm dick, 2 cm Wandabstand	0,10	0,20	0,85	1,0	1,0	1,0
Vorhänge	0,05	0,10	0,25	0,30	0,40	0,50

Auch Publikum in einem Aufnahmesaal hat eine starke Absorptionswirkung. Damit kann es die Akustik eines Raums erheblich beeinflussen. Die Absorption wirkt bereits von 200 bis 500 Hz an aufwärts und erreicht für höhere Frequenzen Werte, die denen von Akustikplatten vergleichbar sind *(Abb. 1/15)*. Bei einer Ausstattung mit

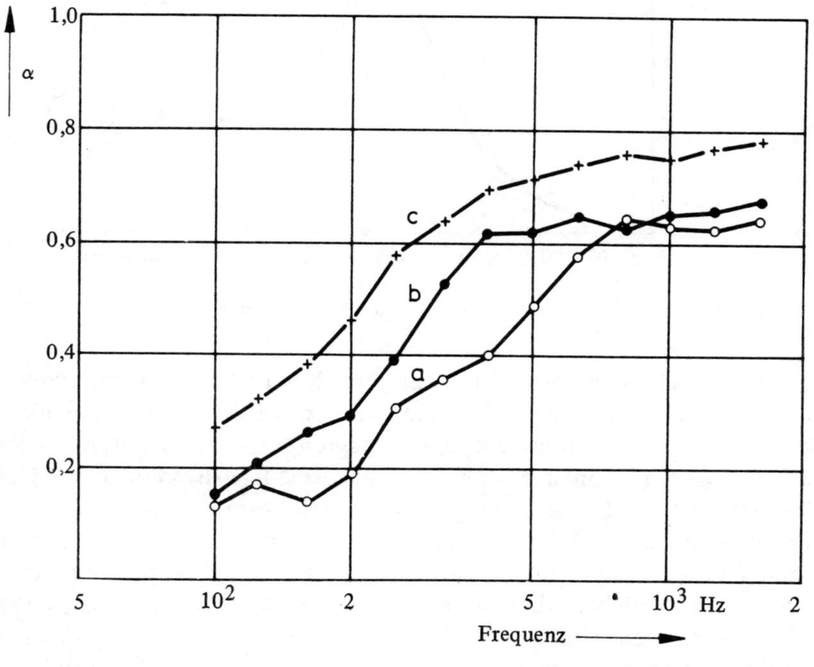

Abb. 1/15. Absorptionswirkung von Publikum
a) Personen auf Holzstühlen nach [1.15]; b) Polsterstühle ohne Personen; c) Polsterstühle mit Personen.

Polsterstühlen ist der Unterschied in der Akustik von besetztem und unbesetztem Saal nicht sehr groß, bei Verwendung von Holzstühlen oder Bänken hingegen kann sich die Akustik durch das Publikum grundlegend verändern; dies trifft insbesondere für Kirchen zu, vor allem, wenn sie relativ klein sind. [1.14], [1.15], [1.16]

In relativ unbedämpften Räumen mit viel Publikum bestimmt die Absorption des Publikums weitgehend die Nachhallzeit, so daß in solchen Räumen in erster Linie das Raumvolumen pro Hörer die Nachhallzeit ergibt. Bei 8–9 m^3 pro Zuhörer wird sich eine Nachhallzeit von etwa 2 s ergeben, bei 6–7 m^3 pro Hörer wird sie bei etwa 1,5 s liegen.

Mittenabsorber

Durch konstruktive Maßnahmen an Höhenabsorbern, wie vergrößerter Wandabstand, größere Schichtdicke und perforierte Abdeckung des Absorbers, wird ein

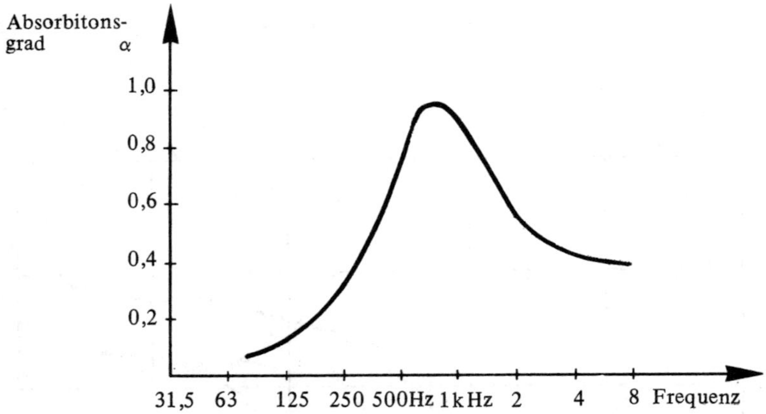

Abb. 1/16. Typischer Absorptionsverlauf eines Helmholtz-Mittenabsorbers.

Höhenabsorber auch im mittleren Frequenzbereich um 500 Hz wirksam. Seltener werden spezielle Mittenabsorber, sog. Lochabsorber, verwendet, gelochte oder geschlitzte Platten vor einem Hohlraum, dessen Begrenzungsflächen teilweise mit Fasermaterial belegt sein können. Man bezeichnet solche Konstruktionen als „Helmholtz-Resonatoren", da sie als schwingungsfähiges, lufterfülltes Hohlraum-System mit einer Eigenfrequenz, bei der die Absorption am stärksten ist, wirken. Die Lage der Frequenz größter Absorption kann durch die Konstruktion gewählt werden. *Abb. 1/16* zeigt den typischen Absorptionsverlauf eines Helmholtz-Mittenabsorbers. Helmholtz-Resonatoren wirken relativ schmalbandig; die Auskleidung des Hohlraums macht die Absorption breitbandiger.

Tiefenabsorber

Tiefenabsorber bestehen hauptsächlich aus Sperrholzplatten, die auf einem Lattenrahmen einigermaßen luftdicht vor eine Wand montiert werden. Der Zwischenraum zwischen Sperrholz und Wand wird mit schalldämpfenden Faserstoffen ausgefüllt. Die Schallwelle bringt die Holzplatte zum Schwingen, durch innere Reibung des Holzes und durch die Dämpfung der bewegten Luft im Fasermaterial wird dieser Schwingung Energie entzogen. Tiefenabsorber sind wie Mittenabsorber Resonanzsysteme, die Resonanzfrequenz nimmt mit zunehmendem Flächengewicht der schwingenden Platte (Masse/Fläche) und mit größer werdendem Wandabstand ab. Die Resonanzfrequenz wird zwischen etwa 70 und 300 Hz gelegt, je nach den jeweiligen raumakustischen Anforderungen *(Abb. 1/17)*. Durch aufgesetzte Gewichte kann die Resonanzfrequenz verändert werden. So können etwa die Holzkassetten einer Decke unterschiedlich abgestimmt werden; damit kann die Gesamtabsorption auf einen breiten Frequenz-Bereich ausgedehnt werden. Bei entsprechender Dimensionierung können auch Helmholtz-Resonatoren als Tiefenabsorber verwendet werden.

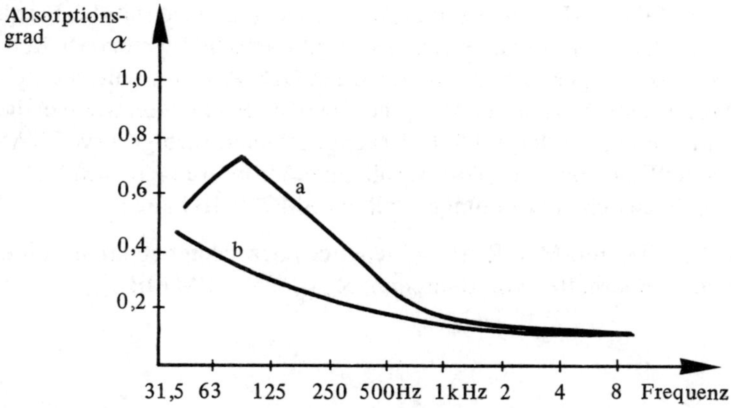

Abb. 1/17. Typischer Absorptionsverlauf eines Tiefenabsorbers, a) Plattenabsorber, b) nicht hinterpolsterte Platte.

Bei Platten, die frei im Raum schwingen (aufgehängte Decken, Fenster, Türen), sinkt die Resonanzfrequenz wegen der fehlenden Federwirkung, die sonst durch das eingeschlossene Luftpolster entsteht, so tief ab, daß sich ein gleichmäßiger Verlauf der Absorptionskurve einstellt *(Abb. 1/17b).*

Besetzte oder unbesetzte Saalbestuhlung kann – je nach Konstruktion der Stuhllehnen – auch als Tiefenabsorber wirken, der bei etwa 130 bis 170 Hz eine Pegelabsenkung von 15–20 dB hervorruft (Abstand Schallquelle–Meßort etwa 20–25 m) [1.18, S. 171 ff.].

Schalldämmung

Mit Schalldämmung bezeichnet man die Fähigkeit von Baumaterialien, den Durchgang von Schall durch Wände und Decken eines Raumes zu hemmen. Ein Maß für die Schalldämmung ist das Schallisolationsmaß (DIN 1320) oder Schalldämm-Maß R (DIN 4109). Hierunter versteht man das in dB angegebene Verhältnis der auf eine Wand auftreffenden Schallintensität I_1 oder des Schalldrucks p_1 zur gesamten durchgelassenen Schallintensität I_2 bzw. zum gesamten durchgelassenen Schalldruck p_2 (DIN 52 210):

$$R = 10 \lg \frac{I_1}{I_2}$$

$$R = 20 \lg \frac{p_1}{p_2}$$

R = Schalldämm-Maß [dB]
I_1 = auf eine Wand auftreffende Schallintensität [W/m²]
I_2 = gesamte durch die Wand durchgelassene Schallintensität [W/m²]
p_1 = auf eine Wand auftreffender Schalldruck [Pa]
p_2 = gesamter durch eine Wand durchgelassener Schalldruck [Pa]

Die Schalldämm-Maße sind frequenzabhängig, sie steigen meist mit der Frequenz erheblich an. Um dennoch mit einer einzigen Zahl das Schalldämmverhalten von Wänden, Decken usw. angeben zu können, wird in DIN 4109 das Luftschallschutzmaß LSM definiert. Der Wert des LSM – angegeben in dB – gibt an, wie sich die gemessene Schalldämmung zu der in DIN 4109 angegebenen Bezugskurve im Mittel verhält. LSM = 0 dB bedeutet, daß die Schalldämmanforderungen nach DIN 4109 erfüllt sind; Wände zwischen Wohnungen sollen LSM $\geqq$ 0 dB haben.

Das bewertete Schalldämm-Maß R_w (w = weighted) bezeichnet ebenfalls mit einer Zahl das Schalldämmverhalten von Bauteilen: $R_w = 52 + \text{LSM}$ [dB].

Tab. 1/4. Schalldämm-Maße verschiedener Materialien.

Material, Dicke	Schalldämm-Maß in dB
Blocksteine, 25 cm	49–54
Kalksandstein, 12 cm (20 cm)	46–50 (50–55)
Beton, 12 cm (20 cm)	47–52 (53–59)
Gipsplatten, 6 cm (10 cm)	30–34 (36–40)
Holzspanplatten, 1 cm (4 cm)	17–20 (26–30)
Backsteinwand, 11 cm, verputzt	44–48
leichte Zimmertür	10–20
schalldämmende Spezialtür	30–40
doppelverglaste Fenster	20–30
schallhemmendes Spezialfenster	30–40

Gute Schalldämmung gegen Luftschall ergeben luftdichte, schwere und harte Materialien wie Stein und Holz. Das Schalldämm-Maß hängt in erster Linie von der Masse einer Trennwand ab. Aus diesem Grunde sind die meist sehr leichten Akustikplatten und andere Absorber schlechte Dämmstoffe. Eine wesentliche Verbesserung der Schalldämmung ergeben zweischalige Konstruktionen.

Körperschall, der durch das Mitschwingen von Konstruktionsteilen weitergeleitet wird, wird durch schallweiche, elastische Zwischenteile (Gummi, Kork) gedämpft. Eine häufig störende Form des Körperschalls ist der Trittschall. Er wird als Körperschall durch elastische Schichten bedämpft, also durch den sog. schwimmenden Estrich – eine harte Platte auf einer elastischen Schicht – und Teppichboden. Als Luftschall kann Trittschall z. B. durch abgehängte Decken vermindert werden.

Bei schräg einfallenden Schallwellen auf eine Wand tritt der sog. „Koinzidenzeffekt“ auf. Bei einer bestimmten Frequenz sinkt hierbei das Schalldämm-Maß stark ab, was sich wie eine Wandresonanz auswirkt [1.1, S. 377], [1.13, S. 207].

1.2 Raumakustik

Die Raumakustik befaßt sich mit den akustischen Erscheinungen in geschlossenen Räumen. [1.7], [1.9], [1.13], [1.18], [1.19], [1.20], [1.100]

1.2.1 Der zeitliche Aufbau des Schallfeldes

Strahlt eine Schallquelle in einem Raum allseitig einen Schallimpuls ab, so wird dieser von den Raumbegrenzungsflächen und von den Gegenständen im Raum in Abhängigkeit vom Material und der geometrischen Form der Gegenstände reflektiert, absorbiert oder gebeugt; dabei kann der Schall auch zerstreut oder gebündelt werden. Dadurch treffen am Hörort nach dem Direktschall zunächst einige einzelne Reflexionen, die sog. „ersten Reflexionen" ein, deren Verzögerung, Stärke und Einfallsrichtung für das Hörereignis von Bedeutung sind. Die Folge der Reflexionen verdichtet sich rasch und bildet den Nachhall, der daher mit einer Verzögerung gegenüber dem Direktschall einsetzt *(Abb. 1/18)*. Im allgemeinen ist die Dauer und Stärke des Nachhalls überall im Raum gleich. Die Gesamtheit des reflektierten Schalls stellt das im Idealfall gleichmäßig den Raum erfüllende „diffuse Schallfeld" dar, das dadurch gekennzeichnet ist, daß es keine Vorzugsrichtung der Schallausbreitung enthält. Das diffuse Schallfeld baut sich um so schneller auf, je kleiner der Raum ist, d. h. je häufiger der Schall pro Zeiteinheit reflektiert und gebeugt wird. Wenn ein Raum viele Streukörper, Säulen usw. aufweist, bzw. Wände und Decke eines Raumes nicht eben, sondern strukturiert sind, ist die Gleichmäßigkeit des Diffusschallfelds am größten [1.55]. Dabei müssen die streuenden Flächen und Körper in ihren Abmessungen groß gegenüber der Wellenlänge des zu reflektierenden Schalls sein. Eine z. B. in Form von Kassetten strukturierte Wand kann daher gleichzeitig für tiefe Frequenzen wie eine große, ebene Fläche wirken, während der Schall bei höheren Frequenzen diffus gestreut wird. Hohlflächen wirken stets schallsammelnd und beeinträchtigen die Diffusität des Schallfelds.

Ein gleichmäßig über den Raum verteiltes, wirklich diffuses Schallfeld kann sich nur bei breitbandigem, impulshaltigem Schall (z. B. Sprache, Musik, Rauschen) aufbauen. Besteht dagegen der Schall aus sinusförmigen Dauertönen oder stationärem, schmalbandigem Rauschen, so bilden sich auch in schiefwinkligen Räumen, auch bei strukturierten Raumbegrenzungsflächen, stehende Wellen, deren Druckmaxima und -minima ortsfest an bestimmten Raumpunkten sind und beim Abschreiten des Raumes leicht zu lokalisieren sind. Solche stehenden Wellen treten besonders in kleineren Räumen und bei tiefen Frequenzen auf. Wenn sie bei der Aufnahme stören, kann oft durch eine kleine Verschiebung des Mikrofons aus dem Druckmaximum oder -minimum Abhilfe geschaffen werden.

Bei andauernden Schallsignalen, nicht nur bei Rauschen und Sinustönen z. B., sondern vielfach auch bei Musik, ergibt sich ein anderer zeitlicher Aufbau des diffusen Schallfelds. Der Schalldruck steigt bei Einschalten einer Schallquelle im diffusen

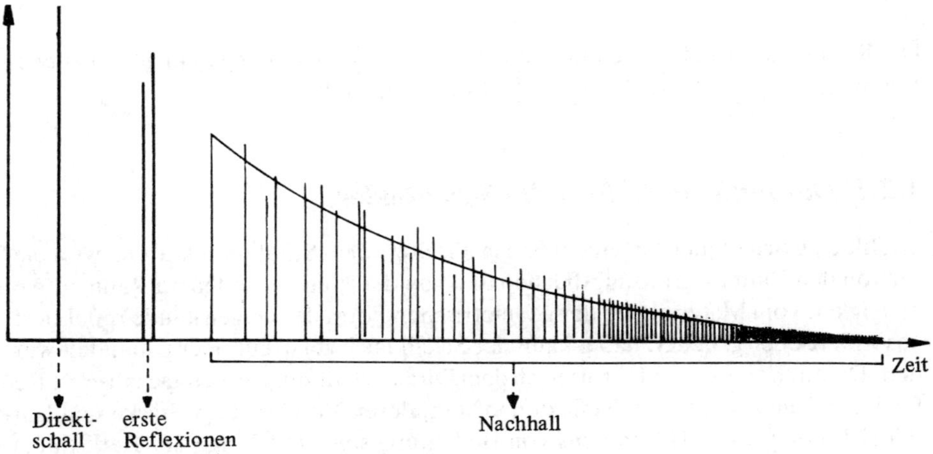

Abb. 1/18. Zeitliche Folge der Reflexionen in einem Raum bei Impulsschall.

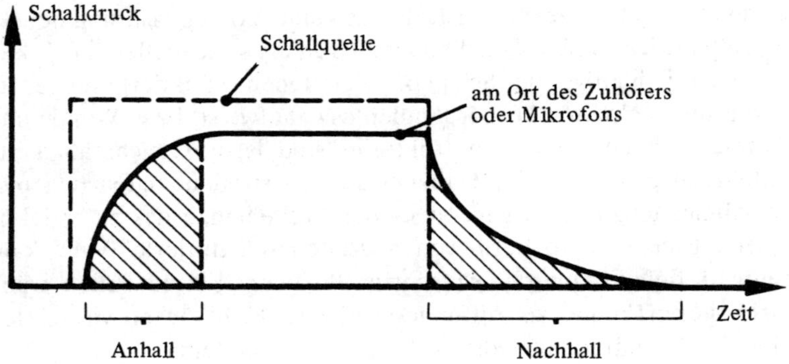

Abb. 1/19. Zeitlicher Auf- und Abbau des Schalldrucks im diffusen Schallfeld bei Dauerschall.

Feld erst auf seinen endgültigen Wert an und bildet damit den sog. Anhall, der einen Klangeinsatz weich oder hart wirken läßt; kurzer Anhall macht den Klangeinsatz prägnant bis hart, langer Anhall weich bis verschwommen. Nach Abschalten der Schallquelle schließt sich wie bei Impulsschall der abklingende Nachhall an *(Abb. 1/19)*.

Zur akustischen Raumgestaltung gehören vor allem folgende Aufgaben: Gute Abstrahlmöglichkeit der Schallquelle, geeignete Lenkung und Verzögerung der ersten Reflexionen (siehe 1.2.3), optimale Gestaltung der Nachhallzeit und ihrer Frequenzabhängigkeit einschließlich der Realisierung einer guten Diffusität des Nachhalls, d.h. gleichmäßige Verteilung der Hallenergiedichte (siehe 1.2.4).

1.2.2 Begriffe der Hörakustik

Für die subjektive Beschreibung der Hörakustik eines Raums werden die folgenden Begriffe verwendet [1.21], [1.22], [1.23], [1.24], [1.25], [1.57]:

Hörsamkeit eines Raums ist ganz allgemein die Eignung eines Raumes für bestimmte Schalldarbietungen. Gute Hörsamkeit eines Raums für Sprachdarbietungen besagt z. B., daß ohne Benutzung elektroakustischer Verstärkung eine gute Sprachverständlichkeit an allen Plätzen des Raums gewährleistet ist.

Durchsichtigkeit kennzeichnet bei Musikdarbietungen trotz überlagertem Raumschall als Zeitdurchsichtigkeit die Unterscheidbarkeit zeitlich aufeinanderfolgender Töne und als Registerdurchsichtigkeit die Unterscheidbarkeit gleichzeitig gespielter Instrumente oder Instrumentengruppen oder deren Register (Tonhöhenbereiche). Die Durchsichtigkeit bezeichnet also die Klarheit einer Musikdarbietung, sie ist vergleichbar der Wortverständlichkeit bei Sprachdarbietung. Schallreflexionen, die bei Musik bis spätestens 80 ms nach Beginn des Schallereignisses eintreffen, erhöhen die Durchsichtigkeit und die Empfindung der Räumlichkeit, spätere Reflexionen mindern die Durchsichtigkeit und erhöhen die Halligkeit. Für Sprache ist diese Zeitgrenze bei 50 ms anzusetzen.

Raumeindruck ist die Hörempfindung, die man in einem teilweise (Hof) oder ganz umschlossenen Raum beim Erklingen eines Schallereignisses von dem Raum hat. Der Raumeindruck hat mehrere Komponenten: 1. die Empfindung, im gleichen Raum wie die Schallquelle zu sein, nicht – wie z. B. bei Stereowiedergabe – durch ein Fenster in den Aufnahmeraum hineinzuhören, 2. die Empfindung von der Grö-

Tab. 1/5. Begriffe der Hörakustik.

Begriff	Unterbegriffe	Kurzdefinition
Hörsamkeit	1. Sprachhörsamkeit 2. Musikhörsamkeit	Akustische Eignung eines Raums für Sprach- (1) bzw. Musikdarbietung (2)
Durchsichtigkeit	1. Registerdurchsichtigkeit 2. Zeitdurchsichtigkeit	Klarheit einer akustischen Darbietung durch Unterscheidbarkeit gleichzeitiger (1) bzw. aufeinanderfolgender Schallereignisse (2)
Raumeindruck	1. Einbezogensein des Hörers 2. Raumgröße 3. Halligkeit 4. Räumlichkeit	Empfindung von Größe und Ausgestaltung eines Raumes

ße – insbesondere Breite und Tiefe – des Raums, 3. die Empfindung der Halligkeit, d. h. die Tatsache, daß außer dem Direktschall Diffusschall vorhanden ist, der nicht als Wiederholung des Direktschalls wahrgenommen wird, 4. die Empfindung der Räumlichkeit, d. h. die Wahrnehmung, daß der Raum eine größere Ausdehnung als die Schallquelle besitzt. Im Gegensatz zur Halligkeit ist das Echo eine Wiederholung eines Schallereignisses; es gibt dem Hörer über die Entfernung einer weiter entfernten Wand Auskunft. *Tab. 1/5* faßt die Begriffe der Hörakustik zusammen.

1.2.3 Direktschall und erste Reflexionen

Die ausreichende Versorgung der Hörer mit Direktschall ist eine Grundbedingung für gute Hörsamkeit in Räumen für Sprach- und Musikdarbietung. Optische Sichtverbindung ist noch keine ausreichende Bedingung für die notwendige Direktschallversorgung; der Anteil an Direktschall im Schallfeld muß denjenigen an Diffusschall übertreffen oder die ersten, wenig verzögerten Reflexionen müssen in ihrer Gesamtheit stark genug sein, um ein klares Klangbild vor dem Hintergrund des Diffusklangs zu zeichnen.

Die Stärke und Verzögerung der ersten Reflexionen beeinflußt das Hörereignis in verschiedener Weise [1.18], [1.27], [1.28], [1.29]. Alle Reflexionen erhöhen die Lautstärke des Direktschalls, die Deutlichkeit aber nur dann, wenn sie um weniger als 50 ms (entsprechend 17 m Umweg) verzögert sind. Frühe Reflexionen mit einer Verzögerung von 0,8 ms bis etwa 20 ms (entsprechend 0,3 m bis 7 m Umweg) verursachen bei der Tonaufnahme gleichzeitig eine unangenehme Klangfärbung, die durch Summierungen und Auslöschungen zwischen Direktschall und Reflexionen entsteht; sie stören also bei Tonaufnahmen und sind möglichst zu unterdrücken [1.34]. Dies betrifft Reflexionen mit einem Umweg von weniger als 7 m. Reflexionen mit einer Laufzeitdifferenz von 20 ms bis 50 ms (entsprechend 7 m bis 17 m Umweg) bestimmen die empfundene Raumgröße; ein Raum erscheint um so größer, je mehr die erste Reflexion verzögert ist, um so kleiner und enger, je früher sie eintrifft.

Außer der Verzögerung haben Richtung und Stärke der ersten Reflexionen erheblichen Einfluß: seitlich einfallender Schall wird deutlicher gehört und hat sich für das Hörereignis als günstiger erwiesen als vertikal oder von hinten einfallender Schall. Die Reflexionen an den Seitenwänden vergrößern die Räumlichkeit einer Darbietung, d. h. die Empfindung, daß z. B. ein Soloinstrument auf der Bühne für den Hörer akustisch nicht punktförmig, sondern ausgedehnt erscheint. Weniger wahrnehmbar sind Reflexionen, die aus derselben Richtung wie der Direktschall kommen. Der Pegel einer Reflexion darf bei Sprache bis zu 10 dB über dem des Direktschalls liegen, ohne daß sie die Ortung des Direktschalls stört [1.26], [1.31], [1.35]. Je größer die Verzögerung ist, um so eher werden die Reflexionen wahrgenommen. Deutliche Einzelreflexionen mit einer Verzögerung von mehr als 50 ms werden als störendes Echo wahrgenommen. Der Einfluß von ersten Reflexionen, d. h. ihr po-

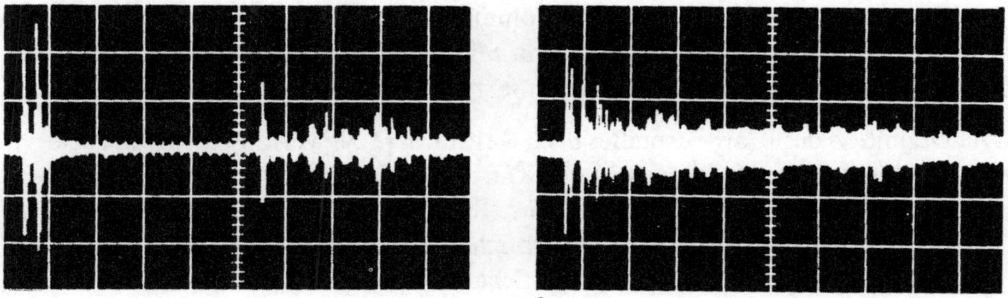

a b

Abb. 1/20. Reflektogramme von Räumen unterschiedlicher Hörsamkeit, nach [1.5], a) schlechte Hörsamkeit durch starke Einzelreflexion nach Reflexionslücke, b) gute Hörsamkeit durch gleichmäßig abnehmende Reflexionsfolge ohne herausragende Einzelreflexionen. Das Zeitraster beträgt 10 ms.

sitiver oder negativer Beitrag zur Hörsamkeit bei Musikdarbietungen hängt in sehr starkem Maße von der Art der Musik ab [1.30], [1.32], [1.33], [1.36], [1.89].

Zur Beurteilung der Reflexionen in einem Raum werden sog. Reflektogramme aufgenommen, auch Echogramme oder Impulsantworten eines Raums genannt. Dabei wird der Schalldruck in Abhängigkeit von der Zeit nach einer Impulsanregung, z. B. durch einen Pistolenschuß, dargestellt. Störende Einzelreflexionen können so leicht identifiziert werden [1.37]. *Abb. 1/20* zeigt Reflektogramme eines Raumes mit guter (a) und eines Raumes mit schlechter Hörsamkeit (b).

Um die Sprachverständlichkeit bzw. die Durchsichtigkeit und den Raumeindruck bei Musikwiedergabe zu verbessern, werden die ersten Reflexionen nach den Gesetzen der Schallreflexion auf die Hörerplätze geleitet (siehe 1.1.2), wobei auch spezielle freihängende Reflektoren Verwendung finden. Wichtig für eine gute Verständigung der Musiker untereinander sind die Deckenreflexionen über dem Podium. [1.70], [1.71]

Deutlichkeitsgrad, Klarheitsmaß

In Zusammenhang mit der Bewertung des Reflektogramms eines Raums wurde von Thiele der Begriff der Deutlichkeit eingeführt. Die für die Hörsamkeit eines Raums wichtigen Reflexionen treffen innerhalb von 100 bis 200 ms nach dem Direktschall beim Hörer ein. Reflexionen mit einer Verzögerung bis 50 ms erhöhen dabei die Silbenverständlichkeit oder Deutlichkeit der Sprache. Setzt man die Schallenergie, die innerhalb dieser 50 ms eintrifft, zur gesamten eintreffenden Schallenergie ins Verhältnis, so erhält man die Definition der Deutlichkeit in Prozentwerten ausgedrückt. Hohe Deutlichkeit entspricht einer hohen Silbenverständlichkeit, Musik läßt sie aber trocken wirken. Zwischen der physikalisch definierten Deutlichkeit an einem Ort im Raum und der subjektiv erfaßten Durchsichtigkeit läßt sich kein enger Zusammenhang feststellen; deshalb sollte besser von „Deutlichkeitsgrad" oder „50-ms-Energieanteil" gesprochen werden. [1.5], [1.37].

Der Begriff des Anhalls (siehe 1.2.4) kommt zu einer vergleichbaren Definition bei der Betrachtung des Klangeinsatzes von Musik. Eine Deutlichkeit unter 50% entspricht demnach einem harten Klangeinsatz, von über 50% einem weichen.

Die Definition des Klarheitsmaßes nach Reichardt [1.58] verfolgt ähnliche Ziele wie der Deutlichkeitsgrad. Danach ist das Klarheitsmaß definiert als zehnfacher Logarithmus des Verhältnisses der bis 50 ms (Sprachklarheitsmaß, Deutlichkeitsmaß) bzw. 80 ms (Musikklarheitsmaß, Durchsichtigkeitsmaß) eintreffenden Schallenergie zur gesamten danach eintreffenden Schallenergie. Wenn die Werte positiv sind, ist die Deutlichkeit der Sprache bzw. die Durchsichtigkeit der Musik ausreichend.

1.2.4 Hall

Hall als Oberbegriff ist der gesamte diffuse Schall in einem Raum. Wird eine Schallquelle in einem Raum plötzlich eingeschaltet, so baut sich das diffuse Feld erst danach als Anhall auf, es begleitet dann das Schallereignis als Mithall und klingt nach Abschalten der Schallquelle als Nachhall ab. Dabei haben die verschiedenen Schallfeldgrößen einen unterschiedlichen Verlauf *(Abb. 1/21)*. Die Lautstärkeempfindung entspricht weitgehend dem Schalldruckpegel.

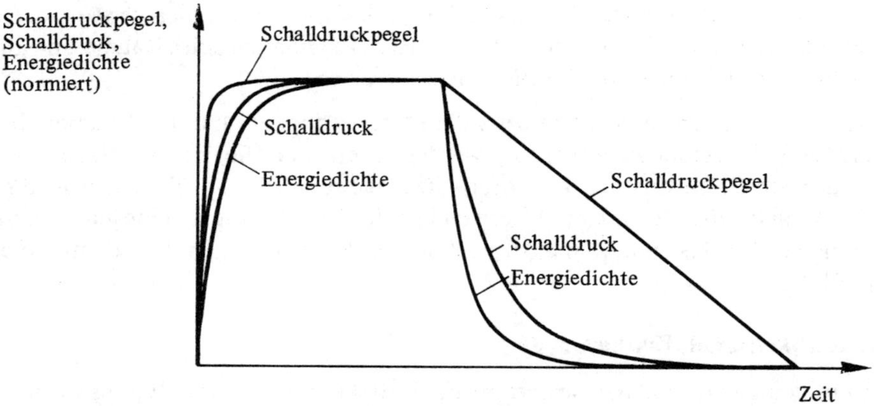

Abb. 1/21. Darstellung des Nachhalls für Schalldruckpegel, Schalldruck und Energiedichte.

Nachhall – die wichtigste Erscheinungsform des Halls – ist die Abnahme des Schallfelds in einem Raum nach Abschalten der Schallquelle, d. h. das Abklingen des diffusen Schallfeldes, das im Idealfall unabhängig vom Ort und von der Richtung den Raum gleichmäßig erfüllt [1.7]; in der Hörakustik ist Nachhall das Leiserwerden des Hörereignisses nach Abschalten der Schallquelle. Je länger der Nachhall dauert, um so besser verteilt sich der Schall im allgemeinen auf alle Raumpunkte und auf alle Richtungen. Die Schallenergie nimmt dann exponentiell ab, der Schalldruckpegel linear. Die Abnahme der Schallenergie erfolgt um so schneller, je größer die Absorption der Raumbegrenzungen ist und je häufiger die Schallstrahlen reflektiert werden, d. h. also je kleiner ein Raum ist.

Die Energiedichte E des diffusen Schallfeldes hängt von dem Absorptionsvermögen A und der zugeführten Schalleistung P ab, steigt proportional mit der Nachhallzeit T und sinkt mit zunehmendem Raumvolumen V:

$$E = \frac{4\,P}{c \cdot A} = \frac{P \cdot T}{13{,}8\,V}$$

E = Energiedichte oder Schalldichte [$W \cdot s/m^3$]
P = von der Schallquelle abgestrahlte Leistung [W]
A = Absorptionsvermögen des Raumes [m^2]
c = Schallgeschwindigkeit [m/s]
= Nachhallzeit [s]
V = Volumen des Raumes [m^3]

Nachhallzeit

Nach dem Vorschlag des Akustikers Sabine (1868–1919) wird unter der Nachhallzeit T derjenige Zeitabschnitt – gemessen in s – verstanden, innerhalb dessen nach Abschalten einer Schallquelle die Schallenergie in einem Raum auf den millionsten Teil abfällt. Diesem Energieabfall entspricht ein Abfall des Schalldrucks auf 1/1000 bzw. des Schalldruckpegels um 60 dB *(Abb. 1/22).*

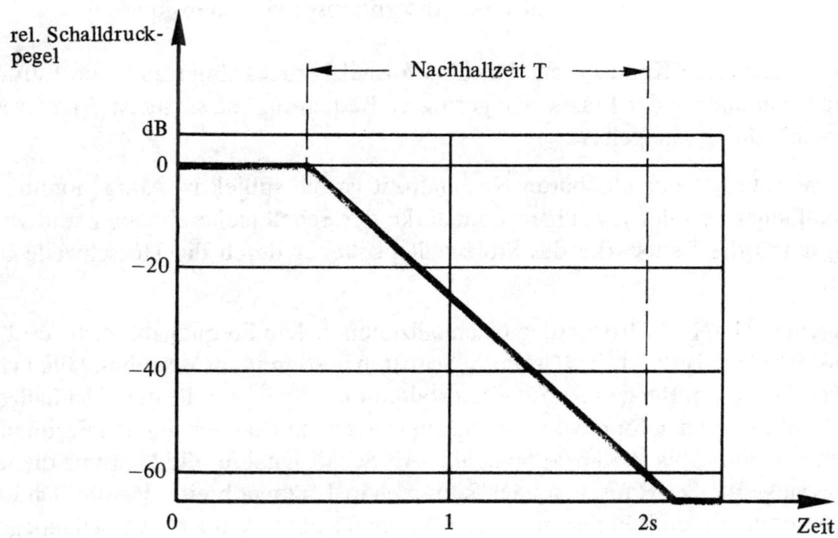

Abb. 1/22. Definition der Nachhallzeit durch den Abfall des Schalldruckpegels nach Abschalten der Schallquelle.

Die Nachhallzeit kann berechnet oder gemessen werden. Für die Berechnung wird am häufigsten die relativ einfache sog. Sabinesche Nachhallformel verwendet; sie wurde von Sabine empirisch gefunden, von Jäger dann auch aus Energiebetrachtungen theoretisch abgeleitet. Die Formel gilt insbesondere für längere Nachhallzeiten. Demnach ist die Nachhallzeit um so länger, je größer der Raum ist und je geringer die Absorption der Raumbegrenzungen ist. Da das Volumen eines Raums mehr zunimmt als die gesamte Oberfläche, haben größere Räume bei gleicher Beschaffenheit der Begrenzungsflächen längere Nachhallzeiten als kleinere. Die Anzahl der Reflexionen pro Zeiteinheit sinkt mit der Raumgröße, weil die Wege dazwischen größer werden.

$$T = 0{,}163 \frac{V}{A}$$

T = Nachhallzeit [s]
V = Raumvolumen [m^3]
A = Absorptionsvermögen [m^2]

Bei vollständiger Absorption (A = 1) wird die Nachhallzeit nicht 0. Von diesem Widerspruch ausgehend hat Eyring 1930 eine genauere Formel abgeleitet. Die sog. Eyringsche Nachhallformel gilt auch bei kürzeren Nachhallzeiten. Dabei wird in der Sabineschen Formel das Absorptionsvermögen A ersetzt durch

$$A = -S \cdot \ln(1-\alpha_m)$$

A = Absorptionsvermögen [m^2]
S = Gesamtoberfläche des Raums [m^2]
α_m = mittlerer Absorptionsgrad [dimensionslos]

Die noch genauere Knudsensche Nachhallformel berücksichtigt auch die Luftabsorption, hat aber in der Praxis eine geringere Bedeutung, da sie meist genauer als entsprechende Messungen ist.

Im Gegensatz zur nur meßbaren Nachhallzeit ist die subjektiv wahrgenommene Nachhalldauer von der jeweiligen Lautstärke der Schallquelle abhängig und wird häufig durch die Lautstärke des Störschalls, seltener durch die Hörschwelle begrenzt.

Normgemäß (DIN 52 216) werden Nachhallzeiten in dem Frequenzbereich von 125 Hz bis 4,0 kHz in Terz-, d. h. 1/3-Oktav-Schritten bestimmt, in Ausnahmefällen von 100 Hz bis 6,3 kHz. Bei den Rundfunkanstalten wird die Kontrolle der Nachhallzeiten in Studios und den für die Tonproduktion wichtigen Räumen auf den Frequenzbereich von 50 Hz bis 10 kHz ausgedehnt. Als Schallsignal für die Messung dienen vorzugsweise Weißes Rauschen oder Rauschen in Terzbandbreite. Pistolenschüsse werden nur in großen Räumen mit langer Nachhallzeit verwendet. Der Schallpegelverlauf beim Nachhallvorgang wird mit einem Pegelschreiber aufgezeichnet *(Abb. 1/23)*. Zur Auswertung wird die mittlere Steigung der Kurve ermittelt. Dabei wird normgemäß nur der Bereich zwischen –5 und –35 dB ausgewertet. [1.45], [1.46]

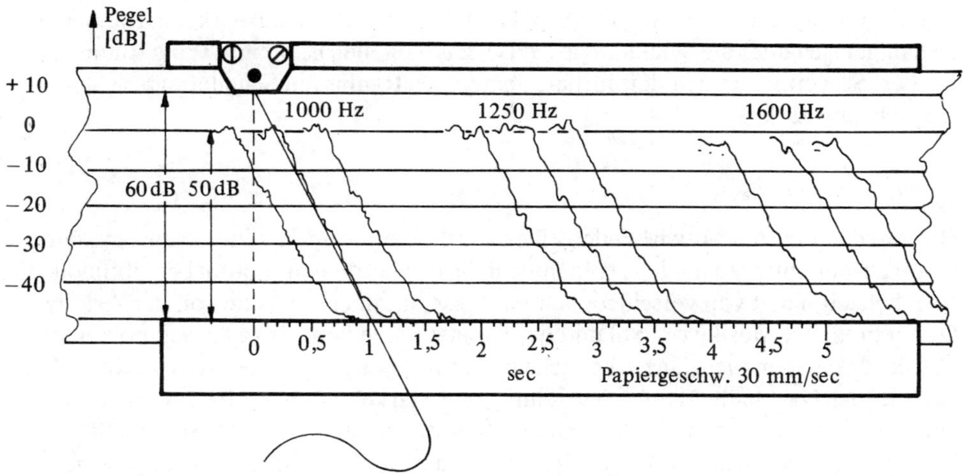

Abb. 1/23. Nachhallkurven aus einer praktischen Messung und Auswertschiene nach W. Gerber.

Abb. 1/23 zeigt als Beispiel die Pegelverläufe des Nachhalls aus Messungen mit Rauschen in Terzbreite als Schallsignal (Mittenfrequenz 1000, 1250 und 1600 Hz). Wegen der statistischen Unsicherheit werden die Messungen mehrfach wiederholt. Die Steilheit der Nachhallkurven ist ein Maß für die Nachhallzeit. Sie kann z.B. mit einer Auswertscheibe oder – wie hier im Bild – mit einer Auswertschiene abgelesen werden (hier ist $T \approx 1$ s). Spezielle Meßgeräte drucken die Nachhallkurve oder geben die Nachhallzeiten aus [1.96]. Man unterscheidet bei der Nachhallzeit von Zuhörerräumen drei verschiedene Zustände (DIN 52 216): 1. unbesetzter Zustand, 2. Studiozustand (nur Orchester in üblicher Stärke), 3. besetzter Zustand (mit 80–100% Publikumsbesetzung).

Anfangsnachhall

Da bei der Darbietung von Musik besonders der Beginn des Abklingvorgangs bestimmend ist für die Wahrnehmung der Raumakustik – das weitere Ausklingen wird meist durch neue Schallereignisse überdeckt –, wurde die sog. Anfangsnachhallzeit gesondert definiert; dabei wird der Pegelbereich der Nachhallkurve zwischen 0 und –15 dB (Initial Reverberation Time), zwischen 0 und –20 dB (nach Kürer und Kurze) oder zwischen 0 und –10 dB (Early Decay Time, EDT, nach Jordan) ausgewertet.

Nachhalldauer

Die Dauer des Abklingvorgangs, der bei Abschalten eines Schallereignisses tatsächlich wahrgenommen wird, stimmt nur in Ausnahmefällen mit der Nachhallzeit überein. Deshalb wird als Nachhalldauer die Zeitspanne definiert, innerhalb der ein Nachhallvorgang hörbar ist. Die Nachhalldauer hängt vom Schallpegel der Schallquelle, von deren spektraler Zusammensetzung sowie vom Störgeräusch im Raum ab. Dabei hat der Schallpegel in der Praxis der Tonaufnahme die größte Bedeutung.

Die Nachhalldauer nimmt mit dem Schallpegel stark zu. Deshalb wirkt ein Raum um so halliger, je lauter die Schallquelle ist. Bei leisen Stellen ist oft nur wenig Raumhall hörbar. So verändert sich der hörbare Anteil des Raums am Schallereignis ständig mit der Lautstärke.

Optimale Nachhallzeit

Die von den meisten Mitwirkenden einer Darbietung, vom Publikum bzw. von den Hörern einer entsprechenden Aufnahme in ihrer Mehrheit als optimal empfundene Nachhallzeit hängt von verschiedenen Faktoren ab: in erster Linie von der Art der Darbietung, bei Musik vom Stil und der Besetzung, ja von der Interpretation eines Musikstücks, aber auch ganz erheblich von der Raumgröße, weiterhin von der Feinstruktur des Nachhallverlaufs – Verteilung und Stärke der ersten Reflexionen, Anfangsnachhallzeit – sowie vom Frequenzgang der Nachhallzeit. Diese vielfältigen Einflüsse haben dazu geführt, daß die Nachhallzeit eines Raumes heute als nicht mehr so entscheidend angesehen wird. Da ein Raum ohnedies im allgemeinen für mehrere Darbietungsarten genutzt wird, kann es sich bei der optimalen Nachhallzeit nur darum handeln, Richtwerte für den Nachhall im mittleren Frequenzbereich anzugeben, die möglichst nicht unter- oder überschritten werden sollten. Neben physikalischen, hörpsychologischen und darbietungsbezogenen Gesichtspunkten einer optimalen Nachhallzeit hat sich auch gezeigt, daß ein gewisser Zeitgeschmack von Einfluß ist. So wurden nach dem 2. Weltkrieg kürzere Nachhallzeiten im Konzertsaal- und Studiobau gewünscht als in den 60er und 70er Jahren.

Bei Räumen mit Sprechakustik steht die Sprachverständlichkeit im Vordergrund, die kürzere Nachhallzeiten verlangt. Da aber die Lautstärke am Hörerort mit der Nachhallzeit ansteigt, muß mit steigender Raumgröße auch die Nachhallzeit etwas zunehmen. Für Sprecherräume bei Tonaufnahmen gelten die kürzesten Nachhallzeiten. Bei Konzertsälen hängt die optimale Nachhallzeit vom Stil der Musik ab; für klassische und moderne Musik werden kürzere Nachhallzeiten bevorzugt als für romantische Musik. Da aber ein Saal nicht auf bestimmte Musikstile beschränkt sein kann, müssen Durchschnittswerte gewählt werden. Für Opernhäuser gelten wegen der erforderlichen Sprachverständlichkeit kürzere Werte als in Konzertsälen. Die Nachhallzeit für Kirchen ist demgegenüber zumindest in historischen Bauwerken länger. *Tab. 1/6* gibt Richtwerte für Nachhallzeiten in verschiedenen Räumen mit unterschiedlicher Zweckbestimmung an (detaillierte Angaben hierzu siehe unten).

Frequenzabhängigkeit der Nachhallzeit

Eine wesentliche Qualität des Nachhalls bzw. des Klangs eines Raums ganz allgemein ergibt sich aus der Frequenzabhängigkeit der Nachhallzeit, die praktisch in allen Räumen gegeben ist; frequenzunabhängigen Nachhall können nur elektronische Hallgeräte liefern, ein solcher Hall kann deshalb unnatürlich wirken. Die Frequenzabhängigkeit der Nachhallzeit führt dazu, daß sich der Nachhall im Verklingen färbt bzw. daß das Diffusfeld gefärbt ist und somit eine allgemeine Klangfärbung der Dar-

Tab. 1/6. Richtwerte für optimale Nachhallzeiten nach Kuhl [1.5].

Art des Raums	optimale Nachhallzeit [s]
Sprecherstudio	0,3
Hörspielstudio	0,6
großes Fernsehstudio	0,8
Saal für Sprachdarbietungen (Vortragssaal, Theater)	0,7–1,2
Opernhaus	1,5
Konzertsaal, großes Studio für Musikaufnahmen	2,0
Kirchen	2,5–3,0

bietung zur Folge hat, sofern der Diffusanteil nicht nur klein ist. Diese Klangfärbung wird durch die Frequenzabhängigkeit der Absorber verursacht. Höcker in den Frequenzkurven sind dabei leichter zu hören als Senken [1.39]. Die Frequenzkurve des Nachhalls ändert ihre Gestalt mit dem Meßort in einem Raum in gewissem Umfang, was bei tiefen Frequenzen – z. B. Orgeltönen – zu hörbaren Klangfärbungen führen kann. [1.42], [1.43] Bei streifendem Schalleinfall über Bestuhlung und Publikum werden Frequenzen zwischen 0,5 und 1,5 kHz um bis 10 dB bedämpft. [1.95]

Räume mit vorwiegend offenliegenden Steinwänden haben die längste Nachhallzeit im Bereich tiefer Frequenzen, der Klang einer Darbietung wird dumpf. Längere Nachhallzeit im mittleren Frequenzbereich gibt dem Klang eine warme Färbung, schwingungsfähige Raumbegrenzungen wie Holzverkleidungen und Bilder fördern diesen Klangcharakter. In Aufnahmestudios und modernen Konzertsälen versucht man, die Frequenzabhängigkeit des Nachhalls relativ gering zu halten. Allen Räumen ist jedoch ein Abfall der Frequenzkurve im Bereich hoher Frequenzen gemeinsam; er wird von der Absorption der Luft verursacht. Dadurch kann die Nachhallzeit 3,1 s bei 5 kHz und 1,2 s bei 10 kHz niemals überschreiten [1.56]. Ist die Nachhallzeit mit einem einzigen Wert angegeben, so bezieht sich diese Angabe auf 500 oder 1000 Hz. *Abb. 1/24* zeigt die sich ergebenden Typen der Nachhallkurven. Bei digitalen Hallgeräten sind diese Typen der Nachhallkurven im allgemeinen in verschiedenen Abstufungen einstellbar. Der Frequenzgang des Nachhalls ist die Abhängigkeit des Nachhallpegels von der Frequenz; er kann durch Filter gestaltet werden.

Anhall

Betrachtet man die Energieverhältnisse beim Aufbau des Raumschallfelds, also beim Anhall, so ist eine Unterscheidung des Höreindrucks nach „hartem" und „weichem" Schalleinsatz sinnvoll. Harter Schalleinsatz liegt vor, wenn mehr als die Hälfte der gesamten Schallintensität bis spätestens 50 ms nach dem Einsetzen der Schallquelle beim Hörer eintrifft, weicher Schalleinsatz, wenn weniger als die Hälfte erst nach diesem Zeitabschnitt eintrifft. Harter Schalleinsatz ist der Sprachverständlichkeit und Präsenz dienlich, weicher Schalleinsatz fördert ein weiches, rundes Klang-

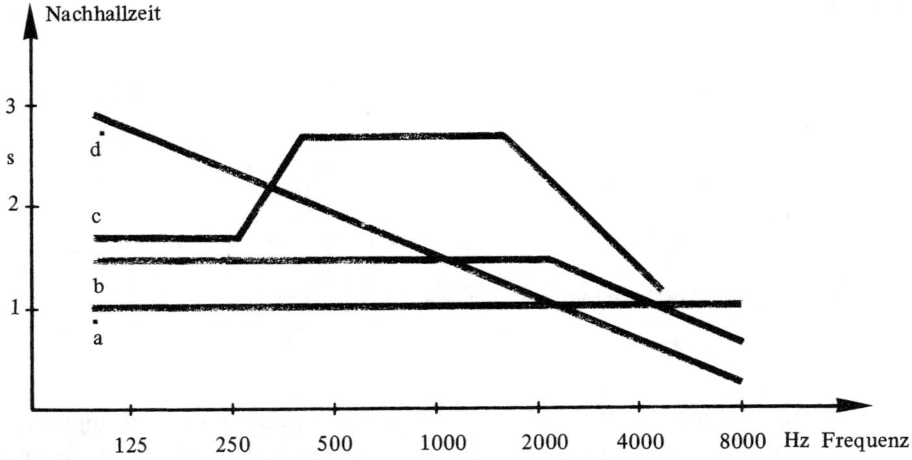

Abb. 1/24. Typen von Nachhallkurven mit verschiedenen Frequenzabhängigkeiten:
a) Nachhall unnatürlich spitz – nur mit elektronischen Hallgeräten realisierbar;
b) Nachhall klangneutral – Aufnahmestudios und moderne Konzertsäle;
c) Nachhall mittenbetont und warm – historische Säle mit Holzvertäfelung;
d) Nachhall dumpf – große Kirchen mit großen Steinflächen.

bild, insbesondere bei Musik, während es bei Sprache zur Undeutlichkeit führt. Auf dieser Unterscheidung beruht auch die Definition des Begriffs der Deutlichkeit (siehe 1.2.3). [1.47]

Hallradius

In unmittelbarer Nähe einer Schallquelle dominiert – auch in halligen Räumen – das Direktfeld über das Diffusfeld. Deshalb verringert sich im Nahbereich einer kugelförmig abstrahlenden Schallquelle der Schallpegel mit jeder Entfernungsverdoppelung um jeweils 6 dB. Demgegenüber ist der Schallpegel des diffusen Schallfeldes bei längeren Nachhallzeiten im ganzen Raum gleich. Direktes und diffuses Schallfeld überlagern sich. In einem bestimmten Abstand r_H von der Schallquelle, dem sog. Hallradius – auch Grenzradius oder Äquivalententfernung –, sind die Schalldruckpegel von direktem und diffusem Feld gleich groß. Die Summe der Schallpegel bei diesem Abstand ist um 3 dB größer als jede der beiden Komponenten *(Abb. 1/25)*. Innerhalb des Hallradius überwiegt der Direktschall mit seiner Richtungsinformation über den Ort der Schallquelle, außerhalb überwiegt das diffuse Schallfeld [1.48], [1.49]. Nach neuer Normung wird Hallradius mit Hallabstand bezeichnet.

Der Hallradius r_H nimmt mit dem Raumvolumen V zu, verringert sich aber mit zunehmender Nachhallzeit T.

$$r_H = 0{,}057 \sqrt{\frac{V}{T}}$$

r_H = Hallradius [m]
V = Raumvolumen [m^3]
T = Nachhallzeit [s]

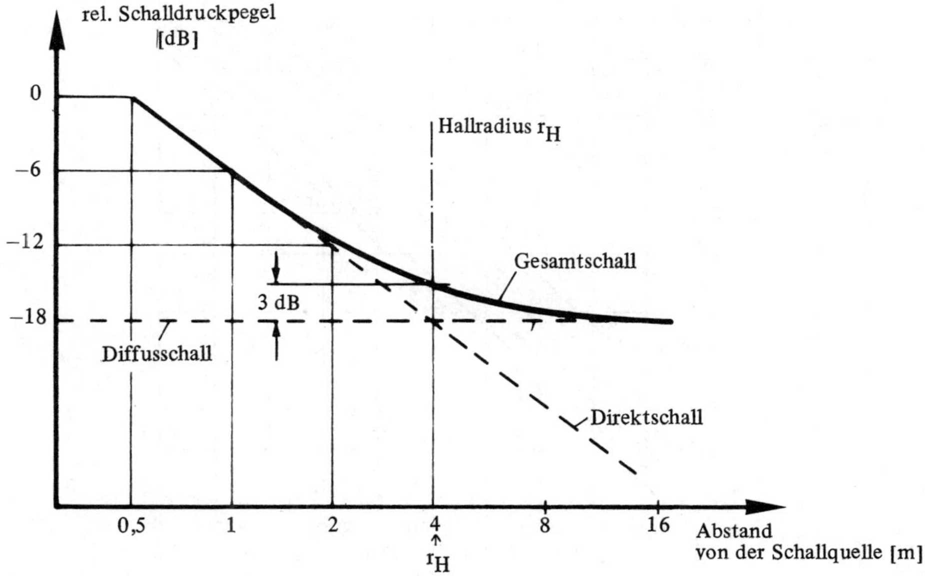

Abb. 1/25. Die Überlagerung von Direkt- und Diffusschall, Hallradius r_H.

In *Abb. 1/26* kann der Hallradius r_H für verschiedene Raumvolumina V und Nachhallzeiten T abgelesen werden.

Die sich aus der Formel bzw. *Abb. 1/26* ergebenden Hallradien sind überraschend klein. So beträgt der Hallradius in einem 120 m^3 großen Hörspielstudio mit einer Nachhallzeit von 0,35 s, also einem stark gedämpften Raum, etwa 1 m und selbst in dem 15 680 m^3 großen Sendesaal des NDR-Hannover bei einer Nachhallzeit ohne Publikum von 2,1 s nur etwa 5 m. Der Hallradius ist jedoch für allseitig gleiche Schallabstrahlung und gleichen Schallempfang definiert, Bedingungen, die in der Praxis nur selten erfüllt sind. Musikinstrumente, der Mund und Lautsprecher zeigen mit steigender Frequenz eine zunehmende Richtwirkung, die den sog. „effektiven Hallradius" $r_{H\,eff}$ frequenzabhängig vergrößert; er gilt für Tonaufnahmen mit einem ungerichteten Mikrofon:

$$r_{H\,eff} = 0{,}057\ \sqrt{\gamma} \cdot \sqrt{\frac{V}{T}}$$

$r_{H\,eff}$ = effektiver Hallradius [m]
γ = Bündelungsgrad der Schallquelle [dimensionslos]
V = Raumvolumen [m^3]
T = Nachhallzeit [s]

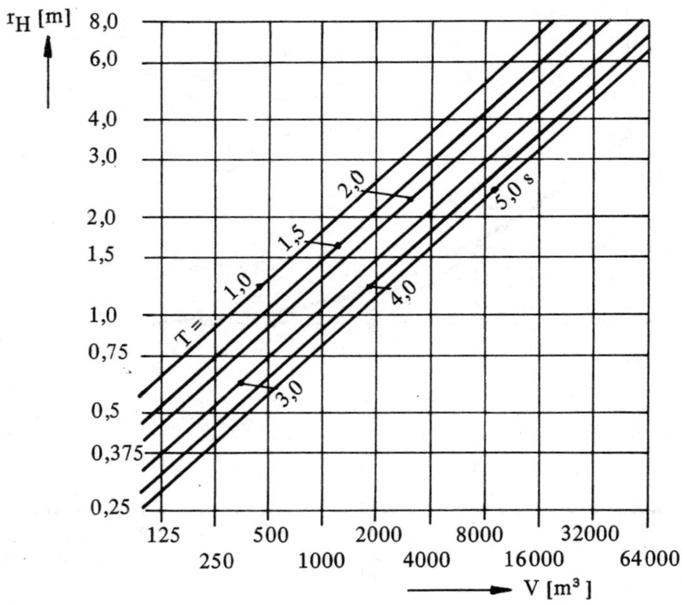

Abb. 1/26. Hallradius r_H [m] abhängig vom Raumvolumen V [m³] und von der Nachhallzeit T [s].

Bei Musikinstrumenten ist der Korrekturfaktor $\sqrt{\gamma}$ frequenzabhängig, besonders bei den Blasinstrumenten. Bei 10 kHz steigt er hier auf Werte um 5, d. h. der Hallradius vergrößert sich auf den fünffachen Wert. In der älteren Literatur wird dieser Korrekturfaktor „statistisches Richtungsmaß" genannt.

Auch durch den gerichteten Schallempfang wird der Hallradius vergrößert, bei nieren- und achtförmiger Richtcharakteristik um den Faktor 1,7, bei der Superniere um den Faktor 1,9, bei der Hyperniere um den Faktor 2, bei der Keule um einen noch etwas größeren Wert.

In der Praxis der Tonaufnahme multiplizieren sich die Korrekturen des Hallradius aus gerichteter Schallabstrahlung und gerichtetem Schallempfang. Der tatsächlich zu berücksichtigende Hallradius bei Nierenmikrofonen liegt in der Praxis damit um den Faktor 2 bis 5, bei höheren Frequenzen bis 10 über dem nach der Formel für r_H errechneten Wert.

Akustik der Aufnahmestudios und Regieräume

Die Akustik der Aufnahmestudios ist unter raum- und unter bauakustischen Gesichtspunkten zu betrachten: Bauakustische Probleme sind die Schalldämmungen gegen Außengeräusche und gegen Geräusche der Klimaanlage; es handelt sich hierbei also um störende Saalgeräusche. Raumakustische Gesichtspunkte sind u. a.:

Nachhallzeit, Frequenzgang der Nachhallzeit, Hallradius und Stärke, Verzögerung und Richtung der ersten Reflexionen. Die Anforderungen an ein Studio bzw. die günstigsten Werte der akustischen Daten eines Studios hängen von seiner Zweckbestimmung ab [1.69].

Störgeräuschpegel

Im Bereich des Hörfunks werden hohe Anforderungen an die Raumruhe der Studios und Regieräume gestellt [1.59], [1.63], [1.64], [1.66], [1.67]. Das Raumgeräusch soll in Räumen für Tonaufnahme unter dem Geräusch von geräuscharmen Mikrofonen liegen. Für tiefe Frequenzen, wo diese Anforderung unnötig scharf wäre, soll das Geräusch noch 5 dB unterhalb der Hörschwelle bleiben, um auch für Abhörlautstärken über der Darbietungslautstärke noch gewisse Reserven des Geräuschabstands zur Verfügung zu haben. Die empfohlenen Sollkurven verlaufen oberhalb etwa 100 Hz ungefähr parallel mit den durchschnittlichen Spektren leiser Sprache und Musik. Obwohl die Anforderungen zunächst nur für Studios mit leisen Darbietungen gelten, werden sie im allgemeinen auf alle Aufnahmestudios angewendet, weil Studios zu den langlebigsten Einrichtungen des Rundfunks gehören und über spätere Nutzungen kaum Vorhersagen möglich sind. Wenn z. B. auch die derzeitige Aufnahmetechnik von Popmusik mit ihren Nahfeldmikrofonen größere Raumgeräusche zulassen würde, so ist doch denkbar, daß in Zukunft auch in diesem Bereich Aufnahmetechniken und Musikstile entstehen, die hohe Anforderungen an die Raumruhe stellen. Auch die mit kompandierter Analogaufzeichnung bzw. mit Digitalaufzeichnung erzielten Qualitätsstandards der Tonaufzeichnung bestätigen die Berechtigung solch hoher Anforderungen.

In Tonregieräumen gelten dieselben Überlegungen wie in Studios. Abweichend wurden hier lediglich die Werte für tiefe Frequenzen um 5 dB höher als im Studio, also auf die Hörschwelle gelegt. In Tonträgerräumen sind die Anforderungen geringer, besonders im Bereich tiefer Frequenzen. Auch für Fernsehstudios sind die Anforderungen niedriger, weil hier auf unvermeidliche Geräusche von Geräten Rücksicht genommen werden muß.

Abb. 1/27 zeigt die für Hörfunkstudios, Fernsehstudios und Tonregieräume der deutschen Rundfunk- und Fernsehanstalten empfohlenen Grenzwertkurven des Störschalls.

Diese hohen Forderungen an die Raumruhe werden außerhalb der Rundfunkanstalten Deutschlands meist nicht gestellt [1.68].

Für Überlegungen z. B. zur möglichen Dynamik einer Aufnahme ist es nützlich, das Raumgeräusch mit einer einzigen Zahl anzugeben. Da diese Zahl die Störwirkung des Geräuschs berücksichtigen soll, muß mit einem Bewertungsfilter gemessen werden, das die Eigenschaften des Gehörs berücksichtigt, und mit einem definierten zeitlichen Verhalten der Anzeige. Bei der genormten Messung nach DIN IEC 651, die weitgehend identisch ist mit der zurückgezogenen DIN 45 633, wird das Bewer-

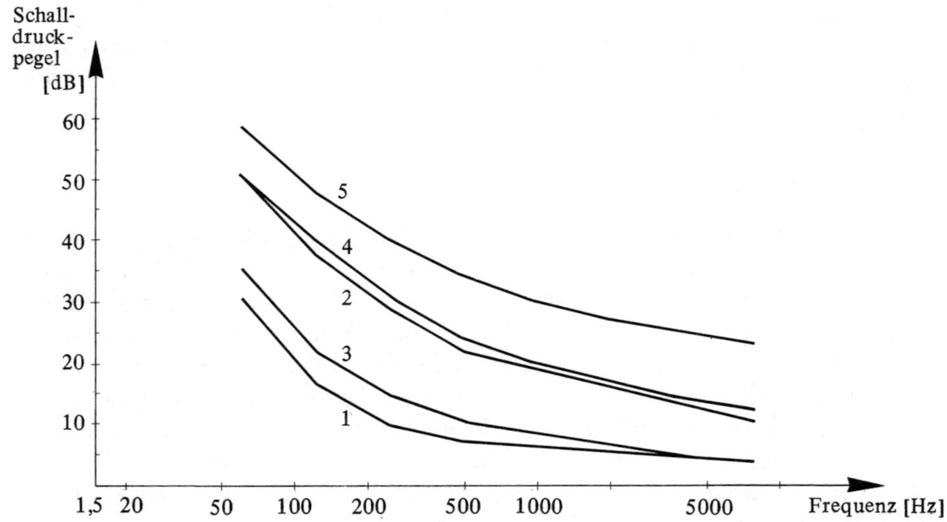

Abb. 1/27. Für die Rundfunk- und Fernsehanstalten empfohlene Grenzkurven für zulässige Geräuschpegel in Oktaven, 1. Hörfunkstudio, 2. Fernsehstudio, 3. Tonregieraum ohne Magnetbandgeräte, 4. Tonträgerraum, Bildregie (NR20, NR = Noise Rating nach ISO R 1996), 5. andere technische Räume (NR30), nach [1.59], [1.64].

tungsfilter A verwendet, der Meßwert wird demnach in dBA angegeben. Der Zusammenhang zwischen Grenzkurve und dBA-Wert ist allerdings nicht fest, weil hier die Zusammensetzung des Geräuschspektrums von Einfluß ist. Die zulässigen Geräuschpegel von Rundfunkstudios für Tonaufnahme liegen demnach bei etwa 15 dBA.

Geräusche in Tonträgerräumen, Abhörräumen und Bildregieräumen der Rundfunkanstalten werden nach der ISO-Empfehlung R 1996 beurteilt; sie dürfen die Grenzkurve NR 20 (Noise Rating) nicht überschreiten. Andere technische Räume sollen unterhalb der NR 30-Kurve bleiben *(Abb. 1/27).*

Raumakustik von Aufnahmestudios

Für die Ausbreitung des Direktschalls und die Bedeutung der ersten Reflexionen gilt zunächst, was oben (1.2.3) dazu zusammengestellt wurde. Abweichend davon müssen jedoch oft Reflexionen, die gegenüber dem Direktschall mit einer Verzögerung von etwa 0,8 ms bis 50 ms auf das Mikrofon treffen, in ihrem Schallpegel stark gesenkt werden.

Während die ersten Reflexionen beim zweiohrigen Hören die Lautstärke und Deutlichkeit erhöhen, können sie bei Mikrofonaufnahmen das Klangbild verfälschen.

Tonaufnahmen aus „trockenen“ Studios, d. h. aus Studios mit kurzer Nachhallzeit, können bei zu starken ersten Reflexionen topfig, ja merkwürdig hallig, Musikaufnahmen aus hinreichend großen Räumen kleinräumig erscheinen. Die Ursache hierfür bilden zu starke oder zu frühe Schallrückwürfe, die – immer auf den Mikrofonort bezogen – gegenüber dem Direktschall eine Laufzeitdifferenz von etwa 15 ms bis 50 ms aufweisen. Reflexionen mit dieser Laufzeitdifferenz bestimmen bei Schallaufnahmen die empfundene Raumgröße.

Störend ist die besonders bei Schallaufzeichnungen aus kleinen Studios hörbare Klangfärbung, die durch Schallrückwürfe entsteht, deren Laufzeitdifferenz gegenüber dem Direktschall nur 0,8 ms bis 15 ms beträgt [1.81]. Diese Klangfärbung bleibt unhörbar, sobald der Schalldruckpegel einer Reflexion mindestens 13 dB unter dem des Direktschalls liegt. Sind zwei derartige Reflexionen vorhanden, so muß diese Pegeldifferenz für jeden der Rückwürfe etwa 15,5 dB, bei vier Reflexionen etwa 18 dB betragen.

Ein Hörspielkomplex besteht neben dem schalltoten Raum üblicherweise aus zwei Studios mit unterschiedlichen Nachhallzeiten von etwa 0,4 s und 0,6 s bis maximal 1,0 s. Die Studios können zusätzlich eine gedämpfte Ecke enthalten, in der die Studionachhallzeit ohne Einfluß bleibt. Wie in allen Studios, in denen nur Wortproduktionen durchgeführt werden, wird die Nachhallzeit nur für Frequenzen über 80 Hz konstant gehalten, da die Sprache für tiefere Frequenzen keine hörbaren Komponenten enthält [1.82].

Der reflexionsarme bzw. schalltote Raum für Hörspielzwecke mit einer Nachhallzeit unter 0,2 s wird an Decke und Wänden vollflächig mit Mineralfasermatten belegt. Wenn die Einbautiefe dieser Mattenanordnung etwa 0,3 m beträgt und der Boden mit einem dicken, weichen Teppich bedeckt ist, läßt sich ein nachhallfreier Raum für diese Zwecke ausreichend realisieren.

Im Gegensatz zu Hörspielstudios benötigt man für Sprecher- und Interviewstudios keine Mindestraumgrößen. In Räumen mit einem Volumen von 30 m^3 und weniger lassen sich einwandfreie Produktionen durchführen, sobald sich Sprecherplätze und Mikrofonort festlegen lassen. In diesem Fall ist es möglich, durch eine gezielte raumakustische Verkleidung [1.18] die schädliche Wirkung der ersten Schallreflexionen, die vom Sprechertisch und von Boden, Decke und Wänden kommen, zu vermeiden. Kleine Studios liegen dann mit ihrer Nachhallzeit an der Hörbarkeitsgrenze von etwa 0,2 s bis 0,3 s; für tiefe Frequenzen ist die Nachhallzeit im allgemeinen etwas länger. [1.72], [1.81]

In großen Musikstudios für E-Musik sorgen nahe Wandflächen und eine ebene Dekke bzw. Reflektoren in optimaler Höhe [1.18] für den akustischen Kontakt zwischen den Musikern [1.9, S. 137ff.], [1.71]. Durch ein Zusammenrücken des Orchesters läßt sich dieser Kontakt verstärken. Die Nachhallzeit des Studios mit Orchester und Publikum sollte etwa 1,8 s bis 2,0 s betragen. [1.53], [1.54], [1.61], [1.62], [1.74], [1.76], [1.77], [1.78]

Tanzmusikstudios sollen die Möglichkeit bieten, einzelne Instrumente und Instrumentengruppen, deren Schalldruckpegel sehr unterschiedlich sein können, gleichzeitig, aber akustisch getrennt aufzuzeichnen. Ein Auseinanderrücken der einzelnen Gruppen, das Vermeiden von Reflexionen sowie eine kurze Nachhallzeit (geringerer Diffusschallpegel) sind dafür notwendig, aber nicht immer ausreichend. Dämmende bzw. absorbierende Schallschirme müssen in diesem Fall die Ausbreitung des direkten Schalls zwischen den Gruppen verhindern bzw. das Mikrofon vor Diffusschall abschirmen. Es kann darüber hinaus sogar erforderlich sein, daß besonders lautstarke oder extrem leise Instrumente in kleinen, fast völlig geschlossenen, schalldämmenden „Kojen" gespielt und aufgenommen werden müssen. [1.75]

In Fernsehstudios verzichtet man aus wirtschaftlichen Gründen auf den Einbau von speziellen Tiefenabsorbern. Dicke Mineralfasermatten, mit denen Decke und Wände vollflächig belegt sind, bilden eine ausreichende Absorberanordnung. Der sich dabei ergebende Anstieg der Nachhallzeit für Frequenzen unter 125 Hz bleibt unhörbar, da bei Fernseh-Tonproduktionen eine elektrische Absenkung der tiefen Frequenzen üblich ist. Kritisch sind bei Fernsehaufnahmen die Reflexionen von den Kulissen, da diese Rückwürfe oft mit einer geringen, den Räumlichkeitseindruck ungünstig beeinflussenden Laufzeitdifferenz auf das Mikrofon treffen. [1.78]

Ein Synchronstudio entspricht etwa einem Hörspielstudio mit einer Nachhallzeit von etwa 0,4 s.

Veränderbare Nachhallzeit

Trotz der Möglichkeit, einer Aufnahme künstlichen Hall aus Hallgeräten hinzufügen zu können, kann in bestimmten Fällen auch eine veränderbare Nachhallzeit eines Raums sinnvoll sein. Damit kann in einem Hörspielkomplex u. U. ein Studio eingespart werden. Musikstudios müssen nicht nur akustische Bedingungen für die Aufnahme, sondern auch für die Musiker und gegebenenfalls auch für das Publikum erfüllen; so kann z. B. die Anpassung der Nachhallzeit an die veränderten akustischen Gegebenheiten bei Anwesenheit von Publikum oder an die Musik verschiedener Stilarten wünschenswert sein. Bei aller Problematik mechanisch veränderbarer Anordnungen von Absorbern haben sich doch Lösungen in der Praxis bewährt; so erlaubt z. B. das Heidelberger Studio des Süddeutschen Rundfunks durch verdeckte Rollos eine unproblematische Variation der Nachhallzeit in einem Hörspielstudio im Verhältnis 1:2,2 [1.60].

Seit einigen Jahren wird zur Nachhallverlängerung und zur Korrektur unbefriedigender akustischer Verhältnisse ein rein elektrisch arbeitendes System eingesetzt. Dabei nehmen je nach Saalgröße 50 bis 150 Mikrofone, die an der Decke montiert sind, Diffusschall des Raums auf; nach Frequenzgangkorrektur und Verstärkung wird der Diffusschall jedes Mikrofons je einem Lautsprecher zugeführt. Die Lautsprecher sind ebenfalls an der Decke oder an den Wänden montiert. Mit diesem System kann nicht nur die Nachhallzeit verlängert und deren Frequenzgang beeinflußt werden, es sind auch Beschallungen möglich. [1.79], [1.93], [1.94]

Akustik von Regieräumen

Regieräume sollen optimale Bedingungen für die Beurteilung von Aufnahmen bieten. Die akustischen Eigenschaften des Raums beeinflussen allerdings den Klang der Lautsprecherwiedergabe. Deshalb wird mit gewissem Recht immer wieder gefordert, dem Regieraum die Akustik eines durchschnittlichen Wohnzimmers zu geben. Da es angesichts der äußerst unterschiedlichen Abhörbedingungen der Rundfunkhörer nicht möglich ist, einen durchschnittlichen Raum zu definieren, werden Regieräume so ausgestattet, daß sie im Vergleich zu durchschnittlichen Wohnräumen reflexionsarm sind.

Die Nachhallzeit universell benutzbarer Regieräume liegt bei 0,3 s, bei Wohnräumen liegt sie um 0,4 s; meist steigt sie unterhalb 125 Hz an. Längere Nachhallzeiten sind für E-Musik durchaus geeignet, bei Sprache und rhythmischer Popmusik hingegen machen sie den Raum zu hallig [1.83], [1.85], [1.86]. Wichtiger als ein ganz bestimmter Wert der Nachhallzeit ist, daß ihr Frequenzgang um nicht mehr als etwa 10% für terzbreites Rauschen vom Durchschnittswert abweicht. Die Angaben zur Nachhallzeit haben bei solch kurzen Nachhallzeiten weniger Aussagekraft als bei längeren Nachhallzeiten. Die besten Erkenntnisse liefert hier das Reflektogramm (Impulsantwort) eines Raums (siehe oben 1.2.3). Auf ihm können einzelne zu starke Reflexionen erkannt und danach im Regieraum abgedämpft werden [1.81]. Im allgemeinen werden die absorbierenden Flächen gleichmäßig auf Wände und Decke verteilt, wobei mit der jeweiligen Anordnung gezielt zu starke Reflexionen besonders im Bereich der Abhörplätze vermieden werden. Kleine Abhörräume haben ein Volumen von etwa 30 m^3, bei hohen Ansprüchen sollte es nicht unter 40 m^3 liegen. Der Raum sollte möglichst symmetrisch bezogen auf die Achse Abhörplatz–Lautsprecher gestaltet sein, sowohl geometrisch als auch akustisch. [1.84], [1.88]

Bei der Beurteilung des Klangbilds werden die durch den Regieraum hinzugefügten Rauminformationen durch die Qualitätsparameter Klangverfärbung und Klangbalance - sie korrelieren mit frequenzabhängigen Kriterien von Lautsprechern und Regieraum - sowie Abbildungsqualität und Hallanteil - sie korrelieren mit den raumabhängigen Kriterien von ersten Reflexionen und Nachhall - beschrieben.

Beim Abhören mit Nahfeldmonitoren - das sind kleine Lautsprecherboxen, die, unmittelbar auf den Regietisch gestellt, wegen des geringen Abstands den Abhörplatz überwiegend mit Direktschall versorgen - kann der Einfluß des Regieraums minimiert werden; allerdings erfüllen solche Lautsprecher nicht oder nur eingeschränkt die Qualitätsforderungen an Regielautsprecher.

Akustik im Übertragungswagen und in kleinen Abhörräumen

Die Abhörbedingungen in kleinen Abhörräumen, also ganz besonders in Übertragungswagen, sind besonders kritisch. Ursache hierfür sind stehende Wellen, auch

Raumresonanzen oder Raummoden genannt (siehe 1.1.2). Sie kommen zwar in Räumen jeder Größe zustande, jedoch treten sie in kleinen Räumen in dem besonders kritischen Frequenzbereich zwischen 100 und 1000 Hz auf; je größer der Raum ist, um so tiefer liegt der kritische Bereich störender Raumresonanzen. Im Gegensatz zu sich frei ausbreitenden Schallwellen, bei denen der Schallpegel gleichmäßig mit der Entfernung abnimmt, die Klangfarbe also im Raum gleich bleibt, bilden stehende Wellen im Raum ein Muster von Schalldruckminima und -maxima, die zur Ortsabhängigkeit der Klangfarbe führen. Es ist nicht möglich, durch Frequenzgangkorrekturen Verbesserungen vorzunehmen. Diese Raummuster sind frequenzabhängig. Die Klangfarbe kann sich damit im Raum ganz erheblich ändern, eine Tatsache, die bei der Tonaufnahme große Probleme aufwirft.

Stehende Wellen können nur durch völlige Reflexionsfreiheit der Wände unterbunden werden. Je mehr Schall von den Wänden reflektiert wird, desto ausgeprägter sind die ortsabhängigen Klangfarbenänderungen. Es gelingt heute durch Schichtung unterschiedlicher Absorbermaterialien, auch in Übertragungswagen stehende Wellen oberhalb von 200 Hz weitgehend zu vermeiden und somit die Abhörbedingungen akzeptabel zu gestalten. [1.87], [1.89], [1.90], [1.92]

Akustik der Konzertsäle, Opernhäuser und Kirchen

Grundsätzlich sind die Anforderungen an Konzertsäle und an große Aufnahmestudios, die im allgemeinen ja zugleich als Konzertsäle genutzt werden, gleich (siehe oben) [1.50], [1.52], [1.73]. Im Gegensatz zu Rundfunkstudios gehören Konzertsäle jedoch unterschiedlichen historischen Bauepochen an. Die raumakustischen Eigenschaften können von Saal zu Saal sehr verschieden sein, weil stilistische Gestaltungselemente, aber auch unterschiedliche akustische Ziele die Raumakustik mitbestimmen. [1.97], [1.98], [1.99] Die Nachhallzeit von Opernhäusern wird einerseits wegen der notwendigen Wortverständlichkeit kürzer gewählt, andererseits bedingen die traditionellen Bauformen der Opernhäuser große Absorptionsflächen und damit kürzere Nachhallzeiten. Die Nachhallzeiten von Kirchen können außerordentlich verschieden sein, je nach Baustil und Größe [1.40], [1.41], [1.44]. Eine Orientierung über die Grenzen, innerhalb derer die Nachhallzeiten im mittleren Frequenzbereich im allgemeinen liegen, gibt *Abb. 1/28* für Konzertsäle, Opernhäuser und Kirchen.

Bei der Frequenzabhängigkeit der Nachhallzeit ist im allgemeinen eine Anhebung der Nachhallzeit im Frequenzbereich zwischen 500 und 2000 Hz zu beobachten. *Abb. 1/29* zeigt dies für besetzten und unbesetzten Zustand einiger bekannter Konzertsäle.

Interessant an der Frequenzabhängigkeit guter Konzertsäle ist die Tatsache, daß gute Säle auffallend unterschiedliche Frequenzabhängigkeiten der Nachhallzeit haben können; dieser Größe kommt also innerhalb gewisser Grenzen keine sehr große Bedeutung für die Raumqualität zu. *Tab. 1/7* nennt die Daten einiger als raumakustisch gut anerkannter Konzertsäle, Opernhäuser und Kirchen.

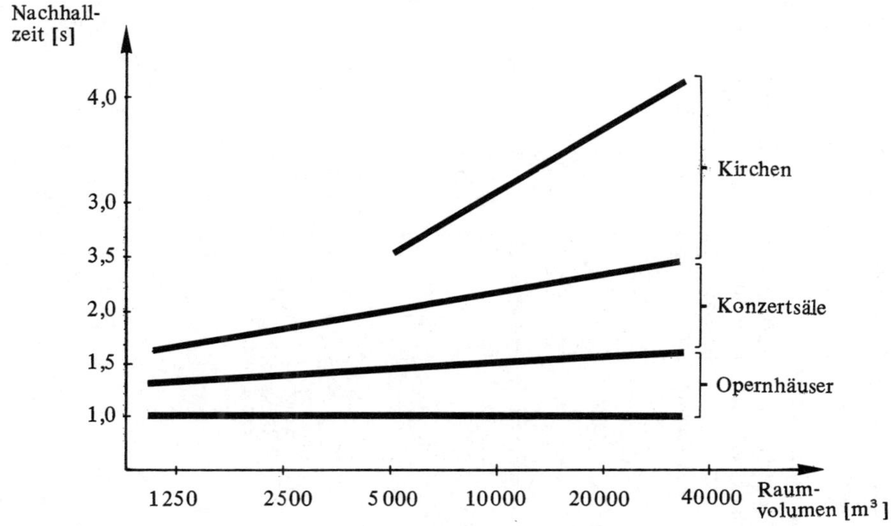

Abb. 1/28. Zweckmäßige Bereiche der Nachhallzeit bei mittleren Frequenzen für vollbesetzte Konzertsäle und Opernhäuser.

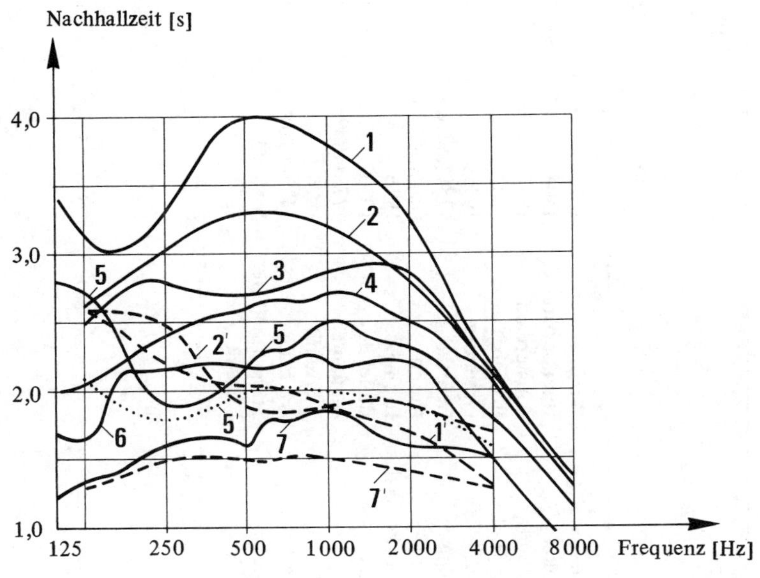

Abb. 1/29. Frequenzabhängigkeit der Nachhallzeit bekannter Konzertsäle, 1..7 unbesetzt, 1′, 2′, 5′, 7′ besetzt, nach [1.73].
1. Musikvereinssaal Wien, 2. alte Philharmonie Berlin (zerstört), 3. Symphony Hall Boston, 4. Oetkerhalle Bielefeld, 5. Herkulessaal München, 6. Musikhalle Hamburg, 7. Royal Festival Hall London.

Tab. 1/7. Daten von als raumakustisch gut anerkannten Konzertsälen, Opernhäusern und Kirchen, eingeklammerte Werte sind berechnet, nach [1.73].

		erbaut	Volumen m^3	Zahl der Sitzplätze	Spezif. Volumen m^3/Platz	Nachhallzeit (500–1000 Hz) besetzt sec	Nachhallzeit (500–1000 Hz) leer sec	Hallradius besetzt m	Hallradius leer m
Musikvereinssaal	Wien	1870	14 600	1650	8,9	2,0	3,9	4,8	3,5
Teatro Colon	Buenos Aires	1906	ca. 20 000	2500	ca. 8,0	ca. 1,7	–	ca. 6,2	–
Conzertgebouw	Amsterdam	1887	18 700	2200	8,5	2,2	2,8	5,2	4,6
Symphony Hall	Boston	1900	18 700	2630	7,1	1,8	2,8	5,6	4.6
Konzerthus	Göteborg	1935	11 800	1370	8,6	1,6	2,1	4,8	4,2
Gewandhaus	Leipzig	1781 (zerstört)	10 300	1560	6,8	1,5	1,9	4,7	4,1
Philharmonie	Berlin	(zerstört)	18 000	2200	8,2	1,9	3,2	5,5	4,2
Großer Glockensaal	Bremen	1926	10 000	1450	6,9	(1,4)	1,9	4,8	4,1
Oetkerhalle	Bielefeld	1930	10 350	1530	6,7	(1,5)	2,6	4,6	3,5
Scala	Mailand	1778 (1943)	10 000	2200	4,6	1,2	–	5,2	–
Festspielhaus	Bayreuth	1876	11 400	1350	8,4	1,5	–	4,9	–
Laurenskerk	Alkmaar	1470–1520	50 000	2000	25	(2,9)	4,9	7,4	5,7
Stiftskirche	St. Florian/Linz	1686–90	35 000	600	58	(3,7)	4,2	5,4	5,1
Jakobikirche	Lübeck	1220–1335	21 500	1550/950	14/22,6	(2,3/2,7)	3,8	5,4/5,0	4,3

Größen und Einheiten

Größen		Einheiten
Symbol	Bezeichnung	
A	Absorptionsvermögen	m^2
a	Abstand	m, cm
c	Schallgeschwindigkeit	m/s
d	Dicke, Abstand	m, cm
E	Energiedichte oder Schalldichte	$W \cdot s/m^3$
f	Frequenz	Hz (Hertz)
I	Schallintensität	W/m^2
L_P	Schalldruckpegel	dB (Dezibel)
P	Schalleistung	W (Watt)
p	Schalldruck	Pa (Pascal) = N/m^2, μbar (1 μbar = 0,1 Pa)
p_o	Bezugsschalldruck	$2 \cdot 10^{-5}$Pa = 20 μPa (= 20 $\mu N/m^2$)
R	Schalldämm-Maß	dB
r (r_H)	Radius, Abstand (Hallradius)	m, cm
S	Fläche	m^2
T	Nachhallzeit	s
t	Zeit, Laufzeit	s, ms
V	Volumen	m^3, cm^3
v	Schallschnelle	cm/s, m/s
Z_o	Schallkennimpedanz	Ns/m^3
α (alpha)	Absorptionsgrad	dimensionslos
γ (gamma)	Leistungsbündelungsgrad	dimensionslos
λ (lambda)	Wellenlänge	m
ϱ (rho)	Dichte	kg/m^3, g/cm^3

Normen

DIN 1320	6.92	Akustik; Begriffe
DIN 1332	10.69	Akustik; Formelzeichen
DIN 4109	11.89	Schallschutz im Hochbau; Anforderungen
DIN 5493-2	9.94	Logarithmierte Größen und Einheiten
DIN 18 041	10.68	Hörsamkeit in kleinen bis mittelgroßen Räumen
DIN 45 401	2.85	Akustik, Elektroakustik; Normfrequenzen für akustische Messungen
DIN 45 405	11.83	Störspannungsmessung in der Tontechnik
DIN 45 630	12.71	Bl.1 Grundlagen der Schallmessung; Physikalische und subjektive Größen von Schall
	9.67	Bl.2 -; Normalkurven gleicher Lautstärkepegel
DIN 52 210	8.84	Bl.1 Bauakustische Prüfungen; Luft- und Trittschalldämmung, Meßverfahren

DIN 52 215	12.63	Bauakustische Prüfungen; Bestimmung des Schallabsorptionsgrades und der Impedanz im Rohr
DIN 52 216	8.65	Bauakustische Prüfungen; Messung der Nachhallzeit in Zuhörerräumen
DIN EN 60651	5.94	Schallpegelmesser (weitgehend mit der zurückgezogenen DIN 45 633 identisch)

Literatur

1.1 Taschenbuch Akustik, hg. v. W. Fasold W. Kraak u. W. Schirmer, 2 Bde., Berlin 1984, Verlag Technik
1.2 W. Reichardt: Grundlagen der technischen Akustik, Leipzig 1968, Akad. Verlagsges.
1.3 L. Cremer: Vorlesungen über Technische Akustik, Berlin, Heidelberg, New York 1971, Springer
1.4 E. Meyer und E. G. Neumann: Physikalische und Technische Akustik, Braunschweig 1979, 2. Auflage, Vieweg und Sohn
1.5 Reallexikon der Akustik, hg. v. M. Rieländer, Frankfurt 1982, Bochinsky
1.6 I. Veit: Technische Akustik, Würzburg 1974, Vogel
1.7 L. Cremer, H. A. Müller: Die wissenschaftlichen Grundlagen der Raumakustik, 2. Aufl., Stuttgart, Hirzel, Bd. 1, 1978, Bd. 2, 1976
1.8 E. Krauth, R. Rücklein: „Modelluntersuchungen an Flatterechos", in: Frequenz 1964, S. 247ff.
1.9 J. Meyer: Akustik und musikalische Aufführungspraxis, 3. Aufl., Frankfurt/M. 1995, Verlag Das Musikinstrument
1.10 M. Heck, H. A. Müller: Taschenbuch der Technischen Akustik, 2. Aufl., Berlin 1994, Springer
1.11 W. Schirmer: Lärmbekämpfung, Berlin 1979
1.12 Schallabsorptionsgradtabelle, Berlin 1968, Beuth-Vertrieb
1.13 W. Furrer, A. Lauber: Raum- und Bauakustik, Lärmbekämpfung, Basel 1972, Birkhäuser
1.14 E. Meyer, H. Kuttruff und P. Schulte: „Versuche zur Schallausbreitung über Publikum", in: Acustica 1965, S. 175ff.
1.15 U. Kath und W. Kuhl: Messungen zur Schallabsorption von Personen auf ungepolsterten Stühlen, Akustische Information 2.27–1 (1963) des IRT, auch als Technischer Bericht Nr. 62 des IRT, auch in: Acustica 1964, S. 50ff.
1.16 U. Kath und W. Kuhl: Messungen der Schallabsorption von Polsterstühlen mit und ohne Personen, Akustische Information 2.26–1 (1964) des IRT, auch in: Technischer Bericht Nr. 68 des IRT, auch in: Acustica 1965, S. 127ff.
1.17 U. Kath: „Abstimmbare Helmholtz-Resonatoren und die Messung ihrer Absorptionsfläche", in: Congrès Rapports I b, 5e Congrès international d'acoustique, Liège 1965, Conf. H 54, auch als Akustische Information 2.24–3 (1965) des IRT
1.18 W. Kuhl: "Das Zusammenwirken von direktem Schall, ersten Reflexionen und Nachhall bei der Hörsamkeit von Räumen und bei Schallaufnahmen", in: Rundfunktechnische Mitteilungen 1965, S. 179ff., auch als Akustische Information 2.3–2 (1965) des IRT
1.19 W. Fasold, H. Winkler: Raumakustik, Berlin 1975
1.20 L. L. Beranek: Music, Acoustics and Architecture, New York 1962
1.21 W. Kuhl: „In der Raumakustik benutzte hörakustische Termini", in: Acustica 1977, S. 57f.
1.22 P. Lehmann, H. Wilkens: „Zusammenhang subjektiver Beurteilungen von Konzertsälen mit raumakustischen Kriterien", in: Acustica 1980, S. 256ff.
1.23 H. Wilkens: „Mehrdimensionale Beschreibung subjektiver Beurteilungen der Akustik von Konzertsälen", in: Acustica 1977, S. 10ff.
1.24 W. Reichardt, U. Lehmann: „Raumeindruck als Oberbegriff von Räumlichkeit und Halligkeit, Erläuterungen des Raumeindrucksmaßes R", in: Acustica 1978, S. 278ff.
1.25 W. Kuhl: „Räumlichkeit als Komponente des Raumeindrucks", in: Acustica 1978, S. 107ff.
1.26 H. Haas: „Über den Einfluß eines Einfachechos auf die Hörsamkeit von Sprache", in: Acustica 1 (1951), S. 49ff.
1.27 W. Burgtorf: „Untersuchungen zur Wahrnehmbarkeit verzögerter Schallsignale", in: Acustica 1961, S. 97ff.

1.28 W. Burgtorf und H. K. Oelschlägel: „Untersuchungen über die richtungsabhängige Wahrnehmbarkeit verzögerter Schallsignale“, in: Acustica 1964, S. 254ff.
1.29 W. Burgtorf: „Zur subjektiven Wirkung von Schallfeldern in Räumen (Rückverdeckung, Phantomschallquellen)“, in: Acustica 1963, S. 86ff.
1.30 P. Schubert: „Die Wahrnehmbarkeit von Rückwürfen bei Musik“, in: Hochfrequenztechnik und Elektroakustik 1969, S. 230ff.
1.31 H. P. Seraphim: „Über die Wahrnehmbarkeit mehrerer Rückwürfe von Sprachschall“, in: Acustica 1961, S. 89ff.
1.32 W. Reichardt und W. Schmidt: „Die Wahrnehmbarkeit der Veränderung von Schallfeldparametern bei der Darbietung von Musik“, in: Acustica 1967, S. 274/ff.
1.33 W. Reichardt: „Vergleich der objektiven raumakustischen Kriterien für Musik“, in: Hochfrequenztechnik und Elektroakustik 1970, S. 121ff.
1.34 L. Müller: „Zur Klangfärbung durch Kurzzeitreflexionen bei Rauschen, Sprache und Musik“, in: 6. Intern. Congr. on Acoustics Tokyo 1968, E–2–6
1.35 H. Kurtović: „The Influence of Reflected Sound upon Speech Intelligibility“, in: Acustica 1975, S. 32ff.
1.36 J. Meyer: „Der Einfluß der richtungsabhängigen Schallabstrahlung der Musikinstrumente auf die Wirksamkeit von Reflexionen und Absorptionsflächen in der Nähe des Orchesters“, in: Acustica 1976/77, S. 147ff.
1.37 H. Wollherr: „Raumakustische Maßnahmen in einem Fernsehstudio für Produktionen mit einem Sinfonieorchester, in: Rundfunktechnische Mitteilungen 1981, S. 97ff.
1.38 R. Thiele: „Richtungsverteilung und Zeitfolge der Schallrückwürfe in Räumen“, in: Acustica 1953, S. 291ff.
1.39 G. Plenge: „Über die Hörbarkeit von Änderungen im Frequenzgang der Nachhallzeit“, in: Acustica 1965/66, S. 269ff.
1.40 G. Venzke: „Raumakustik der Kirchen verschiedener Baustilepochen“, in: Acustica 1959, S. 151ff.
1.41 W. Lottermoser: „Nachhallzeiten in Barockkirchen“, in: Acustica 1952, S. 109ff.
1.42 R. Plomp und H. J. M. Steeneken: „Place Dependence of Timbre in Reverberant Sound Fields“, in: Acustica 1973, S. 50ff.
1.43 M. Schröder: „Die statistischen Parameter der Frequenzkurven von großen Räumen“, Acustica 1954, S. 594ff.
1.44 R. Werner: Einflüsse raumakustischer Faktoren auf das Musikhören in Kirchen, Berlin 1970, Merseburger
1.45 H. Kuttruff und M. J. Jusofie: „Nachhallmessungen nach dem Verfahren der integrierten Impulsantwort“, in: Acustica 1967/68, S. 56ff.
1.46 J. R. Hemingway: „Meßverfahren zur Bestimmung der Nachhallzeit“, in: Fernseh- und Kino-Technik 1972, S. 445ff.
1.47 W. Reichardt, W. Schmidt und U. Lehmann: „Harter und weicher Klangeinsatz“, in: Acustica 1972, S. 253ff.
1.48 W. Schmidt: „Zusammenhang zwischen Hallabstand und Nachhallzeit für den Raumeindruck“, in: Hochfrequenztechnik und Elektroakustik 1968, S. 37ff.
1.49 W. Reichardt und W. Schmidt: „Die hörbaren Stufen des Raumeindrucks bei Musik“, in: Acustica 1966, S. 175ff.
1.50 F. Winckel: „Raumakustische Kriterien hervorragender alter und neuer Konzertsäle“, in: Frequenz 1958, S. 50 ff.
1.51 W. Kuhl: „Über Versuche zur Ermittlung der günstigsten Nachhallzeit großer Musikstudios“, in: Acustica 1954, Beiheft, S. 618ff.
1.52 F. Winckel: „Die besten Konzertsäle der Welt“, in: Der Monat 1957, H. 101
1.53 H. Schreiber: „Der Große Sendesaal des Hessischen Rundfunks“, in: Rundfunktechnische Mitteilungen 1958, S. 29ff.
1.54 W. Kuhl und U. Kath: „Akustische Anforderungen an ein Konzertstudio und ihre Realisierung beim Großen Sendesaal des NDR in Hannover“, in: Rundfunktechnische Mittei-

lungen 1963, S. 270ff.
1.55 H. Kuttruff, Th. Straßen: „Zur Abhängigkeit des Raumnachhalls von der Wanddiffusität und von der Raumform", in: Acustica 1980, S. 246ff.
1.56 Der Einfluß der Luftabsorption auf die Nachhallzeit, Akustische Information 2. 4–3 (1968) des IRT
1.57 W. Reichardt, U. Lehmann: „Optimierung von Raumeindruck und Durchsichtigkeit von Musikdarbietungen durch Auswertung von Impulsschalltests", in: Acustica 1981, S. 174ff.
1.58 W. Reichardt, O. Abdel Alim, W. Schmidt: „Definition und Meßgrundlage eins objektiven Maßes zur Ermittlung der Grenze zwischen brauchbarer und unbrauchbarer Durchsichtigkeit bei Musikdarbietung", in: Acustica 1975, S. 126ff.
1.59 Geräuschpegel in technischen Räumen und zulässiger Pegel der Klimaanlage, Akustische Information 1.12–1 (1964) des IRT
1.60 U. Kath: „Ein Hörspielstudio mit variabler Nachhallzeit", in: Rundfunktechnische Mitteilungen 1972, S. 1ff., auch als Akustische Information 2.3–2 des IRT
1.61 L. Keidel: „Die akustische Gestaltung des Studioneubaus Karlsruhe", in: Rundfunktechnische Mitteilungen 1958, S. 106ff.
1.62 R. Thiele: „Die bau- und raumakustische Gestaltung im Studioneubau Kaiserslautern des Südwestfunks", in: Rundfunktechnische Mitteilungen 1958, S. 154ff.
1.63 Praktische Probleme bei der Bauausführung im Studiobau, Akustische Information 1.0–3 (1978) des IRT
1.64 W. Kuhl: „Zulässige Geräuschpegel in Studios, Konzertsälen und Theatern", in: Acustica 1964, S. 355ff.
1.65 W. Kuhl: „Zulässige Pegel von Geräuschen mit tieffrequentem Linienspektrum in ruhigen Räumen", in: Acustica 1977, S. 81
1.66 „Raum- und bauakustische Anforderungen an Studio- und Regieräume des Hörfunks aus heutiger Sicht", in: Rundfunktechnische Mitteilungen 1978, S. 255ff.
1.67 H. Lamparter: „Ergebnisse eines mit Tonmeistern und Toningenieuren durchgeführten Hörtests zur Frage zulässiger Geräuschpegel in Studios und Regieräumen", in: Rundfunktechnische Mitteilungen 1978, S. 259f.
1.68 E.-J. Völker: „Abhörlautstärke und Dynamik im Studio und zu Hause", in: Studio 1982, Nr. 52, S. 13ff.
1.69 J. J. Geluk: „Acoustics and Broadcasting (Broadcasting of Acoustics)", in: Acustica 1973, S. 133ff.
1.70 E. L. Harkness: „A Note on the Design of the Stage End of Concert Halls from Aspects of Instruments Onset Characteristics and Rise Time of Reverberation of the Hall", in: Acustica 1974, S. 1255ff.
1.71 J. Meyer: „Der Einfluß der richtungsabhängigen Schallabstrahlung der Musikinstrumente auf die Wirksamkeit von Reflexions- und Absorptionsflächen in der Nähe des Orchesters", in: Acustica 1976/77, S. 147ff.
1.72 E.-J. Völker: Schallpegelverhältnisse bei der Übertragung von Sprache – neue Wege im Studiobau, 53. AES-Convention Zürich 1976, Preprint C 4
1.73 E. Thienhaus: „Raumakustik", in: Die Musik in Geschichte und Gegenwart (MGG), Bd. 11, Sp. 31ff. (1962)
1.74 W. N. Sproson: Subjective study of two large music studios, BBC Research Department Report 1974/9
1.75 E.-J. Völker, F. Moehrke: „Akustik und Aufnahmetechnik in Tanzmusikstudios deutscher Funkhäuser", in: Rundfunktechnische Mitteilungen 1975, S. 211ff.
1.76 W. Struwe: „Bau- und Raumakustik im Studio-Neubau des Bayerischen Rundfunks", in: Rundfunktechnische Mitteilungen 1964, S. 10ff.
1.77 E.-J. Völker: „Der neue Hörfunk-Studiokomplex des Hessischen Rundfunks in Frankfurt – akustische Anforderungen und ihre Realisierung in Leichtbauweise", in: Rundfunktechnische Mitteilungen 1980, S. 80ff.
1.78 H. Wollherr: „Raumakustische Maßnahmen in einem Fernsehstudio für Produktionen

mit einem Sinfonieorchester", in: Rundfunktechnische Mitteilungen 1981, S. 97ff.
1.79 S. H. de Koning, S. C. Keijser: Multiple amplification of reverberation, 59. AES-Convention, Paris 1977, Preprint 1208
1.80 E.-J. Völker: "Regieräume für Musikwiedergabe", in: Rundfunktechnische Mitteilungen 1982, S. 112ff.
1.81 E.-J. Völker: „Beeinflussung der Mikrofonaufnahme durch Schallreflexion, Klangfärbung und Aufnahmetechnik", in: Fernseh- und Kino- Technik 1974, S. 223ff.
1.82 T. Tarnóczy: „Das durchschnittliche Energie-Spektrum der Sprache (für sechs Sprachen)", in: Acustica 1971, S. 57ff.
1.83 E.-J. Völker: „Regieräume für Musikwiedergabe", in: Rundfunktechnische Mitteilungen 1982, S. 112ff.
1.84 D. Davis: Engineering an LEDE[tm] control room for a broadcasting facility, 67. AES-Convention New York 1980, Preprint 1688
1.85 J. Hirata: Optimum reverberation times of monitor rooms and listenings, 68. AES-Convention Hamburg 1981, Preprint 1730
1.86 EBU: Determination of the acoustical properties of control rooms and listening rooms for broadcasting programmes, Tech. Rec. R 22–1980
1.87 H. Wollherr: „Gestaltung des Abhörbereiches in einem Tonübertragungswagen", in: Rundfunktechnische Mitteilungen 1983, S. 62ff.
1.88 CCIR: Determination of the acoustical properties of control rooms and high-quality listening rooms in broadcasting, Rep. 797–1. Vol. 10, Part 1, hg. von der UIT, Genf 1982
1.89 R. Schneider, G. Spikowski: „Untersuchungen zur Wahrnehmbarkeit früher Reflexionen und des Nachhalls in Abhörräumen", in: Bericht 17. Tonmeistertagung Karlsruhe 1992, S. 631ff., München 1993, Verlag Saur
1.90 D. Michel: „Studioakustik", in Audio Professional 7/8 1990, S. 60 ff. und 9/10 1990, S. 62 ff.
1.91 E.-J. Völker: „Akustik und Abhörqualität in Regieräumen - das leidige Thema", in: Bericht 17. Tonmeistertagung Karlsruhe 1992, S. 612ff., München 1993, Verlag Saur
1.92 G. Spikowski, S. Holzkämper: „Wahrnehmbarkeit von Reflexionen in Regieräumen - neue Ergebnisse", in: Bericht 15. Tonmeistertagung Mainz 1988, S. 463ff., München 1989, Verlag Saur
1.93 C. Rümer: „Brauchen wir eine wandelbare Akustik? Konzertsäle und Rundfunkstudios mit veränderbaren Nachhalleigenschaften", in: Rundfunktechnische Mitteilungen 1990, S. 101ff.
1.94 D. Griesinger: „Verbesserung der Raumakustik durch zeitvariablen künstlichen Nachhall", in: Bericht 16. Tonmeistertagung Karlsruhe 1990, S. 451ff., München 1991, Verlag Saur
1.95 E. Mommertz: „Einige Messungen zur streifenden Schallausbreitung über Publikum und Gestühl", in: Acustica 1993, S. 42ff.
1.96 M. Vorländer, H. Bietz: „Comparison of Methods for Measuring Reverberation Time", in: Acustica 1994, S. 205ff.
1.97 A. C. Gade: „Investigations of Musicians' Room Acoustic Conditions in Concert Halls", in: Acustica 1989, S. 193ff. und 249ff.
1.98 A. G. Sotiropoulou, R. J. Hawkes, D. B. Fleming: „Concert Hall Acoustic Evaluations by Ordinary Concert Goers", in: Acustica 1995, S. 1ff. und 10ff.
1.99 M. Forsyth: Bauwerke für Musik, Konzertsäle und Opernhäuser, Musik und Zuhörer vom 17. Jahrhundert bis zur Gegenwart, aus dem Englischen von M. und R. Dickreiter, München 1992, Verlag Saur
1.100 H. Kuttruff: Room Acoustics, 3. Aufl. Barking 1991, Elsevier Science Publishers

2. Schallquellen

Schallquellen sind Energiewandler, die eine zugeführte mechanische oder elektrische Energie in Schallenergie umwandeln. Bei der überwiegenden Zahl der Musikinstrumente und bei der menschlichen Stimme wird mechanische Energie vom Menschen aufgebracht, beim Lautsprecher und bei elektronischen Musikinstrumenten – aber z. B. auch bei der Orgel – wird die Schallenergie aus elektrischer Energie gewonnen. In diesem Kapitel werden nur Musikinstrumente und die menschliche Stimme als Klangerzeuger besprochen.

2.1 Schallformen

Zur Bezeichnung der verschiedenen Schallformen kann man sich entweder der physikalisch-akustischen Ausdrucksweise oder der ästhetischen bzw. musikalisch-psychologischen Ausdrucksweise bedienen; eine Vermischung beider Begriffsfamilien führt zu Mißverständnissen, da gleiche Wörter in verschiedenen Bedeutungen verwendet werden.

Eine exakte musikalisch-psychologische Begriffsbestimmung von „Ton" und „Klang" ist im Gegensatz zur physikalisch-akustischen Definition nicht möglich. Der „Ton" eines Musikinstruments, z. B. einer Violine, kann sich auf eine einzelne gespielte Note oder auf den Klangcharakter aller Töne, also auf den Klangcharakter des Instruments im allgemeinen beziehen. Ein „Klang" kann im engeren Sinn ein Akkord sein, aber auch der Klangcharakter eines Instruments („Hörnerklang") oder auch des ganzen Orchesters. Ein Ton oder ein Klang kann physikalisch-akustisch gesprochen Anteile eines „einfachen" oder „mehrfachen Klangs", eines „Schallimpulses" und von „Rauschen" enthalten. Die Begriffe „Ton" und „Klang" sind als musikalisch-psychologische und ästhetische Begriffe nicht genau definierbar; man könnte sie allenfalls als „sinnvoll durchstrukturierte, gewollte Schallereignisse" bezeichnen, „die die Elemente der Musik bilden". Das Gegenteil eines „sinnvoll durchstrukturierten Schallereignisses" ist „Lärm". Er stört, belästigt, verursacht Ärger. Auch dem Lärm entsprechen nicht ganz bestimmte physikalische Eigenschaften eines Schallereignisses. Denn auch ein einzelner Sinuston oder sogar Musik können Lärm sein, da auch sie als störend empfunden werden können; hierbei ist also die Einstellung des Hörers zum jeweiligen Schallereignis von erheblichem Einfluß. *Tab. 2/1* faßt die terminologischen Entsprechungen in Akustik und Musik zusammen.

Da die musikalisch-psychologischen Begriffe nicht objektiv und eindeutig definierbar sind, werden bei der Beschreibung der Schallformen im folgenden soweit wie möglich die physikalisch-akustischen Begriffe verwendet.

Tab. 2/1. Terminologische Entsprechungen zum Ton-Klang-Begriff.

Akustik	Musik
Ton, Sinuston, reiner Ton einfacher Ton	Ton
Klang, einfacher Klang harmonischer Klang	Ton
Klanggemisch, Mehrfachklang Zusammenklang	Klang

2.1.1 Schwingungen

Vorgänge, deren Verhalten nach bestimmten, periodischen Zeitabschnitten stets wieder den gleichen Zustand erreichen, werden als Schwingungen bezeichnet. [2.1], [2.2], [2.3]

Einfache Schwingungen

Läßt sich die Zeitabhängigkeit eines Vorgangs durch eine Sinus- oder Cosinusfunktion beschreiben, deren Argument eine lineare Funktion der Zeit ist, so heißt dieser Vorgang Sinusschwingung oder einfache Schwingung, die dazugehörige physikalische Größe heißt Sinusgröße, z. B. Sinusspannung. Eine Sinusschwingung wird auch harmonische Schwingung genannt; in der Akustik heißt sie Ton.

Abb. 2/1 zeigt eine sinusförmige Schwingung. Zu ihrer Beschreibung werden die folgenden Begriffe verwendet (DIN 1311):

Amplitude: Der maximale Augenblickswert $\hat{x}$, also der Scheitelwert einer Sinusgröße x, heißt Amplitude.

Periodendauer: Der Zeitabschnitt, nach welchem eine Schwingung sich periodisch wiederholt, heißt Periodendauer T.

Frequenz: Der Kehrwert der Periodendauer T heißt Frequenz f. Sie gibt an, wie viele Schwingungsperioden auf eine Sekunde entfallen. Die Einheit ist Hertz (Hz).

Kreisfrequenz: Das 2π-fache der Frequenz heißt Kreisfrequenz ω.

Phasenwinkel: Das Argument der Sinus- oder Cosinusfunktion heißt Phasenwinkel φ; er stellt eine lineare Funktion der Zeit dar: $\varphi = \omega t$. Der Phasenwinkel tritt bei der Darstellung einer Sinusschwingung durch Projektion der Drehung eines Zeigers als Winkel zwischen Zeiger und Projektionsachse in Erscheinung. Der Phasenwinkel für $t = 0$ heißt Nullphasenwinkel φ_o *(Abb. 2/2)*.

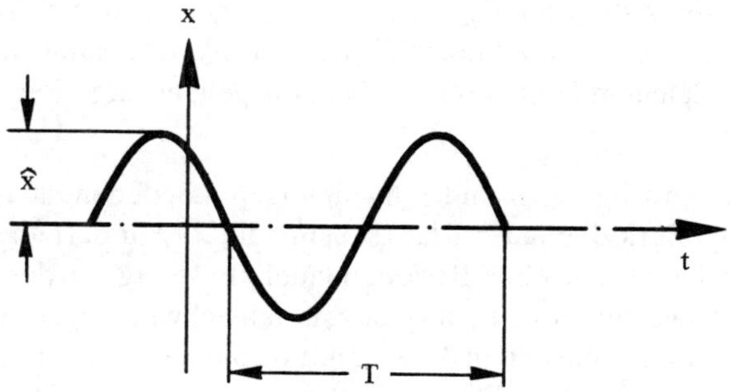

Abb. 2/1. Begriffe bei sinusförmigen Schwingungen.

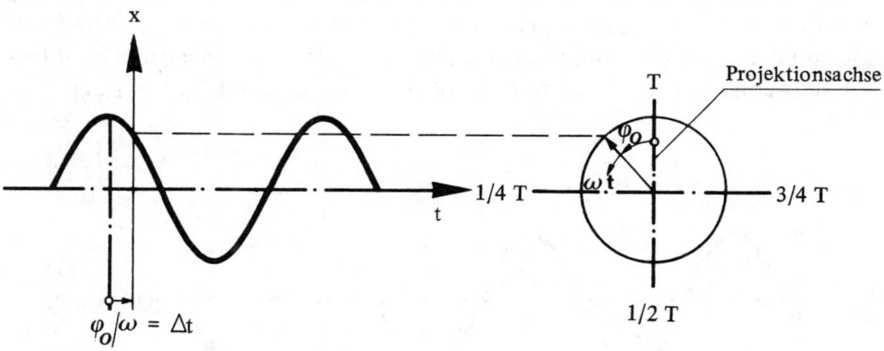

Abb. 2/2. Einfache Schwingung als Projektion eines rotierenden Zeigers.

Die mathematische Darstellung einer einfachen Schwingung lautet, wenn für $t = 0$ auch $\varphi = 0$ ist:

$x = \hat{x} \cdot \cos \omega t$	x = Augenblickswert der Sinusschwingung
$x = \hat{x} \cdot \cos 2\pi f t$	$\hat{x}$ = Amplitude
$x = \hat{x} \cdot \cos 2\pi t/T$	φ = Phasenwinkel
$\omega = 2\pi f$	φ_o = Nullphasenwinkel
$f = 1/T$	t = Zeit
	T = Periodendauer = Umlaufdauer des Zeigers
	f = Frequenz
	ω = Kreisfrequenz

Ist im Zeitpunkt $t = 0$ bereits ein Phasenwinkel φ_o vorhanden, so wird $x = \hat{x} \cdot \cos(\omega t + \varphi_o)$.

Anstelle des Cosinus steht häufig der Sinus; dies hat auf den Schwingungsverlauf keinen Einfluß, sondern nur auf den Nullphasenwinkel. Cosinus- und Sinusschwingung haben bei gleichem Nullphasenwinkel eine gegenseitige Phasendifferenz von 90 °.

Sinusverwandte Schwingungen sind Schwingungen, bei denen die Amplitude $\hat{x}$ sich verglichen mit der Periodendauer T langsam mit der Zeit ändert und/oder bei denen der Phasenwinkel innerhalb einer Periodendauer nur wenig von der linearen Zunahme mit der Zeit abweicht. Solche sinusverwandten Schwingungen sind vor allem gedämpfte Schwingungen, bei denen die Amplitude mit der Zeit abnimmt, und Schwebungen sowie amplitudenmodulierte Schwingungen.

Überlagerung von Schwingungen

Die additive Überlagerung von zwei harmonischen Schwingungen gleicher Frequenz ergibt wieder eine harmonische Schwingung derselben Frequenz, deren Amplitude und Phase von den Amplituden der beiden Teilschwingungen und ihrer Phasendifferenz abhängen. *Abb. 2/3* zeigt drei Fälle einer solchen Überlagerung.

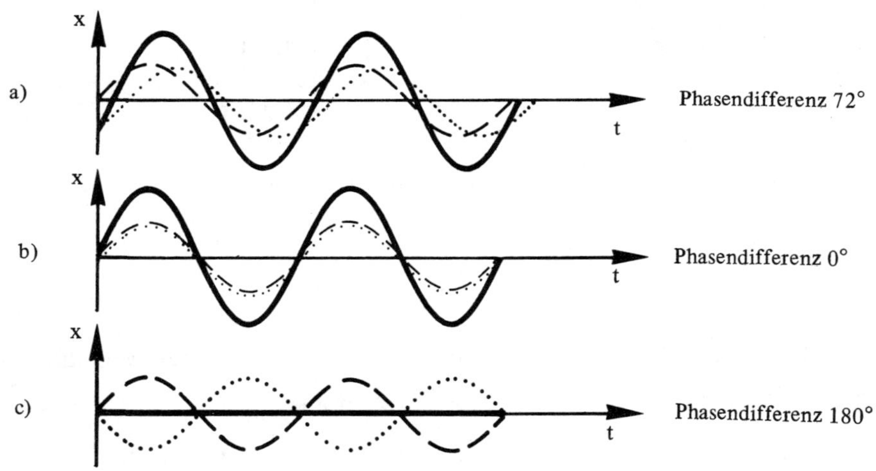

Abb. 2/3. Überlagerung zweier Schwingungen mit gleicher Amplitude und Frequenz und a) beliebiger, b) ohne und c) 180 ° Phasendifferenz.
x_1 - - - - -, x_2·········, $x_1 + x_2$ ——.

Weichen die Frequenzen der beiden Schwingungen nur wenig voneinander ab und sind die Amplituden gleich, so entsteht eine Schwingung, bei der die Frequenz mit denjenigen der Einzelschwingungen nahezu übereinstimmt. Aber die Amplitude ändert sich zwischen den Extremwerten 0 und der Summe der Amplituden der Einzelschwingungen $\hat{x}_1 + \hat{x}_2$ periodisch. Eine solche Schwingung nennt man Schwebung *(Abb. 2/4)*.

Weichen die Frequenzen der beiden sich überlagernden Schwingungen stärker voneinander ab, so ergibt sich keine harmonische Schwingung mehr.

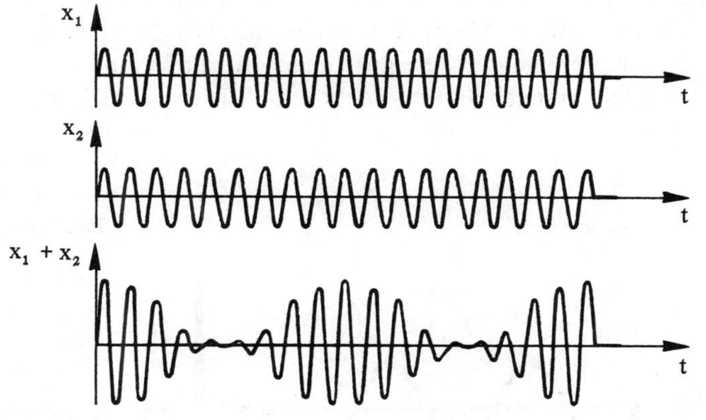

Abb. 2/4. Durch Überlagerung zweier Schwingungen mit gleicher Amplitude und geringem Frequenzunterschied entstehende Schwingung (Schwebung).

Analyse von Schwingungen

Jede auch noch so unregelmäßig verlaufende, aber periodische Schwingung läßt sich in sinusförmige Teilschwingungen zerlegen. Diesen Vorgang nennt man Fourieranalyse oder harmonische Analyse. Er umfaßt das Ermitteln der Frequenzen der einzelnen Teilschwingungen und die Bestimmung ihrer Amplituden. Das Ergebnis einer harmonischen Analyse ergibt ein sog. Amplitudenspektrum. Dies ist die grafische Darstellung der Gesamtheit aller Teilschwingungen eines Signals mit den dazugehörigen Amplitudenwerten. Die Frequenzen der einzelnen Teilschwingungen sind immer ganzzahlige Vielfache einer Grundschwingung, deren Frequenz mit der Frequenz der zu analysierenden Schwingung übereinstimmt. Das Amplitudenspektrum genügt allerdings nicht, um den Zeitverlauf der periodischen Schwingung exakt zu bestimmen; hierzu ist die zusätzliche Angabe der Nullphasenwinkel der Teilschwingungen erforderlich. Für viele praktische Zwecke, wie Erkenntnisse über die Klangfarbe eines musikalischen Klangs oder über die Zusammensetzung und Störwirkung eines Störgeräuschs, erlaubt aber das Amplitudenspektrum ausreichende Aussagen.

Alle periodischen Vorgänge haben Linienspektren; sie setzen sich aus ganzzahligen Vielfachen einer Grundfrequenz f zusammen. Sie errechnet sich aus der Periodendauer T der zu analysierenden Schwingung: f = 1/T. Je größer die Periodendauer T wird, um so tiefer liegt also die Grundfrequenz f und um so näher beisammen liegen die Vielfachen dieser Grundfrequenz. Läßt man im Gedankenexperiment die Periode beispielsweise einer Rechteckschwingung immer länger werden, so kommt man schließlich zur sog. Sprungfunktion (*Abb. 2/6a*), der sinngemäß eine extrem tiefe Grundfrequenz – eigentlich 0 Hz – und unendlich dicht beieinanderliegende Teilschwingungen entsprechen. Daher haben Einzelvorgänge so dicht liegende Komponenten, daß ein kontinuierliches Spektrum entsteht, das durch die Einhüllende der unendlich vielen Komponenten gekennzeichnet ist, durch eine sog. Spektralfunktion. Das gleiche gilt sinngemäß für – nichtperiodische – statistische Störspannun-

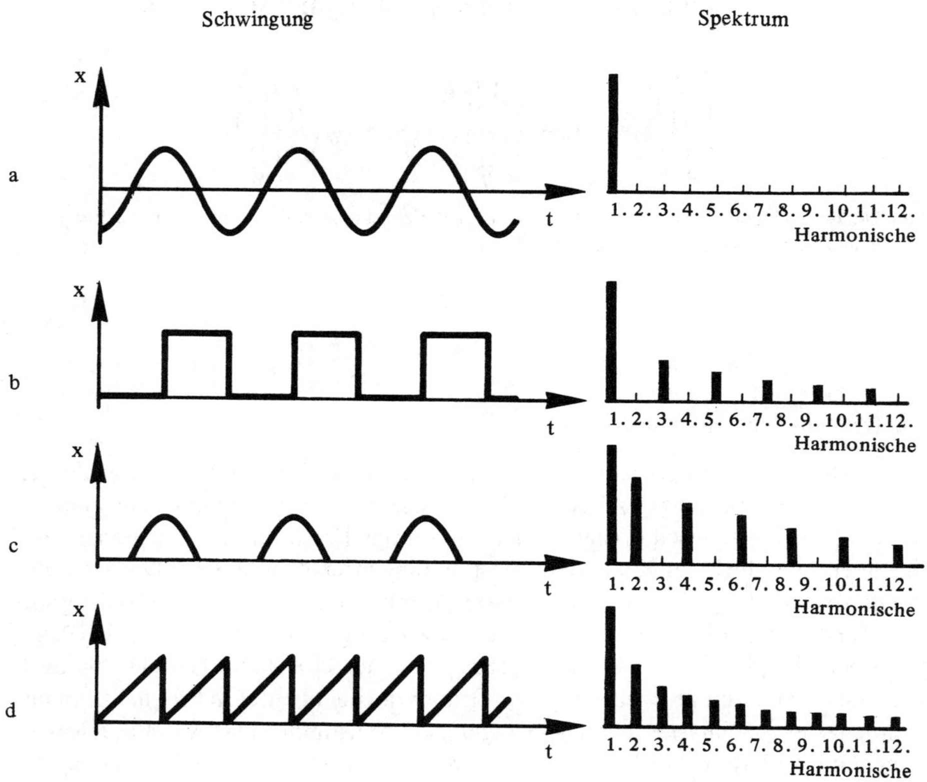

Abb. 2/5. Einige Schwingungsverläufe mit den dazugehörigen Amplitudenspektren; die Spektren sind nach der 12. Harmonischen abgeschnitten, setzen sich aber bei b, c und d theoretisch bis ins Unendliche fort; die Amplituden der Teilschwingungen sind etwa dreimal vergrößert gezeichnet. Die Spektren gelten nur für den eingeschwungenen Zustand. Bei b, c und d entsteht noch eine Teilschwingung mit der Frequenz 0, d. h. eine Gleichkomponente (Gleichspannung z. B.).

gen, z. B. auch Rauschen. In diesem Fall kann man keine Spektrallinien und die ihnen zugehörenden Amplituden der Teilschwingungen mehr angeben. Das kontinuierliche Spektrum wird durch die Leistungsdichte, d. h. die Leistung pro relative oder absolute Bandbreiteneinheit, beschrieben und als Spektralfunktion grafisch dargestellt (siehe auch 2.3).

Abb. 2/5 zeigt einige Beispiele periodischer, *Abb. 2/6* einiger nichtperiodischer Vorgänge mit ihren Spektren [2.4].

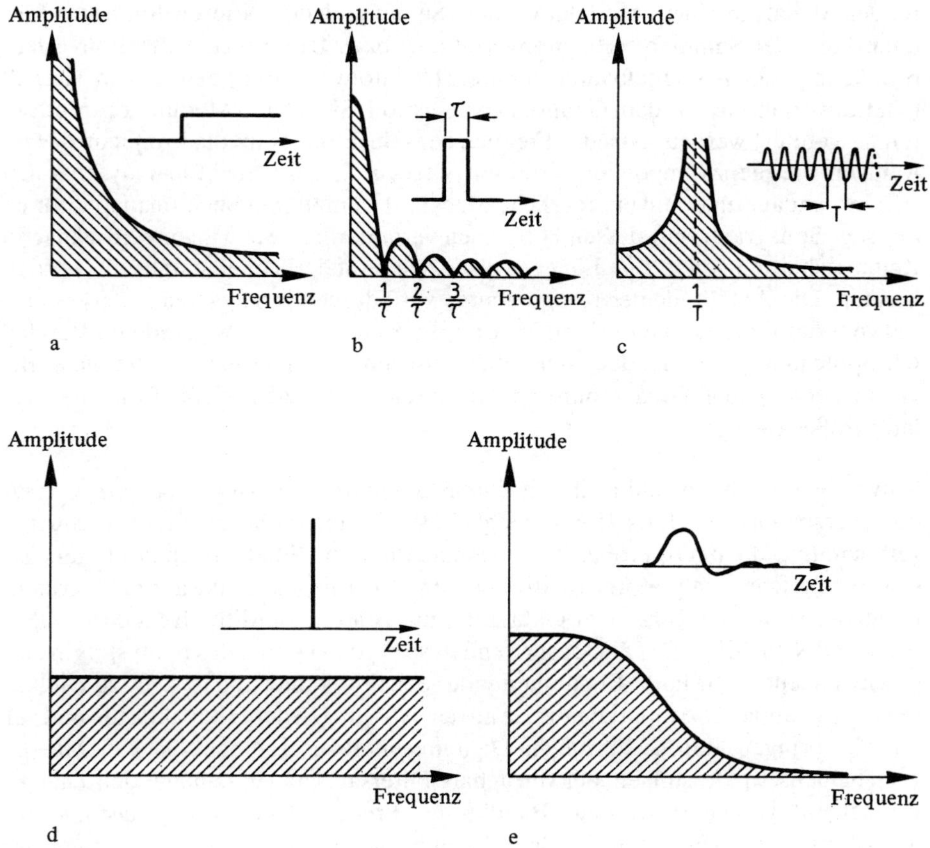

Abb. 2/6. Spektralfunktionen einiger einmaliger Vorgänge.
a) Spektralfunktion der Sprungfunktion (z. B. Einschalten einer Gleichspannung)
b) Spektralfunktion eines Rechteckimpulses
c) Spektralfunktion einer plötzlich einsetzenden Sinusschwingung.
d) Spektralfunktion eines Nadelimpulses (Stoßfunktion, sehr kurzer Knack, Dirac-Stoß)
e) Spektralfunktion eines Knalls

Analyseverfahren

Schwingungsanalyse, auch Frequenzanalyse oder Spektralanalyse, ist die Bestimmung von Frequenz und Amplitude, gelegentlich auch der Phasenlage der in einem Schwingungsvorgang enthaltenen Teilschwingungen. Je nach Art des Schwingungsvorgangs und nach den Anforderungen an die Meßergebnisse stehen eine Reihe von Verfahren zur Verfügung. Die Einführung digitaler Technologie in der Frequenzanalyse hat gegenüber älteren Verfahren große Fortschritte für die Meßgeschwindigkeit, Meßgenauigkeit und für die erfaßbaren Datenmengen gebracht.

Bei der genauen, aber auch zeitaufwendigen Suchtonanalyse bildet ein Suchton mit veränderbarer Frequenz zusammen mit einer Frequenzkomponente des zu analysierenden Signals in einem Modulator einen Summen- bzw. Differenzton fester Frequenzlage; der Summen- (Hochtonverfahren) bzw. Differenzton (Tieftonverfahren) kann in einem schmalbandigen Filter (Hochtonverfahren) bzw. einem Tiefpaß (Tieftonverfahren) aus dem Gemisch von Suchton, Signal und Modulationsprodukten ausgefiltert werden. Aus der Frequenz des Suchtons kann die Frequenz der jeweiligen Frequenzkomponente ermittelt werden. Für die Suchtonanalyse eignen sich nur andauernde, unveränderliche Signale. Ebenfalls ein Suchtonanalysator ist der sog. Sonagraph, mit dessen Hilfe auch veränderliche Schwingungsvorgänge in Zeitausschnitten von je 2,4 s Länge in ihrer Zeitveränderlichkeit dargestellt werden können. Die Amplitude der Komponenten wird durch die Schwärzung dargestellt. Obwohl das Gerät keine exakten Messungen ermöglicht, ist es gerade im Bereich der Sprachuntersuchung, auch der pathologischen Veränderung der Stimme z. B., viel in Verwendung. Sonagramme haben bei relativ geringem Meßaufwand eine relativ große Aussage.

Schwingungsanalysen sind auch mit durchstimmbaren Filtern von zumeist Oktav- oder Terzbandbreite (DIN 45 654) möglich. Da das Filter eine gewisse Einschwingzeit benötigt, die um so größer ist, je schmäler der Durchlaßbereich des Filters ist, sind auch solche Analysatoren relativ langsam. Wird hingegen eine ganze Filterbank parallel geschalteter Terz- oder Oktavfilter mit genormten Mittenfrequenzen (ISO R 266, DIN 45 561, DIN 45 652) verwendet, so befindet sich jedes Filter stets in eingeschwungenem Zustand. Ein umlaufender Schalter kann dann in z. B. 20 Umläufen pro Sekunde die Amplitudenwerte an den Ausgängen der Filter abtasten und zur Anzeige bringen. Bei Ausführung in Digitaltechnologie erlauben solche Geräte die verschiedensten Messungen; der verfügbare Filtersatz kann in seinen Eigenschaften weitgehend verändert werden, Bandbreite, Frequenzlage, Mittelungsfunktion, Speicherung der Meßdaten, Meßbereich und -genauigkeit sowie Bewertung der Messung können den jeweiligen Meßzielen angepaßt werden.

Im Gegensatz zu den Messungen bei der Suchtonanalyse und bei Analysatoren mit Filtern wird bei der Fourier-Analyse das Amplitudenspektrum berechnet. Liegt die zu analysierende Schwingung als mathematische Funktion vor, so können die einzelnen Komponenten berechnet werden. Liegt sie als Kurvenverlauf vor, so können die

Komponenten auch mit mechanischen Analysatoren durch Nachfahren mit einem Stift ermittelt werden. Mit den Mitteln moderner Rechnertechnik kann die Rechengeschwindigkeit so verkürzt werden, daß solche Geräte in Echtzeit arbeiten können. Dabei wird das Signal digitalisiert, die Komponenten werden sodann auf der digitalen Ebene berechnet. Solche Analysatoren heißen FFT-Analysatoren (*F*ast *F*ourier *T*ransformation). Damit können nicht nur periodische, sondern auch nichtperiodische, einmalige Vorgänge analysiert werden. Das Spektrum wird dabei z.B. 5 mal pro Sekunde überarbeitet. Die zeitliche Veränderung eines Spektrums kann in pseudodreidimensionaler Darstellung veranschaulicht werden.

Echtzeitanalyse ist die parallel zum Schwingungsvorgang verlaufende Darstellung des gesamten Spektrums, dabei ist die Arbeitsgeschwindigkeit des Analysators so groß, daß die Analyse jeden Augenblick des Schallvorgangs erfaßt. Echtzeitanalyse ist mit Filter- und Fourieranalysatoren möglich.

2.2 Menschliche Stimme

2.2.1 Akustische Eigenschaften

Die menschliche Stimme [2.5], [2.6] ist ein sehr vielseitiger Schallerzeuger. Sie kann Klänge und Geräusche verschiedenster akustischer Zusammensetzung, anhaltend oder rasch wechselnd, erzeugen. *Abb. 2/7* zeigt schematisch das Stimmorgan mit den angeschlossenen Resonanzräumen sowie ein mechanisches Modell der Stimmlippen (Stimmbänder) und ihre Schwingungen. Der Luftstrom, der beim Ausatmen aus der Lunge kommt (Exspirationsluft), erregt bei stimmhaften Lauten erzwungene Schwingungen der Stimmlippen im Kehlkopf, die in dem angeschlossenen „Ansatzrohr" (Mund, Nase, Nebenhöhlen, Rachen) modifiziert werden. Bei stimmlosen Lauten werden durch die Luftströmung Hohlräume des Ansatzrohres angeblasen oder es entstehen Strömungsgeräusche beim Durchströmen von Einengungen an den Zähnen, der Zunge oder im Rachen. Für die stimmlosen Zischlaute F, S, SCH und CH sind Strömungsgeräusche charakteristisch, die insbesondere beim S bis in hohe Frequenzbereiche hineinreichen. Beim stimmhaften S und SCH treten zu den Geräuschkomponenten der stimmlosen Form periodische Stimmlippenschwingungen hinzu. Die Explosivlaute P, T, K, B, D und G entstehen durch plötzliches Öffnen des durch die Lippen (P, B) oder die Zunge (T, D, K, G) verschlossenen Luftwegs. Dabei entlädt sich der angestaute Überdruck explosionsartig.

Bei den Vokalen erregen die teiltonreichen Stimmlippenschwingungen *(Abb. 2/7)* in Mund, Nase und Rachen Resonanzen, deren Frequenzlagen insbesondere von der Mund- und Zungenstellung abhängen. Jeder Vokal wird so charakterisiert durch sog. „Formantbereiche"; das sind Frequenzbereiche, innerhalb derer unabhängig vom Stimmlippengrundton alle Teiltöne durch Resonanz verstärkt werden. Die wichtigsten Formantbereiche der Vokale gibt *Abb. 2/8* an.

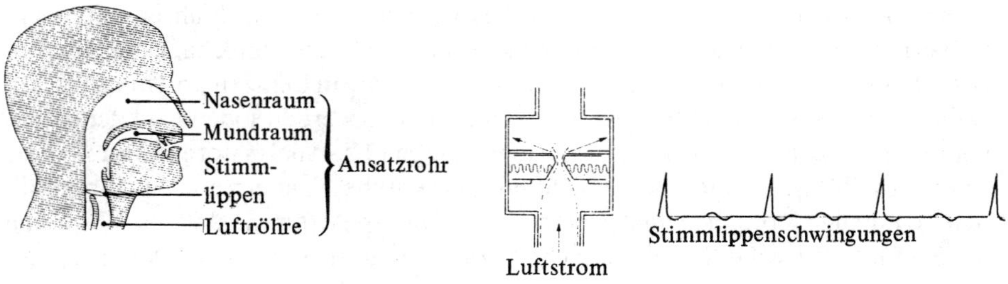

Abb. 2/7. Stimmorgan, mechanisches Modell der Stimmlippen, Schwingungen der Stimmlippen.

Emotionen wie Freude, Angst, Wut prägen sich in der Klangfarbe der Stimme durch unterschiedliche Hervorhebungen der Formanten im Frequnzbereich von 0 bis 3,7 kHz aus. Durch Filterung können Emnotionen zurückgenommen, aber nicht glaubhaft verstärkt werden. [2.74]

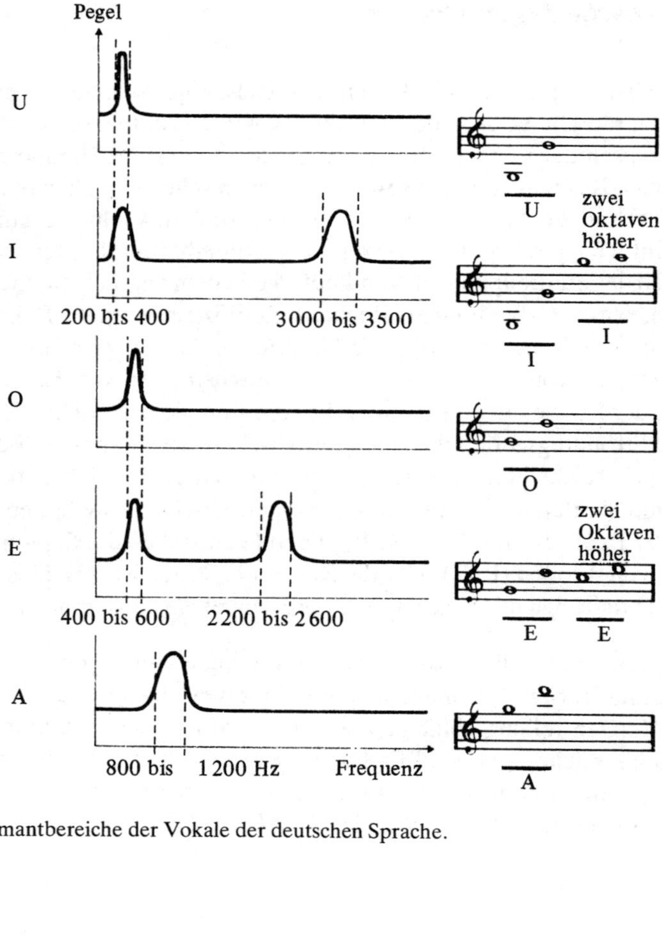

Abb. 2/8. Formantbereiche der Vokale der deutschen Sprache.

Bei den stimmhaften Halbvokalen M, N, R und L tritt neben die Klangerzeugung durch die Stimmlippen die Klangerzeugung durch das Anblasen von Hohlräumen. Das R ist durch eine ausgesprochene Amplitudenmodulation gekennzeichnet. *Tab. 2/2* faßt die akustischen Eigenschaften der Sprachlaute zusammen.

Tab. 2/2. Akustische Eigenschaften von Sprachlauten.

Lautart	akustische Eigenschaften
Vokale (A, E, I, O, U)	harmonische Klänge, Grundfrequenz ist die Sprechtonhöhe, Charakterisierung durch Formantgebiete *(Abb. 2/8)*, Komponenten bis etwa 5 kHz
stimmhafte Konsonanten (L, M, N, R, W u. a.)	harmonische Klänge mit der Grundfrequenz der Sprechtonhöhe, zusätzlich kontinuierliche Spektralanteile durch Strömungsgeräusche an Einengungen des Ansatzrohres
Zischlaute (F, S, SCH, Z)	nur geräuschhafte, kontinuierliche Spektren mit Komponenten bis über die obere Hörgrenze hinaus, besonders beim S
H	nur Strömungsgeräusch an den geöffneten Stimmlippen
Explosivlaute (B, D, G, P, T, K)	impulsartige Vorgänge mit kontinuierlichen Spektren

Die Grundfrequenz der Stimmlippenschwingung – die Sprechmelodie – ändert sich bei Sprache dauernd; sie liegt bei Männern zwischen etwa 120 und 160 Hz, bei Frauen und Kindern zwischen etwa 220 und 330 Hz.

Sprachspektrum

Die folgenden Ausführungen beziehen sich auf statistisch ermittelte Durchschnittsspektren der Sprache, nicht auf Einzellaute. Komponenten unter 80 Hz (männliche Sprache) bzw. 100 Hz (weibliche Sprache) fallen bei üblichem Abstand des Zuhörers von einem Sprecher unter die Hörschwelle, können also bei der Aufnahme weggefiltert werden, ohne daß klangliche Verfälschungen der Sprache hörbar werden. Bei tiefen Frequenzen ist der absolute Schalldruckpegel annähernd unabhängig von der Sprechstärke, nur der Abstand des Sprechers hat hierauf einen bestimmenden Einfluß. Nimmt man das Spektrum laut gesprochener Sprache als Bezug, sind die tieffrequenten Anteile von im Original leise gesprochener, aber z. B. um 20 dB verstärkter, „künstlich lauter" Sprache um denselben Betrag relativ stärker als bei tatsächlich laut gesprochener Sprache. Normalerweise bei männlicher Sprache unhörbare Komponenten unter 80 Hz erscheinen dabei im Klangbild. Das ist die Ursache der unnatürlichen Klangfärbung, des „Dröhnens" leise aufgenommener, aber laut wiedergegebener Sprache. Dabei ist männliche Sprache empfindlicher gegen diesen Effekt als weibliche. Die Sprachspektren sind von der Sprechlautstärke abhängig, je lauter gesprochen wird, um so obertonreicher ist das Sprachspektrum *(Abb. 2/9* und *2/10)* [2.7], [2.9].

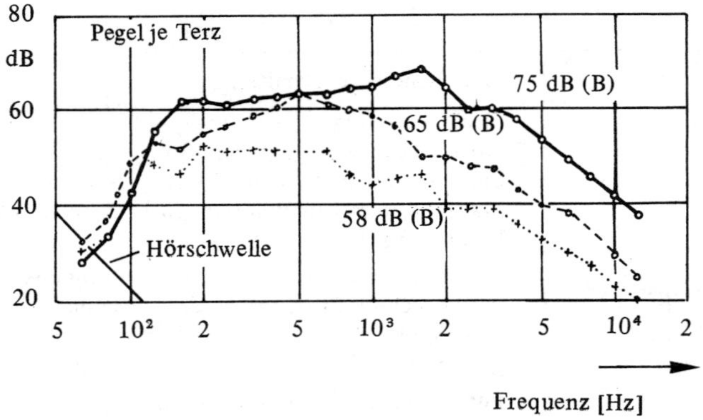

Abb. 2/9. Durchschnittliches Spektrum deutscher Sprache von männlichen Sprechern, Schalldruckpegel je Terzbereich, nach [2.6].

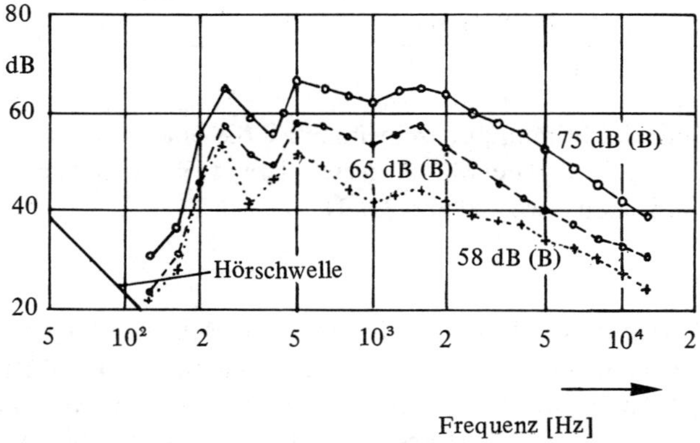

Abb. 2/10. Durchschnittliches Spektrum deutscher Sprache von weiblichen Sprechern, Schalldruckpegel je Terzbereich, nach [2.6].

Die statistischen Sprachspektren zeigen charakteristische Maxima: das erste Maximum ist geschlechtsspezifisch und kennzeichnet die Sprechtonhöhe; bei männlichen Sprechern liegt es um 150 Hz, bei weiblichen um 250 Hz. Weitere Maxima liegen bei weiblichen Sprechern um 500 Hz und um 1500 Hz, bei laut sprechenden Männern ebenfalls um 1500 Hz. Die wesentlichen Komponenten der Sprache beschränken sich auf das Frequenzband von 100 Hz (Männer) bzw. 200 Hz (Frauen) bis 10 kHz.

Sprachschallpegel

Der Sprachschallpegel ist der durch Sprache hervorgerufene Schallpegel in einem gegebenen Abstand vom Sprecher. Da sich Sprache in ihrem Pegel und Spektrum dauernd ändert, ist die Angabe eines gemittelten Spitzenpegels sinnvoll; die Angabe in bewerteten Pegeln erleichtert den Vergleich mit Störgeräuschen. Demnach beträgt der Schallpegel in 60 cm Entfernung vor dem Mund um 60 dBA, er erhöht sich bei stärkerem Sprechen um 6 dB und erreicht bei unnatürlich lautem Sprechen Werte um 76 dBA (Männer) bzw. 68 dBA (Frauen). Die Werte liegen bei 30 cm Abstand rund 4 dB höher, bei 120 cm 4 dB niedriger. Die extremen Formen des Sprechens, Murmeln und sehr lautes Sprechen, erweitern die Dynamik nach unten bzw. oben nochmals um etwa 5 dB. Die genannten Werte gelten für die „Mikrofonstimme“, die durch einen gleichmäßigeren Lautstärkeverlauf gekennzeichnet ist als die „Bühnenstimme“ [2.10], [2.65], [2.66].

Die Pegelstruktur von Sprache kann als Abfolge von Impulsen gekennzeichnet werden, gebildet durch die einzelnen Logatome. Das führt zu einem Durchschnittspegel, der um rund 12 dB unterhalb des Spitzenpegels liegt. Dadurch wirkt Sprache leiser als U-Musik mit derselben Aussteuerung, aber lauter als E-Musik.

Singstimme

In akustischer Hinsicht sind die Unterschiede zwischen Sprech- und Singstimme nicht so erheblich, wie dies vom Höreindruck her erscheint. Da nur Laute mit harmonischen Spektren eine Tonhöhe besitzen, werden diese im musikalischen Ablauf der Stimmführung besonders hervorgehoben und gedehnt. Während sich die Sprechtonhöhe gleitend und häufig ändert, ist die Singtonhöhe an bestimmte Tonstufen gebunden. Die Formatanlagen werden besonders bei der weiblichen Stimme der jeweiligen Grundtonhöhe in einen gewissen Rahmen angepaßt; im allgemeinen entsteht daraus eine Verdunklung des Vokalcharakters. Von erheblicher Bedeutung für die Klangfarbe der männlichen Singstimme ist der sog. Singformant zwischen 2800 und 3000 Hz verbunden mit einer generellen Verstärkung höherer Klangkomponenten, der der Stimme ein Durchsetzungsvermögen auch gegen ein lautes Orchester gibt. Er tritt bei der Sprache nicht auf. Kennzeichnend für die ausgebildete Stimme ist weiterhin das Vibrato bzw. Tremolo der Stimme. Besondere Betonung und Dehnung der Vokale, Formantumstimmung, Singformant, Vibrato und größere Lautstärke und Dynamik kennzeichnen rein akustisch also im wesentlichen die Stimme mit besonderer Gesangsausbildung.

Dynamik und Höchstpegel der Singstimme hängen selbstverständlich von der Musik und dem jeweiligen Sänger ab. Hohe Frauen- (Sopran) und Männerstimmen (Tenor) erreichen die größte Dynamik (50–60 dB), die Spitzenpegel der Soprane liegen bei üblichem Mikrofonabstand über 100 dB.

Der Tonhöhenbereich einer Singstimme ist ihre Stimmlage (*Abb. 2/11*). Sopran, Alt, Tenor und Baß sind die Hauptstimmlagen. Die Eignung einer Stimme bzw.

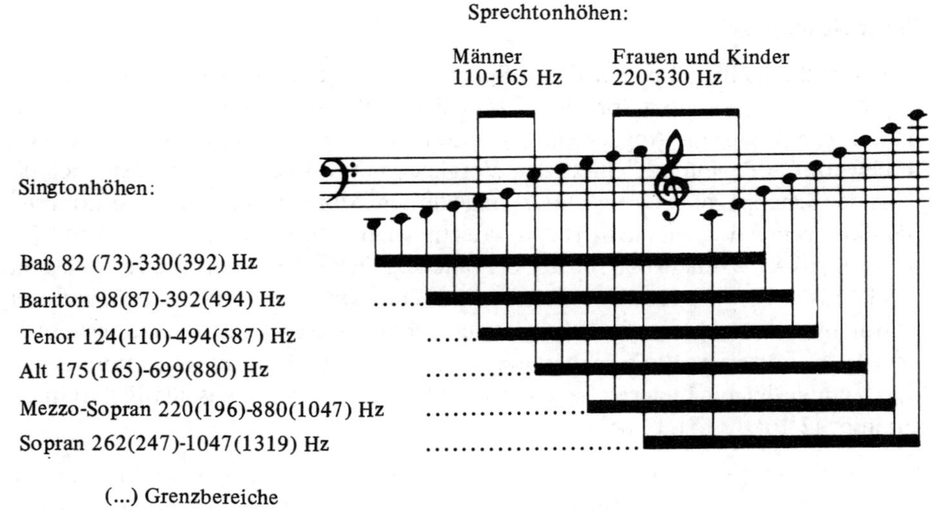

Abb. 2/11. Ton- und Frequenzlagen der Singstimmen.

eines Gesangssolisten für bestimmte Rollentypen kennzeichnet das Stimmfach (z.B. dramatischer Sopran, Koloratursopran, lyrischer Alt, Heldentenor, jugendlicher Liebhaber, Baßbuffo).

2.2.2 Richtcharakteristik

Wie die Musikinstrumente hat auch die menschliche Stimme keine allseitig gleiche Schallabstrahlung, sondern eine frequenzabhängige Schallbündelung, besonders im Frequenzbereich über 2000 Hz. Wandert man mit einem Mikrofon um einen Sprecher, so ändert sich also die Klangfarbe der Stimme. *Abb. 2/12* zeigt, wie sich die Spektren bei Aufnahme von der Seite und von hinten von dem Spektrum bei Aufnahme von vorne unterscheiden. [2.64], [2.67]

Der gewohnte und erwartete Sing- und Sprachklang ergibt sich in der Hauptabstrahlrichtung des Mundes. Oft werden aber die von Rednern oder Reportern benutzten Mikrofone an einer um den Hals gelegten Schnur oder an der Kleidung befestigt vor der Brust getragen. Solche Mikrofone werden Lavalier-Mikrofone genannt. Dadurch ergeben sich aber am Ort des Mikrofons Klangverfälschungen, hervorgerufen durch die Schallabstrahlung der Brust und die Abstrahleigenschaften des Mundes. Neben verstärkter Tiefen- und verringerter Höhenabstrahlung verursacht eine Anhebung von etwa 6 dB in einem schmalen Frequenzband bei 700 Hz (männliche Sprache) bzw. etwas darüber (weibliche Sprache) eine Klangfärbung [2.7],

[2.8] *(Abb. 2/13)*. Wird der Frequenzgang des Mikrofons entsprechend korrigiert *(Abb. 4/36)*, wie das bei einigen Lavalier-Mikrofonen geschieht, ist ein Unterschied zwischen Aufnahmen vor dem Mund und der Brust nicht hörbar.

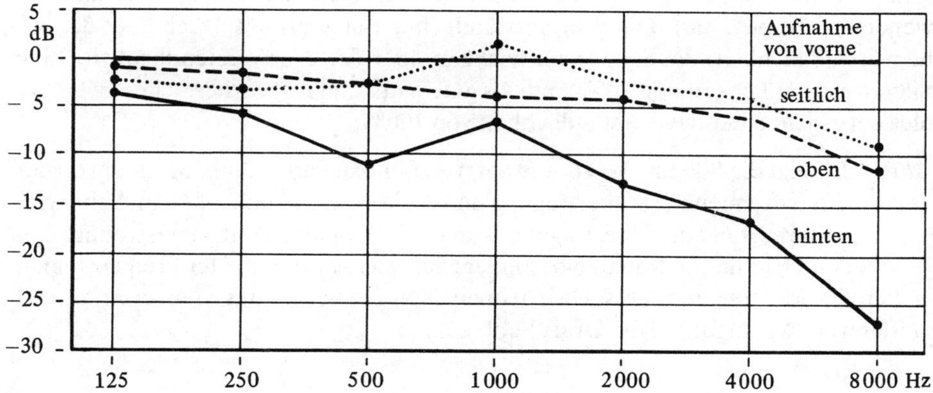

Abb. 2/12. Unterschiede der Spektren von Gesang bei verschiedenen Aufnahmerichtungen [2.64]

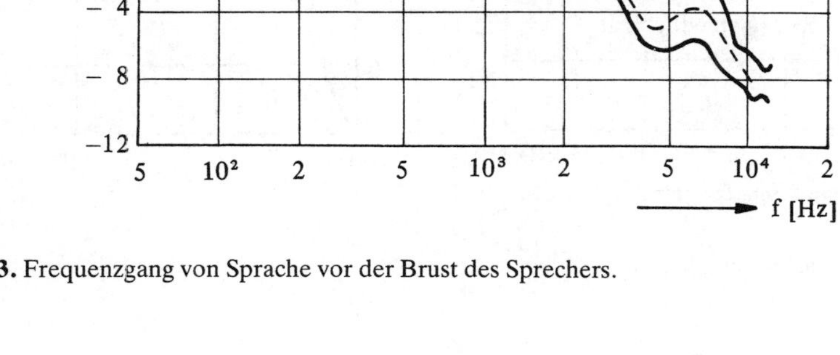

Abb. 2/13. Frequenzgang von Sprache vor der Brust des Sprechers.

2.2.3 *Sprachverständlichkeit*

Die Sprachverständlichkeit [2.11], [2.12] ist ein grundlegendes Kriterium für die Beurteilung der Hörsamkeit von Räumen für Sprachdarbietungen und für die Übertragungsqualität in der Tontechnik. Im allgemeinen wird die Silbenverständlichkeit ermittelt, weil bei Übertragungen auch Einzelsilben – z. B. Zahlen – verständlich sein sollen. Sie wird gemessen in % der richtig verstandenen Silben bezogen auf die Gesamtzahl einer Reihe von Prüfsilben. Dabei werden Testsilben ohne Bedeutung verwendet (z. B. pus, fag). Die Wortverständlichkeit liegt grundsätzlich über der Silbenverständlichkeit, die Satzverständlichkeit über der Wortverständlichkeit. Eine Silbenverständlichkeit von 80% kann als gute Verständlichkeit bezeichnet werden; dies entspricht einer Satzverständlichkeit von 100%.

Abb. 2/14 zeigt die Silben-, Wort- und Satzverständlichkeit in Abhängigkeit von der oberen Grenzfrequenz der Übertragung und die Wortverständlichkeit in Abhängigkeit vom Störabstand der Übertragung. Auf die Verständlichkeit haben weitere Gegebenheiten Einfluß, in Räumen besonders die Nachhallzeit und ihr Frequenzgang. Neben der Messung mit Versuchspersonen steht ein genormtes Meßverfahren mit Geräten zur Verfügung (IEC Draft Publ. 268).

Verständlichkeit in Abhängigkeit von der oberen Grenzfrequenz.

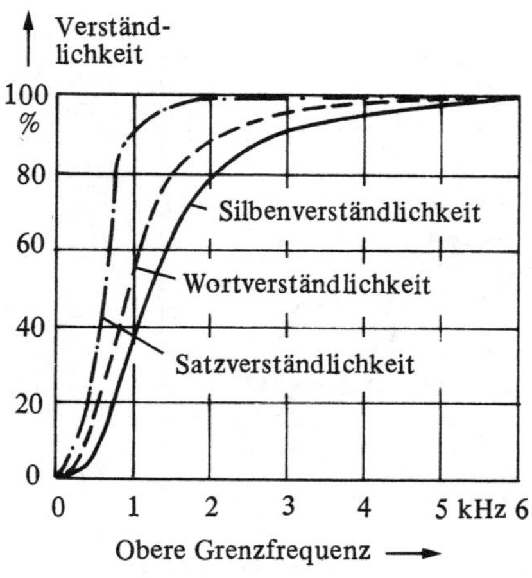

Wortverständlichkeit in Abhängigkeit vom Geräuschpegelabstand.

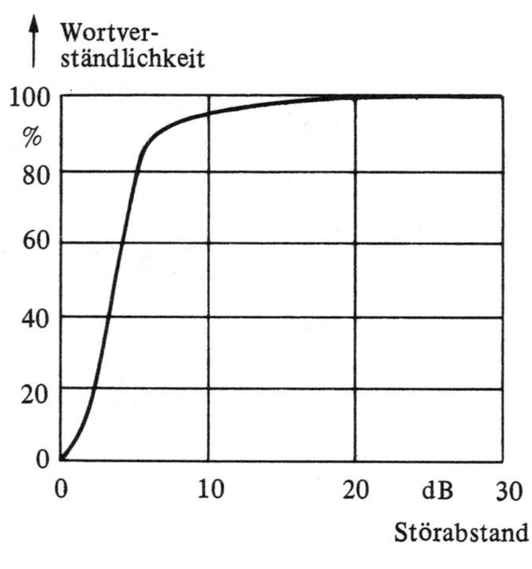

Abb. 2/14. Sprachverständlichkeit.

2.3 Musikinstrumente

2.3.1 Akustische Eigenschaften

Für akustische Untersuchungen der Klangeigenschaften von Musikinstrumenten [2.13], [2.14], [2.15], [2.28], [2.80], [2.81], [2.82] ist es wegen der großen Zahl einzelner Meßdaten notwendig, anschauliche Formen der grafischen Darstellung zu finden. Für die Erfassung der Klangeigenschaften müssen zwei Größen angegeben werden: die Frequenzen der Klangkomponenten und ihr Stärke; notwendig ist in bestimmten Fällen dabei die Darstellung des zeitlichen Verlaufs dieser Größen. Damit ergibt sich für die vollständige Darstellung eines Schallereignisses eine dreidimensionale bzw. pseudodreidimensionale grafische Darstellung. Je nach dem Ziel einer akustischen Veranschaulichung kann aber auch eine der drei Darstellungsebenen herausgegriffen werden *(Abb. 2/15)*. Ein Beispiel für eine pseudodreidimensionale Darstellung zeigt *Abb. 2/16.*

Die Schallgrößen können entweder linear als Amplitude bzw. Frequenz angegeben werden oder logarithmiert und auf einen zweiten Wert bezogen (Bezugswert) als Pegel bzw. Intervall. Als Intervalle kommen vor allem Terzen (Frequenzverhältnis 5:4), Oktaven (Frequenzverhältnis 2:1) und Dekaden (Frequenzverhältnis 10:1) in Betracht. Die Wahl der jeweiligen Darstellungsweise hängt davon ab, was untersucht oder gezeigt werden soll. Ein einfaches quasidreidimensionales Verfahren ist auch das oben (2.1.1) erwähnte sog. Sonagramm (Visible speach-Verfahren); die Darstellung wird zweidimensional in die melodische Ebene gelegt, ähnlich der Notenschrift, die Schwärzung der Linien gibt ungefähr die Amplitude an.

Jeder Klang kann in zwei oder drei zeitlich aufeinanderfolgende Abschnitte geteilt werden *(Abb. 2/17):*

1. Einschwingen, Klangeinsatz – das ist der Zeitabschnitt, in dem sich der Klang aus der Ruhe bis zu seinem eingeschwungenen Zustand entwickelt.
2. Quasistationärer Schwingungszustand – das ist der Zeitabschnitt, in dem der Klang als relativ unveränderlich betrachtet werden kann; auch die immer vorhandenen, für die Klangcharakteristik sehr wichtigen kleinen Schwankungen können noch im Rahmen des quasistationären Zustandes gesehen werden.
3. Ausklingen – das ist der Zeitabschnitt, in dem der Klang nach dem Ende seiner Anregung bis zur völligen Ruhe ausklingt.

Der zeitliche Aufbau eines Tons entspricht dem raumakustischen Geschehen bei der Abstrahlung eines Tons: Einschwingen = Anhall, Ausklingen = Nachhall.

Einschwingen

Der Klangeinsatz ist ein jeweils einmalig ablaufender Vorgang kurzer Dauer [2.17], [2.18]. Kurze Klangeinsätze dauern bis etwa 10 ms, lange Klangeinsätze, wie z. B.

beim Kontrabaß, zwischen 100 und 500 ms; im allgemeinen liegt die Dauer bei 15–50 ms. Kurzen Klangeinsätzen kann kein Spektrum, das aus einzelnen Linien zusammengesetzt ist, zugeordnet werden, sondern nur eine sog. Spektralfunktion, die Einhüllende einer Unzahl dicht nebeneinanderliegender Spektrallinien. Ein solches kontinuierliches Spektrum empfindet man als kurzzeitiges Geräusch, als Knack. Das trifft z. B. auch bei einem plötzlich eingeschalteten Tonsignal zu, bei dem Geräuschanteile entstehen, die als Einschaltknack hörbar werden. Erfolgt der Einschaltvorgang nicht plötzlich, sondern kontinuierlich während eines längeren Zeitabschnitts, so verringern sich auch die Geräuschanteile bzw. der Einschaltknack.

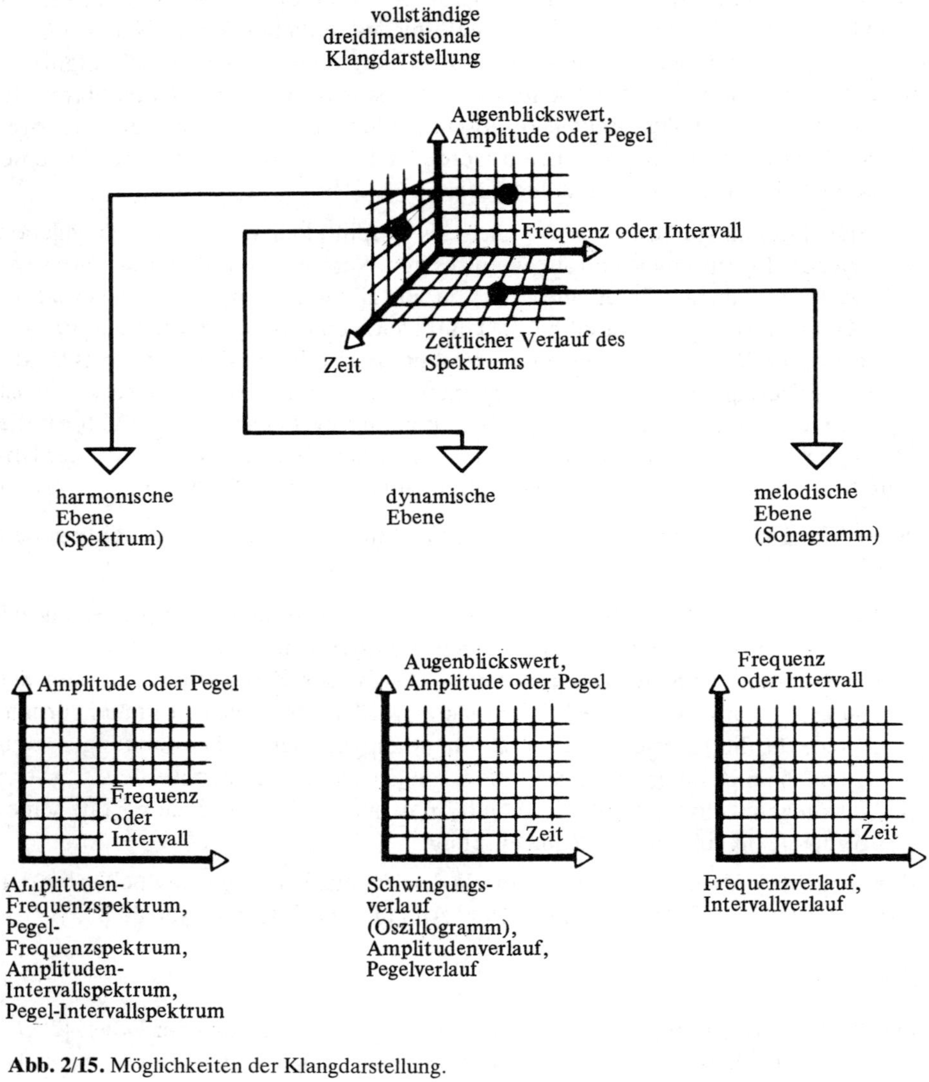

Abb. 2/15. Möglichkeiten der Klangdarstellung.

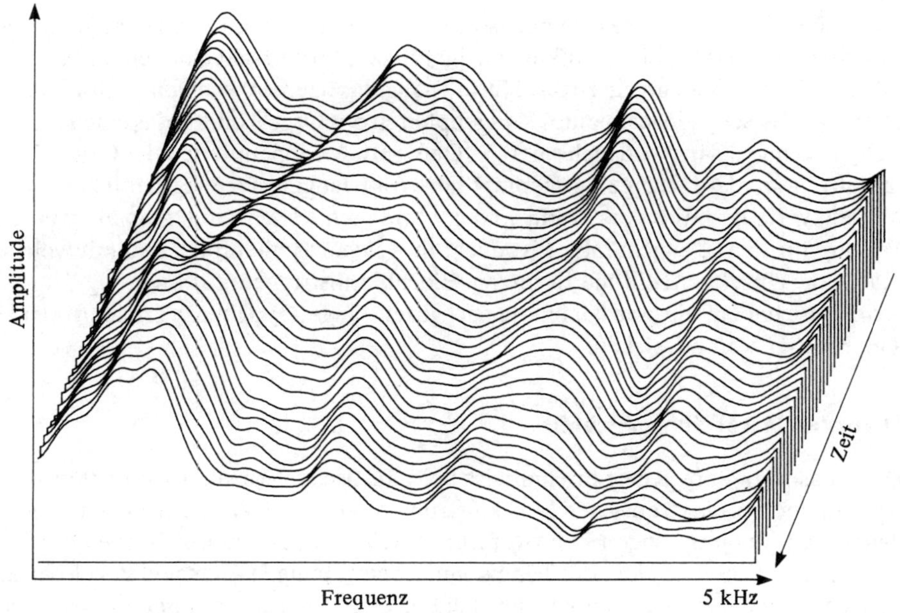

Abb. 2/16. Beispiel für eine pseudodreidimensionale Klangdarstellung: Ausschnitt aus dem gesprochenen Wort „Montr*ea*l".

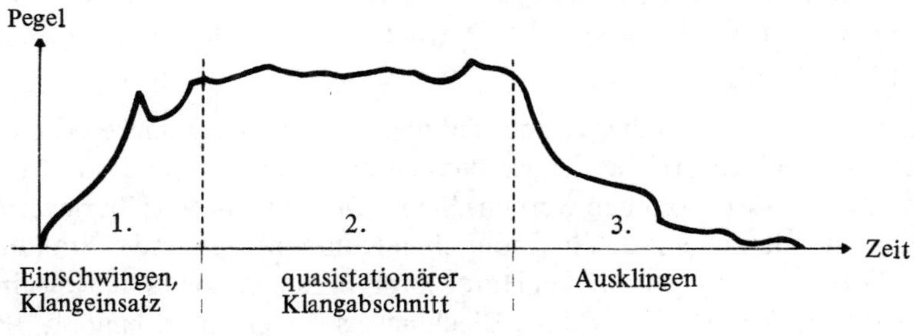

Abb. 2/17. Abschnitte eines musikalischen Klangs.

Dementsprechend sinkt der Anteil geräuschhafter Komponenten mit der Dauer des Klangeinsatzes. Je länger ein linear schwingendes System ausklingt, desto länger dauert auch das Einschwingen. Je größer die Bandbreite eines Resonanzsystems oder eines Filters ist, um so kürzer ist die Einschwingzeit. Da ein Einschwingvorgang theoretisch nie endet, betrachtet man ihn als beendet, wenn die Amplitude den Bereich von ± 10% ihres Wertes im eingeschwungenen Zustand nicht mehr verläßt.

Musikinstrumente sind sehr komplizierte Schwingungssysteme, bei denen Resonanzen eine besondere Rolle spielen. Gerade aber Resonanzen verhindern einen raschen, „knackenden" Klangeinsatz, weshalb die Klangeinsätze der meisten Musikinstrumente weicher als geschaltete Sinustöne klingen. Der spezifische Klangeinsatz prägt einen Instrumentenklang ebenso wie der Teiltonaufbau, die Formanten, Geräuschanteile und Pegelschwankungen ihn prägen. Es herrscht eine sehr große Vielfalt der Natur des Klangeinsatzes: Harte Klangeinsätze von wenigen Millisekunden Dauer (z. B. Schlaginstrumente, Zungenpfeifen der Orgel) bilden das eine Extrem, weiche Klangeinsätze von mehr als 0,5 s Dauer (tiefe Lippenpfeifen der Orgel, Kontrabaß) das andere. Lange, ausgeprägt hörbare Klangeinsätze verdeutlichen einen Melodieverlauf, besonders wenn andere Stimmen gleichzeitig gespielt werden. Wichtig für den Klangcharakter ist auch, in welcher Reihenfolge und mit welcher Stärke die einzelnen Teiltöne einsetzen. Blechblasinstrumente können sog. Vorläuferimpulse haben, die dem Klang – je nach ihrer Länge – Prägnanz verleihen oder als sog. Kiekser störend wirken.

Quasistationärer Klangabschnitt

Der quasistationäre Klangabschnitt ist bei akustischen Musikinstrumenten praktisch immer, bei elektronischen Musikinstrumenten je nach Art der Klangerzeugung dauernden Veränderungen unterworfen: Durch Überlagerung sich geringfügig in der Frequenz unterscheidender Töne können Schwebungen – das sind Pegelschwankungen – entstehen, so beim Klavier, bei der Orgel, bei Chören und bei mehrfach besetzten Orchesterstimmen. Das Vibrato der Singstimme, der Streichinstrumente und der meisten Blasinstrumente entsteht durch periodische Frequenzschwankungen, verbunden mit Pegelschwankungen. Der Begriff Tremolo wird für reine Pegelschwankungen, entstanden durch dichte Aneinanderreihung kurzer Klänge, verwendet. [2.73], [2.76]

Zu diesen leicht wahrnehmbaren Schwankungen können geringere oder stärkere unregelmäßige, mikrozeitliche Schwankungen hinzukommen, die meist nicht bewußt als solche wahrgenommen werden. Sie resultieren aus der Überlagerung von Geräuschkomponenten mit den harmonischen Komponenten und charakterisieren das sog. Gattungstimbre: es läßt den Hörer sofort erkennen, ob es sich bei einem Instrument um ein Streich-, Holzblas-, Blechblasinstrument o. a. handelt, bevor er noch erkannt hat, ob es sich z. B. um eine Bratsche oder um ein Violoncello handelt.

Tab. 2/3 faßt die wesentlichen Eigenschaften des Spektrums des quasistationären Klangabschnitts zusammen. Das Amplitudenspektrum gibt im allgemeinen keine Auskunft über die Phasenlagen der einzelnen Komponenten. Ihr Einfluß kann hörbar sein, wenn auch nicht so klangbestimmend wie Pegel und Frequenzen der Klangkomponenten. Etwas vereinfachend können die Einflüsse von Änderungen der Phasenlage auf die Wahrnehmung so zusammengefaßt werden [2.19], [2.20], [2.21]: Die Hörbarkeit hängt stark von der jeweiligen Struktur des Spektrums ab; Kopfhörerwiedergabe ist am „phasenempfindlichsten". Um 1000 Hz nimmt das Gehör Phasenänderungen am deutlichsten war. Sie bewirken eine Klangfarbenänderung oder eine Änderung der Klangrauhigkeit. 10 ° bis 30 ° Phasenverschiebung sind im allgemeinen noch nicht hörbar. Diese Forderung wird von den Geräten der Tonstudiotechnik erfüllt.

Tab. 2/3. Eigenschaften von Klangspektren und ihre Bedeutung für die Wahrnehmung und die Tonübertragungstechnik.

Eigenschaft des Spektrums	Bedeutung für die Wahrnehmung	Bedeutung für die Tonübertragungstechnik
Frequenzumfang und Teiltonstärke	Klanghelligkeit, Klangintensität	erforderlicher Übertragungsbereich
gering	Klang weich, nichtlineare Verzerrungen leicht hörbar	empfindlich gegen Verzerrungen, geringe erforderliche Bandbreite
groß	Klang scharf	empfindlich gegen Übersteuerungen im höheren Frequenzbereich, große erforderliche Bandbreite
Linienspektrum harmonisch	Klarheit des Klangs, deutlicher Tonhöhencharakter	
Linienspektrum unharmonisch	Tonhöhencharakter undeutlich	
Geräuschspektrum (kontinuierlich)	Klang geräuschhaft	
Formanten (resonanzartiges Hervortreten bestimmter Frequenzbereiche)	Vokalcharakter (A-, O-, Ä-Charakter o. ä.), kennzeichnet v. a. Oboen- und Blechblasinstrumente	
Fehlen geradzahliger Teiltöne	Klang „hohl“	

Teiltonaufbau

Die periodischen Schwingungsvorgänge des eingeschwungenen Klanges setzen sich aus dem Grundton und Obertönen zusammen, deren Frequenz jeweils ein ganzzahliges Vielfaches der Frequenz des Grundtons ist. Spricht man von Teiltönen, Partialtönen oder Harmonischen, so wird die Grundfrequenz mitgezählt, spricht man von Obertönen, so wird die Grundfrequenz nicht mitgezählt. Naturtöne werden bei den

Blasinstrumenten die durch das sog. Überblasen erklingenden Töne genannt; sie entsprechen etwa, aber nicht genau, den Teiltönen. *Abb. 2/18* zeigt die ersten 16 Teiltöne der Teiltonreihe. Der 7., 11. und 14. Teilton liegen tiefer, der 13. Teilton höher als die entsprechende Note. Die übrigen Töne sind rein gestimmt, unterscheiden sich also geringfügig von den entsprechenden Tönen unserer temperierten Stimmung; nur der 2., 4., 8. und 16. Teilton sind in beiden Stimmungen identisch. Wegen der einfachen, ganzzahligen Frequenzverhältnisse der Teiltöne zueinander verschmelzen aber auch die nicht in unsere Stimmung passenden Teiltöne vollkommen zu einem einheitlichen Klangeindruck.

Abb. 2/18. Teiltonaufbau eines Klanges entsprechend der Note C. Die Teiltöne mit Pfeil nach unten (oben) klingen tiefer (höher) als notiert.

Der 1. Teilton ist keineswegs immer am stärksten, sehr oft – gerade bei lauten Klängen – liegt die größte Intensität bei höheren Teiltönen. Fällt der Grundton in den Bereich sehr tiefer Frequenzen, so ist seine Intensität meist recht gering. In diesem Fall bildet das Gehör – auch wenn der Grundton völlig fehlt – aus dem Obertonspektrum den Grundton subjektiv nach (Residualton). Liegt der 1. Teilton im Bereich hoher Frequenzen, so überwiegt er meist in seiner Intensität über die anderen Teiltöne. Sind die ungeradzahligen Teiltöne stärker als die geradzahligen ausgebildet, so wird der Klang gedeckt bis hohl. Beispiele hierfür sind die Klänge gedackter Orgelpfeifen und der tiefen Tonlage der Klarinette. Das Hervortreten der geradzahligen Teiltöne, insbesondere des 2., 4., und 8. Teiltons, fördert ein helles, offenes Klangbild.

Über den jeweiligen Frequenzumfang des Klanges eines Musikinstruments kann nur eine allgemeine Aussage gemacht werden. Dies hängt nicht nur von der Spielweise und dem jeweiligen Instrument ab, sondern insbesondere von der gespielten Dynamikstufe, aber auch von den raumakustischen Verhältnissen. Angaben über Frequenzumfänge haben also stets statistischen Charakter. Unterhalb des 1. Teiltons gibt es keine stationären Schwingungen mehr; nur die Geräuschanteile des Klangs reichen unter die Grundtonfrequenz.

Formanten

Viele Musikinstrumente haben ihren ganzen Tonbereich hinweg einen bestimmten, für sie typischen Klangcharakter. Dieser Klangcharakter wird einerseits durch die relative Stärke der einzelnen Teiltöne bestimmt, andererseits durch sog. Formanten. Wie es bei den Vokalen von Sprache und Gesang bestimmte Frequenzbereiche gibt, in denen die Teiltöne – unabhängig von der Lage des Grundtons – verstärkt hervortreten, so wird auch die Klangfarbe von Musikinstrumenten durch einen oder mehrere solcher Formantbereiche charakterisiert. Während bei besaiteten Instrumenten diese Formantbereiche durch Resonanzen des Resonanzkörpers und des eingeschlossenen Luftvolumens aus dem Spektrum der schwingenden Saite hervorgehoben werden, wird die Formantbildung bei Blasinstrumenten vom Mundstück verursacht. Durch die besondere Schwingungsform entstehen im Spektrum die Formanten. Die ersten umfangreichen Formantuntersuchungen stammen von E. Schumann [2.22], [2.23].

Hat ein Instrumentenklang zwei Formanten, so bilden deren Maxima ein charakteristisches einfaches Zahlenverhältnis. Beim Wechsel von einem leisen zu einem lauten Klang springt das Maximum von der tieferen in die höhere Formantstrecke.

Geräuschkomponenten

Weiterhin sind Geräuschanteile im stationären Klang eine wesentliche Komponente des Klangcharakters eines Musikinstruments. Sie entstehen bei Streichinstrumenten durch das Streichen des Bogens auf der Saite, bei Blasinstrumenten als Anblasgeräusch. Bei Doppelrohrblattinstrumenten (Oboe, Englisch Horn, Fagott) sinkt mit wachsender Gebrauchsdauer des Rohrblatts der Pegel des Geräuschspektrums. Die Nebengeräusche tragen nicht nur zur Klangcharakteristik bei, sondern erhöhen auch die Lebendigkeit des Klangs. Die Flöte enthält als charakteristische Klangkomponente einen besonders deutlich wahrnehmbaren Geräuschhintergrund. [2.24]

Ausklingvorgang

Nach Beendigung der Erregung eines Klanges ist in den Resonanzsystemen des Musikinstrumentes noch Energie gespeichert, die im Ausklingvorgang abgegeben wird. Je weniger ein Resonanzsystem bedämpft ist, desto länger klingt es nach. Meist sind höhere Teiltöne stärker bedämpft, so daß sich beim Ausklingen die Klangfarbe dunkler und weicher färbt. Die längste Nachklingzeit haben Instrumente mit gezupften und geschlagenen Saiten (Cembalo, Gitarre, Harfe, Klavier) und Schlaginstrumente. Da bei diesen Instrumenten im allgemeinen eine kontinuierliche Klanganregung fehlt, besteht der ganze Klang nur aus dem Einschwing- und Ausklingvorgang. Die kürzeste Ausklingzeit haben Blasinstrumente. Der Nach- oder Abklingvorgang kann durch verschiedene Kenngrößen erfaßt werden (DIN 1311) [2.2]. In der musikalischen Akustik ist eine Anwendung der Definition der Nachhallzeit oder Nachhalldauer als Nachklingzeit bzw. Nachklingdauer besonders anschaulich.

Bei Tonaufnahmen kann es bei der langen Ausklingdauer des Klaviers, Cembalos und der Zupfinstrumente zu Problemen kommen, daß einzelne Töne z. B. am

Schluß eines Satzes sehr lange nachklingen, wenn sie der Musiker nicht bewußt abdämpft. Beim Klavier liegt die Nachklingzeit z.B. zwischen 20 und 40 s. Oft müssen solche Ausklingvorgänge durch Blenden beendet werden.

Musikalische Dynamik

Musikalische Dynamik beschreibt die Stärkegrade, mit denen ein Klang auf einem Musikinstrument oder mit der menschlichen Stimme hervorgebracht wird. Die Stufen der Dynamik tragen italienische Bezeichnungen *(Tab. 2/4)*.

Tab. 2/4. Stufen der musikalischen Dynamik.

pianissimo possibile	ppp	so leise wie möglich
pianissimo	pp	sehr leise
piano	p	leise
mezzopiano	mp	halbleise
mezzoforte	mf	halblaut
forte	f	laut
fortissimo	ff	sehr laut
forte fortissimo	fff	so laut wie möglich

Die einzelnen Dynamikstufen sind zwar auch vom Pegel des Klangs abhängig, weit wesentlicher ist aber ihre Abhängigkeit von der Klangstruktur. Es ist nicht möglich, durch bloßes Erhöhen der Abhörlautstärke oder durch Annäherung an die Schallquelle aus einem pp-Klang einen ff-Klang zu machen. Die verschiedenen Dynamikstufen sind wohl mit verschiedenen Pegelabstufungen verbunden, umgekehrt können aber verschiedene Pegelabstufungen allein nicht unterschiedliche Dynamikstufen erzeugen. Die Abstufung der Dynamik ist eines der wesentlichen musikalischen Gestaltungsmittel. Sie wird durch unterschiedliche Klangerzeugung erreicht.

Die dynamischen Grade eines Instrumentenklanges unterscheiden sich außer in Dauer und Struktur des Einschwingvorgangs vornehmlich in dem unterschiedlichen spektralen Aufbau des quasistationären Klangs [2.22], [2.23]. Je stärker der dynamische Grad ist, um so mehr Teiltöne werden ausgebildet und um so höher liegt der Pegel der höheren Teiltöne. *Abb. 2/19* zeigt dies am Beispiel verschiedener Klarinettenspektren.

Abb. 2/19 läßt deutlich erkennen, daß die spektralen Unterschiede bei dem tiefen Ton viel ausgeprägter sind als bei dem hohen. Wegen der geringen Anzahl von Teiltönen bei hohen Tönen sind hier nicht nur die Dynamikstufen spektral relativ ähnlich, auch die verschiedenen Instrumente nähern sich in ihren Spektren einander.

Natürlich steigt mit der Stärke eines Klanges auch sein Pegel an, aber dies geschieht auch, wenn man sich einer Schallquelle nähert, wenn man die raumakustischen Ge-

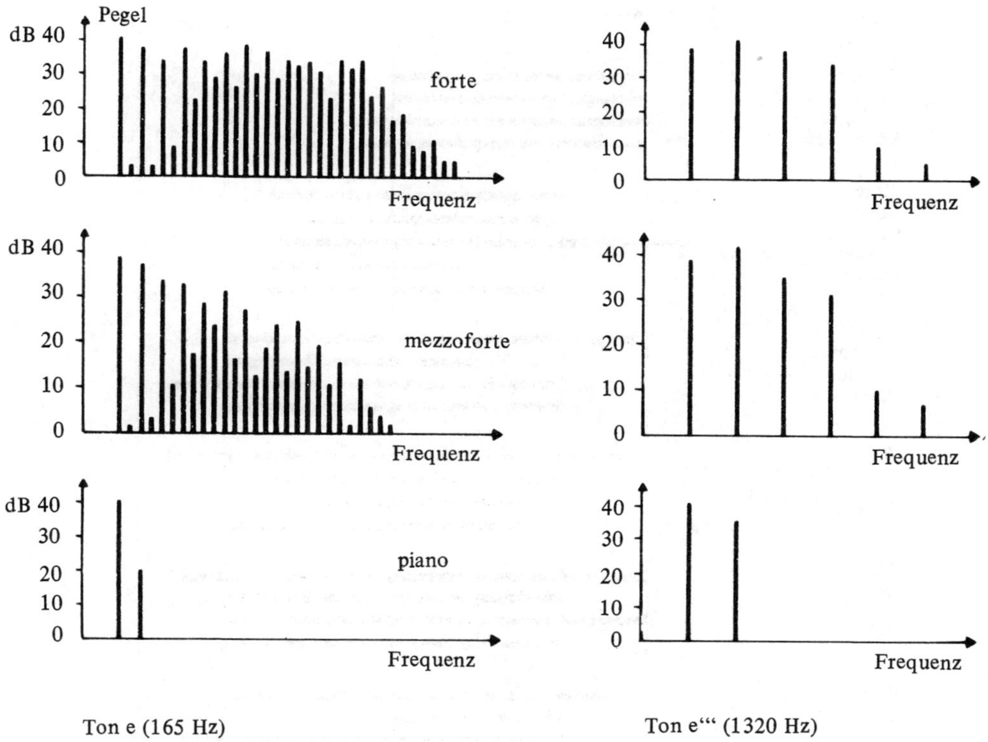

Abb. 2/19. Klarinettenspektren in verschiedenen Dynamikstufen, links: tiefer Ton, rechts: hoher Ton.

gebenheiten verändert oder bei der Aufnahme den Pegel anhebt. Dies bewirkt aber keine Klangveränderung im Sinne einer dynamischen Steigerung. Für den Einzelfall geltende Angaben über die Pegelunterschiede zwischen der schwächsten und stärksten Klanggebung eines Instrumentes sind nicht möglich. *Abb. 2/20* gibt einen ungefähren Überblick über die zu erwartenden Dynamikbereiche bei Ausnutzung der spieltechnischen Möglichkeiten, auch über das Verhältnis der Pegel der verschiedenen Instrumente zueinander [2.25]. Streichinstrumente sind durchschnittlich halb so laut wie Holzblasinstrumente, d. h. um etwa 10 dB niedriger im Pegel; Holzblasinstrumente sind ihrerseits 5–10 dB niedriger als Blechblasinstrumente. Die Gesamtdynamik eines Orchesters kann bis 60–80 dB betragen, je nach Besetzung und Stil der Musik, aber auch je nach Aufführungsraum. Die Dynamikwerte bei Studioproduktionen sind im allgemeinen höher als bei Konzerten mit Publikum.

Besonders starke Pegelunterschiede haben also Klarinette, Horn, Posaune und Pauke. Von den Tastinstrumenten haben Klavier und Orgel eine sehr große Variationsbreite des Pegels, das Cembalo eine recht geringe. Sehr stark sind auch die Pegelunterschiede bei der menschlichen Stimme.

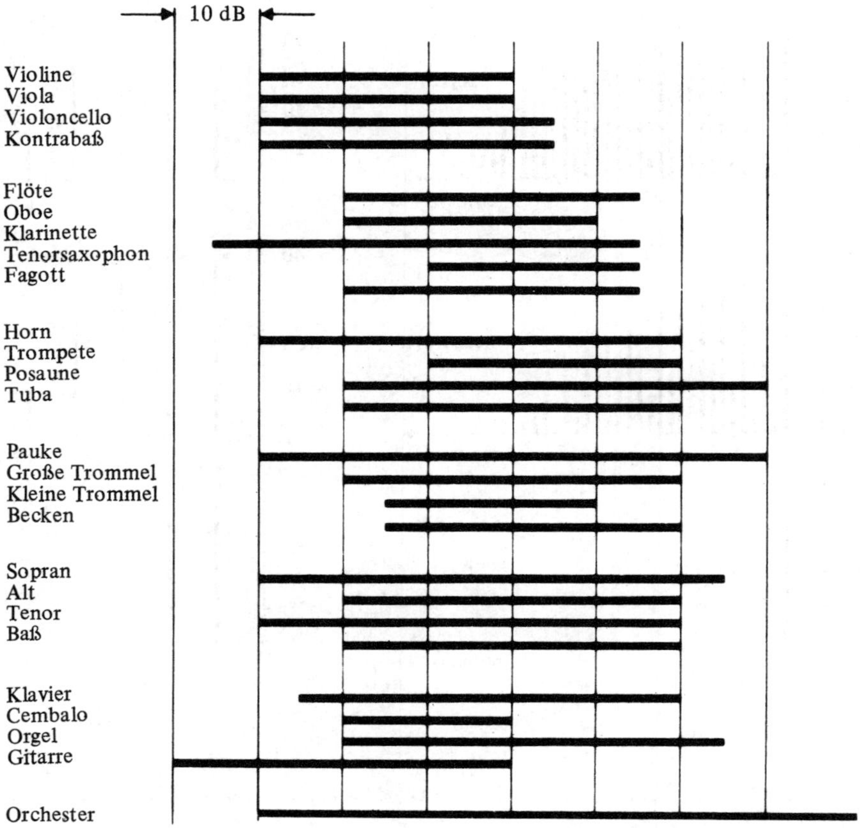

Abb. 2/20. Dynamikbereiche der Musikinstrumente.

Stimmung der Instrumente

Die Stimmung eines Instruments umfaßt zwei Festlegungen: 1. die Festlegung der absoluten Tonhöhe durch Definition des Kammertons a′ und 2. die Festlegung der relativen Tonhöhen der einzelnen Töne zueinander.

Die in unserer Zeit geforderte einheitliche Festlegung der absoluten Tonhöhe wird nach der Stimmgabel oder einem elektrischen Generator aufgrund des geltenden Stimmtons (DIN 1317, ISO 16) eingestimmt. Seit 1939 hat der Stimmton bei 20 ° C die Frequenz 440 Hz (Londoner Konferenz). 1971 wurde diese Festlegung vom Europarat nochmals bestätigt. Orchester stimmen im allgemeinen nach der Oboe bzw. nach dem Klavier oder der Orgel ein. Vielfach ist die Tendenz vorhanden, höher als der genormte Stimmton einzustimmen. Die Stimmtonhöhe hat in der Vergangenheit verschiedenste Werte angenommen, teils höher, teils tiefer als heute. Sie hing von der Gattung ab (Operntton, Kammerton, Chorton und Cornetton), war aber auch von Ort zu Ort verschieden. Demnach kann es keine einheitlich richtige „alte

Stimmung" geben. Im allgemeinen versteht man aber heute darunter einen Kammerton von 415 Hz; dies ist ein Halbton tiefer als 440 Hz.

Für die relative Stimmung der einzelnen Töne untereinander ist heute die sog. „temperierte Stimmung" oder genauer „gleichschwebend temperierte Stimmung" in Gebrauch. Temperiert gestimmt sind alle Instrumente, bei denen der Spieler keinen oder wenig Einfluß auf die Bildung der Tonhöhe hat, wie z. B. das Klavier, die Orgel, Holzblasinstrumente, teilweise auch Blechblasinstrumente. Bei dieser Stimmung sind alle Halbtöne gleich groß und haben das Frequenzverhältnis $\sqrt[12]{2}:1$ oder etwa 106:100 ≙ 100 Cent). Damit gibt es keine Unterschiede zwischen den Tonarten aufgrund der relativen Stimmung. Demgegenüber werden Instrumente, bei denen der Spieler erst während des Spiels die genaue Tonhöhe fixiert, was hauptsächlich bei Streichinstrumenten zutrifft, oft mehr in der „reinen Stimmung" gespielt, zumal dann, wenn sie nicht mit temperiert gestimmten Instrumenten zusammenspielen. Bei dieser Stimmung haben die Intervalle ganzzahlige, einfache Frequenzverhältnisse; sie klingt deshalb besonders rein. Allerdings kann diese Stimmung in der Praxis nur angewendet werden, wenn die Tonhöhe ständig beeinflußt werden kann, d. h. vor allem bei Sängern und Streichinstrumenten.

Bevor sich die gleichschwebend temperierte Stimmung nach 1800 durchsetzen konnte, waren verschiedene andere Stimmungen in Gebrauch: in der Renaissance die sog. „mitteltönigen Stimmungen", zwischen 1600 und 1800 die sog. „Barockstimmungen". Sie geben den einzelnen Tonarten unterschiedliche Intervallstrukturen und damit auch einen individuellen Klangcharakter [2.26], [2.27].

2.3.2 Instrumente und ihre Eigenschaften

Im folgenden werden die akustischen Eigenschaften der Musikinstrumente beschrieben. Für instrumentenkundliche Fragen wird auf die zahlreich vorhandene Literatur verwiesen [2.28], [2.29], [2.30], [2.31] u. v. m. *Tab. 2/5* faßt die wichtigsten akustischen Eigenschaften der Instrumente zusammen.

Streichinstrumente

Von den verschiedenen Typen der Streichinstrumente, die im Laufe der Geschichte entwickelt und gespielt wurden, sind in der heutigen Musikpraxis vor allem die Violine oder Geige (franz.: violon, ital.: violino, engl.: violin), die Viola oder Bratsche (franz.: alto, ital.: viola, alto, engl.: viola), das Violoncello, oft umgangssprachlich mit Cello abgekürzt, (franz.: violoncelle, ital.: violoncello, engl.: violoncello) und der Kontrabaß (franz.: contrebasse, basse double, ital.: violone, contrabasso, basso, engl.: double bass) in Gebrauch. Im grundsätzlichen Aufbau gleichen sich diese Instrumente, sie unterscheiden sich aber in ihrer Größe und damit in ihrem Tonbereich. Lediglich der Kontrabaß weicht in einigen Konstruktionsmerkmalen von dem Typus dieser Instrumente ab.

Der Spieler streicht mit dem mit Pferdehaar bespannten Bogen oberhalb des Steges über die Saiten, die er dadurch zum Schwingen erregt [2.72]. Die Saitenschwingun-

Tab. 2/5: Übersicht über die Klangeigenschaften der Musikinstrumente.

Instrument	Notation	Quasistationärer Zustand				Einschwingvorgang	Ausklingvorgang
		Grundtonumfang	Obertonstruktur	Formantbereiche	Geräuschkomponenten		
Violine	Violinschlüssel	g – etwa c'''' ≙ 196–2100 Hz	große Variabilität, im tiefen Bereich Grundton schwach, Frequenzkomponenten bis etwa 10 kHz	um 400 Hz, 800–1200 Hz 2000–2600 Hz 3000–4000 Hz		30–60 ms, bei weichem Klangeinsatz bis 300 ms, Geräuschkomponenten; beim pizz. 10 ms	beim gestrichenen Ton Abreißen des Klangs; beim pizz. 40–800 ms
Viola	Bratschenschlüssel (Altschlüssel)	c – etwa c''' ≙ 130–1050 Hz	große Variabilität, im tiefen Bereich Grundton schwach, Frequenzkomponenten bis etwa 7 kHz, max. 10 kHz	um 220, 350, 600 und 1600 Hz (3000–3500 Hz)	relativ starkes, typisches Anstrichgeräusch, starker Einfluß der Strichart	30–60 ms, bei weichem Klangeinsatz bis 200 ms, Geräuschkomponenten; beim pizz. 10 ms	beim gestrichenen Ton Abreißen des Klangs; beim pizz. 50–600 ms
Violoncello	Baßschlüssel (hohe Stellen im Tenor- bzw. Violinschlüssel)	C – etwa c'' ≙ 65–520 Hz	große Variabilität, im tiefen Bereich Grundton schwach, Frequenzkomponenten bis 8 kHz, über 3 kHz schwach	um 250 Hz zwischen 300 und 500, 600 und 900 Hz Senke zwischen 1000 und 1200 Hz		60–100 ms, bei kurzen Klängen sehr geräuschhaltig, Grundton spricht zuletzt an	beim gestrichenen Ton Abreißen des Klangs; beim pizz. 50–200 ms (pp), bis 1,4 s (ff)
Kontrabaß	Baßschlüssel transponierend (wird eine Oktave höher notiert)	E' (C') – etwa c' ≙ 41 (33) – 260 Hz	große Variabilität, Grundton schwach, Frequenzkomponenten bis 7 kHz, über 1,5 kHz (hohe Lage 2,5 kHz) schwach	zwischen 70 und 250 Hz um 400 Hz (um 800 Hz nur in der hohen Lage)	relativ starkes, typisches Anstrichgeräusch („Sirren") Frequenzkomponenten bis 10 kHz	100–200 ms, bei kurzen Tönen sehr geräuschhaltig und näselnd; beim pizz. 15–25 ms	beim gestrichenen Ton Abreißen des Klangs; beim pizz. durchschnittlich etwa 1 s (max. 1,6 s)
Horn in F	Violinschlüssel (Baßschlüssel) transponierend, wird eine Quinte höher (Quarte tiefer) notiert	H' – etwa f'' ≙ 62–700 Hz (Instrument in F)	unterer Tonbereich durch Formanten, oberer durch das Überwiegen des Grundtons gekennzeichnet, Frequenzkomp. bis über 5 kHz (ff)	um 340 Hz (750, 1225, 2000 und 3500 Hz), nur im unteren Tonbereich		20–100 ms, „Vorläuferimpuls" (Frequenzkomponenten bis 1 kHz)	
Trompete in B	Violinschlüssel transponierend (wird ein Ganzton höher notiert)	e – etwa d''' ≙ 165–1175 Hz (Instrument in B)	sehr obertonreich, Frequenzkomponenten bis 15 kHz (ff), Grundton im ganzen Tonbereich schwach	1200–1500 Hz (2000 und 3000 Hz)		20–180 ms, sehr prägnanter Klangeinsatz durch kurzen „Vorläuferimpuls" (Frequenzkomp. bis 2–3 kHz)	
Posaune Altposaune Tenorposaune Baßposaune	Altschlüssel Tenorschlüssel Baßschlüssel	E – etwa c'' ≙ 82–520 Hz (Tenorposaune)	Grundton schwach, obertonreich, Frequenzkomponenten bis 5 kHz (mf), über 10 kHz (ff)	480–600 Hz 1200 Hz	schwach	schwacher „Vorläuferimpuls", 20–40 ms, bei weichem Klangeinsatz etwa 70 ms	Abreißen des Klangs
Tuba	Baßschlüssel	etwa B'' – a' ≙ 29–440 Hz	Grundton schwach, Frequenzkomponenten nur bis 1,5–2 kHz	210–250 Hz		rascher Klangeinsatz	
Klavier	Violin- und Baßschlüssel	A'' – c''''' ≙ 27,5–4200 Hz	gleichmäßig abnehmende Obertonamplitude, Grundton überwiegt (außer in der tiefen Lage), Frequenzkomponenten bis über 10 kHz	selten vorhanden	vorhanden, in einzelnen Bereichen mit größerer Amplitude	10–30 ms, sehr geräuschhaltig	20–30 s (tiefer Tonbereich), 5–10 s (hoher Tonbereich), wenn nicht früher abgedämpft wird
Cembalo	Violin- und Baßschlüssel	C – f''' (u.a.) ≙ 65–1400 (2800) Hz	Grundton schwach, sehr obertonreich, Frequenzkomponenten bis über 6 kHz	500–700 Hz 2000–3000 Hz	schwach	sehr kurz	ähnlich wie beim Klavier

Große Flöte	Violinschlüssel	h – etwa c'''' ≙ 247 – 2100 Hz	Grundton überwiegt, mit steigender Obertonfrequenz abnehmende Teiltonintensität, Frequenzbereich bis 3–6 kHz	keine typischen Formanten	Geräuschkomponenten mit Tonhöhencharakter (mit dem jeweiligen Grundton identisch)	charakteristisch durch Vorläuferton (etwa 50 ms) und Geräuschanteile, von allen Holzblasinstrumenten am längsten	
Kleine Flöte	Violinschlüssel transponierend (wird eine Oktave tiefer notiert)	d'' – c''''' ≙ 587–4200 Hz	wie Große Flöte, jedoch Frequenzkomponenten bis 10 kHz	keine typischen Formanten (gelegentlich Nebenformant bei 3000 Hz)	wie Große Flöte	ähnlich wie Große Flöte	
Oboe	Violinschlüssel	h (b) – etwa f''' ≙ 247–1400 Hz	obertonreich, Grundton schwach, Frequenzkomponenten bis 9 kHz (mf), über 12 kHz (ff)	bei 1100 Hz bei 2700 und 4500 Hz		sehr klar, keine Geräuschanteile, 20–40 ms, auch im staccato noch klar	
Englisch Horn	Violinschlüssel transponierend (wird eine Quinte höher notiert)	e (es) – b'' ≙ 165–933 Hz	wie Oboe	bei 1000 Hz bei 2000 und und 4000 Hz (bei 750 Hz)		wie Oboe, im staccato noch kürzer (im ganzen Tonbereich 15 ms)	
Klarinette in B (A)	Violinschlüssel transponierend, wird einen Ganzton (kleine Terz) höher notiert	d (cis) – etwa g''' ≙ 147–1570 Hz	d–d': ungeradzahl. Obertöne schwach, es'–g'': nur noch 1. Oberton schwach, über g'': gleichmäßiger Obertonaufbau	nur im oberen Tonbereich (über g'') zwischen 3000 und 4000 Hz	gering	klar und prägnant (15–20 ms) ohne Geräuschanteile, weicher Einsatz etwa 50 ms	Abreißen des Klangs
Baßklarinette in B	Violinschl. transpon. eine None höher notiert, Baßschl. transponierend ein Ganzton höher notiert	D (Cis) – etwa f'' ≙ 74–700 Hz	Grundton stark, ungeradzahlige Obertöne noch schwächer als bei der Klarinette	keine typischen Formanten		ähnlich wie Klarinette	
Fagott	Baßschlüssel (Tenorschlüssel)	B' – etwa c'' ≙ 58–520 Hz	obertonreich, Frequenzkomponenten im ff bis über 12 kHz	500 Hz (1150, 2000 und 3500 Hz)	im pp besonders im Bereich um 3000 Hz	klar und prägnant, ohne Geräuschanteile	
Kontrafagott	Baßschlüssel transponierend (wird eine Oktave höher notiert)	B'' – etwa c' ≙ 29–260 Hz	obertonreich, Grundton schwach	250 Hz (400–500, 800 Hz)		klar (etwa 35 ms)	
Pauke	Baßschlüssel	Große Pauke: etwa D – c ≙ 73–130 Hz Kleine Pauke: etwa H – g ≙ 124–196 Hz	keine harmonische Struktur, jedoch dominierende Komponenten, die dem Paukenschlag bestimmbare Tonhöhe geben		starke Frequenzkomponenten bis 1 kHz, schwächer bis etwa 4 kHz	bis 50 ms, keine harmonischen Komponenten	Geräuschanteile bis 300 ms, 1. Oberton bis 1 s
Trommel					Frequenzkomponenten bis 1,5 kHz (Große Tr.) 8 kHz (Kleine Tr.)	maximal 50 ms	
Becken	in einem Notensystem oder auf einer einzelnen Linie (moderne Notation)	keine bestimmbare Tonhöhe	keine harmonische Obertonstruktur	keine Formatstrukturen	Frequenzkomponenten zwischen 800 und 9500 Hz	etwa 400 ms	
Triangel					Frequenzkomponenten zwischen 1 und 17 kHz, besonders stark um 13 kHz	etwa 200 ms	

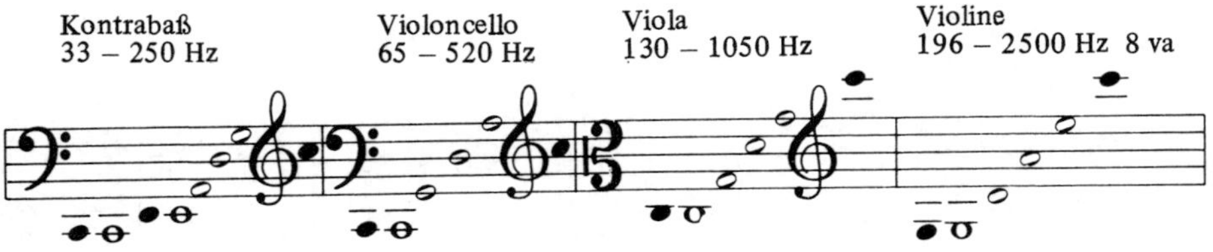

Abb. 2/21. Grundtonbereiche der Streichinstrumente (schwarze Noten), Saitenstimmung (weiße Noten).

gen werden über den Steg auf den Schallkörper (Resonanzkörper) übertragen und von diesem umgeformt und abgestrahlt. Das Streichen wird in den Noten mit „(col) arco“, das Zupfen mit „pizzicato“ (Abk. pizz.) bezeichnet. Durch einen auf den Steg aufgesetzten Dämpfer („sordino“) wird die Eigenresonanz des Stegs herabgesetzt, der Klang wird dadurch schwächer.

Den Tonumfang der Grundtöne der Instrumente sowie die Stimmung der Saiten zeigt *Abb. 2/21.* Der Kontrabaß, der im Orchester gespielt wird, hat noch eine fünfte Saite. Kontrabaß und Violoncello werden hauptsächlich im Baßschlüssel notiert. Der Kontrabaß wird eine Oktave höher notiert als er klingt.
Für Aufführungen der Musik des Barocks werden oft Gamben, insbesondere die Tenorgambe (Viola da gamba), die etwa in der Tonlage des Violoncellos steht, verwendet. Der Kontrabaß, der aus der Familie der Gamben stammt, hat noch Merkmale dieser Instrumente. Es gibt allerdings auch Kontrabässe in Violinform, sog. Violinbässe (Violone).

Violine

Die Violine [2.32], [2.33], [2.34], [2.35] hat einen relativ unregelmäßigen Teiltonaufbau, der sich oft von Ton zu Ton ändert [2.38], [2.39], [2.70], [2.71]. Ursache hierfür sind die komplizierten Resonanzeigenschaften des Resonanzkörpers, auf die Materialeigenschaften und Konstruktion großen Einfluß nehmen. Der Pegel des Grundtons überragt nur im Frequenzbereich oberhalb etwa 640 Hz den Pegel höherer Teiltöne, bei den tiefsten Tönen liegt er sogar bis 20–25 dB unter dem Pegel des jeweils stärksten Teiltons. Ein wichtiges Qualitätsmerkmal des Violinklangs ist die Ausprägung von Formanten, die der Violine einen gesanglichen Klangcharakter verleihen. Eine typische Formantlage für die tiefen Töne ist der Bereich um 275 Hz, verursacht von der Hohlraumresonanz des Resonanzkörpers; ein wichtiges zweites Formantgebiet liegt zwischen 500 und 700 Hz. Gute Instrumente zeigen besonders zwischen 190 und 650 Hz sowie zwischen 1300 und 4000 Hz relativ starke Teiltonbereiche [2.68]. Weitere Formanten sind zwischen 2000 und 2600 Hz sowie zwischen 3000 und 4000 Hz. Relativ stark sind die Geräuschanteile ausgebildet, die durch das Streichen entstehen. Sie können bis 30 dB stärker als bei Blasinstrumenten sein. Der Geräuschpegel nimmt in demselben Maße zu wie der Gesamtpegel.

Der Einschwingvorgang ist in der Regel nach etwa 30–60 ms abgeschlossen, kann aber durch entsprechende Bogenführung auf 200–300 ms verlängert werden, was einen sehr runden, weichen Klang ergibt. Typisch für die Violine ist dabei, daß zunächst die höheren Teiltöne ansprechen und erst zuletzt der Grundton [2.36].

Der Spieler kann die Klangfarbe und Lautstärke mit der Bogenführung innerhalb bestimmter Grenzen beeinflussen: Die Streichgeschwindigkeit bestimmt vor allem die Lautstärke, der Bogendruck und die Anstrichstelle auf der Saite die Klangfarbe [2.37].

Viola

Da die Viola im Bau der Violine entspricht und nur unerheblich größer als diese ist, sind ihre Klangeigenschaften auch sehr ähnlich. Die Viola ist etwas obertonärmer als die Violine. Die Formantgebiete liegen etwas tiefer, nämlich bei etwa 220, 350 und 600 Hz. Ein weiteres Formantgebiet um 1600 Hz gibt der Viola oft einen etwas näselnden Klang.

Violoncello

Wie bei der Violine sind die Grundtöne der tiefsten Töne beim Violoncello sehr schwach ausgeprägt, sie liegen oft 15–20 dB unter den stärksten Komponenten dieser Klänge. Oberhalb von etwa 3000 Hz sind die Teiltöne relativ schwach. Typische Formantgebiete liegen um 240 Hz, zwischen 300 und 500 Hz sowie zwischen 600 und 900 Hz. Manche Instrumente haben bei 1500 Hz beim Spiel auf der A-Saite einen Formanten, der ähnlich wie bei der Viola dem Klang näselnden Charakter verleiht. Andere Instrumente besitzen zwischen 2000 und 3000 Hz ein Formantgebiet, das den Klang hell färbt. Typisch für den Violoncelloklang ist eine ausgesprochene Senke im Spektrum zwischen 1000 und 1200 Hz, also im Bereich des stärksten Violinformanten. Die Einschwingzeit des Violoncelloklanges liegt bei 60–100 ms. Dadurch spricht bei schnellen Tonfolgen der Grundton oft nicht richtig an, der Klang wird in diesem Fall spitz und verhältnismäßig geräuschhaltig.

Kontrabaß

Auch beim Kontrabaß sind die Grundtöne im tiefsten Tonbereich schwach ausgebildet, ihr Pegel ist sogar um etwa 30 dB geringer als derjenige der stärksten Teiltöne. Die wichtigsten Klangkomponenten für die tiefen Kontrabaßtöne liegen im Frequenzbereich zwischen etwa 70 und 250 Hz, ein Nebenformant liegt bei 400 Hz. Harmonische Anteile über 1500 Hz treten kaum auf. Im Bereich der höheren Kontrabaßtöne erweitert sich das Spektrum bis etwa 2500 Hz. Höher als die harmonischen Klanganteile reicht das Geräuschspektrum mit seinem typischen „Sirren“, hervorgerufen durch das Anstreichen. Es tritt vor allem dann hervor, wenn die Kontrabässe allein spielen, da es anderenfalls durch den Klang höherer Instrumente im Gehöreindruck verdeckt wird.

Der Einschwingvorgang dauert verglichen mit anderen Streichinstrumenten relativ lange. Deshalb entwickelt der Kontrabaß bei schnellen Tonfolgen nicht seine Klangfülle; außerdem treten hierbei die starken Geräuschanteile des Einschwingvorgangs besonders hervor.

Das Pizzikato des Kontrabasses – beim Jazz und in der Tanzmusik viel verwendet – zeichnet sich durch einen präzisen Toneinsatz aus. Der Ton klingt verglichen mit dem anderer Streichinstrumente ziemlich lange aus. Im Ausklingvorgang baut sich das Teiltonspektrum von oben her ab.

Holzblasinstrumente

Holzblasinstrumente [2.40], [2.41], [2.42], [2.43], kurz auch einfach „Holz" genannt, ist die Sammelbezeichnung für eine Gruppe von Instrumenten des Orchesters, die vor allem Flöte (franz.: flûte, ital.: flauto, engl.: flute), Oboe (franz.: hautbois, ital.: oboe, engl.: oboe), Klarinette (franz.: clarinette, ital.: clarinetto, engl.: clarinet), Saxophon (franz. und engl.: saxophone, ital.: saxofono) und Fagott (franz.: basson, ital.: fagotto, engl.: basson) einschließlich ihrer Sonderformen umfaßt. Wohl ist die Mehrzahl dieser Instrumente aus Holz, aber auch entsprechende Konstruktionen aus Metall (Flöte, Saxophon) werden zu den Holzblasinstrumenten gezählt, da sie sich in ihrer Spielweise grundsätzlich von den Blechblasinstrumenten unterscheiden. Der Klang wird entweder durch das Anblasen einer Kante (Flöte), die Schwingung eines „einfachen Rohrblatts" (Klarinette, Saxophon) oder eines „doppelten Rohrblatts" (Oboe, Fagott) als stehende Welle einer Luftsäule erzeugt. Die Tonhöhe wird hauptsächlich durch Schließen oder Öffnen der Grifflöcher, was eine Längenveränderung der schwingenden Luftsäule bewirkt, verändert. Außer dem Grundton der schwingenden Luftsäule können auch deren Obertöne angeblasen werden. Da sie nicht ideal harmonisch zum Grundton liegen, werden sie zur Unterscheidung Naturtöne genannt.

Die Grundtonumfänge der wichtigsten Holzblasinstrumente zeigt *Abb. 2/22.*

Abb. 2/22. Grundtonumfänge der Holzblasinstrumente.

Flöte

Den Klang der Flöte (Große Flöte, Querflöte) [2.44] charakterisiert ein sehr gleichmäßiger Teiltonaufbau: mit Ausnahme der tiefsten Töne und sehr lauter Töne ist der Grundton am stärksten, was so deutlich sonst bei keinem Orchesterinstrument zutrifft; die Amplitude der Teiltöne nimmt mit steigender Ordnungszahl ziemlich stetig ab. Formanten gibt es dabei kaum; wenn solche doch vorhanden sind, kennzeichnen sie nicht den Flötenklang als solchen, sondern den individuellen Klangcharakter des einzelnen Instruments. Die Anblasgeräusche können ziemlich stark hervortreten [2.24]. Die höchsten Klangkomponenten liegen je nach der Höhe des angeblasenen Tones bei 3000–6000 Hz. Typisch für den leisen Flötenklang ist eine starke Schwankung in der zeitlichen Pegelfeinstruktur. [2.45], [2.77]

Von allen Blasinstrumenten benötigt die Flöte die längste Zeit zum Einschwingen. Kennzeichnend dafür sind die sog. „Vorderläufertöne", kurze Töne im Frequenzbereich zwischen 2000 und 4000 Hz, die vor dem eigentlichen Ton anklingen und dem Klangeinsatz eine besondere Eigenart verleihen.

Die Kleine Flöte oder Piccoloflöte steht im Tonumfang etwa eine Oktave höher als die Große Flöte. Ihre Klangeigenschaften entsprechen denjenigen der Großen Flöte. Die harmonischen Klangkomponenten reichen aber bis etwa 10 000 Hz.

Oboe, Englisch Horn

Der Klang der Oboe [2.46] ist sehr hell und offen. Dies bewirken einerseits die stark ausgeprägten Obertöne, die im Mezzoforte-Klang bis etwa 9000 Hz, im Fortissimo-Klang bis 12 000 Hz reichen, andererseits der deutlich ausgeprägte Hauptformant bei 1100 Hz und die Nebenformanten bei 2700 und 4500 Hz. Die Grundtöne sind schwach ausgebildet und liegen etwa 25 dB unter dem Pegel der stärksten Komponenten. Im Bereich der höchsten Oboentöne treten die Formanten weitgehend zurück. Der Klang verliert hier deshalb an Eigenart. Piano- und Forteklang unterscheiden sich in der Klangfarbe sehr stark. Die Einschwingzeit des Klanges ist sehr kurz, Geräuschanteile treten dabei kaum auf. Deshalb eignet sich die Oboe auch für das Spiel sehr kurzer Töne.

Das Englisch Horn (franz.: cor anglais, ital.: corno inglese) ist eine Variante der Oboe in einem etwas tieferen Tonbereich. Sie besitzt einen birnenförmigen Schallbecher. Die Klangeigenschaften entsprechen denen der Oboe, der Hauptformant liegt etwas tiefer, nämlich bei 1000 Hz. Bei 700 Hz liegt ein charakteristischer Nebenformant. Die Einschwingzeiten sind noch kürzer als bei der Oboe, sie sind die kürzesten von allen Blas- und Streichinstrumenten. Die Oboe d'amore ist ähnlich wie das Englisch Horn gebaut, ihr Tonbereich beginnt jedoch zwei Ganztöne höher.

Klarinette

Der Klang der Klarinette [2.47] ist nicht im ganzen Tonbereich einheitlich, man spricht deshalb von den verschiedenen Registern der Klarinette. Im Tonbereich zwischen d und d' ist das Übergewicht der ungeradzahligen Teiltöne klangbestimmend, dieses läßt sich bis zum 15. Teilton verfolgen. Die Pegelunterschiede zu den geradzahligen Teiltönen betragen etwa 25 dB, teilweise sogar bis 40 dB. Im Tonbereich von es' bis g'' ist nur noch der zweite Teilton schwach ausgebildet, im übrigen ist der Teiltonaufbau relativ gleichmäßig. Oberhalb von gis'' ist schließlich der Grundton am stärksten, an ihn schließt sich eine stetig fallende Obertonreihe an *(Abb. 2/19)*. Für dieses höchste Register bildet sich ein Formant zwischen 3000 und 4000 Hz aus, während bei den tieferen Registern keine charakteristischen Formanten zu finden sind. Kennzeichnend für den Klarinettenklang ist auch der geringe Geräuschanteil, der vor allem im obersten Register die Klarheit und Helligkeit des Klangs fördert.

Die Klarinette bietet eine außerordentlich große Dynamik. Mit der Dynamikstufe ändert sich der Teiltonaufbau sehr stark. Während im pp in der eingestrichenen Oktave das Spektrum nur bis etwa 1500 Hz reicht, enthält es im ff Komponenten bis über 12 000 Hz. Die Einschwingvorgänge sind wie die der Oboe kurz, prägnant und ohne wesentliche Geräuschanteile.

Bei der Baßklarinette treten die ungeradzahligen Teiltöne noch stärker hervor als bei der normalen Klarinette, ihr Klang ist dadurch noch düsterer und hohler.

Saxophon

Das Saxophon [2.48] besitzt wie die Klarinette ein einfaches Rohrblatt, ist aber konisch und aus Metall. Es ist aus der Kombination der Baßklarinette mit der Ophikleide, einem Blechblasinstrument in der Baßlage, um 1840 entstanden; Erfinder war der Belgier Adolf Sax. Das Instrument wird in allen Tonlagen gebaut. Im Klang sind die ersten Obertöne stark ausgebildet. Aufgrund seiner konischen Form werden die geradzahligen Obertöne ebenso stark wie die ungeradzahligen angeregt.

Fagott

Der Fagottklang [2.23] ist wie der Oboenklang sehr obertonreich. Kennzeichnend ist ein scharf ausgeprägter Hauptformant bei 500 Hz, der dem Fagottklang den Vokalcharakter eines „o" verleiht. Nebenformanten liegen bei 1150, 2000 und 3500 Hz. Im ff geht das Spektrum bis über 12 000 Hz hinaus. Der Klangeinsatz ist wie bei der Oboe präzis und kurz, Geräuschanteile spielen dabei keine wesentliche Rolle.

Das Kontrafagott reicht mit seinem Tonumfang eine Oktave tiefer als das Fagott. Seine Grundtonfrequenzen gehen bis etwa 30 Hz hinunter. Der Hauptformant liegt um 250 Hz.

Blechblasinstrumente

Blechblasinstrumente [2.49], Sammelbezeichnung für Trompete (franz.: trompette, ital.: tromba, clarino, engl.: trumpet), Horn (franz.: cor, ital.: corno, engl.: french horn), Posaune (franz., ital., engl.: trombone) und Tuba nebst ihren Abarten sowie einiger weiterer Instrumente, besitzen verglichen mit den Holzblasinstrumenten eine sehr lange Resonanzröhre aus Blech. Die einzelnen Instrumententypen unterscheiden sich hauptsächlich in der Formgebung dieser Röhre und des Mundstücks. Beim Spiel wird weitgehend von der Naturtonreihe der Röhre Gebrauch gemacht, indem durch verschiedene Lippenspannungen die einzelnen Naturtöne der stehenden Welle im Rohr angeblasen werden. Zur Erzeugung der Töne, die zwischen den Naturtönen liegen, kann die Länge des Rohrs und damit der Tonhöhe durch Ventile (Trompete, Horn, Tuba) oder ein ausziehbares Rohrstück, einen Zug, (Posaune) um bis zu etwa 40% verlängert werden.
Die Tonumfänge zeigt *Abb. 2/23*.

Abb. 2/23. Grundtonumfänge der Blechblasinstrumente.

Horn

Wie bei allen Blechblasinstrumenten lassen sich auch beim Horn [2.50] die Spektren in zwei Gruppen aufteilen: Im unteren Tonbereich kennzeichnet ein Formant den Klang, während im oberen Tonbereich der Grundton am stärksten hervortritt und die Obertöne mit steigender Ordnungszahl relativ gleichmäßig in ihrer Amplitude abnehmen. Im unteren Tonbereich ist ein Formant um 340 Hz kennzeichnend. Mit zunehmender Lautstärke gewinnen noch weitere Formanten bei 750, 1250 und 2000 Hz an Bedeutung. Im pp reicht das Spektrum etwa bis 1500 Hz, im ff bis über 5000 Hz. Geräuschanteile sind praktisch nicht vorhanden. Frequenzanteile unter 200 Hz nehmen relativ wenig Einfluß auf den Klangcharakter, da sie schwach ausgeprägt sind. Der Klangeinsatz ist durch einen kurzen „Vorläufer-Impuls" gekennzeichnet, der vorwiegend harmonische Klangkomponenten unter 1000 Hz enthält. Ein zu stark ausgeprägter Vorläufer-Impuls tritt als „Kiekser" störend in Erscheinung. Beim „gestopften" Horn, bei dem die rechte Hand des Spielers die Stürze teilweise verschließt, werden die Klangkomponenten um 3000 und über 10 000 Hz formantartig verstärkt. Gestopft wirkt der Klang wie aus größerer Entfernung.

Trompete

Die Trompete [2.51] ist eines der obertonreichsten Instrumente des Orchesters. Bereits bei geringen Lautstärken reicht ihr Spektrum bis über 5000 Hz hinaus, im ff sogar bis an die Hörgrenze. Ein starker Hauptformant liegt bei 1200 bis 1500 Hz, Nebenformanten bei 2000 und 3000 Hz. Der Grundton überwiegt nur bei den höchsten Tönen, wodurch ein gleichmäßig heller Klang gefördert wird. Geräuschanteile sind sehr schwach. Den prägnanten Klangeinsatz der Trompete kennzeichnet – wie den des Horns – ein Vorläufer-Impuls, dessen Spektrum im Bereich zwischen 2000 und 3000 Hz ein Maximum hat. Durch verschiedene, in die Klangstürze eingesetzte Dämpfer kann der Klang stark verändert werden: Der normale, konische Dämpfer unterdrückt vor allem die Frequenzen unter 1500 Hz und hebt Frequenzen über 4000 Hz an, der gewölbte Dämpfer unterdrückt die Komponenten über 2500 Hz. Mit dem Wah-Wah-Dämpfer kann die Klangfarbe durch Verschieben der Formanten während des Spiels variiert werden.

Posaune

Das Posaunenspektrum ist durch einen Formanten zwischen etwa 480 und 600 Hz gekennzeichnet, ein weiterer wichtiger Formant liegt um 1200 Hz. Darüber nimmt die Amplitude der Teiltöne relativ langsam ab, so daß im mf das Spektrum noch bis 5000 Hz reicht. Der Grundton dominiert selten. Beim Einschwingvorgang tritt nur ein schwacher Vorläufer-Impuls auf.

Tuba

Das Spektrum der Tuba (Baßtuba und Kontrabaßtuba) reicht nur etwa bis 1500 Hz, im oberen Tonbereich bis 2000 Hz, der Klang ist also obertonarm. Auch die Grundtöne sind relativ schwach ausgebildet. Der Hauptformant liegt zwischen 210 und 250 Hz. Die Einschwingzeit der Töne ist sehr kurz; dadurch wirkt die Tuba prägnant trotz des geringen Obertonanteils.

Klavier und Cembalo

Der Klavierklang setzt sich aus dem Einschwing- und Ausklingvorgang zusammen. Einen quasistationären Zeitabschnitt wie bei Blas- und Streichinstrumenten gibt es nicht. Der Einschwingvorgang dauert sehr kurz, er ist durch die Spielweise praktisch nicht zu beeinflussen. Beim Ausklingvorgang überwiegt der Grundton, abgesehen von dem Bereich der tiefen Töne. Die Amplitude der Obertöne nimmt mit steigender Ordnungszahl stetig ab. Charakteristische Formanten treten nicht auf. Das Spektrum reicht bis über 10 000 Hz in den oberen Tonlagen, bis etwa 3000 Hz in den unteren Tonlagen. Die Stärke der Obertöne ist von der erzeugten Klangstärke und damit vom Anschlag abhängig. Mit einer Taste des Klaviers werden jeweils – mit Ausnahme der tiefsten Töne – mehrere Saiten gleichzeitig angeschlagen. Dadurch entstehen Schwebungen (Amplitudenschwankungen). Kennzeichnend für den Klavierklang sind auch die relativ ausgeprägten Geräuschanteile beim Einschwingvorgang [2.54]. Eine weitere Besonderheit des Klavierklangs ist, daß die Obertöne nicht streng ganzzahlige Vielfache der Grundfrequenz sind, sondern jeweils etwas höher liegen, die Obertonreihe ist gespreizt. Dieser Effekt – verursacht durch die relative Dicke der Saiten – tritt besonders bei kleinen Instrumenten mit ihren kürzeren Saiten auf und mindert deren Klangqualität. [2.52], [2.53], [2.62].

Die besseren klanglichen Eigenschaften des Flügels gegenüber dem Klavier (Pianino) erklären sich im wesentlichen aus den günstigeren Abstrahlbedingungen beim geöffneten Flügel [2.78].

Das Cembalo, wichtigstes Tasteninstrument des Barock, zeichnet sich durch großen Obertonreichtum und langsames Ausklingen aus. Ein Bereich starker Klangentwicklung liegt zwischen 500 und 700 Hz, ein weiterer Bereich zwischen 2000 und 3000 Hz. Tiefe Klangkomponenten sind schwach. Das Cembalo weist eine außerordentlich hohe zeitliche Klangdichte auf, die es – bei gleicher Aussteuerung – lauter erscheinen läßt als z. B. das Klavier.

Orgel

Die Orgel ist das größte, technisch komplizierteste Musikinstrument. Ihr Platz ist in Kirchen und großen Konzertsälen und -studios. Neben der großen Kirchen- und Konzertorgel gibt es kleinere, transportable Instrumente, die sog. Orgelpositive oder einfach Positive. Insbesondere der Klang großer Orgeln ist in einem Maße wandelbar wie sonst bei keinem anderen Instrument. Schallerzeuger sind ausschließlich die Orgelpfeifen, die durch unterschiedliche Bauarten eine breite Palette unterschiedlichster Klänge erzeugen können [2.69]. Orgeln sind Einzelanfertigungen, die entsprechend ihrer musikalischen Funktion, aber auch – was es sonst bei keinem Instrument gibt – entsprechend der jeweiligen Raumakustik geplant und gebaut sind.

Bei der Aufnahme ist nicht nur zu beachten, daß der Orgelklang in besonderem Maße mit der Erwartung des Raumklangs aus einem großen Raum verbunden ist, sondern daß die Orgel selbst erhebliche räumliche Ausdehnung besitzt. Barocke Orgeln, aber auch moderne Orgeln, die nach dem sog. Werkprinzip der Barockorgeln gebaut sind, sind in einzelne Werke gegliedert; d.h., daß jedem Manual eine Gruppe von Registern zugeordnet ist, die in sich eine ausgewogene, aber von den übrigen Werken der Orgel sich unterscheidende sog. Disposition besitzt. Die einzelnen Werke sind nach traditionellen Regeln angeordnet: Oberhalb des Spieltischs befindet sich das größte Werk, das sog. Hauptwerk, darüber und darunter sind zwei kleinere Werke, das Oberwerk und das Brustwerk; das Pedalwerk ist in die beiden Pedaltürme aufgeteilt, die links und rechts des Hauptwerks stehen. Das Rückpositiv steht im Rücken des Spielers. Fernwerke sind von der eigentlichen Orgel getrennt im Raum aufgestellt.

Keyboards

Keyboards sind Tasteninstrumente mit elektromechanischer, elektronisch analoger oder digitaler Klangerzeugung. Im einzelnen gibt es eine große Vielfalt von Keyboards, zu der immer neue Varianten hinzukommen. Die fast unübersehbare Vielfalt vor allem an elektronischen bzw. rein digitalen Keyboards umfaßt vorprogrammierte Sounds, frei zu gestaltende Sounds, Harmonieautomatik, zeitliche Klangformung, Speichermöglichkeiten, weiter sind vielfach Rhythmusgeräte integriert. Zwei Gruppen von Keyboards können herausgehoben werden: Orgeln und Synthesizer (siehe unten). Dazu kommen auf unterschiedlichste Weise arbeitende spezielle Keyboards, von denen hier nur eine kleine Auswahl genannt werden kann [2.60].

Die Keyboards werden im allgemeinen direkt, nicht über Mikrofon aufgenommen („Direct Injection"). Um die Sicherheit auch bei fehlerhaften Geräten zu gewährleisten, muß die Verbindung der Geräte mit Erde unterbrochen werden. Entweder werden die Geräte über Trenntransformatoren angeschlossen oder die Modulationsleitungen über Mikrofon-Trennverstärker oder DI-Boxen. Bei Verwendung eines Leslie-Kabinetts muß mit Mikrofon abgenommen werden.

Clavinet

Der Klang entsteht durch Schwingungen von Stahlsaiten, die über Tasten durch Metallplättchen angeschlagen werden. Wie bei der E-Gitarre wird der Klang dann elektrisch abgenommen und verstärkt, die Effektgeräte, die bei E-Gitarren verwendet werden (siehe unten), können auch hier zur Klangformung dienen. Das Instrument klingt scharf mit präzisem Klangeinsatz; es eignet sich deshalb gut zur Rhythmusbegleitung.

Mellotron

Beim Mellotron ist jeder Taste eine Bandschleife mit der Aufnahme des entsprechenden Klangs eines Musikinstruments oder von Chor zugeordnet. Durch Tastendruck wird diese Aufnahme abgerufen. Aufgrund seiner technischen Qualität eignet es sich nur für den klanglichen Background. Durch die Speichermöglichkeiten der Digitaltechnik stehen heute sog. Presetsynthesizer mit elektronisch geformten oder gespeicherten Originalinstrumentalklängen in wesentlich besserer Qualität und kompakterer Geräteform zur Verfügung. Traditionelle Musikinstrumente können durch solche Keyboards nur dann ersetzt werden, wenn es sich um den klanglichen Background handelt oder wenn der jeweilige Sound speziell gewünscht wird.

E-Piano

E-Pianos – ursprünglich einmal als Klavierersatz für bestimmte Zwecke gedacht – sind heute eigenständige Instrumente, die besonders auch durch Effekteinschleifung mit dem Klavierklang u. U. wenig gemeinsam haben. Es gibt verschiedene Funktionsprinzipien bei E-Pianos: Beim „Fender Rhodes“ schlägt ein Filzhämmerchen einen Metallstab an; wie beim Klavier ist ein Dämpfungspedal vorhanden. Klangerzeugung und -charakter entsprechen unverformt dem der Celesta. Die mechanischen Schwingungen werden elektrisch verstärkt; dabei kann der Klang auch geformt werden. Ein dem Klavier sehr ähnlicher Klang entsteht bei einem anderen Bauprinzip, bei dem anstelle der Metallstäbe Stahlsaiten benutzt werden. Neben diesen konventionell arbeitenden Instrumenten stehen auch rein elektronische E-Pianos mit digital gespeicherten Klavierklängen zur Verfügung.

Stringsynthesizer

Im Stringsynthesizer werden elektronisch die Klänge der Streichinstrumente erzeugt und können wie beim Mellotron durch Tastendruck abgerufen werden. Neben der herkömmlichen Technologie gibt es digital arbeitende Geräte.

Elektronische Orgeln

Elektronische Orgeln gibt es in einer solchen Vielfalt von Funktionsprinzipien, Ausstattungen und Qualitätsunterschieden, daß es kaum möglich ist, das Musikinstrument Elektronische Orgel zu beschreiben. Ausgangspunkt der Entwicklung Elektronischer Orgeln waren mechanisch-elektrische Systeme zur Erzeugung elektrischer Schwingungen, die dann über Lautsprecher abgestrahlt wurden. Als Schwingungserzeuger mechanisch erzeugter Schwingungen dienen schwingende Saiten und Zungen sowie rotierende Zahnscheiben. Die Umwandlung in elektrische Signale erfolgt elektromagnetisch, elektrostatisch, elektroakustisch oder elektrooptisch. Beim Neo-Bechstein-Flügel z. B. wird eine Saitenschwingung elektromagnetisch abgenommen, beim Elektrochord elektrostatisch. Das Elektronium verwandelt Zungenschwingungen elektromagnetisch um, die Wurlitzer-Orgel elektrostatisch, das Ranger-Harmonium elektrooptisch. Die Induktionswirkung einer rotierenden, magnetischen Zahnscheibe benutzt die Hammond-Orgel. Der legendäre Klang der Hammondorgel – inzwischen elektronisch erzeugt – ist noch bei den heutigen Orgeln ein wichtiges Klangkriterium.

Bei den Instrumenten mit rein elektronischer Klangerzeugung [2.55] gibt es vier Grundtypen: der additive, der selektive, der reproduzierende und der synthetisierende Typ. Beim additiven Typ werden die Amplituden der einzelnen Teiltöne für alle Töne des Manuals gleichzeitig eingestellt, die Obertonstruktur läuft mit der Tonhöhe des Grundtons mit. Formanten sind also nicht einstellbar. Im Gegensatz dazu geht der selektive Typ von einer obertonreichen (meist Sägezahn- und Rechteck-)Schwingung aus, deren Obertonstruktur durch verschiedene Filter variiert wird. Dadurch entstehen Formanten, ähnlich den Formanten der nichtelektronischen Musikinstrumente. Es gibt auch Kombinationen von additivem und selektivem Typ. Ein- und Ausschwingverhalten können beeinflußt werden. Bei den reproduzierenden Instrumenten stehen auf Bandschleifen (Mellotron) oder in digitalen Festspeichern echte Instrumentenaufnahmen auf Abruf durch Tastendruck zur Verfügung.

Synthesizer

Der Synthesizer [2.56] [2.60] stellt ein elektronisches Musikinstrument des synthetisierenden Typs mit fast unbegrenzten Möglichkeiten zur Erzeugung synthetischer Klänge dar. Er besteht aus mehreren Frequenzgeneratoren, Rauschgeneratoren, Modulatoren und Konturgeneratoren, die vorwiegend die Amplituden der Klänge beeinflussen (Ein- und Ausschwingvorgänge, Tremolo, Vibrato usw.). Hinzu kommen in weiten Grenzen veränderbare Filter und eine Mischeinrichtung. Alle Generatoren und Filter können durch Gleichspannungen gesteuert werden. So kann eine Gleichspannung z. B. die Frequenz eines Generators oder die Frequenzlage eines Filters steuern, aber auch den zeitlichen Verlauf der Hüllkurve oder der Filtereinstellung. Weiterhin können sowohl die internen Tonquellen als auch beliebige externe Tonquellen (z. B. Gesang über ein Mikrofon) an frequenzabhängige Gleichrichter (Diskriminatoren) angeschlossen werden, deren in Abhängigkeit von der eingespeisten Frequenz variierend abgegebene Gleichspannung wieder zur Steuerung von Generatoren und Modulatoren herangezogen werden kann. Einige wichtige Begriffe der Synthesizer-Steuerung enthält *Tab. 2/6* [2.57]. *Abb. 2/24* ergänzt einige Begriffe zur Hüllkurvensteuerung.

Tab. 2/6. Begriffe der Synthesizersteuerung.

ADSR	(attack decay sustain release) Hüllkurvengenerator *(Abb. 2/24)*
BP	(band pass) Bandpaß
HP	(high pass) Hochpaß
LFO	(low frequency oscillator) Oszillator für tiefe Frequenzen (0–30 Hz)
LP	(low pass) Tiefpaß
VCA	(voltage controlled amplifier) spannungsgesteuerter Verstärker
VCF	(voltage controlled filter) spannungsgesteuerter Filter
VCO	(voltage controlled oszillator) spannungsgesteuerter Oszillator
VCQ	(voltage controlled quality) spannungsgesteuerte Filtergüte (Flankensteilheit bzw. Durchlaßbereich)
VCW	(voltage controlled wave form) spannungsgesteuerte Schwingungsform
ENVELOPE GENERATOR	Hüllkurvengenerator *(Abb. 2/24)*
NOISE GENERATOR	Geräuschgenerator
WAVE FORM	Schwingungsform

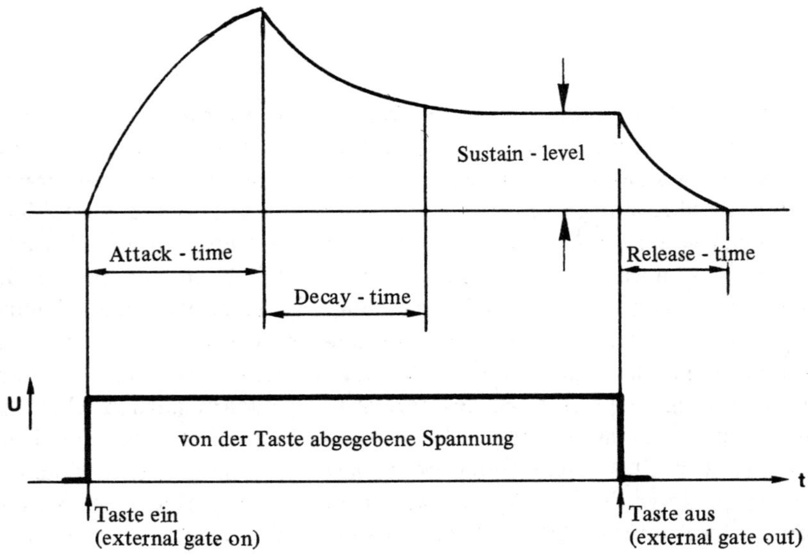

Abb. 2/24. Begriffe der Hüllkurvensteuerung.

Ähnlich wie bei den Orgeln gibt es Synthesizer in großer Typen- und Qualitätsvielfalt. Durch vorprogrammierte Klangkombinationen ist eine genaue Unterscheidung von Orgeln und Synthesizern nicht immer möglich. Eine gewisse Orientierung kann die folgende Einteilung bringen:

Monofoner Synthesizer: Bei den ersten auf den Markt gebrachten Synthesizern und bei einfacheren Modellen kann jeweils nur eine Taste gespielt werden. Ein solcher Synthesizer wird vorwiegend für Soli oder einzelne Effekte eingesetzt, mehrstimmiges Spiel ist nur mit der Playback-Aufnahmetechnik möglich. Duofone Synthesizer bieten die Möglichkeit, zwei Stimmen gleichzeitig zu spielen.

Polyfone Synthesizer: Im allgemeinen spricht man bei mindestens vierstimmig spielbaren Synthesizern von polyfonen Instrumenten. Vollpolyfon ist ein Instrument dann, wenn gleichzeitig alle Tasten spielbar sind; hierbei gehört zu jeder Taste ein kompletter Synthesizer als Grundbaustein. Im allgemeinen ist eine Anzahl vorprogrammierter Klänge vorhanden, wie sie der Presetsynthesizer bietet.

Presetsynthesizer: Bei diesem vollpolyfonen Synthesizertyp sind nur bestimmte Klänge wie Streicher, Bläser oder Chor als Originalklang oder synthetisch fest einprogrammiert und können vom Spieler noch klanglich verändert werden. Große polyphone Synthesizer haben ebenfalls eine mehr oder weniger große Anzahl fest gespeicherter Instrumentenklänge.

Modulsynthesizer: Diese Synthesizer bestehen aus einzelnen Modulen, die baukastenartig zusammengestellt werden können.

Digitalsynthesizer: Bei diesen Instrumenten ist die analoge Technik durch eine digitale Signalverarbeitung ersetzt. Ein Rechner übernimmt die Klangerzeugung und Klangsteuerung. Umfangreiche Programmierungsmöglichkeiten, die mit Hilfe einer alphanumerischen Tastatur ausgeführt werden, und die Speichermöglichkeiten der Einstellungen auf Floppy Disc eröffnen dem Musiker fast unbegrenzte Möglichkeiten der Klanggestaltung. Durch die Speicherung kann das Musizieren in Echtzeit durch eine bis in alle Einzelheiten gehende Programmierung ersetzt werden; manuelle Fertigkeit, die Voraussetzung des Spiels konventioneller Musikinstrumente einschließlich des Synthesizers, erfordert der Digitalsynthesizer nicht mehr, wohl aber umfangreiche Kenntnisse der musikalischen Akustik und entsprechende Klangerfahrung. Je nach Ausstattung können natürliche Klänge erfaßt und verarbeitet werden, können Schwingungsformen mit dem Lichtgriffel auf einem Bildschirm entworfen werden, ist auch eine Ausgabe der Komposition in Notenschrift möglich, sind feste Instrumentenklänge im Originalton abgespeichert.

Zur Steuerung der Synthesizer und anderer elektrischer Musikinstrumente wurde neben firmenspezifischen Codes ein firmenübergreifender Steuercode geschaffen, das sog. MIDI-Format (Musical Instrument Digital Interface).

Gitarren

Die Gitarre gibt es heute in einer Typenvielfalt wie sonst nur wenige Instrumente. Grundsätzlich muß zwischen der akustischen und der Elektro-Gitarre (E-Gitarre) unterschieden werden. Dazu existiert eine kombinierte Form dieser beiden Typen, nämlich die halbakustische oder Semi-Akustikgitarre.

Alle traditionellen Gitarren, die ohne elektrische Tonabnahme und -verstärkung arbeiten, gehören zu den Akustikgitarren; der Begriff wurde erst geschaffen, als es notwendig wurde, diese Gitarren von der Gruppe der Elektro-Gitarren zu unterscheiden. Die Konzertgitarre oder Spanische Gitarre ist der klassische Typ der traditionellen Gitarre; sie ist mit sechs Nylonsaiten bespannt und wird mit den Fingerkuppen gezupft oder geschlagen. Akustik-Gitarren mit Stahlbesaitung (Westerngitarren) werden entweder mit einem Plektrum oder mit den Fingern gezupft oder als Schlaggitarre geschlagen; Schlaggitarren haben neben dem Schalloch eine Schutzplatte. Neben der sechssaitigen Gitarre gibt es auch die voller klingenden zwölfsaitigen Instrumente; die beiden hohen Saiten sind hierbei im Einklang verdoppelt, die vier tiefen in der Oktave. Zwölfsaitige Gitarren haben Stahlbesaitung, weil Nylonsaiten zu weit ausschwingen. Das Schalloch ist der Ort größter Schallabstrahlung sowohl tiefer als auch hoher Frequenzkomponenten [2,97].

Die Elektro-Gitarre (E-Gitarre) kombiniert akustische Tonerzeugung mit elektrischer Verstärkung und Formung des Tons. Sie verfügt über ein bis drei Tonabnehmer (Pickups), die die Saitenschwingungen an verschiedenen Stellen abnehmen; der stegnahe Pickup gibt einen spitzeren, der Pickup am Griffbrett gibt einen weicheren Klang. E-Gitarren benötigen Stahlsaiten, weil die Pickups auf Kunststoffsaiten nicht ansprechen. Die Tonabnehmer sind im allgemeinen elektromagnetische Wandler, deren Bauweise und Qualität Einfluß auf den Grundklang einer E-Gitarre hat. Es werden Einfachspulabnehmer (Single Coil) und Doppelspulabnehmer (Humbukker) verwendet; Single Coil-Pickups sind heller, metallischer im Klang, Humbukker-Pickups mittenbetonter. Die Humbuckersysteme haben eine bessere Brummunterdrückung. Die verschiedenen Tonabnehmer einer Gitarre können einzeln oder parallel geschaltet werden.

An der Gitarre selbst können nur einfache Klangformungen eingestellt werden. Aufwendigere Klangbeeinflussungen werden in separaten Effektgeräten – auch kombiniert mit dem Gitarrenverstärker – realisiert. Die Effektgeräte [2.57] können natürlich auch für die Klangformung von Keyboards verwendet werden *(Tab. 2/7)*.

Es gibt die folgenden Grundtypen von Elektro-Gitarren:

Solid Body: Eine E-Gitarre benötigt vom Prinzip her keinen Resonanzkörper. Die Solid Body hat keinen schwingungsfähigen Resonanzkörper, sondern nur ein massives Brett (Solid Body) in der Form eines Resonanzkörpers oder in einer anderen Form. Die Solid Body ist die klassische Form der E-Gitarre.

Tab. 2/7. Gitarren-Effektgeräte.

Chorus: Stimmvervielfachung durch gering zeitverzögerte und tonhöhenversetzte Zumischung desselben Signals, subjektive Intensivierung
Compression Sustainer: Kompressor, der eine Tonverlängerung ohne abfallenden Pegel bewirkt
Delay: Signalverzögerung
Distorsion: Verzerrungen mit einstellbaren Eigenschaften
Equalizer (EQ): einstellbare Filter
Flanger: zeitverzögerte Zumischung desselben Signals, Kammfilterfrequenzgang, Verzögerungszeit schwingend: Vibratoeffekte
Hall: Verhallung mit Hallgerät
Leslie: Lautsprecherkabinett mit rotierenden Lautsprechern, auch rein elektronisches Leslie
Noise Gate: Abschaltung in Modulationspausen
Over Drive, Tube Screamer: Verzerrungen wie ein Röhrenverstärker, d. h. mit größer werdendem Pegel zunehmend
Phaser: zeitverschobene Zumischung desselben Signals, Frequenzgang einer Kammfilterkurve, auch schwingend
Spectrum: einstellbare Anhebung in einem stufenlos einstellbaren Frequenzbereich
Talkbox: Beeinflussung des Klangs durch die Mundresonanz des Musikers
Touch Wah: bei jedem Ton automatisch durchlaufendes Filter
Vibrato: mechanische Zusatzeinrichtung am Gitarrensteg oder elektronisches Effektinstrument
Wah Wah: Durchlauffilter, das individuell gesteuert wird

Akustikgitarre mit Pickup: Um die akustische Gitarre in die Musikpraxis der U-Musik u. ä. trotz ihres relativ schwachen Klangs einbeziehen zu können, wird sie auch mit Pickups versehen.

Semiakustik-Gitarre: Ihr Korpus nimmt konstruktiv eine Zwischenstellung zwischen akustischer Gitarre und Solid Body ein.

E-Baß: Die Elektro-Baßgitarre ist in ihrer musikalischen Funktion zunächst ein Ersatz für den gezupften Kontrabaß gewesen, bildet aber inzwischen eine Ergänzung der Gitarrenpalette im tiefen Tonbereich. Sie wird mit oder ohne Resonanzkörper gebaut.

Doppelhalsgitarre (Double Neck): Dieses Instrument vereint zwei Gitarren in einem Instrument; an dem verbreiterten Korpus sind zwei Hälse angebracht. Die Double Neck besteht entweder aus einer sechs- und einer zwölfsaitigen Gitarre oder einer sechssaitigen und einer Baßgitarre.

Pedal Steel Gitarre: Von der Solid Body abgeleitetes Instrument mit zwei Hälsen mit jeweils 10 oder 12 Saiten. Die linke Hand führt einen Gleitstahl (Steel Bar) zur Saitenverkürzung, mit der rechten Hand wird durch Zupfringe gezupft. Mit acht Pedalen ist das auf vier Beinen waagrecht liegende Instrument durch verschiedene Effekte beeinflußbar.

Elektro-Hawaiigitarre: Der charakteristische Glissando-Klang der Hawaii-Gitarre entsteht dadurch, daß auf dem Griffbrett ein sog. Kamm die Saiten niederdrückt, der gleitend von Griff zu Griff bewegt wird. Dieser Effekt kennzeichnet auch die Pedal-Steel-Gitarre und ist mit dem Slide-Spiel auch bei anderen Gitarren möglich.

Bei der Aufnahme der E-Gitarren kann der Klang entweder vom Gitarrenlautsprecher mit Mikrofon abgenommen werden oder als elektrisches Signal direkt vom Gitarrenverstärker übernommen werden (Direct Injection). Vielfach werden auch beide Möglichkeiten kombiniert. Für den E-Baß ist elektrische Direktabnahme das Übliche. Bei der Direktabnahme und bei der Mikrofonabnahme können Sicherheitsprobleme dadurch entstehen, daß bei gleichzeitiger Berührung fehlerhafter, spannungsführender Geräteteile der Gitarrenanlage und des geerdeten Mikrofons gefährliche Körperströme fließen können. Durch Verwendung von Trenntransformatoren für die Instrumente oder sog. DI-Boxen (*D*irect *I*njection *B*ox) oder Mikrofontrennverstärkern können diese Gefahren vermieden werden.

Schlaginstrumente

Schlaginstrumente [2.25], [2.58], [2.61], [2.62] besitzen – anders als Streich- und Blasinstrumente – keinen quasistationären Zeitabschnitt in ihrem Klang. An den Anschlagvorgang schließt sich wie bei Klavier und Cembalo unmittelbar der Ausklingvorgang an. Die meisten Schlaginstrumente werden durch geräuschhafte und unharmonische Schwingungskomponenten gekennzeichnet, damit hat ihr Klang im allgemeinen keinen deutlichen Tonhöhencharakter; im gesamten Klang überwiegen meist Geräuschanteile. Für einige Schlaginstrumente sind allerdings quasiharmonische Klangkomponenten im Ausklingvorgang charakteristisch, die einen Tonhöhencharakter erzeugen. Die akustischen Eigenschaften dieser Instrumentengruppe sind relativ wenig erforscht.

Für die Pauke ist kennzeichnend: Das Frequenzspektrum des Anschlags reicht bis etwa 4000 Hz, die stärksten Komponenten liegen unter 1000 Hz; im Ausklingvorgang bewirkt eine Reihe quasiharmonischer Teiltöne, insbesondere der zweite Teilton, daß eine bestimmbare Tonhöhe hörbar wird. Dadurch kann die Pauke eine Baßstimme spielen. So wird sie u. a. in der Barockmusik und teilweise auch in der klassischen Musik als spezifisches Baßinstrument der Blechbläser eingesetzt. Auch die Tom-Toms lassen eine diskrete Tonhöhe erkennen. Im Gegensatz zur Pauke besitzen die Große und Kleine Trommel keine bestimmbare Tonhöhe, sondern nur Geräuschcharakter. Die wichtigsten Frequenzkomponenten liegen bei der Großen Trommel zwischen 100 und 1500 Hz, bei der Kleinen Trommel zwischen 100 und 8000 Hz. Die Grundschwingung einer Trommel wird tiefer mit zunehmender Masse von Fell und Kessel sowie mit zunehmender Kesselgröße. Je härter und glatter die Auflagefläche für das Fell ist, desto besser können sich hohe Klangkomponenten entwickeln.

Auch das Becken hat keine bestimmbare Tonhöhe. Beim Anschlag baut sich der geräuschartige Klang langsam auf, um erst nach etwa 0,4 s seine größte Intensität zu erreichen. Das Spektrum reicht von 800 bis 10 000 Hz, Komponenten außerhalb dieses Frequenzbereiches sind sehr schwach. Einzelne Frequenzbereiche im Spektrum treten hervor. Auch beim Triangel liegen die einzelnen Klangkomponenten so dicht und unharmonisch, daß sich keine bestimmbare Tonhöhe ausbildet. Das Spektrum reicht von 1000 bis 17 000 Hz mit hervortretenden Komponenten zwischen 12 000 und 14 000 Hz. Damit gehört das Triangel zu den Orchesterinstrumenten mit dem nach hohen Frequenzen hin am weitesten reichenden Spektrum.

2.3.3 Richtcharakteristiken

Schallquellen, die klein gegenüber den Wellenlängen des abgestrahlten Schalls sind, strahlen den Schall weitgehend ungerichtet ab; gegenüber den Wellenlängen große Schallquellen bündeln den Schall und strahlen ihn damit in eine oder mehrere Richtungen gebündelt ab. Da die Wellenlängen der Spektralkomponenten musikalischer Klänge zwischen etwa 10 m und 2 cm liegen können, bündeln die Instrumente den Schall frequenzabhängig, dabei teilweise auch in sehr komplexer Form. Als grobe Faustregel kann gelten, daß Frequenzen im Baßbereich – unter etwa 250 Hz – im allgemeinen kugelförmig ungerichtet, Frequenzen darüber zunehmend gerichtet abgestrahlt werden. [2.13], [2.59]

Die gerichtete Schallabstrahlung wirkt sich auf Klangfarbe und Schallpegel im Direktfeld mehr oder weniger stark aus, nicht aber im Diffusfeld. Da die Mikrofone aber im allgemeinen im Direktfeld aufgestellt werden, hat die Richtcharakteristik der Instrumente bei Tonaufnahmen größere Bedeutung als beim direkten Hören.

Die Richtcharakteristik der Instrumente macht es möglich, mit dem Mikrofon den Klangcharakter des Instruments bei der Aufnahme mitzubestimmen. Mikrofonstandort und Richtcharakteristik der Instrumente haben einen größeren Einfluß auf die Aufnahme als die Mikrofonwahl; dies gilt in erster Linie bei relativ geringem Mikrofonabstand, es gilt also besonders bei der Anwendung von Einzelmikrofonen (Polymikrofonie). Stark gerichtete Abstrahlung läßt den Klang eines Musikinstruments auch über größere Entfernungen noch präsent erscheinen, sie erhöht damit die Ortbarkeit der Instrumente, verringert natürlich gleichzeitig die Klangverschmelzung z. B. bei einem Sinfonieorchester. Gerichtete Klangabstrahlung kann den Hallradius ganz erheblich vergößern, im höheren Frequenzbereich der Blechblasinstrumente durchaus um den Faktor 10, im Schnitt etwa um den Faktor 1,5 bis 2 (siehe 1.2.4).

Die folgenden Darstellungen der Richtwirkung der Instrumente zeigen die Bereiche, innerhalb derer der Pegel um nicht mehr als 3 dB unter den Maximalwert abfällt. Die dargestellten Bereiche sind – etwas vereinfacht gesagt – also die Bereiche, innerhalb derer eine Klangfarbenänderung praktisch nicht wahrnehmbar ist. Die Betrachtung muß sich dabei auf ausgewählte Frequenzen oder Frequenzbänder beschränken, die einen guten Einblick in das Schallabstrahlungsverhalten geben.

Streichinstrumente

Die besonderen Richtcharakteristiken der Streichinstrumente kommen dadurch zustande, daß die schwingenden Teile der Instrumente, also besonders Decke und Boden, in einzelne Zonen mit unterschiedlicher Amplitude und Phase schwingen; hinzu kommt die Abstrahlung des im Resonanzkörper eingeschlossenen Luftvolumens. Auf die Schallabstrahlung haben damit individuelle Merkmale der Instrumente wie Holzstruktur und Formgebung Einfluß. Dennoch können allgemein gültige Abstrahleigenschaften festgestellt werden.

Die Richtwirkung ist bei den Streichinstrumenten nicht so ausgeprägt wie bei den Blasinstrumenten. Sie ist komplexer und stärker vom Einzelinstrument abhängig. Kleine Veränderungen des Mikrofonorts wirken sich nicht so deutlich aus. Der Wahl des Mikrofontyps kommt unter diesen Umständen eine größere Bedeutung zu.

Eine Besonderheit, die sich bei Tonaufnahmen auswirken kann, sind die teilweise sehr schmalen und starken Einbrüche in der Schallabstrahlung [2.38]. Das wird deutlich beim Frequenzgang der Geige in *Abb. 2/25;* es handelt sich dabei um eine

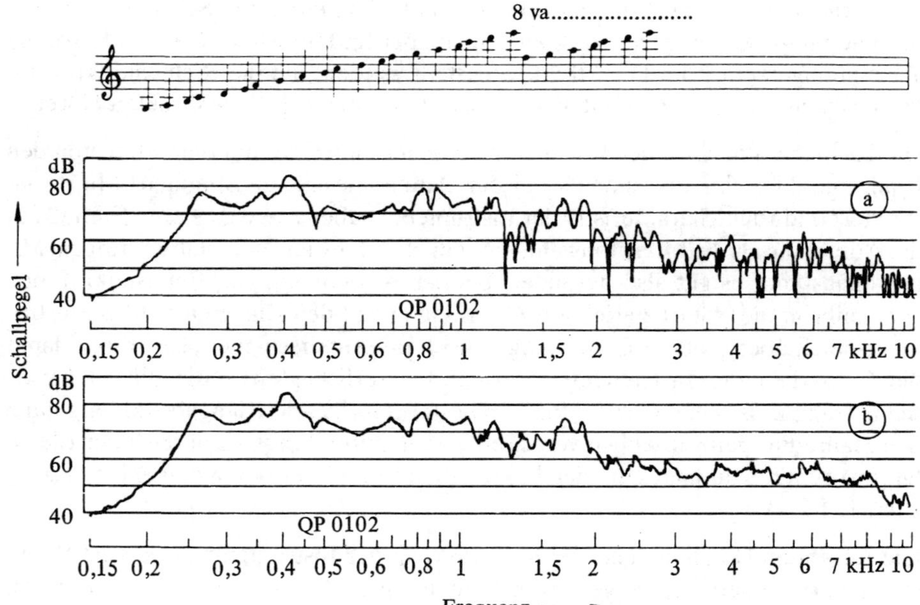

Abb. 2/25. Frequenzkurve einer Geige [2.38].
a. gemessen im Direktfeld mit einem Mikrofon,
b. gemessen mit sechs Mikrofonen, anschließend gemittelt.

altitalienische Meistergeige (Guarneri). Bei der Aufnahme des Direktschalls mit einem Mikrofon ist der Frequenzgang sehr stark zerklüftet, fast einer Kammfilterkurve vergleichbar. Bei der Aufnahme mit sechs Mikrofonen und anschließender Mischung (Mittelung der Frequenzgänge) wird der Frequenzgang viel ebener.

Das Diffusfeld eines Raums wirkt ähnlich mittelwertbildend wie die Verwendung mehrerer, kreisförmig um das Instrument angeordneter Mikrofone wie in diesem Meßaufbau. Die stark zerklüftete Frequenzkurve kann zu einer gewissen, ungewohnten Klangschärfe führen, die beim natürlichen Hören wegen des hierbei größeren Diffusschallanteils weniger in Erscheinung tritt.

Violine und Viola

Bis etwa 500 Hz ist die Schallabstrahlung weitgehend kugelförmig. Darüber verengt sie sich allmählich, um zwischen 1000 und 1200 Hz senkrecht zur Decke des Resonanzkörpers eine deutliche Bündelung zu erfahren. Darüber wird der Abstrahlbereich insgesamt wieder breiter, spaltet sich dabei aber wechselnd in einzelne Abstrahlbereiche auf, zwischen denen schmale Zonen geringerer Abstrahlung liegen *(Abb. 2/26)*. Die Abstrahlung etwa senkrecht über der Decke gibt die günstigste Richtung für die Aufnahme; zum einen wird in diese Richtung bevorzugt der Schall des Hauptformanten des Instruments gestrahlt, zum anderen ist in diesem Winkelbereich der Abstand zwischen dem Geräuschpegel des Instruments und seinen harmonischen Komponenten am größten.

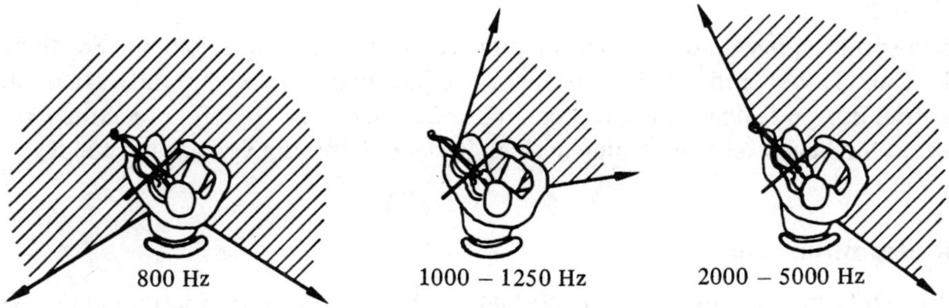

Abb. 2/26. Abstrahlcharakteristik der Violine und Viola, wie die folgenden Abb. nach [2.13].

Violoncello

Allseitig ungerichtete Abstrahlung hat das Violoncello wegen der größeren schallabstrahlenden Instrumententeile nur bis etwa 200 Hz. Um 1000 Hz wird der Schall bevorzugt nach oben hin abgestrahlt, für Frequenzen zwischen 2000 und 5000 Hz teilt sich die Richtwirkung in zwei Zonen, eine zum Boden, eine senkrecht nach oben gerichtet *(Abb. 2/27)*. Gerade dieser Frequenzbereich trägt aber wesentlich zum Klangunterschied zu den Geigen bei. Bei gleicher Grundtonhöhe wirken die Violoncelli tatsächlich schärfer als die Geigen; eine Mikrofonposition über dem Violoncello kann diesen durchaus wünschenswerten Unterschied unterstreichen.

Abb. 2/27. Abstrahlcharakteristik des Violoncellos.

Kontrabaß

Schon von Frequenzen um 100 Hz an aufwärts strahlt der Kontrabaß den Schall gerichtet ab. Dabei sind für die einzelnen Frequenzbereiche wechselnde Hauptabstrahlrichtungen festzustellen, die sich teilweise auch in zwei getrennte Zonen aufspalten. Sie liegen jedoch im allgemeinen in dem Halbraum vor der Decke des Instruments.

Holzblasinstrumente

Die Holzblasinstrumente – dazu gehören u. a. Flöte, Oboe, Klarinette, Fagott, Saxophon und die jeweiligen Nebeninstrumente – strahlen die Klangkomponenten bis rund 1000 Hz aus den Grifflöchern bevorzugt ab; mit darüber ansteigender Frequenz neigt sich der Abstrahlbereich zunehmend zur Schallstürze hin. Die höheren harmonischen Komponenten werden schließlich besonders aus der Schallstürze abgestrahlt *(Abb. 2/28)*.

Die Richtwirkung der Holzblasinstrumente ist so ausgeprägt, daß sie bei Tonaufnahmen eine weit wichtigere Rolle spielt als die Wahl des Mikrofontyps. Es ist möglich, allein durch die Mikrofonaufstellung zwischen einem weichen, vollen Klang vor den Grifflöchern und einem scharfen, engen, aber auch präsenterem Klang vor der Stürze sowie allen Klangcharakteristiken dazwischen zu wählen. Mit zunehmender Entfernung vom Instrument werden diese Unterschiede immer geringer, weil der klangintegrierende Diffusfeldanteil stetig zunimmt.

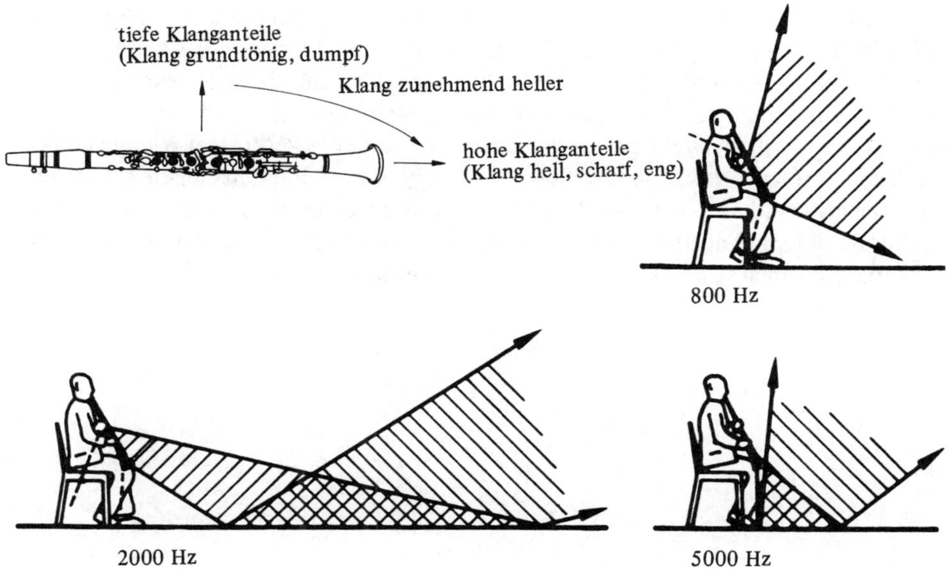

Abb. 2/28. Abstrahlcharakteristik der Oboe und Klarinette.

Bei der Querflöte verursacht das Zusammenwirken der Schallabstrahlung von Schallstürze (Fußstück) und Anblasloch auch schon unter 1000 Hz eine Aufspaltung der Schallabstrahlung in einzelne getrennte Zonen. Der Klang aus dem Fußstück wirkt so eng und scharf, daß eine Mikrofonaufstellung in diesem Bereich im allgemeinen nicht sinnvoll ist. Über dem Mundstück ist relativ viel Atemluft hörbar, was z. B. bei Jazzflötisten durchaus erwünscht sein kann. Rund und weich ist der Klang über den Grifflöchern. Im Nahfeld ist der Klang ausgeglichener als im Fernfeld [2.77]

Beim Fagott ist zu beachten, daß die Stürze nach oben gerichtet wird, hohe Klangkomponenten entsprechend auch nach oben abgestrahlt werden. Über dem Fagott wirkt sein Klang als u. U. etwas eng.

Bei den Saxophonen – mit Ausnahme des Sopransaxophons – fallen die Zonen der Abstrahlung tieferer und höherer Klangkomponenten im Nahbereich zusammen.

Blechblasinstrumente

Die Schallstürze der Blechblasinstrumente ist wesentlich größer als die der Holzblasinstrumente; Schallabstrahlung aus Grifflöchern gibt es nicht, da die Schallröhre zwischen Mundstück und Stürze völlig geschlossen ist. Der Schall wird deshalb praktisch ausschließlich aus der Stürze abgestrahlt und verglichen mit den Holzblasinstrumenten auch schon bei tieferen Frequenzen gebündelt; schon bei Frequenzen um 500 Hz ist die Richtwirkung deutlich. Die Richtcharakteristik ist – abgesehen vom Horn – rotationssymmetrisch. Durch die Wahl des Mikrofonorts kann wie bei den Holzblasinstrumenten im Direktschallbereich, also innerhalb des Hallradius, in erheblichem Umfang die Klangcharakteristik gewählt werden; auch hier ist der Mikrofonort wesentlich wichtiger als der Mikrofontyp *(Abb. 2/29)*. Der Klangcharakter der Instrumente direkt vor der Stürze ist hell bis scharf, aber im Gegensatz zu den Holzblasinstrumenten ist dieser Mikrofonort durchaus für die Tonaufnahme interessant, da tiefe und mittlere Frequenzkomponenten im Gegensatz zu den Holzblasinstrumenten auch von der Stürze abgestrahlt werden.

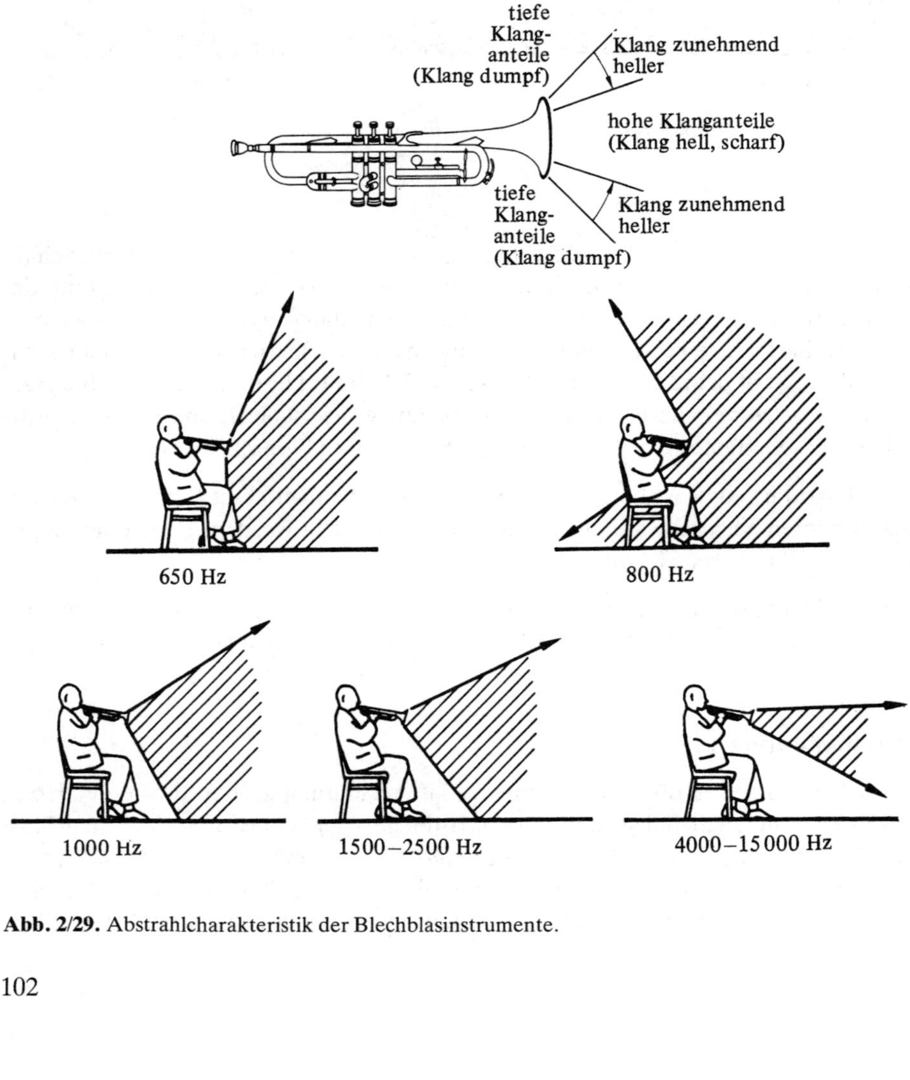

Abb. 2/29. Abstrahlcharakteristik der Blechblasinstrumente.

Die Abstrahleigenschaften des Horns weisen einige Besonderheiten auf, da das Instrument im Gegensatz zur Trompete und Posaune schräg nach hinten und mit der rechten Hand im Trichter gehalten wird. Das führt – verglichen mit den anderen Orchesterinstrumenten – zu einem diffusen, indirekten Hornklang, der bei den Komponisten auch zu einer entsprechenden musikalischen Verwendung führt. Beim Einzelmikrofonverfahren ist es aus aufnahmetechnischen Gründen notwendig, das Mikrofon dennoch vor die Stürze zu stellen; damit wird die Klangcharakteristik im Orchesterklang nicht horngemäß. Die Abstrahlcharakteristik des Horns ist verglichen etwa mit derjenigen der Posaune relativ komplex. Die Schallbündelung im Bereich hinter dem Spieler beginnt bereits bei etwa 150 Hz.

Normen und Empfehlungen

DIN 1317	3.57	Bl. 1 Norm-Stimmton; Norm-Stimmtonhöhe
	8.59	Bl. 2 –; Stimmgabel
	6.62	Bl. 3 –; Stimmton-Orgel
DIN 1320	6.92	Akustik; Begriffe
DIN 13 320	6.79	Akustik; Spektren und Übertragungskurven, Begriffe, Darstellung
DIN 45 630	12.71	Bl. 1 Grundlagen der Schallmessung; Physikalische und subjektive Größen von Schall
	9.67	Bl. 2 –; Normalkurven gleicher Lautstärkepegel
DIN 45 651	1.64	Oktavfilter für elektroakustische Messungen
DIN 45 652	1.64	Terzfilter für elektroakustische Messungen
DIN 45 654	7.66	Veränderbare Hoch- und Tiefpässe für elektroakustische Messungen
IEC Dr. Publ. 268		Sound System Equipment Part 16: "Report on the RASTI-method for the objectiv rating of speach intelligibility in auditoria"
ISO 16	75	Standard tuning frequency (Din 13175–1)

Literatur

2.1 K. Magnus: Schwingungen, 3. Auflage, Stuttgart 1976, Teubner
2.2 E. Meyer und D. Guicking: Schwingungslehre, 2. Auflage, Braunschweig 1981, Vieweg
2.3 E. Meyer und E. G. Neumann: Physikalische und Technische Akustik, 3. Auflage, Braunschweig 1979, Vieweg
2.4 K. Küpfmüller: Die Systemtheorie der elektrischen Nachrichten-Übertragung, 4. Auflage, Stuttgart 1974, Hirzel
2.5 G. Habermann: Stimme und Sprache, Stuttgart 1978, Thieme
2.6 F. Winckel: „Die akustischen Grundlagen der Stimmbildung – Elektroakustische Meßtechnik“, in: Handbuch der Stimm- und Sprachheilkunde Bd. 1, hg. von G. Luchsinger und G. E. Arnold, Wien 1970, Springer
2.7 W. Kuhl: „Das Zusammenwirken von direktem Schall, ersten Reflexionen und Nachhall bei der Hörsamkeit von Räumen und bei der Schallaufnahme“, in: Rundfunktechnische Mitteilungen 1965, S. 170ff.
2.8 R. Plantz: „Elektroakustische Anforderungen an Lavalier-Mikrofone“, in: Rundfunktechnische Mitteilungen 1965, S. 160ff.
2.9 T. Tarnóczy: „Das durchschnittliche Energie-Spektrum der Sprache (für sechs Sprachen)“, in: Acustica 1971, S. 57ff.
2.10 H. Fastl: „Schallpegel und Lautstärke von Sprache“, in: Acustica 1976, S. 341ff.
2.11 H. Lazarus: „Sprachverständlichkeit und Mithörschwellen verrauschter Sätze unterschiedlichen Materials“, in: Acustica 1979, S. 281ff.
2.12 J. Sotscheck: „Methoden zur Messung der Sprachgüte: Verfahren zur Bestimmung der Satz- und Wortverständlichkeit“, in: Fernmelde-Ingenieur 1970
2.13 J. Meyer: Akustik und musikalische Aufführungspraxis, 3. Auflage, Frankfurt 1995, Verlag Das Musikinstrument
2.14 J. G. Roederer: Physikalische und psychoakustische Grundlagen der Musik, Berlin 1977, Springer
2.15 A. Benade: Fundamentals of Musical Acoustics, New York 1976, Oxford University Press
2.16 N. Fletcher, T. D. Rossing: The Physics of Musical Instruments, New York, Berlin 1991 Springer
2.17 A. Melka: „Messungen der Klangeinsatzdauer bei Musikinstrumenten“, in: Acustica 1970, S. 108ff.
2.18 H. Pollard und E. Jansson: „Analysis and Assessment of Musical Starting Transients“, in: Acustica 1982, S. 249ff.
2.19 H. Fleischer: „Über die Wahrnehmbarkeit von Phasenänderungen“, in: Acustica 1976, S. 202ff.
2.20 H. Fleischer: „Über die Größe der durch Phasenänderungen hervorgerufenen Empfindungsänderungen“, in: Acustica 1977, S. 84ff.
2.21 H. Fleischer: „Hörbarkeit von Phasenunterschieden bei verschiedenen Arten der Schalldarbietung“, in: Acustica 1976/1977, S. 90ff.
2.22 P. H. Mertens: Die Schuhmannschen Klangfarbengesetze und ihre Bedeutung für die Übertragung von Sprache und Musik, Frankfurt 1975, Verlag Das Musikinstrument
2.23 W. Voigt: Untersuchungen zur Formantbildung in Klängen von Fagott und Dulzianen, Regensburg 1975, Bosse
2.24 J. Meyer: „Geräuschanteile in Klangspektren der Musikinstrumente“, in: Das Musikinstrument 1964, S. 685ff.
2.25 J. Meyer: „Zur Dynamik und Schalleistung von Orchesterinstrumenten“, in: Aucustica 1990, S. 277 ff.
2.26 H. A. Kellner: Wie stimme ich selbst mein Cembalo?, 2. Auflage, Frankfurt 1979, Verlag Das Musikinstrument
2.27 H. J. Schugk: Praxis barocker Stimmungen, 1981, Verlag Das Musikinstrument
2.28 M. Dickreiter: Musikinstrumente, 4. Aufl., Kassel 1994, Bärenreiter

2.29 E. Valentin: Handbuch der Musikinstrumente, 7. Auflage, Regensburg 1980, Bosse
2.30 W. Pape: Instrumentenhandbuch Streich-, Zupf-, Blas- und Schlaginstrumente in Tabellenform, Köln 1971, Gerig
2.31 Die Musik in Geschichte und Gegenwart, 16 Bände, Kassel 1949ff., Bärenreiter
2.32 L. Cremer: Physik der Geige, Stuttgart 1981, Hirzel
2.33 K. Leonhardt: Geigenbau und Klangfarbe. 2. Auflage, Frankfurt 1981, Verlag Das Musikinstrument
2.34 Streichinstrumente, München 1982, Deutscher Taschenbuchverlag
2.35 E. Lieber: „Moderne Theorien über die Physik der schwingenden Saite und ihre Bedeutung für die musikalische Akustik", in: Acustica 1975, S. 324ff.
2.36 W. Lottermoser: „Das Ausgleichsverhalten von Geigen und seine Beziehung zu der Resonanzkurve", in: Acustica 1958, S. 91ff.
2.37 J. Meyer: Physikalische Aspekte des Geigenspiels, Frankfurt 1978, Verlag Das Musikinstrument
2.38 J. Meyer: „Zum Klangphänomen der altitalienischen Geigen", in: Acustica 1982, S. 1ff.
2.39 A. Gabrielsson und E. Jansson: „Long-Time-Average-Spectra and Rated Qualities of Twenty-Two Violins", in: Acustica 1979, S. 47ff.
2.40 J. Meyer: Akustik der Holzblasinstrumente in Einzeldarstellungen, Frankfurt 1966, Verlag Das Musikinstrument
2.41 U. Sirker: „Strukturelle Gesetzmäßigkeiten in den Spektren von Blasinstrumentenklängen", in: Acustica 1974, S. 49ff.
2.42 U. Sirker: „Die Bedeutung von Formantgebieten für die Vokalähnlichkeit von Holzblasinstrumentenklängen", in: Acustica 1979, S. 246ff.
2.43 Blasinstrumente, München 1982, Deutscher Taschenbuchverlag
2.44 E.-G. Schlosser: „Tonerzeugung und Toncharakteristika bei Labialpfeifen", in: Acustica 1979, S. 177ff.
2.45 J. Gärtner: Das Vibrato bei Flötisten, Regensburg 1974, Bosse
2.46 G. Joppig: Die Entwicklung der Doppelrohrblatt-Instrumente von 1850 bis heute, Frankfurt 1979, Verlag Das Musikinstrument
2.47 E. Jost: Akustische und psychometrische Untersuchungen an Klarinettenklängen, Köln 1967, Arno-Volk-Verlag
2.48 K. Ventzke, C. Raumberger, D. Hilkenbach: Die Saxophone, Frankfurt 1979, Verlag Das Musikinstrument
2.49 K. Nödl: Metallblasinstrumentenbau, Frankfurt 1970, Verlag Das Musikinstrument
2.50 J. Meyer: „Akustische Untersuchungen über den Klang des Horns", in: Das Musikinstrument 1967, S. 32ff. und 199ff.
2.51 U. Müller: Untersuchungen zu den Klangstrukturen von Clarinen und Trompeten, Regensburg 1971, Bosse
2.52 J. Meyer und W. Lottermoser: „Über die Möglichkeiten einer klanglichen Beurteilung von Flügeln", in: Acustica 1961, S. 291ff.
2.53 H. Junghanns: Der Piano- und Flügelbau, 5. Auflage, Frankfurt 1979, Verlag Das Musikinstrument
2.54 R.-D. Weyer: „Time-Frequency-Structures in the Attack Transients of Piano and Harpsichord Sounds", in: Acustica 1976, S. 232ff.
2.55 M. Rieländer: Die Elektronische Orgel, Frankfurt 1975, Verlag Das Musikinstrument
2.56 H. Eimert und H. U. Humpert: Das Lexikon der Elektronischen Musik, Regensburg 1973, Bosse
2.57 K. Hörmann und M. Kaiser: Effekte in der Rock- und Popmusik, Regensburg 1983, Bosse
2.58 G. Avgerinos: Handbuch der Schlag- und Effektinstrumente, Frankfurt 1967, Verlag Das Musikinstrument
2.59 L. Cremer: Vorlesungen über Technische Akustik, 2. Auflage, Berlin 1975, Springer
2.60 B. Enders: Lexikon Musik-Elektronik, Mainz 1985, Schott

2.61 I. Bork und J. Meyer: „Zur klanglichen Bewertung von Xylophonen“, in: Das Musikinstrument 1982, S. 1076ff.
2.62 J. J. Geluk: Acoustics within and around the Grand-Pianoforte, 73. AES- Convention, Eindhoven 1983, Preprint 1982
2.63 I. Bork: „Das Schwingungsverhalten von Trommelfellen und -kesseln“, in: Das Musikinstrument 2/1984, S. 100ff.
2.64 J. Meyer und A. H. Marshall: „Schallabstrahlung und Gehöreindruck beim Sänger“, in: Bericht über die 13. Tonmeistertagung München 1984, S. 323ff.
2.65 R. Wehrmann: Zur Messung des Effektivwertpegels und der Lautstärke von Logatomen, Techn. Bericht des Forschungsinstituts des FTZ A 51, Berlin 1969
2.66 E.-J. Völker: Schallpegelverhältnisse bei der Übertragung von Sprache, Preprint C 4 der 53. AES-Convention, Zürich 1976
2.67 A.H. Marshall und J. Meyer: “The Directivity and Auditory Impressions of Singers”, in: Acustica 1985, S. 130 ff.
2.68 H. Dünnwald: „Ein Verfahren zur objektiven Bestimmung der Klangqualität von Violinen“, in: Acustica 1985, S. 162 ff.
2.69 W. Lottermoser: Orgeln – Kirchen und Akustik, 2 Bde., Frankfurt 1983, 1966, Verlag Das Musikinstrument
2.70 M. Schleske: ”Modalanalyse im Geigenbau - Vom praktischen Nutzen physikalischer Forschung im Musikinstrumentenbau”, in: Das Musikinstrument 1992, S. 98ff.
2.71 H. Dünnwald: „Ein erweitertes Verfahren zur objektiven Bestimmung der Klangqualität von Violinen”, in: Acustica 1990, S. 269ff.
2.72 W. Güth: „Zur Bogenanregung bei Streichinstrumenten”, in: Acustica 1994, S. 166ff.
2.73 J. Meyer: „Zur klanglichen Wirkung des Streicher-Vibratos”, in: Acustica 1992, S. 283ff.
2.74 R. Bisping, U. van der Velden, P. Wingartz: ”Welche Frequenzbereiche im Stimmspektrum sind für die Übermittlung menschlicher Emotionen von besonderer Bedeutung?”, in: Bericht 16. Tonmeistertagung Karlsruhe 1990, S. 329 ff., München 1991, Saur
2.75 J. Meyer: „Zur Auswirkung des Vibratos auf das Klangspektrum von Musikinstrumenten und Gesangsstimmen”, in: Fortschritte der Akustik - DAGA 1991, S. 865ff., Bad Honnef 1991, DPG-GmbH
2.76 J. Meyer: „Zur zeitlichen Struktur von Vibrato-Klängen”, in: Bericht 16. Tonmeistertagung Karlsruhe 1990, S. 338ff., München 1991, Saur
2.77 I. Bork: „Klang und Schallabstrahlung der Querflöte”, in: Bericht 16. Tonmeistertagung Karlsruhe 1990, S. 351ff., München 1991, Saur
2.78 I. Bork: „Akustische Untersuchungen an Klavieren und Flügeln”, in: Bericht 17. Tonmeistertagung Karlsruhe 1992, S. 751ff., München 1993, Saur
2.79 U. Heise, I. Bork: „Meßtechnische Untersuchungen zur Schallabstrahlung von Gitarren”, in: Bericht 17. Tonmeistertagung Karlsruhe 1992, S. 742ff., München 1993, Saur
2.80 T. Tarnoczy: Einführung in die Musikalische Akustik, Budapest 1991, Akademiai Kiado
2.81 J. Sundberg: The Sience of Musical Sounds, San Diego 1991, Academic Press
2.82 N. H. Fletcher, Th. D. Rossing: The Physics of Musical Instruments, Berlin und New York 1991, Springer

3. Schallwahrnehmung

3.1 Das Gehör und seine Funktion

Äußeres Ohr, Mittel- und Innenohr sind die Teile des menschlichen Gehörs *(Abb. 3/1* und *Abb. 3/2)*.

Das äußere Ohr (Ohrmuschel und Gehörgang) schließt mit dem Trommelfell ab. Diese über einen knöchernen Rahmen gespannte Membran wird durch den Luftschall zum Mitschwingen gezwungen. Die Knöchel des Mittelohrs übertragen ihre Bewegungen auf eine weitere Membran, das sog. „ovale Fenster", es bildet die Verbindung zwischen Mittel- und Innenohr. Die Knöchelkette wirkt dabei als Drucktransformator bzw. Hebel: der auf das ovale Fenster übertragene Druck ist bei kleinerer Membranauslenkung des ovalen Fensters wesentlich größer als der Schalldruck, der auf das Trommelfell einwirkt. Das Mittelohr ist luftgefüllt und hat eine Verbindungsröhre zum Rachenraum (Eustachische Röhre), die sich beim Schlukken öffnet, um einen Druckausgleich zwischen Mittel- und Außenohr herbeizuführen; Luftdruckdifferenzen zwischen Außen- und Mittelohr – verursacht z.B. durch einen Verschluß der Eustachischen Röhre – drücken auf das Trommelfell und können zu „geschlossenen Ohren" führen. Das spiralförmige Innenohr, auch Schnecke genannt, in *Abb. 3/2* schematisch und ausgestreckt dargestellt, ist mit Lymphflüssigkeit gefüllt, auf die das ovale Fenster die Schwingungen überträgt. Die Schnecke

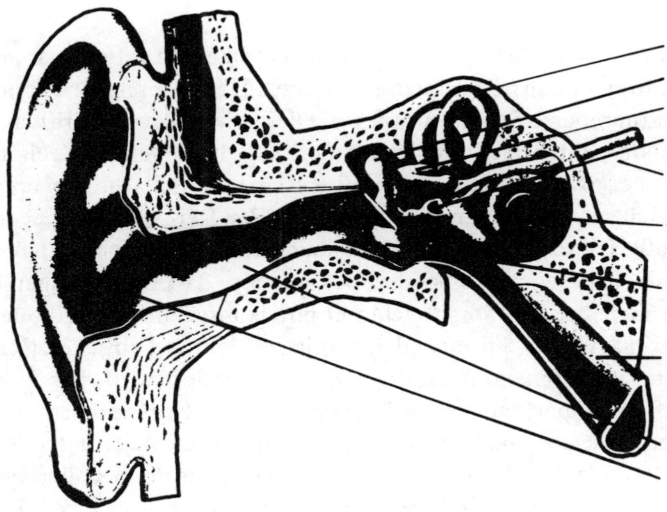

Abb. 3/1. Schnitt durch das menschliche Gehör.

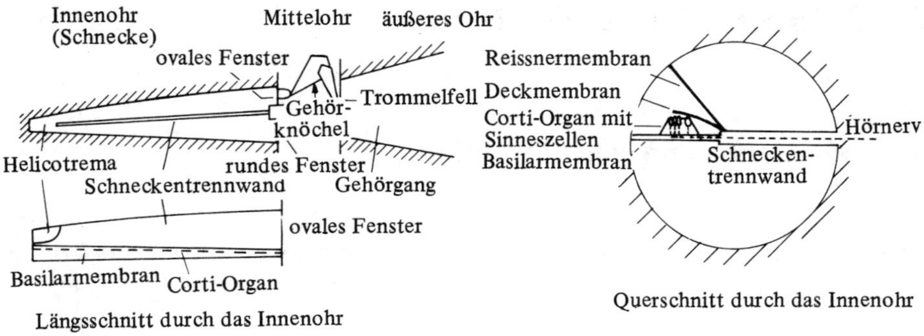

Abb. 3/2. Schema des Aufbaus des menschlichen Gehörs.

wird der Länge nach durch eine Trennwand geteilt, die teils knöchern, teils membranös (Basilarmembran) ausgebildet ist. Die Flüssigkeit über und unter der Trennwand ist durch eine Öffnung (Helicotrema) verbunden. Der Druckausgleich erfolgt am sog. „runden Fenster". Auf der Basilarmembran liegt unter der Deck- und Reißnermembran das Cortische Organ, das etwa 25 000 Sinneszellen trägt. Diese Zellen wandeln die Druckunterschiede der durch die Lymphflüssigkeit wandernden Welle, also das Schallereignis, in elektrische Informationen um, die über den Hörnerv zum Gehirn weitergeleitet werden und dann als Hörereignis ins Bewußtsein treten. [3.1], [3.4], [3.42]

3.2 Schallereignis und Hörereignis

Eine Schallwelle, die auf das Ohr trifft, ist eindeutig physikalisch definierbar. Ein Sinuston z. B. hat eine eindeutig bestimmbare Frequenz, Dauer, Einfallsrichtung und einen eindeutig bestimmbaren Schalldruckpegel. Dieses Schallereignis trifft als Reiz auf das Gehör, wandert durch das komplizierte mechanische System des Gehörs und wird schließlich als nervöse Information über eine Reihe von Schaltstellen und Nervenzentren zum Gehirn geleitet. Erst jetzt wird uns der Reiz als Hörereignis, als Empfindung bewußt. Diese Empfindung kann aber nicht mehr durch die physikalischen Größen des Schallereignisses beschrieben werden, da Empfindungen keine physikalischen Größen sind und somit nicht mit physikalischen Meßmethoden unmittelbar meßbar sind. Wir wissen auch, daß bereits bei der mechanischen Reizweiterleitung im Mittel- und Innenohr die Reizgestalt verändert wird. Ein Sinuston z. B. erhält zusätzliche Obertöne, er wird verzerrt. In den Nervenzellen wird der Reiz in ganz anderer Gestalt, nämlich als Folge von Impulsen weitergeleitet. Eine weitere Komplikation ergibt sich daraus, daß zwar die Größen des Schallereignisses voneinander unabhängig meßbar sind, beim Hörereignis hängt aber z. B. die empfundene Tonhöhe des Sinustons zwar hauptsächlich von der Frequenz, aber außerdem auch von der Dauer und dem Schalldruckpegel des Schallereignisses ab. Der Zusammenhang von Schallereignis (Reiz) und Hörereignis (Empfindung) ist also komplex, beide Größen können nicht gleichgesetzt werden. Mit den Zusammenhängen von Reizen und Empfindungen befaßt sich die Psychoakustik [3.1], [3.2], [3.3].

Um über das Hörereignis gültige Angaben machen zu können, können nur die Aussagen von Versuchspersonen ausgewertet werden. Diese sind aber zunächst ganz allgemein: ein Hörereignis ist laut oder leise, meist werden sogar Ausdrücke aus anderen Sinnesbereichen verwendet (hell, dunkel, schwach, spitz usw.). Diese Worte sind ungenau. Man möchte den Zusammenhang von Reiz und Empfindung genauer, möglichst durch Kurven angeben. Dies ist tatsächlich möglich, weil eine Versuchsperson ihre Aufmerksamkeit auf einzelne Komponenten des Hörereignisses richten kann. Sie kann z. B. die Lautheit zweier verschieden langer oder hoher Töne vergleichen, weil ein geübtes Gehör in der Lage ist, Tondauer und Tonhöhe bei der Beurteilung der Lautheit weitgehend unberücksichtigt zu lassen. Diese Komponenten der Empfindung, auf die man achten und die man getrennt von den anderen Komponenten beurteilen kann, sind die sog. Empfindungsgrößen (z. B. Lautheit). Sie erhalten – wie die Reizgrößen – eine Einheit (die Lautheit z. B. das sone). Jede Empfindungsgröße kann nun durch eine Kurve in ihrer Abhängigkeit von jeweils einer Reizgröße beschrieben werden. So kann man die Empfindungsgröße Tonhöhe in Abhängigkeit von den Reizgrößen Frequenz, Schalldruckpegel oder Schalldauer angeben. Dabei müssen die jeweils unberücksichtigten Reizgrößen konstant gehalten werden. Betrachten wir am Beispiel der Empfindungsgröße Lautheit, die in erster Linie vom Schalldruckpegel bestimmt wird, wie Empfindungsgrößen definiert und mit Einheiten versehen werden können (genaueres hierzu siehe unten). Will man die Lautheit eines Tones messen, so hält man bei allen Versuchen die Reizkomponenten Frequenz und Dauer konstant, z. B. die Frequenz bei 1000 Hz und die Dauer bei 1,0 s. Dem Ton mit dem Schalldruckpegel L_p = 40 dB schreibt man nun für diese Frequenz und Dauer willkürlich die Lautheit S = 1 sone zu. Nach wiederholter Verdopplung und Halbierung der Lautheit durch Verändern des Schalldruckpegels erhält man die Lautheit des 1000 Hz-Tones für eine so große Zahl von Schalldruckpegeln, daß man schließlich die Abhängigkeit zwischen Reizgröße L_p in dB und Empfindungsgröße S in sone als stetige Kurve angeben kann (siehe *Abb. 3/6*). Aussagen über die Verdopplung oder Halbierung einer Empfindungsgröße zu machen, gelingt relativ einfach und zuverlässig.

Die unten dargelegten Beziehungen von Reizgrößen und Empfindungsgrößen wurden bei Versuchen in einem „objektivierten, wissenschaftlichen Klima", meist mit Sinustönen oder Rauschen, gewonnen. Diese Hörbedingungen und Schallereignisse sind andere als wir sie z. B. beim Hören von Musik vorfinden. Denn ein Ton in einem Musikstück hat nicht nur Lautheit, Dauer und Tonhöhe, sondern ist auch musikalischer Sinnträger. Er hat eine bestimmte Stellung in der Melodie oder Harmonie, oder er ist Träger eines Wortes. Weiterhin kann dieser Ton aber auch Teil eines lästigen Geräuschs sein. Diese verschiedenen Sinnfunktionen, die ein Ton annehmen kann, beeinflussen natürlich die Hörempfindung außerordentlich. Sie sind aber so komplex, daß sie nicht auf dieselbe Weise wie Empfindungsgrößen erfaßbar sind. Sie überlagern sich aber den Reiz-Empfindungs-Beziehungen. Weiteren Aufschluß können hier nur spezielle psychometrische Testmethoden erbringen.

3.3 Eigenschaften der Wahrnehmung

3.3.1 Lautstärkepegel und Lautheit

Hörfeld, auch Hörfläche oder Hörbereich, nennt man den Bereich, in dem – in Abhängigkeit von Frquenz und Schlldruckpegel – ein Schallereignis eine Hörereignis auslöst. Das Hörfeld ist bei kleinen Schalldruckpegeln durch die Hörschwelle, bei großen Sachlldruckpegeln durch die Schmerzschwelle begrenzt. Nur Schallereignisse mit Frequenzen zwischen 16 und 16 000 Hz, maximal 20 000 Hz, rufen Hörereignisse hervor. Mit dem Alter verschiebt sich die Hörschwelle im oberen Frequenzbereich: Im Alter von 60 Jahren ist die Hörschwelle bei 10 kHz etwa um 20 dB, bei 5 kHz etwa um 15 dB angehoben, unter 2 kHz gibt es keine Veränderungen; im Alter von 40 Jahren ist die Verschiebung der Hörschwelle etwa halb so groß. Diese Richtwerte gelten nicht für Personen, die in lärmerfüllter Umgebung arbeiten (ISO DP 7029). Die allgemeine Hörfähigkeit wird durch die Altersschwerhörigkeit aber relativ geringfügig beeinträchtigt, da der optimale und wichtigste Hörbereich unter 4000 Hz liegt (siehe auch Kap. 3.6). *Abb. 3/3* zeigt das Hörfeld; eingezeichnet ist außerdem der Bereich, den Sprache und Musik etwa einnehmen. [3.1], [3.2], [3.3], [3.5], [3.6], [3.7]

Durchläuft ein Sinuston mit einem konstanten Schalldruckpegel von angenommen 20 dB den gesamten hörbaren Frequenzbereich, also z.B. von 125 bis 16000 Hz, so bleibt der Ton keineswegs gleich laut. Er wird vielmehr mit steigender Frequenz zunächst lauter, über etwa 4000 Hz wieder leiser. Um diese Feststellung für verschiedene Schalldruckpegel genau zu erfassen, hat man die „Kurven gleicher Lautstärkepegel" ermittelt (*Abb. 3/4*). Sie geben in Abhängigkeit von der Frequenz den Schalldruckpegel L_p an, der die jeweils gleiche Lautstärkeempfindung hervorruft, und beschreiben damit eine der wichtigsten Eigenschaften des menschlichen Gehörs. Man ordnet jeder der Kurven einen bestimmten Lautstärkepegel zu, der in phon angegeben wird. Für 1000 Hz stimmen Schalldruckpegel in dB und Lautstärkepegel in phon zahlenmäßig überein. Bei der Gewinnung der Kurven gleicher Lautstärkepegel spielen die Bedingungen, unter denen gemessen wird, und die Auswahl der Versuchspersonen eine wichtige Rolle.

Es ist deshalb sinnvoll, die Kurven gleicher Lautstärkepegel zu normen, um für alle Überlegungen, die an diesen Kurven anschließen, eine gemeinsame Basis zu haben. *Abb. 3/4* zeigt die nach DIN 1318 und 45 630 genormten Kurven, die mit den internationalen ISO-Empfehlungen (R 226 und R 454) übereinstimmen. Die Hörschwelle – gestrichelt dargestellt – liegt bei 4 phon, nicht bei 0 phon. Der Grund dafür ist, daß als Bezugsschalldruck der runde Wert 20 $\mu N/m^2$ bzw. 20 Pa international verein-

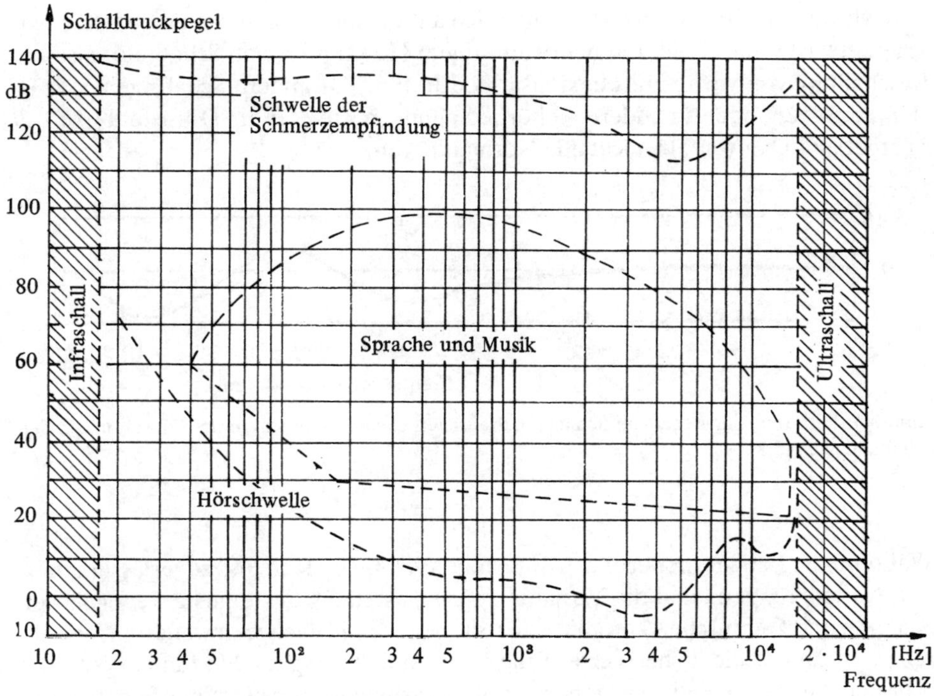

Abb. 3/3. Hörfeld mit Sprach- und Musikbereich.

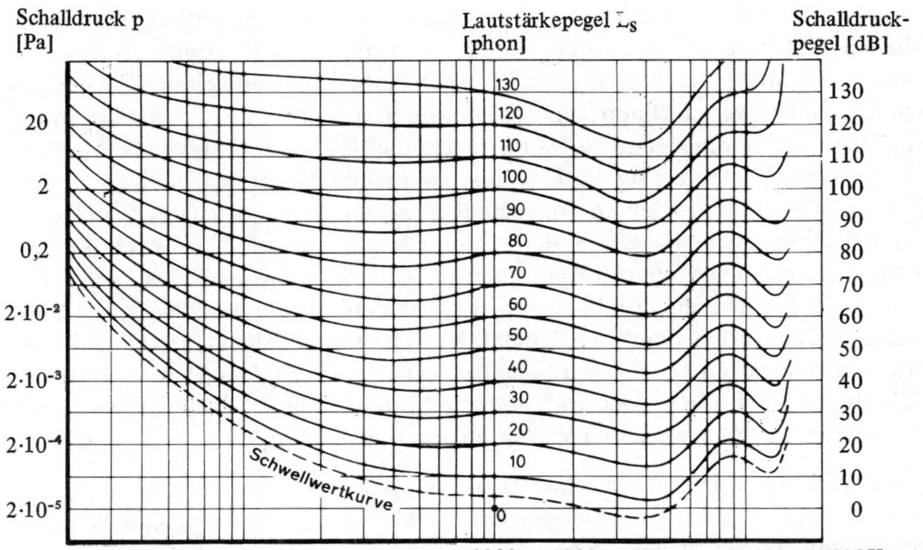

Abb. 3/4. Hörschwelle und Kurven gleicher Lautstärkepegel für Sinustöne im freien Schallfeld bei zweiohrigem Hören (nach DIN 45 630).

bart wurde. Die DIN-Kurven beziehen sich auf Personen mit normalem Gehör zwischen etwa 18 und 25 Jahren bei beidohrigem Hören im freien Schallfeld, also bei Beschallung von vorne im reflexionsarmen Raum. Für andere Schallsignale, z. B. Bandrauschen, oder für andere Abhörbedingungen wie z. B. im Diffusfeld *(Abb. 3/5)* ergeben sich etwas abweichende Normalkurven.

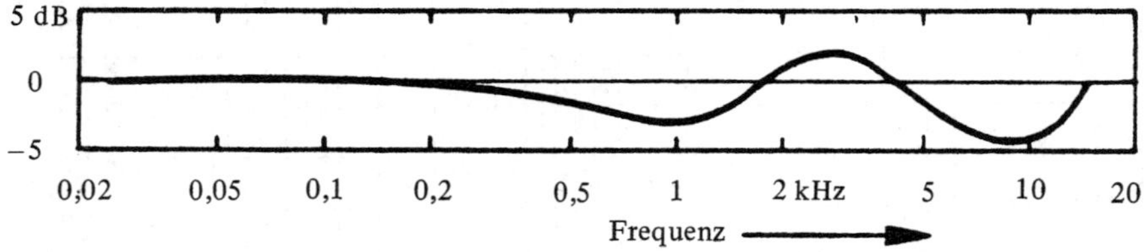

Abb. 3/5. Differenz der Pegel von Schmalbandrauschen gleicher Lautstärke im diffusen und freien Schallfeld nach [3.2].

Während die Lautstärkepegel von Sinustönen relativ einfach und zuverlässig ermittelt werden können, sind die Verfahren zur Feststellung des Lautstärkepegels von Klängen und Geräuschen komplizierter und ergeben je nach angewandtem Verfahren recht unterschiedliche Werte. Eine erste Annäherung an den Lautstärkepegel erbringen in diesem Fall im allgemeinen die Messungen des bewerteten Schalldruckpegels nach DIN IEC 651.

Genauer kann der Lautstärkepegel aufgrund der psychoakustischen Kenntnisse über das Gehör berechnet werden. Hierfür sind verschiedene Verfahren angegeben worden, die aber beträchtliche Abweichungen im Ergebnis aufweisen. Das Verfahren der Lautstärkeberechnung aus dem Geräuschspektrum nach E. Zwicker wurde in DIN 45 631 normiert und als ISO-Empfehlung (R 532) international verbreitet. Ein weiteres Verfahren zur Feststellung des Lautstärkepegels beliebiger Schalle (DIN 1318) beruht auf dem im Versuch durchgeführten Vergleich des zu erfassenden Schallereignisses mit einem definierten Lautstärkepegel. Die Norm gibt verschiedene psychometrische Meßverfahren an. Zunächst kann man einen 1-kHz-Ton so lange im Pegel verändern, bis er subjektiv mit dem zu beurteilenden Schall übereinstimmt, man erhält damit den Standardlautstärkepegel. Paßt man aber den zu beurteilenden Pegel an den Standardschall an, erhält man ein abweichendes Ergebnis (Objektlautstärkepegel). Der arithmetische Mittelwert heißt „interpolierter Lautstärkepegel"; er soll bei diesem Verfahren ermittelt werden.

Der Lautstärkepegel eignet sich für den Vergleich der Lautstärkeempfindung gleich lauter Schallereignisse. Er eignet sich aber nicht dafür, verschieden laute Schallereignisse miteinander zu vergleichen. Während nämlich z. B. beim Schalldruckpegel einer Druckverdopplung eine Pegelzunahme von 6 dB entspricht, bedeutet eine Verdopplung der empfundenen Lautstärke in dem praktisch wichtigen Lautstärkebereich über 30 phon eine Lautstärkepegelzunahme von 10 phon. Die Lautheit S erfaßt die tatsächlichen Lautstärkeverhältnisse verschiedener Lautstärkepegel L_S zueinander; sie wird in sone angegeben. 40 phon bei 1000 Hz werden definiert als 1 sone. Dem doppelt so laut empfundenen Wert von 50 phon entsprechen 2 sone. Die Abhängigkeit zwischen sone und phon gibt *Abb. 3/6* an.

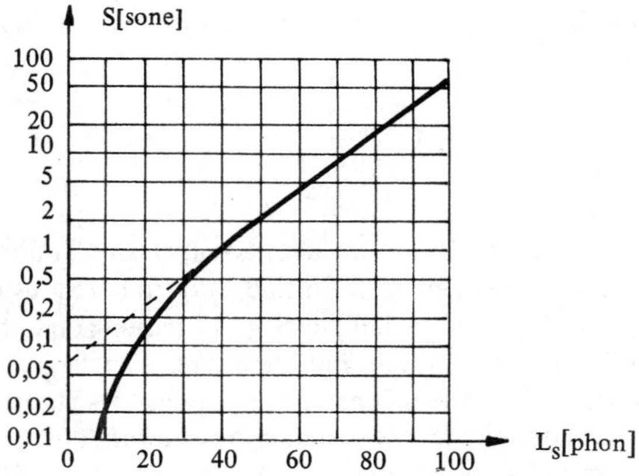

Abb. 3/6. Zusammenhang zwischen Lautheit S und Lautstärkepegel L_S.

3.3.2 Anpassung und Verdeckung

Eine wichtige Eigenschaft des menschlichen Gehörs ist die Fähigkeit, seine Empfindlichkeit einem bestimmten, gerade herrschenden mittleren Schallpegel anzupassen, ähnlich wie sich das Auge an verschiedene Helligkeitsgrade anpassen kann. Dadurch werden z. B. gleichmäßige Hintergrundgeräusche im Höreindruck stark zurückgedrängt, dadurch kann sich das Gehör aber auch innerhalb bestimmter Grenzen an verschiedene Wiedergabepegel beim Anhören von Tonproduktionen anpassen, ohne daß dabei ein wesentlicher qualitativer Unterschied besteht. Denn das Gehör bildet sich aus den mannigfaltigen Reizeinwirkungen ein Bezugssystem, Anpassungsniveau genannt, an dem sich die einzelnen Urteile wie laut – leise, aber auch hell – dunkel und hoch – tief als an einem Mittelwert orientieren. Diese Anpassung hat aber auch zur Folge, daß ein gleichmäßiger Dauerton mit zunehmender Zeitdauer immer leiser erscheint; das Gehör ermüdet und ordnet diesen Dauerschall als unwichtigeres Hintergrundgeräusch ein.

Mit der Anpassung verbunden ist eine weitere Erscheinung, die man als Verdeckung bezeichnet. Ein auf das Gehör einwirkender Reiz setzt gleichzeitig die Empfindlichkeit für andere Reize herab. Allgemein gilt, daß ein höherfrequenter Schall einen tieferfrequenten nur dann verdeckt, wenn der Frequenzabstand gering ist. Ein Schall tieferer Frequenz verdeckt einen höherfrequenten Schall nur dann, wenn der tieffrequente Schall vergleichsweise große Intensität besitzt.

Verdeckungserscheinungen gibt es nicht nur für gleichzeitige Signale, sondern auch für zeitlich aufeinanderfolgende Signale. Die Nachverdeckung läßt Signale, die auch bei simultaner Darbietung verdeckt werden, nach Abschalten des verdeckenden Signals eine kürzere Zeit lang unhörbar bleiben. Die Zeitspanne der Nachverdeckung hängt sehr von den Signalarten und -dauern ab; sie liegt im Bereich einiger ms bis einiger 10 ms. Auch eine Vorverdeckung für bis etwa 20 ms voreilende Signale kann beobachtet werden.

3.3.3 Tonhöhe

Die Frequenz eines Sinustons bestimmt hauptsächlich die Tonhöhenempfindung des Höreindrucks. Von einem gewissen Einfluß ist dazu bei Sinustönen oder annähernd sinusförmigen Klängen der Schallpegel: Bei Frequenzen unter 2000 Hz sinkt die Tonhöhenempfindung geringfügig mit zunehmendem Pegel, bei Frequenzen darüber steigt sie mit zunehmendem Pegel. Die Frequenz des Sinustons gibt nun also nicht mehr genau die Tonhöhe an. Man nennt die empfundene, nicht mit der Frequenz übereinstimmende Tonhöhe „spektrale Tonhöhe". Bei aus Grund- und Obertönen zusammengesetzten Klängen bestimmt der Grundton, auch wenn er nur schwach ausgebildet ist, die Tonhöhe. Aber selbst wenn der Grundton und sogar die ersten Obertöne fehlen, wie z. B. bei der Musikwiedergabe mit sehr kleinen Lautsprechern, bildet das Gehör aus den verbleibenden Klangkomponenten einen Tonhöheneindruck, der dem fehlenden Grundton entspricht. Die empfundene Tonhöhe bezeichnet man als „virtuelle Tonhöhe"; sie wird vom Gehör aus den spektralen Tonhöhen der einzelnen Klangkomponenten gebildet. Weiterhin erzeugt die Verschiebung von Formantregionen, wie das bei elektronischer Klangerzeugung aber auch z. B. bei der Maultrommel möglich ist, einen bestimmten Tonhöheneindruck, die sog. Formanttonhöhe. Das Gehör kann bei Sinustönen unterhalb 500 Hz eine Frequenzänderung bei Tonfolgen von etwa 3,5 Hz gerade noch feststellen. Bei Frequenzen über 500 Hz beträgt die hörbare Änderung 0,7% der sich ändernden Frequenz.

Die Fähigkeit, musikalische Töne mit geringem Tonhöhenunterschied zu unterscheiden, verbessert sich deutlich mit der Gehörschulung [3.8]; dabei zeigt sich, daß das Gehör bevorzugt Fähigkeiten bei solchen Klangfarben entwickelt, die es besonders gut kennt.

3.3.4 Verzerrungen

Das Gehör verzerrt das Schallereignis bei seiner Weiterleitung zum Gehirn. Ein einzelner Sinuston wird dadurch mit Obertönen versehen, die aber nur unter besonderen Bedingungen direkt hörbar sind. Ein obertonreicher Klang erhält zusätzliche Obertöne, die indessen mit den bereits vorhandenen zusammenfallen und damit ebenfalls weitgehend unbemerkt bleiben. Anders als bei Einzeltönen sind die Verzerrungen des Gehörs bei Tonpaaren u. U. sehr deutlich zu hören. Hierbei entstehen nicht nur Obertöne, sondern auch sog. Kombinationstöne, nämlich Summen- und Differenztöne. Wenn f_1 und f_2 die Frequenzen der verzerrten Sinustöne sind, entstehen Kombinationstöne mit den Frequenzen $m \cdot f_2 \pm n \cdot f_1$ (für m und n = 1, 2, 3...), insbesondere treten die Kombinationstöne mit den Frequenzen $f_2 - f_1$ und $f_2 + f_1$ in Erscheinung; bei geeigneten Versuchsanordnungen kann eine sehr große Zahl von Verzerrungsprodukten des Gehörs hörbar gemacht werden. Kombinationstöne sind am deutlichsten bei einem Paar von Sinustönen wahrnehmbar, besonders wenn ihre Frequenzen nahe beisammenliegen, kritisch ist auch das Intervall 3:2 (Quinte). Fast ebenso empfindlich bezüglich der Hörbarkeit von Verzerrungen des Gehörs sind die obertonarmen Klänge einiger Musikinstrumente wie z. B. Blockflöten und Hörner bei größeren Lautstärken. Die Kombinationstöne des Gehörs spielen eine wichtige Rolle bei der Einteilung der Intervalle in Konsonanzen und Dissonanzen.

Verzerrungen von Tonsignalen sind dann hörbar, wenn sie größer als die Eigenverzerrungen des Gehörs sind [3.9]. Die quadratischen Verzerrungen des Gehörs sind regulären quadratischen Verzerrungen gut angenähert; sie betragen rund 0,1% bei 70 dB Lautstärkepegel und etwa 1% bei 90 dB. Diese Verzerrungen des Gehörs sind also recht gering. Die weiteren Verzerrungen zeigen eine verwirrende Irregularität. Die Stärke der Verzerrungen hängt bei zwei Sinustönen von deren Stärke und Frequenzabstand ab, ohne daß einfache Abhängigkeiten genannt werden können. Diese irregulären Verzerrungen sind aber wesentlich höher als die quadratischen Verzerrungen. Sie können unter bestimmten Bedingungen weit über 10% liegen. Diese gehöreigenen Verzerrungen können leicht beobachtet werden z.B. beim zweistimmigen Pfeifen oder Blockflötenspiel. [3.11]

3.3.5 Rauhigkeit und Schärfe

Rauhigkeit und Schärfe eines Klangs sind Begriffe, die sich zur Beschreibung von Klangeigenschaften gut eignen und auch gehörakustisch relativ gut erfaßt werden können.

Rauhigkeit [3.10] kennzeichnet Schallereignisse, die eine starke zeitliche Strukturierung besitzen. Während langsame Pegelschwankungen als Vibrato bzw. Tremolo empfunden werden, lassen schnelle Pegelschwankungen einen Ton oder Klang rauh erscheinen. Die Rauhigkeit ist um so größer, je schneller sich die Amplitude ändert. Bei etwa 70 Schwankungen pro Sekunde ist die Rauhigkeit am größten; die Seitenfrequenzen dieser Amplitudenmodulation sind hierbei noch nicht hörbar.

Die Schärfe eines Klanges ist eine wesentliche Komponente der Klangfarbe, die man getrennt beurteilen kann. Sie wird durch die Umhüllende des Spektrums akustisch charakterisiert. Dabei ist es unerheblich, ob das Spektrum geräuschhaft kontinuierlich ist oder aus diskreten, also z. B. harmonischen Komponenten besteht.

Bei einem schmalbandigen Klangspektrum steigt die Schärfe mit der Mittenfrequenz des Frequenzbandes an. Bei nur einseitiger Bandbegrenzung mit der unteren Grenzfrequenz und – wesentlich stärker – mit der oberen Grenzfrequenz. Außer den Grenzfrequenzen hat die Form der Umhüllenden einen Einfluß auf die Klangschärfe [3.2].

3.3.6 Subjektive Tondauer

Wird die Dauer von Tonimpulsen und die Dauer von kürzeren Pausen zwischen Tönen subjektiv bewertet, so zeigt sich, daß diese subjektive Dauer bei kürzeren Tönen und Pausen nicht mit der objektiven Dauer übereinstimmt [3.12], [3.13], [3.14], [3.15].

Einzelne Tonimpulse wirken bei einer objektiven Dauer unter 50 ms länger als sie tatsächlich sind. Ein ganz erstaunlicher Zusammenhang wird jedoch beim Vergleich der subjektiven Dauer von Tonimpulsen mit dazwischenliegenden gleichlangen Pausen offenbar: Während bei einer Dauer über 1 s subjektive und objektive Dauern übereinstimmen, wirken bei kürzerer Dauer die Pausen länger als die Töne, dies auch abhängig von der Frequenz des Tonimpulses. Die Unterschiede von subjektiver und objektiver Dauer sind sehr groß; so wirkt z. B. ein 3,2 kHz-Tonimpuls mit 100 ms Dauer ebenso lange wie eine Pause von 400 ms. Sollen also kurze Töne und die dazwischen liegenden Pausen gleich lang wirken, müssen die Pausen ganz erheblich länger als die Töne sein. Für die musikalische Aufführungspraxis bedeutet dies, daß entsprechende, durch Pausen getrennte Töne wesentlich kürzer sein müssen als dies der Rhythmus vorschreibt.

3.3.7 Hörbarkeit von Phasenänderungen

Die einzelnen Komponenten eines Spektrums sind durch ihre Frequenz, ihren Pegel und durch ihre Phasenlage definiert. Ausgehend von Helmholtz' Theorie der Klangfarbe war man lange Zeit der Meinung, daß die Phasenlage für die Klangfarbe unbedeutend sei. Tatsächlich hat sie aber einen gewissen Einfluß darauf. Die Auswirkungen der physikalischen Größen auf die Hörbarkeit der Phasenlagen sind dabei aber relativ komplex. Phasenänderungen werden am deutlichsten bei Kopfhörerwiedergabe, am undeutlichsten bei Lautsprecherwiedergabe in halligen Räumen wahrgenommen [3.16]. Die Untersuchungen ergeben folgende Zusammenhänge [3.17], [3.18], [3.43]:

Die Hörbarkeit von Phasenänderungen in einem Klang hängt von seiner Zusammensetzung ab. Die Auswirkungen derselben Phasenänderung werden bei tiefen und bei hohen Frequenzen geringer eingeschätzt als bei mittlerer Frequenzlage; um 1000 Hz hat das Gehör die größte Phasenempfindlichkeit. Bei großen Teiltonabständen – d. h. bei hohen Tönen – ist die Empfindungsänderung geringer als bei kleinen Teiltonabständen. Bei kleinen Teiltonabständen sind eher Änderungen der

Rauhigkeit festzustellen, bei größeren Abständen eher Tonhöhen- und Klangfarbenänderungen.

Bei kleinen Frequenzabständen der Teiltöne sind Phasenänderungen von 10 ° bis 30 ° wahrnehmbar, bei großen Abständen steigt die Wahrnehmbarkeitsschwelle – vor allem abhängig vom Pegel – an. Die in der Tonstudiotechnik zugelassenen Phasenverschiebungen der Geräte orientieren sich an diesen Erkenntnissen.

3.4 Räumliches Hören natürlicher Schallquellen

Richtungswahrnehmung ist die Zuordnung der vom Gehör zum Bewußtsein gebrachten Hörereignisrichtung zur Schallereignisrichtung. Zusammen mit der Entfernungswahrnehmung bildet sie die räumliche Wahrnehmung des Gehörs. Richtungs- und Entfernungswahrnehmung schließen auch die Wahrnehmung der räumlichen Ausdehnung einer Schallquelle ein. Die sog. Räumlichkeit einer Schallquelle ist nicht ihre tatsächliche Ausdehnung, sondern die Empfindung, daß der Raum um die Schallquelle mit Schall erfüllt ist, die Räumlichkeit nimmt mit der Lautstärke und mit der Stärke seitlicher Reflexionen zu. [3.19]

Für die Beschreibung der Hörereignisorte wird im allgemeinen ein auf den Kopf des Hörers bezogenes, ein sog. kopfbezogenes Koordinatensystem verwendet *(Abb. 3/7)*. Man unterscheidet dabei die Richtungswahrnehmung in der Horizontalebene, der Medianebene und Frontalebene.

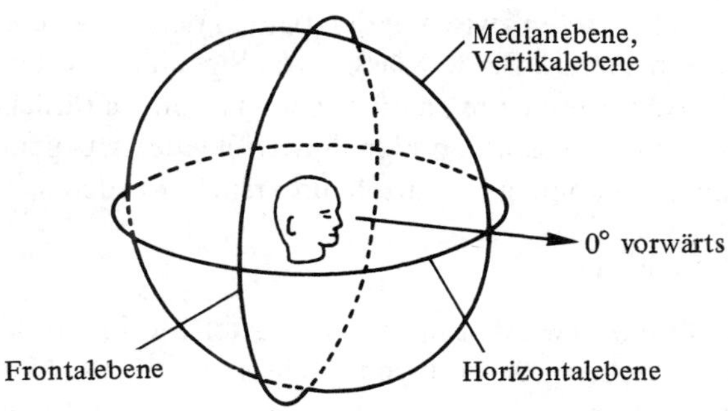

Abb. 3/7. Kopfbezogenes Koordinatensystem für die Beurteilung der Hörereignisrichtungen.

Der einfachste Fall von Richtungshören ergibt sich bei der Wahrnehmung einer einzigen, in ihrem Frequenzumfang breitbandigen Schallquelle. Schallereignisrichtung und Hörereignisrichtung stimmen hierbei im allgemeinen überein. In der Horizontalebene führen dabei Zeitunterschiede zwischen den Zeitpunkten des Eintreffens der beiden Ohrsignale und frequenzabhängige Pegelunterschiede, also Klangfarbenunterschiede, zwischen den Ohrsignalen zur Lokalisierung des Hörereignisses. In der Medianebene wird der Erhebungswinkel aufgrund spektraler Veränderungen der Ohrsignale gebildet; dabei werden beide Ohrsignale im Gegensatz zur Ortung in der Horizontalebene in gleicher Weise in ihrer Klangfarbe verändert. Auch die Entscheidung, ob eine Schallquelle vor oder hinter dem Hörer lokalisiert wird, beruht auf spektralen Merkmalen.

Bei mehreren Schallquellen und in geschlossenen Räumen treten zusätzliche Effekte der Richtungswahrnehmung auf. Es kommt hierbei darauf an, ob die Schallsignale unähnlich, d. h. nicht oder schwach korreliert, oder ob sie ähnlich, d. h. hochkorreliert sind.

Das Gehör kann bei Hörereignissen, die aus unterschiedlichen Richtungen kommen, die zugehörigen Klangbilder besser trennen und verfolgen, als wenn sie aus derselben Richtung eintreffen. Diese Fähigkeit wird mit „intelligentem Hören" oder mit „Cocktailpartyeffekt" (nach Cherry, 1953) bezeichnet. Wichtig für die Fähigkeiten der räumlichen Wahrnehmung sind neben physiologischen und psychologischen Mechanismen auch Lernprozesse und Erfahrung, was z. B. durch die äußerst differenzierten Hörfähigkeiten Blinder belegt wird.

3.4.1 Wahrnehmung der Richtung

Horizontale Ebene

Die Lokalisation in der horizontalen Ebene wird durch Unterschiede der Signale an den Ohren ermöglicht, die sich dann ergeben, wenn die Schallquelle aus der Mitte (0 °) auswandert. Dabei treten zwischen den beiden Ohrsignalen Laufzeitdifferenzen und Pegeldifferenzen auf. Beide Klassen von Signalunterschieden führen auch einzeln zu einer Lokalisation; beim „natürlichen" Hören „natürlicher", breitbandiger Signale treten diese interauralen Signalunterschiede stets gemeinsam auf; bei Kopfhörerexperimenten können sie einzeln untersucht werden.

Interaurale Zeitdifferenzen

Interaurale Zeitdifferenzen werden als die wichtigsten Merkmale der Ohrsignale für die Lokalisation angesehen. Sie betragen höchstens 0,63 ms. Der geringste noch wahrnehmbare Zeitunterschied von etwa 0,03 ms entsprechend einem Schallwegunterschied von 1 cm führt zu einer Lokalisationsschärfe von 3 ° bis 5 °. Für die interaurale Zeitdifferenz gilt bei parallelem Schalleinfall der folgende Zusammenhang *(Abb. 3/8)*, wenn man den Kreisbogen durch eine Gerade ersetzt:

$$\Delta t = \frac{\Delta s}{c} = \frac{d}{c} \cdot \sin\alpha$$

Δt = Laufzeitunterschied [s]
Δs = Wegunterschied [m]
d = Abstand der Ohren [m] = 0,17 m
c = Schallgeschwindigkeit [m/s]
α = Einfallwinkel [°]

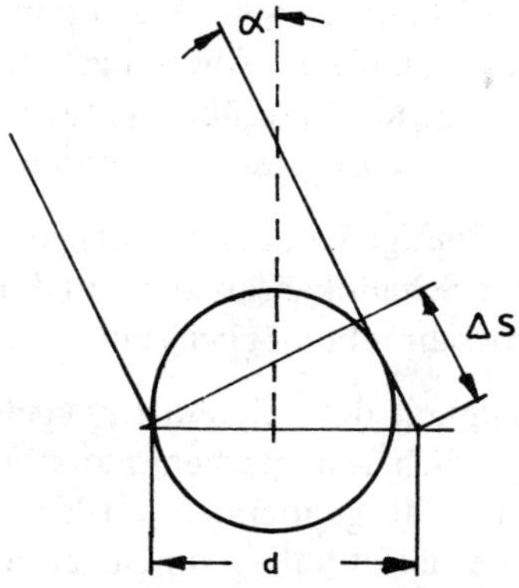

Abb. 3/8. Interaurale Zeitunterschiede.

Demnach gilt $\Delta t\,[ms] = 0{,}5 \cdot \sin \alpha$

Für die Feststellung der Zeitunterschiede kann sich das Gehör am Schwingungsverlauf und an der Einhüllenden der Schwingung orientieren. Für Frequenzen unterhalb von 800 Hz, höchstens aber 1600 Hz, kann das Gehör dem Schwingungsverlauf Zeitdifferenzen bzw. Phasendifferenzen entnehmen; deshalb können nur in diesem Frequenzbereich auch unmodulierte Sinusschwingungen zu einer Lokalisation führen. Der Vergleich der Hüllkurven der Signale kann Zeitdifferenzen für Schwingungen auch höherer Frequenzen erbringen. Übliche „natürliche" Schallereignisse wie Sprache und Musik sind breitbandige und impulshaltige Signale. Solche Signale werden viel leichter lokalisiert als Sinussignale; die Auswanderung aus der Mitte geht linear mit der interauralen Zeitdifferenz.

Interaurale Pegeldifferenzen

Gegenüber interauralen Zeitdifferenzen sind die interauralen Differenzen der mittleren Schalldruckpegel von geringerer Bedeutung für die Lokalisation von Schallquellen. Die Pegeldifferenzen werden verursacht durch Abschattungen, verursacht durch Kopf und Ohrmuscheln; die so entstehende Richtcharakteristik des Gehörs ist von der Impedanz des Trommelfells unabhängig. Das Ohr ist fähig, im gesamten hörbaren Frequenzbereich Pegeldifferenzen zu erkennen und als Richtungsinformation auszuwerten. Die Ohrsignale werden selektiv in einzelnen Frequenzgruppen verglichen. Unterhalb von etwa 300 Hz entstehen jedoch wegen der Beugungserscheinungen um den Kopf praktisch keine Pegeldifferenzen. Über 300 Hz nehmen sie mit der Frequenz zu. Damit kann keine feste Zuordnung zwischen Pegeldifferenz und Schallereignisrichtung bestehen, die für jede Signalart gültig ist; nur für spezifische Signale – wie Weißes Rauschen oder Sinustöne – können feste Wertezuordnungen angegeben werden. Vielmehr hängt diese Beziehung ganz von der spektralen Zusammensetzung des Signals ab. Es zeigt sich zudem, daß die Pegeldifferenz der

Schalle an den beiden Ohren nicht in einfacher Weise zunimmt, sondern – abhängig von der Frequenz – sehr unregelmäßig ist. Allerdings werden die Zusammenhänge für breitbandige Signale einfacher und übersichtlicher. Die Pegeldifferenzen müssen also für jedes Signal gesondert gemessen werden.

Aufgrund der teilweise mehrdeutigen Zusammenhänge zwischen Frequenz, Pegel und Einfallswinkel dürfte eine Schallokalisation allein durch Pegelunterschiede bei stationärem Schall nur sehr beschränkt möglich sein.

Wegen der Frequenzabhängigkeit des Schalldruckpegels ergeben sich bei breitbandigen Schallsignalen zusätzlich Klangfarbenunterschiede zwischen den Ohrsignalen, die zwar nur unbewußt wahrgenommen werden, aber sicher bei der Schallortung eine Rolle spielen. Hierbei ist jedoch im Gegensatz zur Schallortung durch Zeit- oder Pegelunterschiede ein gewisser Lernprozeß Voraussetzung, nämlich die Kenntnis der Klangfarbe bei frontalem Schalleinfall.

Zusammenwirken von interauralen Zeit- und Pegeldifferenzen

Bei der „natürlichen" Schallwahrnehmung wirken im allgemeinen interaurale Zeit- und Pegeldifferenzen zusammen. Für bestimmte Signale läßt sich deshalb angeben, welcher Zeitdifferenz welche Pegeldifferenz entspricht; je nach Signal wurden Werte zwischen 2 µs/dB und 200 µs/dB ermittelt. Es zeigt sich, daß dieser Wert zusätzlich vom Schalldruckpegel sowie von der Schalleinfallsrichtung abhängt. Die sehr komplexen Zusammenhänge von Zeit- und Pegeldifferenzen lassen erkennen, daß das Gehör über zwei weitgehend unabhängig voneinander arbeitende Lokalisationsmechanismen verfügt. Der erste Mechanismus wertet interaurale Zeitdifferenzen von Trägerschwingungen mit Frequenzen unter 1600 Hz aus; er bestimmt nur dann die Hörereignisrichtung, wenn Frequenzkomponenten über 1600 Hz fehlen. Der zweite Mechanismus wertet sowohl zeitliche Differenzen der Hüllkurven als auch Pegeldifferenzen aus; er bestimmt die Hörereignisrichtung, sobald Frequenzanteile über 1600 Hz wesentlicher Bestandteil des Signals sind, also ist er für die Lokalisation „natürlicher" Schallquellen wie Musik, Sprache und Geräusche dominierend.

Lokalisationsunschärfe

Die Lokalisationsunschärfe in Blickrichtung erreicht 2 ° bis 3 °, sie nimmt bei seitlichem Schalleinfall auf etwa 4,5 ° zu. Ein Richtungswechsel von links nach rechts wird nach etwa 150 ms, von vorn nach hinten nach etwa 250 ms wahrgenommen [3.21]. Impulshaltiger Schall – wie ihn die meisten Schallquellen abgeben – ist wesentlich leichter zu lokalisieren als stationärer Schall.

Treffen beim Hörer zwei gleiche Schallereignisse kurz nacheinander ein, was z. B. bei Wand- oder Deckenreflexionen in einem Raum zutrifft, so gilt für eine Verzögerung zwischen etwa 1 und 30 ms das „Gesetz der ersten Wellenfront", auch „Haas-Effekt" oder „Precedence-Effekt" (nach Wallach und Newman, 1949) genannt

[3.22]: Der zuerst eintreffende Schall bestimmt den Richtungseindruck, unabhängig davon, aus welcher Richtung der nachfolgende Schall kommt. Dabei darf der Pegel des nachfolgenden Schalls bei Laufzeitdifferenzen zwischen 5 und 30 ms z. B. für Sprache sogar bis 10 dB über dem des Primärschalls liegen, ohne daß dadurch das Gesetz der ersten Wellenfront seine Gültigkeit verliert.

Medianebene

Auch in der vertikalen Ebene, der Medianebene, ist eine Lokalisierung der Schallquelle möglich. Da die vertikale Ebene die Symmetrieebene des Kopfes ist, ergeben sich bei Schalleinfall aus dieser Ebene keine Unterschiede zwischen den Signalen an beiden Ohren. Hingegen entstehen Klangfarbenunterschiede bezogen auf die Klangfarbe des aus Blickrichtung eintreffenden Signals, die durch die Form und Beschaffenheit von Kopf und Ohren verursacht werden, beim Hören aber nicht bewußt wahrgenommen werden. Je nach Einfallsrichtung werden bestimmte Frequenzbänder, sog. „richtungsbestimmende Frequenzbänder" angehoben *(Abb. 3/9)*.

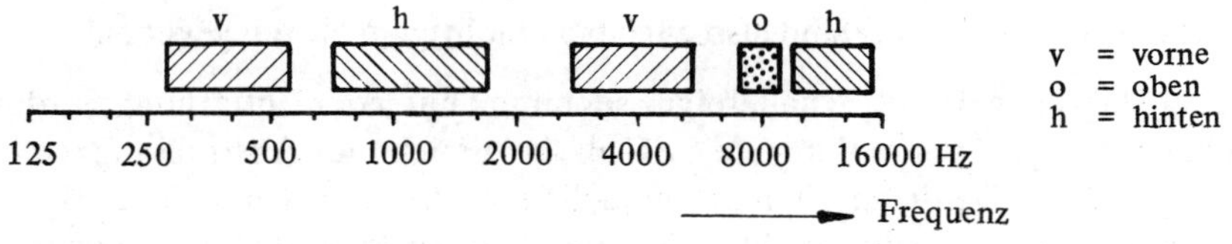

Abb. 3/9. Richtungsbestimmende Frequenzbänder bei der Richtungswahrnehmung in der Medianebene (nach [3.19]).

Anhebungen in diesen Frequenzgebieten führen also zu einer entsprechenden Lokalisierung der Hörereignisse. Es wird angenommen, daß jeweils eine spezifische Kombination von spektralen Gipfeln und Einbrüchen die Hörereignisrichtung bestimmt. Eine solche Lokalisierung in der Medianebene kann aber nur zu einer guten Übereinstimmung von Schallereignis- und Hörereignisort führen, wenn das Schallsignal breitbandig ist und wenn das Gehör über Erfahrungen verfügt, wie dieses Signal strukturiert ist; so ist die Lokalisierung in erheblichem Maße von der Art des Schallsignals abhängig, Lerneffekte spielen eine wichtige Rolle, schmalbandige Signale können in der Medianebene nicht lokalisiert werden.

Das Richtungshören in der Medianebene gewinnt besondere Bedeutung beim Übertragungsverfahren der Kunstkopfstereofonie.

Die Lokalisationsunschärfe ist wesentlich größer als in der horizontalen Ebene. Für einen unbekannten Sprecher liegt die Lokalisationsunschärfe des Erhebungswinkels bei etwa 17 °, für einen bekannten Sprecher bei etwa 9 ° in Vorwärtsrichtung. Mit zunehmender Erhebung der Schallquelle nimmt die Unschärfe auf etwa den dreifachen Betrag zu. Weißes Rauschen wird in Blickrichtung genauer, nämlich mit einer Unschärfe von nur ±4 ° lokalisiert [3.19].

3.4.2 Wahrnehmung der Entfernung

Die interauralen Signalunterschiede werden für die Richtungswahrnehmung in der horizontalen Ebene ausgewertet, die durch die Abschattungen und Beugungserscheinungen am Kopf und im Gehörgang entstehenden Klangfarbenänderungen geben dem Gehör die Möglichkeit, den Erhebungswinkel einer Schallquelle zu bestimmen. Für die Wahrnehmung der Entfernung einer Schallquelle bleiben somit keine einfachen Signalmerkmale für das Gehör auswertbar, vielmehr gibt es mehrere Merkmale des Schallsignals, die in komplexer Weise auf die Entfernungswahrnehmung einwirken. Grundsätzlich sind hierbei die Erfahrung des Gehörs, die Übung und damit die Bekanntheit einer Schallquelle von sehr großer Bedeutung. Die Entfernungswahrnehmung ist nicht in demselben Umfang erforscht wie die Richtungswahrnehmung [3.19], [3.23]. Im wesentlichen tragen die Lautstärke des Hörereignisses und Veränderungen des Spektrums auf dem Weg zum Ohr zur Bildung der Hörereignisentfernung bei. Die wichtigsten Merkmale des Hörereignisses für die Entfernungswahrnehmung sind also auch bei einohrigem Hören gegeben.

Der Lautstärkepegel eines Schallereignisses nimmt mit jeder Entfernungsverdoppelung bei allseitiger Abstrahlung um 6 dB ab, bei gerichteter Abstrahlung um einen geringeren Wert. Da die meisten Schallquellen wie Musikinstrumente z. B. tiefere Frequenzkomponenten ungerichtet, höhere Frequenzkomponenten aber mit der Frequenz zunehmend gerichtet abstrahlen, ergibt sich im allgemeinen mit der Pegelverminderung bei wachsender Entfernung von der Schallquelle auch eine Klangfarbenänderung, da der Anteil tiefer Frequenzkomponenten relativ geringer wird; diese Klangfarbenänderung wird noch dadurch verstärkt, daß das Gehör für tiefe Frequenzen um so unempfindlicher wird, je geringer der Schallpegel ist (Kurven gleicher Lautstärkepegel, *Abb. 3/4*). Eine Entfernungswahrnehmung aufgrund von Lautstärkepegeln setzt grundsätzlich voraus, daß das Gehör die Lautstärke der Schallquelle in einer bestimmten Entfernung kennt. Der hierfür notwendige Lernprozeß kann auf längerer allgemeiner Hörerfahrung oder auf einem aktuellen Lernprozeß beruhen. Voraussetzung für die Entfernungswahrnehmung aufgrund der Lautstärke ist ferner eine gewisse Konstanz der Schalleistung. Die Lautstärke spielt vor allem bei einer Schallquellenentfernung bis etwa 15 m eine Rolle. Verschiedene Versuche zeigen, daß die Entfernungswahrnehmung bei Entfernungen über 3 m einen typischen Fehler zeigt: Das Hörereignis ist näher als das Schallereignis, das Gehör schätzt die Schallquellenentfernung zu gering ein *(Abb. 3/10)*.

Der Fehler steigt mit der Schallquellenentfernung an und kann erheblich sein; ein 10 m entferntes Schallereignis scheint nur etwa 5 m vom Hörer erzeugt zu sein. Hörereignisentfernungen über 10 bis 15 m scheinen ausgeschlossen; der Hörereignisraum ist also begrenzt, der „akustische Horizont“ liegt bei rund 15 m. Interessant ist, daß Flüstern stets deutlich näher und Schreien deutlich ferner lokalisiert wird als Umgangssprache. Dies zeigt den großen Einfluß von Erfahrung und Erwartung.

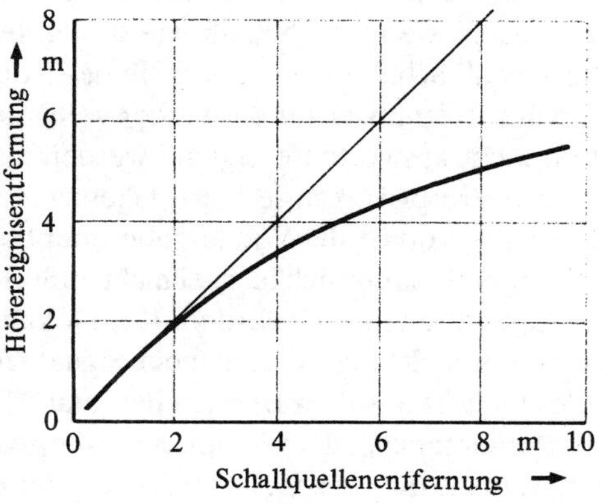

Abb. 3/10. Zuordnung von Schallereignis- und Hörereignisentfernung bei einem Sprecher als Schallquelle (nach Békésy, 1949).

Über das Entfernungshören bei Entfernungen über 10 bis 15 m liegen kaum Untersuchungen vor; neben dem Lautstärkepegel ist hier offensichtlich eine Klangfarbenänderung maßgeblich, die durch die Absorption hoher Frequenzkomponenten in der Luft entsteht. Auch bei Entfernungen unter 25 cm sind zusätzlich Merkmale der Klangfarbenveränderung – nun verursacht durch Beugungs- und Abschattungserscheinungen am Kopf – für das Entfernungshören von Einfluß.

In geschlossenen Räumen ist eine Abschätzung der Hörereignisentfernung aufgrund des Verhältnisses von direktem zu diffusem Schall (Nachhall) möglich, da der diffuse Schall unabhängig von der Schallquellenentfernung konstant bleibt, während der direkte Schall mit zunehmender Entfernung geringer wird. Da aber auch das Raumvolumen und die Nachhallzeit auf das Verhältnis von direktem zu diffusem Schall Einfluß nehmen, ist auch hier eine Vorkenntnis der raumakustischen Verhältnisse, eine gewisse Hörerfahrung also, erforderlich.

Im-Kopf-Lokalisation

Bei der normalen Lokalisation werden Schallereignisse als Hörereignisse außerhalb des Kopfes lokalisiert. Unter bestimmten Bedingungen können aber Hörereignisse auch im Kopf des Hörenden lokalisiert werden. Solche Bedingungen herrschen bevorzugt bei Kopfhörerwiedergabe, weshalb sie zunächst auf diese spezielle Wiedergabeart zurückgeführt wurden. Im-Kopf-Lokalisation kann aber z. B. auch bei der Abstrahlung eines Signals über eine Lautsprecheranordnung für Stereowiedergabe auftreten, wenn ein Lautsprecher verpolt wird.

Die neueren Forschungen über das Hören, insbesondere aber über das Richtungshören haben gezeigt, daß das Gehör nicht nur die momentan eintreffenden Signale auswertet, sondern diese als Reizmuster mit erfahrenen und gespeicherten Reizmustern vergleicht [3.23], [3.24]. Dies zeigt u. a. die wesentlich schärfere Lokalisation von Sprechern in der Medianebene, wenn deren Stimme bekannt ist. Im-Kopf-Lokalisierung entsteht nun dann, wenn die Schallreize so geartet sind, daß sie nicht einer möglichen „natürlichen“ Schallquelle außerhalb des Kopfes zugeordnet werden können, oder wenn das Reizmuster für das Gehör völlig neuartig ist. Vom Gehör für die Lokalisation nicht auswertbare Signale werden also für die Wahrnehmung deutlich durch die Im-Kopf-Lokalisiertheit gekennzeichnet. Das wichtigste Beispiel für Im-Kopf-Lokalisation ist die Wiedergabe raumbezogener Stereofonie über Kopfhörer. Das Klangbild spannt sich hierbei nicht außerhalb des Kopfes, sondern im Kopf zwischen den Ohren auf. Es wird im Kopf lokalisiert, weil für die jeweilige Einfallsrichtung typische Klangfärbungen der Signale fehlen, eine Tatsache die den Erfahrungen des Gehörs aus dem Bereich des „natürlichen“ Hörens fehlt. Werden diese Klangfarbenunterschiede wie im Kunstkopfverfahren mit einem künstlichen Kopf erzeugt, lokalisiert das Gehör trotz Kopfhörerwiedergabe außerhalb des Kopfes.

3.5 Räumliches Hören bei elektroakustischer Wiedergabe

3.5.1 Lautsprecherwiedergabe

Bei der Wiedergabe einer Monoaufnahme über einen einzelnen Lautsprecher liegen akustische Verhältnisse vor, die denjenigen beim Hören „natürlicher“ Schallquellen weitgehend ähnlich sind. Besonderen Bedingungen unterliegt hierbei die Wahrnehmung der Entfernung, weil im Gegensatz zu „natürlichen“ Schallquellen jetzt die Lautstärke keine gegebene Größe ist.

Bei der üblichen Stereoanordnung zweier Lautsprecher – sie bilden mit dem Hörer ein gleichseitiges oder nahezu gleichseitiges Dreieck *(Abb. 3/11)* – ergeben sich ganz andere Verhältnisse als beim „natürlichen“ Hören. Sie sind wesentlich komplizierter und werfen eine Reihe von Fragen auf. Zunächst werden deshalb die Hörphänomene beschrieben, die mit der Bildung der für Stereowiedergabe essentiellen Phantomschallquellen zusammenhängen. Danach sollen einige Überlegungen zu den Ursachen dieser Phänomene angestellt werden (siehe 3.5.3).

Stellt man – wie in *Abb. 3/11* dargestellt – zwei Lautsprecher L_1 und L_2, die gleichzeitig exakt dasselbe Signal abstrahlen, in einem bestimmten Abstand b (Basisbreite) zueinander auf, so ortet ein Hörer nicht zwei getrennte Schallquellen bei L_1 und L_2, sondern nur eine einzige fiktive Schallquelle, eine sog. Phantomschallquelle in der Mitte der Basis. Erzeugt und verändert man innerhalb bestimmter Grenzen kontinuierlich die Pegel- oder/und Laufzeitdifferenzen der Signale, so wandert die fiktive Schallquelle S entlang der Lautsprecherbasis bis sie schließlich in einem der beiden Lautsprecher stehenbleibt. Dieser Effekt ist grundlegend für die raumbezogene stereofone Schallwiedergabe, er macht die Illusion einer räumlichen Schallwiedergabe erst möglich.

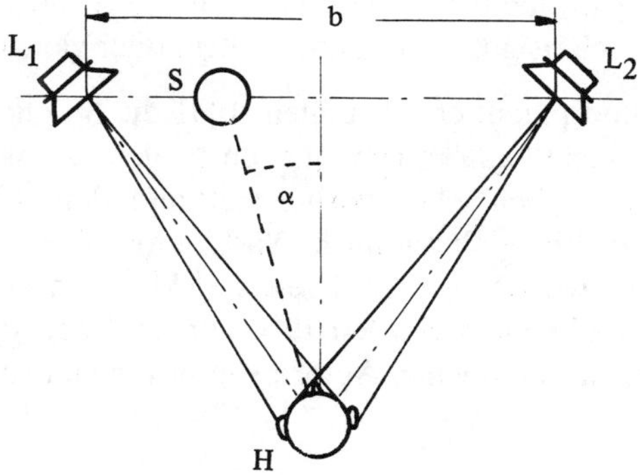

Abb. 3/11. Lautsprecheranordnung für Stereowiedergabe.

Während bei der Ortung einer realen Schallquelle der Richtungseindruck aus einem einzigen Schallsignal gewonnen wird, überlagern sich bei der stereofonen Lautsprecherwiedergabe zwei Schallsignale. Hierbei erhält jedes Ohr von jedem der beiden Lautsprecher einen bestimmten Schallanteil, woraus der Richtungseindruck einer fiktiven Schallquelle entsteht. *Abb. 3/12* zeigt für einige spezielle Fälle die Signalkonfigurationen an den Ohren. Daraus wird ersichtlich, daß pro Ohr zwei Signale sich zu einer Wahrnehmung überlagern. Voraussetzungen für die einwandfreie Ortbarkeit sind, daß die Lautsprecher von derselben Schallquelle stammende Signale ohne Phasenumkehrung abstrahlen, daß die Pegel- und/oder Laufzeitdifferenzen innerhalb bestimmter Grenzen bleiben und daß sich der Hörer in einer bestimmten geometrischen Anordnung zu den Lautsprechern befindet, nämlich innerhalb der Stereohörfläche *(siehe Abb. 3/13)*.

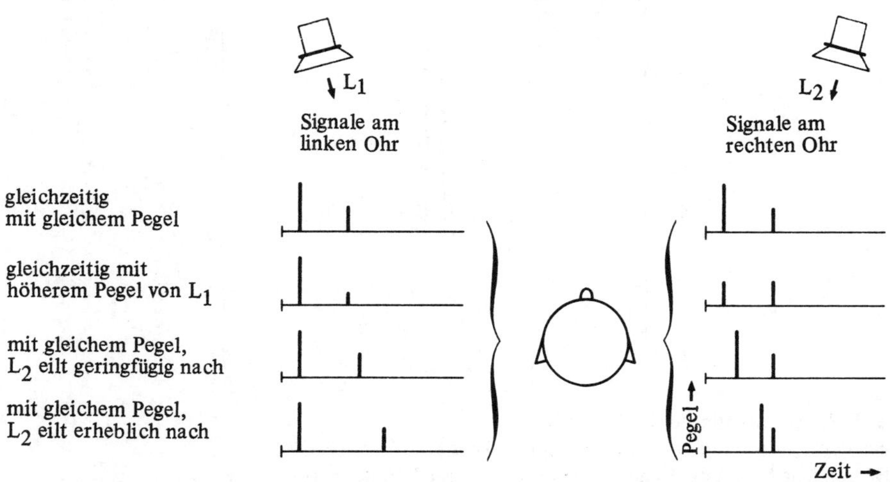

Abb. 3/12. Signalkonfigurationen an den Ohren bei Stereowiedergabe nach *Abb. 3/11.*

Je nach angewandtem Aufnahmeverfahren treten Pegel- und Laufzeitunterschiede zwischen den Lautsprechersignalen L_1 und L_2 allein oder gleichzeitig auf.

Als erster erkannte und patentierte Blumlein 1931 die Möglichkeiten, stereofone Klangbilder aufgrund von Phantomschallquellen zu übertragen. Versuche zur kopfbezogenen Stereofonie haben schon vorher stattgefunden. 1933 wurde dann ein Konzert stereofon von Philadelphia nach Washington übertragen und über zwei Lautsprecher stereofon wiedergegeben. Die ersten klassischen Versuche zur Abbildung von Phantomschallquellen wurden 1940 von de Boer durchgeführt; danach wurden die Versuche von zahlreichen Autoren unter verschiedenen Versuchsbedingungen fortgeführt.

Stereohörfläche

Beim Zustandekommen der Phantomschallquellen ist Voraussetzung, daß sich der Hörer auf der Mittelachse zwischen den beiden Lautsprechern befindet. Jede Abweichung von der Mittelachse bringt zusätzliche Pegel- und Laufzeitdifferenzen am Hörort und damit ein Auswandern der fiktiven Schallquelle in die Richtung des näheren Lautsprechers. Läßt man ein bestimmtes, noch tragbares Maß der Fehllokalisierung, also Verschiebung der Phantomschallquelle zu, so ist die Fläche ausreichender Lokalisationsgenauigkeit, die sog. Stereohörfläche, ein schmaler Bereich zwischen den Lautsprechern, der von zwei Hyperbelästen begrenzt wird *(Abb. 3/13).*

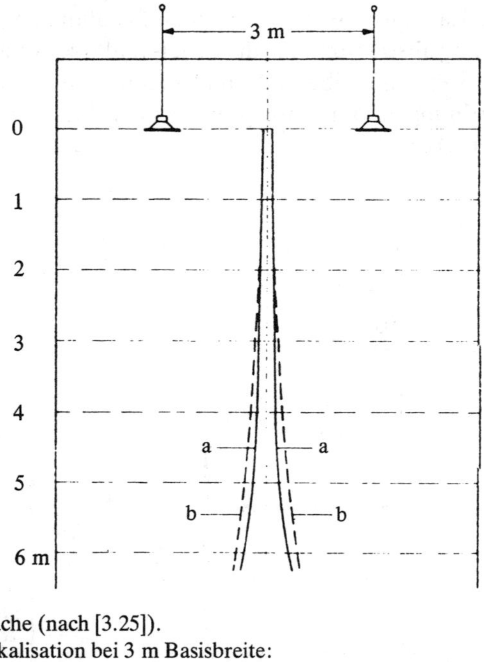

Abb. 3/13. Stereohörfläche (nach [3.25]).
Zonen der richtigen Lokalisation bei 3 m Basisbreite:
a. Begrenzung bei Lautsprechern mit normaler Richtcharakteristik
b. mit breiter Richtcharakteristik.

Die Stereohörfläche ist sehr schmal. Bei einer tolerierten Verschiebung der Mittenschallquelle um ± 50 cm bei einer Basisbreite von 3 m ist die Hörfläche in 3 m Hörabstand bei Lautsprechern mit normaler Richtcharakteristik nur etwa 21 cm breit, in 5 m Hörabstand nur etwa 38 cm (Nachhallzeit ungefähr 0,5 s). Bei größerer Basisbreite ist die Hörfläche sogar noch schmaler. Lautsprecher mit einem großen Abstrahlwinkel (Kugellautsprecher, Kalottenlautsprecher) verbreitern die Stereohörfläche etwa um den Faktor 1,5; sie haben jedoch den Nachteil geringerer Lokalisationsschärfe. [3.25], [3.26]

Phantomschallquellen bei Pegeldifferenzen

Strahlen bei einer Wiedergabeanordnung gemäß *Abb. 3/11* die beiden Lautsprecher dasselbe Signal phasengleich ab, so wird bei gleichem Pegel von L_1 und L_2 eine fiktive Schallquelle S genau in der Mitte der Basis geortet. Bei Pegeldifferenzen wandert die fiktive Schallquelle auf der Basis seitlich aus, um bei einer Pegeldifferenz von etwa 15 bis 25 dB ganz an dem Ort des Lautsprechers mit dem höheren Pegel stehenzubleiben. Bereits bei nur 12 bis 15 dB Pegeldifferenz befindet sich die fiktive Schallquelle aber so nahe an diesem Lautsprecher, daß in der Praxis eine Pegeldifferenz von etwa 15 dB schon zur Ortung „ganz seitlich" führt. Den experimentell ermittelten Zusammenhang zwischen dem Abbildungswinkel α und der Pegeldifferenz ΔL zeigt *Abb. 3/14;* er kann auch rechnerisch bestätigt werden [3.27]. Die Abbildungsrichtung der Phantomschallquellen, die durch Pegeldifferenzen bedingt sind, sind in relativ geringem Maße von der akustischen Gestalt des Signals abhängig. Die Auswanderung ist bis ± 20 ° etwa linear und liegt – je nach Signal – bei 2,1 bis 2,5 °/dB.

Die Pegeldifferenzen, die zu einer bestimmten Abbildungsrichtung der Phantomschallquelle führen, sind nicht identisch mit den Pegeldifferenzen zwischen den beiden Ohren beim „natürlichen" Hören, wenn sich die reale Schallquelle am Ort der Phantomschallquelle befinden würde. Beim Hören „natürlicher" Schallquellen sind die Pegeldifferenzen außerdem stets frequenzabhängig, bei Stereowiedergabe im allgemeinen aber relativ unabhängig von der Frequenz bzw. von der spektralen Zusammensetzung des Signals.

Phantomschallquellen bei Zeitdifferenzen

Bei der Stereowiedergabe nach *Abb. 3/13* führen auch Laufzeitunterschiede von 0 bis etwa 1,5 ms zwischen identischen Lautsprechersignalen zu Phantomschallquellen auf der Stereobasis.

Bei Laufzeitunterschieden zwischen 3 und 30 ms wird das sog. „Gesetz der ersten Wellenfront" wirksam, auch als „Haas-Effekt" bekannt, wonach bei breitbandigen Signalen nur derjenige Lautsprecher als Ort der Schallquelle gehört wird, der das Schallsignal zuerst abstrahlt, auch wenn der andere Lautsprecher einen bis um 10 dB höheren Pegel besitzt. Bei Laufzeitunterschieden von mehr als 30 bis 90 ms – je nach Struktur des Schallsignals – werden schließlich zwei richtungsmäßig und zeitlich ge-

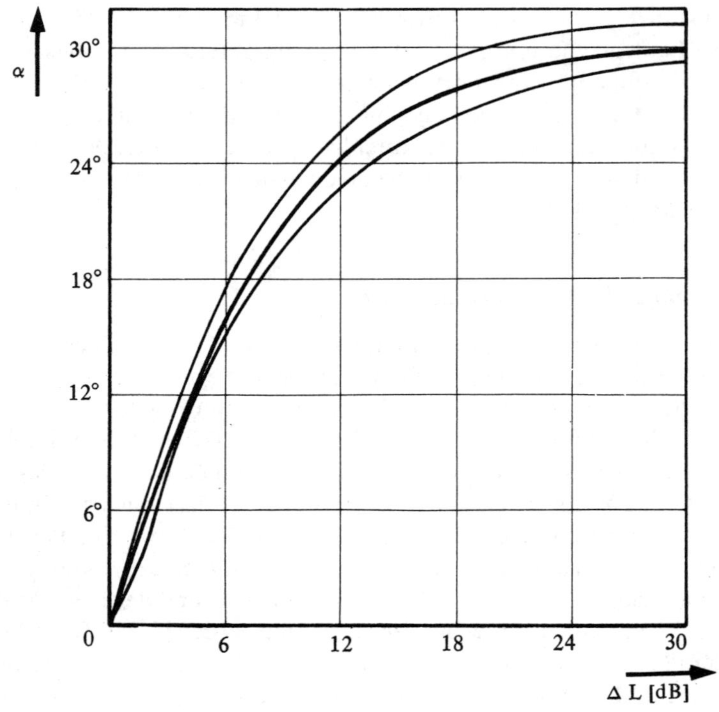

Abb. 3/14. Subjektiv ermittelte Abhängigkeit des Lokalisationswinkels α von der Pegeldifferenz ΔL zwischen den Schallpegeln der Lautsprecher von knackfrei geschalteten Sinustönen (nach Mittelwerten aus [3.27]). Der angegebene Streubereich gilt für Frequenzen von 330 bis 7800 Hz. Die Kurven wurden bei einer Basisbreite der Lautsprecher von 3 m und einem Basisöffnungswinkel von 60 ° (vom Hörer aus gesehen) aufgenommen (nach [3.28]).

trennte Signale gehört [3.22]. Der Übergang zwischen diesen Zeitbereichen der Laufzeitdifferenzen ist gleitend und von der Art des Signals abhängig. Dadurch gibt es einen Laufzeitbereich, in dem die fiktive Schallquelle über die ganze Basis ausgedehnt erscheint *(Abb. 3/15)*.

Anders als bei den Phantomschallquellen, die durch Pegelunterschiede gebildet werden, hat die akustische Zusammensetzung bei Laufzeitdifferenzen ganz erheblichen Einfluß auf die Abbildungsrichtung, was zu der größeren Unsicherheit der Richtungswahrnehmung bei Laufzeitstereofonie führt. Dies muß jedoch nicht unbedingt nachteilig sein; bei akustisch guten Räumen und relativ homogenen Klangkörpern kann die Laufzeitstereofonie oft ein befriedigenderes Klangbild liefern als die Intensitätsstereofonie.

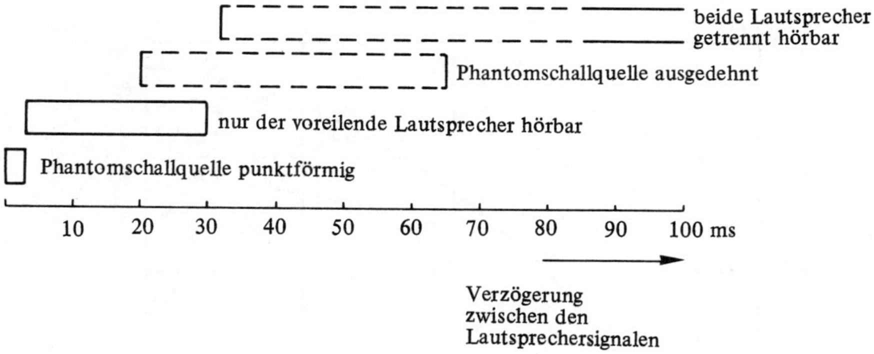

Abb. 3/15. Wirkung der Zeitverzögerung zwischen identischen Signalen bei Stereowiedergabe.

Bei Sprache genügen schon verhältnismäßig geringe Laufzeitunterschiede zwischen den Lautsprechersignalen, bei tiefen Dauertönen sind vergleichsweise große Laufzeitunterschiede zur Auslenkung notwendig. Dauertöne im mittleren Frequenzbereich werden insofern nicht eindeutig abgebildet, weil einer Abbildungsrichtung zwei oder mehr unterschiedliche Laufzeitdifferenzen zuzuordnen sind. In der Literatur sind eine große Zahl, teils ganz erheblich voneinander abweichende Kurven für den Zusammenhang von Laufzeitdifferenz und Abbildungsrichtung für unterschiedliche Schallsignale angegeben [3.19], [3.28], [3.30], [3.31). *Abb. 3/16* zeigt zwei dieser Kurven.

Phantomschallquellen beim Zusammenwirken von Pegel- und Zeitdifferenzen

Bei reiner Intensitätsstereofonie treten nur Pegelunterschiede zwischen den Lautsprechersignalen auf, bei reiner Laufzeitstereofonie nur Laufzeitdifferenzen. Es gibt aber auch eine Reihe von Aufnahmeverfahren, bei denen Pegel- und Laufzeitdifferenzen gleichzeitig und gleichsinnig auftreten. Zu diesen Verfahren gehört das Verfahren mit der OSS-Scheibe, auch alle Verfahren mit unterschiedlich ausgerichteten Richtmikrofonen, die mit einer Mikrofonbasis entsprechend der Laufzeitstereoaufnahmetechnik arbeiten, aber auch das neue Kunstkopfverfahren bei Lautsprecherwiedergabe. Bei diesen „gemischten" Aufnahmeverfahren wirken Pegel- und Laufzeitdifferenzen zusammen. Die seitliche Auslenkung der Phantomschallquelle ist bei solchen Bedingungen größer als sie es aufgrund von Pegel- oder Laufzeitdifferenz allein wäre. Wirken Pegel- und Laufzeitdifferenzen gegensinnig zusammen, so wird die seitliche Auslenkung geringer; auf diese Weise ist es möglich, eine durch Laufzeit bedingte Auslenkung der Phantomschallquelle durch entgegengerichtete Pegeldifferenzen aufzuheben.

Der für die Aufnahmepraxis wichtige Fall des gleichsinnigen Zusammenwirkens von Pegel- und Laufzeitdifferenzen und die dadurch verursachte größere Auslenkung der Phantomschaltquelle sind noch nicht genauer untersucht worden.

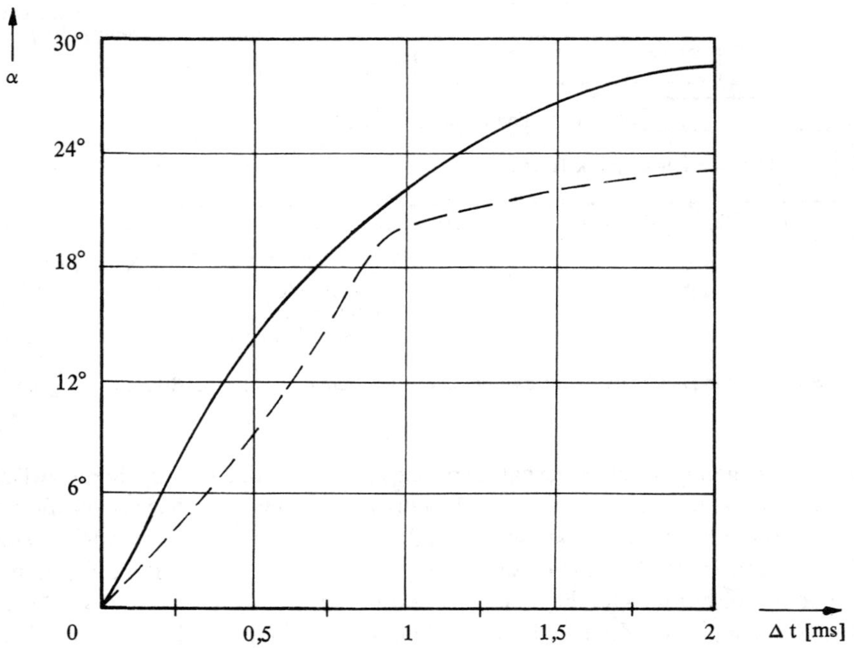

Abb. 3/16. Subjektiv ermittelte Abhängigkeit des Lokalisationswinkels α von der Laufzeitdifferenz Δt zwischen den Lautsprechersignalen.
Durchgezogene Kurve: Mittelwert aus verschiedenen Messungen [3.32], gestrichelte Kurve: Knacke bei fixiertem Kopf [3.30].

3.5.2 Kopfhörerwiedergabe

Obwohl Lautsprecherwiedergabe im Tonstudiobereich die übliche Wiedergabeform ist, bietet Kopfhörerwiedergabe Vorteile, die in bestimmten Situationen eine echte Alternative zur Lautsprecherwiedergabe darstellen können. Die seit den frühen Siebziger Jahren eingeführte Kunstkopfstereofonie ist prinzipiell nur mit Kopfhörern wiederzugeben, wenn die speziellen Vorteile dieser Übertragungstechnik zur Geltung kommen sollen.

Kopfhörer können bei wesentlich geringerem Aufwand zumindest dieselbe Bandbreite, Freiheit von nichtlinearen und linearen Verzerrungen und am Ohr denselben maximalen Schalldruck erreichen wie Lautsprecher. Besonders vorteilhaft bei Kopfhörerwiedergabe ist, daß die Akustik des Wiedergaberaums ohne Einfluß auf die Wiedergabe ist, daß mangelnde Schalldämmung und in einem gewissen Rahmen Umweltgeräusche nicht störend sind; eine Abhörlautstärke, die der Originallautstärke entspricht, ist immer möglich. Damit eignet sich Kopfhörerwiedergabe grundsätzlich bei schlechten Lautsprecherwiedergabe-Bedingungen. Es hat sich gezeigt, daß bestimmte Störgeräusche mit Kopfhörern sogar besser erkannt werden können. So wird z. B. das Rauschen deutlicher wahrgenommen; um völlig rauschfrei zu sein, muß eine Aufnahme bei Kopfhörerdarbietung 10 dB mehr Geräuschpegelabstand haben als eine gleich laut wiedergegebene Lautsprecherdarbietung. Auch Knackstörungen, die z. B. durch Bitfehler bei digitalen Tonsignalen auftreten können, sind über Kopfhörer deutlicher hörbar. Schließlich können mit Kopfhörern an verschiedenen Orten und auch für größere Hörerzahlen absolut gleiche und im Rahmen der Kopfhörerwiedergabe optimale Abhörbedingungen geschaffen werden. Weiterhin sind gewisse Gehöruntersuchungen nur mit Kopfhörern möglich.

Nachteilig ist bei Kopfhörerwiedergabe – soweit es sich nicht um kopfbezogene Stereofonie handelt – die Lokalisiertheit des Hörereignisses im Kopf, also die sog. Im-Kopf-Lokalisation (siehe 3.4.2). Dazu kommen eine gewisse Lästigkeit des Tragens des Kopfbügels und das Mitwandern des Klangbilds bei Kopfdrehungen, also die Kopfbezogenheit des Klangbilds.

Ein grundsätzlicher Unterschied zur Lautsprecherdarbietung ist, daß jedem Ohr ganz definiert ein elektroakustischer Wandler zugeordnet ist, der nur in vernachlässigbarem Maße auf das jeweils andere Ohr einwirkt. Gegebenheiten, die bei der Lautsprecherwiedergabe nicht realisierbar sind.

Man unterscheidet drei Arten der Kopfhörerdarbietung: nur ein Ohrhörer, zwei Ohrhörer mit gleichen und zwei Ohrhörer mit verschiedenen Signalen *(Tab. 3/1)*.

Darbietungsart	Erläuterung
monotisch	nur ein Ohrhörer erhält ein Signal
diotisch	beide Ohrhörer erhalten dasselbe Signal
dichotisch	die beiden Ohrhörer erhalten unterschiedliche Signale

Tab. 3/1. Arten der Kopfhörerdarbietung von Tonsignalen.

Wird eine Stereoaufnahme über Kopfhörer abgehört, so entsprechen den Phantomschallquellen auf der Lautsprecherbasis Phantomschallquellen im Kopf auf einer Verbindungslinie zwischen den Ohren. Die Lokalisation eines Hörereignisses auf dieser Linie wird als Lateralisation bezeichnet. Diese Linie ist nach oben gebogen, so daß Mittenschallquellen erhöht bis zur Schädeldecke erscheinen. Der Hörort auf der Lateralisationslinie läßt sich nicht fest einer bestimmten Hörereignisrichtung zuordnen. Wie bei den Phantomschallquellen bei Lautsprecherwiedergabe führen Pegel- und/oder Laufzeitdifferenzen zur Auswanderung des Hörorts.

Während bei Lautsprecherwiedergabe der Hörereignisort bereits bei rund 15 bis 20 dB Pegeldifferenz zwischen den Lautsprechersignalen ganz zur Seite des Hörpanoramas auswandert, wird bei Kopfhörerwiedergabe eine wesentlich größere Pegeldifferenz für eine Abbildung ganz seitlich benötigt. Damit wird eine intensitätsstereofone Aufnahme im allgemeinen nicht auf der ganzen Lateralisationsgeraden abgebildet. Bei einohriger (monotischer) Darbietung wird das Hörereignis im Gehörgang lokalisiert, was im allgemeinen als unangenehm empfunden wird.

Entzerrung der Kopfhörer

Das Übertragungsmaß von Lautsprechern soll im Übertragungsbereich grundsätzlich unabhängig von der Frequenz des übertragenen Signals sein bzw. innerhalb vorgegebener Toleranzen bleiben. Für Kopfhörer kann diese Forderung in dieser Form nicht gelten. Während nämlich das Lautsprechersignal wie jedes „natürliche" Schallsignal durch den Kopf und das Ohr aufgrund von Abschattungen und Schallbeugungen bis zum Auftreffen am Ohrkanaleingang in spezifischer Weise linear verzerrt wird, können diese Frequenzgangveränderungen aufgrund der Anordnung der Kopfhörer direkt vor dem Gehörgang nicht wirksam werden. Ein linearer Kopfhörerfrequenzgang muß also zwangsläufig zu Klangfärbungen gegenüber einer Lautsprecherwiedergabe führen. Der am Ohrkanal meßbare Frequenzgang hängt nun im freien Schallfeld, d.h. bei reinem Direktschall, in erheblicher Weise von der Richtung der Schallquelle bezogen auf den Kopf ab. Damit erhebt sich die Frage, in welcher Weise, d.h. in Nachahmung welcher Schalleinfallsrichtung der Kopfhörer im Frequenzgang zu entzerren ist. *Abb. 3/17* zeigt die Frequenzgänge von einfallendem Schall mit ebenem Frequenzgang (Weißes Rauschen) am Ohr in Abhängigkeit von der Einfallsrichtung, außerdem den Frequenzgang von Diffusschall.

Damit hat Kopfhörerwiedergabe einen grundsätzlichen Mangel, wenn es sich nicht um Kunstkopfstereofonie handelt: sie kann nur für eine Einfallsrichtung des Direktschalls klangfärbungsfrei sein oder klangfärbungsfrei nur für Diffusschall und dabei jeden Direktschall in der Klangfarbe verändern.

Die bisherige Normung (DIN 45500, DIN 45619, IEC 268-3, Part 7, IEC 581, Part 10) legt eine Freifeldentzerrung, d.h. eine Entzerrung für Direktschalleinfall von vorne fest. Alle anderen Einfallsrichtungen sowie Diffusschall werden dabei also klanglich gefärbt. *Abb. 3/18* zeigt als praktische Beispiele die Frequenzgänge zweier weit verbreiteter Kopfhörer mit ihrer Freifeldentzerrung.

In der Praxis weichen die Kopfhörerfrequenzgänge zum Teil ganz erheblich und über die an sich schon recht großen Toleranzen der Normen (DIN 45500) von etwa + 2 dB/− 5 dB hinaus von der Freifeldfrequenzkurve ab, da bei der Entwicklung durchaus subjektive Klangbeurteilungen eingehen. Hinzu kommt eine erhebliche Problematik der genormten Frequenzgangmessung, die durch Lautstärkevergleich mit einem Lautsprecher gewonnen wird; Sondenmessungen im Ohrkanal würden hierbei größere Genauigkeit bieten [3.33].

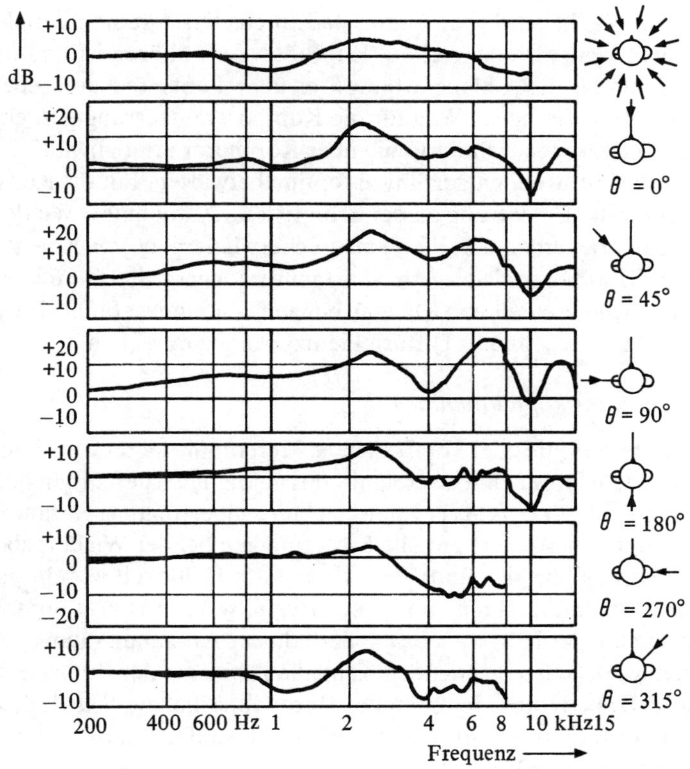

Abb. 3/17. Schalldruckverlauf am Eingang des linken Ohrkanals für freien Schalleinfall aus verschiedenen Richtungen und für Diffusschall.

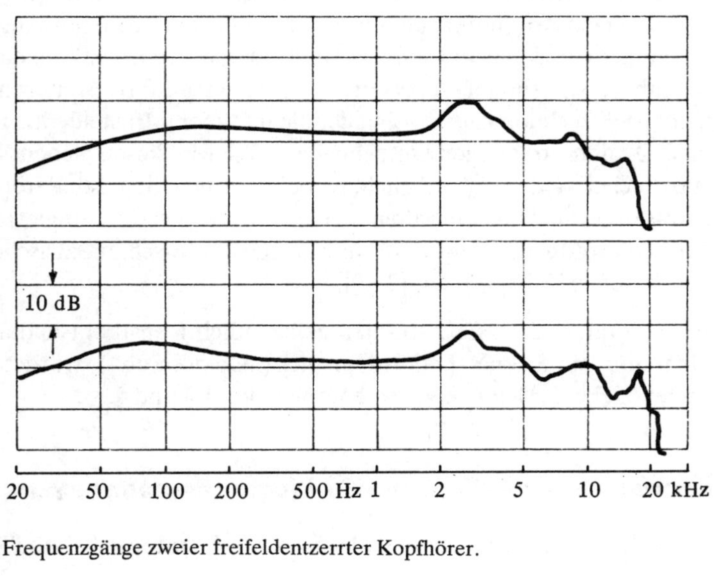

Abb. 3/18. Frequenzgänge zweier freifeldentzerrter Kopfhörer.

Wegen der grundsätzlichen Problematik, daß Intensitätsstereofonie und Laufzeitstereofonie nicht klangfärbungsfrei mit Kopfhörern abzuhören ist und umgekehrt Kunstkopfstereofonie nicht klangfärbungsfrei über Lautsprecher wiedergegeben werden kann, wurde ein neuer Weg für die Kopfhörerentzerrung gesucht, der die Wiedergabe raumbezogener Stereofonie über Kopfhörer ermöglicht [3.33], [3.34]. Dafür hat sich die Diffusfeldentzerrung als optimal erwiesen. Für die Kunstkopfstereofonie kann für die Entzerrung an der Schnittstelle Aufnahme – Wiedergabe ohnehin frei vereinbart werden. Für die Lautsprecherwiedergabe von Kunstkopfsignalen und für die Kopfhörerwiedergabe von raumbezogener Stereofonie ergibt sich damit größtmögliche Freiheit von Klangfärbungen. Zumindest für hochwertige Studiokopfhörer ist für die Zukunft Diffusfeldentzerrung vorgesehen.

Wiedergabe von Kunstkopfaufnahmen

Die Kunstkopfstereofonie oder kopfbezogene Stereofonie bietet von allen Übertragungsverfahren dem Hörer ein Hörereignis, das demjenigen der Originaldarbietung am besten entspricht. Anders als bei anderen Stereoübertragungsverfahren können alle Richtungen und besonders gut alle Entfernungen bei der Wiedergabe abgebildet werden. Das Erlebnis der Räumlichkeit und der Halligkeit ist sehr gut; es gibt dem Hörer das Gefühl, im Aufnahmeraum zu sein, während bei stereofoner Lautsprecherwiedergabe der Hörer – selbst außerhalb des Aufnahmeraums – sozusagen in diesen hineinhört. Derzeit sind noch nicht alle Probleme der Kunstkopfstereofonie so gelöst, daß alle Hörer ein optimales Hörerlebnis haben; Schwierigkeiten bereitet noch die Ortung frontaler Schallquellen, die vielfach hinter oder über dem Kopf lokalisiert werden. [3.35], [3.36]

Für die Aufnahme wird ein dem menschlichen Kopf nachgebildeter Kunstkopf verwendet, dessen Trommelfelle durch Mikrofone ersetzt sind. Die Signale werden bei der Wiedergabe einem Kopfhörer zugeführt und damit vor den Gehörgängen reproduziert. Der zunächst in den Rundfunkanstalten verwendete Kunstkopf hat freifeldentzerrte Kopfhörersignale geliefert; der seit 1981 eingeführte weiterentwickelte Kunstkopf liefert diffusfeldentzerrte Signale, die nur über diffusfeldentzerrte Kopfhörer optimale Tonübertragungen ermöglichen [3.37]. Mit diesem neuen Kunstkopf ist eine Lautsprecherwiedergabe möglich, wobei natürlich die besonderen Vorzüge der Kunstkopfstereofonie nicht erhalten bleiben. Der Kunstkopf fungiert in diesem Falle als Stereomikrofon, das Intensitäts- und Laufzeitunterschiede zwischen den Signalen L und R liefert [3.38], [3.39], [3.40].

Die Rundfunkanstalten der ARD strahlen gelegentlich Kunstkopfsendungen aus. Die erste Sendung, ein Science-fiction-Hörspiel („Demolition"), wurde 1973 vom RIAS gesendet (siehe zur Kunstkopfstereofonie auch 4.4 und 5.5).

3.5.3 Theorien zur Lokalisation von Phantomschallquellen

Zur Erklärung der Phänomene der Lokalisation von Phantomschallquellen wurde bisher im allgemeinen die sog. Summenlokalisationstheorie herangezogen. Sie kann einige Phänomene der Wahrnehmung zufriedenstellend erklären, andere Phänomene sind im Rahmen dieser Theorie nicht schlüssig zu interpretieren. Dabei bleibt eine Reihe von Fragen völlig offen; insbesondere ist ein grundsätzlicher Mangel der Summenlokalisationstheorie, daß sie nur Gültigkeit bei Lautsprecherwiedergabe besitzt, daß sie aber für andere Phänomene der Richtungs- und Entfernungswahrnehmung keine Aussagen machen kann.

1980 hat Theile ein Assoziationsmodell der Wahrnehmung vorgestellt, das eine große Zahl unterschiedlicher Phänomene der Richtungs- und Entfernungswahrnehmung in einheitlicher Weise erklären kann. Theile geht gegenüber früheren Theorien, die mehr an nachrichtentechnischen Modellen orientiert sind, von gestaltpsychologischen Denkweisen aus, die die Hörerfahrung und Lernprozesse des Hörens zum Ausgangspunkt haben.

Summenlokalisation

Die Summenlokalisation geht von der grundlegenden Annahme aus, daß bei der Wahrnehmung von Phantomschallquellen bei Lautsprecherdarbietung aus den Schallfeldüberlagerungen an den beiden Ohren Summensignale resultieren, deren Komponenten das Gehör nicht trennen kann. Deshalb wird vermutet, daß bei der Lokalisation einer Phantomschallquelle und bei der Lokalisation einer realen Schallquelle an demselben Ort die Signale an den beiden Ohren bei den beiden Schallquellenarten gleichwertig sind, obwohl sie nicht identisch sind. In der Literatur werden verschiedene Äquivalenztheorien beschrieben, die jedoch nur einzelne Bereiche der räumlichen Wahrnehmung erfassen, eine allgemein gültige Theorie ist nicht aufgestellt worden [3.19], [3.41].

Ausgehend von Tonimpulsen, die entweder mit einer Pegeldifferenz oder mit einer Zeitdifferenz von zwei Lautsprechern in Stereoanordnung abgestrahlt werden, und den dazugehörigen Reizmustern an den beiden Ohren *(Abb. 3/12)* liegt zunächst die Vermutung nahe, daß der am Ohr jeweils zuerst eintreffende Impuls bzw. bei gleichzeitigem Eintreffen der lautere Impuls die Richtungswahrnehmung bestimme; demgegenüber konnte in Versuchen gezeigt werden, daß auch die weiteren, später eintreffenden Impulse von Einfluß auf die Richtungswahrnehmung sind [3.19]. Bei Dauertönen kann eine für stereofonische Übertragung brauchbare Zuordnung von Lautsprecher- und Ohrsignalen nur unter etwa 800 Hz bestehen. Für Signale beliebiger Art wurde die Zuordnung von Ohr- zu Lautsprechersignalen noch nicht untersucht.

Ein wesentlicher Einwand gegen die Summenlokalisation bezieht sich auf die wahrgenommene Klangfarbe der Phantomschallquellen. Da es an den Ohren zu einer Überlagerung zweier zeitverzögerter Signale kommt, die auf den unterschiedlichen Abstand der beiden Ohren zu jeweils einem Lautsprecher zurückzuführen sind (siehe *Abb. 3/12*), müßten Phantomschallquellen eigentlich eine Klangfärbung aufweisen, wie sie durch ein Kammfilter erzeugt wird. *Abb. 3/19* zeigt die Messung des Frequenzgangs am Ohr, wie er durch die Überlagerung der beiden identischen, gleichzeitig abgestrahlten Lautsprechersignale entsteht. Zu sehen ist ein Pegeleinbruch von mehr als 10 dB bei 2000 Hz. Die beiden Ohrsignale sind identisch. Trotz dieser objektiv vorhandenen linearen Verzerrung wird eine Klangfärbung nicht wahrgenommen. Dies weist auf Wirkungsmechanismen der Wahrnehmung von Phantomschallquellen hin, die mit der Summenlokalisation nicht vereinbar sind.

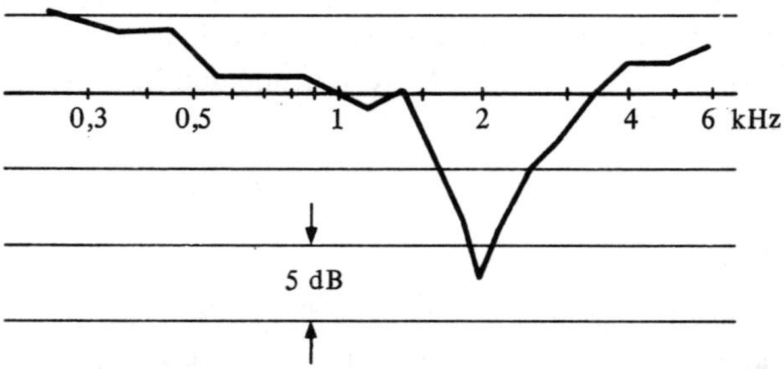

Abb. 3/19. Frequenzgang am Ohr bei einer Phantomschallquelle in der Mitte der Lautsprecherbasis [3.41].

Assoziationsmodell

Das Assoziationsmodell von Theile ermöglicht eine weitgehend einheitliche Erklärung aller wichtigen Phänomene des räumlichen Hörens [3.40], [3.41]. Es macht auch den Einwand der Klangfärbung bei der Wiedergabe von Phantomschallquellen gegenstandslos.

Das Assoziationsmodell geht von der Grundhypothese aus, daß die Wahrnehmung von Ort und Klanggestalt eines Hörereignisses stets auf dem Vergleich, auf der Assoziation mit gespeicherten Mustern erfolgt. Die dabei ablaufende assoziative Mustererkennung ist ein Prozeß, der ein eintreffendes akustisches Muster mit einem im Gehirn gespeicherten Muster verknüpft, selbst dann, wenn nur Teile des gespeicherten Musters im eintreffenden akustischen Muster enthalten sind. Die räumliche Wahrnehmung resultiert dabei grundsätzlich aus zwei unterschiedlichen, nacheinander ablaufenden Verarbeitungsprozessen: Entsprechend den beiden grundlegenden und getrennten Hörereigniseigenschaften Ort und Gestalt durchläuft ein akustischer Reiz in der ersten Stufe eine Ortsassoziation, in der zweiten Stufe eine Gestaltassoziation. Beide Prozesse bestimmen stets gemeinsam die Hörereigniseigenschaften. *Abb. 3/20* zeigt das Prinzip des Assoziationsmodells.

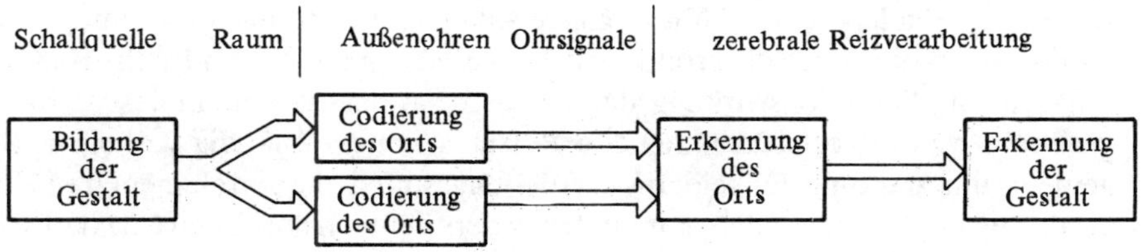

Abb. 3/20. Assoziationsmodell nach Theile.

Das Assoziationsmodell kann Erklärungen einiger wichtiger Hörphänomene liefern [3.41]:

1. Bei Stereofonie treten Hörereignisse auf, die sich ebenso mit entsprechend zugeordneten realen Einzelschallquellen im freien Schallfeld erzeugen lassen. Es ist aber nicht möglich, den in beiden Fällen identischen Hörereignissen entsprechende identische Ohrsignale zuzuordnen. Relativ große Unterschiede der Ohrsignalmerkmale hinsichtlich Spektrum und interauralem Kohärenzgrad führen zu dem Schluß, daß keine Summenlokalisation stattfindet: die „Phantomschallquelle" läßt sich nicht als Ersatzschallquelle auffassen. Vielmehr muß angenommen werden, daß die Schallsignale aufgrund der unterschiedlichen Sendeorte im Gehör zunächst entschlüsselt werden (Wirkung der Ortsassoziationsstufe). Erst nach erfolgter Dekodierung des Orts verschmelzen die Reize, weil die Lautsprecher hinreichend ähnliche Signale abstrahlen (Wirkung der Gestaltassoziationsstufe).

2. Die Grenze für den Gültigkeitsbereich des „Gesetzes der ersten Wellenfront" wird zu kleinen Verzögerungszeiten hin durch den Übergang zur „Summenlokalisation" definiert. Beide Phänomene lassen sich zurückführen auf die zeitabhängige Bewertung nacheinander eintreffender Reizantworten der Ortsassoziationsstufe an der Gestaltassoziationsstufe. Die Ortsassoziationsstufe wirkt im überlagerten Schallfeld als Filter zur Entschlüsselung der Sendesignale, so daß nur in der nachgeschalteten Gestaltassoziationsstufe die Sendesignalbeziehung bewertet wird. Zwei Sendesignale mit Laufzeitunterschieden führen dazu, daß zwei Lokalisationsreize nicht zeitgleich eintreffen. Alle resultierenden Gesetzmäßigkeiten für die zugeordneten Hörereignisorte lassen sich als „Gesetz des ersten Lokalisationsreizes" verstehen.

3. Der „Cocktail-Party-Effekt" besagt, daß ein Nutzsignal, das aus einer bestimmten Richtung eintrifft, von einem Störsignal, das aus einer anderen Richtung eintrifft, bei zweiohrigem Hören weniger stark verdeckt wird als bei einohrigem Hören. Der Effekt ist zurückzuführen auf die Wirkung der Ortsassoziationsstufe: Zwei Schallquellen rufen normalerweise nicht nur zwei verschiedene Ortsassoziationen, sondern zusätzlich zwei verschiedene Gestaltassoziationen hervor.

Die resultierenden beiden Hörereignisse treten dann also nach zweistufiger Selektion auf, woraus sich die größtmögliche Auflösung ergibt. Bei einohrigem Hören geht die Selektionswirkung der Ortsassoziationsstufe zumindest teilweise verloren, weil die ortsbestimmenden Reizmuster unvollständig vorliegen. Die gemeinsame Wirkung der beiden Verarbeitungsstufen, die von elementaren Hörerfahrungen geprägt werden, kommt besonders deutlich durch den Cocktail-Party-Effekt zum Ausdruck.

4. Lateralisationsexperimente mit Kopfhörern geben Aufschlüsse über die Auswertung interauraler Signalunterschiede. Sie geben aber nur Auskunft über die Funktion der Gestaltassoziationsstufe, weil die beiden Sendesignale unabhängig von der Senderentfernung einzeln entschlüsselt und der Gestaltassoziationsstufe zugeführt werden. Lateralisationsexperimente lassen deshalb grundsätzlich keine Rückschlüsse zu auf die Funktion des Gehörs bei der Lokalisation einer Einzelschallquelle. Sie führen vielmehr auf Gesetzmäßigkeiten einer „Phantomschallquelle im Kopf". Eine „Ersatzschallquelle im Kopf" gibt es nicht. Die Auswertung unterschiedlicher Ohrsignale, die das Gehör bei der Lokalisation einer Schallquelle vornimmt, läßt sich prinzipiell nicht mit zwei hinreichend nahe an den Ohren befindlichen Schallquellen untersuchen. Hörversuche mit Kopfhörern sind Hörversuche mit zwei Schallquellen – es sei denn, es werden Kunstkopfsignale dargeboten (es existiert eine Ersatzschallquelle).
5. Die Funktion des Gehörs bei der Lokalisation einer Schallquelle kann nur unter Lokalisationsbedingungen untersucht werden. Das setzt voraus, daß das Schallereignis ein ausreichend breitbandiges Spektrum aufweist. Der Wahrnehmungsprozeß, der zur Lokalisation führt, ist nur möglich, wenn spektrale Merkmale die Zuordnung der Hörereignisentfernung zulassen.

Das Assoziationsmodell führt die Lokalisation auf einen Prozeß zur Aussonderung eines Lokalisationsreizes zurück. Ein Lokalisationsreiz liegt vor, wenn hinreichend breitbandige Ohrsignale sich hinsichtlich der Zeit- und spektralen Merkmale einem einzigen Schallereignisort zuordnen lassen. Im überlagerten Schallfeld sind unter bestimmten Bedingungen gleichzeitig mindestens zwei Lokalisationsreize unterscheidbar. Sowohl in der Phantomschallquellensituation als auch im Lateralisationsexperiment führen zwei unterschiedliche Lokalisationsreize zu einem einzigen Hörereignisort.

3.6 Schädigungen und Krankheiten des Gehörs

Schwerhörigkeit ist das Hauptsymptom unterschiedlicher Erkrankungen und Schädigungen des Gehörs. Sie ist eine andauernde oder temporäre ein- oder doppelseitige Verminderung des normalen Hörvermögens. Ein Maß für die Schwerhörigkeit ist der Hörverlust, der in dB angegebene Pegelabstand zwischen der gemessenen Hörschwelle eines Hörgeschädigten und der Hörschwelle normalhörender Personen bei einer bestimmten Frequenz. Schwerhörigkeit wird nach folgenden Kriterien klassifiziert: Schalleitungsschwerhörigkeit entsteht durch krankhafte oder traumatische Veränderungen im Bereich von Außen- und Mittelohr; dazu gehören vor allem die Perforation des Trommelfells z. B. durch Knall und Explosion, die Verkalkung der Mittelohrknöchelchen (Otosklerose). Schalleitungsstörungen können operativ mit guten Heilaussichten behandelt werden.

Innenohrschwerhörigkeit entsteht meist durch Schädigungen der Haarzellen des Innenohrs vor allem infolge von Durchblutungsstörungen und Lärmeinwirkungen. Schädigungen der Haarzellen sind irreversibel.

Auf die Ursache von Schwerhörigkeit beziehen sich die Begriffe Altersschwerhörigkeit, Lärmschwerhörigkeit und psychogene Schwerhörigkeit. Die diagnostischen Verfahren stellt die Audiometrie zur Verfügung. Schwerhörigkeit stellt im allgemeinen einen Hörverlust in einem bestimmten Frequenzbereich dar, so daß Töne in diesem Bereich nicht oder nur leise gehört werden. Da sich die Kurven gleicher Lautstärkepegel (siehe Abb. 3/4) im geschädigten Bereich und in dem unmittelbar darüber anschließendem Frequenzbereich sehr dicht aneinanderschieben, werden geringe Pegelunterschiede vom Gehör in große Lautstärkeunterschiede umgesetzt, das Klangbild hört sich dabei verzerrt an. Schwerhörigkeit ist also nicht nur eine Verminderung der wahrgenommenen Lautstärke, sondern eine wesentliche Beeinträchtigung des Klangerlebens. Im folgenden werden die häufigsten Formen der Schwerhörigkeit genauer beschrieben.

Altersschwerhörigkeit (siehe auch Kap. 3.3.1) ist eine Leistungsminderung ausschließlich des Innenohrs, die aus verschiedenen Faktoren wie Lärmeinwirkung und Durchblutungsschwäche resultiert. Sie setzt meßbar etwa nach dem 30. Lebensjahr ein und verursacht Hörverluste von hohen Frequenzen absteigend bis 2 kHz hinab. Aber noch mit 50 bis 60 Jahren ist die Hörschwelle um nur rund 20 dB verschoben, womit sie noch im Bereich der normalen Streuung des Hörvermögens bleibt. Altersschwerhörigkeit ist als Innenohrschwerhörigkeit nicht heilbar. Bei Frauen ist die Altersschwerhörigkeit geringer.

Der Hörsturz ist eine innerhalb von Sekunden bis Stunden eintretende Vertäubung meist eines Ohrs ohne erkennbaren äußeren Anlaß. Ursache ist meist eine Durchblutungsstörung, wie sie bei Infarkten auftritt. Bei sofortiger ärztlicher Hilfe ist eine Erholung wahrscheinlich, bei einer Behandlung, die später als drei Tage nach dem Hörsturz einsetzt, unwahrscheinlich.

Beim Tinnitus handelt es sich um Ohrgeräusche ohne äußere akustische Anregung (Ohrsausen, Pfeifen usw.) von kürzerer oder längerer Dauer oder andauernd. Als Ursache gilt eine Schädigung oder Zerstörung der Haarzellen als Folge von Lärmeinwirkungen, eines Hörsturzes, von psychischen Belastungen u. a. Der Tinnitus muß von den Betroffenen als Warnsignal des Gehörs verstanden werden. Tinnitus ist eine weitverbreitete Krankheit mit schweren Belastungen der Betroffenen.

Neben der kurzzeitigen starken Lärmeinwirkung ist länger andauernde Lärmeinwirkung die häufigste Ursache für Schädigungen des Innenohrs und für Schwerhörigkeit. Geringere Lärmeinwirkungen führen zu zeitweiser Verschiebung der Hörschwelle, stärkere Einwirkungen führen zu bleibenden und nicht heilbaren Hörverlusten. Die umfangreichen Erkenntnisse über Schädigungen beziehen sich auf den A-bewerteten Schalldruckpegel und seine Einwirkdauer, erfaßt durch den Begriff der Lärmdosis. Eine Lärmdosis von 100% liegt vor, wenn täglich ein Schallpegel von 85 dB 8 Stunden lang auf das Gehör einwirkt. Das ist die am Arbeitsplatz zulässige Dosis. Eine Pegelerhöhung um 3 dB halbiert die jeweils zulässige Einwirkdauer. Demnach ist die noch zulässige Lärmbelastung zwei Stunden bei 91 dBA, 3 Minuten und 45 Sekunden bei 106 dBA und rund 30 Sekunden bei 115 dBA (Discotheken!).

Normen

DIN 1318	9.70	Lautstärkepegel; Begriffe, Meßverfahren
DIN 1320	6.92	Akustik; Begriffe
DIN 13 320	6.79	Akustik; Spektren und Übertragungskurven, Begriffe, Darstellung
DIN 45 500	3.90	Bl. 10 Heimstudio-Technik (Hi-Fi); Mindestanforderungen an Kopfhörer
DIN 45 619	6.75	Bl. 1 Kopfhörer; Bestimmung des Freifeld-Übertragungsmaßes durch Lautstärkevergleich mit einer fortschreitenden Schallwelle
DIN 45619	6.75	Bl. 2 Bestimmung des Freifeld-Übertragungsmaßes durch Lautstärkevergleich
DIN EN 60 645-1	9.94	Audiometer
DIN 45 630	12.71	Bl. 1 Grundlagen der Schallmessung; Physikalische und subjektive Größen von Schall
	9.67	Bl. 2 –; Normalkurven gleicher Lautstärkepegel
DIN 45 631	3.91	Berechnung des Lautstärkepegels und der Lautheit aus dem Geräuschspektrum; Verfahren nach E. Zwicker
DIN IEC 651	12.81	Schallpegelmesser

Literatur

3.1 E. Zwicker und R. Feldtkeller: Das Ohr als Nachrichtenempfänger, 2. Auflage, Stuttgart 1967, Hirzel
3.2 E. Zwicker, H. Fastl: Psychoacoustics, Berlin 1990, Springer
3.3 J. Roederer: Physikalische und psychoakustische Grundlagen der Musik, Berlin 1977, Springer
3.4 W. D. Keidel: Physiologie des Gehörs, Stuttgart 1975, Thieme
3.5 W. L. Howes: „Loudness of Steady Sounds – a New Theory", in: Acustica 1979, S. 277ff.
3.6 W. Th. Straßen: „Zur Ermittlung von Hauptkomponenten der Lästigkeit", in: Acustica 1981, S. 314ff.
3.7 E. Zwicker: „Lautstärkeberechnungsverfahren im Vergleich", in: Acustica 1976, S. 278ff.
3.8 J. Meyer: „Zur Tonhöhenempfindung bei musikalischen Klängen in Abhängigkeit vom Grad der Gehörschulung", in: Acustica 1979, S. 189ff.
3.9 E. Zwicker: „Zur Nichtlinearität ungerader Ordnung des Gehörs", in: Acustica 1979, S. 149ff.
3.10 E. Terhardt: „On the Perception of Periodic Sound Fluctucations (Roughness)", in: Acustica 1974, S. 201ff.
3.11 R. Feldtkeller: „Hörbarkeit nichtlinearer Verzerrungen bei der Übertragung von Instrumentenklängen", in: Acustica 1954, S. 70ff.
3.12 H. Schütte: „Subjektiv gleichmäßiger Rhythmus: Ein Beitrag zur zeitlichen Wahrnehmung von Schallereignissen", in: Acustica 1978/79, S. 197ff.
3.13 H. Burghardt: „Die subjektive Dauer schmalbandigen Schalls bei verschiedenen Frequenzgängen", in: Acustica 1973, S. 278ff.
3.14 H. Burghardt: „Über die subjektive Dauer von Schallimpulsen und Schallpausen", in: Acustica 1973, S. 284ff.
3.15 E. Zwicker: „Subjektive und objektive Dauer von Schallimpulsen und Schallpausen", in: Acustica 1969/70, S. 214ff.
3.16 H. Fleischer: „Hörbarkeit von Phasenunterschieden bei verschiedenen Arten der Schalldarbietung", in: Acustica 1976/77, S. 90ff.
3.17 H. Fleischer: „Über die Wahrnehmbarkeit von Phasenänderungen", in: Acustica 1976, S. 202ff.
3.18 H. Fleischer: „Über die Größe der durch Phasenänderungen hervorgerufenen Empfindungsänderungen", in: Acustica 1977, S. 83ff.
3.19 J. Blauert: Räumliches Hören, Stuttgart 1974, Hirzel, hierzu: Nachschrift – neue Ergebnisse und Trends seit 1972, Stuttgart 1985, Hirzel.
3.20 H. Kietz: „Das räumliche Hören", in: Acustica 1953, S. 73ff.
3.21 J. Blauert: „Die Trägheit des Richtungshörens bei Laufzeit- und Intensitätsstereofonie", in: Acustica 1970, S. 287ff.
3.22 H. Haas: „Über den Einfluß eines Einfachechos auf die Hörsamkeit von Sprache", in: Acustica 1951, S. 49ff.
3.23 P. Laws: Untersuchungen zum Entfernungshören und zum Problem der Im-Kopf-Lokalisiertheit von Hörereignissen, Diss. Aachen 1972
3.24 G. Plenge: „Über das Problem der Im-Kopf-Lokalisation", in: Acustica 1972, S. 241ff.
3.25 W. Kuhl: „Über eine Lautsprecheranordnung zur Wiedergabe stereofoner Schallaufnahmen", in: Rundfunktechnische Mitteilungen 1959, S. 170ff.
3.26 D. Gaál: Calculation of the Stereophonical Localisation Area, 53. AES-Convention Zürich 1976, Preprint B-4
3.27 H. Mertens: „Directional hearing in stereophony-theory and experimental verification", in: EBU-Review Part A 1965, S. 146ff.
3.28 W. Hoeg und C. Steinke: Stereofonie – Grundlagen, Berlin 1972, VEB Technik

3.29 H. Schiesser und H. Jakubowsky: „Der Einfluß von Phasen- und Laufzeitunterschieden bei der Übertragung von Stereosignalen“, in: Rundfunktechnische Mitteilungen 1963, S. 195ff.
3.30 K. Wendt: Das Richtungshören bei der Überlagerung zweier Schallfelder bei Intensitäts- und Laufzeitstereofonie, Diss. Aachen 1963
3.31 K. Wendt: „Das Richtungshören bei Zweikanal-Stereofonie“, in: Rundfunktechnische Mitteilungen 1964, S. 171ff.
3.32 J. Webers: Tonstudiotechnik, 4. Aufl., München 1985, Franzis
3.33 G. Theile: „Untersuchungen zur Standardisierung eines Studiokopfhörers“, in: Rundfunktechnische Mitteilungen 1983, S. 17ff.
3.34 G. Theile: „Zur Theorie der optimalen Wiedergabe stereofoner Signale über Lautsprecher und Kopfhörer“, in: Rundfunktechnische Mitteilungen 1981, S. 155ff.
3.35 J. Blauert: „Wissenschaftliche Grundlagen der kopfbezogenen Stereophonie“, in: Rundfunktechnische Mitteilungen 1978, S. 195ff.
3.36 W. Kuhl und R. Plantz: „Kopfbezogene Stereophonie und andere Arten der Schallübertragung im Vergleich mit dem natürlichen Hören“, in: Rundfunktechnische Mitteilungen 1975, S. 120ff.
3.37 H. Hudde und J. Schröter: „Verbesserungen am NEUMANN-Kunstkopf“, in: Rundfunktechnische Mitteilungen 1981. S. 1ff.
3.38 G. Theile: „Zur Kompatibilität von Kunstkopfsignalen mit intensitätsstereofonen Signalen bei Lautsprecherwiedergabe: Die Richtungsabbildung“, in: Rundfunktechnische Mitteilungen 1981, S. 67ff.
3.39 G. Theile: „Die Kompatibilität von Kunstkopfsignalen mit intensitätsstereofonen Signalen bei Lautsprecherwiedergabe: Die Klangfarbe“ in: Rundfunktechnische Mitteilungen, Sonderdruck Sept. 1981, Ausgewählte Aufsätze zum Thema Kunstkopfstereofonie, S. 18ff.
3.40 G. Theile: „Zur Theorie der optimalen Wiedergabe von stereofonen Signalen über Lautsprecher und Kopfhörer“, in: Rundfunktechnische Mitteilungen, Sonderdruck Sept. 1981, Ausgewählte Aufsätze zum Thema Kunstkopfstereofonie, S. 32ff.
3.41 G. Theile: Untersuchungen zur Wahrnehmung der Richtung und Entfernung von Phantomschallquellen bei 2-Kanal-Stereofonie, Techn. Bericht des Instituts für Rundfunktechnik 24/80, München 1980
3.42 J. Hellbrück: Hören: Physiologie, Psychologie und Pathologie, Göttingen 1993, Hogrefe
3.43 D. Braun: „Hörbarkeit von Phasenänderungen an Rechtecksignalen”, in: Bericht 18. Tonmeistertagung Karlsruhe 1994, S. 659ff., München 1995, Saur

4. Schallwandler und Beschallungstechnik

4.1 Prinzipien und Einteilung der Wandler

Schallwandler, auch elektro-akustische Wandler genannt, sind Systeme, die Schallenergie in elektrische Energie oder elektrische Energie in Schallenergie umzuwandeln vermögen. Im allgemeinen wird zur Aufnahme der Schallwellen aus einem Raum und für die Abstrahlung der Schallwellen in einen Raum ein schwingungsfähiges mechanisches System als Membrane eingeschaltet. In der Tonstudiotechnik gehören Mikrofone, Lautsprecher und Kopfhörer zu den Schallwandlern; von ihrem Wirkungsprinzip her gehören aber auch die Tondosen der Schallplattenabspielgeräte dazu.

Reversible Schallwandler können in beiden Wirkungsrichtungen betrieben werden, also als Mikrofon und als Lautsprecher, irreversible Wandler können nur in einer Richtung als Wandler benutzt werden.

Für die Umwandlung von aus dem Schallfeld entnommener mechanischer Energie in elektrische Energie und umgekehrt gibt es mehrere Möglichkeiten; sie werden nach der Art der mechanisch-elektrischen bzw. elektrisch-mechanischen Energiewandlung bezeichnet und eingeteilt [4.1], [4.2], [4.3], [4.54]:

Der elektromagnetische Wandler besteht aus einem Permanentmagneten mit einer Leiterwicklung sowie einem beweglichen Anker, der im allgemeinen mit einer Membran verbunden ist. Permanentmagnet und Anker bilden einen magnetischen Kreis, der durch einen Luftspalt unterbrochen ist. Der Wandler ist reversibel, d. h. er kann in beiden Richtungen wirken, sowohl als akustisch-elektrischer Wandler als auch als elektro-akustischer Wandler. Bewegt sich die Membran und damit auch der Anker, so wird in die Wicklung wegen des vorhandenen permanenten Magnetfelds eine Spannung induziert, die der Bewegungsgeschwindigkeit der Membran proportional ist. Wird umgekehrt an die Wicklung eine Spannung gelegt, bewegt sich der Anker und die Membran im Rhythmus dieser Spannung. Elektromagnetische Wandler können mit relativ gutem Wirkungsgrad hergestellt werden; neben ihrer Anwendung als Fernsprechhörer findet dieses Wandlerprinzip deshalb Anwendung u. a. bei Subminiaturmikrofonen und -hörern.

Der elektrodynamische Wandler ist ebenfalls reversibel. Er arbeitet wie der elektromagnetische Wandler mit einem Permanentmagneten, die stromdurchflossene Spule ist hierbei jedoch nicht um den Magneten gewickelt, sondern ist im Magnetfeld meist als Schwingspule frei beweglich; an die Schwingspule ist die Membran angekoppelt. Vorteilhaft gegenüber dem elektromagnetischen Prinzip ist, daß hierbei kein Wechselmagnetfeld erzeugt wird, das mit Inhomogenitäten und damit mit Verzerrungen verbunden ist. Trägt man konstruktiv dafür Sorge, daß die Schwingspule auch bei großen Bewegungsamplituden im homogenen Magnetfeld bleibt, so lassen sich mit dem elektrodynamischen Wandlerprinzip besonders verzerrungsarme Wandler herstellen. Dynamische Mikrofone – Tauchspulmikrofone und Bändchenmikrofone – und dynamische Lautsprecher und Kopfhörer arbeiten nach diesem Prinzip. *Abb. 4/1* zeigt das Prinzip anhand des Tauchspulmikrofons und des Lautsprechers.

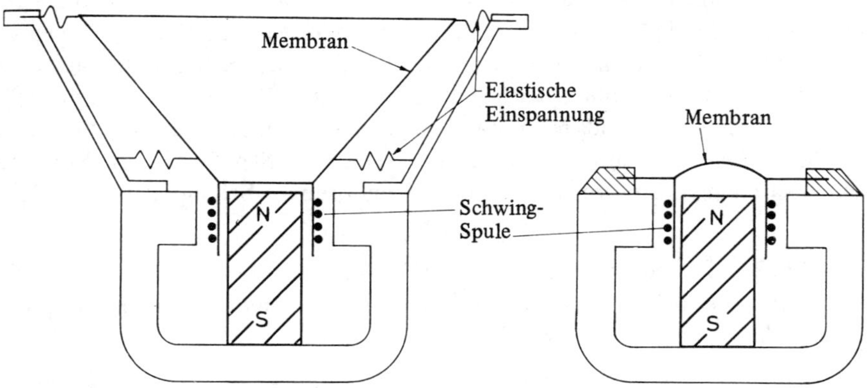

Abb. 4/1. Elektrodynamischer Wandler, Anwendung als Lautsprecher und als Mikrofon.

Der magnetostriktive Wandler nutzt die Längenänderung, die ferromagnetische Materialien erfahren, wenn sie einem Magnetfeld ausgesetzt werden. Diese sind zwar sehr gering, jedoch mit großen Kräften verbunden. Diese Wandler eignen sich deshalb besonders für die Erzeugung von Unterwasserschall (Echolot). Der Wirkungsgrad dieses ebenfalls reversiblen Wandlers ist hoch. Er kann auch im Ultraschallbereich eingesetzt werden.

Der elektrostatische oder dielektrische Wandler ist im Prinzip ein Kondensator mit einer festen und einer beweglichen, als Membran ausgebildeten Elektrode. Der so entstandene Kondensator erhält eine elektrische Vorspannung und eine konstante Ladung. Bewegungen der Membran führen zu Kapazitätsänderungen und damit zu Spannungsänderungen über der Kondensatorkapsel bzw. an einem Widerstand, der in den Stromkreis aus Spannungsquelle und Wandler gelegt wird. ($U = Q/C$, Q ist durch konstante Vorspannung konstant, also $U \sim 1/C$). Die Kapazitätsänderungen können in einem Schwingkreis auch die Frequenz einer HF-Schwingung modulieren, aus der durch Demodulation die entsprechende NF-Spannung gewonnen wird. In der Tonstudiotechnik wird das elektrostatische Wandlerprinzip beim Kondensatormikrofon, dem klassischen hochwertigen Studiomikrofon, angewendet (siehe 4.2.2), seltener in umgekehrter Wirkungsrichtung bei Lautsprechern und Kopfhörern. *Abb. 4/2* zeigt das elektrostatische Prinzip am Beispiel des Kondensatormikrofons in Niederfrequenzschaltung.

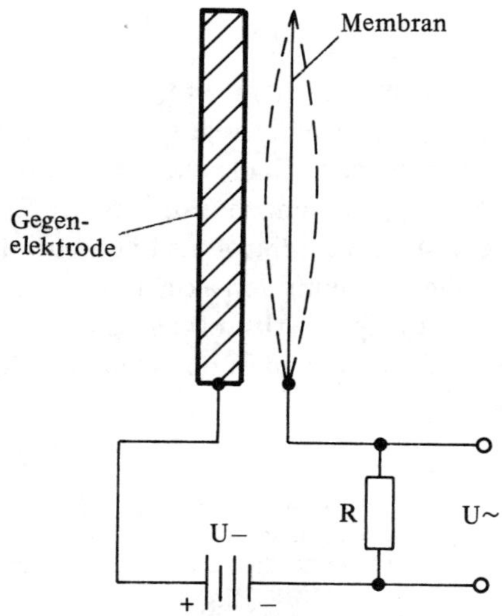

Abb. 4/2. Elektrostatischer Wandler, Kondensatormikrofon.

Der piezoelektrische Wandler nutzt den sog. piezoelektrischen Effekt: Danach treten an der Oberfläche bestimmter Kristalle elektrische Ladungen auf, wenn die Kristalle deformiert werden. Umgekehrt können diese Kristalle auch durch elektrische Spannungen verformt werden. In der Tonstudiotechnik werden solche Wandler mit Ausnahme der Hallplatte nicht verwendet. Kristallmikrofone und -tonabnehmer haben heute auch sonst keine große Bedeutung mehr.

Die verschiedenen Wandlerprinzipien haben gemeinsame Gesetzmäßigkeiten: Elektromagnetische, magnetostriktive und elektrostatische Schallsender arbeiten nach quadratischen Kraftgesetzen; um Verzerrungen zu vermeiden, ist deshalb eine Polarisation, d. h. eine Vorspannung mit einer Gleichgröße notwendig, die groß gegenüber der Wechselgröße sein muß. Hingegen gelten für elektrodynamische und piezoelektrische Schallsender lineare Kraftgesetze, die verzerrungsarme Wandler bedingen. Alle Schallwandler, die mit einem magnetischen Feld arbeiten, reagieren auf die Geschwindigkeit der bewegten Membran; alle Schallwandler, die mit einem elektrischen Feld arbeiten, reagieren auf die Auslenkung der Membran. Die mit einem magnetischen Feld arbeitenden Wandler geben eine frequenzabhängige Signalspannung ab, deren Frequenzabhängigkeit durch besondere konstruktive Maßnahmen linearisiert werden muß; die Eigenresonanz des schwingenden Systems liegt meist in der Mitte des Übertragungsbereichs, eine Ausnahme bildet das Bändchenmikrofon mit seiner tiefliegenden Resonanzfrequenz. Schallwandler, die mit dem elektrischen Feld arbeiten, geben eine frequenzunabhängige Signalspannung ab, sofern ihre Eigenresonanz oberhalb des Übertragungsbereichs liegt.

4.2 Mikrofone

Mikrofone wandeln Schallschwingungen in elektrische Wechselspannungen um [4.3], [4.4]. Dieser Umwandlungsprozeß erfolgt in zwei Stufen: zunächst wird eine Membran als Schallempfänger von den Schallwellen zu erzwungenen Schwingungen angeregt; diese mechanischen Schwingungen wandelt dann das an den Schallempfänger gekoppelte Wandlersystem des Mikrofons in elektrische Schwingungen um *(Abb. 4/3)*. Das Prinzip der Umwandlung von akustischen Schwingungen in mechanische ist das sog. Empfängerprinzip des Mikrofons, das Prinzip der anschließenden Umwandlung in elektrische Schwingungen ist das Wandlerprinzip des Mikrofons.

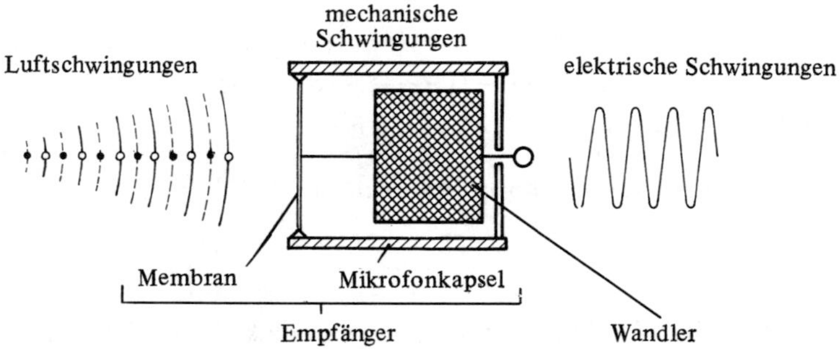

Abb. 4/3. Prinzipieller Aufbau eines Mikrofons.

Das Empfängerprinzip eines Mikrofons wird von der Konstruktion der Mikrofonkapsel, der Art des Einbaus der Membran, bei Doppelmembranmikrofonen auch von dem elektrischen Zusammenwirken der beiden Membranen bestimmt. Das Empfängerprinzip bedingt die Richtcharakteristik, das Verhalten im Nahfeld der Schallquelle, es bestimmt den Frequenzgang mit. Man unterscheidet die Empfängerprinzipien und damit die Mikrofone nach der Schallfeldgröße, die die Membran antreibt: Beim Druckempfänger wirkt der Schalldruck, es entsteht eine Kugelrichtcharakteristik. Beim Druckgradienten- bzw. Schnelleempfänger wirkt die Druckdifferenz, es entsteht Nierenrichtcharakteristik (Cardioiden), Achterrichtcharakteristik oder deren Zwischenformen (Superniere, Hyperniere, Keule).

Im Interesse eines großen Abstandes zwischen Störspannungen und der Signalspannung soll die Membranauslenkung, von der auch ihre Geschwindigkeit abhängt, und somit die Signalspannung möglichst groß sein. Die Schwingungsweite der Membran findet ihre Grenze dort, wo die Verzerrungen eine gerade noch zulässige Größe erreichen. Bei zu großer Membranauslenkung entstehen Verzerrungen u. a. dadurch, daß die Membran durch ihre Trägheit und Steifigkeit den Schallschwingungen nicht mehr exakt folgen kann. Zwischen diesen beiden Grenzen, große Auslenkung zum Erreichen einer großen Ausgangsspannung und möglichst kleine Auslenkung, um Verzerrungen klein zu halten, liegt die optimale Membranauslenkung. Dabei führt die Membranbewegung durch Dämpfungselemente und die Lage der Eigenresonanz der Membran immer erzwungene Schwingungen aus und gerät nicht in Resonanz.

Von den verschiedenen Wandlerprinzipien finden bei Studiomikrofonen das elektrostatische Wandlerprinzip bei Kondensatormikrofonen Anwendung, das elektrodynamische Wandlerprinzip bei dynamischen Mikrofonen (Tauchspul- und Bändchenmikrofone).

Das piezoelektrische Wandlerprinzip eignet sich dann, wenn mit hohen Kräften kleine Amplituden der Schwingungen verbunden sind, es eignet sich also für Körperschallmikrofone z. B. bei bestimmten Hallgeräten. Kristallmikrofone finden im Studiobereich keine Verwendung.

Beim magnetischen Mikrofon verändert ein in einem Magnetfeld schwingender Anker den magnetischen Widerstand des Magnetkreises. In einer Spule werden die Änderungen des Magnetflusses in Spannungsschwankungen umgesetzt. Dieses System eignet sich besonders zur Miniaturisierung (Ansteckmikrofon, Knopflochmikrofon).

4.2.1 Eigenschaften von Mikrofonen

Übertragungsfaktor und Übertragungsmaß, Empfindlichkeit

Die Größe der Spannung, die von einem Mikrofon abgegeben wird, bezogen auf den einwirkenden Schalldruck, wird durch den Übertragungsfaktor oder das Übertragungsmaß angegeben. In DIN 45 590 werden u. a. die folgenden Begriffe mit den dazugehörigen Einheiten definiert; DIN 45 591 regelt die Meßbedingungen und Meßverfahren bei Typprüfungen:

Feld-Übertragungsfaktor: Der Feld-Übertragungsfaktor bei einer bestimmten Frequenz (meist 1000 Hz) ist der Quotient aus der effektiven Ausgangsspannung und dem effektiven Schalldruck am Ort des Mikrofons, wenn das Mikrofon aus dem Schallfeld entfernt ist; in der Regel ist das Schallfeld eine ebene Welle. Er wird angegeben in mV/Pa (Pa = Pascal), früher in mV/μbar, 1 mV/μbar = 10 mV/Pa.

Feld-Leerlaufübertragungsfaktor, Feld-Betriebsübertragungsfaktor:
Man unterscheidet beim Feld-Übertragungsfaktor Leerlauf- und Betriebsgrößen, je nachdem ob die Ausgangsspannung des Mikrofons als Leerlaufspannung (sehr hochohmiger Abschlußwiderstand) oder als Klemmenspannung unter betriebsmäßigem Abschluß (Nennabschlußimpedanz, siehe unten) gemessen wird.

Empfindlichkeit: Einige Hersteller bezeichnen mit diesem Begriff den Feld-Leerlaufübertragungsfaktor. DIN 45 590 sieht diesen Begriff für Mikrofone nicht vor;

der Leistungsübertragungsfaktor der DIN 45 591 wurde früher als Empfindlichkeit definiert.

Feld-Übertragungsmaß: Das Feld-Übertragungsmaß ist der 20fache Zehnerlogarithmus des Verhältnisses Feld-Übertragungsfaktor zu einem Bezugs-Übertragungsfaktor von z. B. 1 V/Pa; er wird in dB angegeben.

Der Feld-Leerlaufübertragungsfaktor liegt bei dynamischen Mikrofonen bei etwa 1 bis 2 mV/Pa, bei Kondensatormikrofonen zwischen 5 und 20 mV/Pa. Kondensatormikrofone geben damit im Durchschnitt einen um rund 10 bis 20 dB höheren Pegel als dynamische Mikrofone ab.

Übertragungsbereich

Der Übertragungsbereich ist der zur Schallaufnahme nutzbare Frequenzbereich. Für ihn werden die vom Hersteller angegebenen Übertragungseigenschaften eines Mikrofons und deren Toleranzen angegeben. Der Übertragungsbereich verschiedener Mikrofone kann deshalb oft nicht direkt miteinander verglichen werden, weil z. B. unterschiedliche Toleranzen zugelassen sind. Ein typischer Übertragungsbereich für Studiomikrofone ist 40 bis 20 000 Hz, mindestens aber bis 16 000 Hz. Frequenzen unterhalb 40 Hz werden bei Studiomikrofonen durch einen Hochpaß weggefiltert, bei 15 Hz soll der Pegelabfall mindestens 12 dB betragen. Auch Frequenzen oberhalb des Übertragungsbereichs müssen vom Übertragungsweg ferngehalten werden; durch Demodulationseffekte erzeugen sie Störungen im Hörschallbereich. Oberhalb 40 kHz (bis 1 MHz) soll die Dämpfung größer als 20 dB sein.

Frequenzkurve

Die Frequenzkurve oder der Frequenzgang eines Mikrofons ist die grafische Darstellung der Abhängigkeit des Übertragungsmaßes von der Frequenz bei senkrecht auf die Membran auftreffendem Direktschall. Die Toleranzzone ist bei Studiomikrofonen im allgemeinen mit ± 2 dB angegeben; eine diesbezügliche Norm gibt es nur für den Hi-Fi-Sektor (DIN 45 500, Tl. 5). Die beim Übertragungsmaß angegebene Toleranz bezieht sich nicht auf den Frequenzgang, sondern auf das Übertragungsmaß bei 1 kHz.

Direktfeld- und Diffusfeldfrequenzgang

Einer der Gründe, warum Mikrofone mit gleicher Frequenzkurve sich klangfarblich unterscheiden, ist die Tatsache, daß die Bedingungen, unter denen die Frequenzkurve gemessen wird – frontal einfallender Direktschall – nur bei der Aufnahme im Nahbereich der Instrumente Gültigkeit haben. Sobald das Mikrofon aus dem unmittelbaren Nahbereich der Schallquelle entfernt wird, erhöht sich der Diffusfeldanteil zunehmend; der Diffusfeldfrequenzgang weicht aber im allgemeinen vom Direktfeldfrequenzgang ab, u. U. ganz erheblich. Der Diffusfeldfrequenzgang wird in Datenblättern üblicherweise aber nicht angegeben. Er kann zwar durch Mittelung der Richtcharakteristiken für die verschiedenen Meßfrequenzen näherungsweise aus den Herstellerdaten abgeleitet werden, ein für den praktischen Anwender jedoch zu aufwendiges Verfahren. Wenn die verschiedenen Richtcharakteristiken jedoch erheblich voneinander abweichen, so darf daraus auf einen erheblichen Unterschied zwischen Direkt- und Diffusfeldfrequenzgang geschlossen werden. *Abb. 4/4* zeigt die Frequenzgänge und die Richtcharakteristiken für verschiedene Frequenzen anhand eines modernen Studiomikrofons. Direkt- und Diffusfeldfrequenzgang stimmen hier weitgehend überein; der Pegel des Diffusfeldfrequenzgangs liegt in diesem Fall um 5 dB unterhalb demjenigen des Direkt- oder Freifeldfrequenzgangs, diese Differenz ist das Bündelungsmaß des Mikrofons. Auf den Unterschied von Freifeld- und Diffusfeldfrequenzgang hat das Empfängerprinzip sowie die Konstruktion der Mikrofonkapsel Einfluß. [4.5]

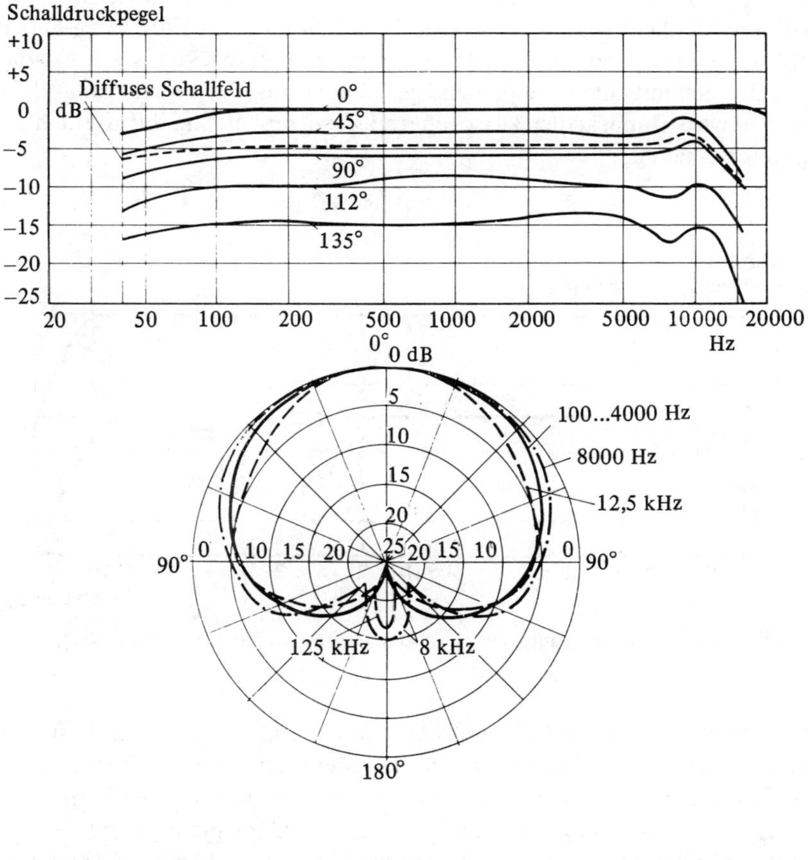

Abb. 4/4. Mikrofon-Frequenzgänge eines Druckgradientenempfängers für verschiedene Einfallsrichtungen und für Diffusschall. Der 0 °-Frequenzgang ist der in Typenblättern angegebene Frequenzgang.

Druckempfänger haben bei einem Membrandurchmesser um 16 mm im Frequenzbereich um 10 kHz eine Anhebung des Übertragungsmaßes um etwa 6 dB für Direktschall, der senkrecht auf die Membran trifft. In diesem Frequenzbereich ist die Membranausdehnung in der Größenordnung der Wellenlänge des Schalls; deshalb wird die Schallwelle an der Membran reflektiert, der Schalldruck auf die Membran verdoppelt sich dabei, was der Anhebung von 6 dB entspricht. Dieser Anstieg kann durchaus erwünscht sein, da er eine gewisse Klangpräsenz fördert. Der Diffusfeldfrequenzgang zeigt demgegenüber einen Höhenabfall; Schallwellen kleiner Wellenlänge werden nicht mehr um die Mikrofonkapsel herumgebeugt, das Mikrofon ist für höhere Frequenzen ein ausgesprochenes Richtmikrofon, es wird nicht mehr soviel rückwärtiger und seitlicher Schall aufgenommen. Der Höhenabfall wird dadurch reduziert, daß auch hier für frontal eintreffende Schallanteile durch Reflexion ein Pegelanstieg von 6 dB besteht. Studiomikrofone nach dem Druckempfängerprinzip haben also im allgemeinen entweder einen geraden Direktfeldfrequenzgang oder einen geraden Diffusfeldfrequenzgang, meist jedoch einen Kompromiß zwischen diesen Möglichkeiten. Es sind jedoch auch Studiomikrofone mit geradem Direktfeld- oder mit geradem Diffusfeldfrequenzgang entwickelt worden. *Abb. 4/5* zeigt ein Beispiel mit einem weitgehend geraden Diffusfeldfrequenzgang. Bei Meßmikrofonen wird grundsätzlich zwischen freifeldentzerrten und diffusfeldentzerrten Typen unterschieden.

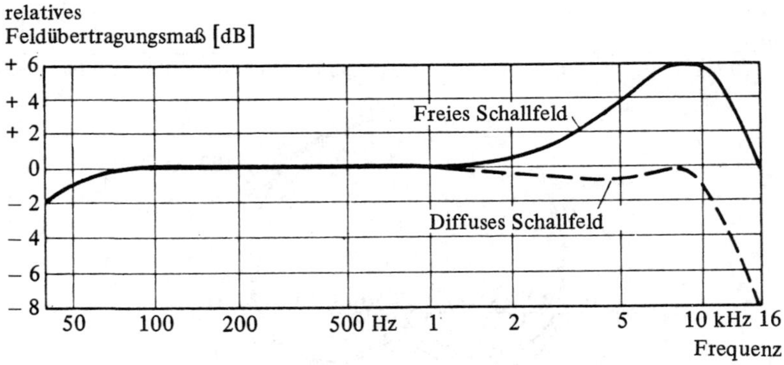

Abb. 4/5. Beispiel des Frequenzgangs eines Druckempfängers im Direktfeld (nach [4.4]).

Grenzflächenmikrofone sind ebenfalls Druckempfänger (siehe 4.2.2). Wegen der bündig in eine größere Fläche integrierten Membran sind die Bedingungen für Schallreflexion, die bei üblichen Studiomikrofonen nur bei höheren Frequenzen erfüllt sind, bei diesen Mikrofonen für den gesamten Übertragungsbereich gegeben. Bei Grenzflächenmikrofonen ist zwischen dem Direktschallfrequenzgang und dem Diffusschallfrequenzgang deshalb kein Unterschied, was sonst bei keinem Mikrofontyp zutrifft.

Bei Druckgradientenempfängern gibt es zwischen Direktfeld- und Diffusfeldfrequenzgang keine physikalisch bedingten Unterschiede. Moderne, hochwertige Studiomikrofone haben denn auch zwischen den beiden Frequenzgängen nur relativ geringe Abweichungen. *Abb. 4/4* zeigt dies am Beispiel eines Studiomikrofons; im Gegensatz zum Druckempfänger zeigt hier das Diffusfeld sogar einen geringen Höhenanstieg bei 10 kHz.

Der Diffusfeldfrequenzgang wird bedauerlicherweise von Herstellerseite im allgemeinen nicht angegeben, obwohl gerade der Vergleich zwischen den Frequenzgängen wichtige Hinweise auf die elektroakustische Qualität und die Eignung für bestimmte Anforderungen gibt.

Ein wenig beachtetes Phänomen ist der Einfluß des Mikrofonständers und der -halterung auf den Freifeldfrequenzgang. Durch Störungen des Schallfelds können kammfilterartige Störungen des Frequenzgangs von ± 1dB entstehen. Vor allem senkrechte Stangen im Bereich des Mikrofons verursachen solche Störungen. Bei ausgefahrenen waagrechten Auslegern reduziert sich der Einfluß auf ± 0,2 dB.

Frequenzgang bei Nahbesprechung von Gradientenempfängern

Richtmikrofone mit Nieren- oder Achterrichtcharakteristik und mit deren Zwischenformen (Super- und Hypernieren, Keulen) sind sog. Druckgradientenempfänger (siehe dazu unten). Diese Mikrofone haben für nahe Schallquellen einen anderen Frequenzgang als für entfernte Schallquellen, nämlich eine Überbetonung tiefer Frequenzen; man nennt diese in der Physik der Schallwellen begründete Erscheinung den Nahbesprechungseffekt eines Mikrofons. Derselbe Effekt tritt auch bei dem seltener angewandten Prinzip des Schnelleempfängers mit Richtwirkung auf.

Die Tiefenanhebung beim Nahbesprechungseffekt ist um so größer, je geringer die Frequenz und je kleiner der Mikrofonabstand ist. Die Anhebung setzt etwa da ein, wo der Mikrofonabstand kleiner als die Wellenlänge wird. Sie kommt deshalb zustande, weil die Druckdifferenz (Druckgradient) zwischen Membranvorder- und -rückseite, die die Membran auslenkt, aus zwei Komponenten zusammengesetzt ist, nämlich aus dem frequenzabhängigen Druckgradienten (Fernfeldkomponente) und aus der entfernungsabhängigen Abnahme mit der Entfernung (Nahfeldkomponente). Die Druckdifferenz ist um so geringer, je größer die Wellenlänge bzw. je kleiner die Frequenz ist; dieser Tiefenabfall der Fernfeldkomponente wird im Mikrofon elektrisch durch Baßanhebung ausgeglichen. Dazu kommt im Nahfeld die Druckabnahme, die durch die Schallausbreitung bedingt ist; da auch diese frequenzunabhängige Komponente über die Frequenzgangkorrektur (Baßanhebung) der Fernfeldkomponente geführt wird, ergibt sich im Nahfeld eine ganz erhebliche Baßanhebung *(Abb. 4/6)*.

Abb. 4/7 zeigt die Baßanhebung bei Nahbesprechung bei drei verschiedenen Mikrofonabständen. Sie ist bei Mikrofonen mit Achterrichtcharakteristik um 6 dB höher als bei Nierenmikrofonen. Bei Abständen über 50 bis 100 cm spielt der Nahbesprechungseffekt in der Praxis keine nennenswerte Rolle mehr.

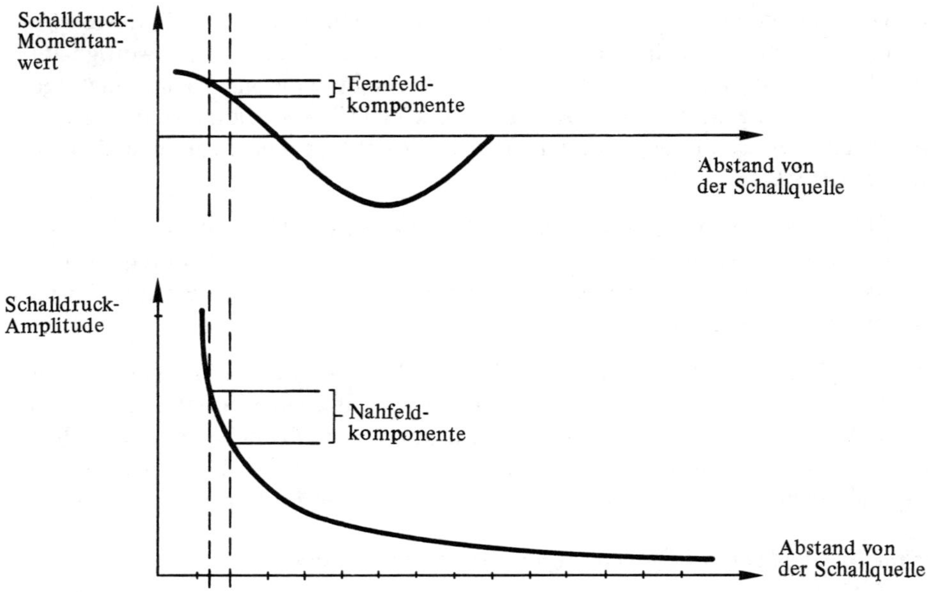

Abb. 4/6. Fernfeld- und Nahfeldkomponente des Druckgradienten einer Schallwelle.

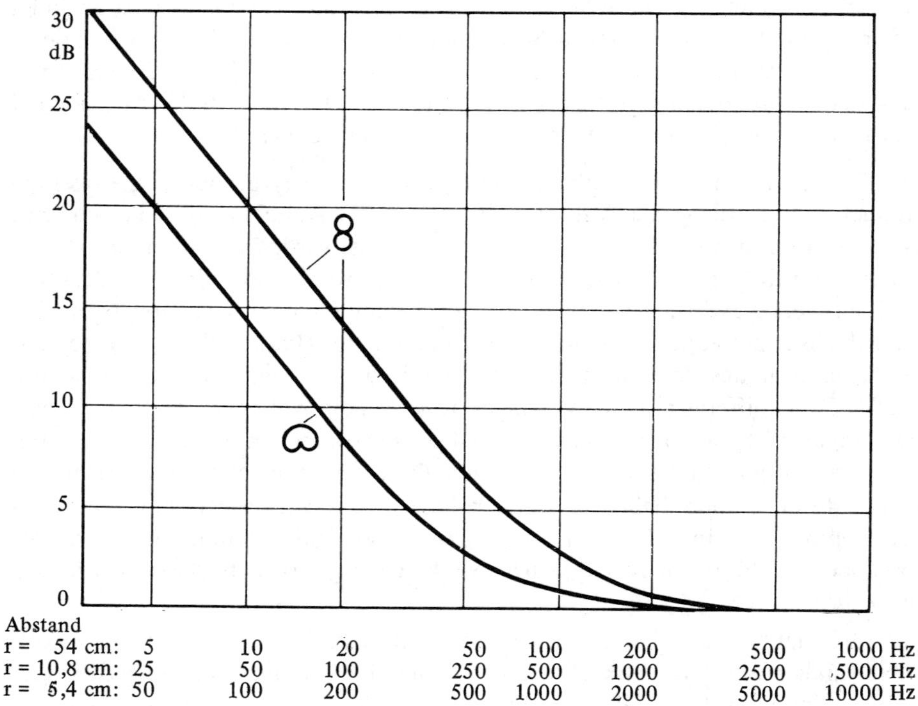

Abb. 4/7. Baßanhebung beim Nahbesprechungseffekt (nach [4.4]).

Richtmikrofone, die für den Einsatz bei geringen Entfernungen vorgesehen sind, müssen die Baßanhebung durch den Nahbesprechungseffekt ausgleichen. Sie sind im allgemeinen bezüglich ihres Frequenzgangs auf eine Entfernung von etwa 10 cm optimiert. Sie heißen Solisten-, Gesangs- oder Nahbesprechungsmikrofone. Universalmikrofone haben oft einen Sprache/Musik-Schalter (Tiefen abgesenkt/linear). Bei Zweiwegmikrofonen gelingt es durch konstruktive Maßnahmen, den Nahbesprechungseffekt verhältnismäßig gering zu halten. Nahbesprechungsmikrofone haben für entfernte Schallquellen selbstverständlich eine klangfärbende Baßabsenkung, die sie für größere Mikrofonabstände ungeeignet macht; sie eignen sich besonders für die Nahbesprechung in lärmerfüllter Umgebung wie in Bussen u. ä.

Störpegel

Für die Erfassung der Störspannung eines Mikrofons sind nach DIN 45 590 und 45 405 mehrere Begriffe und Meßverfahren in Gebrauch:

Eigenstörspannung (früher Fremdspannung): Die Eigenstörspannung ist die an der Nennabschlußimpedanz gemessene effektive Störspannung, wenn kein Schall auf das Mikrofon trifft und wenn auch sonst keine elektrischen oder magnetischen Störfelder vorhanden sind. Dieser Begriff wird in Typenbeschreibungen im allgemeinen nicht verwendet.

Geräuschspannung: Die Geräuschspannung von Mikrofonen ist nach DIN 45 590 die mit dem Geräuschspannungsmesser nach DIN 45 405 (entspricht CCIR 468) mit Frequenzbewertung und Quasi-Spitzenwertanzeige an der Nennabschlußimpedanz gemessene Störspannung. Das Bewertungsfilter berücksichtigt die größere subjektive Störwirkung der Frequenzen über 1 kHz.

Bewerteter Stör- oder Geräuschspannungspegel: Der Geräuschspannungspegel ist das in dB (dBV) ausgedrückte Verhältnis von Geräuschspannung zur Bezugsspannung 1 V. Wegen des in der Tonstudiotechnik unüblichen Bezugswerts 1 V erhält man eine ungefähre Angabe in dBu durch Subtraktion von 4 dB.

Bewerteter Stör- oder Geräuschspannungsabstand: Der Geräuschspannungsabstand ist die in dB ausgedrückte Differenz des Pegels, den das Mikrofon bei einem Schalldruck von 1 Pa (1 Pa = 10 μbar) und der Frequenz 1 kHz bezogen auf 1 V abgibt, und seinem Geräuschspannungspegel. 1 Pa entspricht einem Schalldruckpegel von 94 dB. Nach neuerer Normung (DIN 45 405) sollen die Begriffsbildungen mit „Geräusch..." durch „bewertete Stör..." ersetzt werden. Der Bezug auf 1 V, den DIN 45 590 hier vorsieht, ist unerheblich und kann durch einen beliebigen Bezugswert, z. B. 0,775 V ersetzt werden, wenn der Mikrofonpegel bei 1 Pa und die Geräuschspannung auf denselben Wert bezogen sind.

Ersatzlautstärke: Dieser früher, aber teilweise auch noch heute verwendete Begriff soll die Störwirkung der Eigenstörungen eines Mikrofons mit akustischen Störungen des Aufnahmeraums vergleichbar machen. Er muß deshalb den Feldübertragungsfaktor des jeweiligen Mikrofontyps berücksichtigen. Die Ersatzlautstärke ist gleich

Tab. 4/1. Mikrofonstörungen in unterschiedlicher Bewertung

Bezeichnung der Meßgröße	Festlegung durch Norm	aus dem Jahr	Einheit	Kurzdefinition
Geräuschspannung, bewertete Störspannung	DIN 45 590 und DIN 45 405 (entspricht CCIR 468-2)	1974 1983 1976	V, μV	Angabe der Spannung, gemessen mit der Filterkurve nach DIN 45 405 als Quasi-Spitzenspannung
	DIN 45 590 und DIN 45 405 (zurückgezogen 1983)	1974 1967	V, μV	dto., jedoch bewertet nach der zurückgezogenen Bewertungskurve
Geräuschspannungspegel, bewerteter Störspannungspegel	DIN 45 590 und DIN 45 405 (CCIR 468-1)	1974 1983	dB, dBV	Pegel der Geräuschspannung bezogen auf 1 V
	dto., jedoch nach der zurückgezogenen Norm 45 405	1967	dB, dBV	dto., jedoch bewertet nach der zurückgezogenen Bewertungskurve
Geräuschspannungsabstand, bewerteter Störspannungsabstand	DIN 45 590 und DIN 45 405	1974 1983	dB, dBqps	Differenz zwischen Mikrofonpegel bei 1 Pa entspr. 94 dB Schalldruck(pegel) und Geräuschpegel
	dto., nach der zurückgezogenen DIN 45 405	1967	dB	dto., jedoch Bewertung nach der zurückgezogenen Norm
A-bewerteter Äquivalentschalldruck	DIN 45 590 und DIN IEC 651 E DIN 45 412 IEC 268-1	1974 1981 1984 1968	Pa, μPa	der dem Störpegel des Mikrofons entsprechende Schalldruck als Effektivwert bewertet nach der Bewertungskurve A
A-bewerteter Äquivalentschalldruckpegel	DIN 45 590 und DIN IEC 651	1974 1981	dBA	dto. als Pegelangabe mit dem Bezugswert 20 μPa
Ersatzlautstärke, Ersatzgeräuschpegel	DIN 45 590 und DIN 45 405	1974 1983	dB	Differenz von 94 dB (entsprechend einem Schalldruck von 1 Pa) und dem Geräuschpegelabstand
	DIN 45 590 und DIN 45 405 (zurückgezogen)	1974 1967	dB	dto., Geräuschpegelabstand jedoch nach der zurückgezogenen Norm gemessen
	DIN IEC 651 E DIN 45 412	1981 1984	dBA	dto., Geräuschpegelabstand jedoch nach DIN IEC 651 gemessen (Effektivwert A-bewertet)

Bemerkung	Zahlenbeispiel	derzeit geltendes Meßverfahren
	5 μV	•
gegenüber der geltenden Norm ergeben sich um den Faktor 0,63 niedrigere Spannungswerte	3,2 μV	○
wegen des Bezugswerts 1 V ca. 4 dB über Studiopegel bzw. ca. 4 dB unter absol. Spannungspegel bezogen auf 1,55 V	–106 dB	•
gegenüber der geltenden Norm ergeben sich um 4 dB niedrigere Pegelwerte	–110 dB	○
beim Geräuschspannungsabstand geht auch das Übertragungsmaß des Mikrofons ein	66 dB	•
gegenüber der geltenden Norm ergeben sich um 4 dB größere Pegelwerte	70 dB	○
	150 μPa	•
	17 dBA	•
der Begriff soll nach DIN 45 590 durch den Geräusch- bzw. Störspannungsabstand ersetzt werden, wird aber in Datenblättern weiterhin benutzt, da er einen direkten Vergleich zwischen dem Schalldruckpegel im Studio und dem Störpegel des Mikrofons erlaubt	28 dB	(•)
	24 dB	○
diese Angabe ergibt den am günstigsten erscheinenden Wert, er soll nur in der Heimtontechnik verwendet werden.	17dBA	• Heimton

• Angabe nach geltender Norm
(•) Angabe ist nach geltender Norm nicht vorgesehen, aber in Datenblättern anzutreffen
○ Angabe nicht nach geltender Norm

der Differenz in dB des Mikrofonpegels bei einem Schalldruck von 94 dB und des Geräuschspannungspegels.

Äquivalentschalldruck: Der Äquivalentschalldruck dient zur Erfassung spezieller Störungen wie Windgeräusche oder Magnetfeldeinstreuungen. Er kann auch als Pegel bezogen auf 20 μPa angegeben werden.

A-bewerteter Äquivalentschalldruck, -pegel: DIN 45 590 sieht neben der Bewertung der Geräuschspannung nach DIN 45 405 unter diesen Begriffen eine zweite Bewertung vor: bewertet wird nach der Bewertungskurve A nach DIN IEC 651 (bis 12.81 DIN 45 633) für Schallpegelmesser; die Kurve entspricht nicht der Kurve nach DIN 45 405; gemessen wird der Effektivwert. Der A-bewertete Äquivalentschalldruckpegel ergibt also notwendigerweise einen günstiger erscheinenden Wert als der Geräuschspannungspegel. E DIN 45 412 sieht diese Bewertung seit 1984 für den Heimtonbereich vor.

Diese bereits verwirrende Vielfalt von Störpegelbewertungen wird noch ergänzt durch Angaben nach der alten DIN 45 405, durch den Bezug auf die Bewertungskurve C nach DIN IEC 651 u. a.

Für die Geräuschbewertung eines Mikrofons stehen also mehrere verschiedene Meßmethoden zur Verfügung. Da sich die Meßwerte erheblich unterscheiden, ist beim Datenvergleich Sorgfalt notwendig. In der gegebenen Situation sollten diesbezügliche Angaben also stets das zugrundegelegte Meßverfahren beinhalten; anderenfalls muß vorsichtshalber die Messung in dBA nach DIN IEC 651 bzw. E DIN 45 412 (früher DIN 45 633) angenommen werden. Auch wenn eine Bewertung des Mikrofonstörpegels im Bezug auf die Störgeräusche der Regie- oder Aufzeichnungsanlage angestellt wird, ist auf Gleichheit der Geräuschbewertung zu achten. Bei den Studiomikrofonen, die nach Frequenzumfang und Frequenzlinearität vergleichbar sind, ergeben sich ähnliche Meßwerte, da als Ursache der Störspannungen hauptsächlich das Wärmerauschen auftritt *(Tab. 4/1)*.

Auch zur Definition des Geräuschspannungsabstands nach DIN 45 590 gibt es eine ähnliche Größe, die günstiger erscheinende Werte angibt: Während der Geräuschspannungsabstand auf einen Schallpegel von 94 dB entsprechend einem Schalldruck von 1 Pa bezogen ist, wird der Dynamikumfang eines Mikrofons von manchen Herstellern auf einen Schalldruck bezogen, bei dem die Verzerrungen einen Wert von 0,5 oder 1% erreichen, Werte, die gemessen am heutigen Standard der Tonstudiotechnik nicht mehr als gering zu bezeichnen sind. Dabei stehen den Geräuschspannungsabständen üblicher Studiomikrofone von 75 bis 80 dB Dynamikumfänge von 110 bis 140 dB gegenüber; von Einfluß ist hier natürlich auch die verwendete Störpegelbewertung sowie die zugelassenen Verzerrungen; über beides fehlen oft die Angaben.

Bei dynamischen Mikrofonen ist der störende Einfluß äußerer Magnetfelder von Interesse. Der Magnetfeldstörfaktor gibt die induzierte Spannung bei 5 μTesla und 50 Hz an. Mikrofone geringer Magnetfeldempfindlichkeit haben 3–5 μV/μT.

Die derzeit für Störspannungen von Mikrofonen nach DIN 45 590 (1974) benutzten Begriffe stehen im Gegensatz zu den Begriffen nach DIN 45 405 (1983), wonach die Begriffe „Fremd...“ durch „Stör...“ und „Geräusch...“ durch „bewerteter Stör...“ zu ersetzen wären.

Grenzschalldruck, Aussteuerungsgrenze

Anstelle des Klirrfaktors wird bei Mikrofonen derjenige Schalldruck oder Schalldruckpegel angegeben, unterhalb dessen der Hersteller die Einhaltung eines bestimmten Klirrfaktors – meist 0,5%, gelegentlich aber auch 1%, bei 1000 Hz – garantiert. Man bezeichnet diesen Schalldruck als Grenzschalldruck. Für Kondensatormikrofone liegt er in der Regel zwischen 20 und 200 Pa; dem entspricht ein Schalldruckpegel von 120 bzw. 140 dB. Dynamische Mikrofone können meist sehr hohe Schalldrucke verarbeiten, ohne daß ihre Verzerrungen unzulässig ansteigen; deshalb wird bei ihnen oft auf die Angabe eines Grenzschalldrucks verzichtet.

Nennabschlußimpedanz, Nennimpedanz

Die Nennabschlußimpedanz eines Mikrofons (DIN 45 590) ist der elektrische Wechselstrom-Abschlußwiderstand, für den es ausgelegt ist und mit dem es geringstenfalls abgeschlossen werden soll; er stellt die höchst zulässige Belastung dar. Die Nennabschlußimpedanz ist also die minimale Eingangsimpedanz des Mikrofonverstärkers. Je nach Hersteller und Mikrofon-Typ sind verschiedene Werte üblich, sie liegen zwischen 200 und 1000 Ω, gelegentlich auch höher.

Die elektrische Impedanz (DIN 45 590) eines Mikrofons ist der Quellwiderstand, also der Quotient aus der an dessen Klemmen angelegten Spannung und dem dabei fließenden Strom bei Abschluß mit der Nennabschlußimpedanz; die Angabe wird meist auf 1 kHz bezogen. Die meisten Mikrofone haben eine Nennimpedanz von 150 oder 200 Ω.

Nur wenn die Nennabschlußimpedanz wesentlich höher als die elektrische Impedanz ist, wirken sich Frequenzabhängigkeiten der Impedanzen nicht auf den Frequenzgang des Mikrofonpegels aus. Bei Kondensatormikrofonen reduziert eine zu kleine Abschlußimpedanz die Aussteuerbarkeit. Die vom Hersteller angegebenen Werte sollten keinesfalls unterschritten werden.

Richtwirkung und ihre Frequenzabhängigkeit

Die Abhängigkeit der Mikrofonspannung bzw. des Mikrofonpegels von der Einfallsrichtung des Schalls wird durch verschiedene Begriffe erfaßt, die in DIN 45 590 definiert sind:

Richtungsfaktor: Der Richtungsfaktor eines Mikrofons für eine bestimmte Frequenz und Richtung ist das Verhältnis des Feld-Übertragungsfaktors für eine ebene Schallwelle, die das Mikrofon aus einer bestimmten Richtung trifft, zu demjenigen aus der Bezugsrichtung (Richtung 0 °, Bezugsachse, Symmetrieachse). Der Richtungsfaktor hängt von der Einfallsrichtung und der Frequenz ab. Er ist dimensionslos.

Richtungsmaß: Das Richtungsmaß ist der 20fache Zehnerlogarithmus des Richtungsfaktors. Er wird in dB angegeben.

Richtcharakteristik: Erst die grafische Darstellung des Richtungsfaktors oder bevorzugt des -maßes für alle Richtungen und einige wichtige Frequenzen (z. B. 125, 250, 500, 1000, 2000, 4000, 8000, 16 000 Hz) in einem Polarkoordinatensystem macht die Richtwirkung eines Mikrofons für den Anwender deutlich *(Abb. 4/8.1)*. Da alle Richtcharakteristiken symmetrisch zur 0 °-Richtung liegen, wird das Richtungsmaß vielfach für eine bestimmte Frequenz nur einseitig angegeben. Das Richtdiagramm ist die zentrale Schnittebene der räumlichen Richtcharakteristik; diese liegt rotationssymmetrisch zu der senkrecht die Membran schneidenden Achse *(Abb. 4/8.2)*.

In *Abb. 4/8* sind die Richtdiagramme aufgrund des Richtungsfaktors und aufgrund des Richtungsmaßes einander gegenübergestellt. Die Darstellung des Richtungsfaktors läßt die Richtcharakteristik deutlicher erscheinen als die Darstellung des Richtungsmaßes. *Tab. 4/2* stellt einige Werte von Richtungsmaß und -faktor gegenüber.

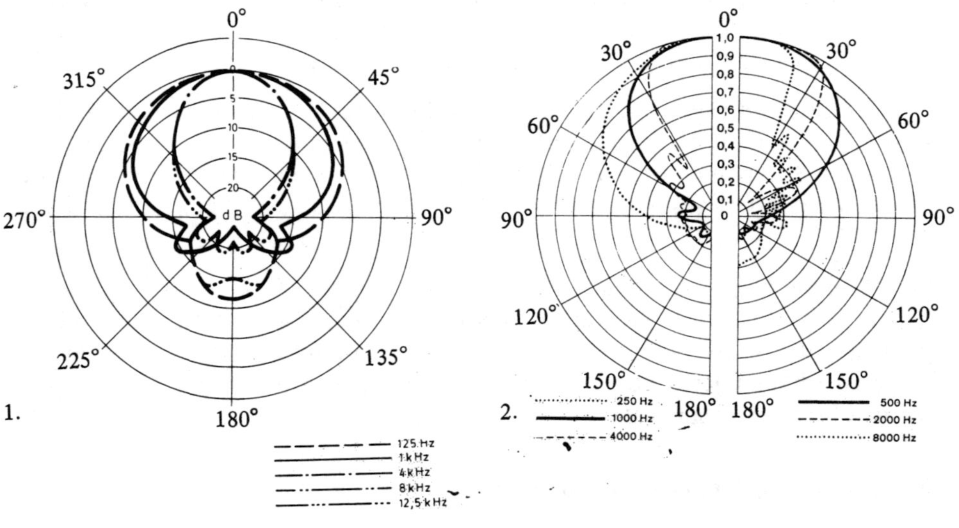

Abb. 4/8. Richtdiagramme zweier Rohrrichtmikrofone,
1. Darstellung des Richtungsmaßes,
2. Darstellung des Richtungsfaktors.

Mikrofone mit Richtwirkung werden sowohl in Mono- als auch in Stereotechnik eingesetzt, um Schall bevorzugt aus einer bestimmten Richtung zu empfangen, den Direktschall aus anderen Richtungen und den Diffusschall aber auszublenden. Um

Tab. 4/2. Richtungsmaß und Richtungsfaktor

Richtungsmaß in dB	≙	Richtungsfaktor
0		1
–3		0,7
–6		0,5
–10		0,3
–12		0,25

diese Eigenschaft mit einem einzigen Zahlenwert ausdrücken zu können, werden die Begriffe Bündelungsgrad und Bündelungsmaß verwendet (DIN 45 590):

Bündelungsgrad: Der Bündelungsgrad gibt an, wievielmal größer die aufgenommene Leistung des Raumschalls wäre, wenn das Mikrofon bei gleichem Feldübertragungsfaktor Kugelcharakteristik hätte. Er ist eine reine Zahl. Bei einem idealen Nierenmikrofon z. B. beträgt der Bündelungsgrad 3. Das heißt umgekehrt, nur 1/3 der Raumschalleistung – verglichen mit einem Kugelmikrofon desselben Feldübertragungsfaktors wie das Nierenmikrofon in der Richtung 0 ° – wird aufgenommen. Praktisch bedeutet das, wenn man statt der Schalleistung den Schallpegel betrachtet, daß bei einem Nierenmikrofon der Besprechungsabstand $\sqrt{3} = 1.73$ mal größer sein kann als bei einem Kugelmikrofon. Erst bei einem Besprechungsabstand von z. B. 1,73 m hat man also bei einem Nierenmikrofon den gleichen Einfluß des Raumschalles, den man bei einem Kugelmikrofon bereits in einem Abstand von 1 m beobachtet. Für die Achterrichtcharakteristik gilt dasselbe.

Bündelungsmaß: Das Bündelungsmaß ist der 10fache Zehnerlogarithmus des Bündelungsgrades; er wird in dB angegeben.

Die Richtcharakteristik eines Mikrofons wird von seiner akustischen Arbeitsweise, d. h. von seiner mechanisch-akustischen Konstruktion bestimmt. Die Konstruktion legt fest, ob ein Mikrofon auf den Schalldruck anspricht und damit kugelförmige Richtcharakteristik hat oder ob es auf den Druckgradienten oder die Schnelle anspricht und damit nieren- oder achterförmige Richtcharakteristik bzw. Zwischenformen (Super- und Hyperniere, Keule) besitzt.

Vergleich der verschiedenen Richtcharakteristiken für den praktischen Einsatz

In *Abb. 4/9* sind in räumlicher Darstellung die Hauptformen der Richtcharakteristiken dargestellt. Da diese frequenzabhängig sind, handelt es sich um orientierende Vereinfachungen.

In *Abb. 4/10* sind die Richtdiagramme der Grundformen Kugel, Niere und Acht sowie der Zwischenformen zwischen Niere und Acht, Superniere, Hyperniere und Keule dargestellt; auch hierbei handelt es sich um idealisierte Darstellungen, die außer Acht lassen, daß in der Praxis die Richtdiagramme eine Frequenzabhängigkeit

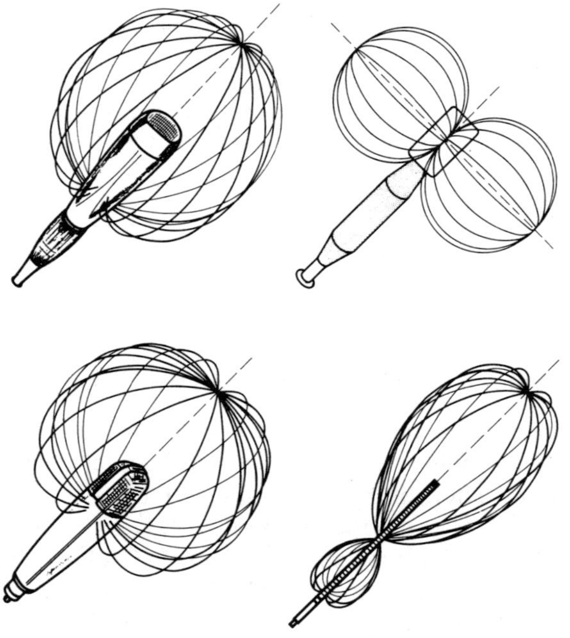

Abb. 4/9. Hauptformen der Richtcharakteristik in pseudo-dreidimensionaler Darstellung (oben: Kugel, Acht; unten Niere, Keule).

zeigen. Während Nieren und Achten sowie ihre Zwischenformen noch relativ frequenzunabhängige Richtdiagramme haben, sind Kugeln und Keulen für Direktschall vergleichsweise erheblich frequenzabhängig. Die in *Abb. 4/10* dargestellten Kurven gelten in dem Frequenzbereich bis 1000 Hz.

Für den praktischen Einsatz der Richtmikrofone ist zunächst wichtig, daß die Richtwirkung nur für Direktschall wirksam ist, also nicht weit über den Hallradius (siehe 1.2.4) hinaus. Nur im Freien oder in sehr trockenen Räumen kann demnach ein Mikrofon aus größerer Entfernung Störschall aus anderen Richtungen als aus derjenigen der Schallquelle ausblenden. In sehr halligen Räumen können nur Keulen-Richtmikrofone bis zum zwei- bis dreifachen Wert des Hallradius noch Schall ausblenden. Die Ausblendung von Störschall bzw. Nachhall ist um so besser, je näher das Mikrofon an die Schallquelle herangebracht wird.

Das Verhältnis von Direktschall zu Diffusschall ist bei der Mikrofonaufnahme ein wichtiges Kriterium für die Wahl der geeigneten Richtcharakteristik. In relativ halliger Umgebung und/oder bei störenden Nebengeräuschen ist es bei Sprachaufnahmen praktisch immer, bei Musikaufnahmen vielfach wünschenswert, möglichst viel Direktschall verglichen mit dem Diffusschall aufzunehmen. Der Mikrofonabstand ist bei Richtmikrofonen für ein bestimmtes Verhältnis von Direkt- zu Diffusschall

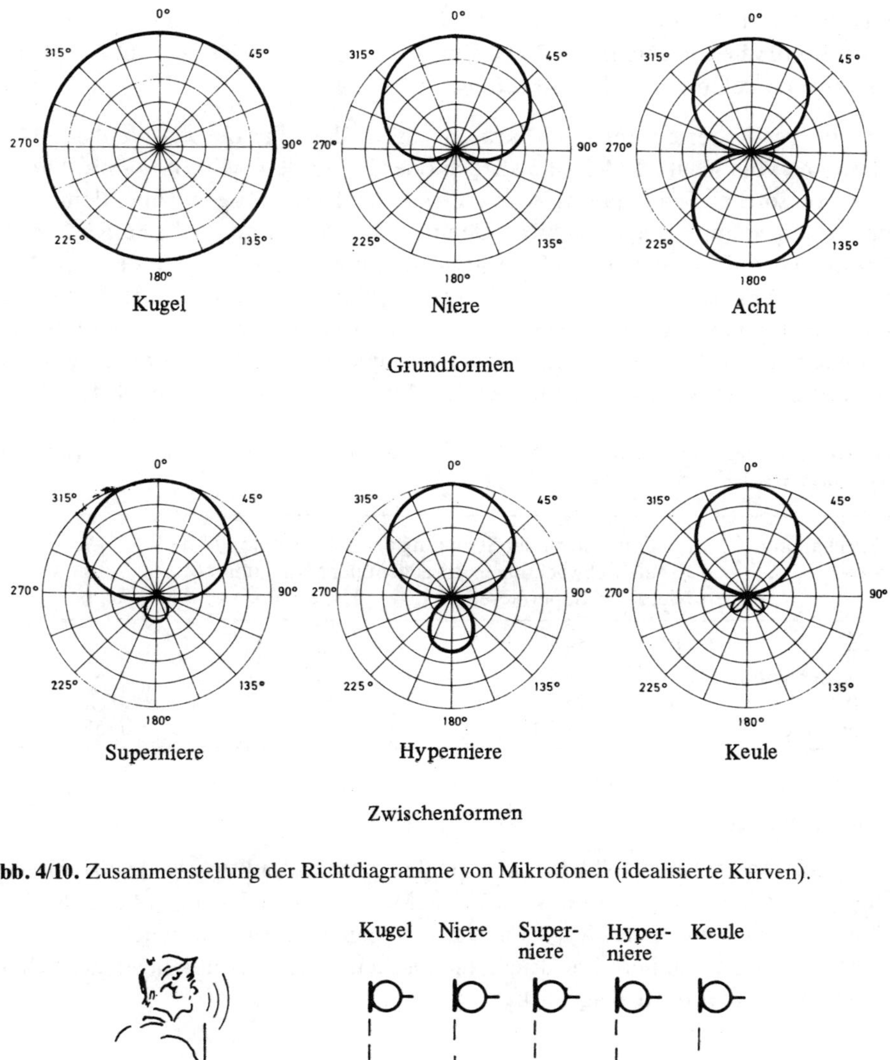

Abb. 4/10. Zusammenstellung der Richtdiagramme von Mikrofonen (idealisierte Kurven).

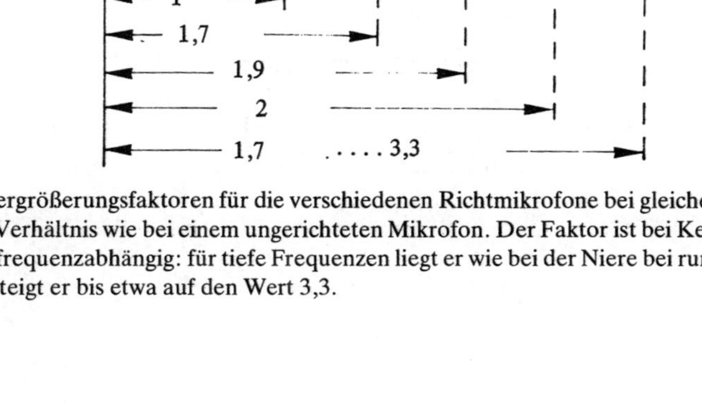

Abb. 4/11. Vergrößerungsfaktoren für die verschiedenen Richtmikrofone bei gleichem Direktschall-/Diffusschall-Verhältnis wie bei einem ungerichteten Mikrofon. Der Faktor ist bei Keulenrichtcharakteristik stark frequenzabhängig: für tiefe Frequenzen liegt er wie bei der Niere bei rund 1,7, bei hohen Frequenzen steigt er bis etwa auf den Wert 3,3.

stets größer als bei ungerichteten Mikrofonen. Dieser Vergrößerungsfaktor ist in *Abb. 4/11* für die verschiedenen Richtmikrofone angegeben. Er ist gleich der Wurzel aus dem Bündelungsgrad des Mikrofons.

Ein weiteres Kriterium für die Mikrofonwahl ist das Maß der Ausblendung bzw. Dämpfung von Schallquellen, die seitlich oder hinter dem Mikrofon sind; Direktschall von solchen Schallquellen wird entsprechend *Tab. 4/3* gegenüber dem Schall von vorne gedämpft aufgenommen. Demnach hat die Niere die beste Rückwärtsdämpfung bei nicht allzu großer Seitwärtsdämpfung. Die Acht bietet die beste Seitwärtsdämpfung, ist aber nach hinten ebenso empfindlich wie nach vorne. Super- und Hyperniere stellen als Zwischenformen Kompromisse zwischen diesen beiden Richtcharakteristiken dar: die Superniere verbindet recht gute Rückwärtsdämpfung mit geringerer Seitwärtsdämpfung, bei der Hyperniere ist dies umgekehrt.

Tab. 4/3. Spannungs- und Pegelverhältnisse für verschiedene Schalleinfallsrichtungen bei Richtmikrofonen (theoretische Werte).

Beschallung unter	Spannung in % der Spannung des Schalls unter 0 ° und Pegelabschwächung in dB gegenüber Schall unter 0 °			
	Niere	Superniere	Hyperniere	Acht
90 °	50%	38%	25%	0%
(von der Seite)	6 dB	9 dB	12 dB	∞
180 °	0%	25%	50%	100%
(von hinten)	∞	12 dB	6 dB	0 dB

Druckempfänger

Abb. 4/12 zeigt im Schnittbild den prinzipiellen Aufbau der Kapsel eines Druckempfängers. Das Innere der Kapsel ist durch die Membran von dem umgebenden Raum schalldicht getrennt; in der Kapsel herrscht wegen des Druckausgleichs durch eine kleine Öffnung der äußere Luftdruck, die raschen Druckschwankungen des Schalls werden dabei aber nicht ausgeglichen.

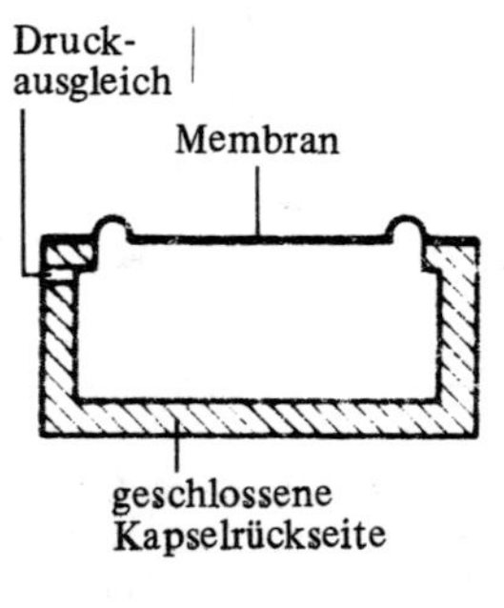

Abb. 4/12. Prinzip des Aufbaus der Kapsel eines Druckempfängers.

Die Membran wird immer dann bewegt, wenn der Druck vor der Membran vom Kapselinnendruck abweicht. Auch von hinten oder von der Seite auf den Druckempfänger auftreffender Schall verursacht Schalldruckänderungen vor der Membran, wenn die Schallwellen um das Mikrofon gebeugt werden, was für Studiomikrofone bei Frequenzen unterhalb etwa 10000 Hz zutrifft. Ein Druckempfänger nimmt also Schallereignisse aus allen Richtungen in gleicher Weise auf, Druckempfänger haben deshalb eine kugelförmige Richtcharakteristik.

Die Richtcharakteristik erfährt durch drei Phänomene Abweichungen von ihrer idealen Form; sie wirken sich nur im Bereich hoher Frequenzen aus. Es handelt sich um die Abschattung von Schall, der rückwärtig oder von der Seite auf das Mikrofon trifft, um Interferenzerscheinungen für schräg auf die Membran treffenden Schall und um den Druckstau für an der Membran reflektierte Schallwellen *(Abb. 4/13)*:

Schall wird nur dann um ein Hindernis gebeugt, wenn die Schallwellenlänge groß ist im Verhältnis zur Hindernisgröße. Ist also die Wellenlänge eines auf der Rückseite der Kapsel produzierten Schalls kleiner als der Durchmesser der Mikrofonkapsel, so entsteht ein mit steigender Frequenz stärker werdender Schallschatten vor der Membran; das führt mit zunehmender Frequenz zu einer Ausrichtung der Richtcharakteristik.

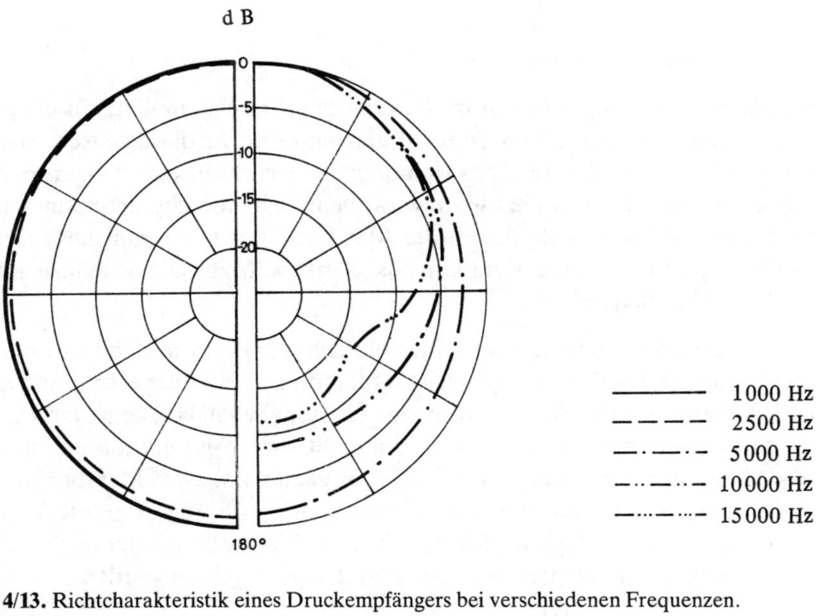

Abb. 4/13. Richtcharakteristik eines Druckempfängers bei verschiedenen Frequenzen.

Die Wirkung von Interferenzerscheinungen auf der Membran verstärkt noch die Richtwirkung bei hohen Frequenzen: Ist die Membran in der Größenordnung der Schallwellenlänge, so treffen senkrecht von vorn kommende Schallwellen auf die gesamte Membranoberfläche gleichphasig auf; schräg ankommende Schallwellen hingegen treffen mit unterschiedlichen Phasenlagen auf die einzelnen Membranzonen, was zu einer teilweisen Aufhebung der Auslenkung, also zu Interferenz führt. Der Interferenzeffekt engt die Richtcharakteristik auf Keulenform ein. Bei Richtmikrofonen mit Keulenrichtcharakteristik wird die Interferenzwirkung auf mittlere Frequenzen ausgedehnt.

Schallabschattung und Interferenzerscheinungen ließen sich dadurch vermeiden, daß der Durchmesser der Druckempfängerkapsel kleiner gewählt wird als ein Viertel der Wellenlänge der höchsten zu übertragenden Frequenz, also kleiner als etwa 5 mm. Dem entgegen steht jedoch die Forderung nach einer möglichst großen Empfindlichkeit, die ihrerseits mit der Membrangröße zunimmt, so daß eine bestimmte Größe der Membran – für Studiomikrofone etwa 15 mm – nicht unterschritten werden kann.

Der durch die Reflexion der Schallwelle an der Membran bedingte Höhenanstieg des Frequenzgangs, den alle Druckempfänger mit geradlinigem Diffusfeldfrequenzgang bei Schalleinfall von vorn aufweisen (siehe 4.2.1, Frequenzgang), liegt mit seinem Maximum bei Mikrofonen mit kleiner Membran um 15 kHz, bei Mikrofonen mit großer Membran um 10 kHz; er beträgt etwa 6 dB.

Prinzip des Druckgradientenempfängers

Druckgradientenempfänger haben im Gegensatz zu Druckempfängern einen gerichteten Schallempfang; die meisten Richtmikrofone nützen die Eigenschaften dieses Empfängerprinzips. Während die Membran des Schalldruckempfängers nur einseitig dem Schalldruck ausgesetzt wird, wirkt beim Schalldruckgradientenempfänger der Schalldruck auf beide Seiten der Membran ein; nur wenn diese Drücke unterschiedlich sind, kann die Membran ausgelenkt werden. Die Schalldruckdifferenz heißt Schalldruckgradient.

Der Druckgradientenempfänger in seiner einfachsten Form besteht also nur aus einer beidseitig für den Schall zugänglichen Membran. Eine solche Anordnung hat Achterrichtcharakteristik. Denn seitlich eintreffender Schall läßt keine Druckdifferenz an der Membran entstehen, Schall senkrecht von vorn oder hinten hingegen lenkt die Membran maximal aus. Durch Laufzeitglieder zwischen Membranvorder- und -rückseite für den Schall oder durch Überlagerung von Achter- mit Kugelrichtcharakteristik können jedoch auch Mikrofone nach dem Druckgradientenprinzip mit Nieren-, Super- und Hypernierenrichtcharakteristik gebaut werden.

Jeder Schalldruckunterschied im Schallfeld verursacht eine Luftbewegung in Richtung des Druckunterschieds. Deshalb ist die Spannung, die ein Druckgradientenmikrofon abgibt, auch der Schallschnelle proportional. Gelegentlich werden deshalb Druckgradientenempfänger – vor allem im Ausland – auch als Schnelleempfänger bezeichnet (Velocity Microphones). Bei den eigentlichen Schnelleempfängern hingegen folgt eine sehr leichte Membran tatsächlich der Luftbewegung, nicht den Druckunterschieden (Bändchenmikrofon, siehe 4.2.2).

Bei frequenzunabhängiger Druckamplitude steigt der Druckgradient und damit die Membranauslenkung zunächst mit der Frequenz an. Maximal ausgelenkt wird die Membran dann, wenn die mittlere Wegdifferenz zwischen Membranvorderseite A und -rückseite B einer halben Wellenlänge bzw. einer Phasendifferenz von 180 ° entspricht. Bei größerer Phasendifferenz wird die Auslenkung wieder geringer; bei 360 ° wird sie 0, um danach erneut anzusteigen *(Abb. 4/14)*. Die mittlere Wegdifferenz ist abhängig von der Konstruktion der Mikrofonkapsel. Ohne zusätzliche Maßnahmen wäre die Membranauslenkung also frequenzabhängig. Um zu einer Membranauslenkung zu gelangen, die von den tiefsten bis zu den höchsten zu übertragenden Frequenzen in einfacher Weise mit der Frequenz zunimmt, wird die mittlere Wegdifferenz zwischen Membranvorder- und -rückseite meist so festgelegt, daß sie etwa der halben Wellenlänge der höchsten zu übertragenden Frequenz entspricht. Damit arbeitet das Mikrofon abgesehen von seinem oberen Übertragungsbereich im ansteigenden Teil der Frequenzkurve nach *Abb. 4/14*. Oberhalb der Frequenz $f_ü$ wird das Druckgradientenprinzip zugunsten des Druck- und Interferenzprinzips unwirksam. Um ein Ansteigen der Membranauslenkung von tiefen zu hohen Frequen-

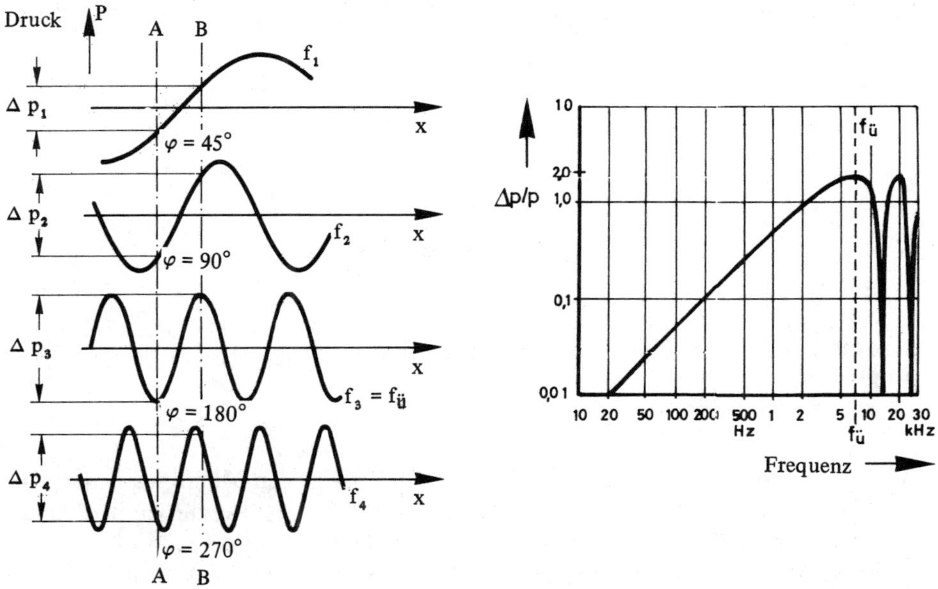

Abb. 4/14. Zustandekommen von Schalldruckdifferenzen $\Delta p_1 \ldots \Delta p_4$ zwischen zwei Punkten, die den Abstand A-B voneinander haben, bei vier verschiedenen Frequenzen in ebenen fortschreitenden Schallwellen und Frequenzgang des Druckgradienten bzw. der Druckdifferenz Δp zwischen zwei Punkten mit dem Abstand 25 mm im ebenen Schallfeld.

zen zu vermeiden, wird nun eine Dämpfung eingesetzt, deren Wirkung ebenfalls mit der Frequenz zunimmt. Zur frequenzabhängigen Dämpfung werden Massehemmung und Reibungshemmung angewendet.

Massehemmung entsteht dadurch, daß eine bewegte Masse ihrer eigenen Bewegung Widerstand entgegensetzt. Dieser Widerstand ist um so größer, je schneller die Bewegungsänderung erfolgt. Die bewegte Membran selbst setzt also der Bewegung einen mit der Geschwindigkeit, die ihrerseits mit der Frequenz ansteigt, zunehmenden Widerstand entgegen.

Reibungshemmung entsteht dadurch, daß – verursacht durch die Membranbewegungen – Luft durch die Öffnungen der Kapselrückseite strömt. Dabei reiben sich die Luftmoleküle an den Wandungen der Öffnungen. Durch diese Reibung wird der Luftströmung und damit der Membranbewegung Widerstand entgegengesetzt. Die Abbremsung des Luftstromes, verursacht durch die Reibung, ist um so stärker, je schneller die Luft durch die Öffnungen strömen muß. Der Einfluß der Reibung auf die Luftbewegung und damit auf die Membran steigt mit zunehmender Geschwindigkeit an, sie wird also ebenfalls mit steigender Frequenz wirksamer.

Druckgradientenempfänger mit Achterrichtcharakteristik

Die Mikrofonkapsel des Druckgradientenempfängers mit Achterrichtcharakteristik besteht aus einer beidseitig für den Schall frei zugänglichen Membran *(Abb. 4/15).*

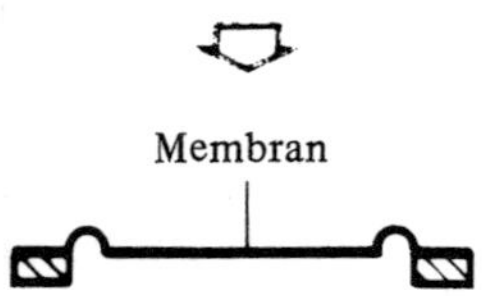

Abb. 4/15. Prinzipieller Aufbau der Kapsel eines Druckgradientenempfängers mit Achterrichtcharakteristik.

Bei seitlicher Beschallung der Membran entsteht zwischen Membranvorder- und Membranrückseite keine Druckdifferenz, das Mikrofon ist für seitlich auftreffenden Schall unempfindlich. Schall von vorn oder hinten führt dagegen zur größten Membranauslenkung. So entsteht die achterförmige Richtcharakteristik *(Abb. 4/16).* Sie ist über den gesamten Übertragungsbereich hinweg relativ unabhängig von der Frequenz. Anders als bei Druckempfängern führt Schall, der auf die Membranrückseite trifft, verglichen mit Schall von vorne zu gegenphasiger Auslenkung. Diese Gegenphasigkeit zwischen Schall von vorne und von hinten ermöglicht erst das Mikrofonverfahren der MS-Stereoaufnahmetechnik.

Mikrofone, die nur Achterrichtcharakteristik besitzen, gibt es nur wenige auf dem Markt. Meist steht diese Richtcharakteristik bei Mikrofonen zur Verfügung, die über umschaltbare Richtcharakteristiken verfügen.

Die Achterrichtcharakteristik ist dann für den praktischen Einsatz vorteilhaft, wenn besonders seitlicher Schall ausgeblendet werden soll oder wenn zwei Sprecher oder Instrumente, die einander gegenüberstehen, mit einem Mikrofon aufgenommen werden sollen.

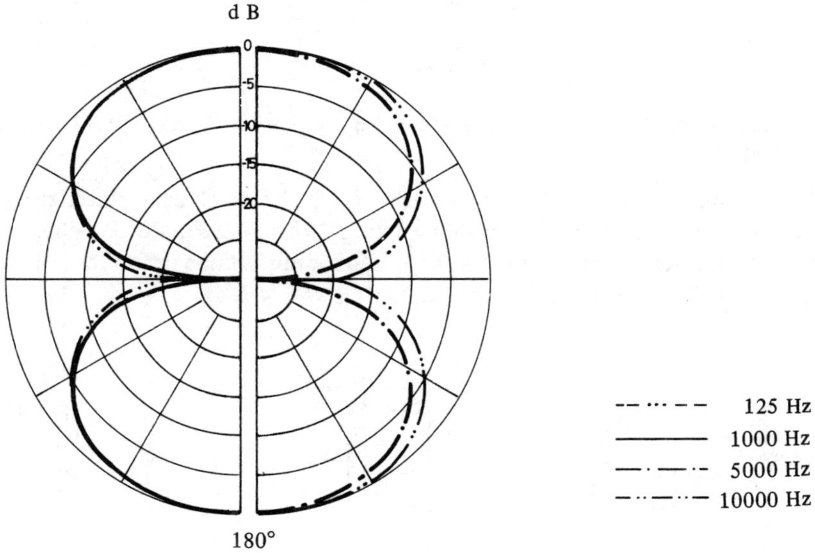

Abb. 4/16. Richtcharakteristik eines Druckgradientenempfängers mit Achterrichtcharakteristik bei verschiedenen Frequenzen.

Druckgradientenempfänger mit Nierenrichtcharakteristik

Nierenrichtcharakteristik oder Cardioidrichtcharakteristik eines Mikrofons kann auf zwei verschiedene Arten realisiert werden: Am häufigsten wird diese Richtcharakteristik mit einem sog. Laufzeitglied vor der Membranrückseite erreicht. Da aus der Überlagerung von Kugel- und Achterrichtcharakteristik ebenfalls Nierenrichtcharakteristik entsteht, kann auch dieses Prinzip herangezogen werden.

Abb. 4/17 zeigt das Bauprinzip eines Nierenmikrofons mit einem Laufzeitglied.

Dabei ist die Laufzeitdifferenz zur Membranvorderseite und Membranrückseite von der Schalleinfallrichtung abhängig *(Abb. 4/18)*. Bei Beschallung von vorn (0 °) hat der Schallanteil, welcher an die Rückseite der Membran gelangt, gegenüber dem auf die Vorderseite auftreffenden Schall eine Verzögerung, die durch die Wegdifferenz (2 l) bestimmt wird. Der so entstandene Druckunterschied führt zur Membranauslenkung *(Abb. 4/18a)*. Bei Beschallung von hinten sind die Laufzeiten zur Membran-

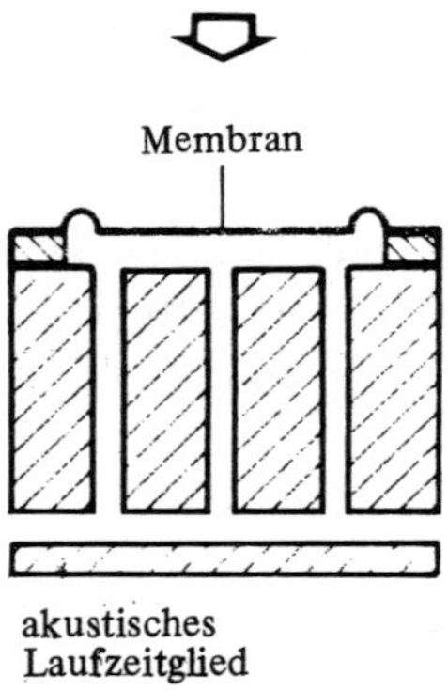

Abb. 4/17. Prinzip der Kapsel eines Druckgradientenempfängers mit Nierenrichtcharakteristik durch ein Laufzeitglied.

vorderseite und -rückseite etwa gleich. Es besteht keine Druckdifferenz; dadurch kommt es auch zu keiner Membranbewegung *(Abb. 4/18b)*. Bei Beschallung aus einer seitlichen Richtung (± 90 °) ist eine Laufzeitdifferenz vorhanden, die jedoch kleiner ist als die der Beschallungsrichtung 0 ° *(Abb. 4/18c)*.

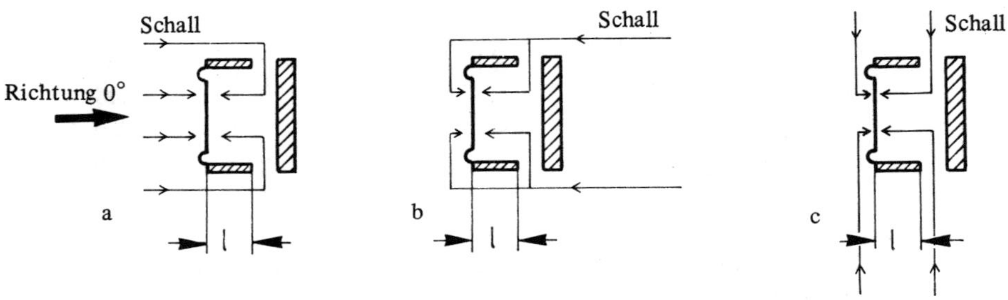

Abb. 4/18. Prinzip der Kapsel eines Druckgradientenempfängers mit Nierenrichtcharakteristik durch ein Laufzeitglied bei verschiedenen Schalleinfallsrichtungen.

Wird die Schallquelle von der Richtung 0 ° zur Rückseite (± 180 °) bewegt, so wird die Laufzeit- bzw. Druckdifferenz und damit die Membranauslenkung geringer. So entsteht die nierenförmige Richtcharakteristik *(Abb. 4/19)*.

Neben der Gewinnung der nierenförmigen Richtcharakteristik durch ein akustisches Laufzeitglied wird ein weiteres Verfahren angewandt: Die Nierenrichtcharakteristik wird dadurch gebildet, daß man einen Druckempfänger mit Kugelrichtcharakteristik und einen Druckgradientenempfänger mit Achterrichtcharakteristik miteinander kombiniert. Dies kann durch Addition der Signale eines eng benachbarten Kugel- und Achtersystems geschehen oder dadurch, daß ein Teil der Membran nur mit der Vorderseite, der andere Teil beidseitig dem Schall ausgesetzt ist.

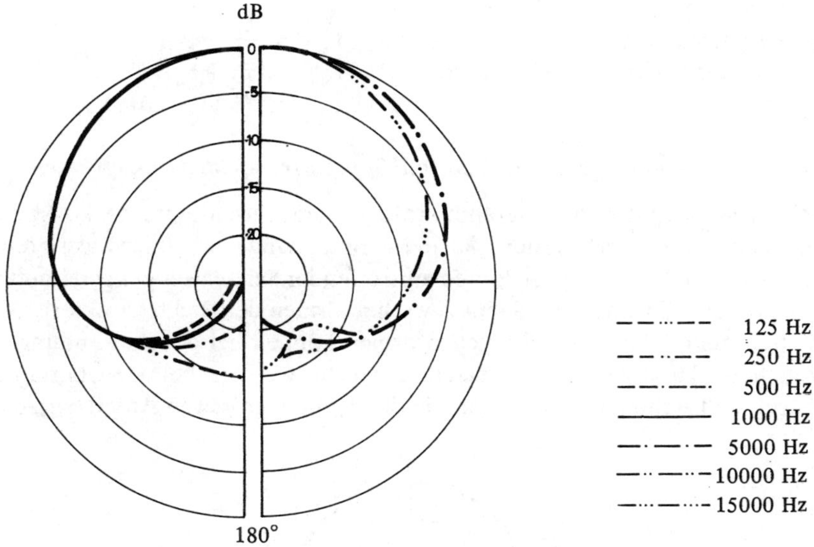

Abb. 4/19. Richtcharakteristik eines Druckgradientenmikrofons mit Nierenrichtcharakteristik bei verschiedenen Frequenzen.

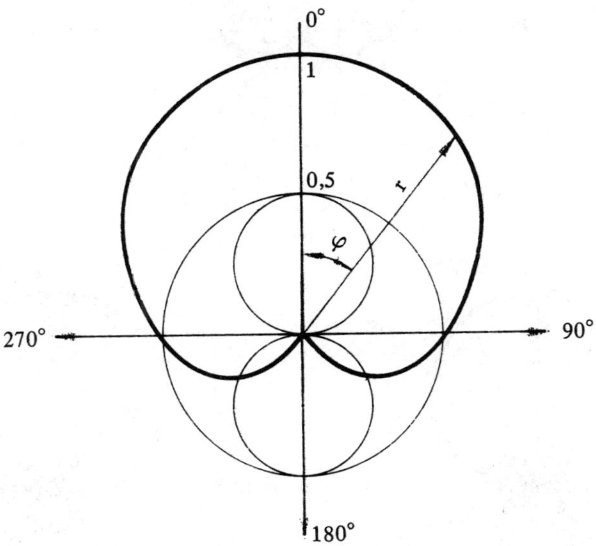

Abb. 4/20. Gewinnung der Nierenrichtcharakteristik als Summe von Kugel- und Achterrichtcharakteristik.

Die Nierenrichtcharakteristik entsteht dabei durch Überlagerung der Kugel- und Achterrichtcharakteristik *(Abb. 4/20)*. Mathematisch in Polarkoordinaten ausgedrückt heißt das:

Richtfaktor der Kugel	r_K	$= \frac{1}{2}$
Richtfaktor der Acht	r_A	$= \frac{1}{2} \cdot \cos\varphi$
Summe aus Kugel + Acht = Richtfaktor	r_N	$= r_K + r_A = \frac{1}{2} + \frac{1}{2} \cos\varphi$
der Niere	r_N	$= \frac{1}{2} (1 + \cos\varphi)$

Druckgradientenempfänger mit Hyper- und Supernierenrichtcharakteristiken

Die Richtcharakteristik der Nierenmikrofone kann durch einfache konstruktive Maßnahmen so verändert werden, daß die Ausblendung von seitlich auftreffendem Schall erhöht, zugleich aber von hinten auftreffender Schall weniger gedämpft wird als bei der Niere. Es entstehen damit Zwischenformen der Richtcharakteristik zwischen Niere und Acht. Diese Zwischenformen können bei der Anwendung eines Laufzeitglieds durch geringere Laufzeiten erreicht werden, bei der Überlagerung von Kugel- und Achterrichtcharakteristik durch einen größeren Anteil der Acht.

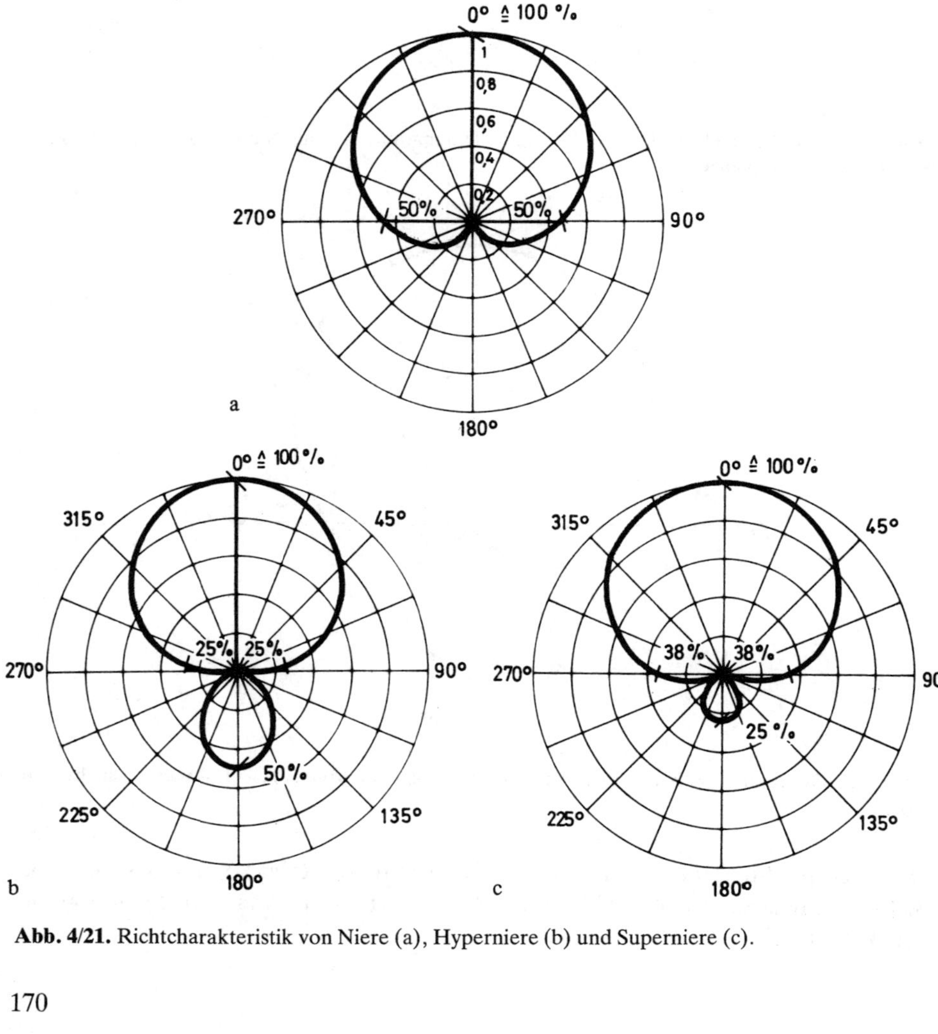

Abb. 4/21. Richtcharakteristik von Niere (a), Hyperniere (b) und Superniere (c).

Bei der Hypernierenrichtcharakteristik gibt das Mikrofon bei seitlichem Schall 25% (-12dB), bei Schall von hinten 50% (-6dB) der Spannung bezogen auf Schalleinfall von vorne ab. Bei der Supernierenrichtcharakteristik ergibt seitlicher Schall 38% (-9dB), Schall von hinten 25% (-12dB) der Spannung *(Abb. 4/21, Tab. 4/3).*

Die Nierencharakteristik ist am günstigsten, wenn hinter dem Mikrofon postierte Schallquellen ausgeblendet werden sollen. Die Hyperniere bevorzugt noch etwas stärker den unter 0 °, also von vorn einfallenden Schall gegenüber dem Diffusschall, also dem etwa gleichstark aus allen Raumrichtungen eintreffenden Schall, vermag demnach z. B. den Direktschall von einem Sprecher oder Solisten noch etwas mehr gegenüber dem Nachhall hervorzuheben. Niere und Acht nehmen im diffusen Schallfeld ein Drittel, die Hyperniere nur ein Viertel der Schalleistung auf, die ein ungerichtetes Mikrofon aufnehmen würde, das für Schalleinfall unter 0 ° den gleichen Pegel abgibt.

Die Größen, durch die die Superniere gekennzeichnet ist, liegen zwischen Niere und Hyperniere. Denkt man sich den Aufnahmeraum durch eine Fläche, in die die Mikrofonmembran einbezogen ist, in einen vorderen und einen hinteren Halbraum geteilt, so stellt die Superniere denjenigen Sonderfall dar, bei dem der Unterschied der aus beiden Halbräumen aufgenommenen Schallanteile am größten ist.

Mit dem Richtmikrofon kann man einen größeren Mikrofonabstand wählen, ohne daß der Direktschallanteil und damit die Durchsichtigkeit und die Präsenz leiden: Verglichen mit einem Mikrofon mit Kugelcharakteristik darf der Abstand für Niere und Acht das 1,7fache, für die Superniere das 1,9fache und für die Hyperniere das 2fache betragen *(Abb. 4/11).*

Die Schallanteile, die von hinten auf die Super- oder Hyperniere auftreffen, sind wie bei der Acht gegenüber Schallanteilen von vorn um 180° phasengedreht.

Interferenzempfänger mit Keulencharakteristik

Für den Fernsehton, für Beschallungen oder für Live-Aufnahmen auf der Bühne werden Mikrofone mit möglichst hoher Richtwirkung benötigt. Solche Mikrofone werden durch Anwendung des Interferenzprinzips meist in Zusammenwirkung mit einem Druckgradientenempfänger mit Nieren- oder Supernierencharakteristik verwirklicht. Vor der Membran ist ein Richtelement angeordnet. Das Richtelement besteht aus einem seitlich geschlitzten oder gelochten, vorne offenen Rohr *(Abb. 4/22).*

Die Richtwirkung eines solchen Mikrofons kommt dadurch zustande, daß Schallanteile aus Richtung der Rohrlängsachse (0 °) kommend sich im Rohr gleichphasig addieren; Schallanteile, die aus anderen Richtungen eintreffen, werden phasenverschoben überlagert und löschen sich dadurch gegenseitig je nach Phasenlage mehr oder weniger aus. Die entstehende Keulenrichtcharakteristik und damit der Bündelungsgrad sind abhängig vom Verhältnis der Länge des Richtelements zur Wellenlänge. Die Richtwirkung nimmt demnach mit der Frequenz zu. Bei tiefen Frequen-

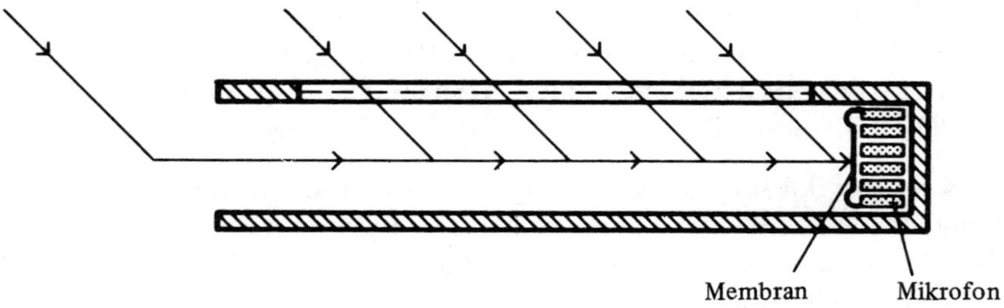

Abb. 4/22. Prinzip des Interferenzrichtmikrofons.

zen entspricht sie der Niere bzw. Superniere; mit steigender Frequenz engt sich die Richtcharakteristik zunehmend ein *(Abb. 4/23)*.

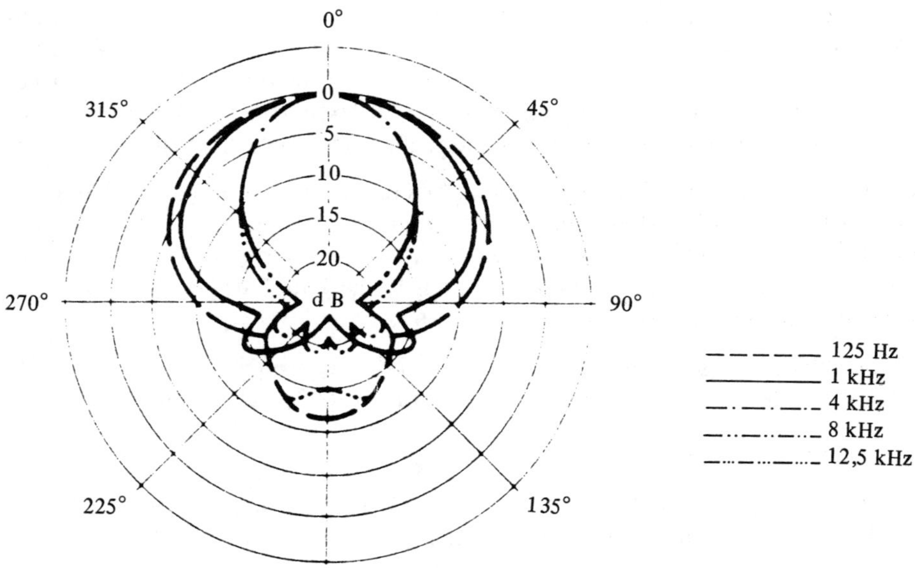

Abb. 4/23. Richtcharakteristik eines Druckgradientenempfängers mit Richtrohr.

Beim praktischen Einsatz der Rohrrichtmikrofone sind einige Besonderheiten zu beachten: Die Richtwirkung kann sich wie bei allen Richtmikrofonen nur solange auswirken, wie für die Aufnahme noch nennenswert Direktschall zur Verfügung steht; im Fernfeld kann das Mikrofon bei halligen Räumen also keinen Gewinn bringen. Aufgrund des engen Aufnahmebereichs und seiner starken Frequenzabhängigkeit kann der Einsatz bei bewegten Schallquellen vor allem bei geringerem Abstand zu dauernden Klangfarbenänderungen führen. Rohrrichtmikrofone sollten nur da verwendet werden, wo sie tatsächlich Vorteile zeigen. [4.6], [4.7], [4.8]

Breite Kugel

Erst seit wenigen Jahren stehen Mikrofone mit einer Richtcharakteristik zur Verfügung, die zwischen Niere und Kugel einzuordnen ist und meist etwas irreführend als breite Niere bezeichnet wird; breite Kugel ist ein treffenderer Begriff für diese Richtcharakteristik. Die breite Kugel bietet vor allem in klangfarblicher Hinsicht interessante Vorteile: Die Wiedergabe tiefer Frequenzen ist besser als bei Nieren, wenngleich nicht ganz so gut wie bei Druckkugeln, der Nahbesprechungseffekt ist weniger ausgebildet; das Polardiagramm, *Abb. 4/24* zeigt relativ geringe Frequenzabhängigkeiten. Direkt- und Diffusfeld sind - anders als bei Druckkugeln - klangfarblich sehr ähnlich, weil die Richtwirkung ähnlich wie bei Nieren relativ unabhängig von der Frequenz ist. Insgesamt ergibt dies einen vergleichsweise warmen Klang der breiten Kugel. Die Dämpfung nach hinten liegt bei ca. 10 dB für Frequenzen bis etwa 8 kHz; als Stützmikrofon muß deshalb der Abstand etwas geringer als bei Nieren gewählt werden.

Torus-Richtcharakteristik

Durch die Kombination von zwei Mikrofonkapseln mit Achterrichtcharakteristik kann eine weitere Richtcharakteristik geschaffen werden, die für Monoaufnahmen von Gesprächsrunden vorteilhaft ist: Die sog. Torus-Richtcharakteristik hat die Form eines Kreisrings, der innen geschlossen ist. Sie entsteht durch Überlagerung zweier unter 90 ° gekreuzter Achterrichtcharakteristiken, die mit einer Phasenverschiebung von 90 ° für alle Frequenzen, also über ein sog. 90 °-Filter, addiert werden. Das 90 °-Filter wird in einen der beiden Mikrofonwege vor der Summenbildung eingeschleift; die Pegel beider Mikrofone müssen gleich sein. Am besten eignet sich hierfür ein Koinzidenzmikrofon (Stereomikrofon). Ohne 90 °-Filter würden sich die beiden Mikrofonsignale wieder zu einer Achterrichtcharakteristik addieren, deren Achse gerade zwischen den Achsen der überlagerten Achtercharakteristiken liegen würde.

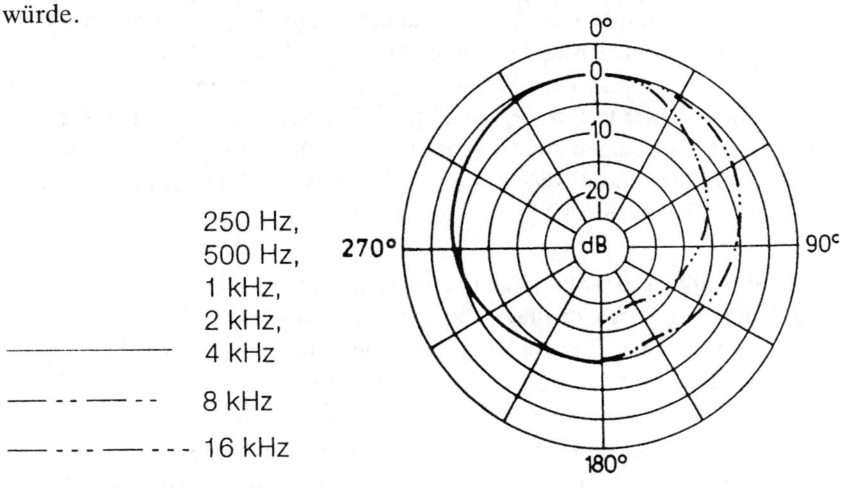

Abb. 4/24. Richtcharakteristik der breiten Kugel

Wind- und Poppstörungen

Windstörungen entstehen dann, wenn Wind auf die Mikrofonkapsel trifft, aber auch, wenn ein Mikrofon in ruhender Luft bewegt wird, also z. B. auch bei schnellen Bewegungen der Mikrofonangel. Der Winddruck und Luftwirbel können dabei die Membran ganz erheblich auslenken und zu Störgeräuschen führen. Bei Nahbesprechung entstehen impulsartige Luftströmungen bei Explosivlauten; die dadurch verursachten Störungen werden Poppstörungen genannt. [4.9]
Zur Verminderung dieser Störungen werden Wind- und Nahbesprechungsschutzkörbe verwendet. Sie reduzieren die Windgeschwindigkeit und damit die Störungen, wirken dabei auf den Nutzschall verhältnismäßig wenig ein. Die Wirksamkeit eines Schutzkorbes steigt mit seiner Größe, wobei die verwendeten Materialien ebenfalls von Bedeutung sind. In der Praxis können Dämpfungen der Windstörungen um 20 bis 30 dB erreicht werden. Allerdings verändern wirksame Windschutzkörbe auch etwas die Richtcharakteristik und den Frequenzgang der Mikrofone. Im allgemeinen wird zwischen Wind- und Nahbesprechungsschutz nicht unterschieden, gelegentlich werden kleinere Körbe aber als Nahbesprechungsschutz, größere Körbe als Windschutz bezeichnet.
Die Verwendung eines Windschutzes ist also grundsätzlich empfehlenswert bei Aufnahmen im Freien, bei Verwendung der Mikrofonangel und bei Nahbesprechung von Mikrofonen.

4.2.2 Bauformen von Mikrofonen

Kondensatormikrofone

Der in der Tonstudiotechnik am meisten eingesetzte Mikrofontyp ist das Kondensatormikrofon oder elektrostatische Mikrofon. Bei ihm wirken eine Membran und eine feste Gegenelektrode zusammen als Kondensator, dessen Kapazität sich entsprechend den Schwingungen der Membran ändert; denn die Kapazität eines Kondensators hängt u. a. vom Abstand der Kondensatorplatten ab. Die Membran besteht aus einer 1 bis 10 μm starken Metallfolie oder metallbedampften Kunststoff-Folie. Ihr Abstand von der festen Gegenelektrode beträgt 5 bis 50 μm. Das Gewicht der Membran liegt bei wenigen mg, was ganz wesentlich die hohe Qualität der Kondensatormikrofone begründet; die Membran dynamischer Mikrofone wiegt etwa das Zwanzigfache. Das Einschwingverhalten ist um so besser, je leichter die Membran ist.

Das Kondensatormikrofon bietet hohe Qualität, hat einen weitgehend frequenzunabhängigen Übertragungsfaktor und geringe Verzerrungen und Körperschallempfindlichkeit, benötigt aber eine Betriebsspannung zum Erhalten der Ladung des Kondensators und zur Versorgung des Verstärkers im Mikrofon, was in der Praxis jedoch unproblematisch ist [4.4], [4.10], [4.11], [4.12], [4.13], [4.14].

Bisher im wesentlichen für den nichtprofessionellen Bereich werden Elektret-Kondensatormikrofone angeboten, die keine externe Spannungszuführung benötigen, sondern lediglich eine Batterie zur Speisung des mit dem Mikrofon konstruktiv vereinten Impedanzwandlers und Mikrofonverstärkers. Bei diesen Mikrofonen ist die Ladung in Kunststoff-Folien „eingefroren“, ähnlich wie in einem Dauermagneten der Magnetismus „eingefroren“ ist [4.15], [4.16], [4.17]. Nachdem heute selbst kleine Mischpulte und die meisten Reportagemagnetbandgeräte eine Spannungsversorgung für Kondensatormikrofone zur Verfügung stellen, bieten Elektretmikrofone in der Tonstudiotechnik keine besonderen Vorteile.

Mikrofon-Vorverstärker

Die mechanischen Schwingungen der Membran des Kondensatormikrofons müssen in elektrische Schwingungen umgewandelt werden. Dafür hat sich weitgehend die sog. Niederfrequenzschaltung durchgesetzt [4.4], [4.18]. Daneben wird aber auch noch die Hochfrequenzschaltung verwendet [4.19].

Bei der Niederfrequenzschaltung wird die Mikrofonkapsel über einen Widerstand auf eine feste Gleichspannung, die zwischen 40 und 200 V liegen kann, aufgeladen. Trifft eine Schallwelle auf die Membran, so ändert sich die Kapazität des Kondensators im Rhythmus der Schallwellen. Das führt zu einem entsprechenden Ladungsausgleich und damit zu einer entsprechenden Wechselspannung am Widerstand *(Abb. 4/25)*. Der Spannungsabfall am Widerstand ist der Größe der Kapazitätsänderung und der Größe der angelegten Gleichspannung (Polarisationsspannung) proportional.

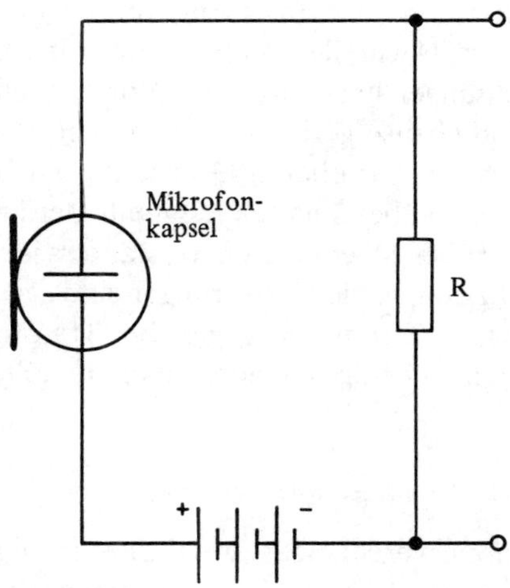

Abb. 4/25. Prinzipschaltbild des Kondensatormikrofons in Niederfrequenzschaltung.

Die Anordnung stellt einen Hochpaß dar, dessen Grenzfrequenz unterhalb des Frequenzbereichs des Mikrofons – also unter 40 Hz – liegen muß. Bei einer Kondensatorkapazität von 20 bis 100 pF – je nach Mikrofontyp – muß der Widerstand einen Wert zwischen 80 und 400 MΩ haben. An eine so hochohmige Quelle kann keine längere elektrische Leitung angeschlossen werden; deshalb befindet sich in jedem Kondensatormikrofon ein Mikrofon-Vorverstärker, der in erster Linie den Innenwiderstand herabsetzt, aber auch den Pegel anheben kann. Die Speisespannung wird in der professionellen Technik dem Mikrofon über das Mikrofonkabel zugeführt und vom Mikrofonverstärker der Tonregieanlage bzw. des Reportagegeräts geliefert; selten ist zur Versorgung ein eigens batterie- oder netzversorgtes Speisegerät erforderlich.

Um Schwingungen im Infraschallbereich vom Verstärker fernzuhalten, verfügt dieser über einen Hochpaß, der auch mit wählbarer Grenzfrequenz als schaltbares Trittschallfilter ausgebildet sein kann. Weiterhin enthält der Vorverstärker meist eine Vordämpfung, die das Mikrofon auch für sehr hohe Schalldrücke geeignet macht. Der elektrische Aufbau des Verstärkers bestimmt die Mikrofoneigenschaften wesentlich mit, besonders seinen Geräuschpegel und seine Dynamik.

Die Umsetzung der Membranschwingungen kann auch durch eine Hochfrequenzschaltung erfolgen. Die Kapazität der Mikrofonkapsel steuert hier die Frequenz oder die Phase einer HF-Schwingung. Das Mikrofon enthält dazu einen HF-Generator und einen Demodulator. Für den Anwender ist einem Mikrofon nicht anzusehen, ob es in der HF- oder NF-Schaltung arbeitet; die NF-Schaltung hat sich aber weitgehend durchgesetzt. Meßmikrofone für den Infraschallbereich können nur in HF-Schaltung gebaut werden.

Zunehmend werden Mikrofone mit transformatorloser (eisenloser) Endstufe verwendet, was bei gewissen Nachteilen Vorteile der Übertragungsqualität bietet. Transformatorlose Schaltungen haben folgende Vorteile: Die Verzerrungen im tiefen Frequenzbereich sind ebenso gering wie im übrigen Übertragungsbereich; die Ausgangsimpedanz bleibt bis zur oberen Grenze des Übertragungsbereichs konstant; das Mikrofon ist gegenüber äußeren Magnetfeldern unempfindlich; das Gewicht und der Platzbedarf des Mikrofon-Vorverstärkers ist geringer; der Amplituden- und Phasenfrequenzgang sowie Verzerrungen sind gegenüber Schaltungen mit Transformator verbessert. Allerdings ist gegenüber Transformatorschaltungen ein höherer Bauteilaufwand notwendig, vor allem aber ein höherer Speisestrom.

Spannungsversorgung der Kondensatormikrofone

Transistorisierte Mikrofone werden über zweiadrige, geschirmte Mikrofonkabel an die Mikrofonverstärker angeschlossen. Die Versorgungsspannung für den Betrieb der transistorisierten Mikrofone wird durch Mehrfachnutzung der Mikrofonleitung, also ohne besondere Versorgungsleitungen bereitgestellt. Zwei verschiedene Speisungsarten sind dabei möglich: Phantom- oder Mittelpunktspeisung und Tonaderspeisung. Beide Speisungsarten haben bestimmte Vor- und Nachteile *(Tab. 4/4)*. Im Tonstudiobereich hat sich Phantomspeisung durchgesetzt, da sie qualitative und betriebliche Vorteile bietet: geringere Störanfälligkeit, problemloser Anschluß dynamischer Mikrofone.

Tab. 4/4. Speisung von Kondensatormikrofonen

Phantomspeisung	Tonaderspeisung
Mikrofonkabel zweiadrig und abgeschirmt	
Stromzuführung gemeinsam über beide Adern, Rückführung über den Kabelschirm	Stromzuführung nur über die a-Ader, Rückführung über die b-Ader des Mikrofonkabels, der Kabelschirm ist frei von Gleichstrom
nur für symmetrischen Verstärkereingang	für symmetrischen und unsymmetrischen Verstärkereingang
dynamische Mikrofone sind beim Anschluß nicht gefährdet, da keine Gleichspannung zwischen den beiden Adern des Mikrofonkabels liegt	beim Anschluß dynamischer Mikrofone muß die Speisespannung abgeschaltet werden, da sie die Aufnahme verzerren und zur Beschädigung des Mikrofons führen kann
Umpolen der Leitung zwischen Speisung und Mikrofon zulässig	Umpolen der Leitung zwischen Speisung und Mikrofon nicht zulässig
bei Speisung mehrerer Mikrofone aus einer gemeinsamen Stromquelle ist keine Weiche erforderlich	es ist eine Speisungsweiche erforderlich
Störspannungen aus der Speisung überlagern sich nicht der Modulation	Störspannungen aus der Speisung überlagern sich direkt der Modulation

Bei der Phantomspeisung nach DIN 45 596 wird die Versorgungsspannung des Mikrofons von 12 oder 48 V gleichzeitig über die beiden Adern und über den Kabelschirm dem Mikrofon zugeführt *(Abb. 4/26)*. Durch Anschließen des Mikrofons an eine Mikrofondose wird über die symmetrische Mikrofonleitung eine Brückenschaltung hergestellt: die beiden Tonadern a und b bilden mit dem Kabelschirm einen Phantomkreis; vier gleichgroße Widerstände stellen den geforderten Brückenabgleich her und sollen bei der 48-V-Versorgung je 6,8 kΩ, bei der 12-V-Versorgung je 680 Ω betragen.

Der Mikrofonstrom fließt vom Mikrofonnetzgerät je zur Hälfte über beide Tonadern zum Mikrofon und über den Kabelschirm zurück zum Mikrofonnetzgerät. Die Versorgungsspannung von 48 V liegt zwischen der Tonader a und dem Kabelschirm und zwischen der Tonader b und dem Kabelschirm, zwischen a und b besteht keine Gleichspannung. Dynamische Mikrofone können deshalb ohne weiteres in symmetrischer Schaltungstechnik angeschlossen werden, ohne daß die Versorgungsspan-

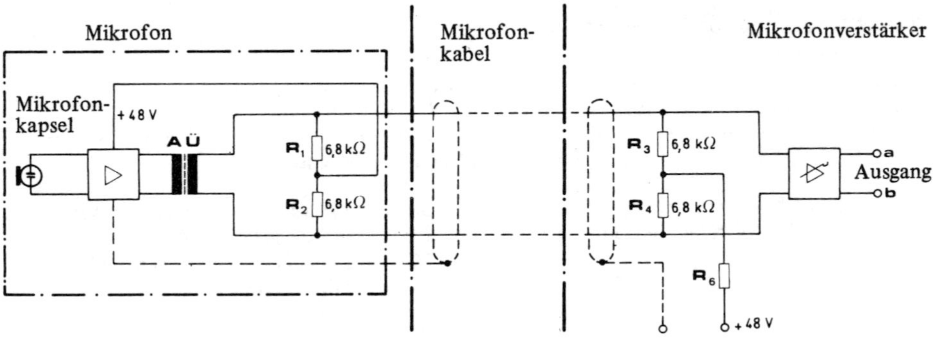

Abb. 4/26. Phantomspeisung.

nung abgeschaltet werden muß; unsymmetrische dynamische Mikrofone können nicht angeschlossen werden.

Da keine Spannung zwischen den Adern liegt, haben auch Schwankungen der Versorgungsspannung keinen Einfluß auf das Tonsignal; die Restwelligkeit ist deshalb auch nicht sehr kritisch. Auch Störspannungen, die in den Kabelschirm induziert werden, haben einen relativ geringen Einfluß. An einem Speisegerät können ohne besondere Entkopplungsmaßnahmen mehrere Mikrofone angeschlossen werden.

An die Brückenwiderstände werden bezüglich ihrer Toleranz keine hohen Anforderungen gestellt, ±20% sind zulässig. Jedoch sind die Anforderungen an die Gleichheit der Widerstände außerordentlich hoch, um Gleichspannungen zwischen den Adern zu unterbinden. Innerhalb eines Widerstandspaares darf nach DIN 45 596 die Differenz der Widerstandswerte 0,4% des Widerstandswertes nicht überschreiten. Die Forderungen gelten einzeln für die Widerstandspaare im Mikrofon und im Versorgungsteil, das im allgemeinen in der Regieanlage untergebracht ist. Ist die Gleichheit der Widerstände nicht erfüllt, so erhalten die Übertrager von Mikrofon und Regieanlage, soweit vorhanden bzw. soweit nicht durch Entkoppelungskondensatoren gleichstromgeschützt, eine Gleichspannung, die zu Verzerrungen führt. Die zulässige Größe der Restgleichspannung darf in der Praxis um so größer sein, je größer die Eingangsübertrager dimensioniert sind. Auch wenn am Regiepulteingang Entkoppelungskondensatoren vorhanden sind oder wenn die Eingangsschaltung ohne Übertrager aufgebaut ist, müssen die Widerstände gepaart sein, damit Störungen, die auf den Kabelschirm gelangen, weitgehend unwirksam bleiben und dadurch der besondere Vorteil der Phantomspeisung erhalten wird.

Bei der Tonaderspeisung nach DIN 45 595 werden für die Zuführung der Versorgungsspannung die beiden Tonadern a und b der Mikrofonleitung benutzt *(Abb. 4/27)*. Damit nimmt der Versorgungsstrom denselben Weg wie der Tonfrequenzstrom. Über zwei gleichgroße Widerstände von je 180 Ω wird die Tonader a mit dem Pluspol, die Tonader b mit dem Minuspol des Mikrofonnetzgerätes verbunden. Um die auf den Tonadern befindliche konstante Gleichspannung von 7,5 bis 13 V, im allgemeinen 12 V, vom Eingangsübertrager des nachfolgenden Mikrofonverstärkers fernzuhalten, sind Trennkondensatoren eingefügt. Die Tonaderspeisung ist heute im Studiobereich relativ selten anzutreffen.

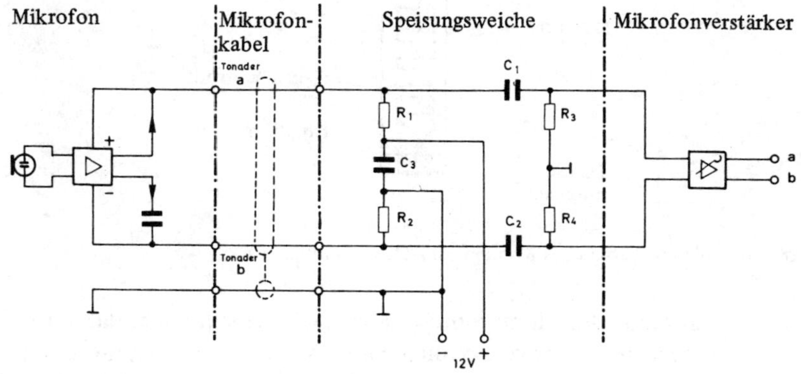

Abb. 4/27. Tonaderspeisung.

Werden mehrere tonadergespeiste Mikrofonanschlußdosen gemeinsam von einem Mikrofonnetzgerät versorgt (Zentralspeisung), dann ist für jedes Mikrofon eine eigene Siebung der Versorgungsspannung vorteilhaft bzw. notwendig, wenn hohe Übersprechdämpfung gefordert wird. An die Siebung werden höhere Ansprüche gestellt als bei Phantomspeisung, weil sich Welligkeiten direkt dem Mikrofonsignal überlagern.

An tonadergespeisten Mikrofonanschlußdosen dürfen nur dann dynamische Mikrofone angeschlossen werden, wenn vorher beide Speiseleitungen des betreffenden Mikrofonanschlusses abgeschaltet wurden. Anderenfalls treten Verzerrungen auf. Lineare Verzerrungen durch Membranvorspannung bzw. Wärmestau im dynamischen Wandlersystem können die Mikrofone auf Dauer unbrauchbar machen. Ein unsymmetrischer Mikrofonanschluß ist unproblematisch, hierfür wird kein Übertrager benötigt.

Druckempfänger mit Kugelrichtcharakteristik

Das Kondensatorelement des Druckempfängers ist schalldicht geschlossen. Um eine von der Frequenz unabhängige, konstante Ausgangsspannung zu erreichen, muß die Membranauslenkung ebenfalls frequenzunabhängig sein. Man legt deshalb die Eigenresonanz der Membran in den Bereich der höchsten zu übertragenden Frequenz; dies wird durch eine sehr leichte Membran und eine geringe mitschwingende Luftmasse bei hoher Rückstellkraft des eingeschlossenen Luftvolumens erreicht. Im ansteigenden Teil der Resonanzkurve wird so die Membranauslenkung verstärkt und die geforderte frequenzunabhängige Membranauslenkung realisiert. Um das Luftvolumen zwischen Membran und Gegenelektrode in dem erforderlichen Maße komprimierbar zu machen, wird die Gegenelektrode mit sog. Sacklöchern versehen *(Abb. 4/28)*.

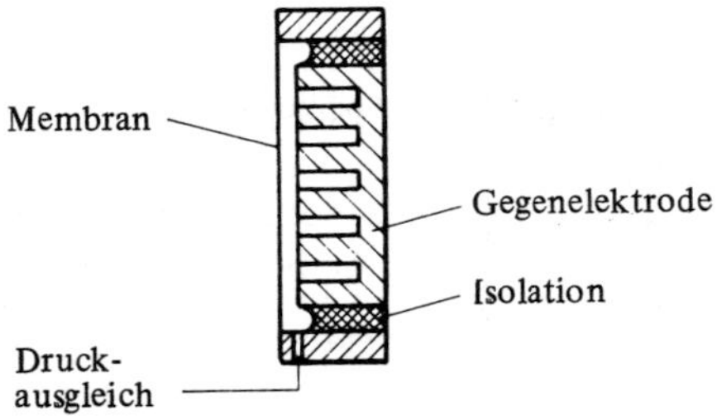

Abb. 4/28. Prinzipieller Aufbau des Kondensator-Druckempfängers.

Die hohe Abstimmung der Membranresonanz gewährleistet auch, daß Druckempfänger nur sehr geringe Phasenverzerrungen im gesamten Übertragungsbereich aufweisen und relativ unempfindlich gegenüber Körperschall sind.

Druckgradientenempfänger mit Nieren- und Achterrichtcharakteristik

Druckgradientenempfänger können entweder nach dem Überlagerungsprinzip (siehe oben) oder mit einem Laufzeitglied aufgebaut sein. Beim weniger angewandten Überlagerungsprinzip wird die Gegenelektrode mit durchgehenden Bohrungen und mit Sacklöchern *(Abb. 4/29)* versehen. Da der Druckgradient bereits eine proportional zur Frequenz größer werdende Antriebskraft darstellt (siehe oben), darf die Membran nicht wie beim Druckempfänger hoch abgestimmt sein. Sie soll im Übertragungsbereich nur eine frequenzunabhängig wirkende Reibungshemmung besitzen. Praktisch wird die Membranresonanz, die sich aus der Membranmasse und -rückstellkraft ergibt, in die Mitte des Frequenzbereichs gelegt, in dem das Mikrofon als Druckgradientenempfänger arbeiten soll. Die Resonanz wird durch die Luftreibung in den Vertiefungen und Durchbohrungen der Gegenelektrode so bedämpft, daß sie sich nicht mehr auswirkt.

Bei den meisten Druckgradientenmikrofonen mit Nierenrichtcharakteristik oder mit Hyper- bzw. Supernierenrichtcharakteristik wird die Gegenelektrode zu einem Laufzeitglied erweitert und mit Bohrungen, Schlitzen und Hohlräumen versehen, die teils als akustische Energiespeicher (akustische Induktivitäten und Kapazitäten), teils als Reibungswiderstände wirksam sind; dadurch erhält die Gegenelektrode den Charakter eines akustischen Tiefpasses. Im Sperrbereich dieses Tiefpasses, also im oberen Frequenzbereich (über $f_ü$ in *Abb. 4/14*), wird die Membran nur noch von dem von vorn auf die Membran treffenden Schall ausgelenkt; das Mikrofon wird damit in diesem Frequenzbereich zum Druckempfänger. Bei der Hyper- und Supernierencharakteristik wird die Laufzeit des Laufzeitglieds geringer angesetzt (siehe oben). Ein Beispiel für die mechanische Ausführung eines Nierenmikrofons zeigt *Abb. 4/30*.

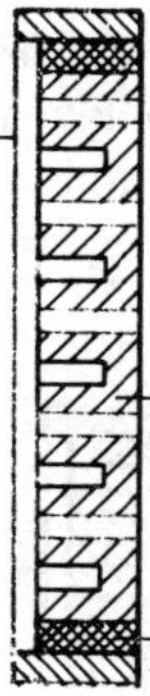

Abb. 4/29. Prinzipieller Aufbau des Kondensator-Druckgradientenempfängers mit Nierenrichtcharakteristik nach dem Überlagerungsprinzip.

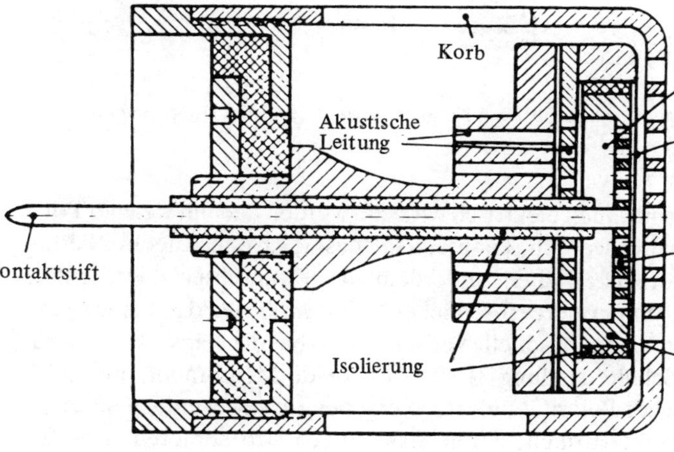

Abb. 4/30. Beispiel für den mechanischen Aufbau eines Nierenmikrofons mit Laufzeitglied.

Die Achterrichtcharakteristik erfordert eine beidseitig dem Schall ausgesetzte Membran; die Gegenelektrode darf demnach akustisch nicht wirksam werden. Mikrofone nach diesem Prinzip werden wenig gebaut. Die Achterrichtcharakteristik steht im allgemeinen nur bei Mikrofonen mit umschaltbarer Richtcharakteristik zur Verfügung (s. u.).

Kondensatormikrofone mit umschaltbarer Richtcharakteristik

Kondensatormikrofone mit umschaltbarer Richtcharakteristik können entweder durch rein mechanisch wirkende Elemente oder durch die Kombination zweier Nierenmikrofone realisiert werden. Bei den meisten Herstellern hat sich die zweite Lösung in der Ausführung als Doppelmembran-Mikrofon durchgesetzt.

Umschaltbare Kondensatormikrofone nach dem Doppelmembranprinzip [4.20] besitzen auf beiden Seiten der teils angebohrten, teils durchbohrten Gegenelektrode eine Membran. Sie vereinen zwei Mikrofonsysteme mit Nierencharakteristik, die in entgegengesetzte Richtungen ausgerichtet sind *(Abb. 4/31)*.

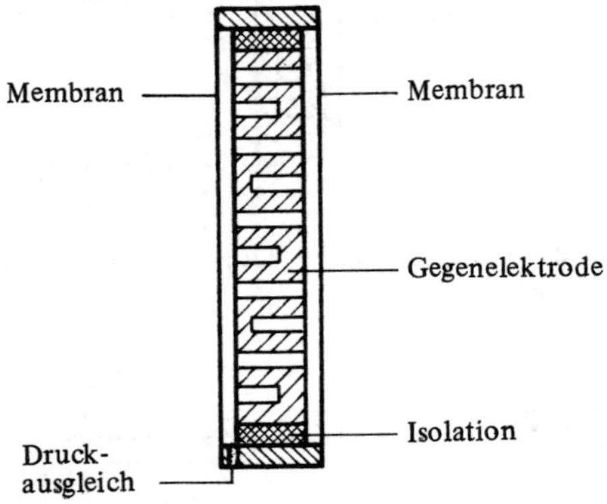

Abb. 4/31. Prinzipieller Aufbau des umschaltbaren Kondensatormikrofons mit Doppelmembran.

Je nachdem, ob beide Membranen elektrisch wirksam werden und mit welcher Polarität sie zusammengeschaltet werden, kann ein solches Mikrofon Kugel-, Nieren- oder Achterrichtcharakteristik erhalten, außerdem alle gewünschten Zwischenformen, die auch Hyper- und Superniere einschließen *(Abb. 4/33)*. Wird nur eine Membran der Kapsel mit einer Spannungsquelle verbunden, so hat die Kapsel Nierencharakteristik (*Abb. 4/32,* Schalterstellung 3). Werden beide Membranen mit gleich großen Spannungen gleicher Polarität belegt, so ergeben sich zwei entgegengesetzt ausgerichtete Nierencharakteristiken, deren Spannungen sich addieren. Das Er-

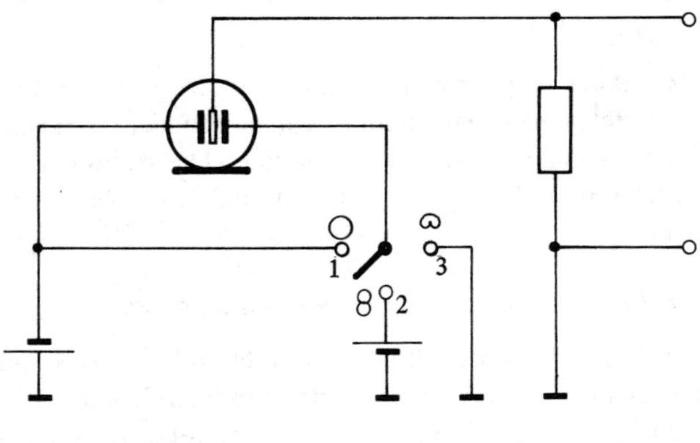

Abb. 4/32. Beschaltung eines Doppelmembran-Kondensatormikrofons.

gebnis ist eine Kugelcharakteristik (*Abb. 4/32,* Schalterstellung 1). Werden beide Membranen mit gleich großen Spannungen entgegengesetzter Polarität belegt (*Abb. 4/32,* Schalterstellung 2), so ergeben sich auch hierbei zwei Nierencharakteristiken, deren Spannungen sich jetzt jedoch subtrahieren. Das Ergebnis ist eine achterförmige Richtcharakteristik. Sie kommt dadurch zustande, daß bei seitlicher

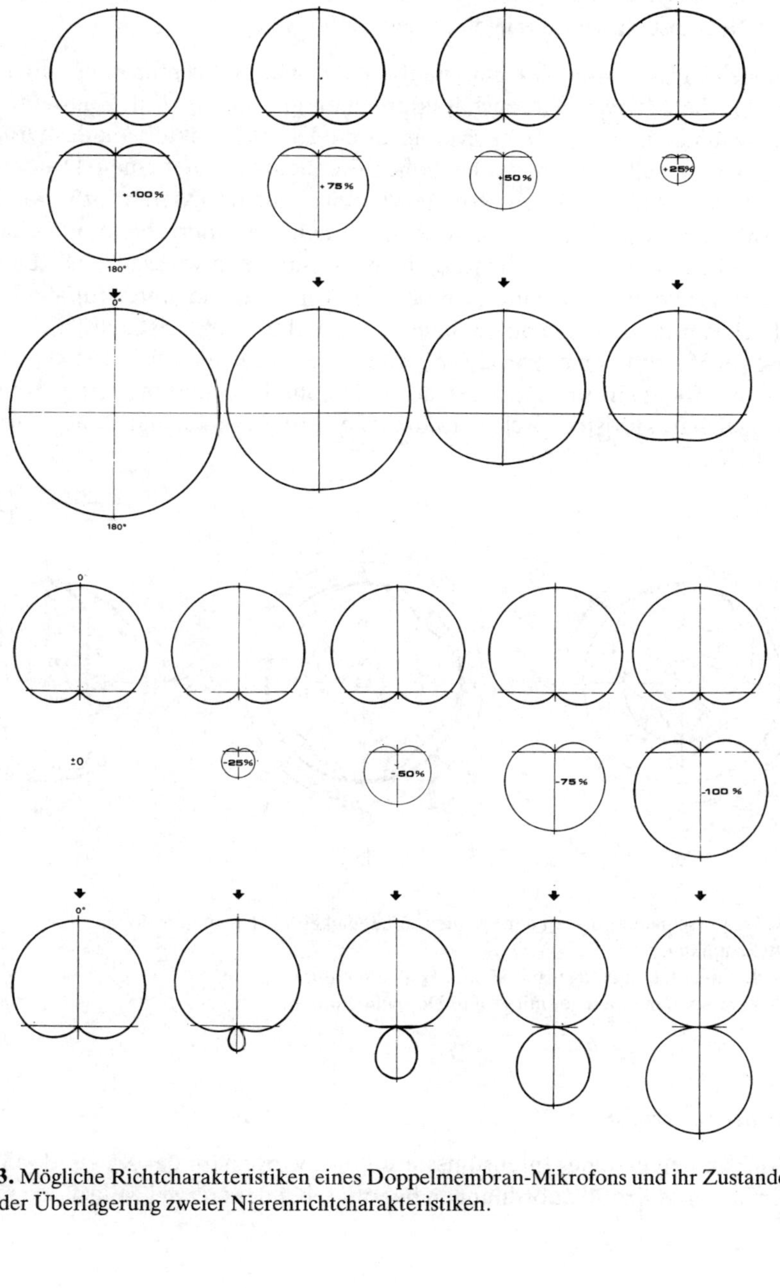

Abb. 4/33. Mögliche Richtcharakteristiken eines Doppelmembran-Mikrofons und ihr Zustandekommen aus der Überlagerung zweier Nierenrichtcharakteristiken.

Besprechung die beiden erzeugten Spannungen gegenphasig sind und sich somit aufheben, während bei einer Besprechung von vorn oder hinten die volle Wandlerempfindlichkeit erhalten bleibt.

Der Umschalter in *Abb. 4/32* kann durch ein Potentiometer ersetzt werden. Die Charakteristiken können dann stufenlos ineinander übergeführt werden; auch Zwischenwerte lassen sich einstellen. Dieses Potentiometer kann im Mikrofongehäuse oder im Netzanschlußgerät eingebaut sein *(Abb. 4/33)*.

Die Kugelcharakteristik des umschaltbaren Kondensatormikrofons mit Doppelmembran, die aus zwei Nierencharakteristiken gewonnen wird, zeigt eine andere Frequenzabhängigkeit der Richtwirkung als die Kugelcharakteristik des Druckempfängers. Der Schallschatten, der bei hohen Frequenzen hinter einem Druckempfänger entsteht und ihn in diesem Frequenzbereich eine der Nieren- bzw. Keulencharakteristik ähnliche Richtcharakteristik verleiht, existiert beim umschaltbaren Druckgradientenempfänger nicht, da beide Membranen wirksam sind. Dieses Mikrofon ist nach dem Umschalten auf „Kugel" von vorn und hinten für alle Frequenzen gleich empfindlich und nimmt eher Achterrichtcharakteristik an; dieses Phänomen ist bei Mikrofonen mit großer Membran besonders deutlich, bei kleiner Membran ist die Richtwirkung hingegen auch für hohe Frequenzen gering. Somit kann die Kugelcharakteristik drei verschiedene Frequenzabhängigkeiten aufweisen *(Abb. 4/34)*.

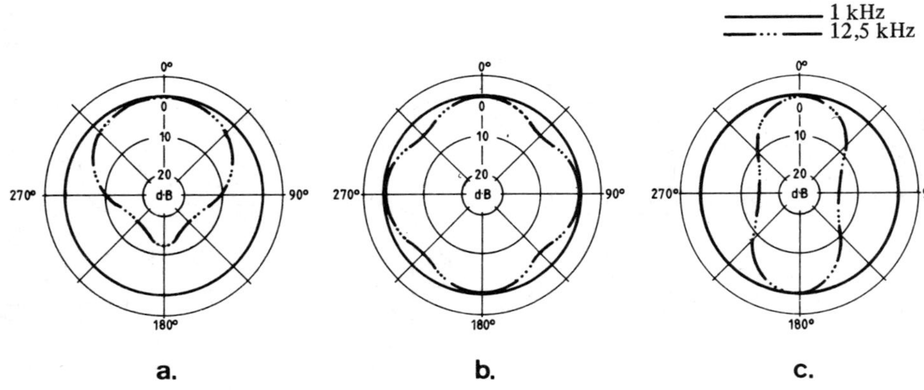

Abb. 4/34. Verschiedene Typen der Frequenzabhängigkeit bei Kugelmikrofonen.
a. Druckempfänger,
b. Druckgradientenempfänger mit kleiner Doppelmembran,
c. Druckgradientenempfänger mit großer Doppelmembran.

Koinzidenzmikrofone

Bei Aufnahmen in reiner Intensitätsstereofonie werden für das XY- und MS-Mikrofonverfahren Mikrofonanordnungen benötigt, bei denen zwei Mikrofone unmittelbar übereinander angeordnet sind. Eine solche Anordnung kann man entweder mit einem geeigneten Mikrofonhalter und zwei Einzelmikrofonen zusammenstellen oder – für den praktischen Gebrauch einfacher – durch die konstruktive Zusammenfassung zweier Mikrofonsysteme herstellen. Solche Stereo- oder Koinzidenzmikrofone vereinen dicht übereinander und gegeneinander drehbar zwei identische Mikrofone mit örtlich oder ferneinstellbarer Richtcharakteristik. Bei Fernumschaltung sind die Mikrofonsysteme mit einer Doppelmembran aufgebaut, bei örtlicher Umschaltung stehen Mikrofone mit Doppelmembran oder mit Einzelmembran zur Verfügung. Koinzidenzmikrofone können in XY- oder MS-Aufnahmetechnik betrieben werden, jedoch werden heute in der Tonregie stets XY- bzw. LR-Signale weiterverarbeitet, MS-Signale werden also sofort nach dem Mikrofonverstärker in LR-Signale umgewandelt (näheres siehe *Kap. 5*).

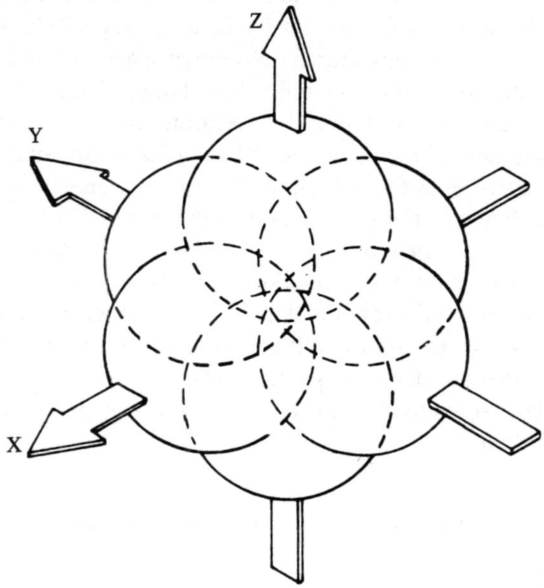

Abb. 4/35. Soundfield-Mikrofon, Ausrichtung der Achterrichtcharakteristiken.

Eine interessante Form eines Koinzidenzmikrofons ist auch das sog. Soundfield-Mikrofon. Es vereint nicht nur zwei Mikrofonsysteme wie das übliche Stereomikrofon, sondern drei Mikrofonsysteme. Die Mikrofonsysteme sind in den drei Raumkoordinaten angeordnet und besitzen Achterrichtcharakteristik *(Abb. 4/35)*. Die Signale von zwei bzw. allen drei Systemen können zu einem einzigen Mikrofonsignal überlagert werden, das die Richtwirkung von Kugel, Torus, Niere, Acht sowie ihrer Zwischenform erhält. Durch unterschiedliche Pegelanteile und Phasendifferenzen der einzelnen Mikrofonsignale werden die verschiedenen Richtcharakteristiken gewonnen, deren Ausrichtung durch Einstellungen von Pegel und Phase in bestimmten

Winkelbereichen drehbar sind. Das Soundfield-Mikrofon eignet sich auch als Stereomikrofon mit der Kombination Acht/Acht. Werden die drei Einzelsignale aufgezeichnet, so können alle Einstellungen auch in einem späteren Arbeitsgang noch frei gewählt werden. Diese nachträgliche Bearbeitung bietet sich grundsätzlich auch für das Koinzidenz-Stereomikrofon an, findet in der Praxis aber keine Anwendung.

Lavalier-Ansteckmikrofone

Sprecher, die während ihres Vortrages sich oder ihre Hände frei bewegen wollen, werden immer häufiger mit sogenannten Lavalier- oder Ansteckmikrofonen ausgestattet [4.21]. Diese Mikrofone – zumeist Druckempfänger, da diese wegen der hoch abgestimmten, also sehr straff gespannten Membran gegen Körperschall unempfindlich sind – werden mit einer um den Hals gehenden Schnur oder durch eine Klammer an der Kleidung befestigt vor der Brust getragen. Ihr Wandlersystem ist gegen Körperschall-Übertragung durch das Gehäuse geschützt, damit z. B. von der Kleidung verursachte Reibgeräusche unhörbar bleiben. Einige Lavalier-Mikrofone weisen entsprechend ihrer besonderen Verwendung einen speziellen Frequenzgang auf. Das Übertragungsmaß steigt zu hohen Frequenzen hin um 8 bis 10 dB an, weil der Mund die höherfrequenten Schallanteile vorzugsweise in Sprechrichtung und weniger stark zur Brust hin abstrahlt. Außerdem zeigt sich bei männlichen Sprechern bei 700 Hz, bei weiblichen bei etwa 800 Hz eine resonanzartige Überhöhung im Frequenzgang, die durch vom Brustkorb abgestrahlten Schall zustandekommt und bei einigen Lavalier-Mikrofonen akustisch oder elektrisch entzerrt wird *(Abb. 4/36)*. Ob ein Mikrofon eine spezielle Lavalier-Entzerrung besitzt oder nicht, kann nicht aus seiner Typenbezeichnung als Ansteck- oder Lavalier-Mikrofon geschlossen werden. Lavalier-entzerrte Mikrofone sind nur entsprechend ihrer Zweckbestimmung verwendbar.

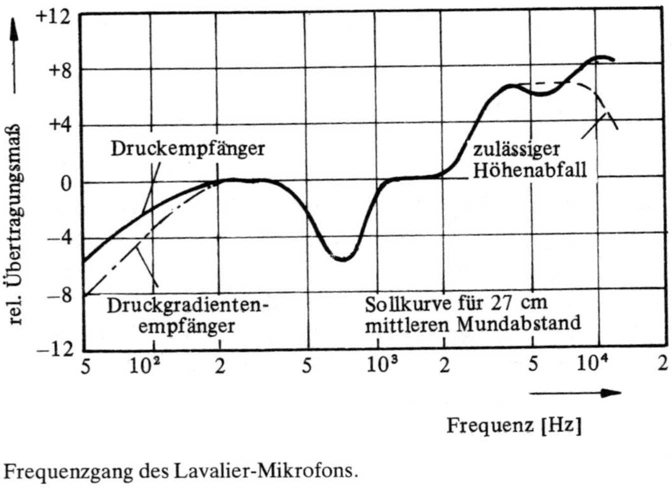

Abb. 4/36. Frequenzgang des Lavalier-Mikrofons.

Optimale Bewegungsfreiheit hat der Vortragende, wenn das Mikrofonsignal drahtlos über einen Taschensender weitergeleitet wird.

Lavalier-Mikrofone können als Kondensatormikrofone oder als dynamische Mikrofone ausgeführt sein, im professionellen Bereich wird die Ausführung als hochwertiges Kondensatormikrofon bevorzugt.

Grenzflächenmikrofone

Das Grenzflächenmikrofon – auch PZM (Pressure Zone Microphone, geschützter Handelsname) oder BLM (Boundary Layer Microphone) genannt – nutzt die besonderen akustischen Bedingungen, die an einer schallreflektierenden Grenzfläche herrschen [4.22]. Ganz dicht vor reflektierenden Flächen haben alle Schallwellen, sowohl die des Direktschalls als auch die von ersten Reflexionen und Diffusschall, Druckbäuche. Aus dieser Tatsache und aus der Ausstattung dieser Mikrofone mit einer kleinen Membran, schließlich aus der Bauweise als Kondensator-Druckempfänger ergeben sich die besonderen Eigenschaften der Grenzflächenmikrofone:

Die Mikrofonmembran kann wie bei den ersten Konstruktionen den Schall in geringem Abstand vor der Grenzfläche aufnehmen oder, wie bei modernen Konstruktionen üblich, selbst Teil der Grenzfläche sein. Für streifenden Schalleinfall mit Wellenlängen in der Größenordnung der Membranausdehnung ergeben sich dabei durch Teilauslöschungen Abweichungen vom geraden Frequenzgang; sie können durch eine punktförmige Schallabnahme über eine Blende wie in *Abb. 4/37* dargestellt zwar zunächst vermieden werden, durch den entstehenden Hohlraum entstehen aber neue Unregelmäßigkeiten im Frequenzgang. Dem bündigen Einbau wird von den Mikrofonherstellern der Vorzug gegeben.

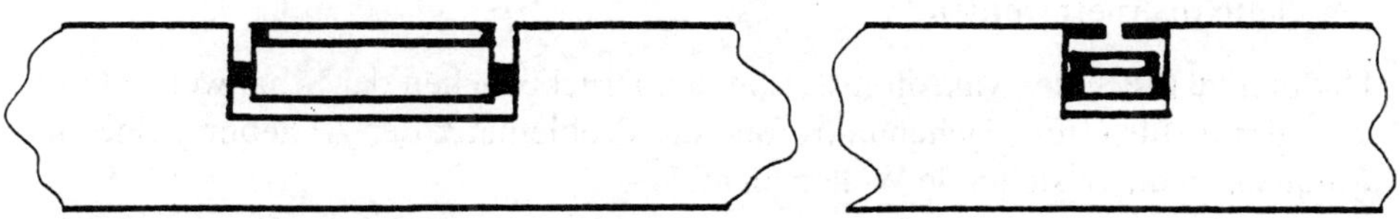

Abb. 4/37. Einbau der Membran in die Grenzfläche, 1. bündig, 2. punktförmige Abnahme des Schallfelds

Die Verdopplung des Schallpegels ergibt einen vergrößerten Störpegelabstand, der sich bei den Mikrofondaten mit etwa 3 dB niederschlägt.

Kammfiltereffekte, die insbesondere bei Stützmikrofonen durch Reflexionen am Fußboden oder bei Tischmikrofonen durch Reflexionen an der Tischoberfläche entstehen, können bei Grenzflächenmikrofonen nicht auftreten.

Druckbäuche an Grenzflächen kommen nur dann zustande, wenn die Schallwelle reflektiert wird; dafür muß die Ausdehnung der reflektierenden Fläche mindestens

Tab. 4/4. Mindestausdehnung der Grenzfläche bei Grenzflächenmikrofonen.

Grenzfrequenz	notwendiger Durchmesser der Grenzfläche ca.
30 Hz	5 m
50 Hz	3 m
100 Hz	1,50 m
200 Hz	0,75 m
500 Hz	0,30 m
1000 Hz	0,15 m

die halbe Wellenlänge des reflektierenden Schalls besitzen *(Tab. 4/4)*. Die Einbauplatten der Mikrofone sind im allgemeinen für Frequenzen über 1000 Hz ausreichend. Für tiefere Frequenzen muß die Reflexionsfläche dadurch vergrößert werden, daß das Mikrofon auf eine größere Fläche, z. B. auf den Boden, gelegt wird. Unterhalb der in *Tab. 4/4* angegebenen Grenzfrequenz liefert das Mikrofon 6 dB Pegel weniger. Auf die Reflexionswirkung der Fläche hat ihre mechanische Oberflächenstruktur Einfluß; je akustisch härter die Oberfläche ist, um so geradliniger ist der Frequenzgang des Mikrofons. Gängige Fußbodenbeläge und Wandoberflächen dürften im allgemeinen für Grenzflächenmikrofone geeignet sein, da im kritischen Frequenzbereich über 1000 Hz die Einbauplatte des Mikrofons maßgeblich ist.

Da die Kanten und die Dicke der Einbauplatte das Schallfeld beeinflussen, muß auch für die Form der Platte nach einer optimalen Lösung gesucht werden. Sie liegt dann vor, wenn der Abstand der Membran zur Kante in allen Richtungen möglichst unterschiedlich ist, damit die Schallfeldstörungen auf einen möglichst breiten Frequenzbereich verteilt werden. Aus diesem Grunde werden die Membranen nicht in die Mitte der Einbauplatten gesetzt; eine optimierte Lösung kann mit einer dreieckigen Platte realisiert werden.

Dadurch daß sich das Mikrofon stets in den Druckbäuchen der Schallwellen befindet, gibt es für Grenzflächenmikrofone die Problematik der Anhebung einzelner Frequenzen durch stehende Wellen nicht.

Die Richtcharakteristik der Grenzflächenmikrofone ist halbkugelförmig und in idealer Weise frequenzunabhängig. Direkt- und Diffusschall haben somit keine unterschiedliche Klangfärbung, was bei üblichen Druckempfängern unvermeidlich ist. Das macht sie für die Aufnahme bewegter Schallquellen, also z. B. für Aufnahmen von Sprechtheater oder Diskussionsrunden mit sich bewegenden Sprechern besonders geeignet, vorausgesetzt, der Raum wirkt dabei nicht zu hallig. Ein sich abwendender Gesprächsteilnehmer z. B. erfährt keine starke Klangfarbenänderung durch wechselnde Anteile von Direkt- und Diffusschall.

Aufgrund ihrer Richtcharakteristik können Grenzflächenmikrofone vor allem für Laufzeitstereofonie verwendet werden. Aus dem praktischen Umgang haben sich größere Basisbreiten, als bei der AB-Mikrofontechnik üblich ist, als günstig erwiesen. Dabei ergeben sich einerseits erhebliche Laufzeitdifferenzen, andererseits aber auch Pegeldifferenzen, hervorgerufen durch unterschiedliche Mikrofonabstände. Die Raumabbildung und die räumliche Durchsichtigkeit dieser Mikrofone ist beeindruckend; sie zeigen ihre Vorteile deshalb vor allem in akustisch guten Räumen. Da sie aufgrund der Aufnahmetechnik in Laufzeitstereofonie in größerem Abstand von den Schallquellen aufgelegt werden, eignen sie sich vorwiegend für E-Musikaufnahmen. Dabei sind auch unkonventionelle Mikrofonorte zu erwägen.

Als Druckempfänger sind Grenzflächenmikrofone wenig empfindlich für Körperschall- und Windgeräusche. Trittschall stört deshalb auch bei der Auflage des Mikrofons auf dem Boden meist nicht. In der Wiedergabe tiefster Frequenzen sind Druckempfänger Gradientenempfängern stets überlegen. Wegen der Gefahr mechanischer Beschädigungen durch Darauftreten haben die Mikrofone stabile Schutzkörbe o. a.

Körperschallmikrofone

In der Studiotechnik haben sich Körperschallmikrofone nicht durchsetzen können. Einer der Gründe hierfür ist wohl, daß der Körperschall der Instrumente andere Eigenschaften hat als der abgestrahlte Luftschall, daß die Instrumente also ungewohnt klingen. Dennoch sind Körperschallaufnehmer für Musikinstrumente auf dem Markt. Sie arbeiten nach dem elektrostatischen Wandlerprinzip mit Elektretsystemen, die als flexible Bänder auf die schwingenden Flächen aufgeklebt werden oder nach dem piezoelektrischen Prinzip. Körperschallmikrofone werden bei Baß und Gitarre bevorzugt eingesetzt.

Für Aufnahmen beim Fernsehen können Körperschallabnehmer dann vorteilhaft sein, wenn Mikrofone im Bild nicht sichtbar sein sollen.

Dynamische Mikrofone

Dynamische Mikrofone beruhen in ihrer Arbeitsweise auf dem Induktionsgesetz. Dabei wird in einem durch einen Permantmagneten erzeugten magnetischen Feld eine Leiterschleife von den Schallwellen (Bändchenmikrofon) oder eine kleine Spule (Tauchspulmikrofon) von der Membran bewegt. Dynamische Mikrofone benötigen keine Speisespannung und sind robust, sie arbeiten auch bei hohen Lautstärken verzerrungsarm. Verglichen mit Kondensatormikrofonen ist die Feinstruktur des Frequenzgangs bei Tauchspulmikrofonen – das am häufigsten verwendeten Prinzips – allerdings unregelmäßiger, was aus den Datenblättern nicht ablesbar ist; ebenso ist ein Phasenfrequenzgang unvermeidlich. Wegen der verglichen mit Kondensatormikrofonen wesentlich größeren bewegten Masse von Membran und Schwingspule ist das Einschwingverhalten beim Tauchspulmikrofon langsamer als bei Kondensatormikrofonen [4.23]. Bei hohen Qualitätsanforderungen werden deshalb Kondensatormikrofone bevorzugt. Dennoch erreichen dynamische Mikrofone heute einen beachtlichen Qualitätsstandard. Besonders im Popmusiksektor werden sie vielfach verwendet, wohl deshalb, weil hier der subjektive Klang eines Mikrofons meist wichtiger ist als objektive, meßtechnisch begründete Anforderungen [4.4], [4.24], [4.25].

Die Ausgangsspannung an den Klemmen einer Schwingspule oder eines Bändchens ist der Bewegungsgeschwindigkeit der Spule bzw. des Bändchens proportional, während die Spannung, die eine Kondensatorkapsel abgibt, zur Auslenkung der Membran proportional ist. Damit muß die mechanische Konstruktion, vor allem die Lage der Membranresonanz und die Bedämpfung der Membranschwingungen bzw. deren Verstärkung durch Resonanzen des konstruktiven Aufbaus für dynamische und Kondensatormikrofone verschieden gestaltet werden.

Bei den dynamischen Druckmikrofonen wird die Membranresonanz in die Mitte des Übertragungsbereichs gelegt und durch Reibung bedämpft. Zusammen mit der Einwirkung weiterer Resonanzen von Hohlräumen in der Mikrofonkapsel wird die Bewegungsgeschwindigkeit ohne Frequenzgang dem Schalldruck proportional. Dynamische Druckgradientenmikrofone hingegen erfahren eine mit der Frequenz ansteigende Krafteinwirkung; eine mit der Frequenz zunehmende Dämpfung würde die Ausgangsspannung zu gering werden lassen. Also wird die Membran tief abgestimmt; die Membranresonanz verstärkt die Bewegung im tiefen Bereich und nimmt mit der Frequenz ab, wieder entsteht eine frequenzunabhängige Ausgangsspannung. Für die Praxis bedeutet die tiefe Membranabstimmung, daß Körperschall (Trittschall) und Windgeräusche die Aufnahme erheblich mehr stören als bei höher abgestimmten Membranen; dies gilt vor allem für Bändchenmikrofone. In dieser Hinsicht sind Kondensatormikrofone nach dem Druckempfängerprinzip allen anderen Mikrofonen überlegen; nur diese Mikrofone haben eine hoch abgestimmte Membran. *Tab. 4/5* faßt nochmals die Membranabstimmung bei den verschiedenen Mikrofonprinzipien zusammen.

Tab. 4/5. Resonanzabstimmung der Membran bei Mikrofonen.

Wandler / Empfänger	Kondensatormikrofon	dynamisches Mikrofon
Druckempfänger	Membran hoch abgestimmt	Membran mittig abgestimmt
Druckgradientenempfänger	Membran mittig abgestimmt und reibungsgehemmt	Membran tief abgestimmt

Tauchspulmikrofone

Das Tauchspulmikrofon mit Kugelcharakteristik nach dem Druckempfängerprinzip zeigt *Abb. 4/38.* An der Membran ist eine Spule befestigt, welche in den Luftspalt eines Topfmagneten eintaucht; dieser besteht aus einem Dauermagneten und einem Topf aus magnetisch leitendem Material (äußere Polplatte) und dem Kernpolschuh.

Die Spule ist ohne Körper gewickelt und erhält ihre mechanische Steifigkeit dadurch, daß ihre einzelnen Windungen miteinander verklebt sind. Sie ist meist so bemessen, daß ihre Impedanz bei 1000 Hz 200 Ω beträgt. Die Größe der Signalspannung dieses Mikrofons ist abhängig von der magnetischen Induktion, von der Dimensionierung der Spule und von der Geschwindigkeit, mit der die Spule im Magnetfeld bewegt wird. Die beiden erstgenannten Größen sind Konstanten und werden durch die Konstruktion festgelegt. Um eine frequenzunabhängige Signalspannung zu erhalten, sind besondere konstruktive Maßnahmen erforderlich: Die Geschwindigkeit einer Membran ohne Masse und damit die Signalspannung würde mit der Frequenz ansteigen. Durch die Masse der Membran einschließlich der mitschwingenden Spule wird die Geschwindigkeit bedämpft. Der Einfluß dieser Dämpfung ist so stark, daß die Membrangeschwindigkeit mit steigender Frequenz abnimmt und durch Resonanzen wieder angehoben werden muß. Deshalb wird die Membranresonanz in die Mitte des Übertragungsbereichs gelegt. Als weitere Resonatoren werden verwendet: das Luftvolumen zwischen Einsprechkorb und Membran, das Luftvolumen zwischen Membran und Magnet, der Innenraum des Topfmagneten und der Innenraum des Gehäuses. Durch die Bemessung der Öffnungen und Kanäle, welche die Resonatoren miteinander verbinden, und durch dämpfende Filzscheiben z. B. werden diese aufeinander abgestimmt.

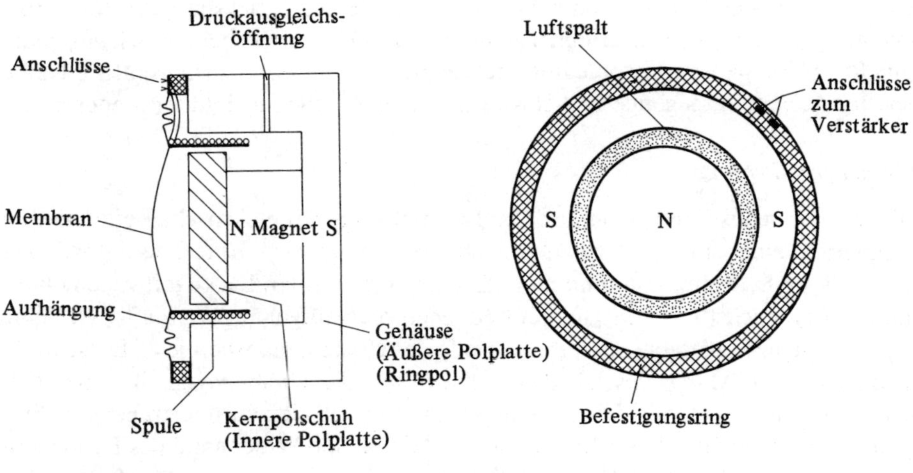

Abb. 4/38. Prinzip des Tauchspulmikrofons nach dem Druckempfängerprinzip.

Tauchspulmikrofone als Druckgradientenempfänger mit Richtcharakteristik – es sind hauptsächlich Mikrofone mit Nieren-, Hyper- oder Supernierencharakteristik auf dem Markt – unterscheiden sich von den ungerichteten Tauchspulmikrofonen durch die tiefe Abstimmung der Membranresonanz und durch die Ausbildung des hinteren Kapselabschlusses als Laufzeitglied. Die Technologie dieser Mikrofone baut auf jahrzehntelanger Erfahrung; der mechanische Aufbau ist kompliziert, aber ausgereift. Tauchspulmikrofone mit Richtcharakteristik können sowohl in preiswerter Massenfertigung als auch mit hohem Qualitätsstandard hergestellt werden. Die Forderung nach tiefer Abstimmung der Membranresonanz ergibt sich daraus, daß die Antriebskraft des Druckgradienten mit fallender Frequenz abnimmt; zum Ausgleich verstärkt die Eigenresonanz der Membran die Bewegungsgeschwindigkeit. Die Membran sollte deshalb auf die tiefste zu übertragende Frequenz abgestimmt sein, was praktisch erhebliche Probleme mit sich bringt, da einerseits die Körperschall- und Windempfindlichkeit sehr groß wird, andererseits die Führung der Spule bei zu weicher Aufhängung nicht präzise genug wird. Deshalb wird die Membranresonanz etwas höher gelegt und die Antriebskraft dadurch gesteigert, daß für tieffrequenten Schall Schalleinlässe mit größerer Verzögerung angebracht werden; akustische Filterelemente sorgen dafür, daß die Verlängerung des Laufzeitglieds nur für tiefe Frequenzen wirksam wird. Dieses Prinzip heißt Variable-Distance-Prinzip.

Eine konsequente Weiterentwicklung des Variable-Distance-Prinzips führt zum Zweiweg-Tauchspulmikrofon, bei dem – ähnlich wie bei Lautsprecherboxen – für den tieffrequenten und höherfrequenten Schall je ein eigenes Empfänger- und Wandlersystem vorhanden ist, deren Laufzeitglieder viel besser auf den jeweils zu übertragenden Frequenzbereich abgestimmt werden können. Ein Vorteil dieser Technik ist auch, daß der Nahbesprechungseffekt praktisch nicht existiert [4.26].

Magnetische Störfelder, die von Netztransformatoren, Trenntransformatoren oder Motoren kommen können, induzieren in die Spule des Tauchspulmikrofons Störspannungen. Um solche Störungen zu unterdrücken, ist nahe bei der Schwingspule eine feste Kompensationsspule untergebracht, die – mit der Schwingspule in Reihe geschaltet, aber entgegengesetzt gewickelt – magnetische Störfelder kompensiert.

Bändchenmikrofone

Die Membran des Bändchenmikrofons ist gleichzeitig der elektrische Leiter, der im Magnetfeld eines starken Permanentmagneten bewegt wird. Eine 2 bis 3 μm dickes und 3 bis 4 mm breites Aluminiumbändchen von etwa 4 cm Länge mit vielen Querfalten ist möglichst lose zwischen den Magnetpolen aufgehängt *(Abb. 4/39)*. Seine Eigenfrequenz liegt dabei am unteren Ende des Übertragungsbereichs. Diese Maßnahme und die Masse des Bändchens bewirken die Unabhängigkeit seiner Geschwindigkeit und damit der Ausgangsspannung von der zu übertragenden Frequenz. Die Impedanz dieses Mikrofons wird durch den Widerstand des Bändchens gebildet und beträgt ca. 0,1 Ω. Ein im Mikrofongehäuse untergebrachter Übertrager erhöht die Impedanz auf meist 200 Ω. Damit wird gleichzeitig die Ausgangsspannung erhöht. Bändchenmikrofone sind wie Tauchspulmikrofone als Druckgradienten- oder Druckempfänger konstruierbar.

Wegen der großen Nachgiebigkeit und der geringen Masse wird das Bändchen weitgehend direkt von den sich bewegenden Luftteilchen angetrieben; es kann deshalb als Schnelleempfänger betrachtet werden. Wegen der sehr geringen Masse des Bändchens und seiner weichen Aufhängung zeigt das Mikrofon ein sehr gutes Impulsverhalten. Der Frequenzgang ist vom Prinzip her weitgehend linear, auch in seiner Feinstruktur. Typisch ist eine mehr oder weniger deutliche Höhenanhebung, verursacht durch die Hohlraumresonanz des Topfmagneten. Wegen der tiefen Membranabstimmung sind Bändchenmikrofone gegen Wind-, Popp- und Körperschall relativ empfindlich. [4.4], [4.52]

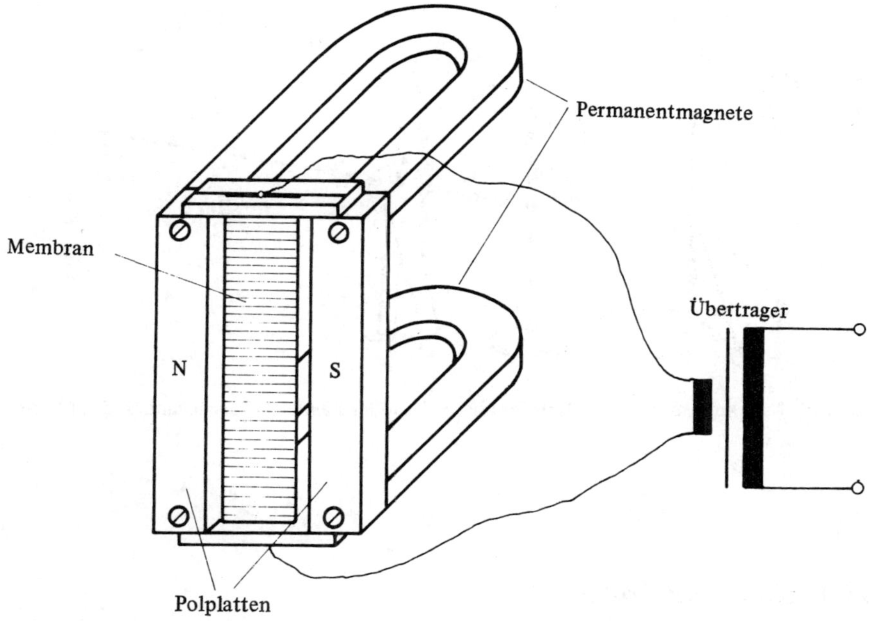

Abb. 4/39. Prinzip des Bändchenmikrofons.

Bändchenmikrofone wurden in der Anfangszeit des deutschen Rundfunks ab 1924 verwendet, bis 1931 das von Neumann erfundene Kondensatormikrofon eingeführt wurde. Vor allem in den USA blieb das „Bändchen" das Standardmikrofon bis in die fünfziger Jahre. So sind die meisten der berühmten Big band-Aufnahmen der 40er und 50er Jahre mit Bändchenmikrofonen von RCA gemacht worden. Ähnlich wie Mikrofone mit Röhren gehört das Bändchenmikrofon zu den Mikorofnen, die nicht durch meßtechnisch optimale Eigenschaften bekannt sind, sondern wegen ihres besonderen Klangs. So wird dem Bändchen besondere Klangtransparenz bei weichen Höhen nachgesagt; der Höhenabfall beginnt schon unter 10 kHz. Die geringe Ausgangsspannung des Bändchens führt zu vergleichsweise hohem Rauschen, das das Mikrofon vor allem im Nahbereich oder bei lauten Schallquellen geeignet erscheinen läßt [4.57].

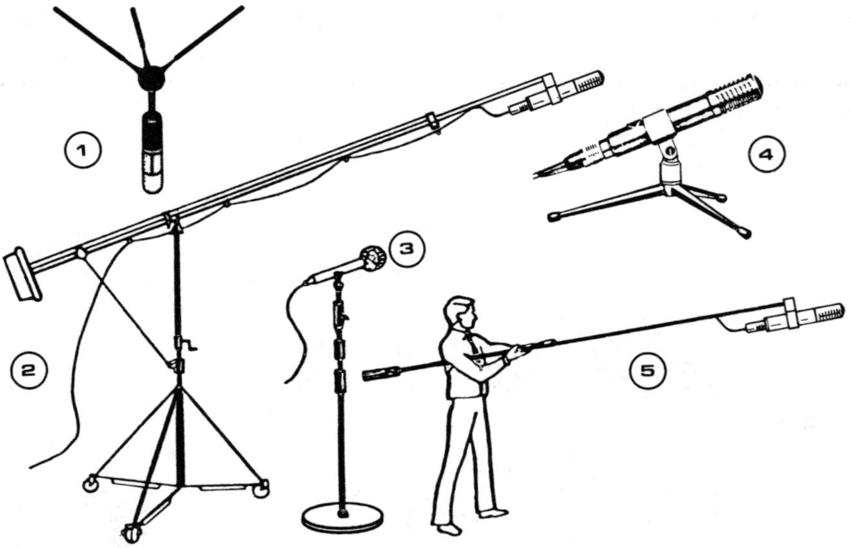

Abb. 4/40. 1. Mikrofonwinde, 2. Mikrofonboom, 3. Bodenständer, 4. Tischständer, 5. Mikrofonangel.

4.2.3 Mikrofonständer

Für die Aufstellung der Mikrofone stehen für verschiedene Aufnahmesituationen geeignete Ständer zur Verfügung *(Abb. 4/40):*

Mikrofonwinde: Das Mikrofon wird an drei Seilen an der Decke aufgehängt. Durch Winden können die Seillängen verändert werden, sie bestimmen den Mikrofonort (Abb. 4/40, 1);

Mikrofonboom: Ein teleskopartiger Ausleger auf einem Crab-Fahrgestell zur Nachführung bei bewegten Szenen (Abb. 4/40, 2);

Mikrofongalgen: Ein starrer Ausleger auf einem festen oder fahrbaren einfachen Fahrgestell;

Fußbodenstative, Tischstative (Abb. 4/40, 3 und 4);

Mikrofonangel: Tragbarer Auslegerarm, gute Beweglichkeit bei bewegten Szenen, nur für kurze Drehsequenzen geeignet (Abb. 4/40, 5).

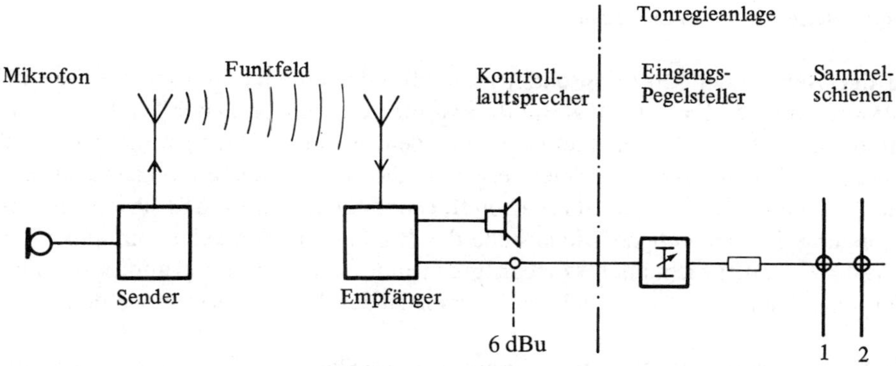

Abb. 4/41. Prinzipieller Aufbau einer drahtlosen Mikrofonverbindung.

4.2.4 Einrichtungen für drahtlose Mikrofone

In Ton- und Fernsehstudios werden in steigendem Umfang für die Überbrückung kurzer Entfernungen Mikrofone mit drahtloser Hochfrequenz-Übertragung – sogenannte drahtlose Mikrofone – benutzt. Der Einsatz der drahtlosen Übertragung ist nur dann angebracht, wenn das Mikrofonkabel die Aufnahme behindert oder aus optischen Gründen unerwünscht ist. Die Sende- und Empfangstechnik dieser Einrichtungen konnte in den letzten Jahren soweit verbessert werden, daß sie heute ausreichende Qualität und gute Betriebssicherheit bietet. Hauptsächliche Einsatzfelder sind Fernsehstudio-Tonaufnahmen, Live-Übertragungen bzw. Aufnahmen und Reportageaufnahmen in Verbindung mit den tragbaren Reportagegeräten. [4.27]

Aus Qualitätsgründen wird bei diesem HF-Übertragungsverfahren die Frequenzmodulation angewendet; dennoch ist immer mit Störungen zu rechnen. Besonders in geschlossenen und mit Dekorationen versehenen Räumen treten unter ungünstigen Bedingungen an metallischen Gegenständen Reflexionen auf, die am Empfangsort zu ausgeprägten Feldstärkeveränderungen führen können. Um auch in solchen Fällen eine sichere Übertragung zu gewährleisten, wendet man den Diversity-Betrieb an (siehe unten). Den prinzipiellen Aufbau einer drahtlosen Mikrofonverbindung zeigt *Abb. 4/41*.

Die Übertragungsstrecke beginnt mit dem Mikrofon und dem HF-Sender, die teils in einer Baueinheit zusammengefaßt, teils als getrennte Geräte ausgeführt sind. Bei getrennter Ausführung kann der Sender in der Tasche getragen werden. Das vom Empfänger aufgenommene HF-Signal wird in ein NF-Signal rückgewandelt. An einem niederohmigen symmetrischen 6-dBu-Ausgang wird das NF-Signal für die Anschaltung an eine Tonregieanlage oder an ein Reportagegerät abgenommen. Bei neueren Geräten besteht meist die Möglichkeit, die Übertragungsqualität durch firmenspezifische Kompandersysteme zu verbessern. Für die von den deutschen Rundfunkanstalten betriebenen Anlagen enthält das Technische Pflichtenheft 5/10.1 Angaben und Anforderungen.

Zugelassene Frequenzbereiche

Für den Betrieb der Mikrofonsender in der Bundesrepublik Deutschland ist eine Zulassung der Sender durch das Bundesamt für Zulassungen in der Telekommunikation (BZT), früher Fernmeldetechnisches Zentralamt (FTZ), notwendig; mit der Zulassung wird eine BZT-Nummer vergeben, die auf den Sendern angebracht sein muß. Anlagen in den Frequenzbereichen B, D und E nach Tab. 4/6 bedürfen der Genehmigung der zuständigen Dienststelle des Bundesamts für Telekommunikation (BAPT). Die entsprechenden Vorschriften in anderen Ländern sind unterschiedlich oder fehlen ganz; sie können bei den Herstellern der Anlagen erfragt werden.

Die für die verschiedenen Anwendergruppen zugelassenen Freuquenzen können *Tab. 4/6* entnommen werden. Die allgemein nutzbaren Frequenzbereiche liegen im 8 m-Band. Da die Antennen bei maximaler Leistungsabgabe eine halbe Wellenlänge lang sein müssen, ergibt sich bei den üblicherweise verwendeten Antennen von 75 cm Länge ein Wirkungsgrad von weniger als 10% bei der Senderleistung. Die zugelassenen maximalen HF-Ausgangsleistungen sind sehr unterschiedlich und können der Richtlinie BAPT 122 R 1 entnommen werden.

Für drahtlose Übertragungen bei den öffentlich-rechtlichen Rundfunk- und Fernsehanstalten wurde eigens der UHF-Bereich reserviert. Störeinstreuungen sind in diesem Bereich gering, so daß hohe Übertragungsqualität erreicht wird. Da ausreichend Frequenzen zur Verfügung stehen, können praktisch beliebig viele Anlagen

Tab. 4/6. Zugelassene Frequenzbereiche für drahtlose Mikrofonanlagen.

Benutzer	**verfügbare Frequenzen**	**Wellenlänge**
allgemeine Anwendung	Frequenzbereich A, Breitband: 36,7 MHz, 37,1 MHz, 37,9 MHz	ca. 8 m
private Programmanbieter, Theater, Stadthallen, Kongreßzentren	Frequenzbereich B, Breitband: 32,55 bis 38,05 MHz, nur nach Genehmigung der zuständigen Zulassungsbehörde	ca. 8 m
allgemeine Anwendung	Frequenzbereich C, Schmalband: 36,64 bis 37,98 MHz	ca. 8 m
Programmproduzenten, private Programmanbieter, Theater, Stadthallen, Kongreßzentren	Frequenzband D, Breitband, VHF: 174 MHz bis 223 MHz, nur nach Genehmigung der zuständigen Zulassungsbehörde	ca. 2 m
öffentlich-rechtliche Rundfunk- und Fernsehanstalten	Frequenzbereich E, Breitband, UHF: 470 MHz bis 790 MHz, nur nach Genehmigung der zuständigen Zulassungsbehörde	ca. 0,75 m

parallel betrieben werden. Da die Antennen in der Größenordnung der Wellenlängen liegen, wird mit kurzen Antennen ein hoher Wirkunsgrad erreicht.

Die Ausbreitung der elektromagnetischen Wellen kann mit Lichtwellen verglichen werden.

Sender

Für die HF-Übertragung bei drahtlosen Mikrofonen hat sich allgemein das Verfahren der Frequenzmodulation (FM) eingeführt. Für Breitbandübertragung muß der Frequenzabstand zwischen zwei Kanälen mindestens 300 kHz betragen. Der Nennhub, der bei Vollaussteuerung erreicht wird, liegt bei ± 40 bzw. ± 45 kHz, der Spitzenhub, der die Übersteuerungsreserve oben begrenzt, bei ± 75 kHz (VHF-Kanäle) bzw. ± 56 kHz (UHF-Kanäle). Da der Spitzenhub keinesfalls überschritten werden darf, sind die Sender fest oder einschaltbar mit einem Begrenzerverstärker ausgerüstet: Pegelspitzen, die den Spitzenhub größer als zulässig ansteigen lassen würden,

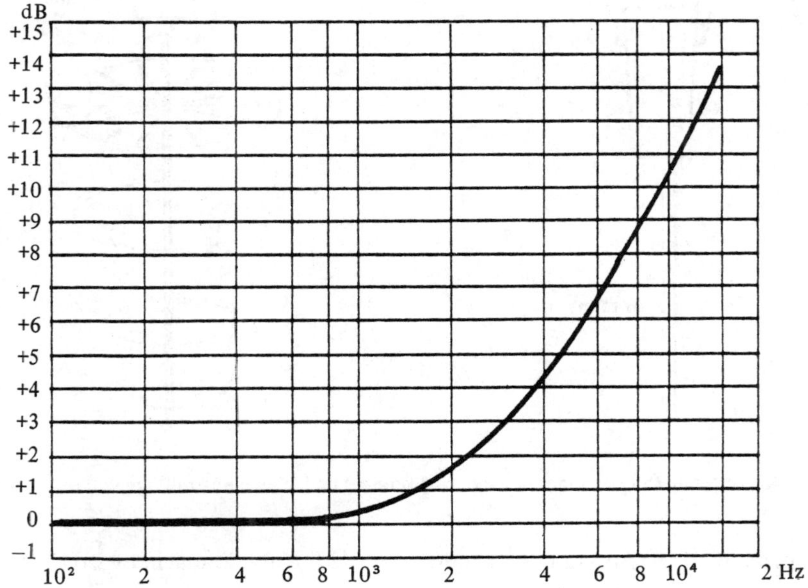

Abb. 4/42. Preemphase (50 μs) bei Sendern für drahtlose Mikrofone.

werden geklippt. Wie die meisten Übertragungs- und Speichereinrichtungen für Tonsignale verfügt auch die Übertragungstechnik für drahtlose Mikrofone über eine Preemphasis beim Sender und eine entsprechende Deemphasis beim Empfänger. Das Verfahren macht sich die Tatsache zu Nutze, daß Tonfrequenzsignale ein Spektrum besitzen, das zu höheren Frequenzen hin zunehmend geringere Pegel aufweist; diese können für die Übertragung oder Speicherung angehoben, bei Empfang bzw. Wiedergabe aber wieder abgesenkt werden. Mit der Absenkung wird zugleich das

Rauschen, das auf der Übertragungsstrecke bzw. bei der Aufzeichnung hinzukommt, vermindert. Die Preemphase ist bei drahtlosen Mikrofonen wie beim UKW-Rundfunk durch eine Zeitkonstante von 50 μs gekennzeichnet *(Abb. 4/42)*. Bei 3180 Hz wird der Pegel dabei um 3 dB angehoben, bei 15 kHz um knapp 15 dB.

Die Antenne wird bei den meisten Sendern oder Sendemikrofonen durch einen flexiblen Draht gebildet, der unbedingt frei herunterhängen bzw. in vertikaler Lage angebracht sein soll. Die flexible Ausführung stellt die vertikale Lage der Antenne sicher, wenn sie am Mikrofon hängt. Die Antenne strahlt radial elektromagnetische Wellen ab *(Abb. 4/43)*. Mit aufgewickelter sowie mit gekürzter Antenne kann das Mikrofonsignal nicht einwandfrei abgestrahlt werden.

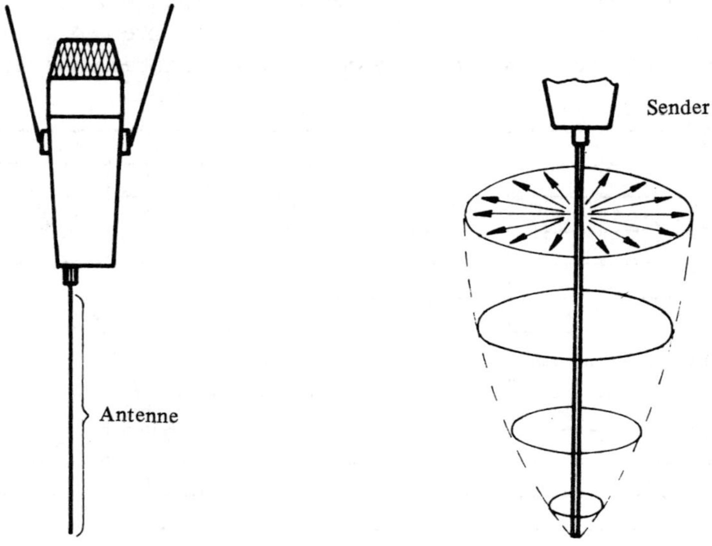

Abb. 4/43. Antenne (hier an einem Lavalier-Mikrofon) und Wellenabstrahlung von der Antenne.

Den prinzipiellen Aufbau des Senders zeigt *Abb. 4/44*. Zunächst wird die vom Mikrofon kommende Spannung in einer Vorverstärkerstufe verstärkt. Durch einen als Empfindlichkeitssteller, Hubeinsteller oder Verstärkungseinsteller gekennzeichneten Steller wird die Verstärkung anhand einer Aussteuerungskontrolle eingestellt. Im allgemeinen wird der Sender so angesteuert, daß Pegelspitzen bei 30% Nennhub bzw. 20 dB unter Übersteuerungsgrenze liegen. Damit steht genügend Aussteuerungsreserve zur Verfügung. Am genauesten kann diese Einstellung ausgeführt werden, wenn der verwendete Empfänger eine Hubanzeige zur Aussteuerungskontrolle besitzt.

Die nachfolgende Stufe ist ein Begrenzerverstärker, der sicherstellt, daß keine Hubüberschreitungen auftreten. Er umfaßt einen Regelverstärker, der den Pegel um das

Maß der Übersteuerung zurückregelt, und einen Klipper, der auch bei ausgeschaltetem Regelverstärker Hubüberschreitungen sicher verhindert.

In der nächsten Stufe wird eine HF-Schwingung, an deren Frequenzkonstanz hohe Anforderungen gestellt werden, mit der NF-Spannung frequenzmoduliert. Das HF-Signal wird danach in einer HF-Endstufe verstärkt und an die Antenne abgegeben.

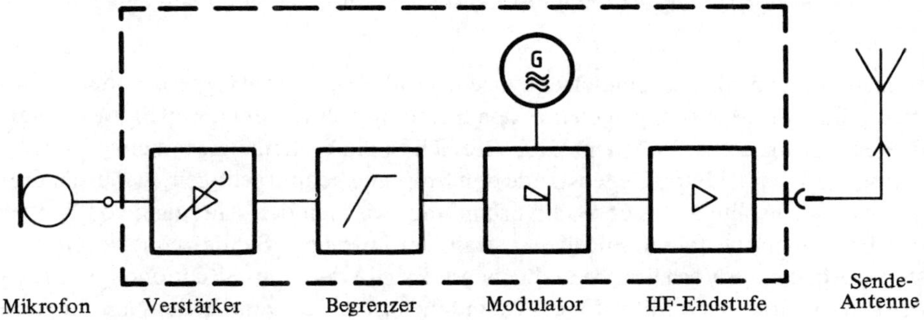

Abb. 4/44. Prinzip des Senders eines drahtlosen Mikrofons.

Die Sender bzw. Sendermikrofone sind netzunabhängig. Sie können je nach Gerät und Batterien über Stunden oder Tage betrieben werden, bevor ein Batterietausch bzw. eine Nachladung notwendig wird.

Wellenausbreitung

Das von einer senkrechten Antenne, wie sie bei drahtlosen Mikrofonen verwendet wird, verursachte elektromagnetische Feld ist senkrecht polarisiert. Dabei ist die elektrische Komponente des Felds senkrecht, die magnetische waagrecht ausgerichtet. Zusammen bilden sie koaxiale Ringe um die Antenne. Da die Empfangsantenne ebenfalls auf die elektrische Komponente anspricht, muß sie auch senkrecht aufgestellt werden.

Die Feldstärke nimmt umgekehrt proportional zur Entfernung von der Sendeantenne ab. In geschlossenen Räumen ist dieses Phänomen gegenüber anderen Problemen allerdings relativ unbedeutend. So wirken alle metallischen Gegenstände, dazu gehören auch die Armierungen von Betondecken, metallische Fensterrahmen und Stützen, als Spiegel, die elektromagnetische Wellen reflektieren. Die Reflexionen überlagern sich den Direktwellen; dabei entstehen Zonen mit erhöhter Feldstärke, aber auch Zonen mit starken Auslöschungen, den gefürchteten „Feldstärkelöchern“. Als Maßnahme dagegen empfiehlt es sich, die Empfangsantenne möglichst da aufzustellen, wo die Feldstärke am größten ist, was anhand der Feldstärkeanzeige im Empfänger ermittelt werden kann. Ein guter Standort ist oft zentral im Aufnahmeraum. Hier überwiegt die Direktwelle, Auslöschungen können sich nicht stark auswirken. Drahtlose Mikrofone werden aber besonders da eingesetzt, wo Bewegungsfreiheit bei der Aufnahme gewünscht wird. In diesem Fall genügt die zentrale Aufstellung des Empfängers meist nicht. Hier wird der sog. Diversity-Empfang angewendet, bei dem mehrere Antennen und Empfänger an verschiedenen Orten aufgestellt werden (siehe unten). Man bezeichnet die Phänomene bei gleichzeitigem Empfang von direkter und reflektierter Welle als Mehrwegeempfang. Beim Mehrwegeempfang ändert sich im allgemeinen auch die Polarisierung der Wellen, so daß hierbei eine horizontale Antenne oft denselben Empfang bietet wie eine vertikale Antenne.

Beim 8-m-Band, also bei Sendefrequenzen bei 40 MHz, stören Gegenstände wie Kamera, Ständer, Mikrofongalgen u.ä. den Empfang relativ wenig, weil die Welle herumgebeugt wird. Bei Wellen im UHF-Bereich ist die Wellenlänge mit etwa 50 cm so gering, daß schon kleine Gegenstände den Empfang beeinträchtigen; in diesem Frequenzbereich sollte also stets Sichtverbindung zwischen den Antennen von Sender und Empfänger bestehen. Für die Auswahl der jeweiligen Sendefrequenz sind also stets die örtlichen Verhältnisse maßgebend. Es gibt durchaus Situationen, in denen der Einsatz drahtloser Mikrofone nicht möglich ist, z. B. wenn in der Nähe ein sich drehender Radarsender arbeitet.

Beim Einsatz von drahtlosen Mikrofonen ist u. U. auch zu beachten, daß die Wellen auch Wände und Decken – je nach ihrer bauphysikalischen Beschaffenheit – durchdringen können und z.B. das Arbeiten mit anderen drahtlosen Mikrofonen in Nebenräumen stören können.

Sind zwei oder mehr drahtlose Mikrofone gleichzeitig bei einer Aufnahme in Verwendung, so ist darauf zu achten, daß die Sendeantennen nicht näher als 1 m zusammengebracht werden, da sich die Anlagen sonst gegenseitig stören.

Empfänger

Das Blockschaltbild des Empfängers zeigt *Abb. 4/45.* Nach einer Vorverstärkung wird das Signal im Mischer auf die Zwischenfrequenz umgesetzt und im ZF-Verstärker verstärkt, danach demoduliert. Nach einer NF-Verstärkung wird das Signal mit 6 dBu abgegeben. Zur Kontrolle steht meist ein Kopfhöreranschluß und ein eingebauter Kontrollautsprecher zur Verfügung, weiter eine Feldstärkeanzeige zum Aufsuchen des günstigsten Empfangsorts und eine Mittenfrequenzanzeige. Die Empfänger verfügen über eine sog. Squelch-Einstellung, eine Rauschunterdrückung, die bei Absinken des HF-Signals unter einen Schwellwert den NF-Weg unterbricht. Der Schwellwert, unterhalb dessen sich die Rauschsperre einschaltet, ist einstellbar. Damit wird vermieden, daß der Empfänger beim Abschalten des Senders oder bei einem Feldstärkeloch aufrauscht.

Empfangsantennen

Während im 8-m-Band aus praktischen Gründen verkürzte Sendeantennen mit geringem Wirkungsgrad, im UHF-Bereich wegen der geringen Wellenlänge aber klei-

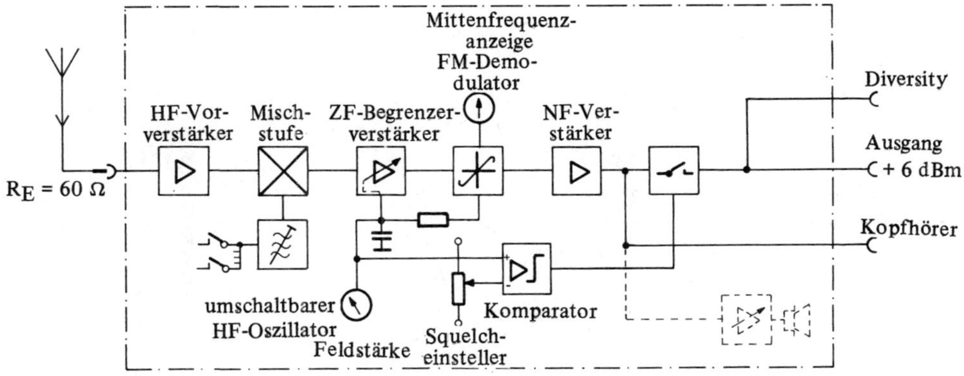

Abb. 4/45. Prinzip eines Empfängers für drahtlose Mikrofonanlagen.

ne Antennen mit hohem Wirkungsgrad verwendet werden, stehen für den Empfang Antennen unterschiedlicher Bauart zur Verfügung.

Die günstigste Antenne ist der auf die Wellenlänge abgestimmte Dipol; er spricht auf die elektrische Komponente des elektromagnetischen Felds an und wird in der gleichen Richtung wie die Sendeantenne angeordnet, also im allgemeinen senkrecht. Da der Dipol eine λ/2-Antenne ist, hat er im 8-m-Band eine Länge von etwa 4 m. In der Praxis finden solche Antennen nur gelegentlich Verwendung. Man kann verkürzte Antennen mit λ/4-Länge verwenden, wenn eine Dipolhälfte durch ein Gegengewicht, z. B. das Gehäuse des Empfängers, ersetzt wird. Solche Antennen sind dann auch elektrisch unsymmetrisch. Teleskopantennen oder Wurfantennen haben dann im 8 m-Band eine Länge von etwa 2 m. Ground-Plane-Antennen haben als Gegengewicht waagrechte Stäbe; sie werden meistens von der Decke abgehängt *(Abb. 4/46)*. Oft sind auch diese Antennen noch zu groß oder zu auffällig. Meist kann die Antenne weiter verkürzt oder eingerollt werden, ohne daß die Übertragungsqualität unzulässig eingeschränkt wird. Solche verkürzten Antennen können durch zusätzliche Spulen optimiert werden; diese Verlängerungsspulen stimmen die Resonanz der verkürzten Antenne auf die Empfangsfrequenz ab. Eine gewendelte Antenne, z. B. die Kathrein-Antenne, erfüllt denselben Zweck und stellt eine handliche, vielfach verwendete Empfangsantenne dar *(Abb. 4/46)*.

Im UHF-Bereich sind die Antennen besonders klein. Sie werden durch Verschieben mechanischer Elemente genau auf die zu empfangende Frequenz abgestimmt. Im übrigen empfiehlt sich für diesen Bereich im allgemeinen der Diversity-Empfang.

Damit die Antenne möglichst viel von der empfangenen Leistung an den Empfänger weiterleiten kann, müssen die Wellenwiderstände von Antenne, Zuleitung und Empfänger übereinstimmen, anderenfalls wird ein Großteil der aufgenommenen Leistung sofort wieder abgestrahlt. Die Wellenwiderstände, die nichts mit den ohmschen Widerständen zu tun haben, und einen Leitungskennwert unabhängig von der Leitungslänge darstellen, liegen meist zwischen 50 und 240 Ohm. Weiter muß darauf

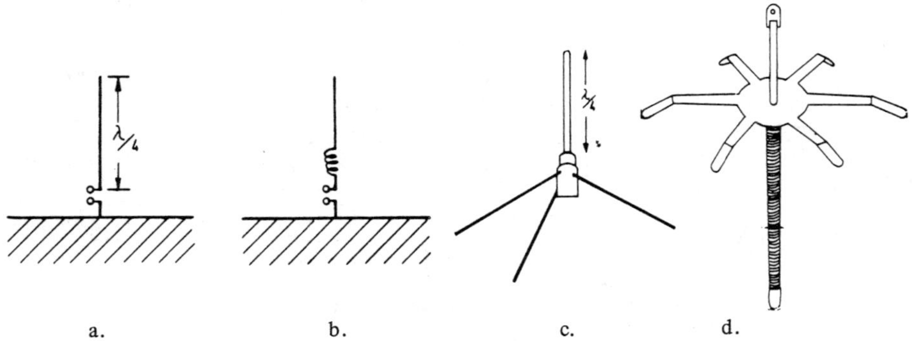

Abb. 4/46. Antennen für Empfänger: a. Antenne mit elektrischem Gegengewicht, b. Antenne mit Verlängerungsspule, c. Ground-Plane-Antenne, d. Kathrein-Antenne.

geachtet werden, daß eine symmetrische bzw. unsymmetrische Spannungsführung von der Antenne bis zum Empfänger beibehalten wird. Das besonders für längere Zuleitungen bevorzugte Koaxkabel ist relativ unempfindlich für Einstreuungen, es ist unsymmetrisch und hat 50 bzw. 60 Ω Wellenwiderstand. Einfache Antennenlitze ist demgegenüber für Einstreuungen empfindlich.

Im 8-m-Band wirft die Länge des Zuleitungskabels keine Probleme auf; die Dämpfung eines Koaxkabels liegt – je nach Kabeldicke – bei 3 – 8 dB/100 m; die Dämpfung steigt mit der Trägerfrequenz an. Wichtiger ist die Leitungsführung. Zu metallischen Gegenständen oder Stahlbetonteilen sollte der Mindestabstand 1 m betragen, auch bei Koaxleitungen. Auch die Antenne selbst ist nicht in der Nähe metallischer Teile aufzustellen.

Im UHF-Bereich muß die Dämpfung des Antennensignals durch das Verbindungskabel berücksichtigt wrden. Die Dämpfung – gemessen in dB/100 m – steigt mit der Trägerfrequenz, ist aber auch von der Bauart des Kabels abhängig. Dämpfungsarme Kabel sind bei fliegendem Einsatz meist zu dick und zu unflexibel. Im allgemeinen sind bei Leitungslängen ab etwa 30 m Antennenverstärker (10 dB Verstärkung, batteriegespeist) zwischen Antenne und Kabel einzufügen. Günstiger ist es, den Empfänger direkt bei der Antenne aufzustellen.

Diversity-Betrieb

In vielen Fällen läßt sich mit einer einzigen Empfangsantenne bei einem bewegten Sender oder bei sich ändernder Saalausstattung kein gesicherter Empfang realisieren. Auch eine geschickte Anbringung der Empfangsantenne, z. B. an der Decke in der Mitte des Saales, kann nicht immer alle Empfangsprobleme lösen. Denn an metallischen Teilen der Konstruktion oder Ausstattung entstehen Reflexionen, die zu Auslöschungen führen können. Schon eine aufgestellte Leiter oder eine Fernsehkamera können hier Probleme aufwerfen. Es ist indessen sehr selten, daß an zwei verschiedenen Empfangsorten gleichzeitig Feldstärkelöcher auftreten; bei drei überlegt an verschiedenen Standorten angebrachten Antennen ist es so gut wie unmöglich, daß gleichzeitig alle drei Empfangsanlagen ausfallen. Die einfachste Maßnahme, die Empfangsqualität und -sicherheit zu verbessern, besteht deshalb in der Aufstellung mehrerer Empfangsantennen, die über eine passive Antennenweiche auf den Empfängereingang geschaltet sind (Antennendiversity-Betrieb) [4.29].

Über eine Antennenweiche können auch zwei oder mehr Antennen, die an verschiedenen Orten oder in verschiedenen Räumen aufgestellt sind, an einen Empfänger angeschlossen werden. Als passives Gerät ist die Antennenweiche auch invers einsetzbar: hierbei können an eine Antenne mehrere Empfänger angeschlossen werden, die z. B. auf zwei verschiedenen Frequenzen zwei verschiedene Sender empfangen.

Im allgemeinen wird in schwierigen Situationen jedoch im sog. Diversity-Betrieb gearbeitet, bei dem gleichzeitig mindestens zwei Empfangsanlagen mit gleicher Empfangsfrequenz an verschiedenen Orten im Saal eingesetzt werden. Die Umschaltung zwischen den jeweils günstigsten Empfängern kann nach verschiedenen Prinzipien erfolgen: Die einfachste Möglichkeit für Diversity-Empfang ist der sog. Rauschsperren-Diversityempfang. Bessere Übertragungsqualität und höhere Sicherheit bietet der sog. Ablöse-Diversity-Empfang.

Rauschsperren-Diversity: Die Empfänger sind mit einer Rauschsperre mit einstellbarer Schwellwertempfindlichkeit ausgestattet. Unterschreitet das Antennensignal den eingestellten Wert, so schaltet sich der NF-Ausgang ab. Man kann davon ausgehen, daß beim Einsatz mehrerer Empfänger jeweils mindestens ein Gerät eine ausreichend rauschfreie Modulation abgibt. Die Empfänger werden über ein Diversity-Kabel parallel geschaltet. Bedingung ist, daß alle Geräte den gleichen Pegel am gleichen Quellwiderstand abgeben. Der Gesamtpegel kann an irgendeinem Diversity-Ausgang abgenommen werden. Er bleibt trotz der wechselnden Anzahl der parallel geschalteten Empfänger konstant, weil der Eingangswiderstand der angeschlossenen Tonregieanlage sehr hoch ist im Vergleich zu dem Ausgangswiderstand der parallel geschalteten niederohmigen Ausgänge der Empfänger. Auch Schaltknacke treten nicht auf. Der Schwellwert ist jeweils so eingestellt, daß der Störabstand ausreichend ist; man stellt ihn im allgemeinen relativ hoch ein, um das Aufrauschen bei Feldstärkelöchern zu vermeiden.

Ablöse-Diversity: Bessere Tonqualität bietet das Ablöse-Diversity-Verfahren. Hierfür ist ein zusätzliches Umschaltgerät erforderlich, wenn nicht in die Empfänger selbst eine Ablöseschaltung integriert ist. Bei der Schaltung vergleicht ein Spannungsdiskriminator Gleichspannungen, die den Antennenspannungen proportional sind; nur der Empfänger mit der jeweils höheren Spannung wird dann durchgeschaltet. Bei modernen Schaltkonzepten kann es durchaus zu 10 Ablöseschaltungen pro Sekunde kommen. Ist die Ablöseschaltung in die Empfänger integriert, so muß nur eine Leitung zwischen den Empfängern geschaltet werden.

Bei der Aufstellung der Antennen für Diversity-Empfang – im allgemeinen werden zwei Antennen und Empfänger benutzt – sollte der gegenseitige Abstand so groß wie möglich gewählt werden, aber mindestens 7 m bei den 35- bis 40-MHz-Kanälen (8-m-Band) betragen. Bei einem Abstand von einer halben bis dreiviertel Wellenlänge ist die Wahrscheinlichkeit gleichzeitiger Feldstärkelöcher noch am größten. Wenn die Sendeantenne nicht zuverlässig vertikal gehalten wird, ist es meist günstig, eine der Diversity-Antennen etwas zu neigen.

Kompanderverfahren für drahtlose Mikrofone

Um die Übertragungsqualität drahtloser Mikrofone zu verbessern, wurden verschiedene, aber ähnlich arbeitende Kompandersysteme entwickelt. Hierbei wird zusätzlich zur Preemphase und Deemphase der HF-Übertragung, die zusammen schon ein Kompandersystem für die höheren Frequenzbereiche darstellen, ein frequenzunabhängiges Kompandersystem eingesetzt, z. B. das HiDyn- oder LN-Verfahren. Dabei werden durch einen Regelverstärker im Sender kleine Pegel um einen festen Faktor angehoben, im Empfänger aber wieder auf den ursprünglichen Wert zurückgeregelt; z. B. erhöht der Kompressor im Sender den Pegel -20 dB auf -10 dB, den Pegel -60 dB aber auf -30 dB. So kann der Abstand zu Störpegeln, die auf dem Übertragungsweg hinzukommen, beträchtlich vergrößert werden. Während der Gewinn an Störabstand z.B. beim HiDyn-Verfahren bei Pegeln im Bereich großer Feldstärken bei etwa 12 dB liegt, steigt er bei geringen Feldstärken bis auf rund 35 dB. *Abb. 4/47* zeigt den Gewinn an Störabstand am Beispiel des HiDyn-Verfahrens [4.30].

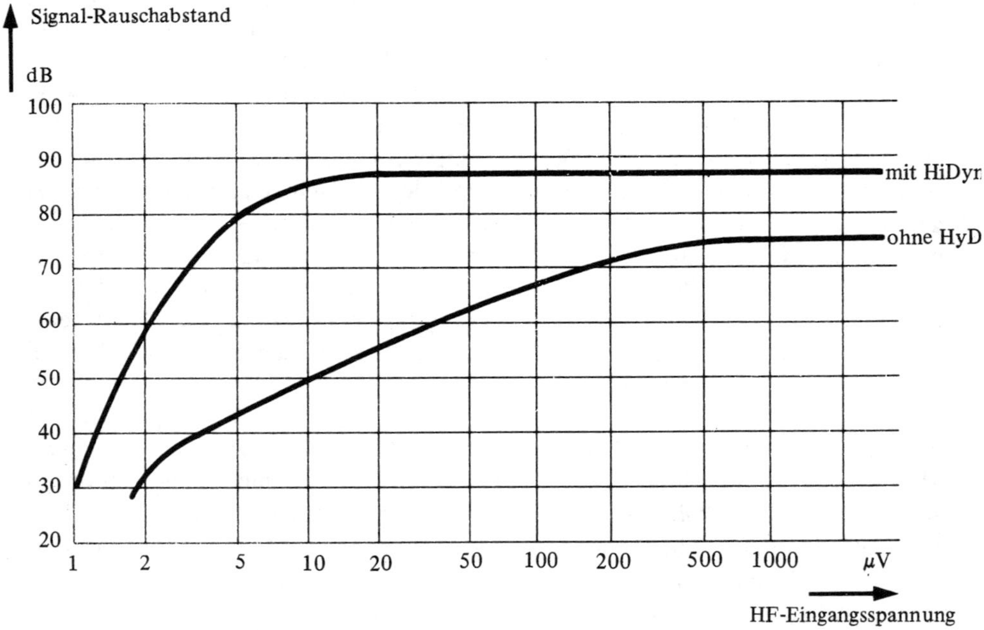

Abb. 4/47. Vergrößerung des Signal-Rauschspannungsabstands bewertet nach DIN IEC 651 (Kurve A, eff.) beim HiDyn-Verfahren.

4.3 Lautsprecher

Lautsprecher sind elektroakustische Wandler, die elektrische Schwingungen in akustische Wellen, also in Schall umwandeln. Mit Lautsprecher kann sowohl ein einzelnes Lautsprechersystem als auch eine Kombination mehrerer Lautsprechersysteme gemeint sein; im allgemeinen sind Anordnungen zur Schallwiedergabe nur zusammen mit akustischen Schallführungen (Schallwänden, Boxen, Trichtern) qualitativ befriedigend realisierbar. Entsprechend dem Wandlerprinzip unterscheidet man zwischen dynamischen Lautsprechern – dem wichtigsten Lautsprecherprinzip –, elektrostatischen Lautsprechern, piezoelektrischen und magnetischen Lautsprechern; die beiden letztgenannten Wandlerprinzipien haben in der Tonstudiotechnik keine Bedeutung.

Außer nach dem Wandlerprinzip können Lautsprechersysteme auch nach ihrem Übertragungsbereich unterschieden werden (Breitbandlautsprecher, Tieftonlautsprecher, Hochtonlautsprecher, Mitteltonlautsprecher). Schließlich bestimmt der Einsatzbereich eines Lautsprechers auch seine Abstrahlcharakteristik (Kugellautsprecher, Schallzeile), seine Leistung und elektroakustische Qualität (Studio- oder Monitorlautsprecher, Kommandolautsprecher, Beschallungslautsprecher u.a.) [4.1], [4.2], [4.3], [4.31], [4.32].

4.3.1 Bauformen von Lautsprechern

Dynamische Lautsprecher

Der dynamische Lautsprecher beruht in seiner Wirkungsweise auf der Kraftwirkung, die ein stromdurchflossener Leiter in einem Magnetfeld erfährt. Diese Kraftwirkung wird zur Anregung von Membranen oder anderen, zur Schallabstrahlung geeigneten Systemen genutzt. Zur Gruppe der dynamischen Lautsprecher gehören die Konus-, Kalotten-, Druckkammer- und Bändchenlautsprecher sowie verschiedene Flachmembranlautsprecher.

Der dynamische Lautsprecher mit Schwingspule ist seit einigen Jahrzehnten der am weitesten verbreitete Wandler zur Wiedergabe von Musik und Sprache. Mit ihm lassen sich im Gegensatz zu anderen Systemen verhältnismäßig einfach und wirtschaftlich große Schallpegel breitbandig bei relativ geringen Verzerrungen erzeugen. Der Wirkungsgrad von breitbandigen dynamischen Lautsprechern ist sehr gering; er liegt bei wenigen Prozenten. In der Ausführung als Druckkammersystem kann er sich auf 10 % oder mehr erhöhen.

Konuslautsprecher

Abb. 4/48 zeigt den Querschnitt durch einen Konuslautsprecher, der seinen Namen der konisch geformten Membran (10) verdankt. Die konische Form gibt der Membran die erforderliche Steifigkeit. Der Topfmagnet besteht aus dem Permanentmagneten (1), dem Joch (2), der Polplatte (3) und dem Polkern (4). Im Luftspalt, gebildet durch Polkern und Polplatte, befindet sich die auf den Schwingspulenträger (5) gewickelte Schwingspule (6), die von dem tonfrequenten Wechselstrom durchflossen wird. Hierdurch wird in der Spule ein magnetisches Wechselfeld erzeugt, das im Zusammenwirken mit dem permanenten Gleichfeld im Luftspalt eine Bewegung der Schwingspule analog der Wechselspannung in Pfeilrichtung zur Folge hat. Die Schwingspule wird durch die Zentriermembran (7), eine radial steife, axial jedoch sehr weiche und nachgiebige Federmembran geführt und in der Ruhelage gehalten. Die meist aus dünnem Pappenguß, teils aus Kunststoffen oder Aluminium, auch in Sandwichbauweise geformte Membran (10) ist mit dem Schwingspulenträger fest verbunden und am äußeren Rand über konzentrisch verlaufende Sicken (11) oder über einen weichen Balg aus hochelastischem Material im Lautsprecherkorb (13), der mit großen Durchbrüchen versehen ist, eingespannt. Eine Staubschutzkalotte (8) und der Schutzring (9) verhindern das Eindringen von Fremdkörpern in den Luftspalt. Über die sehr weichen Litzen (12) wird der Wechselstrom der Schwingspule zugeführt.

Der Frequenzbereich des abgestrahlten Schalls ist nach tiefen Frequenzen hin durch die Resonanzfrequenz der kolbenförmig schwingenden Membran begrenzt. Man legt daher diese Resonanzfrequenz, die sog. Eigenresonanz des Lautsprechers, an das untere Ende des Übertragungsbereiches. Dies wird u. a. durch eine sehr weiche Membraneinspannung erreicht.

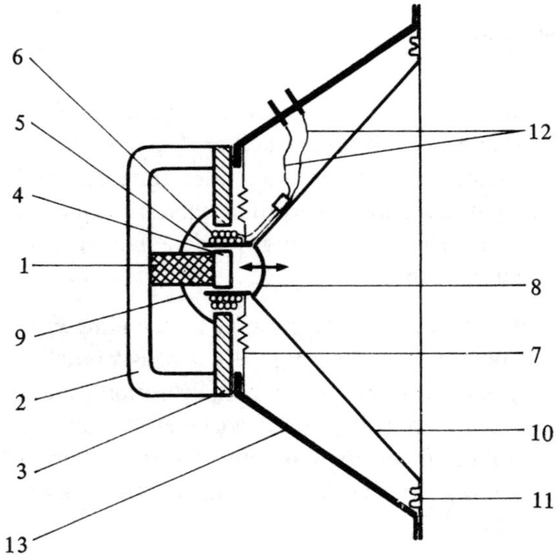

Abb. 4/48. Schnitt durch einen Konuslautsprecher. 1 = Permanentmagnet; 2 = Joch; 3 = Polplatte; 4 = Polkern; 5 = Schwingspulenträger; 6 = Schwingspule; 7 = Zentriermembran; 8 = Kalotte als Staubschutz; 9 = Schutzring; 10 = Membran; 11 = Membraneinspannung mit Sicken oder Scharnier; 12 = Zuführungslitzen; 13 = Lautsprecherkorb.

Bei mittleren und höheren Frequenzen schwingt die Membran nicht mehr in ihrer Gesamtheit. Die Schwingspule regt vielmehr konzentrische Biegeschwingungen an, die vom Membranrand teilweise reflektiert werden, und so bildet sich eine komplizierte Schwingungsverteilung aus. Dabei entstehen kreisförmige Knotenlinien zwischen ringförmig schwingenden Zonen. Dies wirkt sich ungünstig auf den Frequenzgang bzw. auf die Richtcharakteristik aus. Bei sehr hohen Frequenzen schwingt praktisch nur noch die innerste Membranzone. Man begünstigt dies durch eine zum Rand hin dünner werdende Membran oder durch eine spezielle Formgebung („Nawimembran" = nicht abwickelbare Membran), um die sonst mit der Frequenz zunehmende Schallbündelung bei Breitbandlautsprechern zu reduzieren.

Kalottenlautsprecher

Der Kalottenlautsprecher entspricht im wesentlichen hinsichtlich Aufbau und Funktion dem Konuslautsprecher, nur fehlen hier Korb und Konusmembran. Der Schall wird lediglich über die Kalotte abgestrahlt. *Abb. 4/49* zeigt einen solchen Lautsprecher im Schnitt.

Die Kalotte mit angepreßten Sicken (7) ist aus einem hinreichend steifen Material mit hoher innerer Dämpfung hergestellt. Ihr Durchmesser ist in den meisten Fällen kleiner als die zu übertragende Wellenlänge.

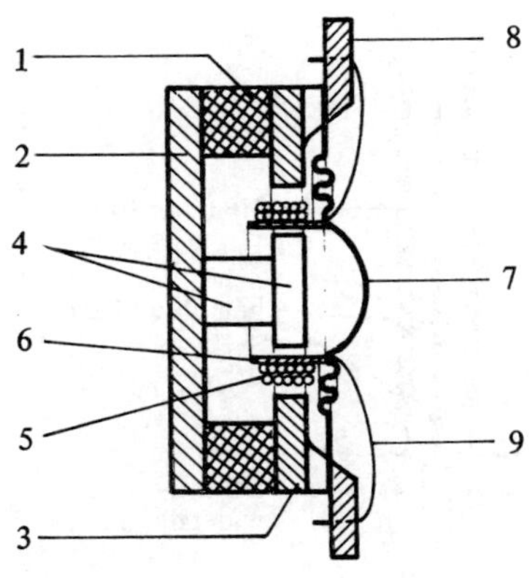

Abb. 4/49. Schnitt durch einen Kalottenlautsprecher. 1 = Ringmagnet; 2 = Magnetplatte; 3 = Polplatte; 4 = Polkern; 5 = Schwingspule; 6 = Schwingspulenträger; 7 = Kalotte mit Sicken; 8 = Montageplatte; 9 = Zuführungslitzen.

Die Kalotte schwingt im gesamten Übertragungsbereich kolbenförmig, Partialschwingungen treten praktisch nicht auf. Die Abstrahlung erfolgt in einem breiten Winkelbereich gleichmäßig. Kalottenlautsprecher werden deshalb bevorzugt als Hochtonlautsprecher bei einem Kalottendurchmesser von etwa 20 bis 25 mm eingesetzt. Aber auch für den Mitteltonbereich bis hinunter zu 400 Hz eignen sich Kalottenlautsprecher mit etwa 60 mm Kalottendurchmesser. Wegen der relativ kleinen

Abmessungen der schwingenden Membran und der großen Luftspaltlänge sind besonders starke Permanentmagnete zur Erzeugung einer großen Luftspaltinduktion notwendig, um einen den Konuslautsprechern entsprechenden Wirkungsgrad zu erzielen.

Elektrostatische Lautsprecher

Beim elektrostatischen Lautsprecher wird die Kraftwirkung, die elektrische Ladungen aufeinander ausüben, für die Wandlung von elektrischen Schwingungen in akustische Schwingungen benutzt. Der Lautsprecher stellt im Prinzip einen Kondensator dar, der mit einer oder zwei festen und einer beweglichen Elektrode aufgebaut ist. Die Kraft, die die Schwingungen der beweglichen Membran verursacht, ist dem Quadrat der angelegten Spannung direkt und dem Quadrat des Elektrodenabstands umgekehrt proportional. Für den Betrieb ist eine relativ hohe Vorspannung erforderlich; ohne Vorspannung würde das Signal in seiner Frequenz verdoppelt und wegen der quadratischen Spannungabhängigkeit der Antriebskraft sehr stark verzerrt werden. Der Abstand der Elektroden, der zur Vermeidung eines Aufschlagens der Membran und ebenfalls wegen der quadratischen Abhängigkeit der Antriebskraft vom Abstand der Elektroden relativ groß gewählt werden muß, fordert eine große Signalspannung bis zu einigen 100 V. Nur so ist eine ausreichende Kraftwirkung zu

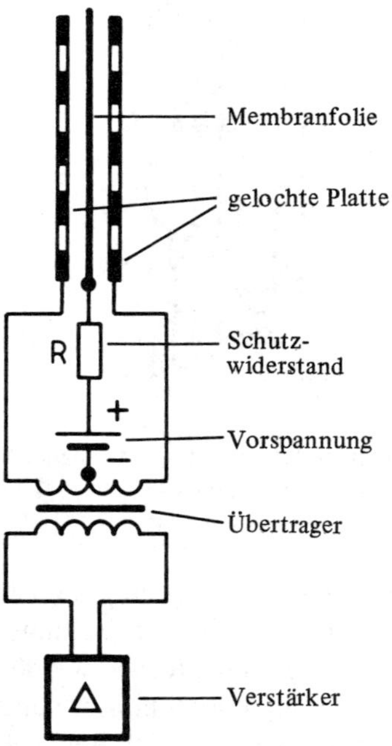

Abb. 4/50. Elektrostatischer Lautsprecher, Prinzip.

erzeugen. Da die Vorspannung mindestens das Zehnfache der Signalspannung betragen muß, ergibt sich eine Vorspannung von einigen kV. Bei der Ausführung der Konstruktion mit zwei festen Elektroden nach *Abb. 4/50* verhalten sich Spannung und Antriebskraft linear zueinander, Verzerrungen treten nicht auf.

Der Lautsprecher konnte sich zumindest für den Tieftonbereich nicht durchsetzen, was der aufwendigen Betriebsschaltung mit der hohen Vorspannung und dem begrenzten Membranausschlag im tieferen Frequenzbereich zuzuschreiben ist. Für leistungsstarke Lautsprecher werden erhebliche Membrangrößen notwendig; es wurden Lautsprecher bis 2 m^2 Membranfläche konstruiert. Wegen der sehr leichten Membran zeigt der Lautsprecher ein ausgezeichnetes Impulsverhalten; er kann auch sehr hohe Frequenzen (bis 100 kHz) wiedergeben.

Akustischer Kurzschluß und Lautsprecherboxen

Bewegt sich die Membran eines Lautsprechers in Pfeilrichtung gemäß *Abb. 4/51,* entsteht vor dem Lautsprecher eine Zone mit Überdruck, auf seiner Rückseite eine Zone mit Unterdruck. Ist der Membrandurchmesser klein gegen die Wellenlänge des abzustrahlenden Schalls, so gleichen sich die Zonen von Über- und Unterdruck über den Lautsprecherrand aus *(Abb. 4/51a).* Es ergibt ein sog. akustischer Kurzschluß; dadurch wird bei tiefen Frequenzen praktisch kein Schall mehr abgestrahlt.

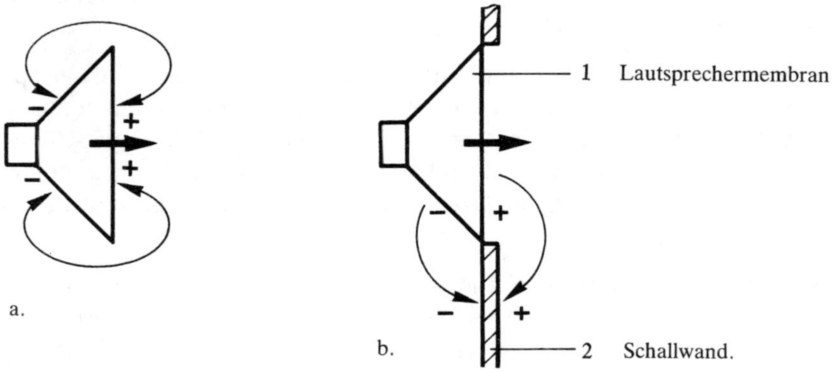

Abb. 4/51. Akustischer Kurzschluß (a) und seine Verhinderung durch eine Schallwand (b).

Zur Vermeidung dieses Kurzschlusses ist eine Schallführung erforderlich. In der einfachsten Form besteht sie aus einer Schallwand (2), die bei ausreichender Größe den Druckausgleich verhindert (b). Die gebräuchlichsten Schallführungen sind hinten offene Gehäuse, die als abgeknickte Schallwände aufgefaßt werden können (Rundfunk- und Fernsehgeräte), allseitig geschlossene Gehäuse (Studio- und Hi-Fi-Lautsprecherboxen) und Exponentialtrichter (Druckkammerlautsprecher); zur Verbesserung der Abstrahlung tiefer Frequenzen werden Resonanzboxen (Baßreflexboxen) und Boxen mit abgestimmter akustischer $\lambda/4$-Leitung (Transmission-Line-Box) verwendet.

Wird ein Lautsprecher in eine sehr große Wand eingebaut, so sind die zwei Schallfelder auf beiden Membranseiten völlig getrennt; die abgestrahlte Leistung wird bis zur Grenzfrequenz f_0 der Schallwand hinab nur von den Eigenschaften des Lautsprechers bestimmt. In der Praxis sind unendliche Schallwände nicht notwendig, da Frequenzen unter 30 Hz nicht abgestrahlt werden müssen. Bei einer Grenzfrequenz f_0 von 30 Hz für die Schallabstrahlung soll die Schallwand bei etwa mittigem Einbau des Lautsprechers einen Durchmesser von 6 m haben. Unterhalb der Grenzfrequenz f_0 fällt der Frequenzgang mit 6 dB/Oktave ab. Allgemein gilt für die Mindestgröße einer Schallwand:

$$d = \frac{c}{4\,f_0}$$

f_0 = Grenzfrequenz [Hz]
c = Schallgeschwindigkeit = 340 m/s
d = kürzester Abstand zwischen Lautsprecher und Schallwandkante [m]

Wird der Lautsprecher nicht genau in die Mitte einer Schallwand eingebaut, so verteilen sich die Frequenzgangeinbrüche durch akustischen Kurzschluß. Der Tiefenabfall von 6 dB/Oktave bei nicht ausreichend großer Schallwand kann teilweise durch höhere Lautsprecherleistung in diesem Frequenzbereich augeglichen werden. Die Eigenresonanz des Lautsprechers soll dabei möglichst tief liegen. Unterhalb der Lautsprechereigenresonanz fällt der Pegel zusätzlich mit 12 dB/Oktave ab. An die Stelle einer Schallwand kann auch eine offene Lautsprecherbox treten. Sie stellt praktisch eine geknickte Schallwand dar.

Für Studiolautsprecher und Hi-Fi-Lautsprecher werden geschlossene Lautsprecherboxen verwendet. Bei ihnen wird das vom Lautsprecher nach hinten abgestrahlte Schallfeld durch absorbierendes Material vernichtet, akustischer Kurzschluß ist ausgeschlossen. Dafür müssen Gehäuseresonanzen sowie die durch die erhöhte Rückstellkraft des eingeschlossenen Luftvolumens heraufgesetzte Lautsprecherresonanz bedämpft werden.

Das zu übertragende Frequenzband wird bei Studiolautsprechern und qualitativ anspruchsvolleren Lautsprecherboxen für den Heimtonbereich auf zwei (Zweiwegbox) oder drei Lautsprecher (Dreiwegbox) aufgeteilt. Damit sind die folgenden Vorteile verbunden: Es können Lautsprechersysteme verwendet werden, die in ihrem Frequenzgang, Wirkungsgrad und Schallbündelungsverhalten auf ein bestimmtes Frequenzband optimiert sind; weiterhin können Klangrauhigkeiten und Intermodulationsverzerrungen dadurch wesentlich minimiert werden. Diese Übertragungsfehler kommen in einem Breitbandlautsprecher dadurch zustande, daß hohe und tiefe Frequenzen gleichzeitig von ein und demselben Lautsprechersystem abgestrahlt werden. Zur Abstrahlung der höheren Frequenz bewegt sich die Membran mit kleiner Amplitude, zur Abstrahlung der tieferen Frequenz mit größerer Amplitude; die Gesamtbewegung ist derjenigen einer angeschlagenen Glocke ähnlich. Durch den Dopplereffekt wird die höhere Schwingung frequenzmoduliert, der höhere Ton wirkt rauh, es entstehen Intermodulationsverzerrungen, die sehr stö-

rend wirken können [4.34], da Summen- und Differenztöne der Frequenzkomponenten entstehen.
Bei Studiolautsprechern werden meist drei Lautsprechersysteme kombiniert, ein Tieftöner, ein Mitteltöner und ein oder zwei Hochtöner. Die für die einzelnen Lautsprecher vorgesehenen Frequenzbänder werden bei Studiolautsprechern elektronisch ausgefiltert, verstärkt und den Lautsprechersystemen zugeführt. Der Lautsprechereingang ist für 6 dBu ausgelegt.

4.3.2 Eigenschaften von Regielautsprechern

Regielautsprecher sollen zumindest bei den öffentlich-rechtlichen Rundfunkanstalten in größeren Abhörräumen mit einem Volumen über 50 m³ einen universellen Einsatz ermöglichen; d.h. daß geschmackbedingte Anforderungen für bestimmte Programmarten keine Berücksichtigung finden sollen.

Frequenzgang

Der Frequenzgang eines Lautsprechers wird durch die Übertragungskurve angegeben; sie ist die graphische Darstellung des Übertragungsmaßes in Abhängigkeit von der Frequenz. Das Übertragungsmaß ist der 20fache Zehnerlogarithmus des Verhältnisses des Übertragungsfaktors zu einem Bezugswert. Letzterer ist vorzugsweise 0,1 Pa/V. Der Übertragungsfaktor eines Lautsprechers bei einer Frequenz ist definiert als das Verhältnis des Schalldrucks in 1 m Entfernung zur Spannung an den Klemmen des Lautsprechers.
Ohne Angabe genauer Meßbedingungen kann der Frequenzgang nur eine grobe Orientierung bieten. Als Meßsignale kommen rosa Rauschen in Terzbreite und Sinussignale in Betracht. Da Terzrauschen verglichen mit Sinus gemittelte Meßergeb-

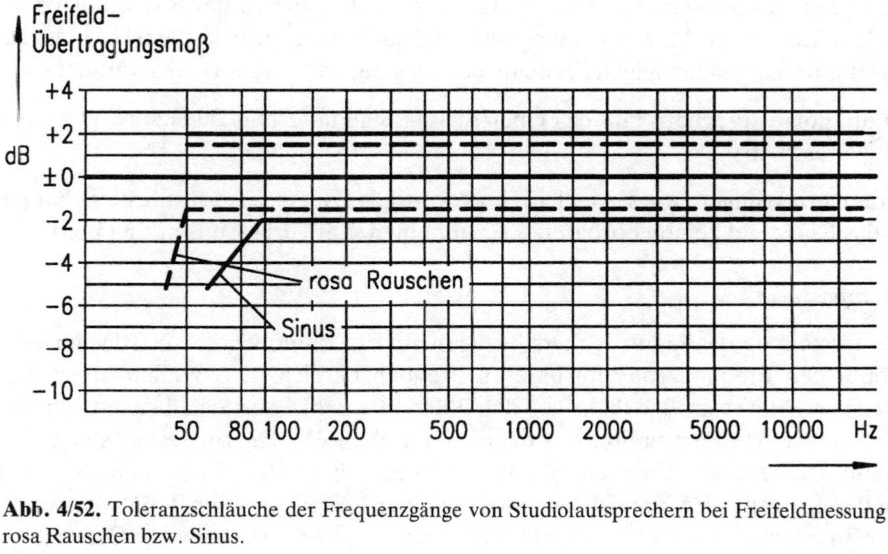

Abb. 4/52. Toleranzschläuche der Frequenzgänge von Studiolautsprechern bei Freifeldmessung mit rosa Rauschen bzw. Sinus.

nisse innerhalb eines Terzbereichs liefert, müssen die zulässigen Toleranzen bei Terzrauschen enger sein als bei Sinus. Die Messungen können entweder im freien Schallfeld oder im Hallraum ausgeführt werden. Auf die Meßergebnisse bzw. auf die Unterschiede zwischen Direkt- und Diffusfeldfrequenzgang hat die Richtcharakteristik des Lautsprechers großen Einfluß.

Die Toleranzschläuche für Studiolautsprecher für die Messung mit Terzrauschen bzw. Sinus zeigt *Abb. 4/52,* sie gelten für Messung im freien Schallfeld, also für Direktschall vom Lautsprecher. Für die Praxis sind Freifeldmessungen am aussagekräftigsten, weil überwiegend in stark bedämpften Regieräumen abgehört wird und weil auch in halligen Räumen nur Direktschall vom Lautsprecher eine Ortbarkeit innerhalb des Klangbilds ermöglicht.

In den üblichen Abständen beim Abhören in Regieräumen sind die Diffusfeldanteile relativ groß, energiemäßig überwiegen sie sogar meist. Daher muß auch der im Hallraum gemessene Diffusfeldfrequenzgang ausgeglichen sein. Da allerdings die Richtwirkung der Lautsprecher zu hohen Frequenzen im allgemeinen zunimmt, fällt der Diffusfeldfrequenzgang mit zunehmender Frequenz gleichmäßig ab. Dies entspricht auch den natürlichen Verhältnissen in einem Raum wie sie z.B. bei der Schallabstrahlung bei Musikinstrumenten herrschen. Der Abfall liegt bei 10 kHz bei 3 dB mit einem Toleranzfeld von ±3 dB. Auf den jeweiligen Diffusfeldfrequenzgang eines Lautsprechers in einem Abhörraum hat selbstverständlich der Nachhallfrequenzgang des Raums Einfluß. Damit kommt dem akustischen Design des Raums große Bedeutung zu. Der Nachhall von Regieräumen soll weitgehend ohne Frequenzgang sein.

Es ist nicht sinnvoll, den Frequenzgang eines Lautsprechers durch Messungen am Abhörplatz des Regieraums, also unter Einbeziehung der Raumakustik im Frequenzgang zu korrigieren, vielmehr muß in kritischen Fällen der Raum korrigiert werden. Eine Korrektur des Lautsprecherfrequenzgangs würde nämlich zugleich den vom Raum unabhängigen Freifeldfrequenzgang erfassen, was unerwünscht ist.

Bei Studiolautsprechern fällt das Übertragungsmaß unterhalb 50 Hz und oberhalb 16 kHz rasch ab.

Phasenverzerrungen, wie sie auch bei hochwertigen Lautsprechern auftreten, haben auf das Klangbild keinen hörbaren oder nur einen sehr geringen Einfluß [4.35].

Ortsanpassung

Die Aufstellung des Lautsprechers bezogen auf die Raumbegrenzungsflächen beeinflußt den Frequenzgang im unteren Frequenzbereich. Die Wellenlängen des Schalls sind hier so groß, daß die von den Wänden reflektierten Schallwellen sich ohne nennenswerte Phasendifferenz dem Primärschall überlagern. Damit steigt der Schalldruck bei tiefen Frequenzen um 3 dB, wenn ein Lautsprecher nahe vor einer Wand aufgestellt wird, um 6 dB, wenn er an einer Raumkante, um 9 dB, wenn er in einer Raumecke aufgestellt wird. Studiolautsprecher haben deshalb eine Ortsanpassung für die Frequenzen unterhalb etwa 200 Hz, die bei der Aufstellung entsprechend einzustellen ist.

Nichtlineare Verzerrungen

Nichtlineare Verzerrungen entstehen bei dynamischen Lautsprechern, wenn die Auslenkung der Schwingspule so groß wird, daß Teile der Schwingspule den homogenen Magnetfeldbereich verlassen. Dann ist die auslenkende Kraft nicht mehr zum erregenden Strom proportional. Diesen Fehler kann man in gewissen Grenzen durch eine sehr lange Schwingspule vermeiden, so daß für alle zulässigen Membranauslenkungen immer praktisch gleichviele Windungen im wirksamen Spaltbereich sind.

Nichtlineare Verzerrungen können auch entstehen, wenn die Kräfte an der Schwingspule so groß werden, daß die Bewegung der Schwingspule nicht mehr vollständig auf die Membran übertragen wird, wenn also innere Verformungen – meist am Übergang der Schwingspule zur Membran – auftreten.

Diese nichtlinearen Verzerrungen äußern sich meßtechnisch durch ein Anwachsen des quadratischen und kubischen Klirrfaktors k_2 und k_3. Versucht man, die Toleranzen für den Klirrfaktor von Lautsprechern zu finden, so stellt man bald fest, daß der durchschnittliche Hörer relativ hohe Klirrfaktorwerte zuläßt, solange nur Einzeltöne dargeboten werden. Dies hat seine Ursache darin, daß die erzeugten Klirrprodukte harmonisch zum Grundton liegen und daher erst bei relativ beachtlichen Anteilen (meist > 10 %) deutlich als Klangfarbenänderung wahrnehmbar werden. Bei der gleichzeitigen Abstrahlung von zwei Tönen werden nichtlineare Verzerrungen als Intermodulationsverzerrungen sehr viel deutlicher wahrnehmbar, weil die entstehenden Summen- und Differenztöne in der Regel unharmonisch zu den verzerrten Tönen liegen. Um sicher zu gehen, daß Intermodulationsverzerrungen nicht hörbar werden, wird an Studiolautsprecher die Forderung gestellt, daß bei 90 dB Schalldruckpegel in 2 m Entfernung der quadratische Klirrfaktor k_2 und der kubische Klirrfaktor k_3 unter 0,5 % bleiben. Dies entspricht Klirrdämpfungen von – 46 dB für jede Harmonische. Bei Frequenzen unter 100 Hz darf der Klirrfaktor etwas höher sein. Moderne Studiolautsprecher übertreffen diese Mindestforderungen. Die Verzerrungen für die 2. und 3. Harmonische bleiben im allgemeinen unter 0,3 % bez. – 50 dB; für höhere Harmonische sind sie noch geringer. Typisch für die Frequenzabhängigkeit der Verzerrungen sind starke Schwankungen des Klirrdämpfungsmaßes.

Aber auch unter Betriebsbedingungen, in denen ein Lautsprechersystem völlig linear arbeitet, können Verzerrungen entstehen, nämlich dann, wenn zusammen mit hohen Tönen tiefe Töne mit großen Amplituden abgestrahlt werden. Dann tritt eine durch den Dopplereffekt verursachte Frequenzmodulation auf: Ein höherer Ton wird mit der Frequenz des tiefen Tones frequenzmoduliert. Auch dadurch entstehen unharmonische Nebenfrequenzen, die eine Rauhigkeit des Klangs verursachen. Diese sog. Dopplerverzerrungen und die oben erwähnten Intermodulationsverzerrungen lassen sich weitgehend vermeiden, wenn man die tiefen Frequenzen, die in der Regel mit wesentlich größeren Amplituden abgestrahlt werden als die hohen Frequenzen, und die hohen Frequenzen auf verschiedene Lautsprechersysteme aufteilt.

Wird ein Lautsprecher mit einem Rechteckimpuls angetrieben, so kann die Membran die erforderliche schnelle Bewegung nicht ausführen, sie zeigt erhebliche Einschwingverzerrungen. Die Verformung von Rechteckimpulsen durch Lautsprecher ist ganz erheblich, wie das Oszillografenbild zeigt. Ein Zusammenhang dieses Bildes mit dem, was man hört, ist dabei aber kaum zu definieren. Ein natürliches Schallsignal hat immer eine endliche Einschwingzeit. Die extrem kurzen Einschwingvorgänge künstlicher Meßsignale brauchen in der Praxis nicht übertragen zu werden und können auch von keinem Lautsprecher übertragen werden. Es genügt vielmehr, wenn ein Lautsprecher die in der Praxis vorkommenden Einschwingzeiten einhalten kann. Diese Forderung wird von Studioregielautsprechern erfüllt. Auch bei plötzlichem Aussetzen des Signals kommt die Lautsprechermembran nicht augenblicklich zum Stillstand, sondern schwingt noch aus, bei Studiolautsprechern aber weniger als 5 ms. Auch hierbei gilt es zu bedenken, daß natürliche Schallsignale immer von sich aus einen Ausschwingvorgang haben und im Nachhall weiterklingen; da auch das Gehör eine gewisse Nachverdeckung hat, bleibt das Ausschwingen des Lautsprechers unhörbar.

Richtcharakteristik

Die Richtcharakteristik von Studioregielautsprechern soll nieren- bis keulenförmig sein. Gegenüber der Lautsprecherachse soll das Übertragungsmaß in einem Winkel von ±30° um nicht mehr als 3 dB abfallen. Diese relativ starke Schallbündelung ist notwendig, um dem Lautsprecher Präsenz, Raumunabhängigkeit und durchsichtige Stereowiedergabe zu geben [4.36].

Zur Beschreibung der Richtcharakteristik wird für Lautsprecher meist der Frequenzgang des Bündelungsmaßes angegeben (DIN 45 570). Das Bündelungsmaß bei einer Frequenz ist definiert als der Zehnerlogarithmus des Verhältnisses der berechneten akustischen Leistung, die ein ungerichteter Lautsprecher insgesamt in alle Richtungen abstrahlen würde, zu der akustischen Leistung, die ein gerichteter Lautsprecher insgesamt abstrahlt. Beide Lautsprecher sollen auf der Bezugsachse denselben Übertragungsfaktor haben. Ein ungerichteter, also gleichmäßig in alle Richtungen strahlender Lautsprecher hat also das Bündelungsmaß 0 dB; je stärker die Richtwirkung ist, desto geringer wird die gesamte abgestrahlte Leistung, desto höher ist das Bündelungsmaß. 3 dB Bündelungsmaß bedeutet, daß ein Lautsprecher in den Raumsektor in Richtung der Hauptachse doppelt soviel Leistung abstrahlt als in den gesamten übrigen Raum.

Ein ausgeglichenes Bündelungsmaß sagt aus, daß das Verhältnis von Freifeld zum Diffusfeld ebenfalls einen ausgeglichenen Verlauf aufweist. Hohe Werte des Bündelungsmaßes haben Präsenz zur Folge, die bei zu starker Bündelung zu einer unangenehmen Schärfe führen kann. Starke Frequenzabhängigkeit des Bündelungsmaßes bewirkt einen unruhigen Höreindruck und Unsicherheit in der Ortung von Schallquellen. Insbesondere bei tiefen Frequenzen hat eine hohe Bündelung zur Folge, daß reflektierende Flächen hinter dem Lautsprecher weniger Schall zurückwerfen, wodurch die Präzision in der Wiedergabe tiefer Frequenzen gesteigert wird. Geringes Bündelungsmaß macht das Lautsprecherklangbild von den raumakustischen Verhältnissen des Wiedergaberaums abhängig.

Bei Studioregielautsprechern ist ein Bündelungsmaß von 6 dB im Bereich tiefer Frequenzen günstig, das mit steigender Frequenz bei 10 kHz etwa 10 dB erreichen soll *(Abb. 4/54)*. Die Anforderungen an Beschallungslautsprecher sind anders, hier soll das Bündelungsmaß möglichst groß, seine Frequenzabhängigkeit möglichst gering sein.

Aufstellung von Regielautsprechern

Die beiden Regielautsprecher sollten aufgrund von Messungen im freien Schallfeld mit Rauschen in Terzbreite so ausgesucht sein, daß die Abweichungen der Frequenzkurven des Übertragungsmaßes voneinander 0,5 dB nicht überschreiten. Diese Forderung gilt mindestens für den Frequenzbereich von 250 Hz bis 8 kHz.

Die Abstände beider Lautsprecher von dem Hörer müssen möglichst gleich sein; schon geringe Unterschiede verschieben die Hörereignisorte der Phantomschallquellen auf der Stereobasis. Zur schnellen Kontrolle eignet sich am besten ein Sprecher, der mit demselben Pegel von beiden Lautsprechern wiedergegeben wird. Der genaue Standort der Lautsprecher muß bei verschiebbaren Lautsprechern durch Marken am Boden festgelegt sein. Es ist nicht zulässig, etwas ungleiche Lautsprecherabstände durch eine entsprechende Pegeldifferenz beider Kanäle zu kompensieren, da sonst zwischen den Lautsprechersignalen Laufzeitdifferenzen geschaffen würden, die die Hörereignisorte verschieben.

Die Lautsprecher werden am besten so aufgestellt oder angebracht, daß die Mittel-Hochton-Systeme sich ungefähr in Kopfhöhe befinden. Wenn sie in Ausnahmefällen höher angebracht sein müssen, sollte man die Lautsprecher so neigen, daß die Achsen dieser Systeme auf den Kopf des Toningenieurs gerichtet sind. Auch in der waagerechten Ebene sollten die Lautsprecher so ausgerichtet sein, daß ihre Mittelsenkrechten sich an dem angegebenen Ort kreuzen. Der Frequenzgang des direkten Schalls ist dann optimal. Die Lautsprecher sollen so aufgestellt werden, daß die einzelnen Lautsprechersysteme – zumindest aber die Mittel- und Hochtonsysteme – symmetrisch zur Symmetrieachse der Hörfläche angeordnet sind. Dafür sind die Lautsprechersysteme der Studioregielautsprecher entweder mittig im Gehäuse angeordnet, oder sie können durch Drehung der Montageplatte spiegelsymmmetrisch zur Mittellinie der Hörfläche gesetzt werden.

Ein weiterer verantwortlicher Hörer (z.B. ein Tonmeister, Regisseur oder Aufnahmeleiter) darf nicht neben, sondern nur hinter oder vor dem Toningenieur auf der Symmetrieachse sitzen. Wenn er z. B. neben dem Toningenieur säße, würde er alle Mittenschallquellen nicht in der Mitte, sondern seitlich verschoben, beinahe in dem ihm näheren Lautsprecher hören. Eine Diskussion über die räumliche Anordnung verschiedener Schallquellen ist nur möglich, solange alle Teilnehmer sich auf der Symmetrieachse befinden. Wenn der Aufnahmeleiter sich später neben den Toningenieur setzt, um in der Partitur oder dem Manuskript zu lesen, bleibt für ihn der Nachteil, daß die Durchsichtigkeit des gesamten Klangbilds wegen der falschen Lokalisierung verschlechtert ist.

Die Lautsprecher sollten, wenn die Breite des Raumes es zuläßt, nicht nahe bei reflektierenden Seitenwänden aufgestellt werden, da sonst eine Klangfärbung und eine verringerte Ortungsschärfe eintreten. Bei ungleichen Abständen von den Seitenwänden oder unsymmetrischer Anbringung der schallabsorbierenden Verkleidung ist eine Unsymmetrie der Ortungskurve (Auswandern einer Schallquelle zur einen oder anderen Seite) die Folge. Diesen Fehler kann man verhindern durch eine von mittleren bis zu hohen Frequenzen voll absorbierende Verkleidung der Seitenwände und der Decke an den beiden Stellen der ersten Reflexionen. Bei sehr ungleichen Abständen der Lautsprecher von den Seitenwänden muß insbesondere die nahe Wand schallabsorbierend sein. Ein Regiefenster an einer Seite nahe bei einem Lautsprecher ist also ungünstig. Das Fenster wird günstiger in der Mitte zwischen den beiden Lautsprechern angebracht. Auch reflektierende Flächen hinter den Abhörplätzen sollten möglichst vermieden werden.

Bezugsregielautsprecher

Nachdem die allgemeinen Forderungen an Studioregielautsprecher in den vorangehenden Abschnitten genannt wurden, wird als Beispiel der Bezugslautsprecher der deutschen Rundfunkanstalten vorgestellt [4.37], der bis 1990 als Referenz galt. Der Lautsprecher wurde mit dem Ziel größtmöglicher Klangneutralität entwickelt. Das Blockschaltbild zeigt *Abb. 4/53.*

Für den Tieftonbereich ist der Lautsprecher mit zwei 250-mm-Systemen mit langen Schwingspulen und Sandwich-Membranen ausgestattet, die vom 120-Watt-Kanal des Verstärkers betrieben werden. Die Tieftonkammer des Gehäuses ist nach hinten durch eine massebeschwerte, schwingungsfähige Platte abgeschlossen. Durch genaue Dimensionierung wird damit erreicht, daß auch bei sehr tiefen Frequenzen die nach vorne abgestrahlten Schallanteile gegenüber den nach hinten abgestrahlten Anteilen überwiegen. Daraus ergibt sich auch für tiefe Frequenzen eine deutliche Schallbündelung nach vorne und eine gegenüber herkömmlichen Konstruktionen geringere Beeinflussung des Klangcharakters durch verschiedenartige Aufstellungsorte. Die trotzdem notwendige Ortsanpassung bezieht sich auf eine Frequenz von 50 Hz; sie wird in der Frequenzweiche durchgeführt.

Als Mitteltonsystem wird ein 130-mm-Konuslautsprecher mit Sandwich-Membrane vom 60-Watt-Ausgang des Verstärkers betrieben. Da der damit überdeckte Frequenzbereich von 500 Hz bis 3 kHz gerade die für Ortungsfragen wichtigen Bereiche einschließt, wurde dieses System auf der Symmetrieachse des Gehäuses angeordnet. Eine störende Verzipfelung der Richtcharakteristik entsteht vor allem im Übernahmebereich von zwei Lautsprechersystemen durch doppelte Schallabstrahlung; um hier Unregelmäßigkeiten soweit möglich zu vermeiden, wurde der Abstand zu den Tieftonsystemen möglichst gering gehalten und die Einbautiefe mit den wirksamen Membranebenen der Tieftonsysteme in Übereinstimmung gebracht.

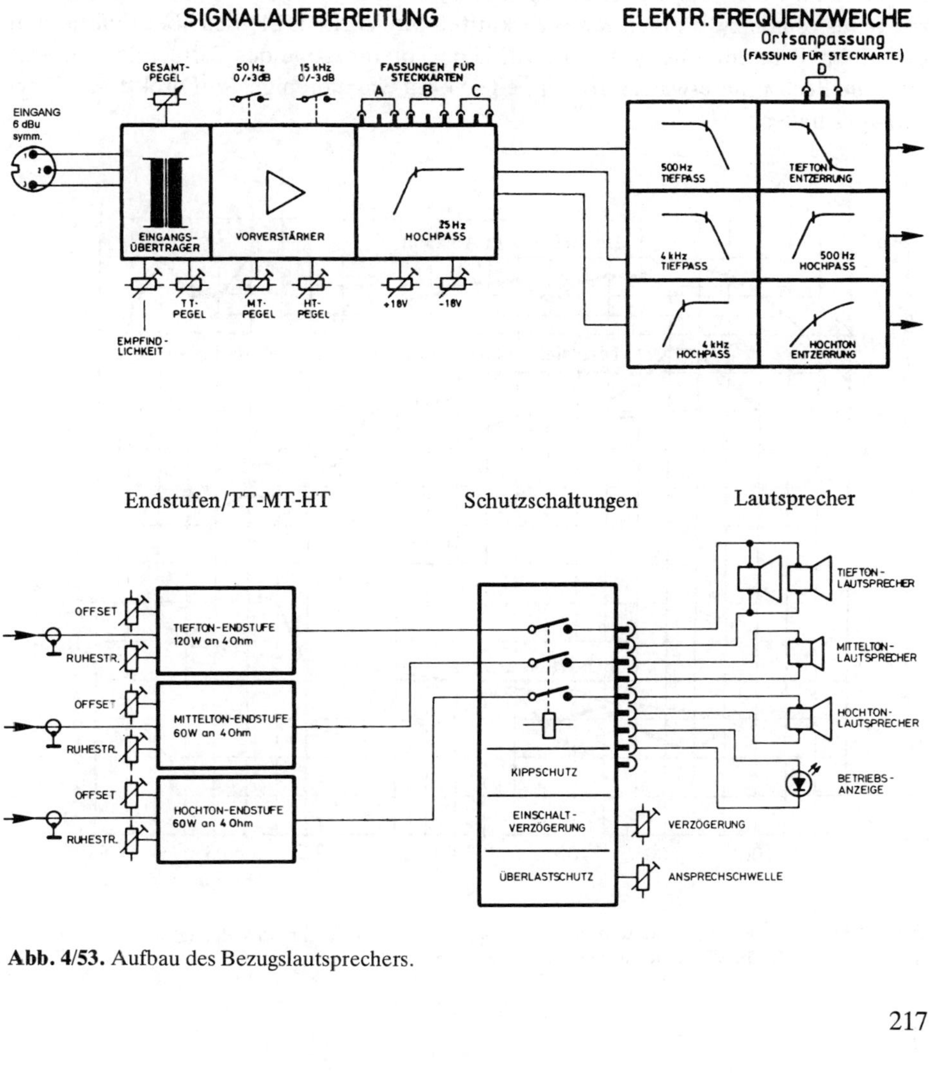

Abb. 4/53. Aufbau des Bezugslautsprechers.

Als Hochtonlautsprecher wurde ein 25-mm-Kalottensystem eingesetzt, das vom Hochtonverstärker angetrieben wird. Auch dieses System ist auf der Symmetrieachse des Gehäuses und hinsichtlich seiner Einbautiefe mit den Systemen der Mittelton- und Tieftonbereiche abgestimmt.

Die Verstärker sind so dimensioniert, daß selbst bei länger anhaltender Übersteuerung kein Schaden auftreten kann. Das Hochtonsystem ist gegenüber vollausgesteuerten Meßtönen, weißem Rauschen oder anderen Störsignalen wie umspulendes Band durch eine genügend schnelle elektronische Schaltung geschützt, die den Kanal gegebenenfalls abschaltet und nach Beseitigung der Übersteuerung selbsttätig wieder freigibt.

Abb. 4/54 zeigt die Frequenzgänge der Übertragungsmaße im Direktfeld in 2 m Abstand und im Diffusfeld, gemessen mit rosa Rauschen in Terzbreite. Etwa spiegelbildlich zum Diffusfeld-Übertragungsmaß verläuft das Bündelungsmaß. Messungen mit Sinus zeigen zwar einen etwas zerklüfteteren Verlauf, bleiben aber praktisch in derselben Toleranzzone von ± 1,5 dB. Die Toleranzzone des Diffusfeld-Übertragungsmaßes ist mit etwa ±3 dB doppelt so breit wie diejenige des Direktfeld-Übertragungsmaßes.

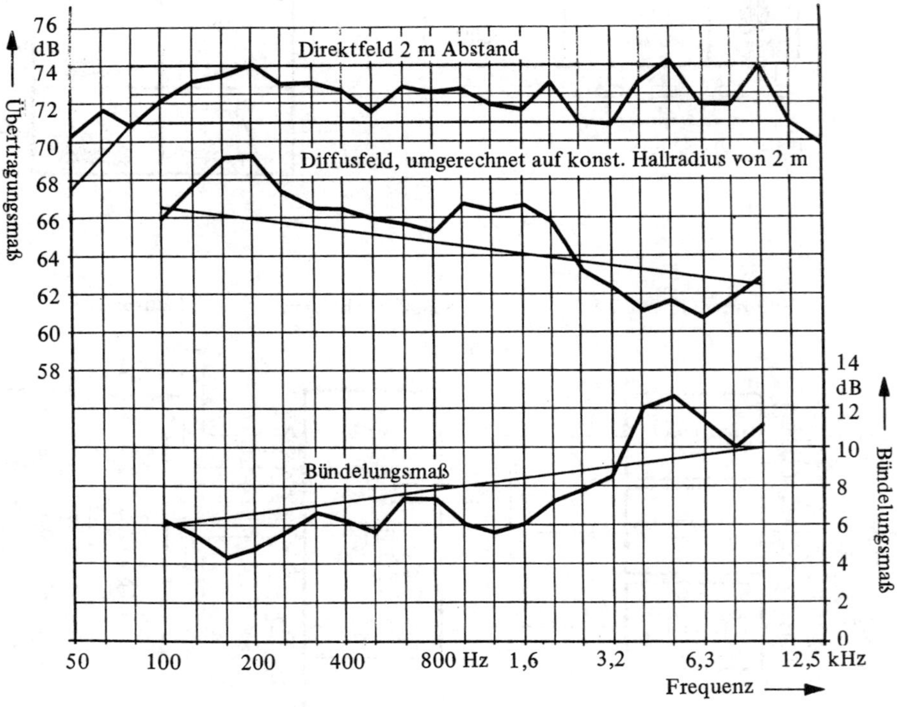

Abb. 4/54. Übertragungsmaße und Bündelungsmaß eines Exemplars des Bezugslautsprechers, gemessen mit terzbreitem rosa Rauschen.

Klirrdämpfungsmaß bzw. Klirrfaktor zeigt *Abb. 4/55*. Im Gegensatz zum Übertragungsmaß sind Verzerrungen bei Lautsprechern stark frequenzabhängig. Insgesamt sind die Verzerrungen mit Werten unter 0,3 % sehr niedrig. Der Frequenzbereich unter 200 Hz ist für die Hörbarkeit von Verzerrungen relativ unkritisch, hier liegen die Werte des quadratischen Klirrdämpfungsmaßes D_{k2} etwas höher, aber immer noch unter 1 %.

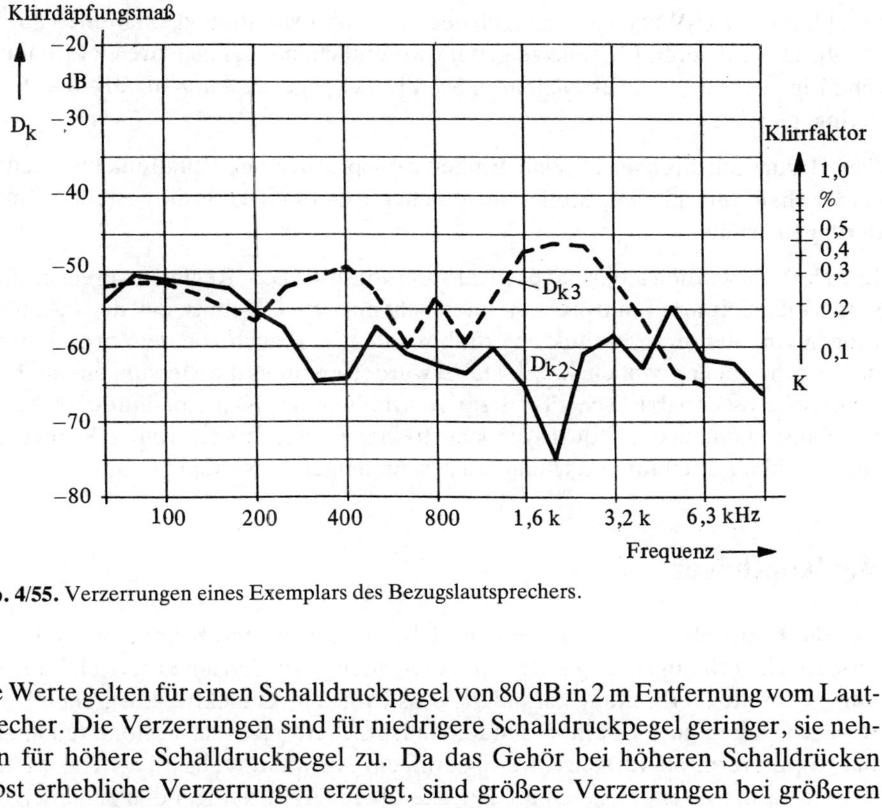

Abb. 4/55. Verzerrungen eines Exemplars des Bezugslautsprechers.

Die Werte gelten für einen Schalldruckpegel von 80 dB in 2 m Entfernung vom Lautsprecher. Die Verzerrungen sind für niedrigere Schalldruckpegel geringer, sie nehmen für höhere Schalldruckpegel zu. Da das Gehör bei höheren Schalldrücken selbst erhebliche Verzerrungen erzeugt, sind größere Verzerrungen bei größeren Lautstärken nicht hörbar. Genaue Erkenntnisse über zulässige Verzerrungen bei höheren Lautstärken fehlen bisher noch.

Wird ein Lautsprecher für jede Art von Programm-Material und in Abhörräumen unterschiedlicher Größe eingesetzt, muß er einen hinreichend hohen Schalldruck erzeugen können. Ein einzelner Bezugslautsprecher erzeugt im freien Schallfeld in 2 m Entfernung bei Vollaussteuerung einen maximalen Schallpegel von 105 dB. Der gleiche Schallpegel kann in einem 600 m^3 großen Raum mit einer mittleren Nachhallzeit von 2 s oder in einem 300 m^3 großen Raum mit einer mittleren Nachhallzeit von 1 s erreicht werden. In kleineren Räumen (oder bei längeren Nachhallzeiten) werden entsprechend höhere Schallpegel erreicht. Ein Lautsprecherpaar erzeugt gemeinsam bei Stereowiedergabe einen um etwa 4 dB höheren Schalldruckpegel.

Bei aktiven Lautsprechern muß das Eigengeräusch der Verstärker-Elektronik und des Netztransformators durch geeignete Maßnahmen so gering wie möglich gehalten werden. Es ist im Abstand von 1 m weder zu hören noch zu messen. Bei einem Abstand von 5 cm beträgt der Schallpegel des Eigengeräusches im ungünstigsten Fall nur 30 dB(A).

Der Bezugslautsprecher hat ein Gehäuse mit 106 l Volumen. Für kleine Abhörräume ist er damit vielfach zu groß. Hierfür wurde ein Modell mit 50 l Volumen entwickelt [4.38], für Ü-Wagen und ähnlich beengte Abhörsituationen ein Modell mit 18 l [4.39]. Die kleineren Modelle zeigen im wesentlichen vergleichbare elektroakustische Eigenschaften; die erreichbaren Schalldruckpegel sind mit 100 dB bzw. 97 dB geringer.

Der Bezugslautsprecher ist kein Einheitslautsprecher der Rundfunkanstalten; es sind deshalb verschiedene Studiolautsprecher in Gebrauch, die die gestellten Anforderungen erfüllen.

Im Jahr 1990 wurden aufgrund des Anforderungsprofils an Regielautsprecher diverse markteingeführte Lautsprecher untersucht mit dem Ergebnis, daß diese Anforderungen von mehreren Produkten erfüllt werden, u.a. auch von dem oben beispielhaft beschriebenen Modell [4.55]. Dabei wurden erstmals die Messungen durch umfangreiche psychoakustische Tests zur Beurteilung der Klangqualität ergänzt. Die Ergebnisse können durch die psychoakustischen Faktoren Verfärbung, Klangbalance, Abbildungsqualität und Hallanteil zusammengefaßt werden [4.56].

4.4 Kopfhörer

Für die Kontrolle bei Aufnahmen und Übertragungen sind Kopfhörer im Tonstudiobereich verhältnismäßig selten in Verwendung; im Consumerbereich haben sie dagegen weite Verbreitung gefunden. Hinsichtlich ihrer elektroakustischen Eigenschaften stehen gute Kopfhörer Studiolautsprechern nicht nach; hohe Qualität ist bei Kopfhörern mit vergleichsweise geringem Aufwand realisierbar. Ein weiterer Vorteil ist die vollständige Unabhängigkeit beim Abhören von den Eigenschaften des Wiedergaberaums; damit sind einheitliche Abhörsituationen praktisch nur mit Kopfhörern realisierbar, im Gegensatz zu Lautsprecherwiedergabe auch gleichzeitig für viele Zuhörer. Da hohe Lautstärken problemlos dargeboten werden können, kann eine große Dynamik verwirklicht und auch adäquat gehört werden. Schließlich wird das Hörerlebnis mit Kopfhörern als besonders intensiv empfunden.

Diesen wichtigen Vorteilen stehen aber eine Reihe von Nachteilen gegenüber, die den Gebrauch im Tonstudio erheblich einschränken: Der Höreindruck bei Kopfhörerwiedergabe unterscheidet sich grundsätzlich von dem bei Lautsprecherwiedergabe. Wird nämlich beiden Kopfhörersystemen das gleiche Signal zugeführt, was also einem Monosignal oder Stereomittensignal entspricht, empfindet der Zuhörer bei Kopfhörerwiedergabe den Ort der Schallquelle im Kopf, während bei Lautsprecherwiedergabe die Schallquelle bekanntlich im Lautsprecher bzw. zwischen den Lautsprechern, also vor dem Zuhörer, geortet wird. Bei reiner Intensitätsstereofonie und Kopfhörerwiedergabe werden die Seitenschallquellen unmittelbar an den beiden Ohren lokalisiert. Besteht zwischen den beiden Stereokanälen außer dem Intensitäts- noch ein Laufzeitunterschied, so kann es auch zu Ortungen außerhalb des Kopfes in völlig unkontrollierter Weise kommen.

4.4.1 Eigenschaften von Kopfhörern

Da ein Kopfhörer im Prinzip ein Kleinlautsprecher ist, entsprechen seine elektroakustischen Eigenschaften denjenigen eines Lautsprechers (siehe oben). Genormte Anforderungen gibt es nur für den Heimstudio-Bereich (DIN 45 500, Teil 10). Die darin genannten Mindestanforderungen an die Übertragungskurve setzen relativ weite Toleranzen, so daß sich Kopfhörer von Typ zu Typ deutlich unterscheiden können. Diese Tatsache problematisiert die Verwendung beliebiger Kopfhörer zur Qualitätskontrolle im Tonstudio außerordentlich. Daher sind Bestrebungen im Gange, eine Standardisierung hochwertiger Studio-Kopfhörer zu erreichen.

Es ist relativ einfach, mit Kopfhörern dieselben Qualitätskriterien bezüglich Lautstärke, Übertragungsbereich und Verzerrungen wie mit Lautsprechern zu erreichen. Die Problematik liegt im Frequenzgang des Übertragungsmaßes und der dabei zulässigen Toleranzen und in der Meßmethode des Frequenzgangs.

Frequenzgang

Nach den bisherigen Normen soll der Kopfhörer einen sog. freifeldentzerrten Frequenzgang besitzen; das bedeutet, daß er denselben Klangeindruck vermitteln soll wie ein frontal vor dem Hörer in einem schalltoten Raum aufgestellter Lautsprecher mit frequenzunabhängigem Übertragungsmaß (siehe hierzu auch Kapitel 3.5.4). Zur Feststellung der Lautstärkegleichheit von Kopfhörer und Lautsprecher werden die Aussagen von mehreren Versuchspersonen ausgewertet und gemittelt (DIN 45 619), die den Frequenzgang von Kopfhörer und Lautsprecher subjektiv vergleichen [4.40]. Die Sollkurve eines Kopfhörertyps kann von der so gewonnenen Kurve entsprechend *Abb. 4/56* abweichen; die tatsächliche Istkurve jedes einzelnen Kopfhörers kann von dieser Sollkurve um nochmals ± 3 dB differieren. Damit ergibt sich eine sehr breite Toleranzzone, die Kopfhörer mit unterschiedlichstem Klang zuläßt und die Festlegung überhaupt in Frage stellt *(Abb. 4/56)*.

Kopfhörer nach diesen Festlegungen, die tatsächlich einen geraden Frequenzgang haben, klingen bei subjektiver Beurteilung nicht besonders gut; demnach werden solche Frequenzgänge von den Kopfhörer-Herstellern auch nicht angestrebt. Schon daraus geht hervor, daß der Freifeldbezug und die Meßmethode problematisch sind [4.42], [4.43].

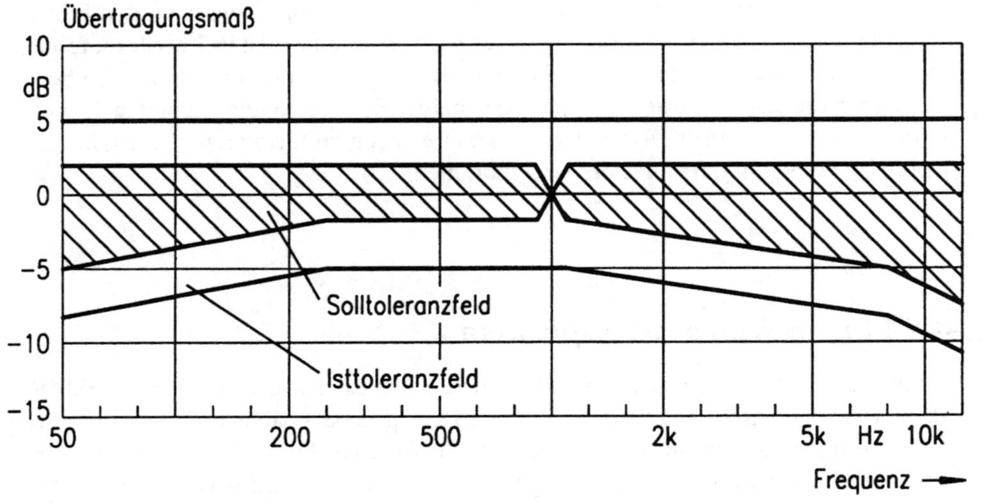

Abb. 4/56. Toleranzfeld des Freifeld-Übertragungsmaßes für Kopfhörer nach DIN 45 500.

Untersuchungen des Instituts für Rundfunktechnik haben ergeben, daß nicht der Freifeldbezug, sondern der Diffusfeldbezug sowohl aus theoretischer Sicht als auch aus subjektiver Beurteilung einen neutraleren, natürlicheren Klangeindruck vermittelt [4.41]. Während beim Freifeldbezug nur Schall von vorne klangneutral wahrgenommen wird, Schall aus allen anderen Richtungen aber klanggefärbt vom Gehör aufgenommen wird, ist beim Diffusfeldbezug das Mittel über alle Schalleinfallsrichtungen ungefärbt, während Schall aus einer bestimmten Richtung, gleich aus welcher, stets gefärbt ist. Der Diffusfeldbezug entspricht viel besser den praktischen Bedingungen beim Hören als der Freifeldbezug. Klangneutralität bedeutet dabei keineswegs, daß der Schalldruckverlauf am Eingang des Gehörs frequenzunabhängig ist. Vielmehr werden hier die geometrischen Bedingungen, die durch den Kopf und das äußere Ohr geschaffen sind, frequenzgangbeeinflussend wirksam. *Abb. 4/57* zeigt den Schalldruckverlauf am Eingang des Außenohrs für Schalleinfall aus verschiedenen Richtungen, wenn das Signal als frequenzunabhängig gehört wird.

Die Frage des Freifeld- bzw. Diffusfeldbezugs stellt sich auch bei Mikrofonen, soweit sie dazu bestimmt sind, auch Raumschall neben dem Direktschall aufzunehmen, also bei ungerichteten Mikrofonen; hier stehen Druckempfänger wahlweise mit ebenem Freifeld- oder ebenem Diffusfeldfrequenzgang zur Verfügung (siehe 4.2.1). Bei freifeldentzerrten Mikrofonen zeigt der Diffusfeldfrequenzgang im Bereich hoher Frequenzen einen Abfall-, bei diffusfeldentzerrten Mikrofonen ist der Freifeldfrequenzgang durch Anhebung hoher Frequenzen gekennzeichnet. Auch der Kunstkopf, der seit 1981 verwendet wird, hat eine Diffusfeldentzerrung und muß entsprechend mit diffusfeldentzerrten Kopfhörern abgehört werden.

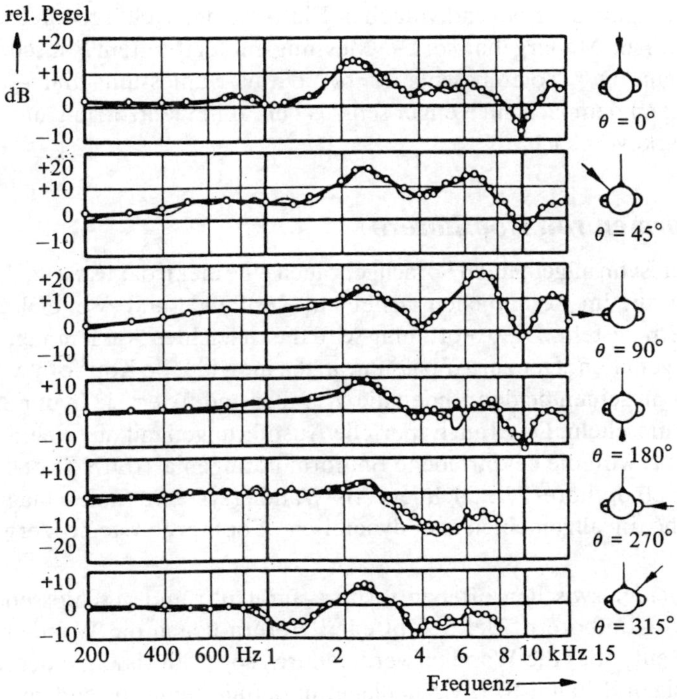

Abb. 4/57. Schalldruckverlauf am Eingang des Ohrkanals im freien Schallfeld für verschiedene Schalleinfallsrichtungen.

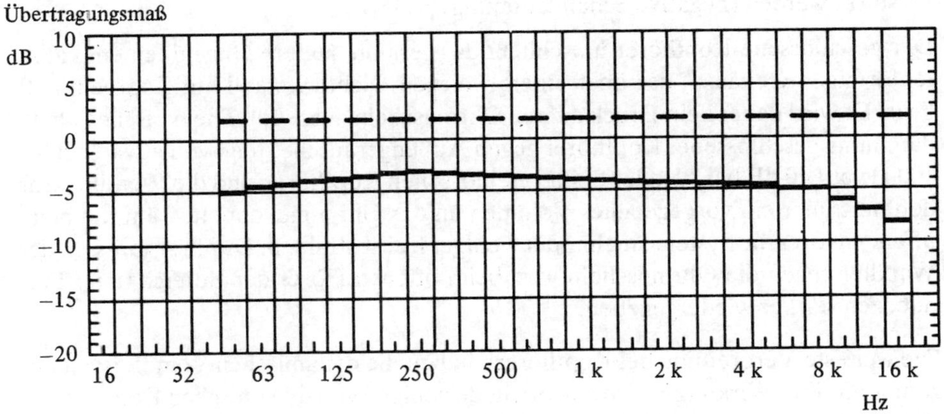

Abb. 4/58. Vorgeschlagenes Toleranzfeld für diffusfeldentzerrte Studiokopfhörer.

Gegenüber der Meßmethode mit Lautstärkevergleich mit einem Lautsprecher hat die Meßmethode durch Sondenmessung im Gehörgang erhebliche Vorteile: subjektive Lautstärkevergleiche sind nicht notwendig, das Meßverfahren ist wesentlich schneller und ergibt trotz der individuellen Einflüsse der Gehörgeometrie überraschend einheitliche Meßergebnisse. Die Messung mit terzbreitem Rauschen ist ausreichend genau. Der Toleranzschlauch bei Diffusfeldmessung und -entzerrung *(Abb. 4/58)* kann demnach auch enger sein als bei Freifeldentzerrung und Messung durch Lautstärkevergleich.

4.4.2 Bauformen von Kopfhörern

Ein Kopfhörer ist im allgemeinen Sprachgebrauch eine elektroakustische Wiedergabeeinrichtung, die im wesentlichen aus einem Kopfbügel und zwei elektroakustischen Wandlern besteht. Die Anordnung wird durch leichtes Anklemmen am Kopf des Zuhörers gehalten. Der zur Anpassung an die individuelle Kopfform verstellbare Bügel trägt an seinen beiden Enden die Wandler und fixiert sie in unmittelbarer Nähe der Ohrmuscheln. Da es auch spezielle Ausführungen mit nur einem Wandler für ein Ohr gibt, wird die beschriebene Bauform normgemäß (DIN 45 580) und exakt als „Doppelkopfhörer" bezeichnet. Als Wandlersysteme finden magnetische, elektrostatische, im allgemeinen aber dynamische Kopfhörersysteme Verwendung. [4.44]

Man unterscheidet zwischen offenen („supra-auralen") und geschlossenen („circum-auralen") Kopfhörern. Bei den offenen Hörern liegen die Wandler auf den Ohrmuscheln auf, oder die Wandler werden durch sog. Ohrkissen, einer akustisch voll durchlässigen Schaumstoffzwischenlage, in definiertem Abstand zu den Ohrmuscheln gehalten. Der Benutzer offener Kopfhörer ist gegen Umweltgeräusche nur wenig abgeschirmt; erst oberhalb 5 kHz wird Fremdschall um etwa 10 dB bedämpft. In tieferen Frequenzbereichen können Umweltgeräusche sogar geringfügig verstärkt werden (negative Schalldämmung) [4.45].

Der geschlossene Kopfhörer umschließt das gesamte äußere Ohr mit einem kalottenförmigen Gehäuse, das über einem weichen Dichtungsrand am Kopfbein aufliegt. Es wird daher kein Druck auf die Ohrmuscheln ausgeübt. Die typische Schalldämmung geschlossener Kopfhörer gegen Außengeräusche steigt von etwa 5 dB bei 100 Hz auf 40 dB bei 10 kHz. Beim geschlossenen Kopfhörer sind die Wandler sehr definiert über ein vorgegebenes Volumen an das Ohr angekoppelt, während beim offenen Hörer die Systeme mehr oder weniger frei abstrahlen. Durch Anpressen der Wandler gegen die Ohrmuscheln wird beim offenen Hörer der Bereich tiefer Frequenzen stärker wiedergegeben.

Die weiteste Verbreitung bei Kopfhörern haben die dynamischen Wandlersysteme gefunden. Ihre Wirkungsweise entspricht derjenigen von dynamischen Konus- bzw. Kalottenlautsprechern. Sie zeichnen sich durch gute Übertragungseigenschaften aus. Mit sehr kleinen elektrischen Leistungen lassen sich große Lautstärken bei geringen Verzerrungen erzeugen; bereits mit 1 mW elektrischer Leistung kann ein Schalldruck von 1 Pa bzw. 94 dB am Ohr erreicht werden. Die Belastbarkeit liegt je nach Typ zwischen 100 mW und 500 mW; diese Leistung, die nur bei Fehlbedienung auftritt, führt noch nicht zu einer Beschädigung des Kopfhörers.

Beim magnetischen System wird die aus dünnem Eisenblech bestehende Membran über einen Elektromagneten, dem der tonfrequente Strom zugeführt wird, im Takt des magnetischen Wechselfeldes in Schwingungen versetzt. Zur Vermeidung von Frequenzverdopplung ist dem Wechselfeld ein permanentes Gleichfeld überlagert. Derartige Systeme haben heutzutage infolge ihrer relativ schlechten Übertragungseigenschaften – unausgeglichene Frequenzkurve, ausgeprägte Resonanzen, es fehlen die Tiefen und die Höhen – im Ton- und Heimstudiobereich keine Bedeutung. Sie finden aber wegen ihres hohen Wirkungsgrades Verwendung in Hörgeräten; früher wurden sie auch für Fernsprechhörer eingesetzt.

Elektrostatische Kopfhörersysteme arbeiten nach dem gleichen Prinzip wie die elektrostatischen Lautsprecher (siehe Kapitel 4.3.1). Die Übertragungseigenschaften sind ausgezeichnet. Jedoch erfordert die Bereitstellung der notwendigen Kondensatorvorspannung von mehreren hundert Volt, die auch z. B. aus dem niederfrequenten Nutzsignal gewonnen werden kann, gegenüber den anderen Systemen einen erheblich größeren technischen Aufwand und führt damit auch zu höheren Kosten, so daß dieses Prinzip nur selten bei Kopfhörern anzutreffen ist.

4.4.3 Einrichtungen für drahtlose Kopfhörer

Die drahtlose Übertragung von Tonsignalen auf Kopfhörer wird u. a. beim Playback-Aufnahmeverfahren vorteilhaft eingesetzt. Gegenüber der drahtlosen Übertragung im VHF- und UHF-Frequenzbereich bietet die drahtlose Infrarot-Übertragung den Vorteil, daß der Übertragungsradius exakt auf einzelne Räume beschränkt bleibt; Wände, ja schon dichte Vorhänge begrenzen die Ausstrahlung. Dadurch können identische Sendeanlagen gleichzeitig z. B. in benachbarten Räumen verwendet werden. Infrarot-Anlagen können störungsfrei zusätzlich zu bereits bestehenden drahtgebundenen oder drahtlosen Anlagen im VHF- und UHF-Bereich eingesetzt werden. Da unsichtbares Licht verwendet wird, gehen von der Anlage keine optischen oder elektrischen Störungen aus. Hingegen wird die Übertragung durch starke Kunstlichtquellen und durch direkte Sonneneinstrahlung gestört, weshalb der Einsatz nur bei Tonaufnahmen, hingegen nicht bei Fernsehaufnahmen sinnvoll ist [7.46]

Übertragungsverfahren

Eine Infrarot-Übertragungsanlage besteht aus einem oder mehreren Infrarot-Sendern – bestehend aus einem Steuersender und meist mehreren Infrarot-Strahlern – und einem oder mehreren Infrarot-Empfängern, die direkt an die Kopfhörer montiert sind. Der Sender emittiert als Träger unsichtbares Licht im Infrarot-Bereich mit einer Wellenlänge um 930 nm. Es handelt sich nicht um kohärentes Licht wie bei einem Laser, sondern um ein schmalbandiges Lichtrauschen. Der Vorteil dieses Verfahrens ist u. a., daß es keinerlei Interferenzprobleme, die Auslöschungen verursachen, gibt. Da jede einzelne Sendediode relativ wenig Lichtleistung erzeugt, können problemlos gleichzeitig beliebig viele Sendedioden betrieben werden.

In einer Infrarot-Strahlereinheit für Studiozwecke sind mehrere Dioden zusammengefaßt, von denen jede etwa 10 mW Lichtleistung abgibt. Da die Dioden inkohärentes Licht aussenden, ist die Richtcharakteristik einer Einzeldiode und einer Gruppe in die gleiche Richtung strahlender Dioden praktisch identisch. Die Reichweite bzw. der Störspannungsabstand nimmt mit steigender Anzahl von Sendedioden zu. Infrarot-Sender für den Studiogebrauch haben zwischen etwa 12 und 150 Sendedioden.

Infrarot-Empfänger haben als Lichtempfänger lichtempfindliche Dioden, die als Widerstände mit veränderlichem Widerstandswert betrachtet werden können; bei angelegter Gleichspannung fließt ein um so höherer Strom, je mehr Licht auf die Diode fällt. Um die auf die lichtempfindliche Schicht auftreffende Lichtmenge zu vergrößern, werden im allgemeinen Sammellinsen vor die Dioden gesetzt. Wegen des Infrarot-Filters hinter der Linse haben sie das typische Aussehen eines schwarzen Froschauges.

Die spektralen Verhältnisse bei der Infrarot-Übertragung zeigt *Abb. 4/59*. Die Galliumarsenid-Sendediode strahlt Licht mit Wellenlängen zwischen etwa 910 und 950 nm aus. Dieses Licht ist für das menschliche Auge unsichtbar. Die Empfangsdiode, eine Silizium-PIN-Diode, ist dagegen auch für das sichtbare Licht empfindlich; durch Vorschaltung eines Schwarzfilters gelangt nur Infrarotlicht auf die Diode. Störungen durch Beleuchtungskörper sind damit unterdrückt, soweit es sich um eine normale Raumbeleuchtung handelt.

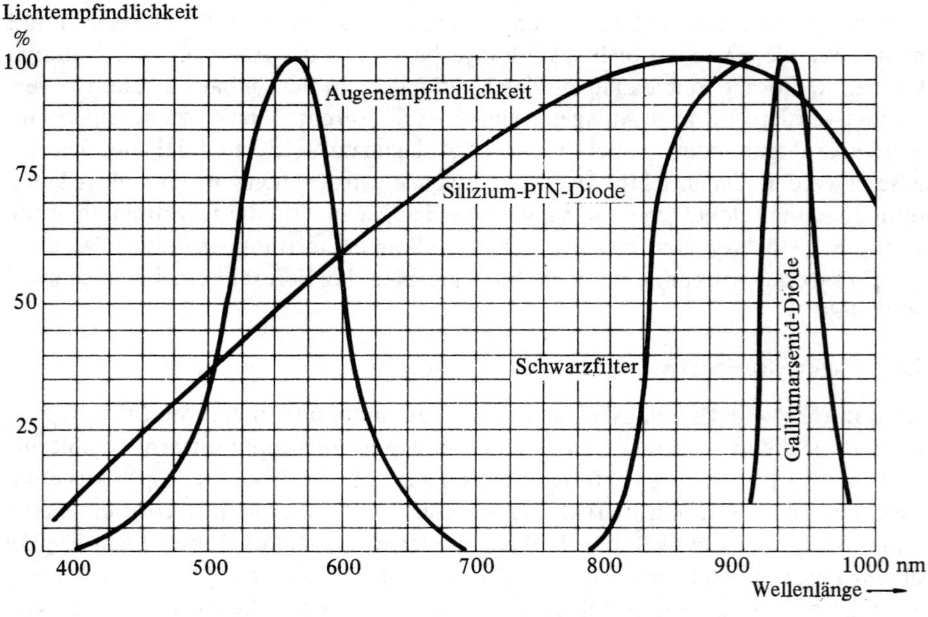

Abb. 4/59. Spektralkurven von Sendediode (Galliumarsenid-Diode), Empfangsdiode (Silizium-PIN-Diode), Schwarzfilter und sichtbarem Licht.

Modulationsverfahren

Für die Infrarot-Übertragung bietet sich zunächst die direkte Steuerung der Intensität des kontinuierlichen Lichtstroms durch die NF an. Diese Lösung scheidet allerdings aus, da insbesondere Leuchtstofflampen ein mit 100 Hz moduliertes Licht aussenden. Deshalb wird das Lichtrauschen mit einer HF-Schwingung amplitudenmoduliert, die ihrerseits frequenzmoduliert wird durch die NF-Modulation; es handelt sich also um eine AM/FM-Modulation. *Abb. 4/60* zeigt das Prinzip der Modulation.

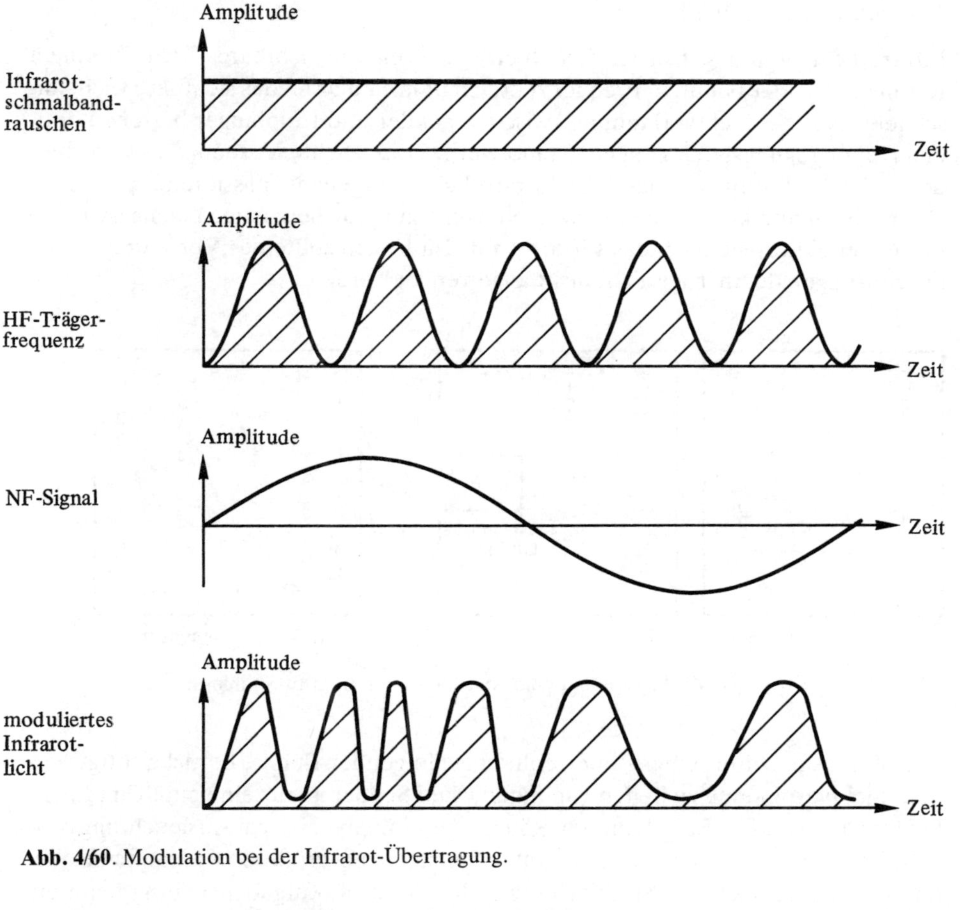

Abb. 4/60. Modulation bei der Infrarot-Übertragung.

Die Trägerfrequenz für Monoübertragung ist auf 95 kHz festgelegt, für Stereoübertragung sind die Frequenzen 95 kHz und 250 kHz vorgesehen (DIN 45 585). Der Frequenzhub beträgt für monofone und stereofone Übertragung maximal ± 50 kHz, die Preemphase ist wie bei UKW-Sendern und drahtlosen Mikrofonen auf 50 μs festgelegt. Mono- und Stereo-Übertragungseinrichtungen sind als Breitbandsysteme mit einem Übertragungsbereich bis 15 kHz ausgelegt und besitzen HiFi-Qualität (DIN 45 500).

Für Kommunikationszwecke (Kommandoanlagen, Konferenzanlagen, Dolmetscheranlagen) stehen auch schmalbandige Systeme mit einem Frequenzbereich bis 4 kHz zur Verfügung. Dabei können bis zu neun verschiedene Signale gleichzeitig übertragen werden. Die Trägerfrequenzen liegen dabei mit einem Raster von 40 kHz zwischen 55 und 375 kHz; der Hub beträgt ± 7 kHz, die Preemphase 100 μs. Die Anwendung der Infrarot-Übertragung von Schall im Heimtonbereich regelt DIN IEC 29 B (CO) 97.

Raumausleuchtung mit Infrarotlicht

Infrarotlicht breitet sich nach denselben Gesetzen wie sichtbares Licht in einem Raum aus, da der benutzte Frequenzbereich unmittelbar an das sichtbare Licht anschließt. Nur bei Sichtverbindung zwischen Sender und Empfänger bestehen optimale Übertragungsbedingungen. Mauerwerk, Holz, dichte Vorhänge usw. verhindern die Ausbreitung, Glas läßt Infrarotlicht weitgehend passieren, spiegelnde Oberflächen reflektieren das Infrarotlicht vollständig. Je heller eine Fläche ist, desto besser reflektiert sie auch das Infrarotlicht. Im Freien sollte das Verfahren wegen der Störungen durch Tageslicht nicht angewendet werden.

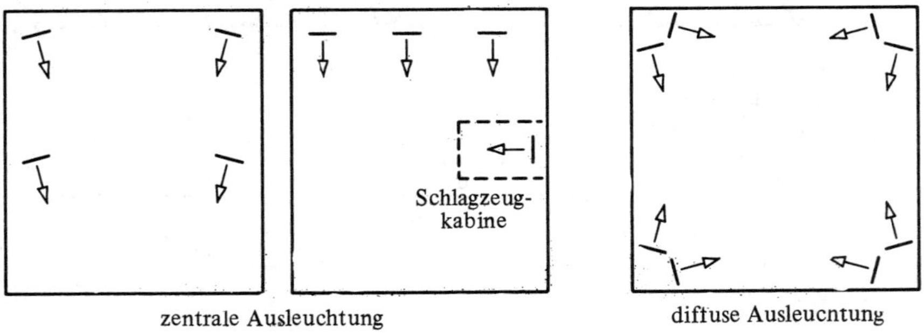

Abb. 4/61. Verschiedene Möglichkeiten für die Aufstellung von Infrarot-Strahlern.

Bei der Ausleuchtung eines Raums sollten die folgenden Punkte berücksichtigt werden: Sichtverbindung zwischen Empfänger und Sender ist für eine gute Empfangsqualität notwendig. Bei kleineren Räumen und übersehbaren Ausleuchtungsverhältnissen kann schon ein einziger Strahler genügen, bei größeren Räumen sind aber im allgemeinen mehrere Strahler notwendig. Je nach Aufgabenstellung kann ein Raum zentral oder diffus ausgeleuchtet werden. Die zentrale Ausleuchtung bietet sich an, wenn die zu versorgenden Kopfhörer in einer definierten und übereinstimmenden Richtung gehalten werden; dies trifft z. B. bei Fernsehtonübertragung, bei Dolmetscherübersetzung eines Vortrags, aber auch bei Musikaufnahmen, die von einem Dirigenten geleitet werden, zu. Diffuse Ausleuchtung ist notwendig, wenn in jedem Punkt des Raums einwandfreier Empfang gewährleistet sein soll oder wenn die Verhältnisse bei der Übertragung nicht bekannt sind. *Abb. 4/61* zeigt Beispiele für beide Ausleuchtungsarten. Die Strahler werden vorteilhaft möglichst hoch angebracht und etwas nach unten geneigt.

Für die Dimensionierung der Sendeleistung kann aus praktischen Erfahrungen gesagt werden, daß pro Sendediode 3 bis 5 m^2 Grundfläche eines normal ausgestatteten Raums versorgt werden können. Stark gegliederte Wände, dunkle Vorhänge und Wände, Fenster und ähnliche Absorptionsflächen erhöhen den Leistungsbedarf. Kleine Strahler haben eine Reichweite von etwa 5 bis 10 m, große Strahler mit über 100 Dioden von 20 bis 25 m. *Abb. 4/62* zeigt als Beispiele die Richtcharakteristiken und Reichweiten einer kleinen und einer großen Strahlergruppe.

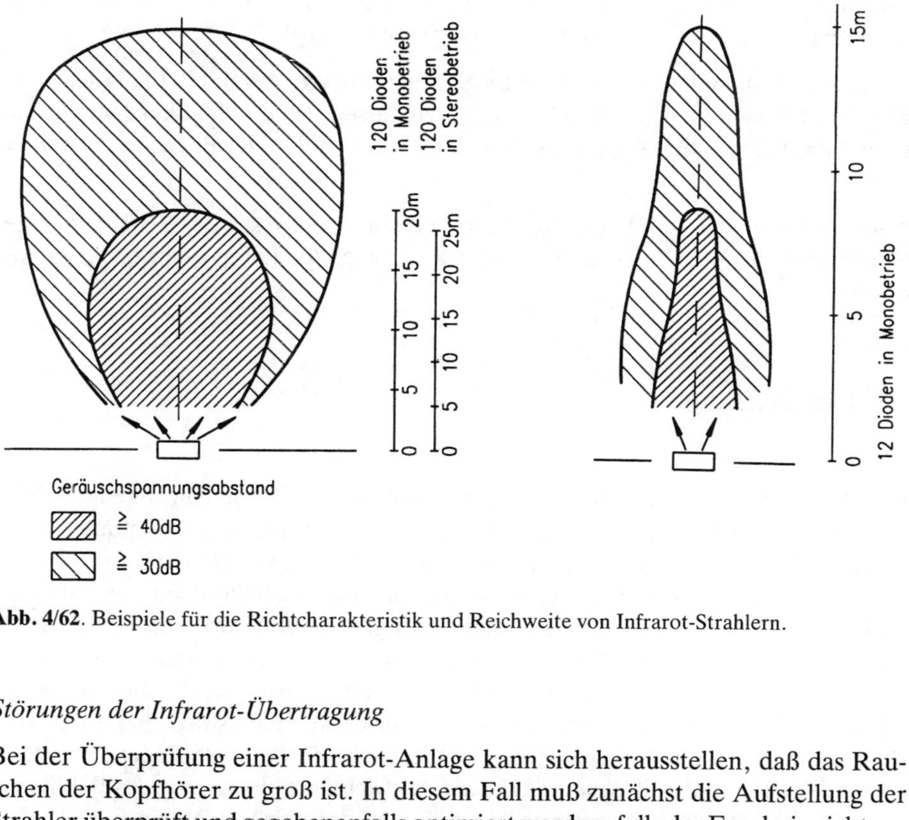

Abb. 4/62. Beispiele für die Richtcharakteristik und Reichweite von Infrarot-Strahlern.

Störungen der Infrarot-Übertragung

Bei der Überprüfung einer Infrarot-Anlage kann sich herausstellen, daß das Rauschen der Kopfhörer zu groß ist. In diesem Fall muß zunächst die Aufstellung der Strahler überprüft und gegebenenfalls optimiert werden; falls das Ergebnis nicht zufriedenstellt, ist die Anzahl der Strahler zu erhöhen oder sind stärkere Strahler aufzustellen.

Die wichtigste Störquelle bei Infrarot-Übertragungen ist die Beleuchtung des Raums. Im Freien und in Fernsehstudios sind die Beleuchtungsstärken im allgemeinen so hoch, daß ein qualitativ befriedigender Einsatz der Anlage nicht mehr möglich ist. Bei üblichen Beleuchtungen eines Tonstudios ergeben sich jedoch im allgemeinen keine Probleme. Die Störwirkung hängt von der Art der Lichtquelle ab, da der Infrarot-Anteil bei den verschiedenen Beleuchtungsarten unterschiedlich ist:

Das Licht von Glühlampen hat im Infrarot-Bereich ganz erhebliche Beleuchtungsstärken. Bei Werten bis 400 Lux – das entspricht einer normalen Beleuchtung – wird die Infrarot-Übertragung nicht gestört. Größere Beleuchtungsstärken können aber dann auch störungsfrei verwendet werden, wenn die Strahlerleistung ebenfalls erhöht wird. Bei vierfacher Beleuchtungsstärke muß dabei die Sendeleistung verdoppelt werden. Bei mehr als 2000 Lux von Glühlampen ist eine Infrarot-Übertragung nicht mehr möglich.

Auch Tageslicht hat noch einen relativ großen Infrarotanteil. Er stört in geschlossenen, durch Tageslicht beleuchteten Räumen jedoch nur bei direkter Sonneneinstrahlung, die in der Praxis ohnehin meist gemieden wird.

Leuchtstofflampen haben einen relativ geringen Infrarotanteil; bis 1000 Lux treten keine Probleme auf. Aber auch höhere Werte lassen sich durch höhere Strahlerleistung bewältigen. Die Obergrenze von 10 000 Lux wird in der Praxis nur selten erreicht.

Auch starke elektrische Wechselfelder können die Anlage stören. Bei abgeschaltetem Infrarot-Strahler kann z. B. ein stark einfallender Langwellensender gehört werden.

4.5 Beschallung

Eine Rede, eine Podiumsdiskussion, eine Conférence oder eine musikalische Darbietung aus dem Bereich der Unterhaltungsmusik wird in größeren Räumen im allgemeinen für das Publikum über eine Beschallungsanlage verstärkt, um ausreichend verständlich bzw. laut zu sein. Vielfach muß die Saalbeschallung für das Publikum (PA, Public Address) durch eine Bühnenbeschallung (Monitorbeschallung) für die Ausführenden ergänzt werden. Während für Aufführungen Ernster Musik und für Theateraufführungen im allgemeinen keine elektroakustische Verstärkung angewendet wird, hat sich bei Veranstaltungen mit unterhaltender Musik, bei Vorträgen, Diskussionen und Conférencen eine zusätzliche Beschallung als Regel entwickelt. Gründe hierfür sind neben der inzwischen entwickelten Erwartung des Publikums das unterschiedliche Maß an aufzubringender Aufmerksamkeit. Neuerdings werden spezielle Beschallungseinrichtungen auch zur Verlängerung des Nachhalls in einem Raum eingesetzt.

Aufgabe der Beschallung ist, jedem Zuhörerplatz gleichmäßig und ausreichend Direktschall zuzuführen; dabei soll ein möglichst natürlich wirkender Klangeindruck entstehen. Ein spezielles Problem ist dabei in der Praxis immer wieder die Vermeidung von Rückkopplungen bei der Verstärkung von Schallquellen.

Da im allgemeinen bei Beschallungen die notwendigen Bedingungen für stereofones Hören nicht oder nur für vergleichsweise wenige Hörer geschaffen werden können, sind Beschallungen in der Regel Monoübertragungen mit mehreren Lautsprechern. Für die Bühnenbeschallung werden allerdings meist mehrere unterschiedliche Mischungen benötigt.

Es gibt drei Situationen für die Beschallungstechnik, die auch unterschiedliche Probleme aufgeben: Einspielung – es sind nur Lautsprecher, aber keine Mikrofone im Saal, Verstärkung der Schallquellen – es sind Mikrofone und Lautsprecher im Saal und Verstärkung bei gleichzeitiger Tonaufnahme oder -übertragung. [4.31], [4.47]

4.5.1 Einspielung

Der technisch einfachste Fall einer Beschallung ist die Einspielung. Das in der Praxis größte Problem – die Rückkopplung – existiert hier nicht. Im allgemeinen wird monofon eingespielt; bei Zentralbeschallung kann für das Publikum auf der Saalmittelachse bei stereofoner Einspielung ein stereofones Klangbild erzeugt werden.

Aufstellung der Lautsprecher

Für die Beschallung in einem Saal gibt es verschiedene Möglichkeiten der Lautsprecheraufstellung, die teilweise allerdings nur bei fester Installation möglich sind (*Abb. 4/63)*):

1. Zentralbeschallung, Lautsprecher 1 in *Abb. 4/63*:
Die Lautsprecher sind links und rechts neben der Bühne angeordnet und werden mit gleichem Signal gespeist. Vorteilhaft vor allem für weiter entfernte Hörerplätze ist die gute Übereinstimmung von Schallquellenort und Lautsprecher, aber auch der geringe apparative Aufwand, was besonders für fliegenden Aufbau vorteilhaft ist. Ein Nachteil ist in der hohen Lautstärke und der Fehlortung für die in der Nähe sitzenden Zuhörer zu sehen. Lediglich im Bereich der Mittellinie zwischen beiden Lautsprechern haben die Zuhörer den Eindruck, daß die Schallquelle sich in Bühnenmitte befindet; die hohe Rückkopplungsgefahr ist allerdings der gravierendste Nachteil dieser Lautsprecheraufstellung.

2. Zentralbeschallung, Lautsprecher 2 und 6 in *Abb. 4/63*:
Ein oder mehrere über der Bühne angeordnete Lautsprecher versorgen von oben herab das gesamte Publikum, also auch den hinteren Bereich des Saales. Insbesondere bei der Verwendung stark bündelnder Lautsprecher ist für die Zuhörer in den ersten Reihen die Lautstärke häufig zu gering. Es müssen daher zusätzliche Rampenlautsprecher (Lautsprecher 6) mit kleinerer Leistung betrieben werden. Gegenüber der Beschallung mit Lautsprechern seitlich der Bühne ist leichter der Eindruck zu erzielen, daß der verstärkte Schall z. B. aus dem Mund des Sprechers kommt, da das Richtungshören in vertikaler Richtung weniger scharf ist. Auch die hohen Laut-

stärken in den ersten Stuhlreihen können so vermieden werden. Vielfach werden die Seitenlautsprecher relativ hoch angebracht, so daß sich ein Kompromiß mit der erstgenannten Aufstellung (Lautsprecher 1) ergibt. Um den Eindruck der Erhebung des Lautsprecherschalls in der vertikalen Ebene zurücktreten zu lassen, kann ein Filter in den Lautsprecherweg geschaltet werden, das den Bereich bei 8 kHz schmalbandig absenkt; dadurch wird verhindert, daß sich das richtungsbestimmende Band für die Hörortwahrnehmung „von oben“ ausbilden kann.

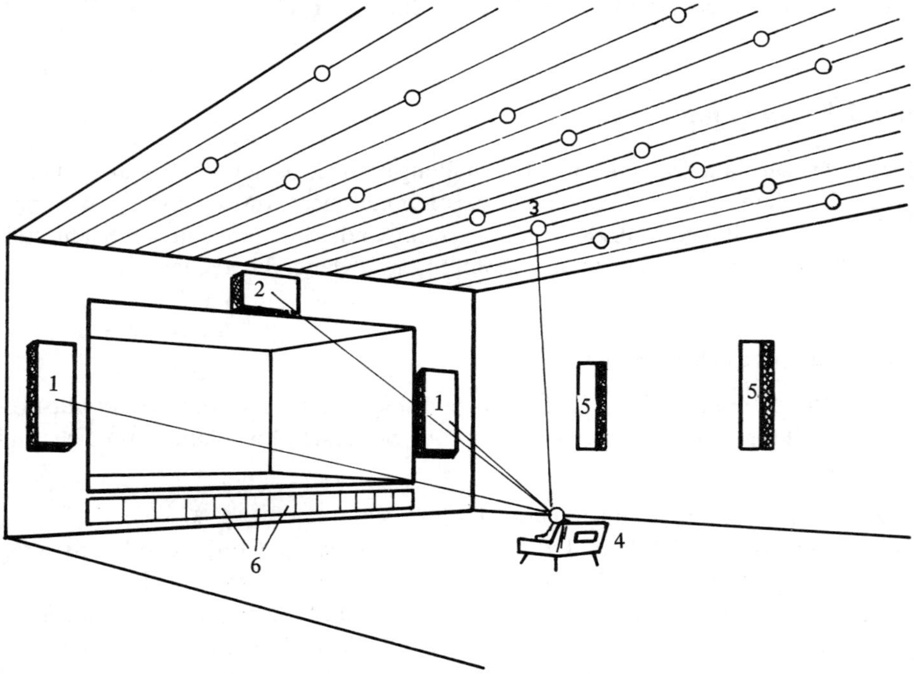

Abb. 4/63. Verschiedene Lautsprecheraufstellungen bei der Beschallung.
1. Zentralbeschallung von der Seite
2. Zentralbeschallung von oben
3. Berieselung
4. Direktbeschallung, Nahbeschallung
5. Zentralbeschallung mit zusätzlichen Wandlautsprechern

3. Berieselung, Lautsprecher 3 in *Abb. 4/63*:
Viele fest installierte Lautsprecher in der Decke versorgen das gesamte Publikum weitgehend gleichmäßig mit Schall; der Leistungsbedarf ist relativ gering, die Rückkopplungsgefahr vergleichsweise klein. Der Hörer ortet jetzt aber die Schallquelle in dem ihm am nächsten liegenden Deckenlautsprecher. Derartige Anlagen eignen sich vorwiegend zur Übermittlung von reinen Informationen (Sprache) ohne künstlerische Aussage und zur Musikberieselung. Sie sind weniger für stark personenbe-

zogene Veranstaltungen geeignet, also weniger z. B. für Wahlveranstaltungen und Gottesdienste.

4. Direktbeschallung oder Nahbeschallung mit verteilten Lautsprechern, Lautsprecher 4 in *Abb. 4/63*:
In der Rücklehne eines jeden Sitzes befindet sich ein Lautsprecher, der nur einen oder zwei Zuhörer mit Schall versorgt. Sitzt das Publikum an Tischen, so können kleine Tischlautsprecher aufgestellt werden. Die Entfernung zwischen Lautsprecher und Hörer ist hierbei sehr klein; es lassen sich mit relativ kleinen Leistungen große Lautstärken am Hörort erreichen. Der Schall sollte verzögert abgestrahlt werden, damit ein Verschmelzen von Original- und Lautsprecherschall erreicht wird. Insbesondere bei Fernseh-Großveranstaltungen, bei denen Publikum, Kandidaten usw. an Tischen sitzen, werden Tischlautsprecher einzeln oder in mehreren Gruppen eingesetzt. Diese Aufstellung eignet sich besonders, wenn der Conférencier im Saal herumgehen will.

5. Zentralbeschallung mit zusätzlichen Lautsprechern an den Wänden, Lautsprecher 1, 2 und 5 in *Abb. 4/63*:
Da die Entfernung der Lautsprecher 1 und 2 zum Publikum häufig sehr groß ist, bedient man sich zusätzlicher Lautsprecher an den Wänden, etwa in Kirchen oder in langgestreckten Versammlungsräumen. Hörer in der Nähe dieser Lautsprecher können sowohl durch ihre Lautstärke wie durch die Fehlortung gestört werden. Auch hier ist eine Verzögerung der Lautsprechersignale zweckmäßig.

Schallzeilen

Ziel der Lautsprecheranordnung bei Beschallungen ist es, möglichst viel Direktschall und möglichst wenig Diffusschall zu den Hörerplätzen zu bringen. Das setzt die Gefahr von Rückkopplungen herab, erhöht die Deutlichkeit, vermindert den Leistungsbedarf und erleichtert es, die Lautsprecherwiedergabe klangneutral zu halten. Beschallungsanordnungen, die als Zentralbeschallungen arbeiten (Lautsprecher 1, 2 und 5 in *Abb. 4/63*) müssen deshalb den Schall in zweckmäßiger Weise gebündelt abstrahlen. Diese Aufgabe erfüllen nicht Einzellautsprecher, sondern sog. Schallzeilen.

Schallzeilen schaffen die Möglichkeit, Schall gerichtet, d. h. gebündelt abzustrahlen. Beim Beschallen einer Fläche wird eine möglichst breite horizontale Streuung gefordert, während in der Vertikalen eine stärkere Bündelung zweckmäßig ist. Eine solche zungenförmige Bündelung hat eine stehende Schallzeile.

Die Schallzeile besteht aus einer Anzahl in einer Linie senkrecht übereinander angeordneter breitbandiger Lautsprechersysteme. Die Richtcharakteristik der Anordnung zeigt *Abb. 4/64*. Man unterscheidet zwei Ebenen: Die Bündelungsebene ist die Ebene, die von der Längsachse der Schallzeile und der Bezugsachse der Zeile gebildet wird. Die Bündelung wird von der Länge der Schallzeile bestimmt; sie wird durch die Laufzeitunterschiede des Schalls zwischen einem Punkt des Schallfelds und den einzelnen Lautsprechersystemen hervorgerufen. Die Streuebene ist die Ebene senkrecht zur Bündelungsebene. Die Richtcharakteristik in der Streuebene ist von der Breite der Schallzeile, d. h. vom wirksamen Membrandurchmesser des einzelnen Lautsprechersystems abhängig, wenn die Lautsprecher in einer Ebene montiert sind; die Streubreite kann vergrößert werden, wenn die einzelnen Lautsprechersysteme etwas verwinkelt zueinander angeordnet sind.

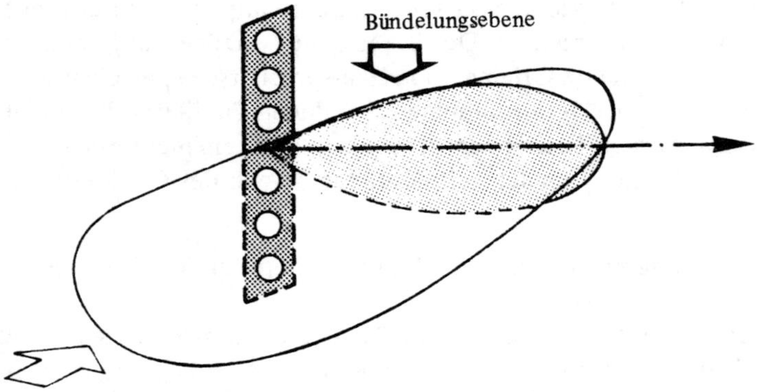

Abb. 4/64. Schallbündelung einer Lautsprecherzeile.

Man richtet die Bezugsachse schräg von oben auf die im hinteren Drittel des Saales gelegenen Reihen. Die vorderen Reihen werden dann zusätzlich mit Originalschall versorgt, während die Hauptleistung der Strahler auf die weitest entfernten Hörer konzentriert wird. Das läßt sich so einrichten, daß keine nennenswerte Abnahme der Lautstärke mit der Entfernung von der Schallquelle hörbar wird. Zugleich wird erreicht, daß nur wenig Schallenergie in den nicht mit Publikum besetzten Raum abgestrahlt wird, wodurch der für die Verständlichkeit schädliche Diffusschall geringere Lautstärke besitzt.

Nachteilig ist bei Schallzeilen die starke Frequenzabhängigkeit der Richtcharakteristik, *Abb. 4/65* gibt hierfür ein Beispiel. Hohe Frequenzen werden sehr stark gebündelt. Da tiefe Frequenzen weniger gerichtet, die tiefsten Frequenzen praktisch ungerichtet abgestrahlt werden, verschiebt sich die Balance zwischen Tiefen und Höhen mit zunehmender Entfernung zugunsten der Höhen; in der Praxis akzeptiert man oft eine starke Baßwiedergabe in der Nähe der Lautsprecher zugunsten eines ausgeglichenen Frequenzgangs in größerer Entfernung.

Für die Praxis hilfreich ist eine Schallzeile mit elektronisch einstellbarer Ausrichtung der Hauptabstrahlachse. Die einzelnen Lautsprechersysteme der Zeile werden dabei elektronisch so verzögert, wie es einer Schiefstellung der Schallzeile entspricht. Der Einstellbereich ist ± 45°; damit können in der Bündelungsebene praktisch alle Richtungen eingestellt werden. Ein Vorteil dieser Schallzeile ist, daß sie an

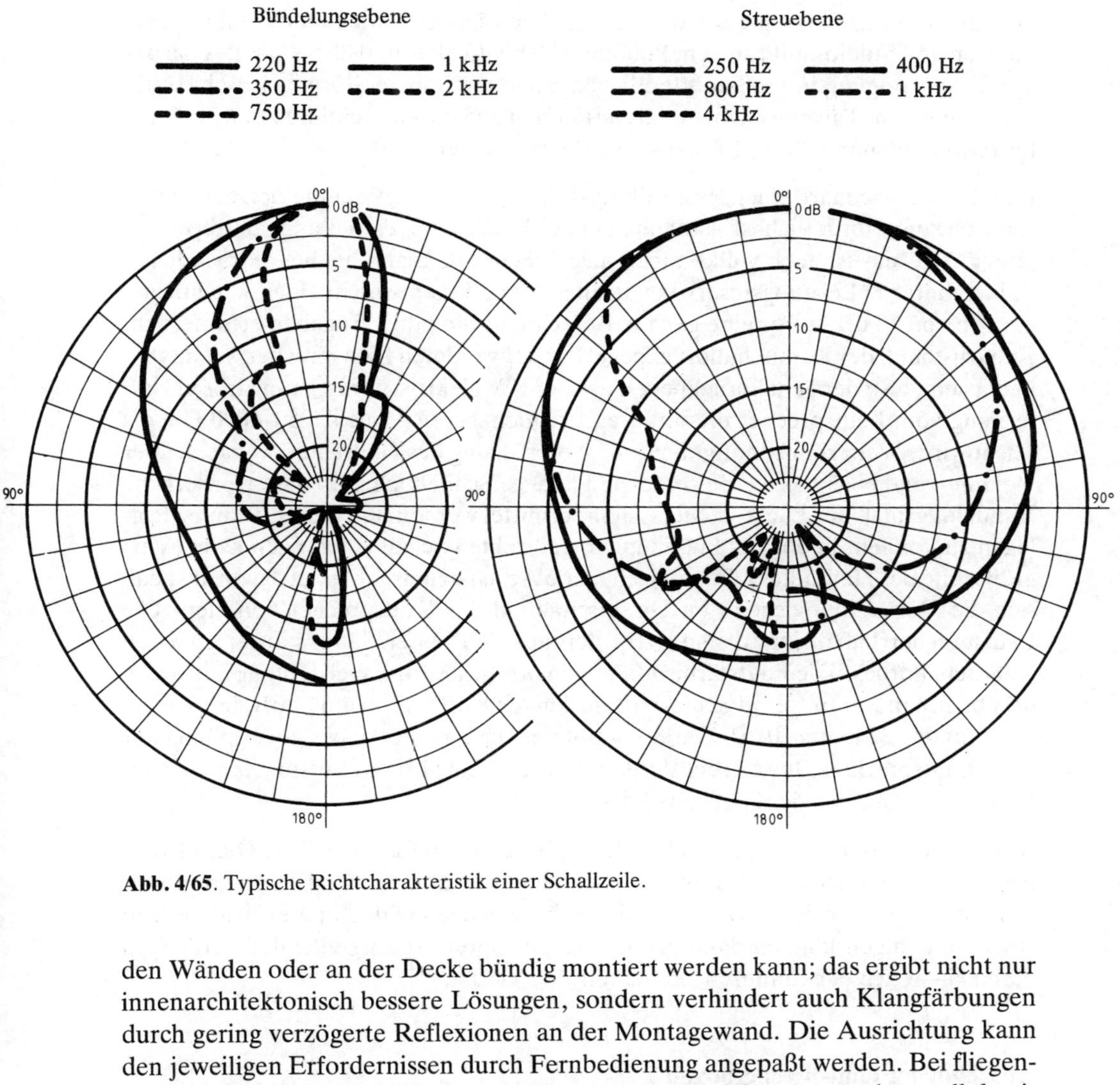

Abb. 4/65. Typische Richtcharakteristik einer Schallzeile.

den Wänden oder an der Decke bündig montiert werden kann; das ergibt nicht nur innenarchitektonisch bessere Lösungen, sondern verhindert auch Klangfärbungen durch gering verzögerte Reflexionen an der Montagewand. Die Ausrichtung kann den jeweiligen Erfordernissen durch Fernbedienung angepaßt werden. Bei fliegender Installation einer Schallzeile ist die optimale Ausrichtung experimentell damit leichter zu finden.

Leistungsbedarf

Die für die Hörer notwendige Lautstärke wird am einfachsten durch eine bewertete Messung des Schalldruckpegels mit einem Präzisionsschallpegelmesser nach DIN IEC 651 (früher IEC 179 bzw. DIN 45 633) in dBA gemessen, Arbeitsweise „schnell“.

Der am Hörerort benötigte Schalldruckpegel beträgt bei Sprachübertragung in Auditorien und Studios mit ruhigem Publikum 70 bis 75 dBA und 85 bis 90 dBA bei der Sprachübertragung in großen öffentlichen Sälen mit hohem Störpegel. Bei Musikübertragungen, Tanzmusik in größeren Räumen und bei Geräuschkulissen im Theater rechnet man mit 90 bis 100 dBA, bei Popmusik mit Solisten mit über 100 dBA.

Den Leistungsbedarf einer Beschallungsanlage, der zur Erzielung der genannten Lautstärken erforderlich ist, kann man in der Praxis der Beschallung nur allgemein abschätzen; das ist auch vollkommen ausreichend, da man ohnehin beträchtliche, d. h. zehnfache Leistungsreserven vorsehen wird, das entspricht einer Schallpegelreserve von 10 dBA. Für eine genaue Berechnung sind drei Angaben erforderlich: Zunächst muß der Kennschalldruckpegel des verwendeten Lautsprechersystems bekannt sein, also der Schalldruckpegel, der bei 1 W elektrischer Leistung in 1 m Entfernung vom Lautsprecher im mittleren Frequenzbereich (meist 250–4000 Hz) erreicht wird. Weiterhin benötigt man zur Abschätzung des Hallradius Angaben über Volumen und Nachhallzeit des besetzten Saales. Schließlich muß das erforderliche Bündelungsmaß des Lautsprechersystems ermittel werden, um die Entfernung festlegen zu können, in der das Publikum noch direkten Schall empfangen kann (Vergrößerung des Hallradius). Für eine einfache Abschätzung geht man davon aus, daß sich die Hörer überwiegend im Direktschallfeld der Lautsprecher befinden. Die Lautsprecher haben im Abstand 1 m den aus den Datenblättern zu ersehenden Kennschalldruck. Die Lautstärke nimmt nun pro Entfernungsverdoplung um etwa 4 dB ab, also in 2 m Entfernung um 4 dB, in 4 m um 8 dB, in 8 m um 12 dB, in 16 m um 16 dB und in 32 m um 20 dB. Daraus ergibt sich die Lautstärke bei Verwendung nur eines Lautsprechers. Jeweils bei Verdopplung der Anzahl der Lautsprecher gleicher Leistung erhöht sich der Pegel um 3 dB.

Bei Nahbeschallung genügen meist schon 1 bis 2 W pro Lautsprecher. Diese Breitbandsysteme haben keine besondere Richtcharakteristik. Sie sind sehr vorteilhaft, wenn ein Conférencier z. B. im Publikum herumgehen will. Zur Vermeidung von Rückkopplungen können dann gerade die Lautsprecher ausgeblendet werden, in deren Nähe sich der Conférencier aufhält.

Anschluß der Lautsprecherboxen

Für den Anschluß bzw. die Leistungsversorgung der Beschallungslautsprecher gibt es drei Möglichkeiten, die jeweils bestimmte Vor- und Nachteile haben; natürlich kann in bestimmten Fällen auch die Kombination z. B. von aktiven und passiven Boxen sinnvoll sein.

Aktive Lautsprecherboxen

Aktive Lautsprecherboxen werden mit 6 dBu angesteuert und benötigen einen Netzanschluß. Vorteilhaft ist die individuelle Regelungsmöglichkeit von Lautstärke und gegebenenfalls Klangfarbe; Leitungslänge und -querschnitt spielen praktisch keine Rolle; im Bedarfsfall können problemlos zusätzliche Lautsprecherboxen hinzugestellt werden. Nachteilig ist bei fliegendem Aufbau das höhere Gewicht, die Notwendigkeit eines Netzanschlusses für jeden Lautsprecher und die verglichen mit passiven Boxen größere Störanfälligkeit.

Passive Lautsprecherboxen in niederohmiger Schaltung

Lautsprecherverstärker für niederohmige Anlagen sind für den Anschluß von Lautsprecheranlagen mit 4, 8 oder 16 Ω ausgelegt. Die tatsächliche Ausgangsimpedanz moderner eisenloser Verstärker liegt dabei allerdings unter diesem Wert. Die Gesamtimpedanz der angeschlossenen Lautsprecher soll denselben Wert haben. Bei Unteranpassung (Lautsprecherimpedanz kleiner) wird der Verstärker überlastet; die Unteranpasung ist nicht zulässig. Überanpassung (Lautsprecherimpedanz größer) ist betriebssicher, nutzt jedoch nicht die zur Verfügung stehende Leistung aus.

Vorteilhaft ist bei dieser Anschlußtechnik die geringe Störanfälligkeit und das geringe Gewicht der Anlage; an den Lautsprechern gibt es keine Sicherheitsprobleme. Nachteilig ist, daß eine exakte Impedanzanpassung und damit eine sorgfältige Planung erforderlich ist. Die Leitungslängen sind wegen der Leistungsverluste begrenzt bzw. sind große Querschnitte notwendig.

Zur Ermittlung der Gesamtimpedanz aller Lautsprecher wird zunächst die Impedanz der einzelnen Lautsprecher festgestellt. Sie steht auf der Lautsprecherrückwand. Bei Lautsprechern, die für den niederohmigen Anschluß vorgesehen sind (kein 100-Volt-Übertrager), liegt er bei 4, 8 oder 16 Ω. Werden mehrere Lautsprecher benötigt, so müssen sie so zusammengeschaltet werden, daß ihre Gesamtimpedanz gleich der für den Verstärker erforderlichen Impedanz ist. Dazu ist bei einer größeren Zahl von Lautsprechern eine Kombination von Parallel- und Reihenschaltung notwendig.

Bei Parallelschaltung ist die Gesamtimpedanz (*Abb. 4/66*) bei zwei Lautsprechern:

$$Z_{ges} = \frac{Z_1 \cdot Z_2}{Z_1 + Z_2}$$

bei drei und mehr Lautsprechern:

$$Z_{ges} = \frac{1}{\frac{1}{Z_1} + \frac{1}{Z_2} + \frac{1}{Z_3} + \dots}$$

Bei Reihenschaltung ist die Gesamtimpedanz (*Abb. 4/67*):

$$Z_{ges} = Z_1 + Z_2 + Z_3 + \dots$$

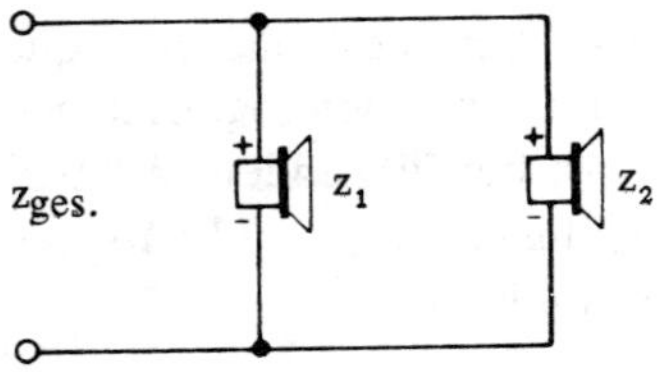

Abb. 4/66. Gesamtimpedanz von passiven Lautsprechern in Parallelschaltung.

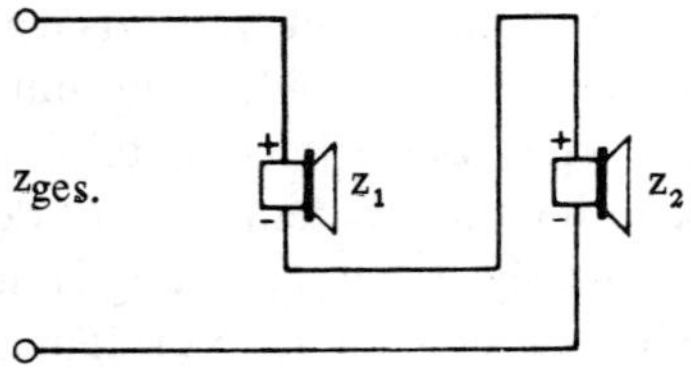

Abb. 4/67. Gesamtimpedanz von passiven Lautsprechern in Reihenschaltung.

Durch die Kombination von Parallel- und Reihenschaltung kann vielfach die erforderliche Gesamtimpedanz genau hergestellt werden. Ist dies nicht möglich, so soll die Gesamtimpedanz größer als die Verstärkerimpedanz sein, nicht kleiner.

Wenn die Grenzbelastbarkeit des Lautsprechers geringer ist als die ihm zugeführte Verstärkerleistung, kann der Lautsprecher beschädigt werden. Die jeweilige Grenzbelastbarkeit ist auf dem Typenschild abzulesen. Die Summe der Grenzbelastbarkeiten einer Lautsprecheranlage soll also größer sein als die Leistungsabgabe des Verstärkers.

Passive Lautsprecherboxen in 100-Volt-Technik

Bei der 100-Volt-Technik werden alle Lautsprecher an einen Verstärker mit einem 100-Volt-Übertrager parallel angeschaltet. Aus Sicherheitsgründen arbeitet man anstelle von 100 V auch mit 70 V oder 50 V. Entsprechend ihrer Eingangsimpedanz können die Lautsprecher dabei unterschiedliche Leistungen entnehmen. Die 100-Volt-Technik hat gegenüber der niederohmigen Technik folgende Vorteile: Die Leistung kann den Lautsprechern über längere Zuleitungen bzw. über Zuleitungen mit geringerem Querschnitt zugeführt werden. Wegen der verschiedenen Übertrageranzapfungen können die Leistungen der einzelnen Lautsprecher individuell den Bedürfnissen angepaßt werden. In der 100-Volt-Technik kann ein Verteilnetz installiert werden, an das über Lautsprecheranschlußdosen im Bedarfsfalle Boxen angeschlossen werden können. Die Lautsprecher werden grundsätzlich parallel geschaltet.

Für den Betrieb an einem 100-Volt-System müssen die Lautsprecher einen 100-Volt-Anpassungs-Übertrager enthalten. Durch die entsprechende Dimensionierung dieses Anpassungs-Übertragers kann die Leistungsaufnahme (in Watt) des Lautsprechers festgelegt werden.

Wenn der Übertrager Anzapfungen besitzt, kann der Lautsprecher auf andere Leistungsaufnahmen eingestellt werden. Ela-Lautsprecher müssen zumindest Angaben über Leistungsaufnahme in Watt und Leistungsstufen bei Anzapfungen (falls solche vorgesehen sind) auf dem Typenschild führen (DIN 45 574). Üblich sind Anzapfungen für volle, halbe und viertel Leistungsaufnahme.

Die gesamte Leistungsaufnahme (in Watt) aller Lautsprecher darf nicht größer sein als die Nennleistung des Verstärkers. Die Ausgänge 50 und 70 V bieten zusätzlich die Möglichkeit, die nachträgliche Zuschaltung weiterer Lautsprecher eines bereits voll ausgelasteten 100-Volt-Systems ohne Überlastung des Verstärkers zuzulassen. Durch Umklemmen aller Lautsprecher auf den 70-Volt-Ausgang kann man zwar nicht die gesamte Endleistung, aber die Zahl der Lautsprecher bis zur doppelten Anzahl erhöhen. Da bei diesem „Kunstgriff" die aufgenommene Leistung des einzelnen Lautsprechers um 3 dB zurückgeht, muß dieses Verfahren auf Ausnahmen beschränkt bleiben. Beim Umklemmen auf den 50-Volt-Ausgang kann die Zahl der Lautsprecher bis zum Vierfachen erhöht werden, wobei die aufgenommene Leistung des einzelnen Lautsprechers um 6 dB zurückgeht. Je nach Leistung des Verstärkers dürfen an den Ausgängen des 100-Volt-Übertragers bestimmte Lastwiderstandswerte nicht unterschritten werden (*Abb. 4/68*).

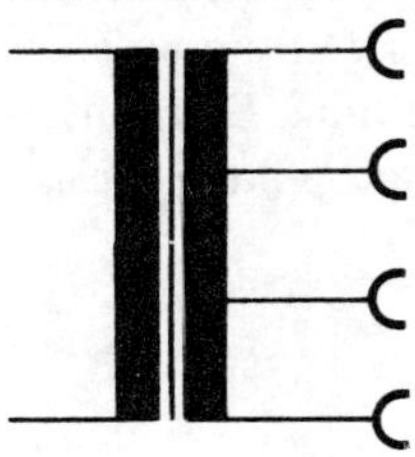

Verstärkerleistung	60 W	100 W	120 W	240 W
100 V	167 Ω	100 Ω	84 Ω	42 Ω
70 V	82 Ω	49 Ω	41 Ω	21 Ω
50 V	42 Ω	25 Ω	21 Ω	11 Ω
0 V				

Abb. 4/68. Minimale Lastwiderstände bei 100-Volt-Verstärkern mit verschiedenen Ausgangsleistungen.

Bei gleichzeitiger Belegung der 100-Volt-, 70-Volt- und 50-Volt-Ausgänge muß darauf geachtet werden, daß die Gesamtleistungsaufnahme aller angeschlossenen Lautsprecher die Nennleistung des Verstärkers nicht übersteigt. 100-Volt-Systeme sollen nicht im Leerlauf betrieben werden.

4.5.2 Verstärkung von Schallquellen

Soll in einem Saal oder im Freien ein Redner, eine Kapelle o. ä. wegen zu geringer Lautstärke elektroakustisch verstärkt werden, so ergeben sich eine Reihe von Problemen, deren Beherrschung in der Praxis neben technischem Wissen auch umfangreiche Erfahrungen erfordert.

In vielen Fällen ist neben der Saalbeschallung eine besondere Bühnenbeschallung für die Ausführenden notwendig; für Saal und Bühne werden meist unterschiedliche Mischungen benötigt. [4.48], [4.49]

Rückkopplung

Befinden sich Mikrofone und Lautsprecher gleichzeitig in einem Saal, so besteht die Gefahr einer Selbsterregung der Beschallungsanlage durch akustische Rückkopplung. Die Voraussetzung für akustische Rückkopplung ist ein in sich geschlossener Übertragungskreis. Das Mikrofon nimmt ein Schallereignis auf, es wird verstärkt und vom Lautsprecher abgestrahlt; die Schallwellen des Lautsprechers treffen wieder auf das Mikrofon, werden wieder verstärkt und wiederum dem Lautsprecher zugeführt usw. Wenn der vom Lautsprecher stammende Schall am Mikrofonort einen geringfügig höheren Pegel als das primäre Schallereignis hat und die Phasendifferenz zwischen diesen Signalen gegen 0 geht, tritt Selbsterregung durch Rückkopplung ein. Die Rückkopplung ist stark frequenzabhängig, was durch das frequenzabhängige Übertragungsmaß von Lautsprecher und Mikrofon sowie durch den im Übertragungsweg liegenden Raum mit seinen spezifischen Eigenschwingungen bedingt ist. Deshalb sind die Bedingungen für Rückkopplung im allgemeinen zunächst nur für eine oder wenige Frequenzen erfüllt – es beginnt zu pfeifen. 1 bis 2 dB unterhalb der Verstärkung, bei der die Selbsterregung bzw. das Pfeifen einsetzt, hört man bereits, daß sich die Verstärkung dem kritischen Wert nähert. Die Stimme eines Sprechers z. B. bekommt eine Art Nachhall mit starker Klangfärbung. Das Einsetzen der Selbsterregung wird mit Rückkopplungsgrenze oder Rückkopplungseinsatz bezeichnet.

Heraufsetzen der Rückkopplungsgrenze

Die erste Forderung zur Vermeidung von Rückkopplungen muß sein, daß möglichst wenig direkter Schall von den Lautsprechern zu den Mikrofonen gelangt. Dies geschieht durch den Einsatz von Mikrofonen und Lautsprechern mit ausgeprägter Richtwirkung. Die Mikrofone müssen so plaziert werden, daß sich die Lautsprecher möglichst in der Richtung ihrer geringsten Empfindlichkeit befinden. Außerdem sollten die Mikrofone einen möglichst geradlinigen Frequenzgang haben, weil bei einer Überhöhung in der Frequenzkurve für diese Frequenzen eine größere Rückkopplungsgefahr besteht. Kondensatormikrofone haben im allgemeinen den geforderten geradlinigen Frequenzgang.

Aus den Mikrofondaten der Hersteller ist kaum zu entnehmen, inwieweit sich ein Mikrofon für Beschallungszwecke eignet, dies muß jeweils ausprobiert werden. Dabei zeigen sich erhebliche Unterschiede bezüglich der Anfälligkeit für Rückkopplungen.

Je höher der Pegel des zu verstärkenden Schalls am Mikrofon ist, desto geringer kann die Mikrofonverstärkung sein und desto geringer ist auch die Rückkopplungsgefahr. Geringe Mikrofonabstände mindern also die Rückkopplungsgefahr. Handmikrofone, die dicht vor den Mund gehalten werden, aber auch Lavalier-Mikrofone, die vor der Brust getragen werden, liefern bei Sängern bzw. Rednern hohe Pegel.

Man stellt die Lautsprecher möglichst so auf, daß sich in ihrer Hauptabstrahlrichtung keine nennenswerten Reflexionsflächen befinden. Vorteilhaft werden die einzelnen Lautsprecher an der Decke aufgehängt oder an Streben so montiert, daß sie etwas von oben auf das Publikum gerichtet sind. Infolge der Absorption durch die Personen bei streifendem Schalleinfall entsteht nur wenig Diffusschall, es gelangt so relativ wenig direkter Lautsprecherschall auf das Mikrofon.

Die Gefahr der Rückkopplung wächst mit zunehmender Nachhallzeit des Raumes. Denn z. B. bei Halbierung der Nachhallzeit verringert sich der Pegel des diffusen Schalls um 3 dB, was einer Erhöhung der Rückkopplungsgrenze um den gleichen Betrag entspricht. In halligen Räumen bringt das Publikum eine nennenswerte Reduzierung der Nachhallzeit mit sich, ebenso in Räumen mit Holzbestuhlung. Dagegen ergibt die Absorption durch das Publikum in Räumen mit Hochpolsterbestuhlung nur eine geringe Änderung, da bei einer solchen Bestuhlung das Publikum kaum zusätzliche Absorptionsfläche darstellt.

Eine weitere wichtige Maßnahme zur Verringerung der Rückkopplungsgefahr ist die Kontrolle der Beschallungsanlage auf Frequenzlinearität. Ist nämlich bei einer Frequenz oder Frequenzgruppe eine höhere Verstärkung vorhanden als im übrigen Übertragungsbereich, so wird hier zuerst Rückkopplung auftreten. Bei dieser Kontrolle wird weißes oder rosa Rauschen auf die Lautsprecher gegeben und mit einem Mikrofon, das für die Verstärkung benutzt werden soll, aufgenommen und einem Terzanalysator zugeführt. Hier können die Terzbereiche, die eine größere Verstärkung und Rückkopplungsgefahr haben, erkannt werden. Das Lautsprechersignal kann nun mit einem grafischen Entzerrer, der dieselben terzbreiten Filterbereiche wie der Analysator besitzt, linearisiert werden.

Da die meisten Lautsprecher bei tiefen Frequenzen weniger bündeln, tritt Rückkopplung eher bei tiefen als bei hohen Frequenzen ein. Bei reinen Sprachübertragungen kann man – da hierdurch die Sprachverständlichkeit nicht beeinträchtigt wird – durch einen Hochpaß im Lautsprecherweg die Frequenzen unter 160–200 Hz bedämpfen oder sperren und damit die Rückkopplungsgrenze erhöhen.

Bei der Verstärkung von Podiumsdiskussionen u. ä. wird zumindest bei größeren Runden bei jedem Diskussionsteilnehmer ein Mikrofon aufgestellt. Da sich dabei der akustische und elektrische Störpegel erhöht, empfiehlt sich der Einsatz sog. Sprachtore (Voicegates), die automatisch das zugehörige Mikrofon abschalten, wenn es nicht besprochen wird. Die Haltezeit nach Unterschreiten des einzustellenden Schwellwerts ist wählbar. Bei Einsatz von Sprachtoren muß aber stets auch ein Mikrofon ohne Sprachtor vorhanden sein, damit in Pausen nicht die akustische Atmosphäre ausbleibt.

Eine weitere Möglichkeit zur Unterdrückung der Rückkopplung ist die Frequenzversetzung [4.50]. Dabei wird das Niederfrequenzspektrum einem Träger von z. B. 19,805 kHz amplitudenmoduliert. Um einen ausreichenden Frequenzabstand des Spektrums zum Träger zu erhalten, wird zuvor in einem Tiefpaß das NF-Band bei 10 kHz scharf begrenzt. Von dem entstehenden Spektrum wird nur das obere Seitenband im Einseitenbandverfahren ausgefiltert. Dieses Band wird erneut mit einem Träger von z. B. 19,800 kHz moduliert. Anschließend wird das dadurch um 5 Hz nach oben versetzte NF-Spektrum in einem weiteren Tiefpaß wieder ausgesiebt, verstärkt und dann im Lautsprecher wiedergegeben. Im allgemeinen ist der Frequenzversatz zwischen 0,5 und 5 Hz einstellbar. Die Anwendung des Verfahrens bringt einige Probleme mit sich. So treten Schwebungen auf, wenn Originalschall und frequenzversetzter Schall gleichzeitig zu hören sind; sie können äußerst störend sein. Die Stimme bekommt ein eigenartiges Timbre. Bei Musikübertragungen treten wegen der Änderung der Intervalle störende Verstimmungen auf; daher kommt nur die Verwendung bei Sprache in Betracht.

In jüngster Zeit wurden „intelligente" Mikrofonsysteme für Beschallungsanlagen entwickelt, die durch Einsatz von Mikrocomputern verbunden mit laufenden Analysen des Mikrofonsignals bei einfacher Bedienung hohen technischen Komfort bieten. Dazu gehören: Jedes Mikrofon öffnet nur dann, wenn sich die Schallquelle innerhalb eines 120°-Winkels befindet, automatische Empfindlichkeitseinstellung und Sprachtorfunktion für jeden Mikrofonkanal, Stummschaltung des eigenen Mikrofons, Stummschaltung der anderen Mikrofone nach festzulegenden Prioritäten u. a.

Zur Erhöhung der Sprachverständlichkeit kann eventuell ein Aural Exciter (siehe 6.2.4) eingesetzt werden.

Verzögerung der Lautsprechersignale

Durch Verzögerung der Lautsprechersignale läßt sich die Qualität einer Beschallung im allgemeinen erheblich verbessern. Damit können unter bestimmten Bedingungen Fehlortungen und Echos beseitigt werden.

Bei Beschallungen wird das Tonsignal in der Regel gleichzeitig von mehreren Punkten im Raum aus abgestrahlt, z. B. vom Redner, weiterhin von einem Lautsprecher bei der Bühne und schließlich noch von einem Lautsprecher im hinteren Teil des Saals. Von wo her hört der Hörer den Schall, wo ortet er das Hörereignis? Hier gilt das sog. Gesetz der ersten Wellenfront, wonach die zuerst beim Hörer eintreffende Schallwelle die Hörereignisrichtung bestimmt. Da bei den meisten Saalbeschallungen mindestens einer der Lautsprecher näher beim Hörer ist als die Schallquelle, wird das Hörereignis am Ort des Lautsprechers geortet; optisches und akustisches Ereignis haben also verschiedene Orte, ein Effekt, der möglichst vermieden werden sollte. Er muß unbedingt vermieden werden, wenn die Persönlichkeit des Redners eine wichtige Rolle spielt wie z. B. bei politischen Reden, Gottesdiensten u. a.

Als Gegenmaßnahme muß – wieder nach dem Gesetz der ersten Wellenfront – dafür Sorge getragen werden, daß der Originalschall, nicht der Lautsprecherschall, zuerst beim Hörer eintrifft. Das wird durch eine entsprechende Verzögerung des Lautsprechersignals erreicht. Um die benötigte Verzögerungszeit abzuschätzen, stellt man die Wegdifferenz zwischen einem typischen Hörerplatz und dem Lautsprecher bzw. der Schallquelle fest; die Wegdifferenz wird mit 3 multipliziert, man erhält damit die Laufzeitdifferenz in Millisekunden zwischen den beiden Schallsignalen. Zu diesem Wert müssen noch 10 bis 20 ms hinzugenommen werden, damit das Lautsprechersignal dem Originalschall nacheilt. Die jeweils günstigste Verzögerungszeit muß in jedem Falle ausprobiert werden.

Allerdings läßt sich Fehlortung nur vermeiden, wenn die Verstärkung nicht zu groß ist. Das verzögerte Lautsprechersignal darf nämlich z. B. für Sprache höchstens 10 dB lauter sein als das Originalsignal, sonst ist das Gesetz der ersten Wellenfront nicht mehr gültig. Für einen Popsänger, der ja im allgemeinen ganz erheblich verstärkt werden muß, um die gewünschte hohe Lautstärke zu erreichen, läßt sich eine Fehlortung also kaum vermeiden.

Werden Lautsprecher nicht nur im Bühnenbereich, sonden auch noch weiter hinten im Saal (Lautsprecher 5 nach *Abb. 4/63*) aufgestellt, so muß auch für diese Lautsprecher die notwendige zusätzliche Verzögerungszeit ermittelt werden. Dabei ist nicht vermeidbar, daß die hinteren Lautsprecher bei den Hörern in den ersten Reihen mit ganz erheblichen Verzögerungen – sie entsprechen der doppelten Laufzeit des Schalls – zu hören sind. Da die verwendeten Lautsprecher aber stark gerichtet abstrahlen, stört das meist relativ wenig, sofern nicht störende Reflexionen auftreten.

Bühnenbeschallung

Neben der Saalbeschallung wird im allgemeinen auch eine spezielle Bühnenbeschallung (Monitorbeschallung, Monitoring) erforderlich: Bei Vollplayback simulieren die Musiker nur noch zur Einspielung der Studioaufnahme; dazu benötigen sie eine gute Beschallung, u. U. in verschiedenen speziellen Abmischungen von der Mehrspuraufzeichnung. Bei Teilplayback wird dem Sänger z. B. zunächst das gesamte Instrumentalplayback zugespielt, aber auch seine eigene Stimme will er hören, da sonst eine Selbstkontrolle nicht möglich ist. Auch bei Live-Aufführungen müssen vielfach über Kopfhörer spezielle Mischungen zugespielt werden. Für die Bühnenbeschallung sind besonders bei Fernsehübertragungen bewegliche Lautsprecher mit örtlicher Lautstärkeregelung notwendig, wofür sich aktive Lautsprecher besonders eignen. Bei Orchestern muß vielfach auch über Kopfhörer beschallt werden.

Freiluftveranstaltungen

Für Beschallungsanlagen im Freien ergeben sich einige Besonderheiten, die hier nur angedeutet werden können; im allgemeinen sind solche Anlagen – wenn es sich um Großbeschallungsanlagen handelt – nach sorgfältigen Berechnungen fest installiert; bei kleineren Anlagen sind die Verhältnisse andererseits nicht so viel anders als bei Saalbeschallungsanlagen [4.51].

Bei Freiluftbeschallungen sind im allgemeinen relativ große Flächen zu beschallen; die Entfernungen zwischen Redner bzw. Musiker und Publikum sind wesentlich größer. Deshalb gewinnen klimatische Einflüsse auf die Schallausbreitung einen zu beachtenden Einfluß. Weiterhin sind die gesetzlichen Bestimmungen über die Schallemission zu berücksichtigen. Diesen Bedingungen wird am besten eine dezentrale Beschallungsanlage gerecht. Vorteilhaft ist hierbei die Unabhängigkeit vom „Schallwetter" und geringe Umweltbelästigung. Zentralbeschallungen haben dagegen den Vorteil einfacher Installation und sind frei von störenden Echos, sofern nicht reflektierende Flächen vorhanden sind; ein besonderes Problem ist hierbei aber die Lärmbelästigung außerhalb der beschallten Fläche.

Man rechnet, daß das Publikum bei Freiluftveranstaltungen einen Schalldruckpegel von etwa 75 dB erzeugt, die Tendenz ist steigend. Für ausreichende Sprachverständlichkeit muß der Lautsprecherpegel beim Publikum etwa 10 dB höher sein; zur Sicherheit stellt man aber die Möglichkeiten für 95 dB Schalldruckpegel bereit. Dabei ist daran zu erinnern, daß für eine Schalldruckpegelerhöhung von 3 dB eine Leistungsverdoppelung notwendig ist.

Stereofone Beschallungsanlagen

Ein Nachteil konventioneller monofoner Beschallungsanlagen besteht darin, daß sie die räumliche Verteilung der Schallquellen auf der Bühne nicht übertragen, auch Bewegungsabläufe werden nicht abgebildet. Ein stereofones Beschallungssystem, das unter der Bezeichnung »Delta-Stereofonie« bekannt wurde, bietet die Möglichkeit, die Beschallungsanlage richtungsbezogen und bewegungsabbildend auszuführen. [4.53]

Dabei wird der Bereich, in dem sich die zu verstärkenden Schallquellen befinden, in verschiedene Sektoren unterteilt, die jeweils mit einem zugehörigen Mikrofon oder einer zugehörigen Mikrofongruppe aufgenommen werden. Auch die Beschallungslautsprecher werden in Gruppen eingeteilt, so werden z. B. alle Lautsprecher für den linken Saalbereich, alle Lautsprecher für den rechten Saalbereich und alle Lautsprecher für den mittleren Saalbereich zusammengefaßt. Die einzelnen Lautsprechergruppen erhalten eine Signalmischung der einzelnen Aufnahmebereiche, die linke Lautsprechergruppe z. B. bevorzugt Signale aus dem linken Sektor, am wenigsten aus dem rechten Sektor usw. Eine differenzierte Verzögerungstechnik, die sowohl die Position des Aufnahmebereichs als auch der Lautsprechergruppe berücksichtigt, sorgt für eine Lokalisierung der Schallquellen an ihrem wahren Ort. Mit

Unterstützung von Computern können auf diese Weise auch Bewegungsabläufe in der Beschallung nachvollzogen werden.

4.5.3 Verstärkung von Schallquellen bei gleichzeitiger Aufnahme

Die Verbindung von Beschallung und Aufzeichnung bzw. Übertragung ist eine komplexe Aufgabe, die sich im Bereich von Hörfunk und Fernsehen aber häufig stellt. Da sich die Abmischungen für Saal, Bühne und Sendung unterscheiden, ist im allgemeinen für die Beschallung und für die Sendung jeweils ein eigenes Mischpult notwendig, wobei das Beschallungsmischpult im beschallten Raum selbst aufgestellt wird. U. U. wird für die Bühnenbeschallung auch ein eigenes Mischpult notwendig, um die unterschiedlichen gewünschten Abmischungen bereitstellen zu können.

Ein besonderes Problem ist die Beeinflussung des Sendetons durch die Saal- und Bühnenbeschallung. Bei Fernsehaufzeichnungen sollen dabei Geräte und Bedienungspersonal möglichst im Sendebild nicht sichtbar sein. Es kann für diese komplexe Problemstellung keine einfachen Rezepte geben; vielmehr müssen ständig Kompromisse geschlossen werden. Dafür sind präzise Planungen und ausführliche Proben unerläßlich.

Normen

DIN 45 405	11.83	Störspannungsmessung in der Tontechnik
DIN 45 500	1.84	Tl. 1 Heimstudio-Technik (Hi-Fi); Allgemeines, Mindestanforderungen
	1.89	Tl. 5 –; Mindestanforderungen an Mikrofone
	2.71	Tl. 7 –; Mindestanforderungen an Lautsprecher
DIN 45 570	11.79	Tl. 1 Lautsprecher; Begriffe, Formelzeichen, Einheiten
	6.62	Tl. 2 –; Systematische Einteilungen, Benennungen
DIN 45 571	7.83	Kreisrunde und ovale Lautsprecherkörbe, Maße
DIN 45 580	6.75	Kopfhörer; Begriffe, Formelzeichen, Einheiten
DIN 45 581	6.75	Kopfhörer; Meßbedingungen und Meßverfahren für Typprüfungen
DIN 45 582	6.75	Kopfhörer; Prüfung der Nennbelastbarkeit
DIN 45 590	3.74	Mikrofone; Begriffe, Formelzeichen, Einheiten
DIN 45 591	6.80	Entwurf Mikrofonprüfverfahren; Meßbedingungen und Meßverfahren für Typprüfungen
DIN 45 591	6.80	Mikrofonprüfverfahren; Meßbedingungen und Meßverfahren für Typprüfungen
DIN 45 593	8.76	Mikrofone; Angabe von Eigenschaften

DIN 45 594	5.76	Mikrofone; Kennzeichen für austauschbare Mikrofone, Kontaktbelegung der Steckverbinder
DIN 45 595	9.79	Anschluß von Transistormikrofonen mit Tonaderspeisung
DIN 45 596	8.81	Mikrofone; Phantomspeisung
DIN 45 599	6.81	Studiomikrofone; Kennzeichen für austauschbare Mikrofone, Kontaktbelegung der Steckverbinder
DIN 45 619	6.75	Tl. 1 Kopfhörer; Bestimmung des Freifeld-Übertragungsmaßes durch Lautstärkevergleich mit einer fortschreitenden Welle
	6.75	Tl. 2 –; Bestimmung des Freifeld-Übertragungsmaßes durch Lautstärkevergleich mit einem Bezugs-Kopfhörer
DIN IEC 764	6.86	Entwurf Übertragungsnorm für Schallübertragungssysteme unter Verwendung von Infrarot-Strahlung für den Heimgebrauch
DIN IEC 651	12.81	Schallpegelmesser

Literatur

4.1 L. Cremer: Vorlesungen über Technische Akustik, Berlin 1971, Springer

4.2 I. Veit: Technische Akustik, Würzburg 1979, Vogel

4.3 W. Reichardt: Grundlagen der Elektroakustik, Leipzig 1968, Geest und Portig

4.4 G. Boré: Mikrophone für Studio- und Heimstudio-Anwendungen, Berlin 1981, Schiele und Schön

4.5 J. Wuttke: „Mikrofondaten und ihre Bedeutung in der Praxis", in: Bericht über die 12. Tonmeistertagung München 1981

4.6 H. Wichards: „Kondensatormikrofon mit kurzem Richtelement", in: Radio Mentor 1971, S. 601 ff.

4.7 T. Andert und E. Simak: „Interferenzrichtmikrofon mit berechenbarer Richtcharakteristik", in: Acustica 1983, S. 19 ff.

4.8 K. Tamm und G. Kurtze: „Ein neuartiges Mikrofon großer Richtungsselektivität", in: Acustica 1954, Beiheft 1, S. 469 f.

4.9 H.-J. Schubert: „Einige Betrachtungen zur Dimensionierung von Windschutzgeräten für Studiomikrofone", in: Technische Mitteilungen RFZ 1968, S. 160 ff.

4.10 K. Peschel: „Technologie moderner Kondensatormikrofone", in: Fernseh- und Kino-Technik 1978, S. 93 ff.

4.11 H.-J. Griese: „Kondensator-Mikrophone der Studiotechnik", in: Fernseh- und Kino-Technik 1970, S. 369 ff.

4.12 W. Fidi: „Technologische und akustische Fortschritte im Bau von Kondensatormikrofon-Kapseln", in: Funkschau 1971, S. 467 ff.

4.13 H.-J. Griese und H. Hirsch: „Dimensionierung eines hochwertigen Kondensatormikrofons", in: Funkschau 1963, S. 239 ff.

4.14 B. Weingartner: „Entwicklungsgeschichte eines neuen Kondensatormikrofon-Systems", in: Funkschau 1973, S. 351 ff.
4.15 E. Werner: „Kondensatormikrofone mit Elekretmembran", in: Funkschau 1972, S. 287 ff.
4.16 H.-J. Griese: „Elektret-Mikrofonkapseln", in Radio Mentor 1972, S. 377 ff.
4.17 R. B. Schulein: „Elektrete und Kondensatormikrophone", in: Studio 1978, H. 10, S. 19 ff.
4.18 G. Boré: „Transistorbestückte Kondensatormikrophone in Niederfrequenzschaltung", in: Radio Mentor 1967, S. 528 ff.
4.19 H. Hirsch: „Kondensatormikrofone in Hochfrequenzschaltung", in: Funkschau 1966, S. 547 f.
4.20 S. Peus: „Mikrophon mit neuer Doppelmembrankapsel", in: Radio Mentor 1980, H.6, S. 167 ff.
4.21 R. Plantz: „Elektroakustische Anforderungen an Lavalier-Mikrophone", in: Rundfunktechnische Mitteilungen 1965, S. 166 ff.
4.22 S. P. Lipshitz: The Acoustical Behavior of Pressure-responding Microphones Positioned on Rigid Boundaries – a Review and Critique, Preprint 1796 F-5 der 69. AES-Convention, Los Angeles 1981
4.23 S. Peus: „Impuls-Verhalten von Mikrofonen", in: Radio Mentor 1976, S. 180 ff.
4.24 H.-J. Griese: „Die Entwicklung der dynamischen Mikrofone in den letzten 25 Jahren", in: Funk-Technik 1970, S. 413 ff.
4.25 E. Werner: „Ein neues dynamisches Richtmikrophon", in: Fernseh- und Kino-Technik 1971, S. 127 ff.
4.26 P. Görike: »Das Tauchspulen-Richtmikrophon nach dem Zweiweg-Prinzip und seine Entwicklung", in: Funk-Technik 1967, S. 551 ff.
4.27 E. Werner: „Zur Technik drahtloser Mikrofone unter Berücksichtigung neuer Frequenzbereiche", in: Fernseh- und Kino-Technik 1982, Nr. 2, S. 57 ff.
4.28 W. Pohl: „Zweckmäßige Frequenzen für drahtlose Mikrofone", in: Fernseh- und Kino-Technik 1972, Nr. 5, S. 160 ff.
4.29 E. Werner: „Empfänger für Parallelbetrieb drahtloser Mikrophone", in: Fernseh- und Kino-Technik 1979, Nr. 6, S. 210 ff.
4.30 W. Pohl und E. Werner: Extension of the dynamic range of wireless microphones, AES-Preprint 1779, London 1980
4.31 W. Ahnert und W. Reichardt: Grundlagen der Beschallungstechnik, Stuttgart 1981, Hirzel
4.32 H. Oberhoff: „Der Lautsprecher im Detail", in: Funkschau 1983, Nr. 7, S. 99 ff.
4.33 H. Williges: „Lautsprecher – eine Übersicht über den Stand der Technik", in: Radio Mentor 1979, Nr. 2, S. 52 ff.
4.34 D. W. van Wulfften Palthe: „Doppler-Effect in Loudspeakers", in: Acustica 1973, S. 5 ff.
4.35 A. Glaab „Der Einfluß des Phasenganges auf die Übertragung von Musik und Sprache durch Lautsprecher", in: Funkschau 1978, Nr. 2, S. 65 ff.
4.36 W. Kuhl und R. Plantz: „Die Bedeutung des von Lautsprechern abgestrahlten diffusen Schalls für das Hörereignis", in: Acustica 1978, S. 182 ff.
4.37 G. Plenge, H. Wollherr: Entwicklung eines neuen Regielautsprechers, Bericht 1103 des Instituts für Rundfunktechnik, München 1977
4.38 H. Wollherr: Messungen an einem kleinen Regielautsprecher der Firma Klein und Hummel, Bericht 12/78 des Instituts für Rundfunktechnik, München 1978
4.39 H. Wollherr: Meßtechnische Untersuchungen und Hörtests sehr kleiner Regielautsprecher, Technischer Bericht 48/81 des Instituts für Rundfunktechnik, München 1981
4.40 H.-J. Griese: „Was ist das ‚Freifeld-Übertragungsmaß' eines Kopfhörers?", in: Funkschau 1978, Nr. 17, S. 81 f.
4.41 G. Theile: „Untersuchungen zur Standardisierung eines Studiokopfhörers", in: Rundfunktechnische Mitteilungen 1983, Nr. 1, S. 17 ff.
4.42 V. Rhenius: „Meßverfahren im Vergleich", in: Funkschau 1983, Nr. 17, S. 44 ff.
4.43 G. Theile und G. Spikowski: „Diffus ist abermals Nr. 1", in: Funkschau 1983, Nr. 17, S. 47 ff.

4.44 H.-J. Griese: „Die Entwicklung der Hi-Fi-Hörer“, in: Funkschau 1974, Nr. 11, S. 399 ff., Nr. 12, S. 461 f.
4.45 V. Rhenius: „Optimal offene Kopfhörer“, in: Funkschau 1978, Nr. 23, S. 1159 ff.
4.46 K. W. Rüdiger und K. J. Wischgoll: „Drahtloser Infrarot-Kopfhörer – jetzt auch in Stereo“, in Funkschau 1976, Nr. 24, S. 1063 ff.
4.47 Albrecht, F-W.: Beschallungstechnik, 3. Aufl., Renningen 1995, expert-Verlag
4.48 G. Steinke, F. Steffen und W. Hoeg: „Technologische Anforderungen an Beschallungssysteme für große Mehrzweckräume“, in: Techn. Mitteilungen des RFZ 1977, Nr. 2, S. 32ff.
4.49 W. Karreth und H. Schmid: Beschallungsprobleme und publikumsbezogene Lösungen am Beispiel der Faschingsveranstaltungen im Großen Sendesaal des Bayerischen Rundfunks“, in: Rundfunktechnische Mitteilungen 1977, S. 205 ff.
4.50 „Frequenzshifter kontra akustische Rückkopplung“, in: Funkschau 1978, Nr. 4, S. 73 ff.
4.51 G. Boye: „Freiluft-Beschallungsanlagen für Großveranstaltungen und Sportstadien“, in: Fernseh- und Kino-Technik 1979, Nr. 1, S. 13 ff.
4.52 M. Gayford: „The Ribbon Microphone“, in Studio Sound 1985, H. 9, S. 85 ff. und H. 10, S. 98 ff.
4.53 W. Hoeg, F. Steffen, G. Steinke, W. Reichardt, W. Ahnert: „Ein Schallübertragungssystem zur richtungs- und entfernungstreuen Beschallung großer Auditorien“, in: Techn. Mitt. des RFZ 1976, Nr. 2, S. 27 ff.
4.54 M. Zollner, E. Zwicker: Elektroakustik, 3. Aufl. Berlin 1993, Springer
4.55 Auswahl des neuen ARD/ZDF-Referenzregie-Lautsprechers, Techn. Ber. des IRT B115/90
4.56 G. Spikowski: „Psychoakustische Faktoren zur Beurteilung der Abhörsituation Regielautsprecher/Regieraum“, in: Bericht 17. Tonmeistertagung Karlsruhe 1990, München 1991, Saur
4.57 W. Ellers: „Bändchenmikrofone, heute noch aktuell?“ in: Audio Professional 5/6 1993, S. 54ff.

5. Aufnahmetechnik

5.1 Pegel

Für die Angabe von Spannungen und Spannungsverhältnissen (Verstärkung und Dämpfung) und Schalldruckverhältnissen wird in der Tonstudiotechnik das Pegelmaß verwendet (DIN 5493). Dafür gibt es vor allem zwei Gründe:

Ein einfacheres Rechnen ist möglich, wenn man mit dem Logarithmus von Spannungsverhältnissen rechnet. Damit werden aus Multiplikationen Additionen und aus Divisionen Subtraktionen. Logarithmierte Größenverhältnisse sind Pegel. Der andere Grund ist die Lautstärkewahrnehmung des Gehörs. Eine einfache, lineare Spannungsanzeige entspricht nicht dem Lautstärkeempfinden, eine logarithmische Anzeige hingegen gibt das subjektive Empfinden gut wieder.

Es gibt eine Reihe unterschiedlicher Arten bzw. Definitionen und Anwendungsbereiche, von denen für die Tonstudiotechnik die Spannungspegel, zu denen auch der Funkhauspegel gehört, und der Lautstärkepegel (siehe Kapitel 3.3) wichtig sind.

Ausgangspunkt für die Pegeldefinitionen in der Tonstudiotechnik ist (historisch) der relative Leistungspegel. Eine der Eigenschaften eines Übertragungsglieds der Tonstudiotechnik ist die Verstärkung oder Dämpfung der Eingangsleistung (*Abb. 5/1*). Der Leistungsverstärkungsfaktor ist das Verhältnis von Ausgangsleistung P_2 zu Eingangsleistung P_1; er wird heute allerdings nicht mehr verwendet.

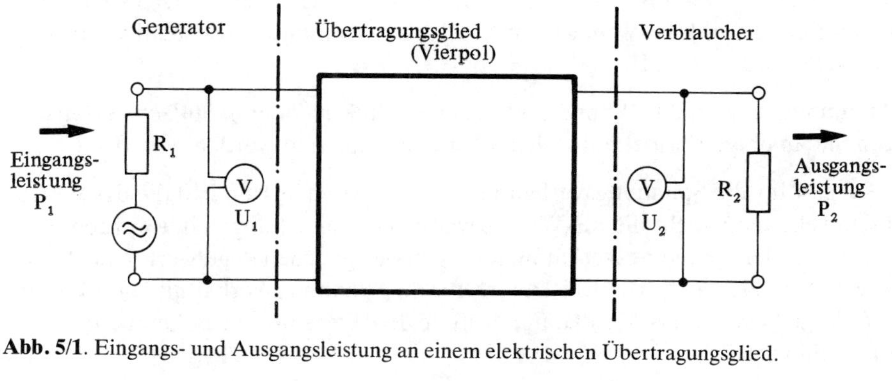

Abb. 5/1. Eingangs- und Ausgangsleistung an einem elektrischen Übertragungsglied.

Der relative Leistungspegel p_p in dB (Dezibel) ist definiert als der zehnfache dekadische Logarithmus des Verhältnisses von Ausgangsleistung P_2 zu Eingangsleistung P_1; Pegel werden in dB (Dezibel) angegeben. Da Pegelangaben reine Zahlenangaben, also dimensionslos sind, ist dB so wie z. B. Prozent keine echte Einheit; man bezeichnet sie als Pseudoeinheit.

$$p_p = 10 \lg \frac{P_2}{P_1}$$

p_p = relativer Leistungspegel [dB]
P_1, P_2 = Eingangs- bzw. Ausgangsleistung [W]

5.1.1 Relativer und absoluter Spannungspegel

Ersetzt man in der obigen Formel die Leistungen P_1 und P_2 durch U^2/R_1 bzw. U^2/R_2, läßt sich der Pegel auch aus den Ein- und Ausgangsspannungen berechnen:

$$p = 10 \lg \frac{P_2}{P_1} = 10 \lg \frac{U_2^2/R_2}{U_1^2/R_1} = 10 \lg \frac{U_2^2}{U_1^2} + 10 \lg \frac{R_1}{R_2}$$

$$= 20 \lg \frac{U_2}{U_1} + 10 \lg \frac{R_1}{R_2}$$

p = relativer Spannungspegel [dB, dBr]
P_1, P_2 = Ein- und Ausgangsleistung [W]
U_1, U_2 = Ein- und Ausgangsspannung [V]
R_1, R_2 = Ein- und Ausgangswiderstand [Ω]

Sind die Widerstände R_1 und R_2 gleich groß, so wird der Ausdruck $10 \lg \frac{R_1}{R_2}$ zu 0. Die Formel für den relativen Spannungspegel wird dann:

$$p = 20 \lg \frac{U_2}{U_1}$$

In der Tonstudiotechnik wird der relative Spannungspegel auch dann nach dieser Formel errechnet, wenn R_1 und R_2 unterschiedliche Werte haben. Da es mehrere Pegeldefinitionen gibt, verwendet man zur Kennzeichnung dieses relativen Pegels vielfach den Zusatz „r“: dBr.

Die Spannungen U_1 und U_2 können entweder in Effektiv- oder in Spitzenwerten gemessen und in obige Formel mit gleicher Einheit eingesetzt werden.

Tab. 5/1 gibt für die Spannungsverhältnisse U_2/U_1 zwischen 1 und 10 die dB-Werte an. Daraus können leicht die dB-Werte zwischen 0,1 und 1 abgeleitet werden: der Reziprokwert des Spannungsverhältnisses ergibt den gleichen Pegelwert, jedoch mit negativem Vorzeichen; z. B.: 0,1 ist das reziproke Spannungsverhältnis von 10,0 der dazugehörige Pegelwert ist -20 dB. Für größere dB-Werte und Zwischenwerte siehe unten Kapitel 5.1.2.

Legt man eine der beiden Spannungen, z. B. U_1, als konstanten Bezugswert U_0 mit definierter Größe fest, erhält man einen absoluten Spannungspegel. Man kann nun eine darauf bezogene andere Spannung statt in Volt in dB angeben. Die Umrechnung richtet sich nach der Größe der Bezugsspannung. Aus praktischen und histori-

Tab. 5/1. Pegelwerte und Spannungsverhältnisse.

dB	,0	,2	,4	,6	,8
0	1,000	1,023	1,047	1,072	1,096
1	1,122	1,148	1,175	1,202	1,230
2	1,259	1,288	1,318	1,349	1,380
3	1,413	1,445	1,479	1,514	1,549
4	1,585	1,622	1,660	1,698	1,738
5	1,778	1,820	1,862	1,905	1,950
6	1,995	2,042	2,089	2,138	2,188
7	2,239	2,281	2,344	2,399	2,455
8	2,512	2,570	2,630	2,692	2,754
9	2,818	2,884	2,951	3,020	3,090
10	3,162	3,236	3,311	3,388	3,457
11	3,548	3,631	3,715	3,802	3,890
12	3,981	4,074	4,169	4,266	4,865
13	4,467	4,571	4,677	4,786	4,898
14	5,012	5,129	5,248	5,370	5,495
15	5,623	5,754	5,888	6,026	6,166
16	6,310	6,457	6,607	6,761	6,918
17	7,079	7,244	7,413	7,586	7,762
18	7,943	8,128	8,318	8,511	8,710
19	8,913	9,120	9,333	9,550	9,772
20	10,0				

schen Gründen hat man in der Nachrichtentechnik eine Bezugsspannung von U_0 = 0,775 V gewählt. Dieser Wert ergibt sich als Spannung an einem Widerstand von 600 Ω, an dem eine Leistung von 1 mW umgesetzt wird. In Erinnerung an diesen Zusammenhang (1 mW) wird der absolute Spannungspegel mit dem Bezugswert 0,775 V mit dBu benannt. 0 dBu sind also 0,775 V. Der Zusatz „u" weist auf den Bezug auf eine Spannung hin. Gelegentlich findet man auch dafür dB(mW) und dB (re 1 mW).

Funkhausnormpegel

Pegelangaben werden beim Rundfunk entweder als absoluter Spannungspegel, bisher in dBm, in Zukunft in dBu gemacht, oder aber sie werden als relativer Pegel auf die Spannung bei Vollaussteuerung = 1,55 V oder 100 % Aussteuerung bezogen. Man kann diesen Pegel also auch als einen absoluten Pegel mit dem Bezugswert 1,55 V ansehen. Ist also die anzugebende Spannung 1,55 V bzw. der absolute Spannungspegel 6 dBu, so wird dieser relative Spannungspegel 0 dB; dies ist der sog. Rundfunknormpegel, auch Funkhaus- oder Studiopegel, er ist der Pegel für Vollaussteuerung; deshalb haben alle Pegelangaben im Arbeitsbereich, die auf Vollaussteuerung bezogen sind, negative Werte. Die Definition des Funkhauspegels ist also:

$$p = 20 \lg \frac{U}{1{,}55\ \mathrm{V}}$$

p = Funkhauspegel [dB]
U = Spannung [V]

Der auf Vollaussteuerung bezogene Rundfunknormpegel p und der absolute Spannungspegel p_U stehen in folgender Beziehung: $p = p_u - 6$ dB. Beide Pegelangaben sind üblich, was gelegentlich zu Mißverständnissen führen kann.

5.1.2 Andere Pegelangaben

Die Anwendungsfreundlichkeit des dB-Maßes hat zu einer fast unübersehbaren Reihe weiterer Pegeldefinitionen geführt (DIN 5493), wobei teils gleiche Bezeichnungen für verschiedene Definitionen stehen. Einige dieser Definitionen gibt *Tab. 5/2*.

Tab. 5/2. Definitionen verschiedener Arten von Pegeln.

Kurzzeichen	Bezeichnung	Anwendungsbereich	Bezugswert
dB	relativer Leistungs- oder Spannungspegel	Tonstudiotechnik u. a.	–
dB	absoluter Schalldruckpegel unbewertet	Akustik	$2 \cdot 10^{-5}$ Pa
dB(A), dBA dB(B), dBB, dB(C), dBC	absoluter Schalldruckpegel bewertet mit der Filterkurve A (B, C)	Akustik	$2 \cdot 10^{-5}$ Pa
dBe, dB (μV/m)	absoluter Feldstärkepegel	Empfangs- und Sendertechnik	1 μV/m
dBm	absoluter Leistungspegel	Nachrichtentechnik	1 mW
dBmV	absoluter Spannungspegel		1 mV
dBp	absoluter Schallleistungspegel	Akustik	1 pW
dBqps	bewerteter Störpegel q = Quasispitzenspannungsmessung, p = pondéré (bewertet), s = son (Tonübertragungsbereich)	Tonstudiotechnik	0,775 V
dBqs	(unbewerteter) Störpegel	Tonstudiotechnik	0,775 V
dBr	relativer Spannungspegel		–
dB re ..., dB (re ...)	absoluter Pegel mit Angabe des Bezugswerts		... (nach Angabe)

dBSPL	absoluter Schalldruckpegel (SPL = Sound Pressure Level)	Akustik	$2 \cdot 10^{-5}$ Pa
dBu	absoluter Spannungspegel	Tonstudiotechnik	0,775 V
dBv, dBV, dB(V)	absoluter Spannungspegel		1 V

5.1.3 Rechnen mit Pegeln

Verstärkung und Dämpfung im Pegelmaß

Verstärkung oder Dämpfung einer Spannung durch ein Übertragungsglied (DIN 40 148) bedeutet Multiplikation des Spannungswertes mit dem Verstärkungsfaktor bzw. Division durch den Dämpfungsfaktor: Bei Verstärkung erhält man die Ausgangsspannung durch Multiplikation der Eingangsspannung mit dem Verstärkungsfaktor, bei Dämpfung durch Division der Eingangsspannung durch den Dämpfungsfaktor. Verstärkungsfaktor A und Dämpfungsfaktor D sind definiert (*vgl. Abb. 5/1*):

$$A = \frac{U_2}{U_1} \quad D = \frac{U_1}{U_2}$$

$$A = \frac{1}{D}$$

A = Verstärkungsfaktor [dimensionslos]
D = Dämpfungsfaktor [dimensionslos]
U_1, U_2 = Eingangs- und Ausgangsspannung [V]

Da die Pegelmaße logarithmierte Größen sind, wird entsprechend den Regeln der Logarithmenrechnung beim Rechnen mit Pegeln aus einer Multiplikation eine Addition, aus einer Division eine Subtraktion; die Verwendung der Pegelmaße vereinfacht also den Umgang mit Verstärkungen und Dämpfungen.

Das Dämpfungsmaß a ist nach DIN 40 148 definiert als

$$a = 20 \lg D$$

a wird in dB angegeben. Wegen der Beziehung A = 1/D definiert die DIN das Verstärkungsmaß als −a, diese Bezeichnung wird jedoch weniger verwendet. Bei Verstärkung wird 20 lg D stets negativ, so daß das negative Vorzeichen bei −a einen positiven dB-Wert ergibt.

Für die praktische Arbeit sind in *Tab. 5/3* die wichtigsten Werte für Verstärkung von Spannungen zusammengestellt. Bei Dämpfung ergeben die reziproken Werte dieselben Pegelwerte, jedoch mit negativem Vorzeichen.

Tab. 5/3. Pegelwerte für Verstärkung.

Verstärkung um den Faktor	1	1,4 = $\sqrt{2}$	2	3,2 = $\sqrt{10}$	4	10	20	40	50	100	1000
entspricht einer Addition von ... dB	0	3	6	10	12	20	26	32	34	40	60

Überlagerung von Spannungen

Besondere Probleme in der Anwendung der Pegelrechnung ergeben sich bei der Überlagerung von Spannungen, also bei der Mischung von Signalen im tonstudiotechnischen Sinne, z. B. bei der Zusamenschaltung von zwei oder mehr Mikrofonkanälen. Die Spannungswerte werden hierbei geometrisch addiert; ihre Pegelwerte dürfen also nicht einfach summiert werden, da dies einer Multiplikation der Spannungen entspräche.

Sinusspannungen gleicher Frequenz stellen den einfachsten Fall dar. Für zwei gleich große Spannungen gibt *Tab. 5/4* die Gesamtpegel an; er hängt von der Phasendifferenz der Spannungen ab.

Tab. 5/4. Gesamtpegel bei Überlagerung zweier gleichgroßer Sinussignale.

Signal	Phasendifferenz	Pegeländerung
Sinussignale gleicher Frequenz und Spannung	0° 90° 120° 180°	+6 dB +3 dB 0 dB $-\infty$ dB (Auslöschung)

In der Praxis werden aber nicht Sinustöne gleicher Frequenz, sondern unterschiedliche Signale mit unterschiedlichen Pegeln und ständig wechselnden Phasendifferenzen überlagert. Der hieraus resultierende Gesamtpegel ist im Durchschnitt um soviel höher, wie *Abb. 5/2* angibt.

Abb. 5/2 zeigt, daß ein gerade noch hörbarer Pegelzuwachs von etwa 1 dB erst dann erreicht wird, wenn die Pegeldifferenz 6 dB beträgt. Dies gilt, wenn man die Effektivwerte betrachtet bzw. mißt. Mißt man jedoch den Spitzenwert – wie es der Aussteuerungsmesser tut –, kann sich ein von Abb. 5/2 abweichender Wert ergeben, abhängig von der Art der Signale. Da der Aussteuerungsmesser ein Quasispitzenspannungsmesser ist, hängt die Pegelanzeige davon ab, wie oft sich Pegelspitzen zweier Signale exakt gleichzeitig überlagern. Bei zwei Sinussignalen mit z. B. 100 Hz und 1000 Hz geschieht dies pro Sekunde 200 mal, die gemessene Pegelerhöhung beträgt somit je nach Phasenlage bis zu 6 dB wie bei gleichen Frequenzen und Phasendifferenz 0°. Bei weißem Rauschen gelten die Werte aus *Abb. 5/2*, da hier Pegelspitzen nur statistisch zufällig aufeinandertreffen.

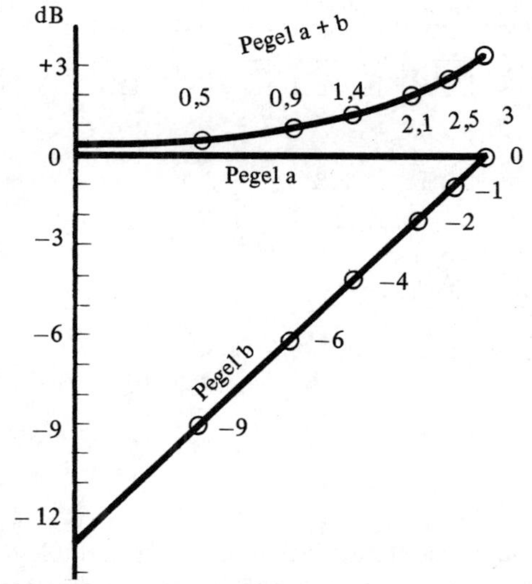

Abb. 5/2. Gesamtpegel bei Überlagerung zweier unterschiedlicher Signale.

Pegeldiagramme

Zur Darstellung der Pegelverhältnisse innerhalb einer Tonregieanlage verwendet man das Pegeldiagramm. Beginnend an der Einspeisestelle (Mikrofonanschluß, Leitungsanschluß) wird das Verstärkungsmaß der pro Kanal beteiligten Übertragungsglieder in ein Diagramm eingezeichnet. Verstärkungen zeigen aufsteigende, Dämpfungen abfallende Tendenz. So wird der an jeder Stelle der Übertragungskette vorliegende Pegel für Vollaussteuerung bei Nennbetriebsstellung der Steller, seine Stellbereiche und gegebenenfalls auch gleichzeitig der mitgeführte Störpegel und die Übersteuerungsreserve ablesbar. Während das Pegeldiagramm für aus Einzelbausteinen aufgebaute Regieanlagen – vor allem auch bei älteren Anlagen mit passiven Einheiten – für den Anwender informativ ist, verliert es bei Verwendung ausschließlich aktiver Einheiten und bei integrierten Anlagen seine Bedeutung für den Anwender, da die Übergabepunkte zwischen den einzelnen Modulen Normpegel führen. *Abb. 5/3* zeigt als Beispiel das Pegeldiagramm mit Übersteuerungsreserve eines tragbaren Mischpults.

5.2 Aussteuerung

Unter Aussteuerung in der Tonstudiotechnik versteht man die übertragungstechnisch, im Lautheitsablauf und künstlerisch optimale Einstellung des Pegels für die Übertragung und Aufzeichnung. Von Vollaussteuerung spricht man, wenn das Si-

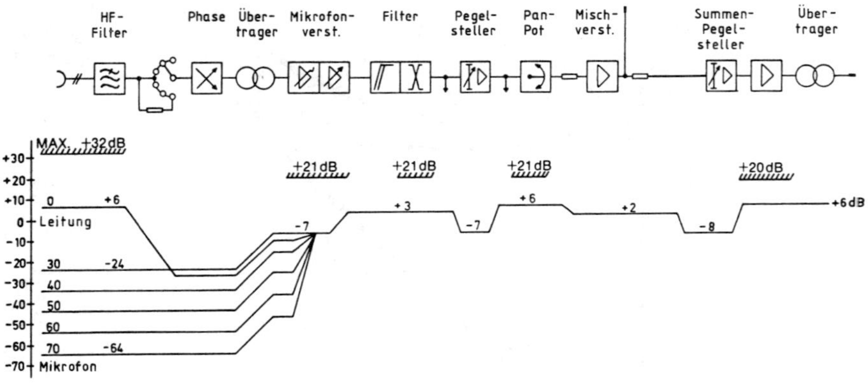

Abb. 5/3. Pegeldiagramm.

gnal, gemessen mit einem Aussteuerungsmesser mit festgelegten Eigenschaften nach DIN 45 406, einen bestimmten, betrieblich festgelegten Pegel zwar häufig erreicht, ihn aber nicht – oder nur unwesentlich und nicht zu oft – überschreitet (DIN 45 407). Der festgelegte Pegel ist in der Regel der Rundfunknormpegel mit 6 dBu ≙ 1,55 V; er wird auf dem Aussteuerungsmesser mit 0 dB und 100 % angezeigt.

Die Aussteuerung wird übertragungstechnisch kontrolliert mit dem Aussteuerungsmesser, wie er seit Jahrzehnten in Verwendung ist. Mit dieser Kontrolle allein kann allerdings weder eine im Lautstärkeablauf zufriedenstellende Aussteuerung erreicht werden, noch können die Probleme einer für die Übertragung zu großen Dynamik und der dadurch erforderlichen Dynamikeinengung gelöst werden. Hierzu ist die akustische Kontrolle in angemessener Abhörlautstärke unerläßlich; bei Musikproduktionen beträgt diese etwa 80 bis 92 phon, bei Wortproduktionen 70 bis 80 phon, bei der Sendung oder Vorproduktion 60 bis 75 phon.

5.2.1 Eigenschaften des Aussteuerungsmessers

Die Eigenschaften des Aussteuerungsmessers nach DIN 45 406 bzw. IEC 268-10 1974 (Peak Programm Meter, Typ I) stellen einen Kompromiß dar zwischen der technisch notwendigen Anzeigegenauigkeit, der Ablesbarkeit des Instruments und den Eigenschaften des Gehörs. Die in Jahrzehnten bewährte Konzeption muß bei Benutzung digitaler Tontechnik geringfügig modifiziert werden. Der Aussteuerungsmesser ist nicht geeignet für eine Lautstärkemessung bzw. für einen Lautstärkevergleich; nur indirekt kann die Anzeige auch als ungefähre Lautstärkeanzeige interpretiert werden. [5.1]

Der Aussteuerungsmesser ist ein Quasispitzenspannungsmesser, der den Rundfunknormpegel mit 0 dB bzw. 100 % anzeigt. Die dB-Skala ist im Bereich kleiner Pe-

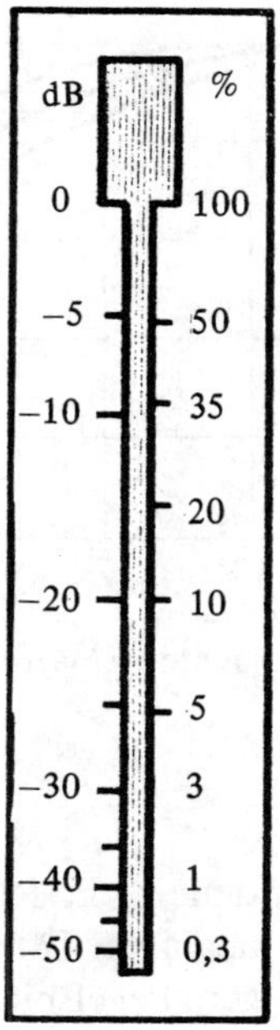

Abb. 5/4. Aussteuerungsmesser nach DIN 45 406.

gel verkürzt, die Prozentskala ist entsprechend im Bereich kleiner Pegel gedehnt (*Abb. 5/4*). Quasispitzenspannung bedeutet, daß zwar die Spitzenspannung gemessen, jedoch nur deren 0,7facher Wert angezeigt wird. Bei einem Sinussignal ist das identisch mit dem Effektivwert, aber nicht bei Musik oder Sprache. Diese Anzeige gilt für periodische Signale, aber für einmalige, sehr kurz dauernde Signale ergeben die besonderen dynamischen Eigenschaften einen niedrigeren Wert (siehe unten).

Der Aussteuerungsmesser nimmt im Übertragungsbereich keinerlei Frequenzbewertung vor. Das kann dann trotz korrekter Aussteuerung zu Übersteuerungen führen, wenn hohe Frequenzen große Intensitäten besitzen. An mehreren Stellen der Übertragung und Speicherung des Tons wird nämlich unter Berücksichtigung der durchschnittlichen Frequenzspektren mit Vorverzerrungen (Preemphasis) und nachgeschalteter Nachentzerrung (Deemphasis) gearbeitet; hierbei werden hohe Frequenzen zur Übertragung bzw. Speicherung angehoben. Die Vorverzerrung ist beim Magnetbandgerät bei 38 cm/s auf 35 μs, bei 19 cm auf 70 μs, beim FM-Sender auf 50 μs ausgelegt. Die Aussteuerungsgrenze von 0 dB vermindert sich also um die in *Abb. 5/5* ablesbaren Beträge; die Aussteuerungsgrenze ist demnach z. B. beim Magnetband 38 cm/s bei 15 kHz um 10 dB herabgesetzt.

Für die Beurteilung der Anzeigeeigenschaften ist weiterhin das dynamische Verhalten des Aussteuerungsmessers von Bedeutung. Die Ansprechzeit ist dabei für eine

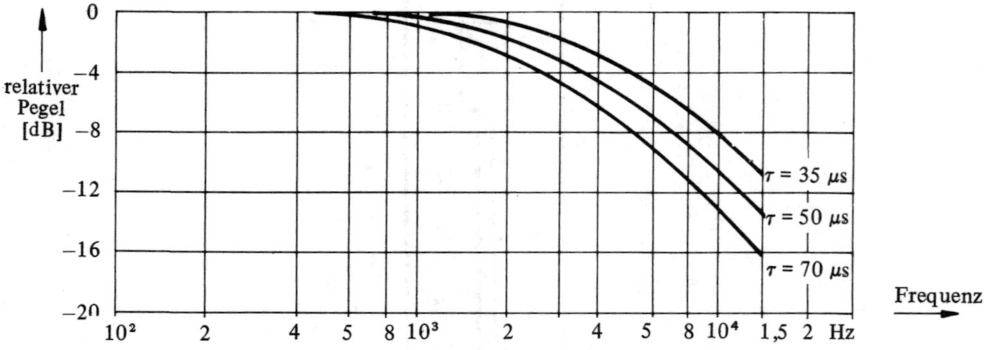

Abb. 5/5. Herabsetzung der Aussteuerungsgrenze bei Magnetbandgeräten (38 cm/s ≙ 35 μs, 19 cm/s ≙ 70 μs) und UKW-Sendern (50 μs).

technisch richtige Aussteuerung optimiert, die Rücklaufzeit für eine optimale Ablesbarkeit des Instruments. In der analogen Tontechnik bringt es keine Vorteile, auch kürzeste Pegelspitzen bzw. längere Pegelspitzen innerhalb kürzester Zeit ablesen zu können, da bei solchen Pegelspitzen Verzerrungen durch Übersteuerung ohnehin unhörbar sind. Auch würde eine Aussteuerung, die sich auch an kürzesten Spitzen orientiert, zu einem niedrigeren Durchschnittspegel führen. Die Anstiegs-, Ansprech- oder Integrationszeit des Aussteuerungsmessers, d. h. die Zeit, die das Gerät bis zur Anzeige von 90 % (≙ −1 dB) des tatsächlichen Pegels benötigt, wurde deshalb für die analoge Tontechnik auf 10 ms festgesetzt (DIN 45 406). Eine Pegelspitze von 10 ms Dauer wird dabei mit 1 dB, eine Pegelspitze von 3 ms Dauer mit 4 dB unter ihrem tatsächlichen Wert angezeigt. Für Aufnahmen in digitaler Tontechnik muß die Integrationszeit auf 1 ms reduziert werden, weil bei dieser Technik Übersteuerungen grundsätzlich vermieden werden müssen. Bei der kürzeren Anstiegszeit wird ein etwas höherer Pegel angezeigt, um wieviel höher, das hängt von der Pegelstruktur des Programms ab; im Durchschnitt handelt es sich um wenige dB; es können jedoch auch Unterschiede über 6 dB vorkommen. Die Rücklaufzeit, innerhalb der die Anzeige von 0 auf -20 dB fällt, beträgt 1,5 s; damit wird eine ausreichend lange Verweildauer auch bei kurzen Pegelspitzen und ein ausreichend ruhiges Bewegungsbild sichergestellt. Allerdings führt die langsame Rücklaufzeit zu dem Eindruck eines höheren Durchschnittspegels als tatsächlich vorhanden.

Der Aussteuerungsmesser ist in erster Linie dazu geeignet, die übertragungstechnisch richtige Aussteuerung zu gewährleisten, d. h. die Einhaltung der Vollaussteuerung. Er zeigt nicht die Lautstärke richtig an, da er weder die Frequenzabhängigkeit noch die Zeitabhängigkeit des Gehörs berücksichtigt. Die ausgewogene und sinnvolle Einstellung der Lautstärkeverhältnisse in einem Sendungsablauf und die Dynamik einer Übertragung oder Aufnahme wird besser nach dem Gehöreindruck eingestellt.

Auch das bei älteren Geräten in Nebenwegen, aber vor allem in den USA eingeführte VU-Meter (Volume Unit) kann die Doppelfunktion, nämlich übertragungstechnisch und lautstärkemäßig richtige Pegelanzeige, nicht erfüllen. Seine Lautstärkenanzeige ist nur wenig besser als beim Spitzenspannungsmesser, die Verwertbarkeit seiner Anzeige zur übertragungstechnisch richtigen Aussteuerung aber so unvollkommen, daß man ihm – je nach Art des Programms – unterschiedliche Empfindlichkeiten geben muß, um eine annähernd richtige Aussteuerung zu ermöglichen. Das VU-Meter ist ein Quasimittelwertmesser. Ein einfaches Drehspulinstrument mit Doppelweggleichrichter zeigt den Gleichrichtwert an; bei einem Sinussignal mit einer Spitzenspannung von 1 V beträgt er 0,64 V. Damit das VU-Meter bei einer Sinusspannung den Effektivwert anzeigt, ist die Anzeige auf den 1,1fachen Gleichrichtwert geeicht: $0{,}64 \cdot 1{,}1 = 0{,}7$. Nur bei Sinussignalen zeigen Spitzenspannungsmesser und VU-Meter denselben Wert an, nämlich den Effektivwert.

Bei beliebigem Programmaterial würde das VU-Meter einen wesentlich geringeren Pegel anzeigen als der Spitzenspannungsmesser. Um eine technisch brauchbare Aussteuerung dennoch zu ermöglichen, erhält das VU-Meter einen nach Erfahrungswerten einzustellenden Vorlauf (lead). Mit Vorlauf aber werden Sinussignale nicht mehr richtig angezeigt. Der Vorlauf liegt bei Musik zwischen etwa +3 und +10 dB, im Mittel etwa bei +6 dB, bei Sprache bei etwa +6 bis +9 dB. Bei nichtprofessionellen Geräten ist der Vorlauf häufig auf +6 dB fest eingestellt; es muß nochmals betont werden, daß ein Pegeln mit Sinusspannungen in diesem Fall zu Untersteuerung führt, es kann – wenn der Wert des Vorlaufs nicht bekannt ist – nur mit Programmaterial ausgesteuert werden.

Aussteuerung bei digitaler Tonsignalverarbeitung

Die Quasispitzenspannungsmessung bei der Aussteuerung von Tonaufnahmen wurde etwa 1935 eingeführt und in dieser Form seitdem in Deutschland und einigen anderen Ländern beibehalten. Als die Röhrentechnik durch die Transistortechnik ersetzt wurde, hat sich das Verzerrungsverhalten der Verstärker im Übersteuerungsbereich geändert, indem der Pegelbereich geringer Verzerrungen ausgedehnt werden kann, der Anstieg des Klirrfaktors dann aber um so schneller erfolgt. Wegen der ausreichend großen Übersteuerungsreserve von 16 dB oder mehr führte die Transistortechnik jedoch zu keiner Änderung der Eigenschaften des Aussteuerungsmessers. Erst die Einführung der digitalen Tonaufzeichnung gab Anlaß zu neuen Überlegungen [5.11]. Die Übersteuerungsreserve eines digitalen Systems ist ganz anders strukturiert als diejenige eines analogen Systems. *Abb. 5/6* zeigt das am Beispiel der Aufzeichnung auf Magnetband für die Klirrdämpfung der 3. Harmonischen. Bei der analogen Aufzeichnung beginnt bereits kurz vor dem Nennpegel (+6 dBu) ein gleichmäßiger Anstieg des Klirrpegels, bei Nennpegel erreicht er den Wert von −40 dB bzw. 1 %. Demgegenüber bleibt der sehr niedrige Klirrpegel bei digitaler Aufzeichnung auch oberhalb des Nennpegels zunächst noch erhalten, erhöht sich dann

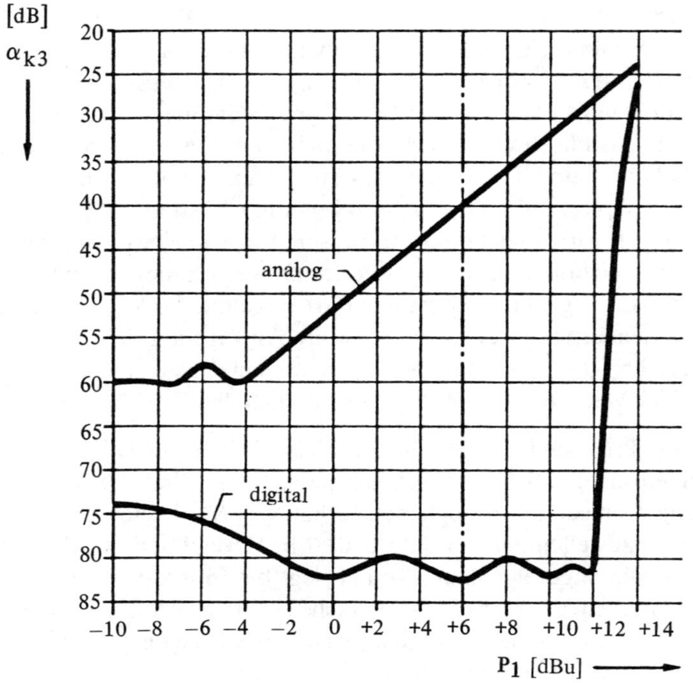

Abb. 5/6. Klirrdämpfung bei analoger und digitaler magneticher Tonaufzeichnung [5.11].

aber sprunghaft bei Erreichen der Übersteuerungsgrenze. Das digitale System klippt nämlich alle Pegelspitzen hart; das Codewort des gerade noch zulässigen Höchstpegels wird für alle noch größeren Pegel ebenfalls übertragen. Die so entstehenden Verzerrungen sind entsprechend deutlich hörbar.

Es gibt in der digitalen Tontechnik also im Gegensatz zur Analogtechnik einen genau definierten Pegelwert, der keinesfalls überschritten werden darf. Hörversuche haben allerdings ergeben, daß die Wahrnehmbarkeit von Klippvorgängen sehr stark von der Art des Signals abhängig ist: Als besonders empfindliche Signale in dieser Hinsicht haben sich erwiesen: Sinussignale, Klavier, einige Schlaginstrumente, aber auch Schlüsselklirren. Unempfindlich gegenüber der Hörbarkeit von Klippvorgängen sind u. a. die komplexen Klangbilder von Orchestern u. ä. Hier können Übersteuerungen über die Klippschwelle hinaus bis etwa 3 dB in vielen Fällen unhörbar bleiben; dies gilt bei Messung mit dem herkömmlichen Aussteuerungsmesser mit einer Ansprechzeit von 10 ms, bei einer Messung ohne Ansprechzeit bleiben Überschreitungen der Klippschwelle um 4 bis 6 dB bei komplexen Signalen vielfach unhörbar. Im Einzelfall ist eine Voraussage über die Hörbarkeit kaum möglich. Hinzu kommt noch die allgemeine Unsicherheit über den Pegelverlauf einer Aufnahme.

Schließlich darf nicht übersehen werden, daß bei jeder Aussteuerung ein gewisses Maß an subjektiver Beurteilung unumgänglich ist, weil Vollaussteuerung so definiert ist, daß der Funkhauspegel zwar so oft wie möglich erreicht, aber auch so selten wie möglich überschritten wird.

Eine weitere Relativierung der Pegelanzeige resultiert daraus, daß ein Tiefpaß notwendiger Bestandteil eines A/D-Wandlers ist; er muß alle Komponenten mit Frequenzen oberhalb der halben Abtastfrequenz unterdrücken. Dadurch bedingt treten frequenzabhängige Phasendrehungen auf, die Pegelspitzen aufbauen können, die vor dem Tiefpaß nicht vorhanden waren. Vergleichende Messungen haben ergeben, daß dadurch einzelne Pegelspitzen nochmals eine Pegelerhöhung um 1 dB erfahren. Schließlich arbeiten einige Digitalgeräte mit Preemphase, die höhere Frequenzen anhebt und damit zu einer weiteren Unsicherheit bei der Aussteuerung führen kann. So müßte eine Pegelkontrolle möglichst innerhalb des Digitalsystems erfolgen, und zwar unmittelbar vor dem A/D-Wandler. Als Meßpunkt ist diese Stelle jedoch im allgemeinen nicht oder nur schwer zugänglich.

Welche Forderungen ergeben sich für die Praxis? Die grundsätzlich wünschenswerte genauere Aussteuerungsanzeige der Pegelspitzen kann durch ein Aussteuerungsinstrument mit wesentlich verkürzter Anstiegs- oder Ansprechzeit verbessert werden. Dafür wird eine Ansprechzeit von 1 ms verwendet; vorhandene Instrumente können einfach umgerüstet werden oder auch umschaltbar für die beiden Ansprechzeiten eingerichtet werden. Der Unterschied zwischen der Pegelanzeige der beiden Ansprechzeiten bei Spitzen beträgt etwa 7 dB im Höchstfall, im allgemeinen aber nur wenige dB. Trotzdem bleiben aber einige Meßunsicherheiten, die eine Aussteuerungsreserve unabdingbar machen u.a. durch Preemphase, Akzeptierung von kleinen Übersteuerungen aufgrund der bisherigen Verfahrensweise und Ungewißheit über zukünftige Pegelverläufe. Nach der EBU-Empfehlung R68 soll eine Übersteuerungsreserve von 9 dB einheitlich für alle Geräte und Wege bei Hörfunk und Fernsehen eingehalten werden. Danach gelten im analogen und digitalen Bereich die folgenden Werte: Clippgrenze: digital 0 dBFS (dB Full Scale), analog +15 dBu, Vollaussteuerungspegel: digital -9 dBFS, analog +6 dBu, Bezugspegel: digital: -18 dBFS, analog -3 dBu, Headroom einheitlich 9 dB, Bezugspegel einheitlich 9 dB unter Vollaussteuerung.

5.2.2 Aussteuerung bei der Sendung

Während die Aufnahme eines in sich gleichartigen Programmbeitrags auf Band in der Regel voll auszusteuern ist, gelten für die Sendung und für die Produktion von Programmeinheiten mit verschiedenartigen Programmbeiträgen wie z. B. Magazinsendungen (Sprache und Musik) noch zusätzliche Gesichtspunkte für die Aussteuerung der einzelnen Programmteile relativ zueinander. Zwar bleibt grundsätzlich die Forderung nach möglichst hoher Aussteuerung, jedoch wird hier besonders deutlich, daß Pegel und Lautstärke nicht identisch sind. Ziel der Aussteuerung einer Sendung ist, unter Berücksichtigung der Erfordernisse der Übertragungstechnik eine ausgewogene Lautheitsbalance im Programmablauf zu erreichen. Für den ausgewogenen, gefälligen Programmablauf ist aber nur die Lautstärke maßgebend, nicht der Pegel. Es ist unvermeidlich, dabei einzelne Programmteile unter Vollpegel auszusteuern.

Die bei der Aussteuerung auftretenden Probleme sind vielschichtig und durch objektive Verfahren allein kaum zu lösen, da hier auch inhaltliche Gesichtspunkte eine Rolle spielen. [5.2], [5.3], [5.4], [5.5], [5.6], [5.7]

Besonders bei der Anpassung der Lautstärken von Musik und Sprache, aber auch von verschiedenen Musikstücken untereinander, kann wegen der besonderen Anzeigeeigenschaften des Aussteuerungsmessers keinesfalls durch Pegelgleichheit auch Lautstärkengleichheit hergestellt werden. Die Pegelanzeige wird durch die Pegelspitzen bestimmt, Kurzpausen haben darauf wenig Einfluß. Die Lautstärkeempfindung hingegen kann in erster Näherung durch den Durchschnittspegel beschrieben werden. Spitzenpegel und Durchschnittspegel unterscheiden sich um so mehr, je impulsartiger ein Signal ist. Sprache ist ausgesprochen impulsartig, Musik hingegen relativ gleichförmig im Pegelverlauf (*Abb. 5/7*). So wirkt Sprache bei gleicher Aussteuerung leiser als Musik.

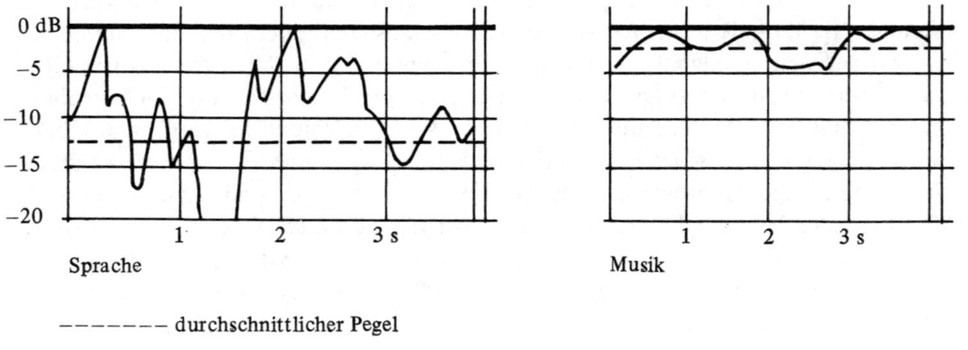

Abb. 5/7. Typischer Pegelverlauf und Durchschnittspegel für Sprache und Musik.

Will man zu allgemeinen Empfehlungen für die Aussteuerung gelangen, so scheinen zunächst die Diskrepanzen zwischen Pegel und Lautstärke dem im Wege zu stehen. Tatsächlich kann man aber für typische Signale auch typische Beziehungen zwischen Spitzen- und Durchschnittspegel, also zwischen Pegelanzeige und Lautstärke, angeben und so doch noch zu brauchbaren Richtlinien gelangen. Statistische Untersuchungen haben gezeigt, daß für Sprache, U-Musik und E-Musik bei Vollaussteuerung die in *Abb. 5/8* gezeigten Durchschnittspegel gelten.

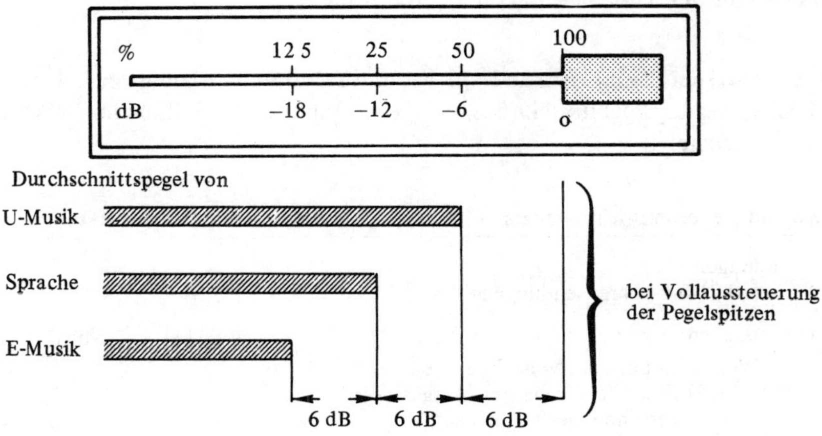

Abb. 5/8. Pegelanzeige (Pegelspitzen) und Durchschnittspegel für Sprache, U-Musik und E-Musik.

Ist also z. B. in einer Magazinsendung ein Lautstärkengleichgewicht zwischen Sprache und U-Musik herzustellen, so müssen deren Durchschnitsspegel auf etwa gleiche Aussteuerung gebracht werden; U-Musik ist auf -6 dB, Sprache auf 0 dB auszusteuern. Kurze Ansagen in einer U-Musik-Sendung hingegen dürfen leiser sein als die Musik, hier kann also durchgehend auf 100 % ausgesteuert werden. Bei E-Musiksendungen hingegen erhält die Sprache stets einen niedrigeren Pegel als die Musik, weil deren Durchschnittspegel mit -18 dB ohnehin sehr niedrig liegt. Diese allgemeinen Zusammenhänge sind Grundlage der Aussteuerungsrichtlinien.

Außer technischen Daten sind aber auch psychologische Gesichtspunkte maßgebend: Die empfundene Lautstärke eines Signals nimmt zu, je mehr Störwirkung ein Signal hat, d. h. sie hängt von den Erwartungen des Hörers ab und von seiner psychischen Verfassung. Weitere Probleme ergeben sich bei bestimmten Hörergruppen, die z. B. unter starker Lärmeinwirkung Radio hören (Auto, Arbeitsplatz u. ä.). Solche individuellen Faktoren können allerdings nicht in die Aussteuerung einer Sendung eingehen, führen aber zu einem unvermeidbaren Maß an Unzufriedenheit.

Da die Abhörlautstärke von Einfluß ist auf die Beurteilung der Lautstärkebalance, soll zur Aussteuerung der Sendung eine Abhörlautstärke von 60 bis 75 phon eingehalten werden; dies entspricht etwa der Abhörlautstärke des Rundfunkhörers.

Die folgenden Aussteuerungsrichtlinien gelten für Musik in Stereo und für einen Sprecher in der Mitte. Andere Bedingungen werden anschließend besprochen. In letzter Zeit wurden immer wieder Anstrengungen unternommen, den Sendeablauf ganz oder teilweise zu automatisieren [5.5], [5.6].

Richtlinien für die Aussteuerung im Hörrundfunk

Ziel der Aussteuerung im Hörrundfunk ist, unter Berücksichtigung der Erfordernisse der Übertragungstechnik ein ausgewogenes Lautheitsverhältnis im Programmablauf zu erreichen.

Tab. 5/5. Aussteuerungsrichtlinien im Hörfunk der Rundfunkanstalten der ARD.

	Sprache	Musik
Wortsendungen: (z.B. Nachrichtensendungen)	0 dB	
Mischsendungen:	Sprache	Musik
Wortsendungen mit Musikbeiträgen (z.B. Frühmusik, Werbefunk, Magazine, Autofahrersendungen)	0 dB	– 4 bis – 8 dB
Musiksendungen mit Ansagen oder Wortbeiträgen:		
Popmusik	0 dB	– 2 dB
Tanzmusik	0 dB	0 dB
Kammermusik	– 4 dB	0 dB
Sinfonische Musik (Oper, Operette, gehobene U-Musik)	– 8 dB	0 dB
Pausenzeichen	– 10 dB	

Die Richtlinien (*Tab. 5/5*) gelten für unkomprimierte Signale und müssen bei Kompression sinngemäß abgewandelt werden. Wenn eine Sendung komprimiert ausgestrahlt wird, sollte auch die Mischung über Kompressor beurteilt werden. Bei der Beurteilung des Lautstärkeverhältnisses soll eine Abhörlautstärke von etwa 60–75 phon eingestellt werden.

Bei gemischten Musiksendungen, z. B. mit Kammermusik und sinfonischer Musik, muß das natürliche Lautstärkeverhältnis dieser beiden Gattungen berücksichtigt werden. Ein intimes Stück für Solo-Violine erscheint nach einer vollausgesteuerten Sinfonie als unnatürlich und unangenehm laut, wenn es mit 100 % ausgesteuert wird.

Der Übergang zwischen Musik und Sprache hängt u. a. von der individuellen Lautstärke der ersten bzw. letzten Takte der Musik ab, weiterhin von der Abhörlautstärke. Eine alle Hörer befriedigende Lösung ist im allgemeinen nicht möglich. Pausen zwischen Sprache und Musik verringern die Probleme der Lautstärkebalance. Es gibt Sonderfälle innerhalb der Musik, bei denen besondere Aufmerksamkeit und Sorgfalt in der Balance erforderlich ist: So ist z. B. der Lautstärkeeindruck bei Cembalomusik wegen der hohen Klangdichte sehr groß; bei gemischten Sendungen soll deshalb Cembalomusik 6 dB niedriger ausgesteuert werden.

Brüche in der Lautstärkebalance sind nicht zu vermeiden und auch zwischen einzelnen Programmblöcken ohne weiteres möglich, da hier nicht nur der Charakter des

Programms, sondern auch oft der Hörerkreis wechselt. So wird eine Nachrichtensendung in jedem Falle voll ausgesteuert, auch wenn eine Konzertabsage mit −8 dB vorangegangen ist. Ebenfalls kann die Ansage eines Konzerts im Anschluß an Nachrichten mit niedrigerem Pegel erfolgen. Damit wird der Hörer gleichzeitig veranlaßt, die für das Konzert wünschenswerte höhere Lautstärke einzustellen.

Abb. 5/9 zeigt an einem angenommenem Sendeablauf die Aussteuerung der einzelnen Teile.

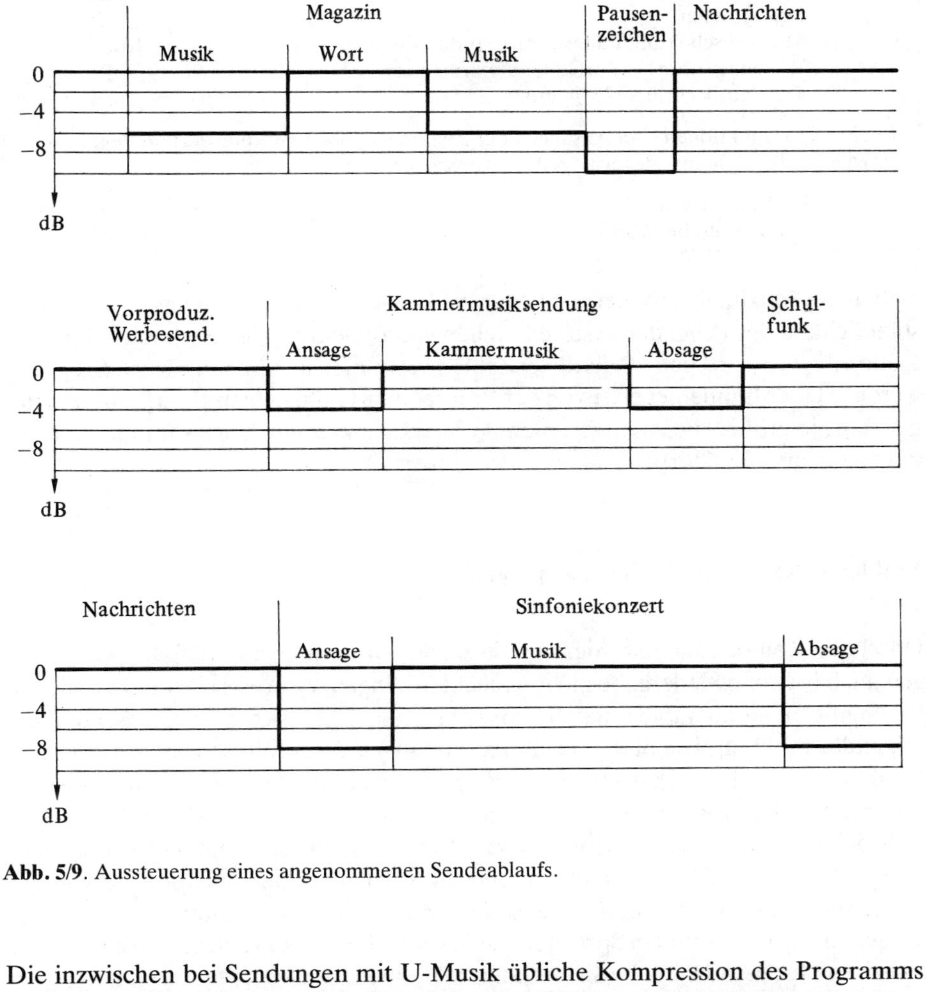

Abb. 5/9. Aussteuerung eines angenommenen Sendeablaufs.

Die inzwischen bei Sendungen mit U-Musik übliche Kompression des Programms nach der Kontrolle im Sendestudio macht eine Aussteuerung nach den genannten Gesichtspunkten praktisch unmöglich und damit überflüssig. Sie gilt aber weiterhin für Sendungen mit E-Musik.

Richtlinien für die Aussteuerung im Fernsehrundfunk

Für die Aussteuerung gelten die Richtlinien nach *Tab. 5/6*. In sich geschlossene Sendungen sind voll auszusteuern.

Tab. 5/6. Aussteuerungsrichtlinien im Fernsehrundfunk der Rundfunkanstalten der ARD und des ZDF.

Bei Sendungen aus uneinheitlichen Elementen (Aktuelles, Sport usw.) sind folgende Aussteuerungspegel als Richtwerte zugrunde zu legen:

Wortsendungen ohne künstlerischen Charakter	0 dB
Off-Sprecher	– 3 dB
Musikalische Einleitungsmotive (Indikative)	– 10 dB
Werbung (über Kompressor aufgezeichnet)	– 6 dB
Tanzmusik geringer Dynamik	– 2 dB

Bei Musikproduktionen sind Ansagen oder Zwischendialoge mit reduziertem Pegel entsprechend der Dynamik des Klangkörpers auszusteuern:

bei Kammermusik	– 4 dB
bei sinfonischer Musik	– 8 dB

Neben der Maximalaussteuerung ist für die künstlerische Wirkung wie für die Verständlichkeit der Pegel der leisesten Stellen von Bedeutung. Er ist durch subjektive Kontrolle zu beurteilen. Pauschale Zahlenwerte hierfür können nicht angegeben werden. Der Minimalpegel ist von der Programmart abhängig und darf um so geringer sein, je größer die zu erwartende Aufmerksamkeit des Hörers und je geringer der zu erwartende Störpegel am Ort des Hörers ist.

Probleme der Kompatibilität bei Ansagen

Durch die Kompatibilitätsforderung, durch die Forderung also, daß Stereosendungen auch in Monowiedergabe nicht schlechter klingen, als wenn sie unter ähnlichen Bedingungen mono aufgenommen worden wären, ergibt sich bei Stereosendungen folgendes Problem: Bleibt die für Stereosendungen vorgesehene Balance zwischen Musik und Sprache auch bei Monowiedergabe erhalten? Als Beispiel hierfür ist die Balance bei der Ansage oder bei einem Wortbeitrag in einer E-Musik-Sendung in *Tab. 5/7* angegeben; der Wortbeitrag soll nach den Richtlinien auf -6 dB ausgesteuert werden; es werden zwei Fälle untersucht, einmal kommt der Sprecher von der Seite, einmal aus der Mitte, die Musik liegt in einer Stereoaufnahme vor. Aus *Tab. 5/7* geht hervor, daß nur ein Sprecher von der Seite bei Monowiedergabe die Balance zwischen Musik und Sprache unverändert läßt; dennoch ist bei Stereosendungen ein Sprecher aus der Mitte aus Gründen eines natürlichen Eindrucks zu bevorzugen. Bei zwei Sprechern wird aber eine seitliche Einordnung (links und rechts) natürlicher wirken.

Tab. 5/7. Kompatibilität von Wortbeiträgen in einer E-Musik-Sendung.

Wortbeitrag, Musik	Pegel bei der Aussteuerung		Schallpegeländerung am Hörerort	
	linker Kanal	rechter Kanal	bei Stereowiedergabe	bei Monowiedergabe
Sprecher aus der Mitte Musik stereo	− 6 dB 0 dB	− 6 dB 0 dB	− 3 dB + 3 dB	0 dB + 3 dB
Sprecher aus der Mitte Musik stereo	− 9 dB 0 dB	− 9 dB 0 dB	− 6 dB + 3 dB	− 3 dB + 3 dB
Sprecher von der Seite (hier: links) Musik stereo	− 6 dB 0 dB	− ∞ dB 0 dB	− 6 dB + 3 dB	− 6 dB + 3 dB
Sprecher von der Seite Musik stereo	− 3 dB 0 dB	− ∞ dB 0 dB	− 3 dB + 3 dB	− 3 dB + 3 dB

5.2.3 Aussteuerung bei der Produktion

Eine Produktion wird grundsätzlich auf 0 dB ausgesteuert. Enthält sie verschiedenartige Teile (Sprache und Musik), so sind die für die Sendung gültigen Richtlinien entsprechend anzuwenden. Wenn Signale, die auf Grund ihrer spektralen und zeitlichen Struktur wesentlich lauter klingen als die Pegelanzeige erwarten läßt, wie z. B. Cembalomusik, in der Praxis nicht immer auf 100 % ausgesteuert werden, um die Gefahr einer inkorrekten Aussteuerung bei der Sendung zu verringern, ist ein Vermerk über die Aussteuerung des Bandes auf dem Wickelkern oder Bandkarton erforderlich.

Während bei der Sendung die Lautstärkebalance zwischen verschiedenen Beiträgen das Ziel der Aussteuerung ist, ist das Problem der Aussteuerung bei der Produktion die Anpassung der Dynamik der Schallquellen an die technisch mögliche und für den Hörer sinnvolle Dynamik.

Dynamik

Dynamik ist in der Tonstudiotechnik definiert als Differenz von höchstem und niedrigstem Pegel des Nutzsignals an einem Meßpunkt. Je nach Meßpunkt werden unterschieden: Originaldynamik am Mikrofonausgang und am Ausgang des Mikrofonverstärkers, Programmdynamik am Ausgang der Tonregieanlage und Wiedergabedynamik beim Hörer: Programm- und Wiedergabedynamik sind im allgemeinen gleich groß.

Der Dynamikbegriff wird aber auch verwendet, um die technisch mögliche Dynamik bzw. die durch die Gerätedaten gegebene Übertragbarkeit größter und kleinster Pegel zu beschreiben; Dynamik in diesem Sinne ist die maximal mögliche Dynamik – sie wird als Differenz von Übersteuerungsgrenze und Rauschpegel definiert – und die tatsächlich sinnvoll realisierbare Dynamik. Zur Unterscheidung der oben definierten Dynamikbegriffe sollte die gerätebezogene Dynamik als Systemdynamik bezeichnet werden. Somit hat ein Gerät oder eine Übertragungsanlage eine maximale Systemdynamik und eine effektive Systemdynamik; bei der effektiven Systemdynamik wird zur Sicherung der Qualität einer Aufnahme ein Sicherheitsbereich unterhalb der Übersteuerungsgrenze (Headroom) und oberhalb des Rauschpegels (Footroom) eingeräumt [5.8].

Ist die erwünschte Wiedergabedynamik kleiner als die Originaldynamik, so wird eine Dynamikeinengung auf die sog. Programmdynamik notwendig. Die Programmdynamik kann aber nur gleich groß oder kleiner als die effektive Systemdynamik sein. In *Abb. 5/10* sind die verschiedenen Dynamikdefinitionen zusammengestellt.

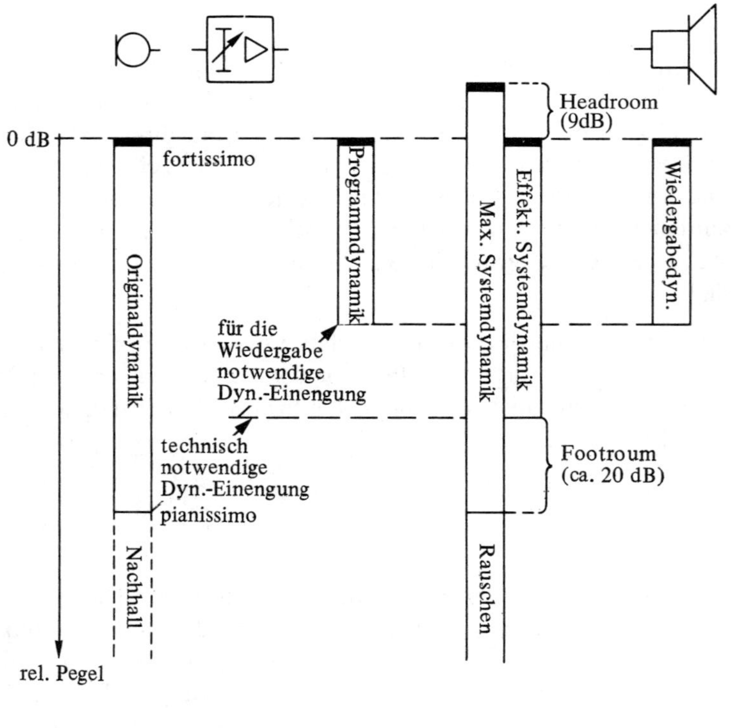

Abb. 5/10. Dynamik in der Tonstudiotechnik.

Durchschnittliche Werte für die Originaldynamik der Schallquellen gibt *Tab. 5/8* an; allerdings sind solche Angaben nur als grobe Richtwerte zu betrachten. Bei Instrumenten mit ausklingenden Tönen wie z. B. Klavier ist eine untere Pegelgrenze nicht definierbar; wenn man den Raumklang, der in der Praxis immer vorhanden ist, hinzunimmt, klingt jedes Instrument im Nachhall aus, die Dynamik wird theoretisch damit unendlich groß. Die angegebenen Werte beziehen sich deshalb nicht auf die Auskling- bzw. Nachhallvorgänge.

Tab. 5/8. Richtwerte für die größte Dynamik von menschlicher Stimme, Musikinstrumente und Orchester.

normale Sprache (ohne Flüstern und Schreien)	15–20 dB
Sologesang (E-Musik)	40–50 dB
Streichinstrumente	30–35 dB
Holzblasinstrumente	30–35 dB
Klarinette	40–50 dB
Blechblasinstrumente	40–50 dB
Klavier	40–50 dB
Sinfonie-Orchester	
kleine Besetzung	30–40 dB
mittlere Besetzung	40–50 dB
große Besetzung	50–70 dB

Mit der Originaldynamik soll nun die erwünschte und realisierbare Wiedergabedynamik und damit die bei der Produktion einzustellende Programmdynamik verglichen werden. Die Wiedergabedynamik wird einerseits bei den kleinen Pegeln durch Störgeräusche (Straßenlärm usw.) begrenzt. In der Regel muß für eine durchschnittliche Abhörsituation ein Schalldruck-Störpegel von 35 bis etwa 40 dB angenommen werden. Bei einem Mehrfamilienhaus muß man andererseits annehmen, daß der Nutzpegel nach dem Wanddurchgang zum Nachbarn von diesem als Störpegel aufgefaßt wird und dort somit nicht lauter als etwa 35 dB sein darf. Bei einer Wanddämpfung von 40–50 dB (DIN 4109, Bl. 2) ergibt sich also ein maximal zulässiger Abhör-Schalldruckpegel von 75–85 dB. Die Systemdynamik der Wiedergabeanordnung ist also ebenfalls 40 bis 50 dB, die effektive Systemdynamik der Anordnung, also die tatsächlich sinnvolle Wiedergabedynamik muß kleiner sein, damit auch leise Passagen einer Sendung noch deutlich über dem Störpegel liegen (*Abb. 5/11*). Nur unter günstigen Abhörbedingungen (geringes Raumgeräusch, keine direkten Nachbarn) kann ein Hörer den ästhetischen oder dramatischen Wert einer Dynamik von 50 dB und mehr genießen.

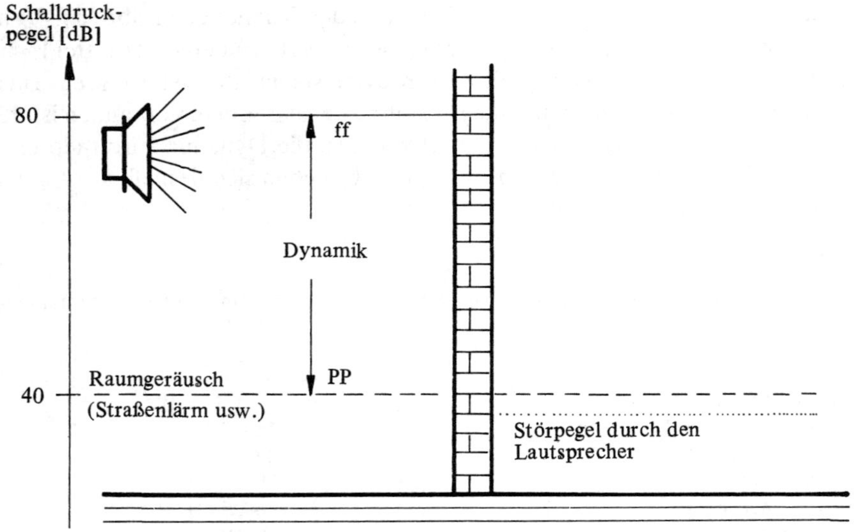

Abb. 5/11. Praktisch mögliche Wiedergabedynamik beim Rundfunkhörer.

Programmdynamik

Vielfach ist bei E-Musikproduktionen, Hörspielen und Features eine Einengung einer zu großen Originaldynamik auf die Programm- bzw. Wiedergabedynamik vorzunehmen. Das kann per Hand oder automatisch erfolgen.

Die Dynamikeinengung ist eine Maßnahme, die die Qualität einer Aufnahme und ihre künstlerische Aussage nur unwesentlich einschränkt, wenn die dabei erforderlichen Pegeleinstellungen mit Geschick und Einfühlungsvermögen ausgeführt werden. Denn ob Sprache laut oder leise gesprochen wird, wird nicht am Wiedergabepegel, sondern an der spektralen Zusammensetzung erkannt. Auch bei Musikinstrumenten gibt hauptsächlich die Klangfarbe darüber Auskunft, ob das Instrument leise (piano) oder laut (forte) gespielt wird (siehe 2.3.1). Zwar ist der Übergang von leiser zu lauter Sprache bzw. vom piano zum forte immer mit einem erheblichen Pegelanstieg verbunden, aber auch die Klangfarbenänderungen allein informieren den Hörer für die Lautstärkenzunahme.

Die Lautstärke des Augenblickpegels einer Aufnahme wird von dem mittleren (gemittelten) Lautstärkeeindruck aus vom Gehör beurteilt, der sich in einem Zeitabschnitt von einigen Sekunden vorher ausgebildet hat. Diese mittlere Lautstärke wird vom Hörer mit der größten Wahrscheinlichkeit auch für den jeweils zukünftigen Lautstärkenverlauf erwartet. Sie ist – abgesehen von der spektralen Verteilung – Bezugswert (Adaptionslevel) für laut und leise. Der Adaptionslevel paßt sich langsamen Pegeländerungen relativ gut an. Diese Eigenschaft des Gehörs macht es möglich, daß man den Pegel vorsichtig innerhalb gewisser Grenzen nachstellen kann, ohne daß das störend in Erscheinung tritt oder vom Hörer überhaupt bemerkt wird. In Pausen kann etwas schneller nachgestellt werden. Es ist in der Regel günstiger, eine Produktion so auszusteuern, daß leise Stellen hinaufgepegelt und nicht, daß laute Stellen hinuntergepegelt werden. Denn bei der Hinunterpegelung lauter Stellen befindet sich der Ausführende in einer gewissen Zwangslage: Um Übersteuerungen zu vermeiden, muß er gegebenenfalls sehr rasch zurückstellen, ohne künstlerische Gesichtspunkte berücksichtigen zu können. Weiterhin wird bei plötzlichen Pegelsprüngen ein Sprung in den Übersteuerungsbereich unvermeidlich sein. Deshalb sollen bei Bedarf stets die leisen Stellen hochgepegelt und bei Erreichen eines mittleren Pegels soll der ursprüngliche Pegel durch Zurückpegeln wieder eingestellt werden. Pegelsprünge sollten besonders bei E-Musik nach Möglichkeit erhalten bleiben, dazu ist die Kenntnis der Partitur erforderlich. *Abb. 5/12* zeigt schematisch einige Beispiele möglicher Pegeleinstellung bei der Dynamikeinengung von Hand.

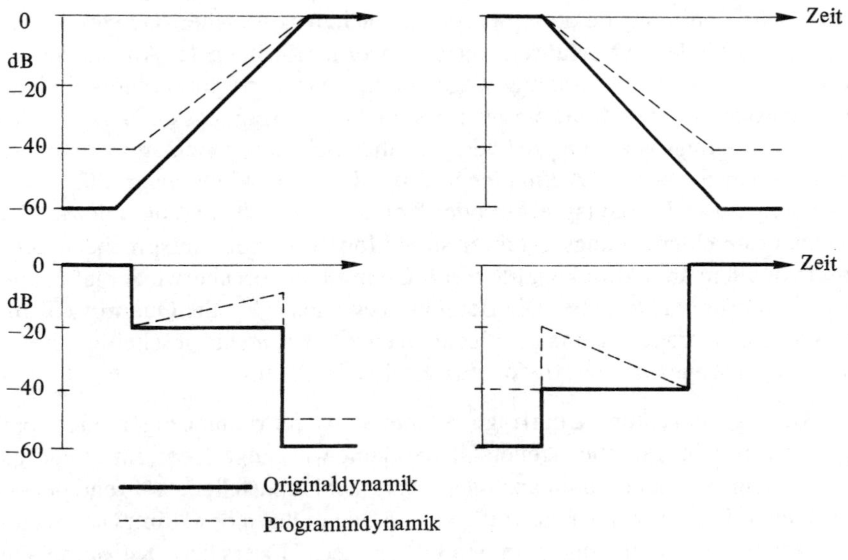

Abb. 5/12. Dynamikeinengung von Hand.

Die automatische Dynamikeinengung durch Kompressoren oder Begrenzer kommt nur in bestimmten Fällen in Betracht. So wird die Dynamik automatisch komprimiert für die Programmausstrahlung über AM-Sender (MW, LW, KW), aber auch bei Nachrichtensendungen, Werbung und Wortbeiträgen in Autofahrerprogrammen. Eine Dynamikkompression wird auch als klanggestaltendes Mittel bei der Produktion von U-Musik vorgenommen.

Für die Kompression können sowohl Kompressoren, die den Pegel in jedem Pegelbereich außer bei Vollaussteuerung anheben, verwendet werden, als auch Begrenzer, die die Pegelspitzen begrenzen und damit einen höheren Durchschnittspegel zulassen. Kompressoren heben den Pegel um so mehr an, je kleiner er ist, Begrenzer heben in allen Pegelbereichen um einen konstanten Pegelwert an, vorausgesetzt, der Begrenzer wird übersteuert. Näheres zu den Regelverstärkern in Kapitel 6.5.

5.3 Übertragungsverfahren

Um ein akustisches Klangbild von einem Ort zu einem anderen Ort übertragen zu können, müssen die akustischen Signale in elektrische Signale umgewandelt, in dieser Gestalt übertragen und schließlich in akustische Signale rückgewandelt werden. Die elektrische Codierung des komplexen, räumlichen akustischen Klangbilds kann dabei nach verschiedenen Verfahren vollzogen werden. Je nach der Anzahl der verwendeten elektrischen Übertragungswege spricht man von Monofonie bei einem Übertragungskanal, Stereofonie bei zwei oder mehr Übertragungskanälen. Der Anzahl der Übertragungswege entspricht die Anzahl möglicher, voneinander unabhängiger akustischer Signale bei Aufnahme und Wiedergabe. Wiedergabeseitig stehen zum Abhören entweder Lautsprecher oder Kopfhörer zur Verfügung. Die zur Zeit gebräuchlichsten Übertragungsverfahren sind: Monofonie mit Lautsprecherwiedergabe und vor allem aber Zweikanal-Stereofonie mit Lautsprecherwiedergabe, aber auch mit Kopfhörerwiedergabe. Die Bemühungen nach 1970, die Quadrofonie mit drei bzw. vier Übertragungskanälen allgemein einzuführen, sind gescheitert; sie haben bei Kinofilmen noch bzw. wieder eine gewisse Bedeutung.

Die zweikanalige stereofone Übertragung kann entweder raumbezogen oder kopfbezogen sein. Bei der raumbezogenen Übertragung wird angestrebt, im Wiedergaberaum ein dem Aufnahmeraum analoges Schallfeld herzustellen, während bei der kopfbezogenen Übertragung angestrebt wird, an den Ohren des Hörers ein Schallfeld zu erzeugen, das demjenigen an den Ohren eines Hörers bzw. Kunstkopfs im Aufnahmeraum entspricht. Dies läßt sich bisher zufriedenstellend insbesondere durch Kopfhörer erreichen. Bei der raumbezogenen Stereofonie kann die Abbildung der Schallquellenrichtung entweder durch Intensitäts- oder Laufzeitunterschiede realisiert werden. *Abb. 5/13* zeigt die derzeit wichtigsten Übertragungsverfahren.

Das vorherrschende zweikanalige Stereo-Übertragungsverfahren mit Lautsprecherwiedergabe geht im Grunde kontinuierlich aus den ersten Versuchen mit stereofoner Übertragung hervor. Man war damals gezwungen aus Gründen der Mikrofoneigenschaften die Schallquellen im Nahbereich aufzunehmen; schallquellenbezogenes

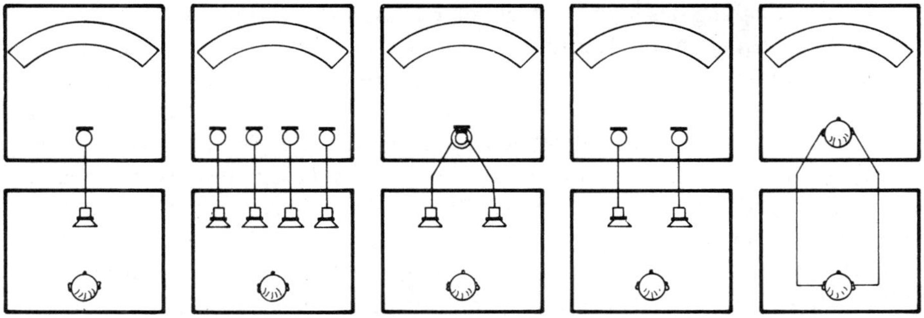

Abb. 5/13. Übertragungsverfahren.

Denken ist auch heute noch in der Stereofonie vorherrschend. Eine intensive und auf die Praxis wirkende theoretische Aufarbeitung hat während der Phase der technischen Weiterentwicklung des Verfahrens kaum stattgefunden. Die Untersuchungen richteten sich mehr auf die Phänomene als auf die dahinter stehenden Wirkungsmechanismen. Erst in jüngster Zeit ist ein theoretisches Modell der stereofonen Übertragung erarbeitet worden (Assoziationsmodell), dessen Anwendung bei der Kunstkopfstereofonie erhebliche Fortschritte zeitigte (siehe Kapitel 3.5).

Der Bezug auf die Schallquellen bei den herrschenden Übertragungsverfahren hat seinen Grund aber auch in einigen unbestreitbaren Vorteilen: Manipulierbarkeit der Lautstärkenverhältnisse zwischen den einzelnen Schallquellen, Verfahren der Mehrspurtechnik, individuelle Manipulationsmöglichkeiten der Klangfarbe, Richtung u. a. und Manipulation des Raumschalls. Der heutige Stand der Aufnahmetechnik im Bereich Popmusik, ja wesentliche Elemente dieser Musiksparte selbst sind weitgehend durch diese Manipulationsmöglichkeiten geprägt.

Neben den genannten Verfahren hat noch zeitweise die Ambiofonie eine gewisse Bedeutung erfahren, sie wurde 1960 von Keibs [5.12] vorgeschlagen. Das Verfahren versucht vorrangig am Hörort eine Raumillusion zu erzeugen, die dem Raumeindruck in dem im allgemeinen größeren Aufnahmestudio vergleichbar ist. Auf der Aufnahmeseite ist dabei neben einem bzw. zwei Mikrofonen für Direktschall (monofon-ambiofone bzw. stereofon-ambiofone Übertragung) noch ein Mikrofonpaar in großem Abstand zur Schallquelle vorgesehen, dessen Signale entweder in einem Matrixverfahren über die beiden Kanäle für Direktschall übertragen werden oder einem dritten Übertragungskanal zugeordnet sind. Auf der Wiedergabeseite werden die Raumsignale einem oder besser zwei gegenphasig gespeisten Lautsprechern in den Raumecken zugeführt.

Über weitere Übertragungsverfahren, die in der Praxis jedoch kaum Bedeutung erlangen konnten, berichtet Steinke [5.13], [5.14].

Mit der Entwicklung des hochauflösenden Fernsehbilds verbunden waren von Anfang an Überlegungen, die Einführung eines neuen Bildübertragungssystems auch für grundlegende Verbesserungen der stereofonen Übertragung des Tons zu nutzen. Ergebnis ist eine internationale Standardisierung von 1992 für eine fünfkanalige Tonwiedergabe sowohl für bildbegleitende als auch für eigenständige Tonwiedergabe [5.31]. Das neue 3/2 Stereoformat sieht neben den beiden bisherigen Frontlautsprechern L und R zusätzlich einen frontalen Mittenlautsprecher C (Center) und zwei seitliche Surroundlautsprecher links LS und rechts RS vor (Abb. 5/14). Der Centerlautsprecher fixiert Mittenschallquellen wie Sprecher oder Solisten in der Mitte ohne Einfluß des Abhörplatzes, er reduziert bei halbseitlicher Abbildung die Richtungsverzeichnung der Phantomschallquellen; Klangfärbungen und mangende Präsenz der Mittenschallquellen - bei reinen Phantomschallquellen nicht vermeidbar - entfallen. Die Surroundlautsprecher können Raumimformationen, also Diffusschall, Ambiente wie Publikumsschall o. ä. oder bei bildbegleitendem Ton Off-Töne abstrahlen [5.32], [5.33]. Im Bereich des Hörfunks ist mit einer Einführung als Übertragungssystem erst mit der Einführung neuer digitaler Übertragungsverfahren zu rechnen. Bei Film- und Fernsehton ist eine vierkanalige Wiedergabe mit den Kanälen L, R, C, und S mit dem Dolby-Stereoverfahren für Film oder als Heimtonversion Dolby Surrond eine weithin genutzte zweikanalig codierte Technik [5.34].

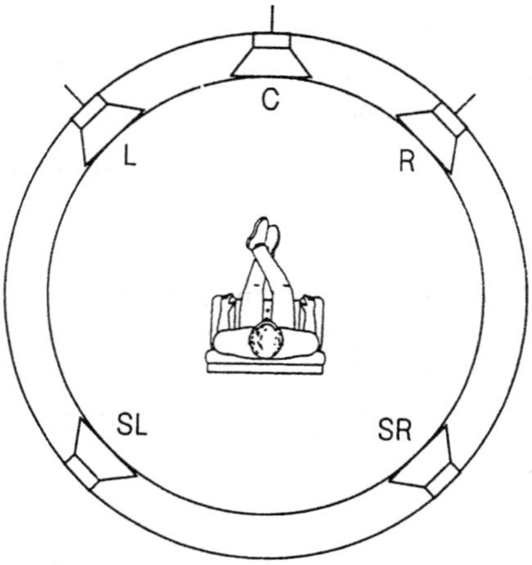

Abb. 5/14. 3/2-Stereoformat für fünfkanalige Tonwiedergabe.

5.3.1 Monofonie

Monofone Übertragungen benötigen zur Übertragung nur einen Kanal. Aufnahmeseitig kann entweder nur ein oder eine Mischung mehrerer Mikrofone übertragen werden. Die Wiedergabe erfolgt bevorzugt über nur einen Lautsprecher, aber auch bei Verwendung zweier gleichphasig angeschlossener Lautsprecher wird das Klangbild punktförmig abgebildet; dies wirkt besonders unnatürlich beim Raumschall des Aufnahmeraums. In der Regel strahlt der Lautsprecher im Wiedergaberaum nicht nur in Richtung zum Hörer; damit erhält dieser außerdem einen von den Begrenzungsflächen des Abhörraumes reflektierten, verzögert eintreffenden Schallanteil, der Präsenz und Lokalisierbarkeit des reproduzierten Klangbildes vermindert. Das ist zwar für die Wiedergabe räumlich ausgedehnter Klangquellen wie Orchester vorteilhaft, für Einzelsprecher z. B. aber u. U. nachteilig. Der Raumanteil wird außerdem stark durch die akustischen Eigenschaften der Wiedergabeanordnung bestimmt und vermag damit dem Hörer nicht die Illusion zu vermitteln, sich im Aufnahmeraum zu befinden. Es ist möglich, durch Verhallung und Verzögerung und durch Frequenzgangkorrekturen einzelner Klanganteile dem Klangbild eine gewisse Tiefenstaffelung zu geben, die aber nicht die Durchsichtigkeit bzw. Durchhörbarkeit einer stereofonen Übertragung besitzt. Denn diese Durchsichtigkeit ist auf die Konzentrationsmöglichkeit des Hörers auf lokalisierbare Teilschallquellen in einem räumlich ausgedehnten Klangbild zurückzuführen.

5.3.2 Stereofonie

Die Abbildung eines akustischen Geschehens durch Lautsprecher gewinnt mit der Stereotechnik an Durchsichtigkeit, Räumlichkeit und Klangfülle gegenüber der Abbildung mit Monotechnik. Mit Durchsichtigkeit wird die Möglichkeit, eine Schallquelle zu lokalisieren und einzelne Schallquellen eines Klangkörpers getrennt zu orten und zu verfolgen, bezeichnet. Außerdem erweitert die Stereofonie die Möglichkeiten, Bewegungsabläufe bei Fernsehtonaufnahmen, Hörspielen und Musikaufnahmen akustisch abzubilden oder rein elektronisch zu erzeugen und Schallquellen mit den Mitteln der Tonregie in gewünschte Positionen zu bringen. Die Vermittlung der Raumillusion wird entscheidend verbessert.

Stereofonie – der Wortbedeutung nach „räumlicher Schall“ – werden die Übertragungsverfahren genannt, die durch Verwendung von in der Regel zwei Übertragungskanälen – es können auch mehr Kanäle sein – die räumliche Dimension des Klangbilds übertragen. Zu der räumlichen Dimension gehören die Positionen der Schallquellen im Raum; hierzu gehört auch ihre Ausdehnung und Entfernung. Zur räumlichen Dimension eines Klangbilds gehört auch die Richtungsverteilung der ersten Reflexionen und des Nachhalls. Das Übertragungsverfahren der Stereofonie hat zum Ziel, dem Hörer die Illusion zu vermitteln, er befinde sich im Aufnahmeraum. Das Verfahren baut auf der Zweiohrigkeit des Menschen auf, die die räumliche Wahrnehmung von Schallquellen erst ermöglicht (siehe Kapitel 3.4 und 3.5) [5.15] bis [5.21].

Die Zweikanalstereofonie wird heute in zwei verschiedenen Verfahren angewendet, die kopfbezogene und die raumbezogene Stereofonie, wobei das zuletzt genannte Verfahren das allgemein verbreitete Übertragungsverfahren ist.

Aufnahmetechnik

Durch die Entwicklung der stereofonen Aufnahme- und Übertragungstechnik werden Aufnahmen in Monofonie heute in erster Linie nur noch bei Sprachaufnahmen im aktuellen Bereich gemacht, also bei Reportagen, Interviews u. ä. (siehe hierzu Kapitel 5.5.6) sowie in Teilbereichen des Fernsehtons. Die Stereoaufnahmetechnik wird ausführlich in Kapitel 5.5 behandelt.

Sollen in Ausnahmefällen Monoaufnahmen von Musik erstellt werden, so haben die Aufnahmeverfahren Vorrang, bei denen zwischen den verwendeten Mikrofonen ganz überwiegend Intensitätsunterschiede entstehen. Laufzeitunterschiede führen bei Monoaufnahmen stets zu Kammfilter-Frequenzgängen. Als Hauptmikrofon kommt dabei in erster Linie ein Einzelmikrofon mit einer geeigneten Richtcharakteristik in Betracht. Das Hauptmikrofon kann durch Stützmikrofone unterstützt werden. Auch das reine Einzelmikrofonverfahren eignet sich gut für Monoaufnahmen. Soll aus einer Stereoaufnahme ein Monosignal gewonnen werden, so wird herfür zweckmäßigerweise ein 90 °-Filter verwendet; dabei bleibt die Klangbalance zwischen den einzelnen Schallquellen erhalten. Bei reinen Laufzeitaufnahmen kann auch der linke oder rechte Kanal für sich bereits ein vollwertiges Monosignal darstellen.

Kopfbezogene Stereofonie

Das Verfahren der kopfbezogenen Stereofonie ist vom Prinzip her das Übertragungsverfahren, das am besten eine „originalgetreue" Übertragung ermöglicht; es ist ein übertragungstechnisch einfaches und logisches Verfahren. Das Schallfeld, das im Aufnahmeraum am Ort der beiden Ohren eines Hörers herrschen würde, wird durch einen sog. Kunstkopf oder mit Sondenmikrofonen in den Gehörgängen einer Person aufgenommen und nur unmittelbar an den Ohren des Hörers im Wiedergaberaum durch Kopfhörer reproduziert (siehe 3.5.2). Der Kunstkopf ist in akustischer Hinsicht dem menschlichen Kopf weitest möglich nachgebildet, anstelle der Trommelfelle trägt der Kunstkopf geeignete Mikrofone, deren Richtcharakteristik und gegenseitige Übersprechdämpfung den Verhältnissen an den menschlichen Ohren entsprechen. Vorteilhaft bei diesem Verfahren und nur diesem Verfahren eigen ist, daß alle Schalleinfallsrichtungen, also auch hinten und oben, sowie die Entfernungen genau reproduziert werden können. Beim derzeitigen Entwicklungsstand bereitet es teilweise noch gewisse Schwierigkeiten, eine Schallquelle vorne zu orten. Hier wirkt sich ein in der Praxis nur aufwendig zu lösendes Problem aus: das Verfahren kann nur bei völliger Übereinstimmung der akustischen Eigenschaften von Kunstkopf und Kopf des Hörers optimal arbeiten. Der Kunstkopf ist nach Durchschnittsmaßen gearbeitet, fußt aber letztlich auf dem Abguß eines bestimmten individuellen Kopfes, von dem die individuellen Kopfmaße mehr oder weniger abweichen. Nur eine individuelle Kopfhöreranpassung kann dieses Problem lösen. Die Reproduktion des Raumschalles, erste Reflexionen und Nachhall, sind also nur mit diesem Verfahren naturgetreu möglich. Die Übertragung aller Schallquellenrichtungen mit nur zwei Kanälen ist möglich, weil der Kunstkopf abhängig von der Einfallsrichtung die Signale linear verzerrt, entsprechend den linearen Verzerrungen der Ohrsignale bei verschiedenen Einfallsrichtungen (siehe Kapitel 3.4). Das Klangbild ist stets auf den Kopf des Hörers bezogen und nicht auf den Wiedergaberaum. Daher folgt eine Schallquelle jeder Kopfbewegung des Hörers. Eine optimale Wiedergabe ist nur über Kopfhörer oder kopfhörerähnliche Anordnungen möglich; Wiedergabeanordnungen mit zwei oder vier Lautsprechern haben den wesentlichen Nachteil, daß die Hörfläche außerordentlich klein ist. Das Verfahren wird für wissenschaftliche Untersuchungen der Raumakustik, Sprachverständlichkeit usw. eingesetzt. Seit 1973 werden auch hin und wieder Sendungen in kopfbezogener Stereofonie von den Rundfunkanstalten gesendet.

Experimente mit einem Kunstkopf wurden in größerem Umfang zunächst mit dem Kunstkopf KU 80 durchgeführt. Neben der durchaus beeindruckenden Wiedergabe insbesondere der Räumlichkeit und der Schallquellenentfernungen zeigten sich aber bald erhebliche Mängel: die Klangfarbe war unbefriedigend, die Vorneortung von Schallquellen aus dem Bereich ± 15° war meist nicht möglich – die Hörereignisse wurden hinter dem Kopf lokalisiert –, die Wiedergabe über Lautsprecher war insbesondere bezüglich der Klangfarbe und Richtungstreue nicht kompatibel. Gerade die letztgenannte Einschränkung wiegt im Bereich von Hörfunk und Fernsehen schwer; deshalb blieb die Anwendung des Verfahrens auf einzelne Sendungen des Hörfunks, vor allem in den Bereichen Feature und Hörspiel, beschränkt.

Durch Verbesserungen, die beim Kunstkopf KU 81 realisiert werden konnten, steht heute ein Kunstkopf zur Verfügung, der die genannten Mängel weitgehend entbehrt. Folgende Maßnahmen wurden u.a. getroffen; die durchschnittlichen Kopfmaße und auch alle Details der Ohr- und Kopfform wurden sorgfältig ermittelt und mit weicherem Material nachgebildet, auf die genaue Nachbildung von Gehörgang und Trommelfell konnte verzichtet werden. Als Ergebnis der theoretischen Überlegungen von Theile [5.22] wurde der Frequenzgang durch rein akustische Maßnahmen diffusfeldlinear gestaltet, wodurch insbesondere die Kompatibilität zur Lautsprecherwiedergabe erreicht werden konnte (siehe Kapitel 3.5.2). Zum Abhören wurden damit ebenfalls diffusfeldentzerrte Kopfhörer notwendig. Der Kunstkopf KU 81 kann auch als eine Art Stereomikrofon betrachtet werden, dessen Signale für linken und rechten Kanal durch Intensitäts- und Laufzeitunterschiede gekennzeichnet sind. Neben dieser Verbesserung des Kunstkopfs wurde auch ein freifeldentzerrter Kunstkopf („Aachener Anordnung") weiterentwickelt [5.23]. Die Anordnung geeigneter Sondenmikrofone in den Gehörgängen von Personen ergibt ebenfalls gute Ergebnisse; unbefriedigend ist der bei solchen Miniaturmikrofonen unvermeidliche geringe Störabstand.

Praktische Anwendung

Das Kunstkopfverfahren ist der Situation des „natürlichen" Hörens von allen Verfahren am besten vergleichbar. Es fordert demgemäß auch einen „natürlichen" Standort des Kunstkopfs bei der Aufnahme. „Natürlich" heißt, daß derjenige Ort im Raum für die Aufstellung des Kunstkopfs gesucht wird, von dem aus beim „natürlichen“ Hören der optimale Klangeindruck entsteht. Dieser Ort kann am besten durch Begehen des Aufnahmeraums aufgefunden werden.

Bei der Aufstellung des diffusfeldentzerrten Kunstkopfs ist zu bedenken, daß er nur im Diffusfeld einen linearen Frequenzgang liefert, der Kunstkopf also mindestens den Abstand des Hallradius haben sollte. Bei geringeren Entfernungen zur Schallquelle, die in großen Räumen bei kleiner Besetzung, also Kammermusik und besonders bei Sprachaufnahmen, notwendig sein können, muß also sorgfältig geprüft werden, ob die Klangfarbenänderungen akzeptabel sind oder bei welchen Instrumenten sie am wenigsten zu hören sind.

Da die Kombination eines Kunstkopfs mit herkömmlichen Stützmikrofonen den Vorteilen und Systemmerkmalen der Kunstkopftechnik widerspricht, muß nach neuen Wegen gesucht werden, die eine Lautstärkenbalance zwischen einzelnen Instrumenten oder Instrumentengruppen zulassen. Durch eine Playbackaufnahme ist es möglich, eine gewisse Freiheit in der Gestaltung der Lautstärkenbalance zu realisieren. Die Instrumente oder Gruppen werden im Playbackverfahren nacheinander aufgenommen. Dabei bleibt der Kunstkopf während der ganzen Aufnahme an demselben Ort. Die Musiker nehmen jeweils den Platz im Aufnahmeraum ein, den sie bei der fertigen Aufnahme haben sollen. Für jede Aufnahme müssen natürlich zwei Spuren vorgesehen werden, wodurch verglichen mit einer üblichen Playbackaufnahme nur die halbe Anzahl unabhängiger Aufnahmen möglich ist. Die Einstellmöglichkeiten bei der Abmischung sind dadurch eingeschränkt, daß größere Lautstärken, als denjenigen am Aufnahmeort entsprechen würden, zugleich zu größerer Nähe der Schallquellen führen.

Eine sehr interessante Erweiterung der Aufnahmetechnik mit Kunstkopf kann ein elektronischer Kunstkopf eröffnen. Dieses Gerät leitet aus einem Monosignal, also z. B. aus dem Signal eines normalen Stützmikrofons, Signale ab, die denjenigen bei Kunstkopfaufnahme entsprechen. Dazu werden aus dem Monosignal entsprechend der gewünschten Abbildungsrichtung zwei Signale mit einer Laufzeitdifferenz und zusätzlich mit einer Frequenzgangkorrektur, wie sie der Einfallsrichtung des Signals entspricht, abgeleitet [5.24].

Die Verwendung von Kunstköpfen als Stützmikrofone ist mit dem Verfahren nur in bestimmten Fällen vereinbar. In allen Fällen, bei denen eine Schallquelle gleichzeitig unter verschiedenen Winkeln oder auch nur in unterschiedicher Entfernung aufgenommen wird, ergeben sich mehr oder weniger hörbare Einschränkungen der Klangqualität. Mehrere Kunstköpfe können dann gleichzeitig eingesetzt werden, wenn sie akustisch getrennte Schallquellen aufnehmen, also z. B. einen Chor, der deutlich getrennt von einem Orchester aufgestellt wird.

Bei Kunstkopfaufnahmen ist die Wahl der Abhörlautstärke wesentlich wichtiger als bei Aufnahmen in raumbezogener Stereofonie. Bei kopfbezogener Stereofonie ist die Abhörlautstärke so genau wie möglich der Lautstärke am Ort des Kunstkopfs anzupassen.

Raumbezogene Stereofonie

Die raumbezogene Stereofonie strebt an, das Schallfeld des Aufnahmeraums im Wiedergaberaum mit Lautsprechern zu reproduzieren. Grundsätzlich gelingt das um so besser, je mehr Übertragungskanäle verwendet werden und je geringer der akustische Einfluß des Wiedergaberaumes auf das Klangbild ist. Aus ökonomischen Gründen und weil mehr Aufwand keinen adäquaten Gewinn bei der Reproduktion des Klangbildes bringt, hat man sich bei den heute üblicherweise verwendeten Übertragungsverfahren auf die Übertragung von nur zwei Kanälen beschränkt.

Die Schallquellenlokalisierung erfolgt wie beim natürlichen Hören aufgrund von Intensitäts- oder/und Laufzeitunterschieden zwischen den beiden Kanälen (siehe Kapitel 3.4). Ob Intensitätsstereofonie, Laufzeitstereofonie oder eine Kombination beider angewendet wird, bestimmt nur das angewandte Aufnahmeverfahren (siehe Kapitel 5.5), nicht die Abhöranordnung. Die raumbezogene Stereofonie erzeugt durch eine geeignete Lautsprecheranordnung ein bei Abhörpositionen innerhalb der Stereohörfläche weitgehend im Raum feststehendes, also auf den Raum bezogenes Klangbild. Nur innerhalb der Stereo-Hörfläche wird das Klangbild optimal abgebildet (siehe Kapitel 3.5). Der Lautsprecherabstand zum Hörer soll etwa 2/3 der Raumbreite betragen, der Bezugsabhörplatz und die beiden Lautsprecher bilden dabei ein gleichseitiges Dreieck. Die Lautsprecher sollen etwa auf den Abhörplatz gerichtet sein und dürfen hinsichtlich des Frequenzganges ihres Übertragungsmaßes und ihrer Richtcharakteristik nur geringe Unterschiede aufweisen (siehe Kapitel 1.2.4).

Das Klangbild der raumbezogenen Stereofonie weist gegenüber dem der kopfbezogenen wesentliche Unterschiede auf: Seine Breite ist auf die Lautsprecherbasis beschränkt, wenn man von den nicht lokalisierbaren, gegenphasig kohärenten Signalanteilen absieht. Die unvermeidliche Beaufschlagung des rechten Ohres mit Schall aus dem linken Lautsprecher und umgekehrt führt zu frequenzabhängigen Anomalien der Lokalisierung (siehe Kapitel 3.5.1). Das wahrgenommene Klangbild ist sehr stark vom Platz des Hörers abhängig; für einen Hörerort außerhalb der Symmetrieachse verschiebt sich die virtuelle Klangquelle zum näheren Lautsprecher hin, dessen Signale früher und lauter wahrgenommen werden. Dieser Effekt kann durch Wahl einer geeigneten Richtcharakteristik der Lautsprecher in geringem Maße verbessert werden. Im Regieraum sollten sich zumindest während des Einrichtens des zu übertragenden Klangbildes die Beteiligten hintereinander auf der Symmetrieachse und nicht nebeneinander am Regietisch befinden. Die Eigenschaften des Wiedergaberaumes beeinflussen das Klangbild. Stereoregieräume sollen deshalb in jedem Falle symmetrisch sein (siehe auch Kapitel 1.2.4).

Aus den genannten Unterschieden geht hervor, daß die für raumbezogene Wiedergabe bestimmten Stereoaufnahmen bezüglich der Aufnahmetechnik nicht mit Kopfhörern beurteilt werden dürfen.

Kompatibilität

Die Mehrzahl der Hörer verfügt bei ihren Erstgeräten über Stereogeräte, aber Zweitgeräte, Autoradios und tragbare Geräte sind vielfach Monogeräte. Deshalb muß ein Stereoübertragungsverfahren kompatibel sein; d. h., daß aus den Stereosignalen ein weitgehend vollwertiges Monosignal ableitbar sein soll, das gegenüber einer unter vergleichbaren Bedingungen entstandenen Monoaufnahme keine merklichen Verschlechterungen aufweist. Das kompatible Monosignal M entsteht durch Summierung des linken und rechten Kanals L und R des Stereosignals. L oder R für sich sind im allgemeinen keine vollwertigen Monosignale. Bei der HF-Übertragung und bei der Schallplattenaufzeichnung wird aus Gründen der Monokompatibilität einerseits das M-Signal, andererseits das sog. S-Signal, das sich aus der Differenz von L und R ergibt, übertragen. Auch bei der Stereoaufnahmetechnik spielt diese codierte Form der Stereosignale eine wichtige Rolle.

Für die Kompatibilität ist in erster Linie das Aufnahmeverfahren verantwortlich. Aufnahmen mit den Mikrofonverfahren der Intensitätsstereofonie (siehe Kapitel 5.5) sind grundsätzlich kompatibel. Aufnahmen mit den Mikrofonverfahren der Laufzeitstereofonie sind nach der Summierung von L und R nur dann kompatibel, wenn die Mikrofonbasis kleiner oder gleich groß wie der Ohrabstand, d. h. 17,5 cm, gewählt wird. Die Klangfarbenänderungen bei üblichen Aufnahmebedingungen sind für das Monosignal dann praktisch nicht mehr hörbar. Bei größeren Mikrofonbasen der Laufzeitstereofonie entstehen hörbare kammfilterartige Frequenzgänge mit deutlichen Klangfarbenänderungen. *Abb. 5/15* zeigt einen solchen Frequenzgang in idealisierter Form; er ist gekennzeichnet durch regelmäßige Auslöschungen im Spektrum. Die verschiedenen Verfahren der gemischten Stereofonie, bei denen in unterschiedlichen Anteilen Intensitäts- und Laufzeitdifferenzen zwischen L und R vorhanden sind, sind entsprechend mehr oder weniger kompatibel.

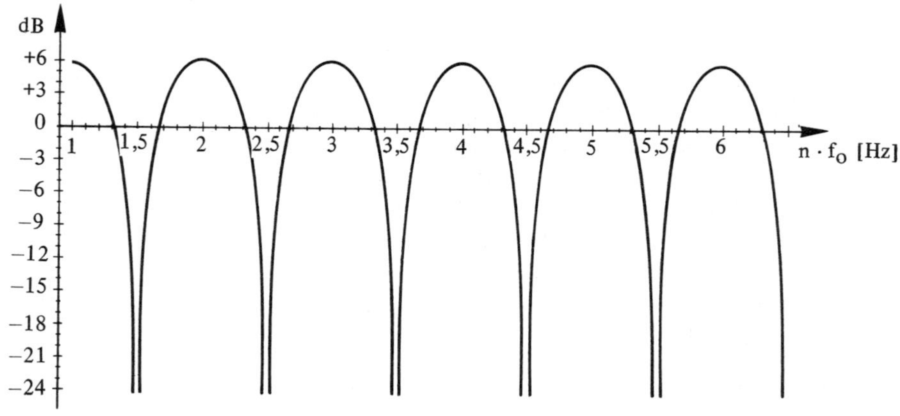

Abb. 5/15. Kammfilterkurve.

Erfolgt die Monobildung nicht automatisch als Summierung von L und R, wie z. B. bei der HF-Übertragung, so kann bei Aufnahmen in reiner Laufzeitstereofonie die Verwendung von nur L oder R ein günstigeres Monosignal ergeben.

Grundsätzlich sollte auch das Programmaterial kompatibel sein, d. h. in künstlerischer und dramaturgischer Hinsicht in einer Monofassung keine wesentliche Entwertung erfahren; auf die Erfüllung dieser Forderung wird allerdings in letzter Zeit immer mehr verzichtet, um die Möglichkeiten der Stereofonie voll nutzen zu können. Weiterhin muß die Aufnahme- und NF-Übertragungstechnik kompatibel sein, d. h. bezüglich Phasen- und Pegeldifferenz zwischen den beiden Stereokanälen innerhalb der vorgesehenen Toleranzen bleiben.

Phasendifferenzen zwischen L und R ergeben bei Monowiedergabe Dämpfungen der kohärenten Signalanteile, bei Stereoaufnahmen sind also am stärksten betroffen die Mittenschallquellen des Stereoklangbildes. Bei der zulässigen Phasenverschiebung von 10 ° zwischen zwei beliebigen gleichartigen Modulationsleitungen, die zu Stereopaaren zusammengefaßt werden können, ist der Pegelabfall vernachlässigbar klein; bei eingeschleiftem Entzerrer ist die zulässige Phasendifferenz mit maximal 30 ° noch unhörbar.

Eine unvermeidbare Einschränkung der Kompatibilität ergibt sich bei der Monowiedergabe von Mittenschallquellen der Stereoaufnahme. Bei der Abstrahlung des Mittensignals über die beiden Stereolautsprecher erscheint dieses 3 dB lauter als wenn es nur durch einen der Stereolautsprecher abgestrahlt wird; die Pegelerhöhung bei Stereowiedergabe resultiert aus der statistischen, zufälligen Überlagerung der Schallfelder am Hörort. Werden die Signale hingegen elektrisch, d. h. ohne gegenseitige Phasendifferenz addiert, ergibt sich ein Pegelanstieg der Monofassung um 6 dB für Mittenschallquellen. Gegenüber der Stereowiedergabe bleibt also eine Mittenanhebung um 3 dB (*Abb. 5/16*). Sie kann durch ein 90 °-Filter aufgehoben werden. Es verschiebt die Phasenlage eines Kanals frequenzunabhängig um 90 °, wodurch beim M-Signal für Mittensignale keine Pegelerhöhung entsteht (siehe 6.3.4).

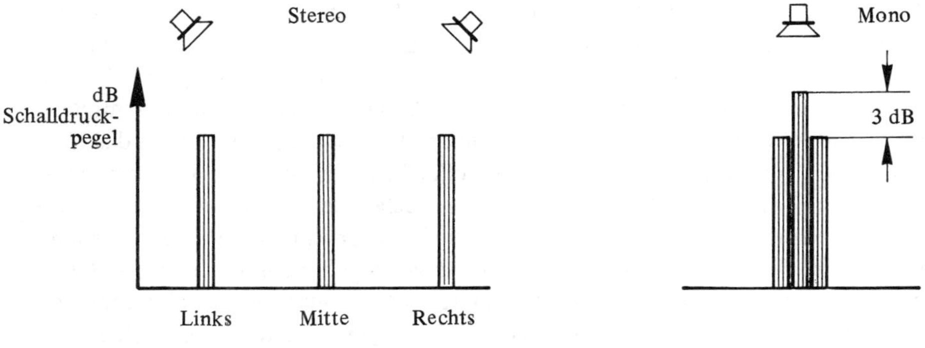

Abb. 5/16. Mittenanhebung bei Monowiedergabe einer Stereoaufnahme.

Auch bei der Kompatibilität des Raumschallanteils ergeben sich grundsätzliche Probleme: Da der Direktschall bevorzugt phasengleiche Schallanteile enthält, während der diffuse Raumschall statistisch verteilt alle Phasenlagen aufweist, ergibt der Direktschall bei Bildung des M-Signals einen höheren Gesamtpegel als der Diffusschall, d. h. daß der Raumschallanteil der Monofassung geringer ist, sie wird „trokkener".

Vielkanaltechnik

Zwei Unvollkommenheiten der Stereotechnik lassen insbesondere für die Anwendung in Filmtheatern, u. U. auch in Sprechtheatern, eine weitere Vergrößerung der Kanalzahl erwünscht erscheinen. Die Ortsabhängigkeit des wahrgenommenen Stereoklangbildes beschränkt die nutzbare Hörfläche auf einen relativ schmalen, um die Symmetrieachse liegenden Bereich, ein besonders für Filmtheater gravierender Nachteil. Er wurde durch dreikanalige (Cinema Scope) bzw. fünfkanalige (Todd AO) Wiedergabe überwunden. Dabei können Phantomschallquellen durch Ersatzschallquellen ersetzt werden, die Stabilität des Klangbilds wird erheblich verbessert [5.25]. Weiter ist der Hörer bei Stereowiedergabe mit einem Klangbild konfrontiert, das sich auf die Verbindungslinie zwischen den Lautsprechern beschränkt. Abhilfe dagegen schaffen zwei zusätzliche Lautsprecher im Rücken des Hörers. Die Verfahren der Ambiofonie [5.10] und Quadrofonie, deren Ziel die Aufhebung dieser Nachteile ist, konnten sich jedoch nicht durchsetzen.

5.4 Wort- und Musikproduktionen

5.4.1 Wortproduktionen

Wortproduktionen nennt man alle Aufnahmen, bei denen das gesprochene Wort im Mittelpunkt steht. Es kann sich dabei um Nachrichten, die Lesung durch einen einzelnen Sprecher oder auch um die szenische Darstellung eines Hörspiels mit Musik- und Geräuscheinblendungen handeln. Der Ablauf einer Wortproduktion muß nicht in der endgültigen Reihenfolge ihrer Teile erfolgen. Oft unterteilt man das Manuskript oder Textbuch aus Gründen rationeller Produktion in mehrere Abschnitte: diejenigen Szenen oder Sequenzen werden nacheinander aufgenommen, die mit denselben Sprechern besetzt sind. Wenn alle Teilaufnahmen vorliegen, werden sie in der richtigen Reihenfolge zusammengesetzt, gegebenenfalls auch nachträglich mit Geräuschen gemischt. Zum Aufnahmeteam eines aufwendigen Hörspiels gehören Regisseur, Regieassistent, Toningenieur und Tontechniker – eventuell mit Assistent. Für einfache Wortaufnahmen sind nur der Regisseur oder Aufnahmeleiter und ein Tontechniker erforderlich. Jede Rundfunkanstalt verfügt über für Wortaufnahmen geeignete Studios, vom einfachen Sprecherstudio bis hin zum Hörspielkomplex mit Aufnahmeräumen, die verschiedene raumakustische Eigenschaften aufweisen.

Im folgenden werden wichtige Stilformen von Wortproduktionen aufgezählt. Man kann sie unterteilen in informierende Darstellungen (Nachrichten, Feature, Reportage, Interview), meinungsäußernde Darstellungsformen (Interview, Statement, Rundgespräch, Glosse, Kommentar) und phantasiebetonte Darstellungsformen (Feuilleton, Hörspiel). Die Grenzen zwischen den einzelnen Stilformen sind fließend [5.12], [5.13].

Nachricht: Eine Nachricht ist eine nach bestimmten Regeln gestaltete aktuelle Information über Ereignisse und Sachverhalte. Man unterscheidet „harte“ und „weiche“ Nachrichten. Harte Nachrichten sind knapp und prägnant formuliert, sie informieren über das Was, Wer, Wie und Wo eines Ereignisses oder Sachverhalts. Die Teile der Nachricht sind meist nach ihrer Wichtigkeit geordnet. Weiche oder leichte Nachrichten sind in einem etwas persönlicheren, farbigeren Ton gehalten.

Reportage: Die Reportage ist ein tatsachenorientierter, aber auch persönlich gefärbter Erlebnisbericht eines Reporters, der meist als Augenzeuge berichtet. Kennzeichnend ist eine Vielfalt von Stilmitteln, die häufig wechseln. Bei der Reportage werden vor allem optische Ereignisse durch das Wort beschrieben.

Interview: Ein Interview ist die Befragung eines oder mehrerer Gesprächspartner durch einen Reporter, bei der Tatsachen und Meinungen wiedergegeben werden. Oft handelt es sich dabei um die Befragung bekannter Persönlichkeiten – auch per Telefon, aber z. B. auch von Straßenpassanten, zu aktuellen Themen.

Statement: Ein Statement ist eine kurze Erklärung oder eine Stellungnahme einer Person zu einem bestimmten Thema. Im Gegensatz zum Interview tritt dabei kein befragender Reporter in Erscheinung.

Rundgespräch: Das Rundgespräch, von Politikern, Journalisten, Wissenschaftlern usw. mit unterschiedlichen Ansichten geführt, soll dem Hörer ein breit aufgefächertes Meinungsspektrum zu einem Thema darbieten. Spannend und interessant werden solche Diskussionen durch Konflikte zwischen den Verfechtern unterschiedlicher Meinungen.

Glosse: Eine Glosse ist ein kurzer meinungsbetonter, vielfach witziger Beitrag, bei dem meist eine überspitzte Argumentation verwendet wird.

Kommentar: Der Kommentar ist eine sachbezogene Form der Meinungsäußerung, die Tatsachen erläutert und interpretiert sowie Meinungen darlegt und begründet oder widerlegt.

Feuilleton: Das Feuilleton als Stilform schildert in betont persönlicher Form Kleinigkeiten und Nebensächlichkeiten des Lebens. Es versucht, diesen Dingen eine bewegende, interessante Seite abzugewinnen.

Feature: Feature ist ein Sammelbegriff für alle journalistischen Stilformen, die nicht nur sachliche Information geben. Ein Feature ist eine Dokumentation, die durch verschiedene Sprecher, durch erdachte Szenen, durch Einblendungen von Kurzinterviews, Statements, Originalgeräuschen, Musik usw. eine hörfunkspezifische Form darstellt, die durch die umfangreiche Verwendung von Originaltönen neben Informationen durch das gesprochene Wort besonders Stimmungen, Atmosphäre und andere nicht-verbale Informationen übermittelt. Das Feature umfaßt also Information, Dokumentation, Meinung und Unterhaltung.

Hörspiel: Das Hörspiel ist eine für die Gegebenheiten und Möglichkeiten des Hörfunks entwickelte Kunstform. Der Autor nutzt allein die Aussagekraft des gesprochenen Wortes unter Verzicht auf die Schaubarkeit des Geschehens. Akustische und elektronische Gestaltungsmittel verdeutlichen den Ablauf und den szenischen Hintergrund.

Das Manuskript für eine Wortproduktion ist das vollständige Textbuch, versehen mit allen Angaben über szenische Abläufe, Ausdrucksvarianten, Originalgeräusche, Geräuscheinblendungen usw. Es wird aus einer Idee über eine Exposé (kurzer Handlungsaufriß) und das Treatment (ausführlicher Handlungsaufriß) hin zum vollständigen Textbuch entwickelt. Nachdem es der zuständige Redakteur redigiert hat, wird es zur Aufnahme freigegeben.

5.4.2 Musikproduktionen

Das Aufnahmeteam für Musikproduktionen besteht aus dem Tonmeister oder Aufnahmeleiter, dem Toningenieur und gegebenenfalls einer Tontechnikerin oder einem Tontechniker. Meist wird ein Musikstück satzweise aufgenommen. Für ein größeres Werk (Sinfonie, Oper, große Tanz- und Unterhaltungsmusikproduktion) müssen vielfach mehrere Aufnahmetage angesetzt werden. Der Toningenieur muß in diesem Fall auf gleichbleibende akustische und elektrische Verhältnisse achten, damit alle Teile der Produktion nahtlos zusammenpassen. Der Toningenieur ist in erster Linie für die technische Qualität, der Tonmeister für die klangliche Gestaltung und für die Kontrolle der musikalischen Qualität verantwortlich. Der Tonmeister überträgt die künstlerischen Erfordernisse auf die technische Realisation und überprüft während der Aufnahme laufend den musikalischen Ablauf auf Werkgenauigkeit, Dynamik und Klangrichtigkeit. Wenn einzelne Passagen nicht seinen Vorstellungen oder den Vorstellungen der ausführenden Musiker entsprechen, können Korrekturaufnahmen gemacht werden. Am Ende einer Produktion werden die einzelnen Aufnahmen zusammengeschnitten.

Im Bereich des Rundfunks unterscheidet man zwischen E- und U-Musik. E-Musik („Ernste Musik") umfaßt alle Gattungen künstlerisch anspruchsvoller Kompositionen (Sinfonische Musik, Kammermusik, Geistliche Musik, Oper, Chormusik usw.), während die U-Musik („Unterhaltungsmusik") die Gattungen leichter, unterhaltender Musik (Operette, Musical, Unterhaltungsmusik, Schlager, Tanzmusik, Popmusik, Folklore, Volksmusik, Jazz usw.) einschließt; hier wird teilweise nochmals zwischen L-Musik („leichte Musik") und J-Musik („Jazz") unterschieden. Die Unterscheidung von E- und U-Musik ist teilweise mehr organisatorischer als inhaltlicher Natur. Die Grenzen sind fließend, sog. „gehobene Unterhaltungsmusik" z. B. kann beiden Bereichen angehören. Gerade in jüngerer Zeit gibt es zunehmend Ensembles, deren Musik nicht eindeutig einem dieser Bereiche zuzuordnen ist. Die Trennung von „unterhaltender" und „ernster" Musik geht im wesentlichen erst auf das 19. Jahrhundert zurück, im strengen Sinn sogar erst auf die in unserem Jahrhundert geschaffenen Honorarregelungen.

5.5 Stereoaufnahmetechnik

In der Tonaufnahmetechnik ([5.15] bis [5.21]) wird unterschieden zwischen Stereoverfahren, Aufnahmeverfahren und Mikrofonverfahren:

Das Stereoverfahren bezieht sich auf die Abbildung des Klangbilds bei der Wiedergabe; man unterscheidet raumbezogene und kopfbezogene Stereofonie. Das Klangbild ist bei raumbezogener Stereofonie fest dem Wiedergaberaum zugeordnet; es verlangt vom Hörer eine Hörposition innerhalb der Stereo-Hörfläche und eine Ausrichtung des Kopfes auf die Lautsprecherbasis (siehe 3.5.1). Bei der kopfbezogenen Stereofonie ist das Stereoklangbild auf den Kopf des Hörers bezogen, es vollzieht alle Kopfbewegungen mit; die Wiedergabe ist an Kopfhörer oder kopfhörerähnliche Einrichtungen gebunden (siehe 3.5.2).

Das Aufnahmeverfahren entscheidet darüber, durch welche Schallfeldparameter sich die Übertragungskanäle unterscheiden; Parameter sind: Differenzen der Schallintensität bzw. des Schallpegels (Intensitätsstereofonie) und Laufzeitdifferenzen (Laufzeitstereofonie) zwischen den beiden Stereokanälen. Die Pegelunterschiede können frequenzunabhängig oder frequenzabhängig sein; Laufzeitunterschiede sind stets frequenzunabhängig, die daraus resultierenden Phasenunterschiede sind jedoch immer frequenzabhängig. Es gibt auch die Möglichkeit, Pegel- und Laufzeitdifferenzen mit beliebigen auf die Abbildungsrichtung wirkenden Anteilen zu kombinieren; dabei ergeben sich die sog. gemischten Aufnahmeverfahren.

Als Mikrofonverfahren wird die jeweilige Mikrofonanordnung bezeichnet, die der Realisierung des Stereo- und Aufnahmeverfahrens dient.

5.5.1 Übersicht über die Aufnahme- und Mikrofonverfahren raumbezogener Stereofonie

Innerhalb der raumbezogenen Stereofonie gibt es verschiedene Aufnahme- und Mikrofonverfahren, die zum Teil auch miteinander kombiniert werden können. *Tab. 5/9* gibt einen Überblick über die heute gebräuchlichen Aufnahme- und Mikrofonverfahren raumbezogener Stereofonie und ihre Kombinationsmöglichkeiten; *Abb. 5/17* stellt die Prinzipien der Verfahren dar.

Tab. 5/9. Aufnahme- und Mikrofonverfahren der raumbezogenen Stereofonie.

Aufnahmeverfahren	Mikrofonverfahren	Bemerkungen
Intensitätsstereoverfahren	Hauptmikrofonverfahren (Koinzidenzmikrofonverfahren): MS-Verfahren XY-Verfahren	auch mehrere Hauptmikrofone möglich
	Einzelmikrofonverfahren	
	Hauptmikrofon-Stützmikrofonverfahren	Kombination von Hauptmikrofon- (MS oder XY) und Einzelmikrofonverfahren
Laufzeitstereoverfahren	Hauptmikrofonverfahren: AB-Verfahren	auch mehrere Hauptmikrofone möglich, reine Laufzeitstereofonie schließt die Kombination mit dem Einzelmikrofonverfahren aus
„gemischte" Stereoverfahren	Hauptmikrofonverfahren (Äquivalenzmikrofonverfahren): ORTF-Verfahren OSS-Verfahren Kunstkopf als Stereomikrofon	
	Hauptmikrofon-Stützmikrofonverfahren	Kombination eines Hauptmikrofons mit dem Einzelmikrofonverfahren (AB-Verfahren auch mit kleiner Basis)

Bei der Intensitätsstereofonie sind – bedingt durch die Mikrofonanordnung und -richtcharakteristiken – Intensitäts- bzw. Pegelunterschiede zwischen den Stereosignalen L (links) und R (rechts) für das Zustandekommen des stereofonen Klangbildes maßgebend. Für die Intensitätsstereofonie sind vier Mikrofonverfahren anwendbar: Verwendung eines oder mehrerer Stereo-Koinzidenzmikrofone, die je-

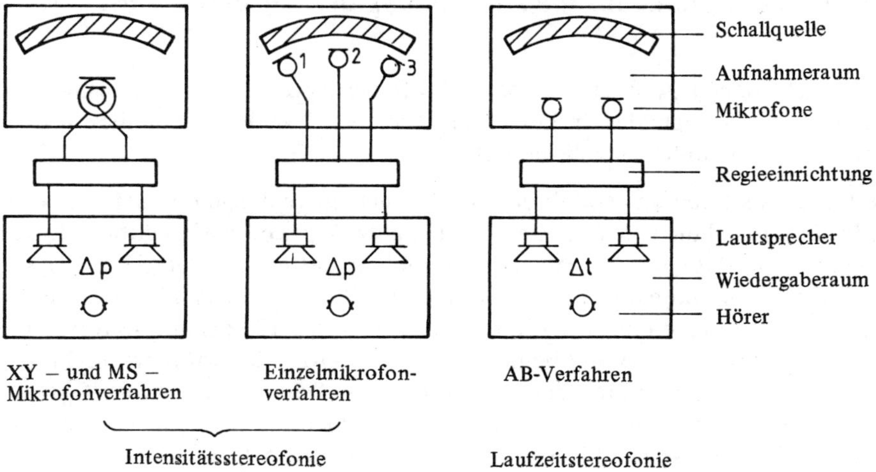

Abb. 5/17. Stereoaufnahmeverfahren mit verschiedenen Mikrofonverfahren (Δp = Pegeldifferenzen, Δt = Laufzeitdifferenzen).

weils zwei getrennte Mikrofonsysteme dicht übereinander vereinen (koinzidieren = zusammenfallen) als Hauptmikrofone; das Stereomikrofon kann in MS- oder XY-Technik betrieben werden. Völlig anders konzipiert ist das Einzelmikrofonverfahren, bei dem im Nahbereich jeder Schallquelle ein Mikrofon aufgestellt wird, dessen Abbildungsrichtung mit dem Panpot bestimmt wird. Schließlich kann das Hauptmikrofonverfahren mit dem Einzelmikrofonverfahren kombiniert werden zu dem viel angewandtem Hauptmikrofon-Stützmikrofonverfahren.

Die Laufzeitstereofonie gewinnt das stereofone Klangbild mit dem AB-Mikrofonverfahren aus Laufzeitunterschieden zwischen den Signalen zweier distanzierter Einzelmikrofone; die Laufzeitunterschiede sind allerdings im allgemeinen mit geringen Pegelunterschieden gekoppelt. In reiner Laufzeitstereofonie gibt es derzeit keine Stützmikrofontechnik.

Bei den gemischten Stereoaufnahmeverfahren wirken Intensitäts- und Laufzeitunterschiede zwischen L und R gleichgerichtet zusammen. Die Intensitätsunterschiede können frequenzunabhängig wie beim ORTF-Verfahren und beim AB-Verfahren mit großer Basis sein oder frequenzabhängig wie beim OSS-Verfahren und bei der Verwendung des Kunstkopfs als Stereomikrofon. Tragen die Intensitäts- und Laufzeitdifferenzen etwa gleichviel zur Abbildungsrichtung bei, so können die Verfahren als „Äquivalenzmikrofonverfahren“ bezeichnet werden.

5.5.2 Gesichtspunke für die Anwendung der einzelnen Verfahren

Die verschiedenen Aufnahme- und Mikrofonverfahren haben unterschiedliche Qualitäten des Klangbildes zur Folge, sie eignen sich deshalb auch für die einzelnen Anwendungen in unterschiedlichem Maße.

Die Intensitätsstereofonieverfahren zeichnen sich durch die gute Lokalisierbarkeit der Phantomschallquellen aus, während die Laufzeitstereofonie bei diffuser Lokalisierbarkeit die Räumlichkeit und Tiefenstaffelung besser abbildet. Alle Hauptmikrofonverfahren unterstützen wegen des großen Mikrofonabstands nicht die Präsenz, geben aber einen besseren Raumeindruck als das Einzelmikrofonverfahren. Der geringe Mikrofonabstand beim Einzelmikrofonverfahren fördert die Präsenz einer Aufnahme, übermittelt aber kaum die Räumlichkeit. Aus diesen Gesichtspunkten heraus ergeben sich Zuordnungen zwischen Aufnahmetechniken sowie ihren Klangergebnissen und Programmsparten, die *Tab. 5/10* angibt.

Tab. 5/10. Räumliche Eigenschaften des Klangbilds und seine bevorzugten Anwendungsbereiche bei den verschiedenen Mikrofonverfahren bei Stereoaufnahmen.

Mikrofonverfahren	räumliche Eigenschaften des Klangbilds				besonders geeignet für			
	exakte räuml. Abbildung	gute Räumlichkeit	gute Raumtiefe	besondere Präsenz	U-Musik u. ä.	E-Musik	aktuelles und dokument. Wort	Hörspiel, Feature
Koinzidenzmikrofonverfahren	X		X			X	X	X
Einzelmikrofonverfahren	X			X	X		X	X
Laufzeitmikrofonverfahren		X	X			X		
Äquivalenzmikrofonverfahren	X	X	X			X		X
Stützmikrofonverfahren	X			X	X	X		

Grundsätzlich ist zur Aufnahmetechnik anzumerken, daß in der Praxis viele Faktoren auf die Mikrofonaufstellung Einfluß nehmen (Akustik des Raumes, gewohnte Sitzanordnungen, Sichtprobleme, Lautstärkenbalance, musikalische, künstlerische

Erfordernisse u. v. m.), so daß im Einzelfall die hier angeführten grundsätzlichen Richtlinien relativiert werden können. Ziel einer Aufnahme ist nicht die Erfüllung von aufnahmetechnischen Grundsätzen, sondern die Realisierung des gewünschten Klangbildes. Das kann aufgrund der sehr komplexen Bedingungen bei Aufnahmen auch zu unkonventionellen Lösungen führen, für die es zunächst keine technische Plausibilität zu geben scheint. Die Aufnahmetechnik ist der Bereich der Tonstudiotechnik, der kreatives Engagement erlaubt.

5.5.3 Intensitätsstereofonie

Die Stereosignale L und R unterscheiden sich bei Intensitätsstereofonie durch ihre Pegel; Laufzeit- bzw. Phasenunterschiede sind – im Hinblick auf die Kompatibilitätsforderung – als unerwünschte Aufnahme- oder Übertragungsfehler anzusehen. Der Begriff „Intensitätsstereofonie" sollte korrekt durch „Pegelstereofonie" ersetzt werden; da er aber nun einmal eingeführt ist, wird er hier weiterverwendet.

Bei der Intensitätsstereofonie gibt es einerseits die Möglichkeit, ein Hauptmikrofon zu benutzen, andererseits kann mit dem Einzelmikrofonverfahren gearbeitet werden. Das Hauptmikrofon ist ein sog. Koinzidenzmikrofon, bei dem zwei Einzelmikrofone auf eine gemeinsame Achse dicht übereinander montiert sind. Es kann in XY- oder MS-Mikrofontechnik aufnehmen, theoretisch sind die beiden Mikrofontechniken gleichwertig, jedoch nicht in der Praxis. Die Ortungsschärfe ist beim Hauptmikrofonverfahren gut, sie liegt in der Praxis bei üblicher Lautsprecheranordnung bei etwa ± 5 °; die Schallquellen sind bei geeigneter Festlegung des Mikrofonabstands und geeigneten Mikrofoneinstellungen gleichmäßig auf der gesamten Lautsprecherbasis verteilt. Die Tiefenstaffelung ist beim Hauptmikrofonverfahren in Intensitätsstereofonie weniger ausgeprägt als bei anderen Hauptmikrofonverfahren, weil zwischen den Stereosignalen keine Laufzeitdifferenzen entstehen, die Signale also korreliert sind. Aus diesem Grunde bieten Hauptmikrofonverfahren mit ausschließlich oder zusätzlich Laufzeitdifferenzen größere räumliche Tiefe der Aufnahme. Durch zusätzliche künstliche Verhallung entstehen zwar unkorrelierte Schallanteile, aber für alle Schallquellen in gleichem Maße, so daß hierdurch zwar die Räumlichkeit der Aufnahme verbessert wird, aber nicht die Tiefenstaffelung innerhalb einer ausgedehnten Schallquelle wie z. B. Orchester.

Das Einzelmikrofonverfahren läßt durch getrennte Aufnahme der Schallquellen bei guter Ortbarkeit eine verbesserte Tiefenstaffelung zu, aber keine Abbildung der originalen Raumakustik.

XY-Mikrofonverfahren

Das XY-Mikrofonverfahren verwendet ein Stereo- oder Koinzidenzmikrofon, dessen zwei Mikrofonsysteme auf die gleiche Richtcharakteristik – entweder Niere

(Cardioide), Hyperniere oder Acht – eingestellt werden. Die Hauptempfindlichkeitsachsen der Systeme liegen symmetrisch zur fiktiven, auf das Zentrum des Klangkörpers gerichteten Mittelachse und schließen jeweils mit ihr den Versatzwinkel ϑ ein (*Abb. 5/18*). System I zeigt dabei nach links, System II nach rechts. Der zu wählende Versatzwinkel ϑ hängt vom erforderlichen Aufnahmebereich oder Aufnahmewinkel 2 φ ab. Dies ist der Winkel, innerhalb dessen die nutzbare, eindeutige stereofone Auflösung erfolgt. Er schließt also den Aufnahmebereich ein, der bei der Wiedergabe auf der Lautsprecherbasis abgebildet wird. Aufnahmewinkel und Versatzwinkel verlaufen entgegengesetzt: Mit kleiner werdendem Versatzwinkel wird der Aufnahmebereich größer. Näheres dazu siehe unten. Die Summe M der abgegebenen Stereosignale L (linker Kanal) und R (rechter Kanal) ergibt ein einwandfreies Monosignal.

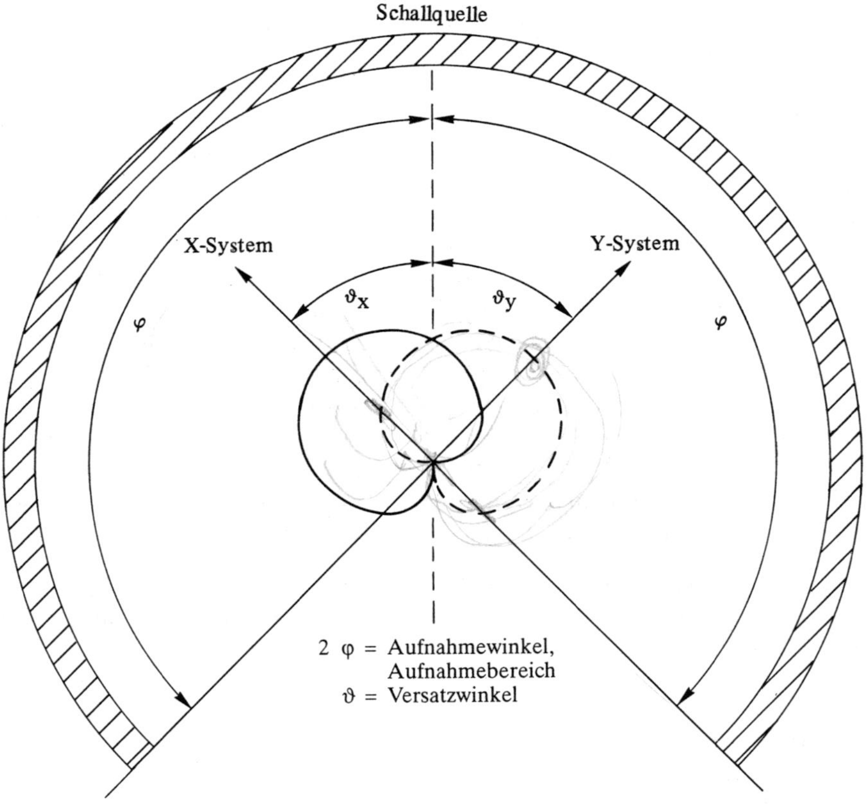

Abb. 5/18. Versatz- und Öffnungswinkel bei einer XY-Mikrofonanordnung mit zwei Nieren.

MS-Mikrofonverfahren

Das MS-Mikrofonverfahren verwendet wie das XY-Mikrofonverfahren ein Koinzidenzmikrofon. Das drehbare System (System II) ist dabei das sog. S-System; es ist stets auf Achterrichtcharakteristik und einen Versatzwinkel von 90 ° und nach links einzustellen. Das feste System, das M-System, kann Kugel-, Nieren- oder Achtercharakteristik besitzen, sein Versatzwinkel beträgt immer 0 °; das Mikrofon ist also auf das Zentrum des Klangkörpers gerichtet. Der Aufnahmebereich hängt von der Richtcharakteristik des S-Systems und von den eingestellten Mikrofonverstärkungen ab. Die Systeme geben nicht unmittelbar die Signale L (linker Kanal) und R (rechter Kanal) ab, sondern die Signale M und S (Mono- und Seitensignal, Summen- und Differenzsignal, Ton- und Richtungssignal), aus denen danach erst durch Summen- und Differenzbildung die Signale L und R gewonnen werden:

$$L = (M + S) \cdot \frac{1}{\sqrt{2}},$$

$$R = (M - S) \cdot \frac{1}{\sqrt{2}}.$$

Das M-Signal ist unmittelbar das Monosignal, das also im Gegensatz zum XY-Verfahren von einem einzigen Monomikrofon stammt. *Abb. 5/19* zeigt eine MS-Mikrofonanordnung mit Acht und Kugel.

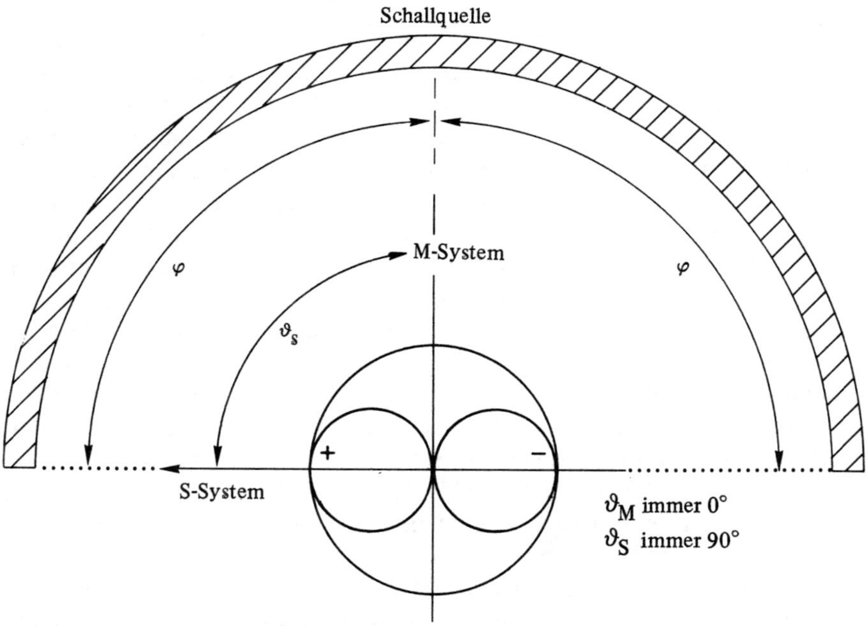

Abb. 5/19. Versatz- und Aufnahmewinkel bei einer MS-Mikrofonanordnung mit Kugel und Acht.

Äquivalente Richtcharakteristik-Kombinationen der XY- und MS-Mikrofontechnik

XY- und MS-Mikrofonverfahren sind unter der Annahme idealer Richtcharakteristiken äquivalent. Die Signale L, R, M und S hängen durch einfache Beziehungen miteinander zusammen; sie sind ineinander umwandelbar. Die Umwandlung wird oft als Stereoumsetzung bezeichnet.

$$M = (L + R) \cdot \frac{1}{\sqrt{2}}, \qquad L = (M + S) \cdot \frac{1}{\sqrt{2}},$$

$$S = (L - R) \cdot \frac{1}{\sqrt{2}}, \qquad R = (M - S) \cdot \frac{1}{\sqrt{2}},$$

Da M und S nach derselben Beziehung aus L und R gwonnen werden wie L und R aus M und S, kann die Umwandlung in beiden Richtungen mit demselben Gerät (Stereoumsetzer, Differentialübertrager, Summen-Differenzübertrager) erfolgen; die Betriebsrichtung Eingang-Ausgang ist dabei dieselbe.

Wegen dieser Äquivalenzen entsprechen bestimmte XY-Richtcharakteristik-Kombinationen also jeweils bestimmten Richtcharakteristik-Kombinationen der MS-Technik. *Abb. 5/20* zeigt die wichtigsten äquivalenten Richtcharakteristik-Kombinationen der XY- und MS-Technik; angegeben ist der Versatzwinkel ϑ sowie der halbe Aufnahme- oder Öffnungswinkel φ, weiterhin der Aufnahmebereich $2\,\varphi$ und die Richtcharakteristik, mit welcher das Monosignal gewonnen wurde.

Der Aufnahme- oder Öffnungswinkel ist beim MS-Verfahren durch die Schnittpunkte von M- und S-Richtcharakteristiken gegeben (*Abb. 5/20*, Punkte P); er verkleinert sich mit größer werdendem Pegel des S-Signals (vgl. *Abb. 5/20*, 1a mit 1c und 1d mit 1e). In der praktischen Anwendung ist der Stereo-Aufnahmebereich bei bestimmten Kombinationen kleiner (siehe unten). Beim XY-Verfahren ist der Aufnahmewinkel durch den Winkel zwischen den Achsen geringster Empfindlichkeit des jeweils anderen Systems begrenzt, also auf der linken Seite durch das rechte System und umgekehrt. Das bedeutet, daß eine Vergrößerung des Versatzwinkels ϑ eine Einengung des Aufnahmebereichs bewirkt. Soll bei der Wiedergabe die gesamte Basisbreite genutzt werden, darf der Aufnahmebereich nicht größer als die Ausdehnung des Klangkörpers sein. Die Anordnung nach *Abb. 5/20*, 1a z. B. hat den außerordentlich großen Aufnahmewinkel von $2\,\varphi = 270°$, einen Aufnahmebereich, der in der Praxis selten vorkommen wird. Deshalb ergibt diese Anordnung in der Praxis bei der Wiedergabe meist eine relativ schmale Stereobasis. Wird der Versatzwinkel ϑ dieser Anordnung jedoch von 45° auf 90° vergrößert (Übergang von *Abb. 5/20*, 2a nach 2b), verringert sich der Aufnahmewinkel $2\,\varphi$ von 270° auf den für die meisten Fälle günstigeren Wert von 180 °. Dieselbe Überlegung gilt sinngemäß auch für die Anordnung nach *Abb. 5/20*, 2d und 2e. Bezeichnet man den Winkel zwischen der Hauptempfindlichkeitsrichtung und der Richtung geringster Empfindlichkeit eines Mikrofonsystems mit ψ (Niere: $\psi = 180$ °, Acht: $\psi = 90$ °, Richtcharakteristik

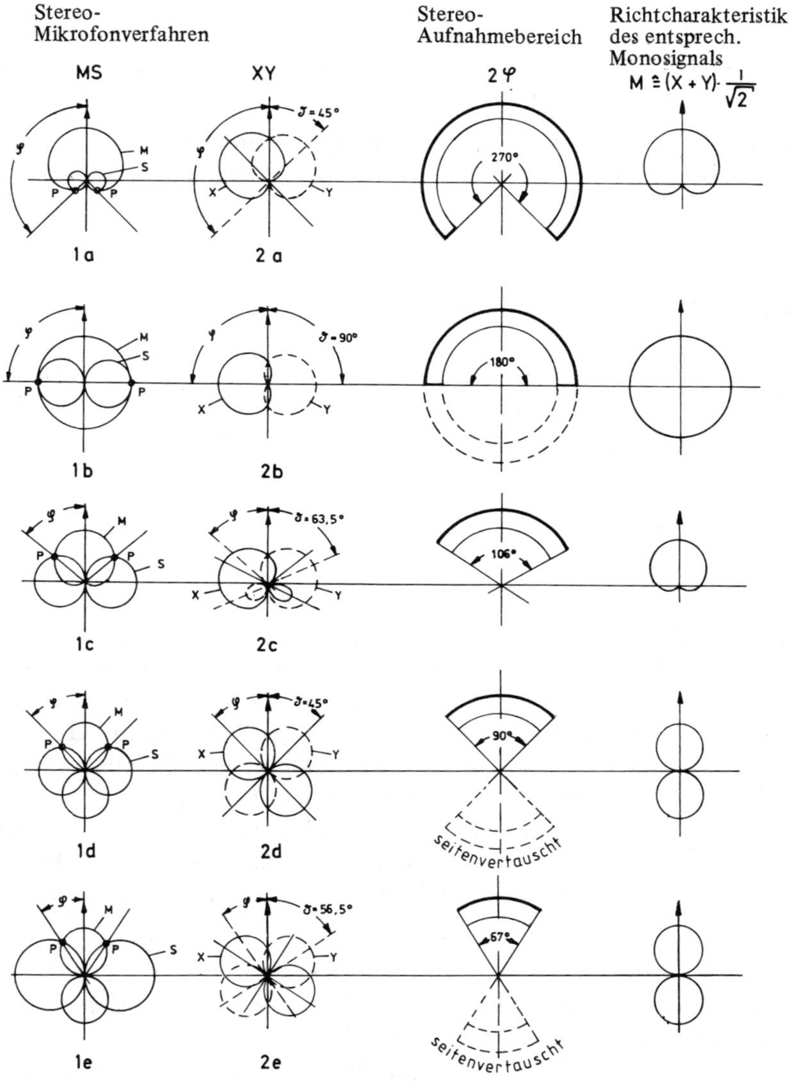

Abb. 5/20. Äquivalente Richtcharakteristik-Kombinationen von MS- und XY-Mikrofonverfahren mit Versatzwinkel ϑ und halbem Aufnahme- oder Öffnungswinkel φ sowie den zugehörigen Aufnahmebereichen 2 φ und der Richtcharakteristik der aus den Stereosignalen gewonnenen Monosignale.

wie in *Abb. 5/20*, 2c: $\psi = 116{,}5\,°$), so gilt bei XY-Anordnungen mit ihren identischen Richtcharakteristiken stets:

$$\varphi = \psi - \vartheta$$

φ = halber Aufnahmewinkel
ψ = Winkel zwischen den Achsen größter und geringster Empfindlichkeit
ϑ = Versatzwinkel

Die letzte Spalte von *Abb. 5/20* zeigt die jeweils dem resultierenden Monosignal entsprechende Richtcharakteristik. Sie ist wichtig für die Abschätzung des Diffusfeldanteils bei einer Aufnahme.

Diese grundsätzlichen Betrachtungen erfahren in ihrer praktischen Anwendung wichtige Einschränkungen und Modifikationen, die im folgenden erläutert werden. [5.28], [5.29]

Praktischer Einsatz von Stereomikrofonen

Der Einsatz von Stereomikrofonen verlangt mehr als andere Verfahren der Aufnahmetechnik Sachkenntis der technischen Zuammenhänge.

Aufnahmebereich

Die in *Abb. 5/20* angegebenen Stereo-Aufnahmebereiche 2 φ sind für diejenigen Versatzwinkel ϑ definiert, für die die Pegeldifferenz zwischen den Signalen L und R jeweils am größten ist. Für den praktischen Einsatz muß bei der Wahl der passenden Mikrofonanordnung jedoch davon ausgegangen werden, daß für eine Abbildung der Signale ganz seitlich nicht die jeweils größtmögliche Pegeldifferenz, sondern bereits eine Pegeldifferenz von 15 bis 20 dB ausreichend ist [5.27]. Gibt es einen breiteren Winkelbereich, innerhalb dessen diese Kanaltrennung ganz oder annähernd erreicht wird, so ist die räumliche Auflösung des Klangbilds in diesem Bereich gering oder sie fehlt gänzlich. Damit engt sich der Aufnahmebereich in der Praxis ein gegenüber dem theoretisch definierten Bereich. *Abb. 5/21* zeigt das für drei Mikrofonanordnungen.

Außer der Frage nach dem Aufnahmebereich ist bei der Auswahl der Mikrofonanordnung in XY- bzw. MS-Technik auch die Frage wichtig, wie Schallquellen außerhalb des Aufnahmebereichs abgebildet werden. Bei den Anordnungen *Abb. 5/20* 1b und 2b werden die rückwärtigen Schallquellen seitenrichtig nach vorne geklappt und den vorderen Schallquellen überlagert; die Anordnungen sind nach vorn und hinten in gleicher Weise empfindlich. Demgegenüber ist die Empfindlichkeit der Anordnungen 1a, 2a, 1c und 2c in *Abb. 5/20* für rückwärtige Schallquellen so gering, daß dieser Bereich für die Aufnahme praktisch nicht nutzbar ist; dies wird unmittelbar aus der dazugehörigen Richtcharakteristik des entsprechenden Monosignals deutlich. Die XY-Anordnung 2c erfordert die Hypernierenrichtcharakteristik, die nicht bei allen Koinzidenzmikrofonen zur Verfügung steht.

Mit besonderer Sorgfalt sind die Mikrofonanordnungen nach *Abb. 5/20* d und e einzusetzen; die Auflösung in dem relativ schmalen Aufnahmebereich ist hier zwar sehr gut, rückwärtige Schallquellen werden dabei jedoch mit derselben Empfindlichkeit aufgenommen, aber spiegelverkehrt eingeordnet. Kritisch sind die seitlichen Schallquellen: sie erscheinen, sobald das S-Signal größer als das M-Signal ist bzw. sobald beim XY-Verfahren zwischen L und R gegenphasige Signale auftreten, zunächst im Überbasisbereich (gegenphasig bei erheblichen Pegeldifferenzen), dann aber nicht ortbar als verpolte Signale (gegenphasig bei geringen oder keinen Pegeldifferenzen). Beim entsprechenden Monosignal werden sie deshalb ganz bzw. teilweise ausgelöscht. Die Mikrofonanordnungen nach *Abb. 5/20* d und e sind also völlig ungeeignet für seitlichen Schalleinfall, das gilt sowohl für Schallquellen als auch für Diffusschall; sie eignen sich vor allem für relativ trockene Räume. Auch in der Anordnung nach c entstehen in dem Winkelbereich, in dem das S-Signal überwiegt, gegenphasige Signale zwischen L und R, was zu einem teilweise nichtkompatiblem Diffusschall bei der Aufnahme führt, Aufnahmen mit dieser Mikrofontechnik sind in der Monofassung deutlich trockener als in der Stereofassung. Die Anordnung von zwei gekreuzten Achten wurde als erste der XY-Techniken in den frühen dreißiger Jahren von A. Blümlein entwickelt und patentiert. *Abb. 5/21* gibt die Eigenschaften einiger Anordnungen nach *Abb. 5/20* unter Berücksichtigung der praktischen Einschränkungen an.

Bei der Aufstellung des Klangkörpers ist zu bedenken, daß eine geradlinige Anordnung zu einem seitlich zurückweichenden Klangbild bei der Wiedergabe führt, eine Anordnung auf einem Kreisbogen aber zu einer geradlinigen Anordnung bei der Wiedergabe (siehe *Abb. 5/40*).

Einschränkung der Äquivalenzen

Die Mikrofonanordnungen nach *Abb. 5/20* lassen sich nicht in gleicher Weise in MS- oder XY-Technik realisieren, weil die Richtcharakteristiken nicht ideal, sondern in unterschiedlicher Weise frequenzabhängig sind [5.26]. *Abb. 5/22* zeigt dies am Beispiel einer Kapsel eines Koinzidenzmikrofons. Am wenigsten frequenzabhängig ist demnach die Achterrichtcharakteristik, gefolgt von der Kugelrichtcharakteristik. Unter diesem Gesichtspunkt ist z. B. die MS-Anordnung mit Kugel und Acht der äquivalenten Anordnung der XY-Technik (zwei Nieren unter ± 90 °) vorzuziehen. Eine weitere Einschränkung der Äquivalenzen ergibt sich aus der Tatsache, daß die Hyperniere, die für die Realisierung der Anordnung nach *Abb. 5/20* 2c notwendig ist, nicht bei allen Typen von Stereomikrofonen zur Verfügung steht. Damit zeigt sich eine Überlegenheit der MS-Anordnungen, sofern es sich nicht um Anordnungen handelt, die ausschließlich Achterrichtcharakteristiken erfordern.

Die Frequenzabhängigkeit der Richtcharakteristiken führt gerade im höheren Frequenzbereich bei allen Anordnungen der XY-Technik zu einer klanglichen Benachteiligung der Mitte des Aufnahmebereichs, was für die Praxis im allgemeinen nicht erwünscht ist.

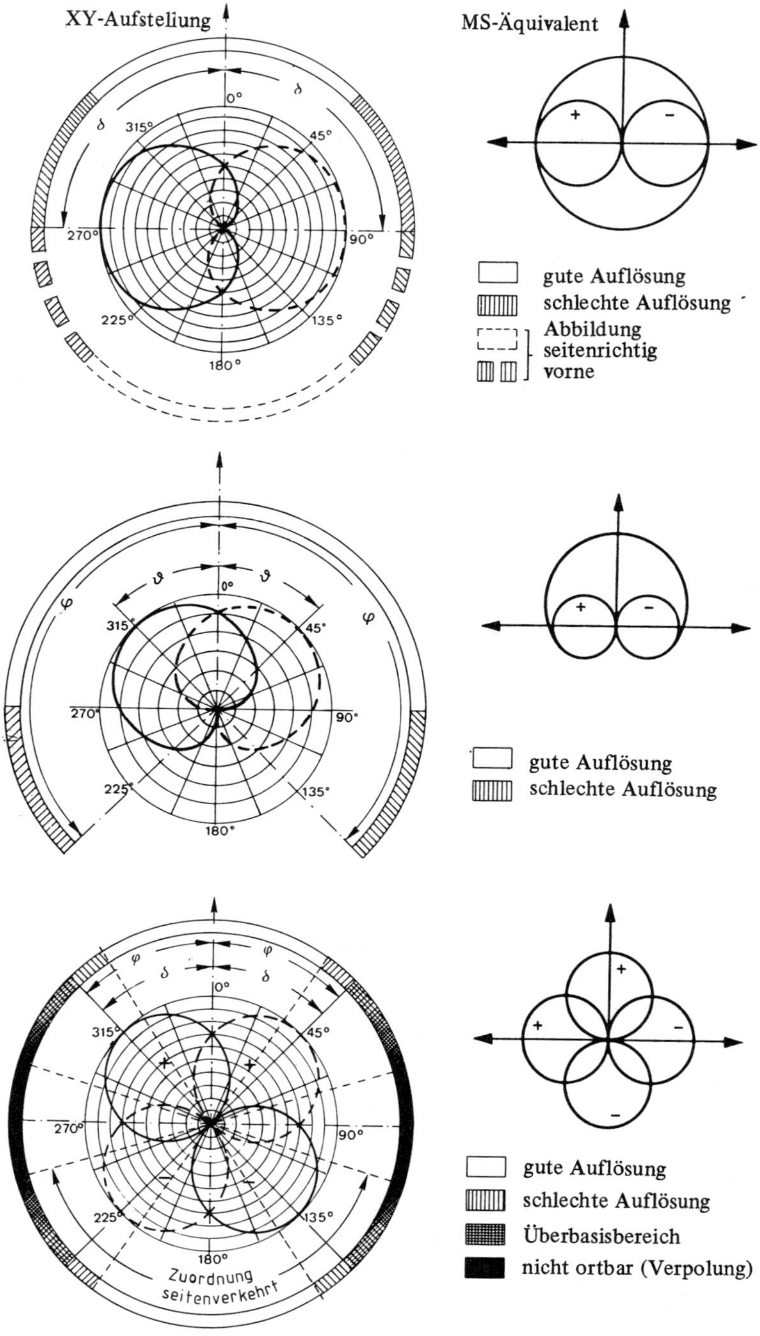

Abb. 5/21. Für die Praxis maßgebende Aufnahmebereiche des Stereomikrofons.

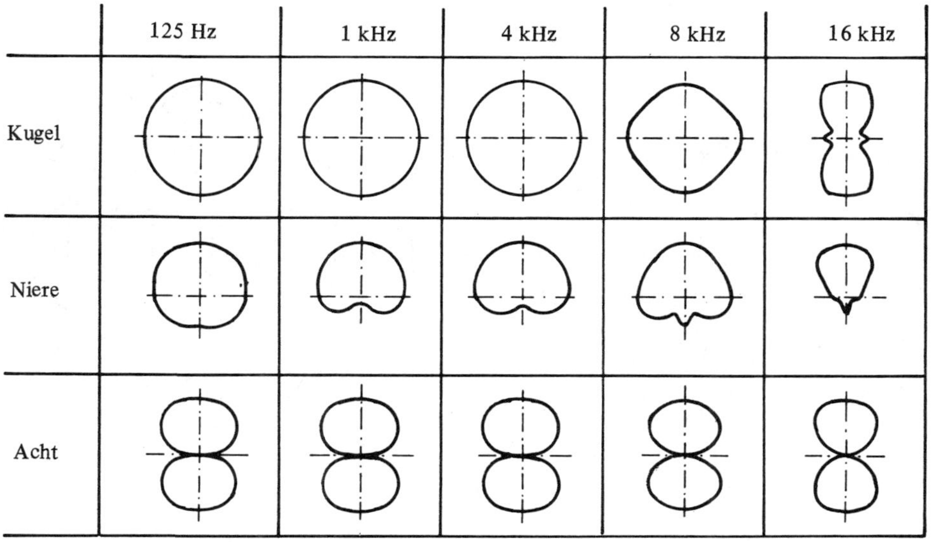

Abb. 5/22. Frequenzabhängigkeit der Richtcharakteristiken eines umschaltbaren Stereo-Kondensatormikrofons mit Doppelmembran.

Die Auswirkung der tatsächlichen Richtcharakteristiken zeigt nochmals *Abb. 5/23* für die Frequenz 8 kHz; durch die Umsetzung werden die Abweichungen vom Ideal besonders deutlich. Die ungünstigeren Ergebnisse zeigt wieder die XY-Anordnung.

Ausrichtung des Stereomikrofons

Stereo- oder Koinzidenzmikrofone bestehen aus zwei gegeneinander verdrehbaren, auf eine gemeinsame Achse dicht übereinander gesetzten Einzelmikrofonen. Ihre Richtcharakteristik ist umschaltbar. Die feststehende, näher beim Kabelanschluß befindliche, also die mit dem Verstärker fest verbundene Kapsel gibt das X- bzw. M-Signal ab; sie ist beim XY-Verfahren bei Blick auf das Klanggeschehen nach links ausgerichtet, beim MS-Verfahren auf den Schwerpunkt der Schallquelle, die Ausrichtung wird wie in *Abb. 5/24* angegeben angezeigt. Die andere, drehbare Kapsel gibt das Y- bzw. S-Signal ab; sie ist beim XY-Verfahren spiegelbildlich zum X-System nach rechts gerichtet und beim MS-Verfahren nach links unter 90 ° zur Achse des M-Signals, die Kennzeichnung gibt *Abb. 5/24* an. Bei hängendem Mikrofon – drehbare Kapsel nach unten gerichtet, Kabelanschluß oben herausgeführt – ändert sich am M-Signal nichts; linker und rechter Kanal (L und R) würden aber gerade seitenvertauscht, wenn man die Kapseln nicht in eine solche Position dreht, daß ihre Stellung bezüglich der Schallquelle derjenigen bei stehendem Koinzidenzmikrofon

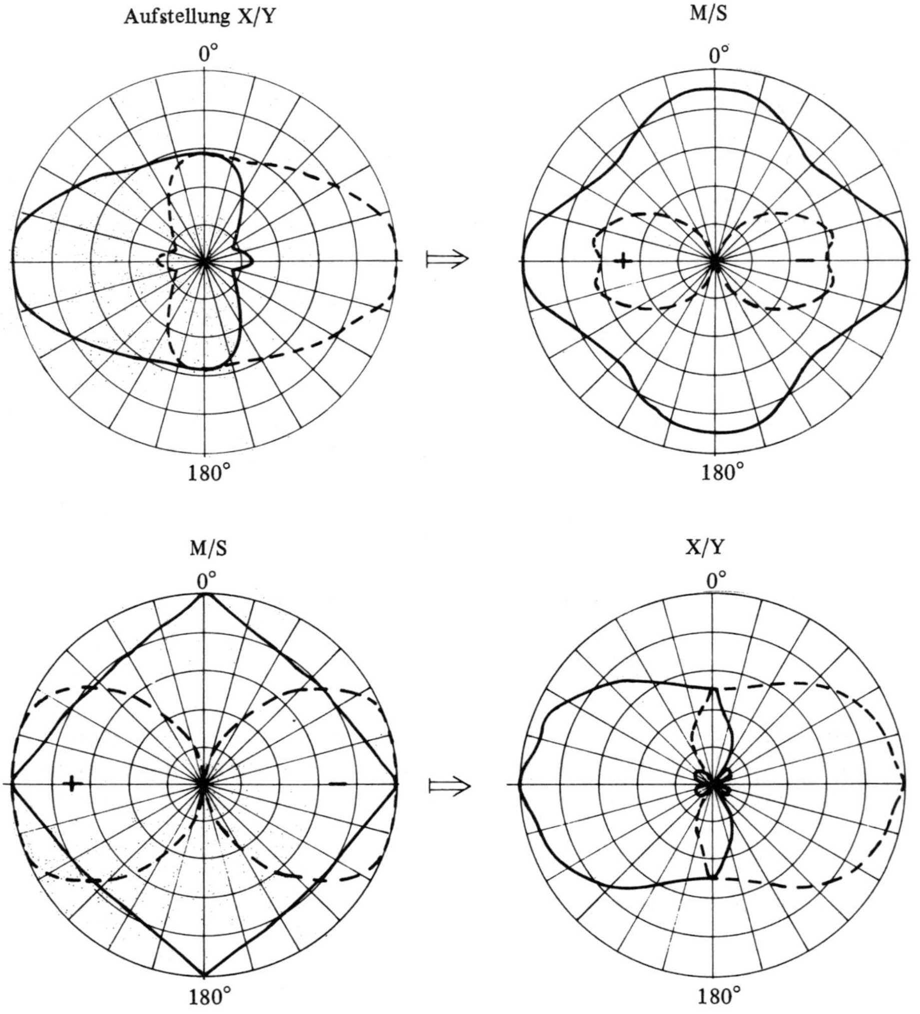

Abb. 5/23. Tatsächliche Richtcharakteristiken eines Stereomikrofons mit Doppelmembran bei der Frequenz 8 kHz, linke Spalte bei Aufnahme, rechte Spalte nach der Stereoumsetzung.

entspricht. Der Versatzwinkel ϑ wird beim XY-Verfahren entsprechend dem gewünschten Aufnahmebereich eingestellt (*Abb. 5/20* und *5/21*). Die Kapseln liegen symmetrisch zur auf den klanglichen Schwerpunkt gerichteten Achse. Beim MS-Verfahren zeigt das M-Mikrofon also stets auf den Schwerpunkt, auf die Mitte des Klangkörpers, das S-Mikrofon (Acht) liegt quer dazu, wobei die positive, mit M phasengleiche Seite des S-Signals nach links zeigt.

Bezeichnung des Systems	Zuordnung der Stereosignale	0°-Richtung des Einzelsystems	MS-Mikrofonverfahren	XY-Mikrofonverfahren
drehbares System, System (Kanal) II	 S, Y	Markierung durch schwarzen oder roten Punkt, Firmenzeichen oder Leuchtdiode	S-Signal: Richtcharakteristik: Acht, Ausrichtung stets 90° links	Y-Signal: Richtcharakteristik: Niere, Acht, evt. Superniere, Ausrichtung: nach rechts
feststehendes System, System (Kanal) I	M, X	Markierung durch schwarzen oder roten Punkt oder Firmenzeichen	M-Signal: Richtcharakteristik: Niere, Kugel oder Acht, Ausrichtung: 0° (Mitte)	X-Signal: Richtcharakteristik: wie Y-Signal, Ausrichtung: nach links, Winkel wie Y-Signal

Abb. 5/24. Ausrichtung von Stereomikrofonen.

Laufzeitdifferenzen zwischen den beiden Mikrofonsystemen des Stereomikrofons und dadurch hervorgerufene Phasenunterschiede zwischen den Stereosignalen verfälschen das Klangbild, und zwar beim MS-Verfahren das stereofone, beim XY-Verfahren das stereofone und das monofone. Sie können nur dann vermieden werden, wenn der Schall exakt senkrecht auf die gemeinsame Drehachse der Mikrofone fällt (*Abb. 5/25*).

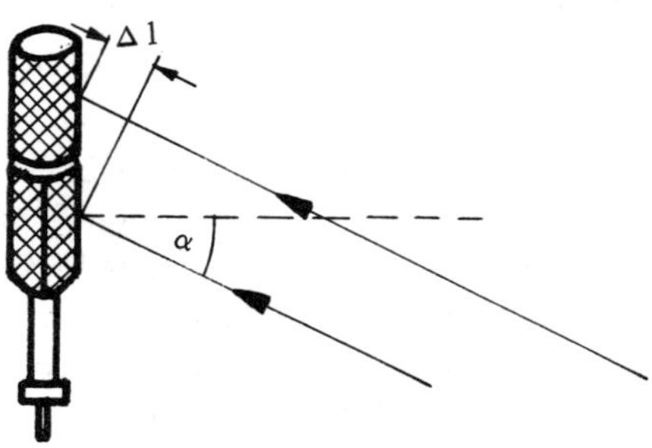

Abb. 5/25. Entstehung von Laufzeitdifferenzen bei schrägem Schalleinfall auf ein Stereomikrofon.

Bei schrägem Schalleinfall entsteht ein Wegunterschied Δl bzw. ein Laufzeit- und Phasenunterschied, der bei der Gewinnung des Summensignals M durch Addition von L und R einen Frequenzgang im hohen Frequenzbereich des Pegels des Monosignals verursacht. Bei einer Abweichung der Einfallsrichtung des Schalls vom senkrechten Einfall um etwa 15 ° (α in *Abb. 5/25*) werden bei einem Abstand der Kapselmittelpunkte von etwa 40 mm Frequenzen um 15 000 Hz ausgelöscht. Bei Stereowiedergabe können sich Laufzeitunterschiede zwischen den beiden XY-Mikrofonsystemen nur in Extremfällen hörbar auswirken, sie verringern dann die Lokalisierungsschärfe bzw. verzeichnen frequenzabhängig die Richtungsabbildung. Eine Phasendifferenz zwischen M und S von weniger als 90 ° verursacht nach der Umsetzung in L und R eine Verminderung der Übersprechdämpfung, was eine Verschiebung der Schallquellen zur Mitte hin bewirkt. Bei 90 ° tritt totales Übersprechen ein, d. h. nur Abbildung in der Mitte, bei 180 ° werden L und R gerade vertauscht. Dies kann dazu führen, daß Schallquellen, die sich seitlich und senkrecht übereinander befinden, bei stark unterschiedlichen Spektren nebeneinander abgebildet werden.

Einsatz mehrerer Stereomikrofone

Aufnahmen ausgedehnter Klangkörper (z. B. Orchester, auch mit Chor und Solisten) stellen hohe Anforderungen an die Durchsichtigkeit und Brillanz des Klanges, an die gleichmäßige Ausnutzung der gesamten Stereobasis, an gute und eindeutige Richtungsauflösung und an die übermittelte Raumillusion. Um das gewünschte Klangbild für den Hörer verwirklichen zu können, ist es besonders bei akustisch unbefriedigenden Räumen oft erforderlich, mehrere Hauptmikrofone aufzustellen oder neben dem Hauptmikrofon ein oder mehrere Stützmikrofone einzusetzen. Als Stützmikrofone können Monomikrofone (siehe dazu unten) oder Stereomikrofone verwendet werden. Im allgemeinen ist empfehlenswert, die Anzahl der Stützmikrofone auf die unbedingt erforderliche Zahl zu beschränken.

Stereostützmikrofone sind dann erforderlich, wenn räumlich ausgedehnte Klanggruppen gestützt werden sollen, die in sich ausbalanciert sind. Für den Einsatz mehrerer Stereomikrofone gibt es vier verschiedene Anordnungen:

1. Bei der sog. gestaffelten Aufstellung werden zusätzliche Koinzidenzmikrofone in der Symmetrieebene des Hauptmikrofons aufgestellt (*Abb. 5/26*). Dies erfordert die Angleichung der abgebildeten Basisbreite der Stützmikrofone an die Abbildung des Hauptmikrofons, um zu vermeiden, daß eine Schallquelle mehrfach auf der Stereobasis abgebildet wird. Dazu muß die abgebildete Basisbreite der Stützmikrofone schmaler als die des Hauptmikrofons sein, da es einen geringeren Abstand zur gestützten Schallquelle hat. Der Aufnahmebereich hingegen richtet sich allein nach der Ausdehnung der zu stützenden Klanggruppe. Um Mehrfachabbildung der Schallquellen zu vermeiden, kommt für das Stützmikrofon nur die Richtcharakteristik-Kombination a oder c nach *Abb. 5/20* in Betracht; bei den

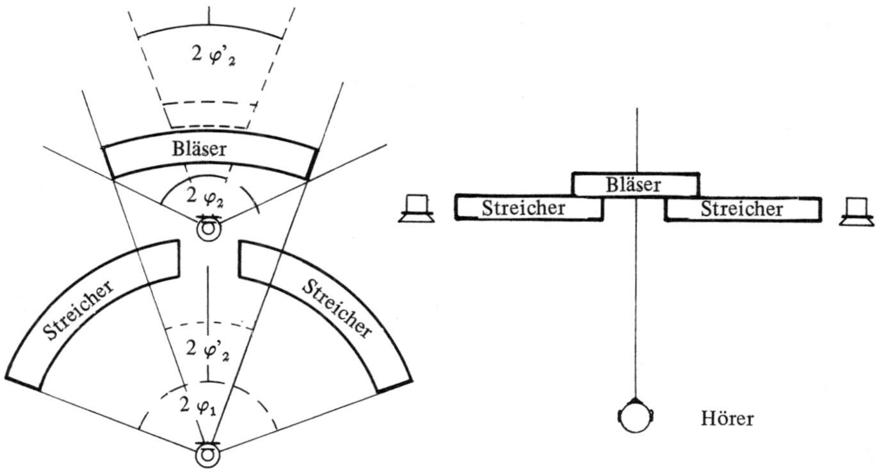

Abb. 5/26. Stereostützmikrofon auf der Symmetrieachse des Hauptmikrofons. 2 φ_1 und 2 φ_2 = Öffnungswinkel der Mikrofone, 2 φ'_2 = mit dem Richtungsmischer einzustellender Abbildungswinkel des Stützmikrofons.

anderen Anordnungen ist die Ausblendung rückwärtiger Schallquellen zu gering. Die Basisbreite beim MS- und XY-Verfahren wird mit dem Basisbreitensteller des Richtungsmischers eingestellt. Ersatzweise kann beim MS-Verfahren die Basis durch höheren Pegel des M-Signals eingeengt werden, beim XY-Verfahren durch Verkleinerung des Versatzwinkels.

2. Ein oder mehrere zusätzliche Stereomikrofone befinden sich außerhalb der Symmetrieebene des Hauptmikrofons (*Abb. 5/27*): Haupt- und Stützmikrofone müssen mit dem Richtungsmischer in Übereinstimmung gebracht werden, und zwar sowohl die Basisbreite als auch die Richtung. Wie bei der gestaffelten Aufstellung muß dabei auf ausreichende Rückwärtsdämpfung der Stützmikrofone geachtet werden, weshalb nur die Richtcharakteristikkombinationen a oder c nach *Abb. 5/20* sinnvoll sind.

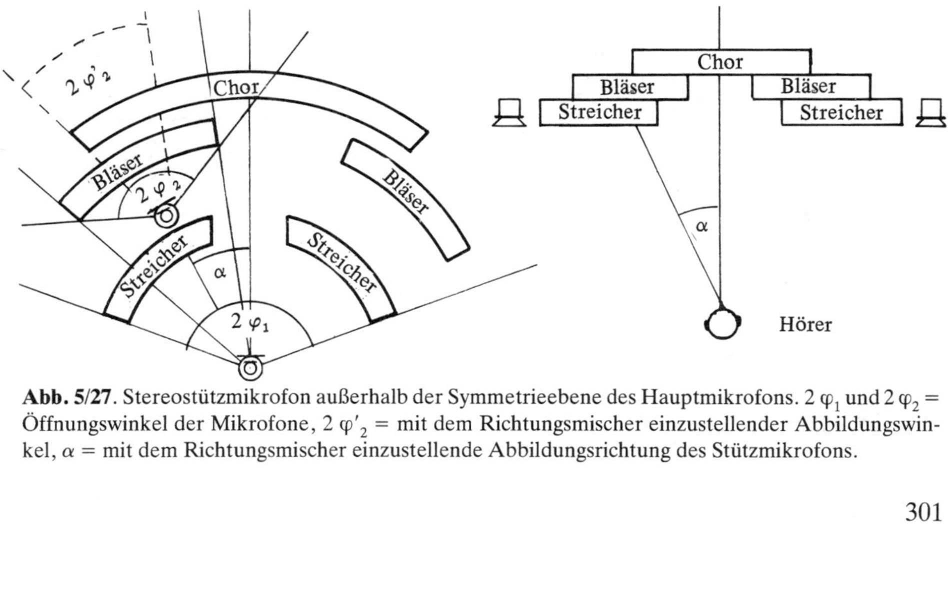

Abb. 5/27. Stereostützmikrofon außerhalb der Symmetrieebene des Hauptmikrofons. 2 φ_1 und 2 φ_2 = Öffnungswinkel der Mikrofone, 2 φ'_2 = mit dem Richtungsmischer einzustellender Abbildungswinkel, α = mit dem Richtungsmischer einzustellende Abbildungsrichtung des Stützmikrofons.

3. Sektorieller Einsatz mehrerer gleichberechtigter Stereomikrofone (*Abb. 5/28*). Der Klangkörper ist in Sektoren aufgeteilt, jedem Sektor wird ein Stereomikrofon zugeordnet, die Signale werden anschließend basis- und richtungsgeregelt zusammengesetzt.

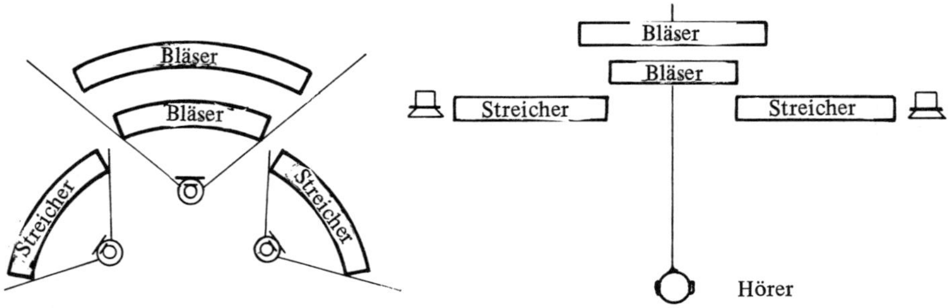

Abb. 5/28. Sektorielle Aufteilung des Klangkörpers auf mehrere gleichberechtigte Stereomikrofone.

4. Integration getrennter Klangkörper in das Gesamtklangbild (*Abb. 5/29*): Einerseits ist es aus platztechnischen Gründen oft nicht möglich, alle Teilklangkörper im Aufnahmebereich des Hauptmikrofons aufzustellen, andererseits ist es aus musikalischen Gesichtspunkten sinnvoll, alle Teilklangkörper um den Dirigenten herum aufzustellen. Der ausgegliederte Klangkörper erhält dann sein eigenes Stereomikrofon. Es kann dabei u. U. günstig sein, bei der Zumischung die ausgegliederte Teilschallquelle spiegelbildlich, also mit vertauschten Seiten zuzumischen, um die durch akustisches Übersprechen bedingte Richtungsmehrdeutigkeit der Stoßstelle der Aufnahmebereiche zu vermeiden.

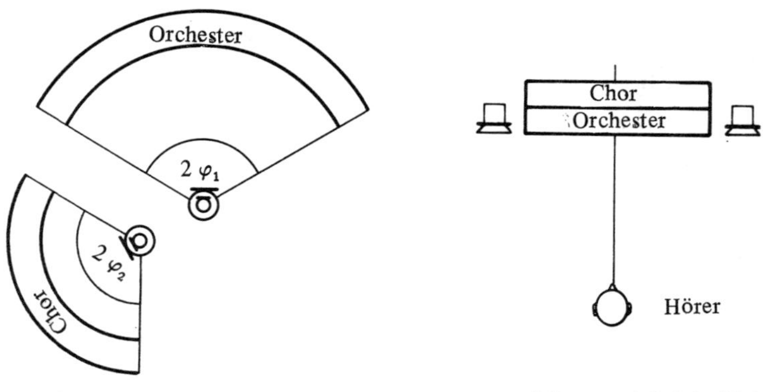

Abb. 5/29. Integration getrennter Teilschallquellen, 2 φ_1 und 2 φ_2 = Öffnungswinkel der Koinzidenzmikrofone.

Gemeinsam ist diesen Anwendungen, daß die Richtungs- und Basisregelung der Mikrofone um so freizügiger gehandhabt werden kann, je besser die Mikrofone akustisch getrennt sind. Dabei ist anhand des resultierenden Monosignals nach *Abb. 5/20* zu prüfen, welche Rückwärtsdämpfung die jeweilige Mikrofonanordnung des Stützmikrofons hat. *Abb. 5/30* gibt die Aufstellung eines großen Sinfonieorchesters an und enthält einen Vorschlag für Mono- und Stereostützmikrofone.

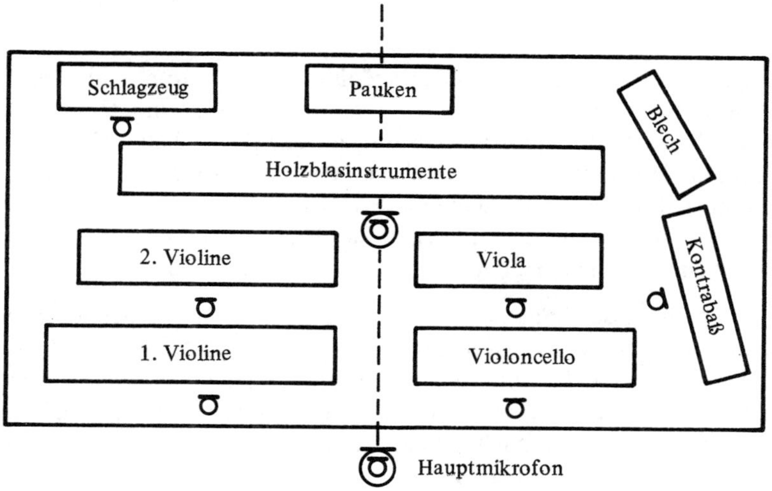

Abb. 5/30. Beispiel für die Aufstellung von Stützmikrofonen bei einem Sinfonieorchester.

Stützmikrofone liefern in erster Linie Direktschall. Wegen des geringeren Mikrofonabstands verglichen mit dem Hauptmikrofon trifft Direktschall bei den Stützmikrofonen früher ein als beim Hauptmikrofon. Direktschall vom Hauptmikrofon wird vom Gehör demnach bewertet wie erste Reflexionen. Entsprechend erhält der Nachhall des Hauptmikrofons eine dem Raum unangemessen lange Verzögerung. So verfälschen also Stützmikrofone die Raumabbildung; ein Teil dieser Auswirkungen wird in der Praxis durch Hinzufügen von künstlichem Hall wieder aufgewogen. Die falsche zeitliche Einordnung der Stützmikrofone kann dadurch aufgehoben werden, daß sie um die Zeit verzögert dem Signal des Hauptmikrofons zugemischt werden, die der Schall benötigt, um die Wegdifferenz zwischen Stütz- und Hauptmikrofon zu durchlaufen. Für 34 cm benötigt der Schall dabei 1 ms. Das Verfahren, Stützmikrofonsignale zu verzögern, ist relativ neu, weil erst in jüngerer Zeit die qualitativ hochwertigen digitalen Verzögerungsgeräte zur Verfügung stehen, die eine entsprechend feine Einstellung der Verzögerungszeit zulassen.

Einsatz von Monostützmikrofonen

Oft kann mit einem oder mehreren Hauptmikrofonen nicht das gewünschte Klangbild realisiert werden, sei es, daß der Saal akustisch ungeeignet ist, daß der Klangkörper in sich nicht ausbalanciert ist oder sei es, daß unabhängig von Saal und Gesamtklang ein „Sound" geschaffen werden soll. Gerade im letzteren Fall ist das Einzelmikrofonverfahren das richtige Verfahren, in den anderen Fällen empfiehlt sich die Kombination von Haupt- und Einzelmikrofonverfahren zum Stützmikrofonverfahren.

Die Stützmikrofontechnik hat sich bei ausgedehnten Klangkörpern, also besonders bei Orchestern, zu einer vielfach benutzten, bewährten Aufnahmetechnik entwikkelt. Kennzeichen dieser Technik ist, daß einigen oder allen Schallquellen zusätzlich zum Hauptmikrofon in relativ geringem Abstand ein weiteres Mikrofon zugeordnet wird. Stereomikrofone müssen dabei einen größeren Abstand haben als Monomikrofone, da sie ausgedehnte Schallquellen aufnehmen. Der Abstand von Monostützmikrofonen wird im allgemeinen zwischen 0,5 und 3 m liegen.

Für die Verwendung der Stützmikrofontechnik sprechen die folgenden Vorteile: Die Präsenz von Schallquellen ist in der Hauptsache durch geringen Mikrofonabstand zu erreichen; gute Präsenz ist eine der Voraussetzungen für Deutlichkeit, Durchsichtigkeit, d. h. räumliche Auflösung einer Aufnahme. Weiterhin bietet die Stützmikrofontechnik die Möglichkeit, die Klangbalance zwischen den einzelnen Schallquellen zu beeinflussen; einerseits können unterschiedliche Lautstärken korrigiert werden, andererseits kann durch Hervorhebungen z. B. eine Partitur nach musikalischen Gesichtspunkten in die Aufnahmetechnik übersetzt werden. Nachteilig an der konventionellen Stützmikrofontechnik ist, daß die Schallquellen ohne Entfernungsmerkmale abgebildet werden, die Aufnahme also ohne Tiefenstaffelung bleibt. Diesen Mangel kann aber eine zeitverzögerte Zumischung oder Stützmikrofone beseitigen helfen (siehe dazu unten).

Als Monostützmikrofone eignen sich Richtmikrofone am besten, da über ein Stützmikrofon nur Direktschall der jeweiligen Schallquelle aufgenommen werden soll. Neben der Nierenrichtcharakteristik, die die beste Ausblendung nach hinten bietet, kommen dafür die Super- und Hypernierenrichtcharakteristik in Betracht, die bei etwas geringerer Rückwärtsdämpfung eine erhöhte seitliche Ausblendung besitzen. Die Achterrichtcharakteristik bietet die beste Ausblendung für seitlichen Schalleinfall, hat aber nach hinten dieselbe Empfindlichkeit wie nach vorne. Ein Stützmikrofon mit Kugelrichtcharakteristik ist nur in sehr geringem Abstand sinnvoll; ein Grund für die Verwendung eines Kugelmikrofons kann aber der Wunsch sein, mit Druckempfängern zu arbeiten, die u. a. eine besonders gute Wiedergabe extrem tiefer Frequenzen bieten.

Klangkörper aus Schallquellen sehr unterschiedlicher Lautstärke, wie Unterhaltungs- und Pop-Gruppen, Bigbands, oft auch Jazzgruppen, erfordern weit mehr

Stützmikrofone als ein in sich ausgeglichener Klangkörper, wie z. B. Kammermusikgruppen oder das klassische Sinfonieorchester. Bei Aufnahmen mit Stützmikrofonen für alle Teilschallquellen des Klangkörpers verliert das Hauptmikrofon oft seinen Sinn und kann entfallen. Damit gibt es einen gleitenden Übergang zum Einzelmikrofonverfahren (Polymikrofonie).

Die Stützmikrofone werden in Übereinstimmung mit der Richtung der Schallquelle aus der Perspektive des Hauptmikrofons mit dem Panoramapotentiometer (Panpot) in das Gesamtklangbild eingegliedert; sie stellen – sofern sie nicht ganz seitlich eingeordnet sind – Phantomschallquellen aufgrund reiner Intensitätsunterschiede dar und sind dadurch gut auf der Stereobasis ortbar.

Raumbezogene Stützmikrofone

Die raumbezogene Stützmikrofontechnik ist eine alternative Aufnahmetechnik, die ohne Panpots arbeitet; als Stützmikrofone werden Monomikrofone verwendet. Wie bereits oben erläutert liefern Stützmikrofone in erster Linie Direktschall, der vor dem Signal des Hauptmikrofons wiedergegeben wird und damit eine Abfolge von Direktschall, ersten Reflexionen und Nachhall ergibt, die in ihrer zeitlichen Struktur nicht der Realität entspricht. Der starke Anteil von Direktschall und weitgehend fehlende Merkmale der Schallquellenentfernung führen dabei zu dem Gehöreindruck, daß alle Schallquellen „wie auf einer Schnur“ in gleichem Abstand vor dem Hörer zwischen den Lautsprechern aufgereiht sind. Der konventionellen Stützmikrofontechnik fehlt also Raumtiefe. Das wird in vielen Fällen durchaus gewünscht, kann doch nur so eine für alle Schallquellen geltende Präsenz der Aufnahme realisiert werden. In jüngerer Zeit wächst aber der Wunsch vor allem bei E-Musikaufnahmen, die „Natürlichkeit“ eines akustisch guten Raums adäquat abzubilden. Zu dieser Klangästhetik paßt schlecht eine Aufnahmetechnik ohne Tiefenstaffelung. Deshalb wurde von Theile eine „raumbezogene“ oder „panpotfreie“ Stütztechnik vorgeschlagen [5.30]. Sie geht davon aus, daß die Stützmikrofone zeitlich nicht vor den Signalen des Hauptmikrofons, sondern danach eingeordnet werden müssen. Damit wird nicht nur das Voreilen des Direktschalls der Stützmikrofone ausgeglichen, was schon früher gefordert bzw. praktiziert wurde [5.19], vielmehr wird das Signal des Stützmikrofons nach den Direktschall des Hauptmikrofons gesetzt und somit nicht als Direktschall, sondern als erste Reflexion behandelt. Die so gewonnene künstliche erste Reflexion erhöht zunächst die Lautstärke der Schallquelle; dieses Phänomen ist auch aus der Raumakustik bekannt und wird entsprechend z. B. zur Verbesserung der Sprachverständlichkeit in einem Saal genutzt. Diese Reflexion schafft aber keine Ortbarkeit der Schallquelle. Diese kommt vielmehr vom Direktschallanteil des Hauptmikrofons. Entsprechend den natürlichen Bedingungen in einem Raum ist es günstig, die „künstliche erste Reflexion“ des Stützmikrofons nicht als korreliertes Signal abzubilden, also eine ortbare Phantomschallquelle zu schaffen, sondern das Stützmikrofon in den beiden Kanälen etwas unterschiedlich zu verzögern, z. B. mit einem Zeitabstand von 3 bis 5 ms.

Die Grundverzögerung der Stützmikrofone sollte so gewählt werden, daß sie etwa 20 bis 30 ms nach den Signalen des Hauptmikrofons eintreffen. Eine Einordnung dieser Signale über Panoramapotentiometer entfällt also. Diese Stützmikrofontechnik ist neu; sie hat die natürlichen Verhältnisse in einem Raum als Vorbild, Erfahrungen liegen derzeit aber nur in geringem Umfang vor. *Abb. 5/31* demonstriert anschaulich den Unterschied zwischen der konventionellen und der „raumbezogenen" Stützmikrofontechnik.

Mit dieser Stützmikrofontechnik ist selbstverständlich ein Verlust an Ortbarkeit verbunden. Gewonnen ist eine Annäherung an die Hörbedingungen, die beim „natürlichen" Hören herrschen. Ob dies wünschenswert ist, hängt von der jeweiligen

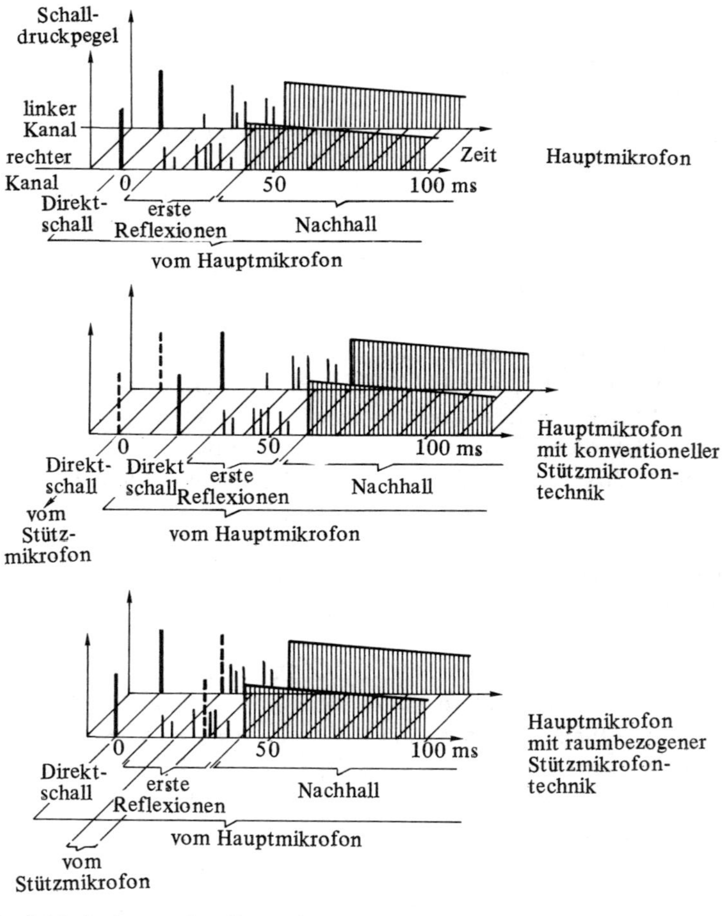

Abb. 5/31. Vergleich der konventionellen und raumbezogenen Stützmikrofontechnik.

klangästhetischen Grundauffassung ab: Soll das Medium „elektroakustische Übertragung“ die natürlichen Verhältnisse nachahmen oder soll dieses Medium nach eigenen ästhetischen Gesetzen arbeiten?

Einzelmikrofonverfahren

Beim Einzelmikrofonverfahren werden mehrere, üblicherweise gerichtete Monomikrofone eingesetzt, deren Einzelsignale in der Regieeinrichtung durch geeignete Einstellung von Pegel und Abbildungsrichtung zu einem stereofonen Klangbild zusammengesetzt werden. Mikrofon I wird z. B. ausschließlich dem linken, Mikrofon III dem rechten Kanal zugeordnet, während Mikrofon II als Mittensignal gleichmäßig auf beide Kanäle aufgeteilt wird. Voraussetzung für das einwandfreie Funktionieren des Einzelmikrofonverfahrens ist die weitgehende akustische Trennung der Mikrofone; so wird erst die von den Positionen der Schallquellen im Aufnahmeraum unabhängige Richtungszuordnung ermöglicht. Zwei Einzelmikrofone können dann als ausreichend akustisch entkoppelt angesehen werden, wenn ihre Übersprechdämpfung mindestens 15 dB beträgt. Dieser Wert muß nur für die den Richtungseindruck bestimmenden ersten Wellenfronten gelten; der mit dem Aussteuerungsmesser abgeschätzte Wert kann also im allgemeinen geringer sein; in der Praxis kommt man mit einem Wert um 10 dB aus, weicht die Aufstellung nicht allzusehr von der Anordnung der Klangquellen auf der Stereobasis ab, können auch schon 6 dB ausreichend sein. Die akustische Trennung der Schallquellen wird durch distanzierte Anordnung der Klangquellen, durch Verwendung stark gerichteter Mikrofone und durch Trennwände, Kojen o. ä. erreicht, durch geschickte Anordnung der Schallquellen – laute Schallquellen zu lauten, leise zu leisen – noch verbessert. Durch Einsatz von Filtern, die nur das Frequenzspektrum der zugeordneten Schallquellen durchlassen, kann sie u. U. noch weiter verbessert werden.

Das Einzelmikrofonverfahren, das auch gleichzeitig mit den anderen Mikrofonverfahren anwendbar ist (siehe oben: Einsatz von Monostützmikrofonen), eignet sich besonders dann, wenn die gewünschte Anordnung der Schallquellen im stereofonen Klangbild nicht der tatsächlichen Anordnung im Aufnahmeraum entspricht, wenn die einzelnen Schallquellen sich in ihrer natürlichen Lautstärke stark unterscheiden und von sich aus kein ausbalanciertes Klangbild ergeben oder wenn an den Einzelschallquellen unterschiedliche Manipulationen durch die Tonregie vorgenommen werden sollen (unterschiedliche Klangbeeinflussung, Verhallung, Verzögerung usw.). Weiterhin bietet sich das Verfahren an, wenn aus derselben Aufnahme unterschiedliche Abmischungen gewonnen werden sollten, z.B. für den Hörfunk, die Schallplatte und das Fernsehen. Von allen Mikrofonverfahren ergibt das Einzelmikrofonverfahren das präsenteste Klangbild. Bei Einsatz vieler Mikrofone spricht man von Polymikrofonie. Da die Einzelschallquellen in jede gewünschte Abbildungsrichtung „geknüppelt“ werden können, wird dieses Verfahren gelegentlich auch „Knüppelstereofonie“ genannt.

Durch den geringen Mikrofonabstand kommt der Akustik des Aufnahmeraums beim Einzelmikrofonverfahren eine geringe Bedeutung zu, sofern nicht die Nachhallzeit besonders lang oder der Raum besonders klein ist. Das Verfahren ist also bei Musikaufnahmen in der Regel an die künstliche Verhallung gebunden. Es fordert von der Tonregie in einem hohen Maß die Gestaltung eines Klangbilds, das in der akustischen Realität des Aufnahmeraums nicht vorhanden ist. Tonmeister und Toningenieur werden gerade bei dieser Aufnahmetechnik in hohem Maße künstlerische Mitgestalter.

Die Richtcharakteristik der Schallquellen wirkt sich bei diesem Aufnahmeverfahren wegen des geringen Mikrofonabstands so stark aus wie bei sonst keinem Aufnahmeverfahren. Der Aufstellungsort des Mikrofons ist deshalb in besonderem Maße an die Klangabstrahlung der Instrumente gebunden. Bei gleicher Richtcharakteristik der Mikrofone ist die Wahl des geeigneten Mikrofonorts von größerem Einfluß auf den Klang als die Wahl eines klanglich optimalen Mikrofons. Die Suche nach dem geeigneten Mikrofonort ist auch der Suche nach einer geeigneten Filtereinstellung vorzuziehen.

Die Auswahl der geeigneten Mikrofon-Richtcharakteristik hängt von der Akustik des Aufnahmeraums und von der Anordnung der Musiker bei der Aufnahme ab. Im allgemeinen wird beim Einzelmikrofonverfahren gefordert, daß so wenig Diffusschall wie möglich durch die Mikrofone aufgenommen wird. Niere und Acht nehmen den gleichen Diffusfeldanteil auf, die Diffusschallausblendung verbessert sich demgegenüber bei Supernieren, Hypernieren bzw. Keulen. Dies gilt aber nur dann, wenn am Mikrofonort der Direktschall größer als der Diffusschall ist, also innerhalb des jeweils gültigen Hallradius. *Abb. 5/32* zeigt, bei welchen Mikrofonabständen jeweils dasselbe Verhältnis von Direktschall zu Diffusschall besteht wie bei einem Kugelmikrofon.

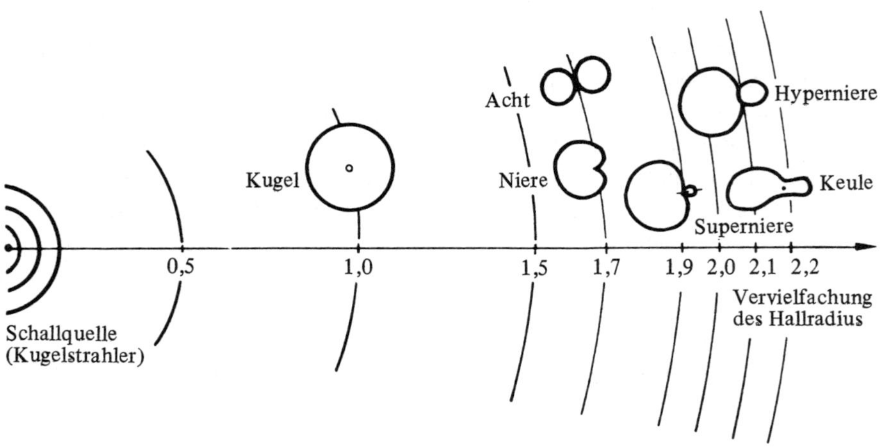

Abb. 5/32. Gleiches Verhältnis von Direkt- zu Diffusschall bei unterschiedlichen Mikrofonabständen und Richtcharakteristiken, gültig innerhalb des Hallradius.

Wichtiger als das Verhalten des Mikrofons bezüglich des Diffusschalls ist beim Einzelmikrofonverfahren seine Fähigkeit, Direktschallquellen auszublenden. Von allen gerichteten Mikrofonen hat die Niere die schlechteste Seitwärts-, aber die beste Rückwärtsdämpfung. Super- und Hypernieren haben bei verbesserter seitlicher Ausblendung eine wesentlich verringerte Rückwärtsdämpfung verglichen mit der Niere. Die Acht besitzt die beste seitliche Ausblendung unerwünschter Schallquellen, ist aber nach hinten gleich empfindlich wie nach vorne.

Wegen der geringen Mikrofonentfernung können relativ hohe Schalldrücke auftreten, die vor allem bei älteren Kondensatormikrofontypen zu Übersteuerungen der Verstärker im Mikrofon führen können; bei Bedarf muß die eingebaute Vordämpfung eingeschaltet werden. Dynamische Mikrofone können problemlos alle Schalldrücke verarbeiten, die meisten modernen Kondensatormikrofone sind aber – u. U. mit Vordämpfung – ebenfalls allen vorkommenden Schallpegeln gewachsen. Bei Mikrofonabständen unter etwa 50 cm kann sich der Nahbesprechungseffekt als Anhebung tiefer Frequenzen störend bemerkbar machen (siehe 4.2.1). In kritischen Fällen können Nahbesprechungsmikrofone (Solistenmikrofone, umschaltbare Mikrofone in Stellung „Sprache“) eingesetzt werden.

Als Spezialmikrofone für besondere Anwendungsfälle beim Einzelmikrofonverfahren stehen Ansteckmikrofone zur Verfügung. Sie werden vor allem bei Saiteninstrumenten, aber auch bei Blas- und Schlaginstrumenten eingesetzt und ergeben einen Klang mit interessanter Präsenz. Bei Streich- und Zupfinstrumenten werden die Mikrofone meist am Steg befestigt, beim Flügel am Gußrahmen. Bei Blasinstrumenten sind Ansteckmikrofone problematisch, weil die Klangstrahlung in starkem Maße frequenzabhängig auf die einzelnen Teile der Instrumente verteilt ist.

Durch die Mischung der Mikrofonsignale liegt die Gesamtheit der Einzelpegel ganz erheblich über den Pegeln der Einzelsignale. Aus diesem Grund muß die Aussteuerung in den Einzelkanälen reduziert werden. Bei der Mischung zweier Mikrofone mit gleichem Pegel entsteht ein durchschnittlich um 3 dB höherer Gesamtpegel, in Pegelspitzen kann er aber 6 dB höher liegen; bei vier Mikrofonen ergibt sich durchschnittlich ein um 6 dB höherer Gesamtpegel. Bei acht Mikrofonen mit gleichem Pegel liegt die Aussteuerung des Einzelkanals deshalb bereits bei −9 dB oder weniger.

Überwachung der Stereosignale bei Intensitätsstereofonie

Neben der akustischen Kontrolle durch Abhören und der Pegelkontrolle mit dem Aussteuerungsmesser ist bei Stereoprogrammen auch die Kontrolle der Stereosignale auf ihre Richtungsverteilung und Kompatibilität erforderlich. Hierfür steht das Stereosichtgerät, der Korrelationsgradmesser sowie die Stereoabhöreinheit zur Verfügung. Mit dem Sichtgerät können Richtung, Phasenlage und Intensität von Stereosignalen, mit dem Korrelationsgradmesser die Phasenlage und Abbildungsbreite der Stereosignale beurteilt werden.

Sichtgerät und Korrelationsgradmesser ergänzen sich in ihren Aussagen und erlauben zusammen ein sicheres Beurteilen der Stereoparameter Kompatibilität, Basisbreite, „Loch in der Mitte" u. a. Beide Geräte sind ausschließlich für die Kontrolle der reinen Intensitätsstereofonie konzipiert und machen bei Laufzeitstereofonie und bei den gemischten Aufnahmeverfahren irreführende bzw. wertlose Aussagen.

Für die Beziehungen der beiden Stereokanäle L und R zueinander werden die Begriffe Kompatibilität, Kohärenz und Korrelation gebraucht; sie sind in *Tab. 5/11* definiert.

Tab. 5/11. Definitionen von Kompatibilität, Kohärenz und Korrelation bei Stereosignalen.

Kompatibilität	Ein Stereosignal ist dann kompatibel, wenn bei seiner Monowiedergabe – M, (L + R) : $\sqrt{2}$ – eine Aufnahme entsteht, die nicht merklich schlechter ist als eine unter vergleichbaren Bedingungen entstandene Monoaufnahme.	
Kohärenz	Die Signale L und R sind kohärent, wenn sie von derselben Schallquelle kommen. Dabei können frequenzunabhängige Pegel- und Laufzeitdifferenzen auftreten. Auch bei frequenzunabhängiger Phasendrehung um 180 ° von L und R gegeneinander bleibt die Kohärenz bestehen.	
Korrelation	Die Korrelation eines Stereosignals ist das Maß der Verwandtschaft zwischen L und R, unabhängig von ihrem Pegel. Der Korrelationsgrad r ist mit Werten zwischen – 1 und + 1 die Meßgröße.	für Sinussignale: $r = \cos \varphi$; für Musik und Sprache: nur statistisch zu erhalten

Korrelationsgradmesser

Der Korrelationsgradmesser (Compatibility Meter) zeigt bei einer Stereoaufnahme die momentane Phasendifferenz zwischen den kohärenten Signalen der beiden Stereosignale L und R als Korrelationsgrad an; der Korrelationsgrad entspricht bei kohärenten Signalen dem cos φ der Phasendifferenz. Der Korrelationsgrad r ist ein Maß für die Gleichartigkeit der Signale im linken und im rechten Kanal, unabhängig vom jeweiligen Pegel. Wird bei einer Stereoaufnahme die Basis immer mehr eingeengt, so nimmt damit ihr monofoner Charakter mehr und mehr zu; gleichzeitig werden die Stereosignale L und R immer gleichartiger und damit nimmt auch der Korrelationsgrad r zu. Korrelationsgrad $r = 1$ heißt: die Signale sind gleich, daher Abbildung in der Basismitte (Mono). Korrelationsgrad $r = 0$ heißt: die Signale sind inkohärent oder kohärent mit einer Phasenverschiebung von 90 °, daher entweder Abbildung auf der Basis ganz außen ohne Mittenschallquellen; oder flächige Abbildung einer Monoschallquelle; 0 wird auch angezeigt, wenn ein oder beide Kanäle ohne Signal sind. Im allgemeinen haben Stereoaufnahmen in reiner Intensitätsstereofonie einen Korrelationsgrad zwischen $r = 0{,}2$ und $r = 0{,}7$. Bei Aufnahmen, deren Schallquellen gleichmäßig über die gesamte Basisbreite verteilt sind, besitzen die Korrelationsgrade relativ niedrige Werte (0 ... 0,3), bei Aufnahmen mit Mittenschallquellen, z.B. Gesangssolisten, liegt der Korrelationsgrad wesentlich höher (0,3 – 0,8), ohne daß damit die Stereowirkung geringer wäre.

Mathematisch ist der Korrelationsgrad bei sinusförmigen kohärenten Signalen r = cos φ, wobei φ die Phasendifferenz zwischen L und R ist. Die Anzeige des Korrelationsgradmessers vereinfacht den Verlauf der Cosinus-Kurve zu einer Geraden. *Abb. 5/33* zeigt die Anzeige des Korrelationsgrads als Funktion der Phasendifferenz zwischen dem linken und rechten Kanal.

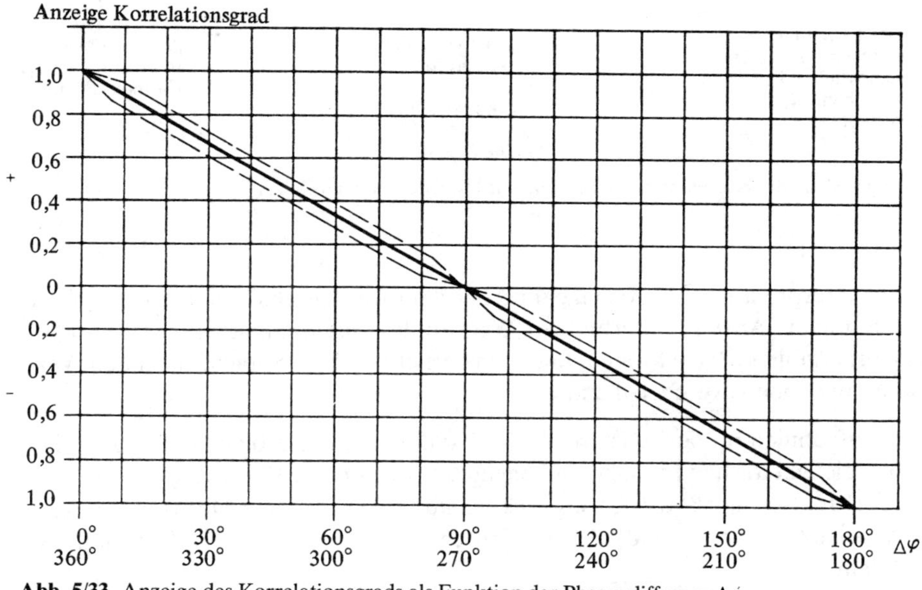

Abb. 5/33. Anzeige des Korrelationsgrads als Funktion der Phasendifferenz Δ φ.

Damit die Anzeige auch bei unterschiedlichen Eingangspegeln interpretierbar ist, werden die Stereosignale zunächst verstärkt und anschließend auf gleiche Pegel begrenzt. Diese Funktion übernehmen Clipper, so daß der Eingangspegel zwischen – 30 dB und + 10 dB ohne Einfluß auf die Anzeige bleibt. Pegel unter – 30 dB sollen nicht mehr in die Anzeige eingehen, da die Phasenlagen dieser Signale für die Monobildung keine Bedeutung mehr haben. Ferner soll das in diesem Pegelbereich auftretende Übersprechen die Anzeige nicht verfälschen.

Bei Anlagen mit relativ geringer Übersprechdämpfung kann es auch bei Ausfall eines Kanals zur falschen Anzeige +1 kommen; für solche Fälle kann die Anzeigeempfindlichkeit heraufgesetzt werden.

Abb. 5/34 zeigt die Skala des Instruments mit der Interpretation der Anzeige.

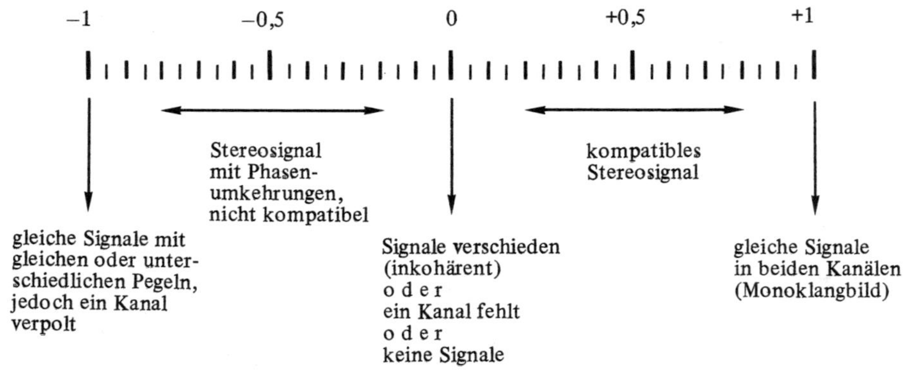

Abb. 5/34. Skala des Korrelationsgradmessers mit Interpretation der Anzeige.

Bei der Interpretation der Anzeige muß beachtet werden, daß bei unterbrochener Modulation die Anzeige aufgrund der Trägheit des Meßinstruments einen geringeren Wert ergibt; auch bei Monoaufnahmen erreicht deshalb Sprache nicht den Wert 1, sondern pendelt zwischen 0 und 1.

Stereoaufnahmen in Laufzeitstereofonie sind durch eine um 0 pendelnde Anzeige gekennzeichnet, da hier tonhöhenabhängig stets wechselnde Phasenlagen auftreten. Reiner Direktschall läßt die Anzeige bis ± 1 ausschlagen, reiner Diffusschall ergibt die Anzeige 0. Verpolte und seitliche Teilschallquellen machen den Korrelationsgrad kleiner.

Stereosichtgerät

Für die Anzeige und Überwachung von Stereosignalen bei Intensitätsstereofonie haben sich in den letzten Jahren die Stereosichtgeräte (Stereo Display Instrument) wegen ihrer anschaulichen und informativen Darstellung immer mehr durchgesetzt. Stereosichtgeräte zeigen Richtung und Intensität von Stereosignalen auf einer Oszillografenröhre an; auch die Phasenbeziehungen sind ablesbar. Die Typen bzw. Baureihen der Stereosichtgeräte unterscheiden sich lediglich in der Schaltungstechnik und der verwendeten Oszillografenröhre, nicht aber in ihrer Anwendung.

Das Stereosichtgerät wird mit den Signalen L und R angesteuert. Bei der Ansteuerung mit kleinen Pegeln oder bei meßtechnischen Arbeiten – wie Eintaumeln der Tonköpfe bei Magnettonanlagen mit DIN-Bezugsband (Kopfspaltjustage) – kann zur besseren Ablesbarkeit die Eingangsempfindlichkeit um 10 dB erhöht werden. Damit ist eine in allen Dynamikbereichen gute Überwachung der Stereosignale gegeben. Der Elektronenstrahl der Bildröhre wird bei einem einstellbaren Schwellwert dunkel getastet, um ein Einbrennen während der Signalpausen zu vermeiden. Ferner können Focus (Schärfe) und Intensität (Helligkeit) des Strahls auch extern eingestellt werden.

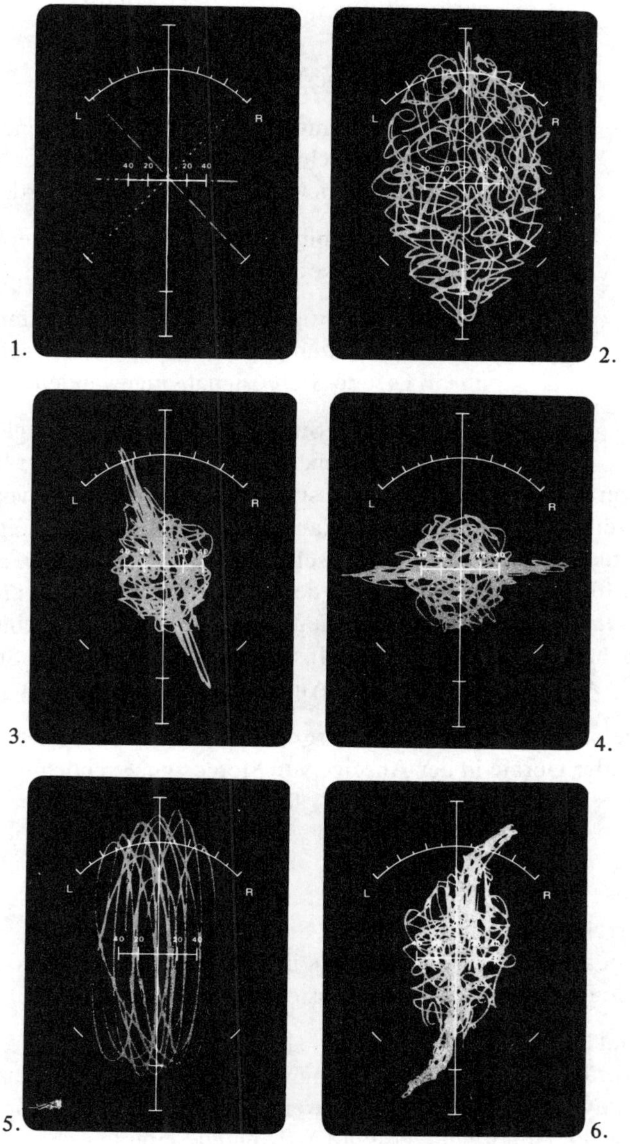

Abb. 5/35. Darstellungen typischer Schirmbilder von Stereosignalen auf dem Stereosichtgerät.

Die Auswertung der oszillografischen Anzeige der Stereosignale zeigt *Abb. 5/35*. Es bedeuten

Schirmbild 1: verschiedene Aussteuerungsmöglichkeiten mit einem 1000-Hz-Meßton.

———————	M-Signal (Mono)
— — — — —	nur L-Signal
....	nur R-Signal
— · — · —	verpoltes Signal

Schirmbild 2: voll ausgesteuertes Stereosignal mit guter Basisbreite.

Schirmbild 3: Stereosignal mit halb links aufgenommener Solistengruppe. Das schmale Solistensignal deutet darauf hin, daß das Solo in Mono aufgenommen wurde.

Schirmbild 4: Stereosignal mit verpoltem Solisten-Stereosignal, Solistenanteile werden bei der Monobildung gelöscht.

Schirmbild 5: Pseudo-Stereosignal. Monosignal wurde mit verschieden eingestellten Filtern im linken und rechten Kanal in ein Pseudo-Stereosignal umgewandelt.

Schirmbild 6: Begrenzer im Summenweg zeigen keine gleichen Arbeitskennlinien. Linker Kanal wird früher begrenzt.

Das Stereosichtgerät ist wie der Korrelationsgradmesser zur Kontrolle von Aufnahmen in Laufzeitstereofonie nicht geeignet. Laufzeitstereofone Signale zeigen bei der Abbildung entsprechend ihrer ständig wechselnden Phasenbeziehungen eine Struktur, die bei punktförmigen Schallquellen zu deutlich sichtbaren, sich drehenden Ellipsen oder Kreisen führt. Bei reiner Intensitätsstereofonie zeigt das Schirmbild bei punktförmigen Schallquellen nur Geraden. Insofern ist es auch mit dem Stereosichtgerät möglich, die Aufnahmetechnik einer Aufnahme zu erkennen.

In der Gegenüberstellung von Korrelationsgradmesser und Stereosichtgerät wird das Verhalten beider Geräte in der Anzeige von Stereosignalen nochmals verdeutlicht (*Abb. 5/36*).

Abhöreinheit

Neben dem Korrelationsgradmesser, dem Stereosichtgerät und dem Aussteuerungsmesser bietet auch die Abhöreinheit mit ihren verschiedenen Funktionen eine Kontrolle über die Eigenschaften des Stereosignals.

Die Kompatibilität kann mit den Funktionen „Mono Mitte" oder „Mono Seite" mit dem Gehör überprüft werden. Diese Prüfung ist vor allem dann notwendig, wenn bei teilweise negativem Korrelationsgrad Zweifel an der Kompatibilität bestehen. Weiter ermöglicht die Abhöreinheit, abhörseitig einen Seitentausch vorzunehmen und das Klangbild mit dem Balanceeinsteller versuchsweise nach beiden Seiten hin zu verschieben; dabei erlaubt die Balanceeinstellung bis maximal ± 6 dB eine Verschiebung z. B. von Mittenschallquellen auf die Positionen halbseitlich. Die Funktion „Phase“ bewirkt eine Verpolung in einem Kanal; damit werden Mittenschallquellen bei ursprünglich richtiger Phasenlage beim Abhören „Mono Seite“ ausgelöscht, bei ursprünglich um 180 ° verdrehter Phase wieder hörbar gemacht.

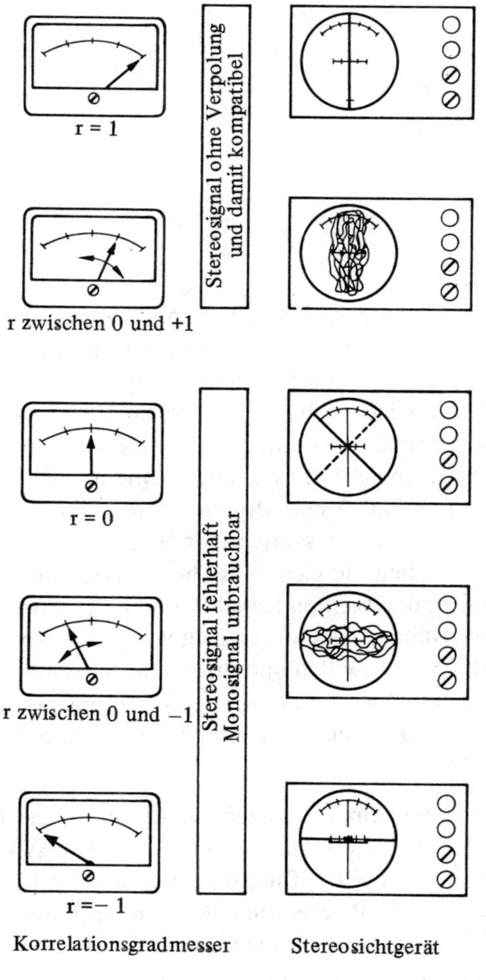

Abb. 5/36. Vergleich der Anzeigen von Korrelationsgradmesser und Stereosichtgerät.

5.5.4 Laufzeitstereofonie

Das Mikrofonverfahren der Laufzeitstereofonie ist das AB-Verfahren. Zwei Mikrofone werden in einem bestimmten Abstand (Mikrofonbasis) nebeneinander vor der Schallquelle aufgestellt (*Abb. 5/37*).

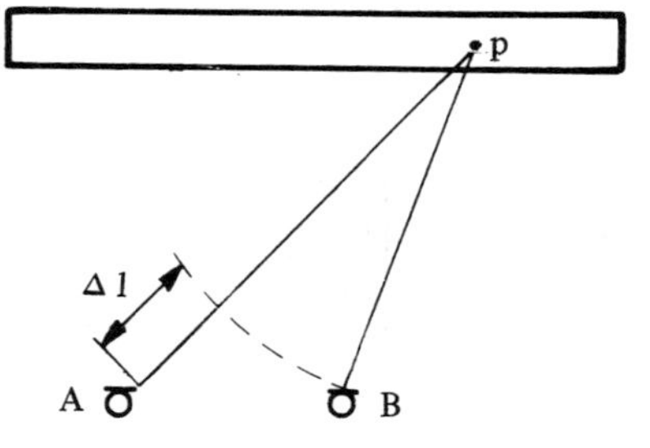

Abb. 5/37. AB-Mikrofonverfahren.

Durch den Wegunterschied Δl, der zwischen einem Punkt P des Klangkörpers und den beiden Mikrofonen A und B auftritt, entstehen Laufzeitdifferenzen zwischen den Mikrofonsignalen bzw. zwischen den Lautsprechersignalen bei der Wiedergabe, aufgrund deren sich bei der Wiedergabe Phantomschallquellen bilden, also eine stereofone Abbildung möglich wird; die Laufzeitdifferenzen sind für die Wahrnehmung bestimmend, sie sind aber in der Praxis im allgemeinenn mit geringen Intensitätsunterschieden verbunden. A und B sind Monomikrofone mit bevorzugt Kugelrichtcharakteristik, aber auch parallel ausgerichteter Nieren- oder Achterrichtcharakteristik; beide Mikrofone haben die gleiche Richtcharakteristik. Sie geben unmittelbar die Signale des linken und rechten Kanals L und R ab. Vorteilhafte Eigenschaften des AB-Mikrofonverfahrens sind die erreichbare große Abbildungsbreite, die gute Tiefenstaffelung der Schallquellen und die beeindruckende Raumillusion. Nachteile sind die Spreizung des Zentrums des Klangkörpers und die Verdichtung in den Randzonen bei der Wiedergabe, die relativ schlechte Lokalisierbarkeit und die Gefahr eines „Lochs in der Mitte“.

Ein grundsätzliches Problem der reinen Laufzeitstereofonie ist die Klangfärbung des Monosignals, wenn es als Summe aus L und R gebildet wird. Das Monosignal erhält dabei einen Frequenzgang, der einer Kammfilterkurve entspricht (*Abb. 5/38*). Aus diesem Grunde muß der Laufzeitstereofonie die Kompatibilität abgesprochen werden. Vollständige Auslöschungen kommen indes bei der Monobildung nur dann vor, wenn die Signale L und R exakt gleich groß sind, sie können sich auch nur bei den Signalen des Direktschalls gegenseitig auslöschen, nicht beim Diffusschall, da sich die Phasendifferenzen hier ständig ändern. Da eine AB-Mikrofonanordnung

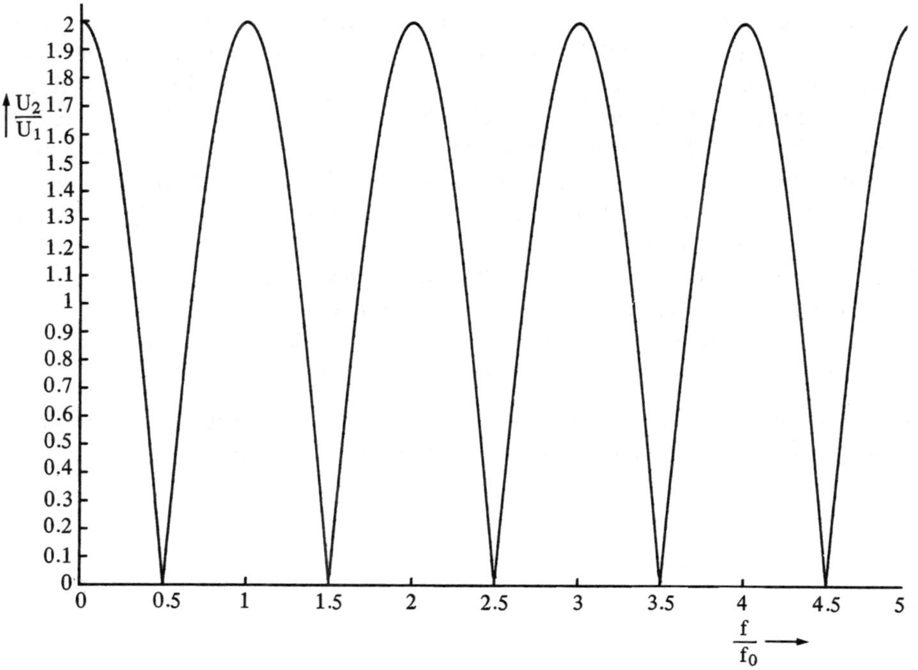

Abb. 5/38. Kammfilterkurve für zwei gleiche Signale; die Laufzeitverzögerung beträgt hier $T_0/2 = \frac{1}{2} \cdot 1/f_0$.

aber im allgemeinen bevorzugt in größerem Abstand von der Schallquelle, also im Diffusfeld, aufgestellt wird, sind Dämpfungen bzw. Auslöschungen in der Praxis nicht so gravierend wie die Klangfärbung.

Eine Möglichkeit, die Vorteile der Laufzeitstereofonie zu nutzen und ihre Kompatibilität zu erhöhen bzw. völlig herzustellen, besteht darin, für Pegelunterschiede zusätzlich zu den Laufzeitunterschieden zu sorgen. Damit gelangt man zu den sog. „gemischten Aufnahmeverfahren" (siehe unten), auch zur Kombination von Laufzeitstereofonie mit Stützmikrofonen (siehe oben). In Einzelfällen kann ein kompatibles Signal auch dadurch gewonnen werden, daß nur ein Kanal, nicht die Summe beider, als Monosignal gilt.

Praktischer Einsatz der Laufzeitstereofonie

Bei der Mikrofonaufstellung für eine Aufnahme in Laufzeitstereofonie handelt es sich wie beim Aufnahmeverfahren in XY- oder MS-Technik um ein Hauptmikrofonverfahren. Das bedeutet, daß mit nur einem Mikrofonpaar das gesamte Klanggeschehen aufgenommen wird. Die Klangbalance kann hierbei aber nur dann gewahrt werden, wenn der Abstand der Mikrofone in der Größenordnung der Ausdehnung des Klangkörpers liegt. Damit befindet sich das Mikrofon nicht mehr im Nahbereich der Schallquellen mit überwiegend Direktschall, sondern in einem Bereich, in dem Diffusschall einen relativ großen Anteil besitzt, im allgemeinen sogar den überwiegenden Anteil darstellt. Auch die bei Laufzeitstereofonie vorteilhafte und übliche Verwendung ungerichteter Mikrofone ergibt einen größeren Diffusschallanteil als bei üblichen Aufnahmetechniken der Intensitätsstereofonie. So erhält die Akustik des Aufnahmeraumes eine ungleich größere Bedeutung bei der Laufzeitstereofonie, als ihr bei den Verfahren der Intensitätsstereofonie zukommt: Das AB-Verfahren eignet sich nur bei akustisch guten Räumen, das Hinzufügen künstlichen Nachhalls sollte sich bei AB-Aufnahmen also weitgehend erübrigen.

Bei AB-Verfahren ist der Mikrofontyp, der Abstand der Mikrofone zu den Schallquellen und die Mikrofonbasis, also der Abstand zwischen den beiden Mikrofonen, festzulegen.

Mikrofontyp

Die Vorteile des AB-Verfahrens, die Verschmelzung der Einzelschallquellen und die beeindruckende Räumlichkeit der Aufnahme, beruht wesentlich auf der Wiedergabe des Diffusschalls. Die adäquate Aufnahme des Diffusschalls erfordert im allgemeinen Mikrofone mit Kugelcharakteristik. Grundsätzlich dürfen besonders bei übermäßig halligen Räumen aber auch parallel ausgerichtete Richtmikrofone verwendet werden. Als Kugelmikrofone können verschiedene Typen in Betracht gezogen werden: Druckempfänger mit ebenem Diffusfeldfrequenzgang, Druckempfänger mit ebenem Freifeldfrequenzgang, Doppelmembran-Druckgradientenempfänger in der Einstellung „Kugel“ und Grenzflächenmikrofone (PZMs).

Bereits in der Zeit der Monofonie wurden Druckempfänger bei Verwendung nur eines Mikrofons aus klanglichen Gründen gegenüber Druckgradientenempfängern bevorzugt. Das AB-Mikrofonverfahren ist die stereofone Weiterentwicklung dieser Klangästhetik. Maßgeblich dafür ist die technisch nicht vollständig zu dokumentierende Klangqualität dieser Mikrofone. Sie beruht wohl besonders auf dem linearen Frequenzgang im tiefsten Frequenzbereich im diffusen Schallfeld. Im hohen Frequenzbereich sind Druckmikrofone dadurch gekennzeichnet, daß zwischen Freifeld- und Diffusfeldfrequenzgang ein Unterschied besteht (siehe 4.2.1):

Beim im Diffusfeld linearen Druckempfänger („Diffusfeldtyp“) erfährt Freifeldschall, also Schall, der direkt von der Schallquelle zum Mikrofon gelangt, eine Frequenzanhebung in einem Bereich, der bei den meisten Mikrofonen bei 3 kHz beginnt und bei 10 kHz ein Maximum von 6 dB aufweist, während der Diffusschall praktisch linear aufgenommen wird. Diese Eigenschaft des Diffusfeldtyps verleiht den Schallquellen eine gewisse Präsenz, die durchaus wünschenswert sein kann. Der Höhenanstieg kann aber auch als zu stark empfunden werden. Wünschenswert erscheint ein etwas flacherer Anstieg, der gleichmäßig bis zur oberen Grenze des Übertragungsbereichs zunimmt. Beim freifeldentzerrten Druckempfänger wird Direktschall linear übertragen, der Diffusschall hingegen erfährt eine Dämpfung im oberen Frequenzbereich, die ihn etwas dumpf erscheinen läßt. Der Freifeldtyp ist also konzipiert für die Aufstellung in dem Bereich der Schallquellen, in dem Direktschall überwiegt. Dies wiederum bringt die eigentlichen Vorteile des Verfahrens nicht voll zum Tragen. Bei beiden Typen des Druckempfängers wirkt aber Direktschall heller in der Klangfarbe als der Diffusschall; dies entspricht zwar den tatsächlichen Gegebenheiten, überzeichnet sie aber etwas. Somit erscheint ein Druckempfänger wünschenswert, bei dem sich Direkt- und Diffusfeldfrequenzgang möglichst wenig unterscheiden.

Ein Problem üblicher Druckempfänger ist die Frequenzabhängigkeit ihrer Richtcharakteristik: für tiefe und mittlere Frequenzen haben die Mikrofone Kugelrichtcharakteristik, für hohe Frequenzen nimmt die Richtwirkung zu, so daß sich die Richtcharakteristik allmählich zur Nieren-, ja zur Keulenrichtcharakteristik verengt. Dies konstruktiv im Mikrofonbau zu vermeiden, gibt es zwei Möglichkeiten: die Ausdehnung des Mikrofons muß entweder wesentlich kleiner als die Hälfte der kürzesten Wellenlänge des Hörschalls sein, also deutlich kleiner sein als 1 cm, oder die Mikrofonausdehnung ist in der Größenordnung der halben größten Wellenlänge des Hörschalls, also bei einigen Metern. Einer Miniaturisierung sind dadurch Grenzen gesetzt, daß damit die Fläche und Auslenkung der Mikrofonmembran und also auch die abgegebene Spannung immer geringer wird. Da durch verbesserte Übertragungs- und Speicherungsverfahren die Forderungen an den Störspannungsabstand steigen, kann der Weg der Miniaturisierung also nicht weiter gegangen werden. Die meisten der heute verwendeten Druckmikrofone in Studioqualität haben deshalb auch einen Membrandurchmesser von mindestens 16 mm. Bei der Alternative, der Vergrößerung der Mikrofonmembran, gelangt man zu den Grenzflächenmikrofonen (siehe dazu auch 4.2.2), die eine interessante Alternative zu den konventionellen Mikrofonen darstellen.

Grundsätzlich können auch gerichtete Mikrofone eingesetzt werden, wenn es die Raumakustik erfordert. Bei dem von Faulkner entwickelten Verfahren werden z.B. zwei parallel ausgerichtete Achten mit 20 cm Abstand aufgestellt.

Grenzflächenmikrofone

Grenzflächenmikrofone (siehe 4.2.2) benötigen eine akustisch nicht oder wenig absorbierende Auflagefläche mit einer Ausdehnung von über ca. 1,5 m Ausdehnung, die der Mikrofonmembran die notwendige akustisch wirksame Ausdehnung verleiht. Im allgemeinen werden dafür der Fußboden des Aufnahmeraums, evtl. auch seine Wände verwendet. Grenzflächenmikrofone erfüllen die Forderung nach Übereinstimmung und Linearität von Freifeld- und Diffusfeldfrequenzgang in idealer Weise. Da sie zudem noch Frequenzgangveränderungen durch wenig verzögerte Reflexionen am Boden vermeiden, erfüllen sie die Anforderungen der Laufzeitstereofonie an das Mikrofonverfahren in hohem Maße. Die Aufnahmen zeigen dementsprechend eine sehr beeindruckende Räumlichkeit bei gleichzeitig erstaunlicher Präsenz. In der Praxis wird dabei verglichen mit im Raum aufgestellten Mikrofonen eine relativ große Mikrofonbasis gewählt; die Feststellung der geeigneten Mikrofonbasis bedarf besonderer Sorgfalt. Durch Spreizung der Abbildungsorte um die Basismitte besteht die Gefahr eines „Lochs in der Mitte". Die Bedingungen zum Einsatz von Grenzflächenmikrofonen sind in der Praxis nicht immer erfüllbar: nicht immer stehen in angemessener Entfernung genügend große reflektierende Flächen zur Verfügung. Bei öffentlichen Veranstaltungen kann das Verhalten des Publikums bei dieser Mikrofontechnik nicht akzeptable Nebengeräusche bedingen. Die auf dem Boden liegenden Mikrofone stellen außerdem beim Publikum ein gewisses Risiko für die Betriebssicherheit dar.

Abstand zur Schallquelle

Der Abstand des Mikrofonpaars zur Schallquelle wirkt sich bei gleichbleibender Mikrofonbasis in der folgenden Weise auf das Klangbild aus: Je größer der Abstand ist, um so halliger wird das Klangbild, um so schmaler wird die Schallquelle abgebildet und um so geringer wird die Tiefenstaffelung ausgedehnter Klangkörper wie z. B. Orchester. Andererseits gewinnt eine Aufnahme mit zunehmendem Mikrofonabstand an Homogenität. Da mit wachsendem Abstand sich die Klangqualitäten einer Aufnahme teils verbessern, teils verschlechtern, ist stets nach einem optimalen Kompromiß zu suchen, der kaum in einer theoretischen Formel ausgedrückt werden kann. Die Abbildungsbreite kann in einem gewissen Umfang durch die Mikrofonbasis beeinflußt werden, so daß Hallanteil und Tiefenstaffelung die wesentlichen Gesichtspunkte für die richtige Wahl des Mikrofonabstands sind.

Um eine räumliche Auflösung der Schallquellen bei der Wiedergabe zu realisieren, muß das Mikrofonpaar in einem Abstand aufgestellt werden, bei dem noch ein hörbarer Direktschallanteil vorhanden ist. Bei Verwendung von Kugelmikrofonen ist der Bereich um die Schallquelle, in dem der Direktschallanteil überwiegt, deutlich kleiner als bei Verwendung von gerichteten Mikrofonen (siehe *Abb. 5/32*).

Mikrofonbasis

Die Mikrofonbasis, also der gegenseitige Abstand der beiden Mikrofone, bestimmt zusammen mit dem Abstand und der Ausdehnung der Schallquelle die Abbildungsbreite auf der Stereobasis bei der Wiedergabe. Dabei gibt es keine allgemein anerkannte Regel über die optimale Mikrofonbasis. Man kann einerseits den gegenseitigen Abstand der Ohren sozusagen als natürliche Begründung für den Mikrofonabstand heranziehen, andererseits aber auch davon ausgehen, daß dabei die Laufzeitunterschiede nicht den Wert erreichen, der für eine Abbildung ganz seitlich notwendig ist.

Der Abstand der Ohren beträgt im Durchschnitt 17,5 cm. Dies entspricht einer maximal möglichen Laufzeitdifferenz für ganz seitlich unter 90° zur Blickrichtung eintreffenden Schall von rund 0,5 ms. Bei der Wiedergabe reicht er nicht aus für eine Abbildung seitlich auf der Wiedergabebasis. Im allgemeinen sind die Schallquellen in einem kleineren Winkelbereich angeordnet. In der Praxis werden deshalb zusätzlich zu den Laufzeitunterschieden entsprechend den Verhältnissen beim Gehör Intensitätsunterschiede erzeugt, z. B. durch Verwendung gerichteter Mikrofone; das führt zu den „gemischten" Stereoverfahren, die weiter unten besprochen werden. Ein Vorteil der relativ geringen Laufzeitdifferenzen ist die bessere Kompatibilität. In der Praxis treten nämlich hierbei Auslöschungen bei der Monobildung erst oberhalb von etwa 1,5 kHz auf, was nicht so störend wahrgenommen wird wie Frequenzgangeinbrüche unter 1 kHz.

Für die Praxis der Aufnahmetechnik in reiner Laufzeitstereofonie gibt *Abb. 5/39* die erforderlichen Mikrofonbasiswerte an. Sie gehen von einer Laufzeitdifferenz von ca. 1 ms aus für Signale, die bei der Wiedergabe ganz seitlich eingeordnet werden sollen. Die so ermittelte Mikrofonbasis stellt für die Praxis eher einen Mindestwert dar, vielfach dürfte eine etwas größere Mikrofonbasis eine bessere Ausnutzung der möglichen Breite des Klangbilds und einen besseren Raumeindruck bei der Wiedergabe ergeben. Für geringe Mikrofonabstände von der Schallquelle gelten diese Werte nicht, hierfür ist aber das Verfahren auch grundsätzlich nicht geeignet.

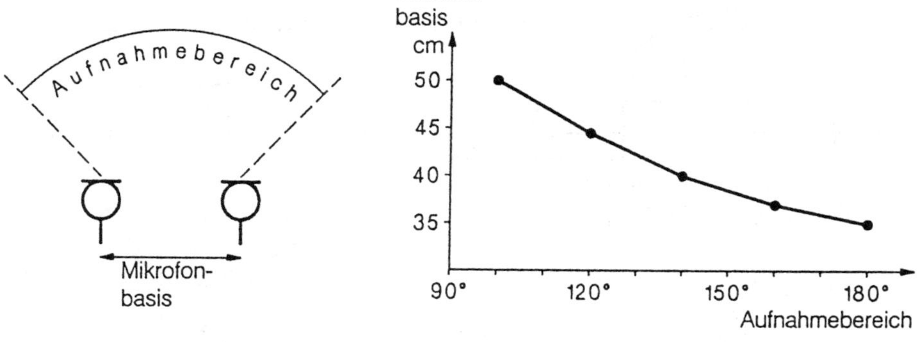

Abb. 5/39. Mikrofonbasis bei Laufzeitstereofonie, gültig für eine Laufzeitverzögerung von 1 ms für Schallquellen, die bei der Wiedergabe ganz seitlich eingeordnet sind.

Das Laufzeitverfahren kann mit den Aufnahmeverfahren der Intensitätsstereofonie ohne weiteres kombiniert werden. Da das AB-Mikrofonverfahren ein Hauptmikrofonverfahren ist, bietet sich insbesondere die Kombination mit dem Einzelmikrofonverfahren als Stützmikrofone an. Es ergibt sich dabei ein Verfahren, das Intensitäts- und Laufzeitdifferenzen gleichzeitig enthält; diese Verfahren werden anschließend behandelt.

Eine weitere Modifikation des AB-Mikrofonverfahrens besteht darin, daß die Mikrofonbasis wesentlich vergrößert und mindestens ein weiteres Mikrofon dazwischen aufgestellt wird. Hierbei ergeben sich wegen der unterschiedlichen Entfernungen bereits erhebliche Pegelunterschiede; das Verfahren wird oft mit Stützmikrofonen kombiniert, das „Hauptmikrofon" hat bevorzugt die Aufgabe, Raumschall aufzunehmen.

Abbildung der Schallquellen auf der Stereobasis

Einfallsrichtung des Schalls und Entfernung von Schallquellen werden durch ein Hauptmikrofon polar erfaßt, d. h. daß nur ein auf einem Kreisbogen um das Mikrofon angeordneter Klangkörper geradlinig zwischen den Lautsprechern abgebildet wird, während ein geradlinig angeordneter Klangkörper bei der Wiedergabe zwischen den Lautsprechern aus der Basis hervortritt (*Abb. 5/40*). Beim Laufzeitverfahren wird dieser Effekt deutlicher als beim Koinzidenzverfahren. In vielen Fällen ist es nicht möglich, Einfluß auf die Plazierung der Klangquellen zu nehmen. In diesem Fall kann die größere Distanz der seitlichen Schallquellen einerseits durch einen größeren Abstand das Hauptmikrofons, andererseits durch seitliche Stützmikrofone ausgeglichen werden.

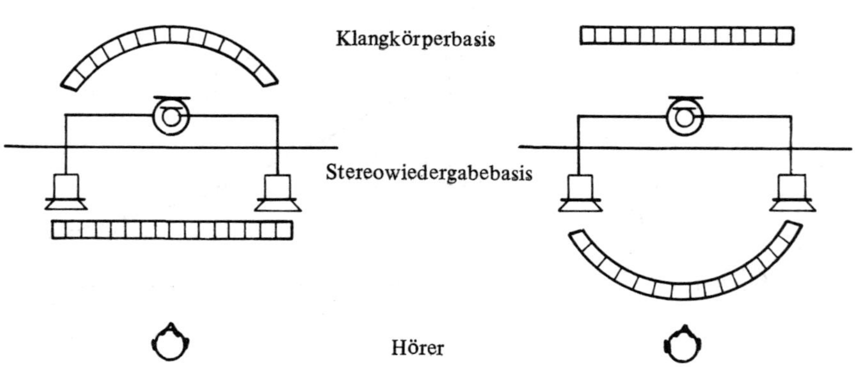

Abb. 5/40. Zuordnung von Klangkörperbasis und Stereowiedergabebasis.

Damit bei der Wiedergabe der gesamte Basisbereich ausgenutzt wird, müssen Klangkörperausdehnung und Aufnahmebereich übereinstimmen. Die Ausnutzung der gesamten Wiedergabebasis ist grundsätzlich wünschenswert, weil bei nicht voll genutzter Basis nur fiktive Schallquellen entstehen, deren Positionen auf der Wiedergabebasis sehr stark vom Standort des Hörers abhängen bzw. schon mit dessen Kopfbewegungen mitwandern.

5.5.5 Die Verfahren der „gemischten" Stereofonie

Die Aufnahmeverfahren der Intensitäts- und Laufzeitstereofonie können nicht nur einzeln für sich angewendet werden, sondern führen gerade in ihrer Kombination zu den aufnahmetechnisch sehr interessanten „gemischten" Verfahren. Dabei stellt sich zunächst die Frage, in welcher Weise gleichzeitige Laufzeit- und Pegeldifferenzen auf die Abbildungsrichtung der Phantomschallquelle Einfluß nehmen [5.30], siehe auch Kapitel 3.5.1.

Bei reinen Pegeldifferenzen geht die Auswanderung der Phantomschallquelle aus der Mitte im Winkelbereich von ±20 ° etwa linear mit der Pegeldifferenz; je nach Art des Signals führt 1 dB Pegeldifferenz zu einer Auswanderung um 2 bis 2,5 °. Bei Laufzeitdifferenzen besteht in diesem Winkelbereich ebenfalls eine weitgehend lineare Abhängigkeit; je nach Art des Signals beträgt die Auswanderung 3 ° bis 5 ° je 100 μs. Damit kann für den Winkelbereich von etwa ± 20 ° um die Mitte eine Gleichwertigkeit von Laufzeit- und Pegeldifferenzen aufgestellt werden; 1 dB ist dabei 60 μs gleichwertig, wenn man von einem Lokalisationswinkel von 2,4 °/dB und 4 °/100μs ausgeht (*Abb. 5/41*). Für größere Winkel, also für die äußeren Flanken der Stereobasis, sind diese Äquivalenzen nicht mehr anwendbar.

Bezüglich der Lokalisationsschärfe sind Pegel- und Laufzeitunterschiede im Bereich kleiner Winkel bis etwa ± 15 ° gleichwertig. Dagegen gibt es Unterschiede im Bereich größerer Winkel: eine wachsende Pegeldifferenz führt zu einer Zunahme, eine wachsende Laufzeitdifferenz zu einer Abnahme der Lokalisationsschärfe.

Welche Lokalisationswinkel sich bei gleichzeitigen Laufzeit- und Pegeldifferenzen ergeben, ist bisher noch nicht eingehend untersucht worden. Bisherige Untersuchungen [5.30] ergaben, daß sich der Lokalisationswinkel der Phantomschallquelle als Summe der Einzelwirkungen ergibt. Die Lokalisationsschärfe ist dabei besser als bei reiner Laufzeit- oder Intensitätsstereofonie. Gegensinnige Wirkungen führen nicht zu einer Subtraktion der Lokalisationswinkel, sondern zu einem starken Abnehmen der Lokalisationsschärfe. In diesem Sinne sind Mikrofonanordnungen der „gemischten" Aufnahmeverfahren offenbar dann optimal, wenn die Mikrofonanordnung in etwa gleicher Weise Laufzeit- und Pegeldifferenzen erzeugt; dann kann die Lokalisationsschärfe ein Optimum erreichen. Eine solche Mikrofonanordnung kann als „Äquivalenzmikrofon" bezeichnet werden.

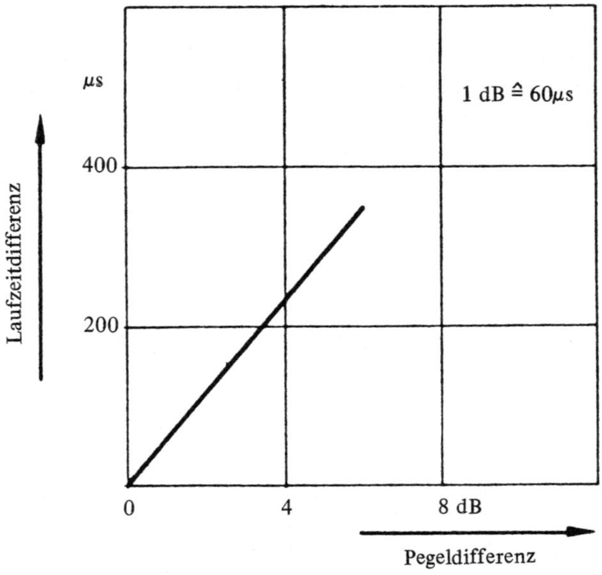

Abb. 5/41. Äquivalenzen von Laufzeit- und Pegeldifferenzen bei der Bildung von Phantomschallquellen in einem Bereich von ± 20 ° um die Mitte.

Bei einer solchen Mikrofonanordnung ist es demnach nicht sinnvoll, durch die Wahl eines zu geringen Mikrofonabstands zur Schallquelle bzw. durch eine zu große Mikrofonbasis allzu große Laufzeitdifferenzen entstehen zu lassen, weil ihnen dann keine äquivalenten Pegeldifferenzen gegenüberstehen. Die Forderung nach hörbarer Tiefenstaffelung zwingt ebenfalls zu einem größeren Abstand: nur so können sich die Merkmale der Entfernungswahrnehmbarkeit – Klangfarbenänderung und Diffusschallanteil – ausbilden.

Die „gemischten" Aufnahmeverfahren können die Vorteile von Intensitätsstereofonie – präzise Abbildung auf der Stereobasis – und der Laufzeitstereofonie – gute Räumlichkeit – miteinander verbinden. Die Laufzeitdifferenzen sorgen auch im tiefen Frequenzbereich bei Diffusschall für die Bildung von Phantomschallquellen und damit für eine Abbildung des Raums auf der Stereobasis; die Pegeldifferenzen sichern im höheren Frequenzbereich, wo Laufzeitdifferenzen zu mehrdeutigen Abbildungen führen können, deutlich wahrnehmbare Phantomschallquellen. So ergänzen sich die Verfahren. Die Aufnahmeverfahren werden deshalb auch vergleichsweise oft verwendet. In der Praxis lassen sich allerdings die Anteile von Laufzeit- und Pegeldifferenzen an der Stereoabbildung meist nur grob abschätzen, da zu viele Faktoren darauf Einfluß nehmen (Mikrofontyp und Richtcharakteristik, Ausrichtung der Mikrofone, Mikrofonbasis, Abstand zur Schallquelle und Standort der Schallquelle). Die einzelnen „gemischten" Aufnahmeverfahren unterscheiden sich beträchtlich in den jeweiligen Anteilen von Intensitäts- und Laufzeitdifferenzen.

Da auch die Kunstkopfstereofonie mit kombinierten Laufzeit- und Pegeldifferenzen arbeitet, besteht eine Verwandtschaft zwischen „gemischten“ Aufnahmeverfahren und dem Kunstkopf-Aufnahmeverfahren; es gibt jedoch auch grundsätzliche Unterschiede: Die Intensitätsunterschiede sind beim Kunstkopf-Aufnahmeverfahren in spezifischer Weise frequenzabhängig; sie führen zu einer allseitigen Schallquellenabbildung. Bei den „gemischten“ Verfahren sind sie entweder frequenzneutral oder sind in anderer Weise als beim Kunstkopf frequenzabhängig. Das Kunstkopfverfahren ist für Kopfhörerwiedergabe vorgesehen, nur hier kann es seine spezifischen Vorzüge entfalten, die „gemischten“ Verfahren sind dagegen für Lautsprecherwiedergabe bestimmt.

Für die Anwendung der „gemischten“ Aufnahmeverfahren gilt etwa dasselbe wie für die XY-, MS- und AB-Aufnahmetechnik: sie sind geeignet für in sich klanglich ausgewogene Ensembles in akustisch guten Räumen, also besonders für Aufnahmen im Bereich der E-Musik und für in der Aufnahmetechnik vergleichbare Aufnahmen. Vorteilhaft für die praktische Anwendung der „gemischten“ Aufnahmeverfahren ist ihre einfache, unproblematische Anwendung. Begriffe wie Aufnahmebereich, Versatzwinkel, Wahl der Richtcharakteristikkombination (XY- und MS-Verfahren) und Mikrofonbasis (AB-Verfahren) spielen hier keine Rolle, sofern man sich einmal für ein bestimmtes Verfahren entschieden hat; es müssen nur der geeignete Mikrofonort und die notwendige Mikrofonverstärkung festgelegt werden. Damit eignen sich die Verfahren besonders auch dann, wenn in unbekannten Räumen rasch eine geeignete Mikrofonanordnung gefunden werden soll.

Ein weiterer Vorteil der Äquivalenzmikrofone ist, daß bei der Monobildung die aufgrund der Laufzeitdifferenzen unvermeidlichen Auslöschungen sehr gering ausfallen: Ursache hierfür sind die stets mit den Laufzeitdifferenzen zusammen auftretenden Pegeldifferenzen, die nur geringe, in der Praxis nicht oder kaum hörbare Klangfärbungen erzeugen; sie treten wegen der verglichen mit dem reinen Laufzeitverfahren relativ geringen Laufzeitdifferenzen erst oberhalb 1 kHz auf. Damit sind die Aufnahmen von Äquivalenzmikrofonen im allgemeinen kompatibel.

Die Leistungsfähigkeit der „gemischten“ Aufnahmetechnik kann *Abb. 5/42* durch Vergleich von Hauptmikrofonverfahren verdeutlichen; die Verfahren der „gemischten“ Stereofonie sind hier repräsentiert durch das ORTF-, das OSS- und das Kunstkopfverfahren (KU), Näheres zu den Verfahren siehe unten. Dargestellt ist die Zuordnung von Schallquellenrichtung, wie sie vom Hauptmikrofon her erscheint, und wahrgenommener Abbildungsrichtung auf der Stereobasis bei üblicher Aufstellung der Lautsprecher, weiterhin die Lokalisierungsschärfe. Es ist festzustellen, daß zumindest bei den Versuchen, die *Abb. 5/42* zugrunde liegen, bei den Verfahren der Intensitätsstereofonie MS und XY die mögliche Abbildungsbreite nicht ausgenutzt wird, die Schallquellen aber bei mäßiger Lokalisierungsschärfe gut auf der Basis verteilt sind. Bei den Laufzeitverfahren mit großer Basis – AB und PZM – ist die Schallquellenverteilung auf der Basis sehr unbefriedigend; auch hier wird die Basisbreite nicht voll genutzt. Bei den „gemischten“ Verfahren mit Hauptmikrofonen wird die Basisbreite nicht voll genutzt, die Schallquellenverteilung ist gleichmäßig, die Lokalisationsschärfe gut.

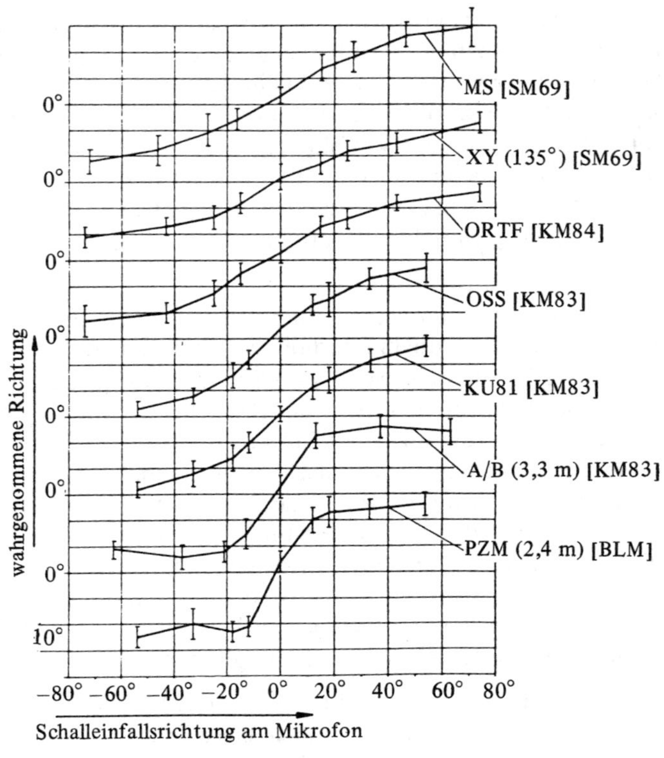

Abb. 5/42. Lokalisationskurven für verschiedene Mikrofone im Konzertsaal (Lautsprecher in Standard-Stereoanordnung im Wohnzimmer) nach [5.30].

Die „gemischten" Mikrofonverfahren werden in erster Linie mit einem einzigen Mikrofonpaar realisiert; in dieser Technik haben sich in den letzten Jahren einige Verfahren eingeführt, die sich gut bewährt haben. Innerhalb der Verfahren stellen die Anordnungen mit einem Äquivalenzmikrofon eine besondere Gruppe dar; dazu gehören das ORTF-, OSS- und das Kunstkopfverfahren. Außer den im folgenden genannten Möglichkeiten der Mikrofonanordnung sind weitere Anordnungen denkbar. Auch die Verfahren mit zwei, drei oder mehr Mikrofonen mit sehr großer Basis gehören zu den „gemischten" Verfahren. Solche Verfahren ergeben sich aber auch, wenn Mikrofonverfahren der Intensitätsstereofonie mit solchen der Laufzeitstereofonie kombiniert werden, also z. B. das AB-Verfahren mit dem Einzelmikrofonverfahren.

ORTF-Mikrofonverfahren

Das Mikrofonverfahren der ORTF-Stereofonie vereint das AB-Mikrofonverfahren mit einer Mikrofonbasis, die dem Ohrabstand entspricht (17,5 cm) mit der XY-Mikrofonanordung mit einem Versatzwinkel von zwei mal 55 °. Das Verfahren erhielt seinen Namen von der französischen Rundfunkorganisation, von wo aus es seine Verbreitung gefunden hat. Die Mikrofonanordnung stellt ein Äquivalenzmikrofon dar. Zu den vergleichsweise geringen Laufzeitunterschieden von höchstens 0,5 ms kommen hierbei frequenzunabhängige Pegeldifferenzen, da die verwendeten Mikrofone Nierencharakteristik haben und um jeweils 55 ° nach außen gedreht sind (*Abb. 5/43*). Natürlich kann diese Mikrofonaufstellung auch variiert werden: einerseits kann durch eine andere Ausrichtung der Mikrofone die Pegeldifferenz vergrößert oder verkleinert werden, andererseits kann die Laufzeitdifferenz durch eine größere Basis erhöht werden. Für die Mikrofonaufstellung nach dem ORTF-Verfahren oder seinen Varianten gibt es geeignete Halterungen für die Mikrofone.

Eine Variante davon ist das NOS-Verfahren, benannt nach der holländischen Rundfunkorganisation. Die Nierenmikrofone schließen einen Winkel von 90 ° ein bei einem gegenseitigen Abstand von 30 cm.

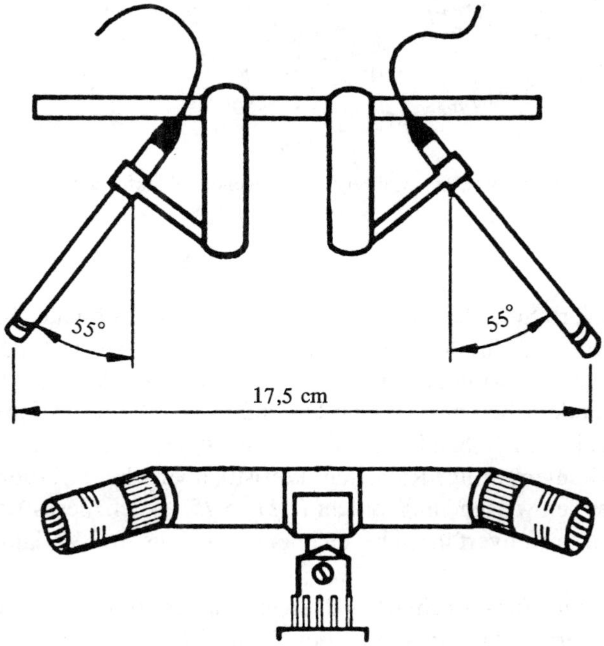

Abb. 5/43. Mikrofonanordnung nach dem ORTF-Verfahren, Realisierung mit Einzelmikrofonen bzw. mit einem Zwillingsmikrofon.

OSS-Scheibe

Da beim menschlichen Hören die Pegelunterschiede zwischen den beiden Ohrsignalen frequenzabhängig sind – hervorgerufen durch die frequenzabhängige Abschattung des Kopfes –, liegt es nahe, auch bei einem Äquivalenzmikrofon frequenzabhängige Pegelunterschiede einzuführen. Die an einer Kugel in der Größe des menschlichen Kopfes gemessenen Pegelunterschiede zeigt *Abb. 5/44*.

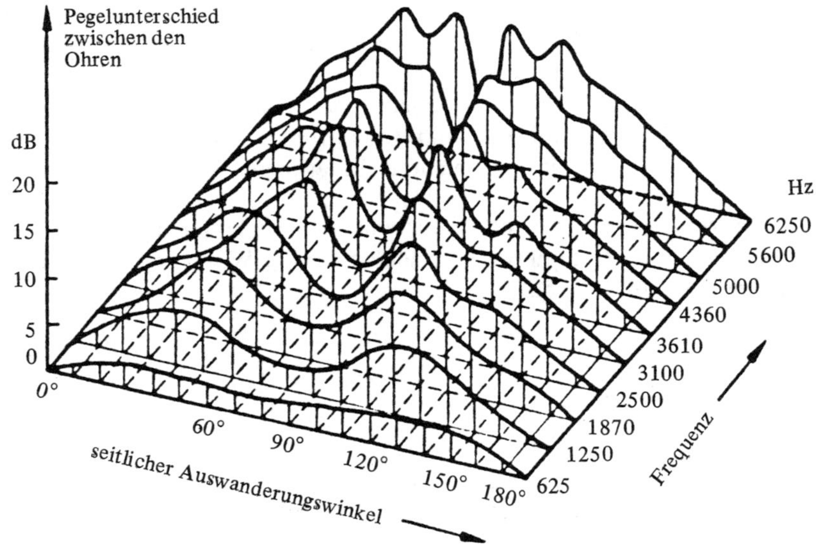

Abb. 5/44. Pegeldifferenzen zwischen zwei gegenüberliegenden Punkten auf einer Kugel mit 17,5 cm Durchmesser.

Beim Mikrofonverfahren der OSS-Stereofonie (OSS = Optimales Stereo-Signal), vorgeschlagen von Jecklin, deshalb auch Jecklin-Scheibe genannt, befindet sich als akustische Trennung zwischen den Mikrofonen im Ohrabstand (17,5 cm) eine schallabsorbierende Scheibe mit 30 cm Durchmesser. Die Mikrofone sind Druckempfänger. Da diese im hohen Frequenzbereich aus der Kugelrichtcharakteristik in eine nieren- bis keulenförmige Richtcharakteristik übergehen, werden die Mikrofone etwas nach außen weisend angebracht (*Abb. 5/45*). Auch dieses Verfahren kann als Äquivalenzmikrofonverfahren bezeichnet werden, es sind Varianten möglich.

Die Pegeldifferenzen für seitlichen Schall erreichen bereits bei 500 Hz etwa 5 dB, gehen bei 1 kHz aufgrund des Phänomens des „hellen Flecks“ zurück und steigen dann allmählich auf Werte um 12 dB an. Anders als bei dem verwandten ORTF-Verfahren nimmt aber der Pegel einer Schallquelle nicht zu, wenn sie zur Seite wandert.

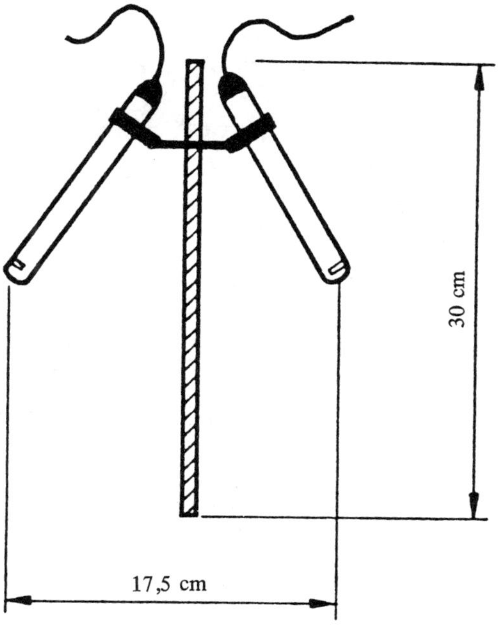

Abb. 5/45. OSS-Scheibe.

Kugelflächenmikrofon und Trennkörperanordnungen

Die akustischen Verhältnisse am menschlichen Kopf waren seit Jahrzehnten immer wieder Ausgangspunkt für Experimente mit vereinfachten Mikrofonanordnungen nach diesem Vorbild, ohne daß daraus marktreife Aufnahmeanordnungen entstanden sind. Trennkörpermikrofonanordnungen bieten Laufzeitdifferenzen und Pegeldifferenzen, die mit steigender Frequenz zunehmen. Sie orientieren sich an den Verhältnissen beim natürlichen Hören und bieten dafür vereinfachte technische Lösungen. Als Trennkörper kommen dicke Scheiben, Keile und Kugeln in Betracht. Mit Trennkörpern werden grundsätzlich Druckmikrofone kombiniert, weil die besonderen klanglichen Eigenschaften - hervorragende Tiefenwiedergabe und natürliche Präsenz - hier ohne Einschränkung genutzt werden können. Ansonsten ist Stereofonie mit Druckempfängern praktisch nur in Laufzeitstereofonie möglich, wobei Einschränkungen der Ortbarkeit hingenommen werden müssen.

Das Kugelflächenmikrofon (*Abb. 5/46*) als markteingeführtes Aufnahmesystem steht seit 1990 nach den von Theile entwickelten Kriterien [5.35] zur Verfügung. Bei

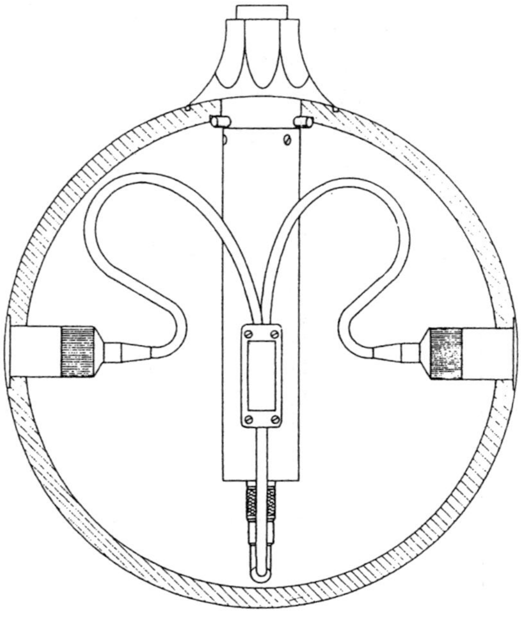

Abb. 5/46. Aufbau des Kugelflächenmikrofons.

dieser Mikrofonanordnung werden die folgenden Anforderungen realisiert, die zugleich die wichtigsten Kriterien für den Mikrofoneinsatz ergeben:

1. Die Laufzeit- und Pegeldifferenzen sind denen beim natürlichen Hören ähnlich, d. h., daß die Pegeldifferenzen mit der Frequenz ansteigen [5.36].

2. Der Frequenzgang für direkten Schall von vorne ist linear, ebenso der Frequenzgang des Diffusfelds. Eine Schallquelle, die z. B. von links einstrahlt, muß am rechten Mikrofon wegen der mit der Frequenz ansteigenden Pegeldifferenz Höhenverluste aufweisen. Um nun einen linearen Diffusfeldfrequenzgang zu erreichen, muß der Frequenzgang am linken Mikrofon um denselben Betrag ansteigen. Damit zeigt das Kugelflächenmikrofon zu den Seiten hin unvermeidlich zunehmende Präsenz, die aber durchaus als natürlich empfunden wird und nur bei ganz seitlichen Schallquellen bzw. bei einem großen Aufnahmebereich außen zu einer leichten Schärfe führen kann (*Abb. 5/47*). Als Hauptmikrofon nimmt das Kugelflächenmikrofon grundsätzlich erhebliche Anteile als Diffusschall auf, weshalb eine überhöhte Präsenz nur bei zu geringem Mikrofonabstand auftreten kann. Der notwendige Diffusfeldanteil muß aus dem Aufnahmeraum kommen, als Aufnahmeraum kommen deshalb nur akustisch aktive und gute Räume in Betracht.

3. Durch den bündigen Einbau der Mikrofone in die Kugel entsteht kein Grenzflächenmikrofon, da die Fläche zu klein ist, vermieden werden aber Kammfiltereffekte, wie sie bei anderen Trennkörperanordnungen ohne bündigen Einbau auftreten.

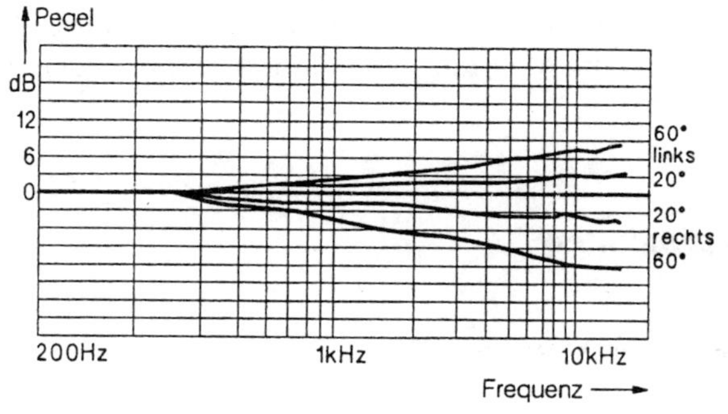

Abb. 5/47. Frequenzgänge des Kugelflächenmikrofons für Direktschall in verschiedenen Richtungen.

4. Die zu beobachtende gute Tiefenstaffelung der Klangquellen bei diesem Aufnahmeverfahren kann möglicherweise damit erklärt werden, daß mit zunehmender Entfernung die Höhenanhebung des Direktschalls für Schallquellen außerhalb der Mitte abnimmt, also entfernungsabhängige Klangmerkmale vorhanden sind.

5. Die Kugelgröße ist mit 20 cm Durchmesser so gewählt, daß ein Aufnahmebereich von ca. 90° optimal ist; dies ist bei der Wahl der Entfernung zu berücksichtigen.

Kugelmikrofone mit großer Basis

Vielfach werden Kugelmikrofone, im allgemeinen Druckempfänger, mit relativ großer Basis aufgestellt. Dabei können natürlich auch Grenzflächenmikrofone eingesetzt werden. Bei diesem Mikrofonverfahren erzeugen Schallquellen in der Mitte des Aufnahmebereichs vorwiegend Laufzeitdifferenzen, Schallquellen in den Randzonen des Aufnahmebereichs bei vergleichsweise sehr großen Laufzeitdifferenzen zusätzlich Pegeldifferenzen, hervorgerufen durch die sehr unterschiedlichen Entfernungen zu den Mikrofonen. Die Laufzeitdifferenzen führen nur in einem relativ schmalen Bereich um die Mitte zu Phantomschallquellen, dabei wird dieser Bereich bei der Wiedergabe stark gespreizt. Bei einem Mikrofonabstand zur Schallquelle von z. B. 6 m und einer Mikrofonbasis von 2,5 m wird nur ein Aufnahmebereich von derselben Breite wie die Mikrofonbasis auf der gesamten Lautsprecherbasis abgebildet. So entsteht die in *Abb. 5/42* gezeigte sehr ungleichmäßige Verteilung der Schallquellen auf der Basis. Bei diesem Verfahren werden Schallquellen in der Mitte des Aufnahmebereichs undeutlich abgebildet, was leicht zu der Wahrnehmung eines „Lochs" in der Mitte der Lautsprecherbasis führen kann. Um dieser für das Klangbild ungünstigen Erscheinung entgegenzuwirken, kann ein drittes Mikrofon in der Mitte der Mikrofonbasis aufgestellt werden. Da dieses Mikrofon auf den linken und rechten Kanal gegeben wird, entstehen allerdings Klangfärbungen durch Kammfiltereffekte.

Auch dieses Mikrofonverfahren kann variiert werden, z. B. durch Verwendung von vier Kugelmikrofonen. Das Mehrkugelverfahren wird oft mit dem Einzelmikrofonverfahren kombiniert.

5.5.6 Sprachaufnahmen

Abhörlautstärke bei der Aufnahme

Zwischen Abhörlautstärke, „natürlicher Lautstärke" und Klangfärbung, also Frequenzabhängigkeit der Wahrnehmung, besteht bei Tonaufnahmen ein Zusammenhang, der bei Sprache besonders deutlich wahrgenommen wird, weil der Klang der menschlichen Stimme zu den tiefsten Erfahrungen des Menschen gehört. Die Lautstärke der Klangkomponenten der Stimme ist unterhalb etwa 100 Hz bei Männern und 200 Hz bei Frauen relativ unabhängig von der Sprechlautstärke (siehe Kapitel 2.2), wird also hauptsächlich von der Entfernung zum Sprecher bestimmt. Bei jeder elektroakustischen Wiedergabe, bei der die Abhörlautstärke aber von der „natürlichen" Lautstärke am Mikrofonort abweicht, muß sich somit eine unnatürliche Wiedergabe der Tiefen ergeben; bei „unnatürlich" lautem Abhören dröhnt die Stimme, weil die tiefen Komponenten relativ zu den höheren zu stark sind, bei „unnatürlich" leiser Wiedergabe wird ihr Klang flach, weil die Tiefen fehlen.

Interviews und Reportagen

Das Interview-Mikrofon wird zunächst nach seiner Richtcharakteristik ausgewählt: Die Kugelrichtcharakteristik eignet sich, wenn zugleich mit einem Interview oder einer Reportage die akustische Atmosphäre übertragen werden soll; sofern es sich um Druckempfänger handelt, sind Kugelrichtmikrofone weniger wind- und handempfindlich als Richtmikrofone. Die Niere eignet sich für Aufnahmesituationen, in denen Nebengeräusche ausgeblendet werden und nur der Reporter und der Befragte aufgenommen werden sollen; das Störgeräusch entscheidet über Mikrofonhaltung bzw. -führung (*Abb. 5/48*). Eine Acht blendet Störgeräusche ebensogut wie die Niere aus; sie kann deshalb bei zwei Gesprächspartnern gut eingesetzt werden, muß allerdings fast in Mundhöhe gehalten werden.

Grundsätzlich ist ein Wind- und Poppschutz zu empfehlen. Bei Mikrofonabständen unter 30 cm sollte bei der Verwendung von Richtmikrofonen ein Nahbesprechungsmikrofon genommen werden (siehe unten); dieser Mikrofontyp verfälscht aber die akustische Atmosphäre. Bei sehr geringem Besprechungsabstand wird die Mikrofonmembran möglichst nicht frontal angesprochen, sondern zur Vermeidung von Übersteuerungen schräg. Da Richtmikrofone ziemlich empfindlich gegen Körperschall sind, müssen Reibgeräusche am Mikrofon und am Mikrofonkabel unbedingt vermieden werden. Dafür ist es nützlich, das Kabel mit einer Schlaufe durch die Hand zu ziehen.

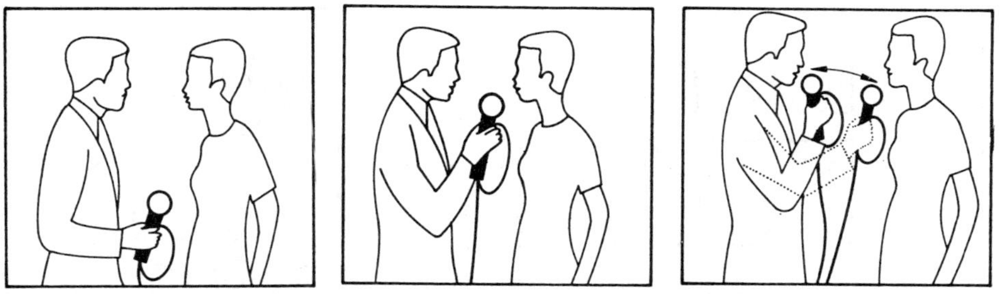

bei geräuscharmer Umgebung bei geräuschvoller Umgebung bei sehr geräuschvoller Umgebung

Abb. 5/48. Mikrofonhaltung bei Interviews und Reportagen.

Gesprächsrunden

Für eine Gesprächsrunde (Roundtable) gelten zunächst dieselben Gesichtspunkte bezüglich Schallpegel, Studiogeräusch, Nahbesprechungseffekt und Klangfärbung durch Reflexionen wie bei einem Einzelsprecher (siehe unten).

Bei der Mikrofonaufstellung kommen zwei Möglichkeiten in Betracht: Zunächst kann jedem Gesprächspartner nach dem Einzelmikrofonverfahren ein Mikrofon zugeteilt werden, das dann bei Stereoaufnahmen in der Tonregie durch Panoramapotentiometer in seine Abbildungsrichtung eingeordnet wird. Dieses Verfahren bietet zugleich die Möglichkeit, die Mikrofone nur bei Bedarf zu öffnen. Diese Funktion kann auch ein Schwellwertschalter (Noisegate) übernehmen; ein Expander reduziert ebenfalls unnötige Geräusche in Pausen. Um in Gesprächspausen kein akustisches Loch entstehen zu lassen, muß zusätzlich ein Raummikrofon aufgestellt werden, das Verfahren eignet sich aus qualitativen Gründen vor allem für Monoaufnahmen und Beschallungen.

Einen besseren Eindruck von der akustischen Atmosphäre im Gesprächsraum gibt eine Aufnahme mit einem oder zwei Stereomikrofonen in etwas größerem Abstand. Dabei können die Gesprächsteilnehmer auf einem Kreisbogen von 270 ° angeordnet werden, in XY-Aufnahmetechnik werden dann zwei Nieren unter ± 45 ° eingestellt. Sitzen die Teilnehmer um den ganzen Tisch, können zwei Nieren mit ± 90 ° in XY-Technik aufgestellt werden. Die Verwendung von zwei Stereomikrofonen „Rücken an Rücken“ ist nicht sinnvoll.

Für Monoaufnahmen eignet sich ein Stereomikrofon mit unter 90 ° gekreuzten Achten, die über ein 90 °-Filter zusammengeschaltet werden; es entsteht dabei eine Richtcharakteristik, die einer rotierenden Acht (Torus) entspricht, also waagrecht allseitig gleich empfindlich ist, senkrecht aber diffusen Schall ausblendet (*Abb. 5/49*). Auch mit Grenzflächenmikrofonen werden gute Erfahrungen gemacht; sie sind unauffällig und zeigen besonders auch bei sich vom Mikrofon abwendenden Sprechern gute Ergebnisse.

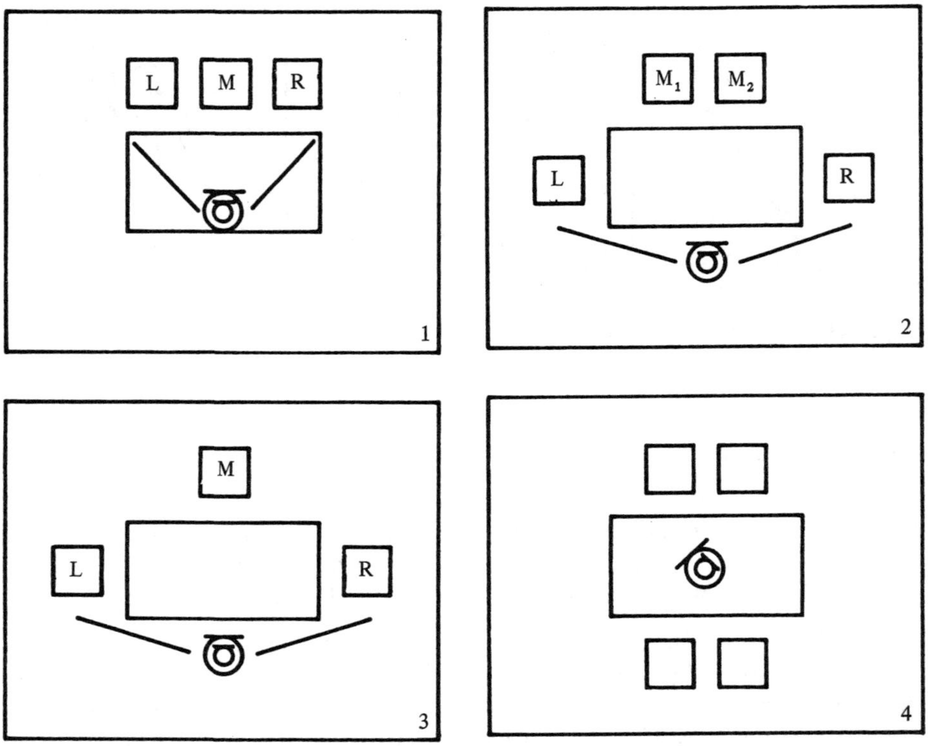

Abb. 5/49. Mikrofonaufstellung bei Gesprächsrunden.
1. MS: Acht/Acht, XY: Acht/Acht unter ± 45 °
2. MS: Kugel oder Niere/Acht, XY: Niere/Niere unter ± 90 °
3. wie 2.
4. Torus für Monowiedergabe (gekreuzte Achten unter 90 ° Phasenverschiebung)

Störungen bei Sprachaufnahmen

Bei normaler Sprechweise herrscht in einer Entfernung von etwa 60 cm vom Sprecher ein Schalldruckpegel von rund 60 dB, der sich bei Annäherung auf etwa 30 cm um rund 4 dB auf 64 dB erhöht; wird laut gesprochen, erhöht sich der Pegel um jeweils etwa 6 dB. Damit ergibt sich in einem Studio, das den an ein Rundfunkstudio gestellten Anforderungen gerecht wird, ein Störpegelstand zu dem allgemeinen Studio- und Mikrofongeräusch von rund 50 dB. Dabei bestimmt das Eigenrauschen des Mikrofons vor allem den erreichbaren Geräuschpegelabstand. Da das Studio- und Mikrofongeräusch bei Sprachaufnahmen über dem Bandgeräusch liegt, müssen kürzere Pausen bei Sprachaufnahmen aus einer Aufnahme der „Studioatmosphäre" („Atmo", „Raum statisch") bestehen; es empfiehlt sich deshalb, zu einer Sprachaufnahme stets noch einige Meter „Atmosphäre" als Mischung aus Studio-, Mikrofon- und Bandgeräuschen für evtl. einzufügende Pausen aufzunehmen.

Bei relativ geringem Mikrofonabstand – unter 30 bis 50 cm – ruft der Nahbesprechungseffekt (siehe Kapitel 4.2.1) durch eine hörbare Anhebung der Tiefen ein unnatürliches Dröhnen hervor; für diesen Fall stehen Mikrofone mit einschaltbarer Baßabsenkung zur Verfügung bzw. Mikrofone mit einer festen Baßabsenkung, sog. Solistenmikrofone. Bei der vielfach vor allem im Studio üblichen Entfernung von etwa 60 cm spielt der Effekt keine nennenswerte Rolle. Störender sind bei geringerem Mikrofonabstand Poppeffekte durch die Explosivlaute des Sprechers; ein Windschutz schafft hier Abhilfe. Störende Klangfärbungen entstehen, wenn das Mikrofon zugleich mit dem Direktschall Reflexionen vom Sprechertisch oder Manuskript aufnimmt. Je nach Anordnung lassen sich solche Reflexionen jedoch vermeiden (*Abb. 5/50*). Klangfärbungen machen sich vor allem dann störend bemerkbar, wenn die durch die Reflexion entstehende Kammfilterkurve sich durch Bewegungen des Sprechers verschiebt. Im Gegensatz zu Hörspielstudios benötigen reine Sprecherstudios keine Mindestgröße; durch Festlegung des Sprechplatzes und des Mikrofonorts kann die raumakustische Gestaltung alle akustischen Anforderungen erfüllen. Die Nachhallzeit beträgt im allgemeinen etwa 0,2 bis 0,3 s; erste Reflexionen werden dabei so weit wie möglich unterdrückt.

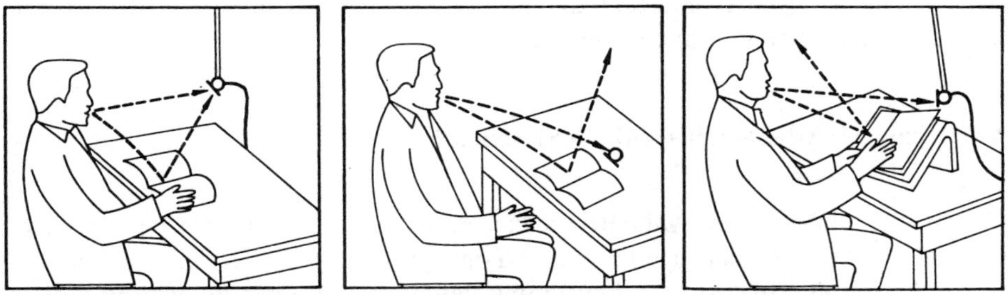

ungünstige Klangfärbungen | keine Klangfärbungen, Gefahr der Mikrofonverdeckung | keine Klangfärbungen

Abb. 5/50. Vermeidung von Klangfärbungen bei Sprecheraufnahmen.

5.5.7 Klangästhetische Gesichtspunkte bei Aufnahmen von Musik

Die Klangästhetik von Musikaufnahmen ist wie die Ästhetik anderer Kunstformen einer ständigen Veränderung unterworfen. Neben allgemeinen Strömungen gibt es auf diesem Sektor wie überall auch kurzlebige Trends oder an einzelne Persönlichkeiten gebundene Sonderentwicklungen. Dennoch soll versucht werden, einige „klassische" Prinzipien der Klangästhetik von stereofonen Musikaufnahmen zu formulieren. Klangästhetische Überlegungen werden um so wichtiger, je komplexer und je räumlich ausgedehnter eine Komposition oder Aufführung angelegt ist. So ist es bei der Aufnahme eines Sängers mit Gitarrenbegleitung nicht erheblich, ob der

Sänger links oder rechts von der Gitarre abgebildet wird oder ob die Gitarre in derselben Entfernung wie der Sänger, etwas weiter weg oder etwas näher wiedergegeben wird. Bei der Aufnahme eines großen Werkes mit Gesangssolisten, Soloinstrumenten, Orchester und Chor hingegen wird die Klangästhetik zu einer künstlerischen Frage größter Wichtigkeit, die wie die Darbietungen der Sänger und Musiker zur musikalischen Interpretation des Werkes gehört. Klangästhetische Entscheidungen beginnen aber meist schon bei relativ kleinen Besetzungen. Sie sind nicht frei von aufführungspraktischen Notwendigkeiten zu fällen, tragen also vielfach einen gewissen Kompromißcharakter. Allerdings sind die traditionellen Plazierungsschemata natürlich auch unter klangästhetischen Gesichtspunkten entwickelt worden; ein gutes Beispiel hierfür ist die traditionelle deutsche Orchesteraufstellung, die durch Klangsymmetrie gekennzeichnet ist. Möglicherweise hat aber heute der Gesichtspunkt des präzisen Zusammenspiels oft Vorrang, wie z. B. bei der amerikanischen Orchesteraufstellung, die wegen der fehlenden Symmetrie der Klangquellenverteilung für Stereoaufnahmen eine gewisse Problematik bietet.

Bei aller Subjektivität und Wandelbarkeit ästhetischer Urteile können zwei Gestaltungselemente als allgemeine ästhetische Prinzipien für stereofone Musikaufnahmen genannt werden: Symmetrie und Klarheit. Die Übertragung dieser Grundsätze auf die einzelnen Klang- und Raumdimensionen einer Stereoaufnahme kann die folgenden ästhetischen Leitlinien begründen.

Verteilung der Schallquellen auf der Stereobasis

Die Schallquellen werden symmetrisch nach ihrer Tonlage auf der Stereobasis angeordnet, also hohe Tonlage (links) – tiefe Tonlage (Mitte) – hohe Tonlage (rechts). Diese Anordnung hat vor der Anordnung tief–hoch–tief Vorrang, weil vor allem hohe Instrumente die Flanken der Stereobasis deutlich markieren können und weil tiefe Instrumente die Problematik der Phantomschallquellen nicht so deutlich hörbar machen; auch ihrer musikalischen Funktion entspricht die Mitte, weil sie das gemeinsame harmonische Fundament aller Stimmen darstellen. In diesem klangästhetischen Sinne ist also auch die deutsche Orchesteraufstellung der amerikanischen vorzuziehen. Großbesetzte Werke, z. B. für Gesangssolisten, Orchester und Chor, haben mehrere Klangebenen der räumlichen Tiefenstaffelung, z. B. vorne die Gesangssolisten, etwas entfernter das Orchester, dahinter der Chor. Es fördert die Klarheit, die Durchhörbarkeit eines Stereoklangbilds, wenn die Verteilung der Schallquellen in den einzelnen Entfernungsebenen aufeinander abgestimmt ist.

Dafür bieten sich bei zwei räumlich gestaffelten Klangebenen mehrere Möglichkeiten, die Klangquellen entsprechend ihrer Tonlagen zu verteilen (*Tab. 5/12*). Bei drei räumlich gestaffelten Klangebenen können die Gestaltungselemente, die bei zwei Klangebenen möglich sind, in vielfacher Weise kombiniert werden, wobei die Grundsätze Symmetrie und Klarheit berücksichtigt werden; zwei Beispiele hierfür gibt *Tab. 5/12*.

Tab. 5/12. Klangästhetische Anordnung der Schallquellen nach ihrer Tonlage.

tief – hoch – tief hoch – tief – hoch	hoch – tief – hoch tief – hoch – tief
hoch – mittel – tief tief – mittel – hoch	tief – mittel – hoch hoch – mittel – tief
hoch – tief – hoch tief – hoch – tief hoch – tief – hoch	hoch – mittel – tief hoch – tief – hoch tief – mittel – hoch

Ein einzelnes solistisches Instrument oder ein Sänger wird in die Mitte der Basis gelegt. Daß in der Praxis solchen klangästhetischen Gesichtspunkten vielfach aufführungspraktische Gewohnheiten und Forderungen gegenüberstehen, schränkt ihre Gültigkeit nicht ein. Immerhin dürfte es in vielen Fällen leicht möglich sein, zumindest durch die Aufstellung der Gesangssolisten die Klangsymmetrie und -klarheit zu erhöhen.

Die genannten klangästhetischen Prinzipien finden in den Musikbereichen U-Musik, Popmusik, Folklore, Volksmusik und Jazz ebenso Anwendung wie im E-Musikbereich. Die Verteilung der Schallquellen nach ihrer Tonlage ist bei U-Musik usw. vielleicht noch wichtiger, weil durch die praktizierten Aufnahmeverfahren, also vor allem durch das Einzelmikrofon- und Stützmikrofonverfahren, die Lokalisierbarkeit auf der Stereobasis noch besser ist. Die Definition der Klangebenen muß etwas anders gefaßt werden: eine Klangebene stellt hier auch z. B. die Rhythmusgruppe mit Schlagzeug, Harmonie- und Baßgitarre dar oder auch das Schlagzeug für sich allein. Sinngemäß wird die Bass drum in die Mitte gelegt, werden Becken und Hi-Hat auf die Flanken verteilt, während die vier Toms mit steigender Tonlage z. B. von links nach rechts auf der Stereobasis angeordnet werden.

Breite und Tiefenstaffelung

Die Basisbreite soll bei der Stereoabbildung der Logik der räumlichen Perspektive nicht widersprechen. Große Klangkörper werden so breit wie möglich abgebildet; kleine Klangkörper, z. B. zwei Instrumente, werden um so schmaler abgebildet, je größer die Entfernung der Hörereignisse ist, nur bei Mikrofonstandorten im Nahfeld widerspricht eine breite Abbildungsbasis nicht der räumlichen Perspektive des Hörers. Unabhängig von der Abbildungsbreite der Schallquellen erfüllt der Raumschall immer die ganze Basis.

Die kleinste akustisch darstellbare Entfernung bei Lautsprecherwiedergabe ist die Entfernung der Lautsprecher vom Hörer, die größte akustisch darstellbare Entfernung liegt zwischen 10 und 20 m. Da die Entfernungswahrnehmung des Gehörs nicht ebenso gut entwickelt ist wie die Richtungswahrnehmung, können zwischen kleinster und größter darstellbarer Entfernung nur wenige Entfernungsebenen leicht unterschieden werden. Eine ausgeprägte Tiefenstaffelung entspricht zumindest bei Musikaufnahmen durchaus nicht der Erfahrung aus dem natürlichen Hören, sondern ergibt sich erst als akustische Perspektive aus der Position eines Hauptmikrofons, allerdings auch aus der Position des Dirigenten. Die Tiefenstaffelung bietet jedoch die Möglichkeit, den Klangraum zu differenzieren, eine Möglichkeit, die bei der für Lautsprecherwiedergabe unüberwindbaren Einengung des Raumeindrucks grundsätzlich genutzt werden sollte. Tiefenstaffelung ist zugleich auch Bedeutungsstaffelung; aus der alltäglichen Hörerfahrung ist das Nahe das, was anspricht oder auch bedroht, kurz, was wichtiger ist als Entfernteres.

Die bei einer Aufnahme realisierte Tiefenstaffelung kann um so ausgeprägter sein, je größer die Besetzung ist und je größer der empfundene Raum ist. Die akustische Darstellung der Entfernung ist nicht leicht zu realisieren. In den Musiksparten U-Musik usw. kommt der Tiefenstaffelung wegen des bevorzugt verwendeten Einzelmikrofonverfahrens im allgemeinen untergeordnete Bedeutung zu.

Historische Entwicklung

Die ersten Jahrzehnte nach Erfindung der mechanischen Schallaufzeichnung (Wachswalze 1877, Schellackplatte 1895) waren in klangästhetischer Hinsicht gekennzeichnet durch die Aufzeichnungstechnik: der Schall wurde durch Trichter aufgenommen und durch Schläuche der Membran zugeleitet, an die über einen Hebelarm der Schneidstichel angekoppelt war. Die geringe Empfindlichkeit und die hohen Nebengeräusche zwangen die Musiker zu extremer Nähe zu den Trichtern; musikalische Dynamik war nicht möglich, größte Lautstärke war eine Forderung an die Musiker, ohne die keine brauchbaren Aufnahmen möglich waren. Dennoch wurden diese Aufnahmen als sensationell empfunden – der Vergleich mit den ersten Fotos liegt hier nahe –, weil erstmals der Künstler selbst zu hören war und nicht ein Musikautomat mit mechanischer Tonerzeugung. Sofern bei den rein mechanischen Aufnahmen überhaupt von einer Klangästhetik gesprochen werden kann, ist sie gekennzeichnet durch extreme Nähe der „Mikrofone“ und fehlende Dynamik.

Eine Weiterentwicklung der Aufnahmetechnik brachte die Einführung der elektroakustischen Übertragung mit Mikrofonen und Verstärkern in der Mitte der zwanziger Jahre. Dadurch erweiterte sich nicht nur der Frequenzbereich von etwa 600 – 2000 Hz auf 100 – 5000 Hz, sondern auch die Verzerrungen konnten erheblich reduziert und die Dynamik erweitert werden. Die Dynamikeinengung wurde nun zunehmend von den Musikern an die Tonmeister übergeben, die Klangbalance konnte elektrisch hergestellt werden durch Einsatz mehrerer Mikrofone. Nähe zur Klangquelle und geringe Dynamik waren aber weiterhin kennzeichnend für die Aufnahmetechnik.

Die nächste Entwicklungsstufe der Tonaufnahmetechnik war erreicht, als mit der Entdeckung der Hochfrequenzvormagnetisierung (1940) und der Entwicklung der Langspielplatte (1948) die Schallaufzeichnung und nun auch die Bearbeitung der Tonaufnahmen nochmals erheblich verbessert wurden. Nun war es möglich, auch den Raum in die Aufnahmetechnik einzubeziehen, also nicht nur die Schallquellen, sondern auch den Konzertsaal zu übertragen. Als Gegenpol zur Nahfeldmethode entstand die Aufnahmetechnik mit einem Kugelmikrofon, bevorzugt ein Druckempfänger, über dem Klangkörper. Das Hauptmikrofonverfahren war somit geschaffen worden.

Erst nach der Einführung der Stereofonie um 1960 entstand allmählich eine spezifische Medienästhetik, gekennzeichnet durch höchste Musizierperfektion und durch die direkte Umsetzung der Partitur in die Aufnahmetechnik; entsprechend der Zoomtechnik des Films wurden musikalische „Großaufnahmen" von einzelnen Instrumentensoli und wichtigen Stimmen gemacht. In Opernaufnahmen wurden die konsequentesten „aufnahmetechnischen Interpretationen" realisiert, es entstand der Begriff der „Klangbühne" (Sonicstage von Culshaw).

Diese Entwicklung wurde durch die weitere Perfektionierung, die vor allem die digitale Aufzeichnung, Bearbeitung und durch die Compact Disc ermöglicht wurde, nicht weitergeführt. Die Technik ist damit wohl erstmals an einem Punkt angelangt, wo es seitens der Technik keiner besonderen Rücksichtnahmen bedarf und die Aufnahmetechnik frei über die möglichen Verfahren verfügen kann.

5.5.8 Mikrofonaufstellungen bei Fernsehaufnahmen

Die Tonaufnahmen bei Fernsehproduktionen stehen produktionstechnisch und inhaltlich eng mit dem Bild in Verbindung. Daraus ergeben sich Besonderheiten für die Mikrofonaufstellung bei Fernsehaufnahmen, die von der Art der Produktion abhängen. Die Besonderheiten der Mikrofonaufstellung ergeben sich nur bei gleichzeitiger Aufnahme von Ton und Bild.

Fernsehspiele

Der vom dramaturgischen Gedanken bestimmten Bildführung muß eine adäquate Tonaufnahme zur Seite stehen. Grundforderung für die Mikrofonaufstellung ist, daß im Bild weder Mikrofone noch Mikrofonschatten sichtbar sein dürfen. In der Praxis werden deshalb die Mikrofone oft von den Beleuchterbrücken aus über die

Köpfe der Darsteller gehängt. Dies ist vor allem dann günstig, wenn die Spielfläche relativ klein ist bzw. wenn sich die Spielhandlung auf einen eng begrenzten Spielort konzentriert.

Sehr gebräuchlich ist auch die versteckte Aufstellung von Mikrofonen hinter Dekorationsteilen und Requisiten. Zur Befestigung von Mikrofonen an Kulissen dienen verschiedene Hilfsmittel, wie z. B. Halteklammern für Scheinwerfer, die von Fall zu Fall oft mit viel Phantasie und handwerklichem Geschick der jeweiligen Dekoration und Mikrofontype angepaßt werden müssen. Bei der Bluebox-Tricktechnik besteht die Möglichkeit, auch das Mikrofon elektronisch aus dem Bild herauszustanzen, wenn es geschickt in dem Szenenbild mit einem Stück Blauwand abgedeckt wird.

In den meisten Fällen wird man mit dem Aufhängen der Mikrofone über der Szene und dem Kaschieren nicht auskommen, weil die Darsteller häufig ihren Standort in der Dekoration wechseln (Auf- und Abtritte, Gänge). Man kann diese Situationen tonaufnahmetechnisch mit sogenannten Mikrofon-Galgen (starrer Ausleger auf einfachem Fahrgestell) oder Mikrofon-Booms (teleskopartiger Ausleger auf Crab-Fahrgestell) meistern. Den Tontechnikern, die diese Geräte bedienen, stehen zur Unterstützung ihrer oft viel Sorgfalt erfordernden Tätigkeit ein Informationsbild (kleiner Schwarz-Weiß-Monitor) und ein ankommender Kommandoweg (drahtgebunden oder drahtlos) zur Verfügung, auf den auch der Programmton aufschaltbar sein sollte. Anstelle des Mikrofon-Galgens bzw. -Booms werden bei den meist kurzen szenischen Filmtonaufnahmen vorteilhaft leichte, handliche Mikrofonangeln eingesetzt, mit denen man wegen ihrer Flexibilität vor allem in engen Dekorationen gut den stets wechselnden Einstellungen folgen kann *(Abb. 5/51)*.

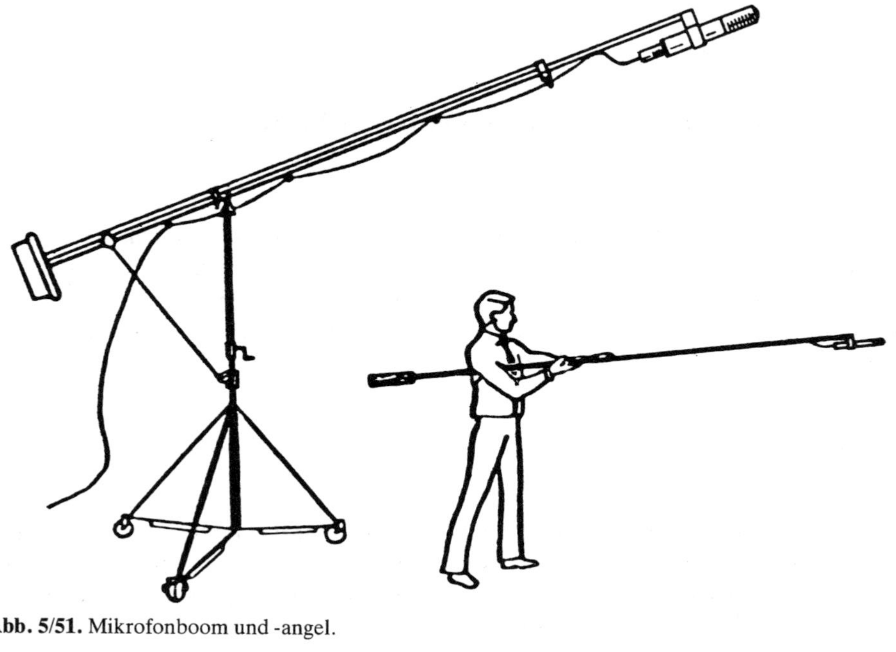

Abb. 5/51. Mikrofonboom und -angel.

Im Normalfall werden bei Fernsehspielen Kondensatormikrofone mit nierenförmiger Richtcharakteristik verwendet. Zur Unterdrückung des meist tieffrequenten Störschalls werden mechanische Filter in Form elastischer Mikrofonaufhängungen und elektrischer Filter eingesetzt: Die Geräusche schnell bewegter Mikrofongalgen im Studio, Windgeräusche im Freien u. a. werden mit Spezialmikrofonen vermindert, die einen stetigen Abfall des Übertragungsmaßes bei tiefen Frequenzen haben. Windgeräusche werden besonders wirksam durch Windschutzkörbe unterdrückt. Zur Dämpfung von Trittschall, z. B. Schritte auf einem Holzpodest, der als Körperschall auf das Mikrofon übertragen wird, sind Fußbodenstative mit mechanischem Trittschallfilter (Schwingmetall, Gummihalterung) zu verwenden. Zusätzlich sind die Tonmischpulte mit elektrischen Trittschallfiltern ausgerüstet, so daß bei gleichzeitigem Einsatz von mechanischen und elektrischen Filtern ein guter Schutz gegen tieffrequente Störpegel erzielt wird.

Unterhaltung und Show

Bei Musikaufnahmen ist für die Mikrofonaufstellung zu beachten, daß Orchester vielfach mehr nach bildwirksamen Gesichtspunkten als nach akustischen und spieltechnischen Belangen angeordnet werden. Um dennoch ein geschlossenes Klangbild übertragen zu können, muß oft eine große Zahl von Mikrofonen aufgestellt werden, die das beim Einzelmikrofonverfahren (Polymikrofonie) übliche Maß übersteigt. Je näher die Mikrofone bei den einzelnen Instrumentengruppen bzw. Soloinstrumenten aufgestellt werden können, desto besser ist die akustische Übersprechdämpfung zwischen den Mikrofonen und desto nuancierter läßt sich das gesamte Klangbild abmischen. Selbstverständlich sind bei diesen Aufnahmen die Mikrofone im Bild sichtbar; Forderungen nach nicht sichtbaren Mikrofonen bei Musikaufnahmen lassen sich meist nur mit dem Voll-Playbackverfahren realisieren, d. h. nur mit einer zeitlich getrennten Aufnahme von Bild und Ton. Aus optischen Gründen (Schatten) ist es oft zweckmäßig, für Instrumentalsolisten möglichst kleine Mikrofone zu verwenden. Günstig sind Kondensatormikrofone, bei denen die Mikrofonkapsel vom Mikrofonverstärker so weit entfernt ist, daß bei Großaufnahmen nur die relativ kleine Kapsel im Bild erscheint. Für verschiedene Mikrofontypen stehen solche Kapselverlängerungen zur Verfügung. Vokalsolisten bedienen sich normalerweise eines Handmikrofons; dabei sollte zur Vermeidung von Körperschallübertragung vom bewegten Mikrofonkabel über den Stecker auf das Mikrofongehäuse das Kabel in Form einer Schlaufe zusammen mit dem Mikrofon gehalten werden. Als Handmikrofone können nur solche Typen verwendet werden, die weitgehend griffunempfindlich und mit einem Nahbesprechungsschutz gegen Poppgeräusche (Windschutzkorb, Poppschutz) ausgerüstet sind. Die bei Druckgradientenempfängern unvermeidliche Tiefenanhebung im Falle von Nahbesprechung wird bei Nahbesprechungsmikrofonen, bei umschaltbaren Mikrofonen in der Schalterstellung „Sprache“ bereits im Mikrofon durch akustische oder elektrische Gegenmaßnahmen kompensiert. Für Show-Master, Quiz-Master, Moderatoren usw., die sich unbehindert frei von jedem Kabel auf der Bühne bewegen, eignen sich drahtlose Mikrofone (Näheres hierzu in Kapitel 4.2.4).

Dokumentation, Feature und Aktualitäten

Bei der Produktion dieser Programmbeiträge, die in der Regel nicht im Studio entstehen, muß sich die Mikrofonaufstellung weitgehend an den Gegebenheiten des Schauplatzes orientieren, wobei auf störende Reflexionen und Flatterechos in akustisch ungünstigen Räumen, auf fehlende Präsenz und akustische Störpegel besonders zu achten ist. Zur Eliminierung unverhältnismäßig lauter Nebengeräusche können Mikrofone mit keulenförmiger Richtcharakteristik verwendet werden; bei ihrer Handhabung gewährleistet eine besondere, pistolengriffähnliche Halterung ein müheloses Nachführen des Mikrofons.

Bewährt haben sich bei aktuellen Beiträgen auch die sog. Lavalier- oder Umhängemikrofone (4.2.2), die auch unter ungünstigen Verhältnissen eine gute Wortverständlichkeit ermöglichen. Lavalier-Mikrofone sind einfach in der Handhabung: Da die Entfernung vom Mund des Sprechers stets konstant ist, bleibt auch der Schalldruckpegel konstant, unabhängig davon, ob sich der Sprecher auf die Kamera zu oder von der Kamera weg bewegt. Umhängemikrofone sollen nicht unter einer Krawatte oder einem Pullover getragen werden, um Reibgeräusche und Frequenzgangänderungen zu vermeiden. Die Aktualität des Ereignisses rechtfertigt die Sichtbarkeit dieses technischen Hilfsmittels. Ein Mikrofon, das groß im Bild zu sehen ist, ist bei der gebotenen Eile ein geringeres Übel als ein Text, der klanglich unbefriedigend ist. Diese Regel gilt auch für ein vom Reporter verwendetes Handmikrofon, das bei großem Lärm dem Interviewpartner nahe vor den Mund gehalten werden muß.

Da man bei Diskussionen in der Regel die Reihenfolge der Wortmeldungen nicht kennt, müssen immer alle Mikrofone aufgeschaltet sein. Stehen modulationsgesteuerte Mikrofonschalter zur Verfügung, so schalten sich die jeweils nicht besprochenen Mikrofone selbsttätig in Sprechpausen aus. Solche „Sprachtore" schalten bei Überschreitung eines bestimmten, vorwählbaren Pegels das Mikrofon ein, bei Unterschreitung dieses Schwellwerts wird eine Dämpfung vorgeschaltet. Die einstellbare „Haltezeit" eliminiert die Gefahr des „Pumpens" zwischen zwei Pegeln. Mit Ansteckmikrofonen vermeidet man ein hohes Raumgeräusch, da die Mikrofone sehr nahe beim Mund sind, wodurch das Verhältnis von Nutz- zu Störschall sehr günstig wird. Bei Verwendung von Sprachtoren muß jedoch stets ein Mikrofon ohne Sprachtor aufgestellt werden, damit in Sprechpausen die Modulation nicht unterbrochen wird.

Die genannten Mikrofonaufstellungen in den Gattungen Spiel, Unterhaltung, Dokumentation und Aktualität können je nach Gegebenheit in vielfacher Weise miteinander kombiniert werden. Wichtig ist bei Fernsehaufnahmen, daß die Mikrofonaufstellung so flexibel und variabel wie möglich gehalten wird, um auch einem raschen Wechsel in der Bildkonzeption gerecht werden zu können. Nur auf diese Weise können auch Probleme wie Mikrofonschatten, akustisch ungünstige Dekorationen u. a. durch Kompromisse mit den zuständigen Mitarbeitern rasch und optimal gelöst werden.

5.5.9 Mehrspurtechnik

Anwendung

Die Mehrspur-Aufnahmetechnik ist heute im Bereich der U-, Pop- und Rockmusik ein Standard-Aufnahmeverfahren. Es findet aber auch für E-Musikproduktionen, für Hörspiele und Features Anwendung. Die Mehrspurtechnik wird in der Tonstudiotechnik dann eingesetzt, wenn verschiedene Instrumente, Instrumentengruppen oder allgemein Klangebenen bei der Aufnahme getrennt zu speichern sind, damit die Abmischung zu einem Gesamtklangbild erst nach der Aufnahme – also ohne die Musiker usw. – erfolgen kann. Die Aufteilung der Klanggruppen auf die einzelnen Spuren richtet sich nach der Anzahl der zur Verfügung stehenden Spuren und nach der Art der Aufnahme. Da sämtliche Eingriffe in den Klang der einzelnen Schallquellen erst nach der Aufzeichnung erfolgen, ist die akustische Trennung der einzelnen Mikrofone Voraussetzung für die Mehrspurtechnik. Aus diesem Grunde ist das Einzelmikrofonverfahren das der Mehrspurtechnik angemessene Verfahren.

Für den Ablauf einer Mehrspuraufnahme bestehen grundsätzlich zwei Möglichkeiten: die gleichzeitige Aufnahme sämtlicher Klangebenen auf alle Spuren und die sukzessive Aufnahme auf einzelne Spuren (Playbackverfahren).

Verfahren bei der Aufnahme

Die gleichzeitige Aufnahme aller Klangebenen bietet in folgenden Fällen Vorteile:

1. Wenn für die Aufnahme wenig Zeit zur Verfügung steht, wird der Aufnahmeprozeß bei Einsatz der Mehrspurtechnik zeitlich nicht durch Klangbearbeitung und Mischung zusätzlich belastet.

2. Bei der Aufnahme von Live-Konzerten kann das Risiko, daß durch unvorhersehbare Störungen in einzelnen Mikrofonkanälen die ganze Aufnahme beeinträchtigt wird, durch Mehrspuraufzeichnung herabgesetzt werden.

3. Wenn der Regieraum eine ungewohnte Akustik (z. B. bei sog. fliegendem auswärtigem Aufbau) hat, wodurch eine ausgewogene Mischung bei der Aufnahme in Frage gestellt wird, kann eine Mehrspuraufnahme gemacht werden, die erst später unter günstigeren Bedingungen abgemischt wird.

4. Sind bei der Aufnahme die elektroakustischen Bearbeitungsmöglichkeiten begrenzt, kann der Einsatz von Filtern, Begrenzern, Verzögerungsgeräten und Verhallungseinrichtungen in die Abmischung verlegt werden.

5. Es sollen jeweils optimale Abmischungen für unterschiedliche Medien erfolgen, z. B. eine Hörfunk- und Fernsehausstrahlung einer Oper sowie eine Schallplattenaufnahme. Solche Kooperationen sind schon aus finanziellen Gründen interessant. Dies ist nur möglich, wenn man jede Abmischung für sich durchführt und dabei noch möglichst große Freiheit durch die Verteilung der Signale auf getrennte Spuren hat.

Die Aufnahme auf einzelne Spuren nacheinander, das sog. Playbackverfahren, ist bei der Mehrspurtechnik die Regel. Sie ist notwendig,

1. wenn die gleichzeitige Aufnahme verschiedener Klanggruppen wegen akustischen Übersprechens klanglich unbefriedigend würde, z. B. Schlagzeug und Streicher,

2. wenn es nicht möglich ist, alle Mitwirkenden zu demselben Termin zusammenzubringen,

3. wenn die für die Aufnahme benötigte Zeit bei den einzelnen Mitwirkenden stark voneinander abweicht, z. B. bei unterschiedlichem Schwierigkeitsgrad der Parte, bei unterschiedlicher Vorbereitung oder bei verschiedener musikalischer Vorbildung der Mitwirkenden,

4. wenn verschiedene akustische Raumillusionen überlagert werden sollen,

5. wenn, wie z.B. bei Montagen elektronischer Musik, die Vielzahl der Arbeitsgänge eine gleichzeitige Aufnahme unmöglich macht.

Für das Vorgehen bei Playbackaufnahmen gibt es kein starres Schema. Die Art der Musik, Erfahrung und Können der Musiker, Stil des Arrangements u. a. sind hierbei bestimmend. Bei konventioneller U-Musik wird im allgemeinen mit den sog. Basic-Spuren begonnen, also mit Rhythmus (mit Vorzähler), Baß und Harmonieinstrumenten (Gitarren, Keyboards). Darauf folgen die sog. Backing-Spuren (Bläsersätze, Streicher, Background-Chor etc.). Als letztes wird die Solostimme oder das Soloinstrument aufgenommen. Bei vorwiegend improvisierter Musik, wie sie ein großer Teil der Popmusik darstellt, ist dieses Vorgehen wenig sinnvoll. Der Arrangeur oder Komponist stellt bei solcher Musik zunächst ein sog. Headarrangement her, das im einfachsten Fall eine Absprache über den Ablauf des Titels ist, meist aber eine die Musiker und das Aufnahmeteam orientierende Voraufnahme, eine grobe Fixierung der Ideen. Das Headarrangement besteht z. B. aus einem elektronischen Schlagzeug mit Vorzähler, irgendeinem Harmonieinstrument (Gitarre, Klavier, Orgel), das der Arrangeur spielt und zugleich das Gesangssolo dazu singt. Die

Spuren dieser Voraufnahme werden gelöscht, sobald die jeweils entsprechende Spur bei der Playbackaufnahme aufgezeichnet ist. Oft wird auch direkt nach den Anweisungen des Arrangeurs im Studio produziert. Das Verhältnis von Improvisation und Komposition eines Titels haben einen großen Einfluß auf das Vorgehen.

Mehrspurgeräte

Magnetische Aufnahmegeräte, die für die hier behandelte Mehrspurtechnik Verwendung finden, haben die Möglichkeit, daß der Aufnahmekopf über einen sog. Taktverstärker als Wiedergabekopf benutzt werden kann. So kann man ohne den zeitlichen Versatz zwischen Aufnahme- und Wiedergabekopf neue Aufnahmen zu den schon auf dem Mehrspurband bespielten Spuren synchron aufzeichnen. Unterschiede findet man bei den Geräten hinsichtlich Schichtlage, verwendeter Bandbreite, Anzahl und Breite der Spuren und Breite der Trennspuren neben anderen Besonderheiten des jeweiligen Herstellers (*Tab. 5/13*).

Tab. 5/13. Daten von Mehrspuraufzeichnungsgeräten. (DIN IEC 94. Tl. 6)

Breite des Bandes	Zahl der Spuren	Breite der Spuren	Breite der Trennspuren
½″	4	1,75 mm	1,55 mm
1″	4	4,45 mm	2,20 mm
1″	8	1,75 mm	1,55 mm
2″	16	1,75 mm	1,475 mm
2″	24	1,00 mm	1,13 mm
2″	32	0,70 mm	0,88 mm

Zum Vergleich: Bei Stereo-Geräten beträgt die Spurbreite 2,75 mm, die Trennspurbreite 0,75 mm bei ¼″ Bandbreite. Durch Verkopplung über Zeitcode können – sofern die Maschinen entsprechend ausgerüstet sind – auch mehrere Mehrspurgeräte synchron betrieben werden, so daß es in der Spurenzahl keine prinzipielle Beschränkung gibt (Master/Slave-Betrieb).

Zu den herstellerbedingten Besonderheiten gehören u. a.:

1. Kontrollinstrumente zur Überwachung jedes einzelnen Kanals vor oder hinter Band sowie die Möglichkeit, parallel dazu mit einem Kopfhörer abzuhören.

2. Taktmischverstärker, die eine Einstellung und Mischung der Ausgangsspannungen der Taktverstärker ermöglichen. Ein externes Signal ist ebenfalls zumischbar, um beispielsweise dem Taktsignal auch schon Hall beimischen zu können. Fehlt ein solcher Taktmischverstärker an der Mehrspurmaschine, so ist eine entsprechende zusätzliche Einrichtung in der Regieanlage erforderlich.

3. Stereo-Mischer für die Abhörkontrolle. Er ermöglicht eine provisorische Abmischung in Stereo sowie die Bildung einer Hallsumme zur Versorgung einer Nachhalleinrichtung. Der Stereohall kann der Abhörsumme zugemischt werden.

4. Fernbedienbarkeit des Laufwerkes mit Fernzählwerk und teilweise auch Fernschaltbarkeit der Verstärkerfunktionen.

5. Veränderbarkeit der Bandgeschwindigkeit bis zwischen +30 und −50 %.

6. Auswechselbare Kopfträger und Bandführungsrollen zur Umstellung auf verschiedene Bandbreiten und Spurzahlen.

7. Ausstattung mit Kompandersystemen (z. B. Telcom c4 oder Dolby) für jeden Kanal.

Probleme bereitet bei Mehrspurmaschinen mit vielen Spuren und geringer Spurbreite der Geräuschspannungsabstand, wenn kein Rauschunterdrückungssystem vorhanden ist. Für die einzelne Spur läßt sich bei einer 8- oder 16-Spur-Maschine mit einer Bandmagnetisierung von 510 pWb/mm ein Geräuschspannungsabstand von etwa 56 dB erreichen, bei 32 Spuren von etwa 52 dB – zum Vergleich: bei ¼″-Stereo-Maschinen etwa 60 dB. Hohe Werte erzielt man mit Rauschunterdrückungssystemen; so beträgt der Geräuschspannungsabstand bei Verwendung von Telcom c4 bei 8/16 Spuren 82 dB, bei 32 Spuren 76 dB, was auch hohen Ansprüchen gerecht wird.

Playbackverfahren

Das Playbackverfahren wird in den oben genannten Fällen angewendet. Aufnahmetechnisch stellt sich dabei die Aufgabe, zu einer vorhandenen Teilaufnahme eine weitere Klangebene (Instrument, Gesang) hinzuzufügen. Damit diese Aufnahme synchron zur vorhandenen Teilaufnahme ablaufen kann, muß die Erstaufnahme, auch „Original“ oder einfach „Playback“ genannt, denen, die etwas hinzuspielen sollen, über Lautsprecher oder über Kopfhörer in den Aufnahmeraum eingespielt werden.

Auch ohne Mehrspurmaschinen wird von dieser Technik häufig Gebrauch gemacht. Dabei wird das Original ins Studio eingespielt und gleichzeitig mit der Neuaufnahme gemischt, damit die Synchronität der beiden Aufnahmen erhalten bleibt. Handelt es sich bei der Originalaufnahme schon um ein differenziertes Klangbild, so können durch die Überspielung Details der alten Aufnahme verdeckt werden. Auch die Balance zwischen hohen und tiefen Instrumenten kann sich verschieben. Bei mehrfachen Überspielungen werden diese Schwierigkeiten verstärkt auftreten. Auch bei umfangreicher praktischer Erfahrung ist es nicht möglich, die für irgendeine spätere Überspielung notwendigen Korrekturen schon bei der Erstaufnahme zu berücksichtigen.

Für die Abhörkontrolle während der Erstaufnahme und der einzelnen Phasen der Synchronisation ist es unerläßlich, eine provisorische Mischung in Stereo möglichst einschließlich Verhallung von allen Spuren der Mehrspurmaschine machen zu können (Abhörsimulation). Das Prinzip einer Abhörschaltung, die den praktischen Erfordernissen gerecht wird und die auch die Einspielung ins Studio berücksichtigt, zeigt *Abb. 5/52*.

Das Schneiden der Mehrspurbänder wird durch die Breite des Bandes erschwert, ist aber grundsätzlich bis zur größten Breite von 2″ auch als Musikschnitt möglich. Im allgemeinen wird erst geschnitten, wenn alle Spuren aufgenommen sind. Für den Schnitt kann eine Zick-Zackstanze oder eine Schrägschnittschere benutzt werden. Der zeitliche Ablauf ist für alle weiteren Aufnahmen durch die Erstaufnahme fixiert; Korrekturen sind bei der Synchronisation nur durchführbar, indem man die korrekturbedürftigen Stellen einer aufgenommenen Spur auf derselben Spur erneut aufnimmt und damit die alte Aufnahme löscht oder indem man mit der Korrektur auf eine andere Spur ausweicht und danach die korrigierte Spur löscht. Hinterläßt die Maschine dabei keine Schaltgeräusche auf dem Band, so können die Pausen sehr

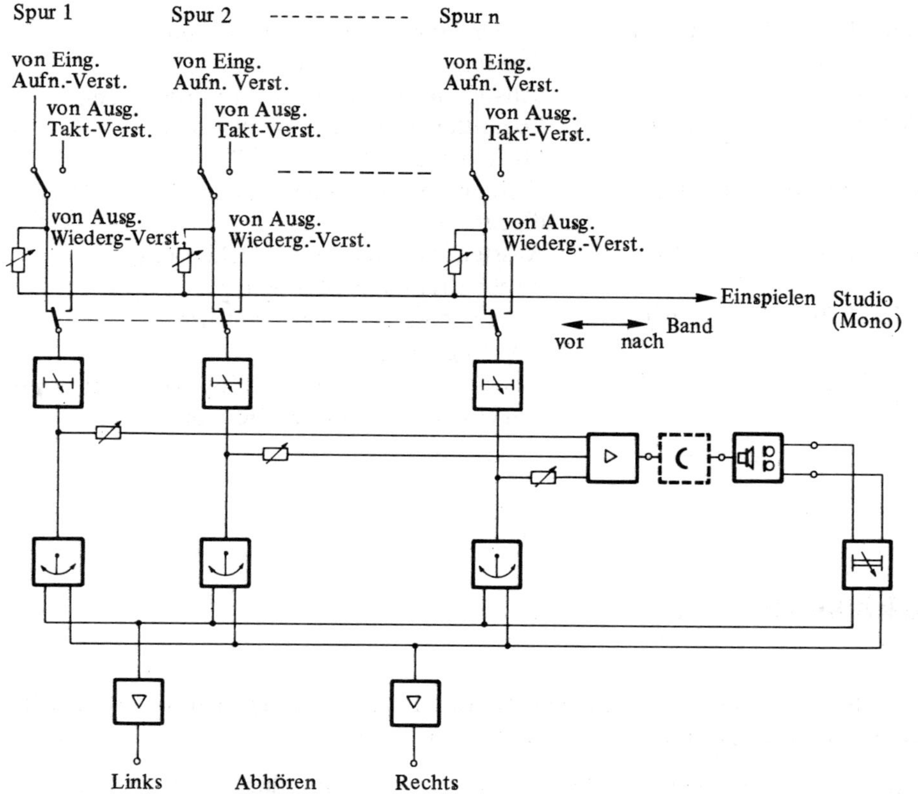

Abb. 5/52. Abhörmischer (Prinzipschaltung).

kurz sein (< 1 s). Moderne Maschinen haben ein Knackgeräusch von ca. 6 dB über dem Bandrauschen.

Reicht die Zahl der Spuren nicht aus, so kann durch eine Zwischenmischung von bespielten Spuren auf eine (Mono) oder zwei (Stereo) freie Spuren wieder Kapazität für weitere Aufnahmen gewonnen werden. Werden bei einer Zwischenmischung alle schon bespielten Spuren erfaßt, so erfolgt die Mischung über die Wiedergabeverstärker. Sollten dagegen einzelne Spuren separat bestehen bleiben, muß wegen der Synchronität über die Taktverstärker abgemischt werden. Da die Aufnahmeköpfe für die Wiedergabe nur bedingt geeignet sind, müssen hierbei Einbußen im Geräuschspannungsabstand, Übersprechen und Frequenzgang in Kauf genommen werden.

Normen

DIN IEC 94, Tl.6	in Vorb.	Systeme für Tonaufzeichnung und -wiedergabe auf Magnetband
DIN 4109	9.62	Schallschutz im Hochbau, Anforderungen
DIN 5493	10.82	Logarithmierte Größenverhältnisse; Maße, Pegel in Neper und Dezibel
DIN 5493, Beiblatt	10.82	–; Hinweiszeichen auf Bezugsgrößen und Meßbedingungen
DIN 45 406	11.66	Aussteuerungsmesser für elektroakustische Breitbandübertragung
DIN 45 407	9.80	Vollaussteuerung elektroakustischer Übertragungsglieder
E DIN 45 412	1.84	Störspannungsmessung an Ton-Rundfunk-Empfängern und verwandten Geräten

Richtlinien

Richtlinien für die Aussteuerung im Tonrundfunk, herausgegeben von der Arbeitskommission der Hörfunkbetriebsleiter der ARD (1972).

Technische Richtlinien zur Herstellung von Fernsehproduktionen für ARD und ZDF, Ausgabe Mai 1984

Literatur

5.1 M. Dickreiter: „Pegelanzeige und Lautstärkeempfindung bei der Aussteuerung des Tons", in: Fernseh- und Kino-Technik 1977, S. 317 ff.
5.2 H. Schiesser: „Optimale Lautstärke von Rundfunkprogrammen beim Hörer und im Studio", in: Fernseh- und Kino-Technik 1971, S. 391 ff.
5.3 R. Condamines: „A psychophysical investigation of the control of sound volume in programme production", in: E. B. U. Review – Technikcal Part Nr. 140, 1973, S. 162 ff.
5.4 E. Steffen: „Untersuchungen zur lautstärkegerechten Aussteuerung von Rundfunk-Tonsignalen", in: Technische Mitteilungen des RFZ 1978, S. 66 ff. und 78 ff.
5.5 J. Blauert und J. Fricke: „Optimale Aussteuerung in der Sendung", in: Rundfunktechnische Mitteilungen 1980, S. 63 ff.
5.6 K.-U. Oberlies und A. Neumann: „Realisierung einer Versuchsanlage für die rechnergestützte Sendeabwicklung im Hörfunk", in: Rundfunktechnische Mitteilungen 1980, S. 149 ff.
5.7 G. Steinke: „Zu Problemen der korrekten Aussteuerung des Tonprogrammsignals beim Rundfunk und Fernsehen", in: Technische Mitteilungen des RFZ 1982, Nr. 1, S. 1 ff.
5.8 M. Fouqué: „Zwischen Hörschwelle und Schmerzgrenze – die Dynamik", in: Funkschau 1979, S. 823 ff.
5.9 W. von La Roche: Einführung in den praktischen Journalismus, München 1980, List
5.10 W. von La Roche und A. Buchholz: Radio-Journalismmus, München 1980, List
5.11 H. Jakubowski: „Aussteuerungsmessung in der digitalen Tonstudiotechnik", in: Rundfunktechnische Mitteilungen 1984, S. 213 ff.
5.12 L. Keibs: „Möglichkeiten der stereo-ambiofonen Schallübertragung auf zwei Kanälen", in: Acustica 1962, S. 112 ff.
5.13 G. Steinke: „Stand und Entwicklungstendenzen der Stereofonie", in: Technische Mitteilungen des RFZ 1984, Nr. 1, S. 1 ff. und Nr. 2, S. 25 ff.
5.14 G. Steinke: „Entwicklungstendenzen der Stereofonie", in: Bericht über die 13. Tonmeistertagung München 1984, S. 137 ff.
5.15 M. Dickreiter: Mikrofon-Aufnahmetechnik, 2. Aufl., Stuttgart 1995, Hirzel
5.16 J. Webers: Tonstudio-Technik, 4. Aufl. München 1985, Franzis
5.17 W. Hoeg und G. Steinke: Stereofonie-Grundlagen, Berlin 1972, VEB Verlag Technik
5.18 W. Hoeg und K. Wagner: Stereofonie-Aufnahmetechnik, Berlin 1970, VEB Technik
5.19 J. Jecklin: Musikaufnahmen, München 1980, Franzis
5.20 N. Pawera: Mikrofonpraxis, Dachau 1981, Arsis
5.21 G. Theile: Über die Lokalisation im überlagerten Schallfeld, Diss., TU Berlin 1980 auch erschienen als Technischer Bericht Nr. 24/80 des Instituts für Rundfunktechnik München unter dem Titel: Untersuchungen zur Wahrnehmung der Richtung und Entfernung von Phantomschallquellen bei 2-Kanal-Stereofonie
5.22 Ausgewählte Aufsätze zum Thema Kunstkopfstereofonie, Sonderheft Sept. 1981 der Rundfunktechnischen Mitteilungen
5.23 K. Genuit: „Ein Beitrag zur Optimierung des Kunstkopfaufnahmesystems", in: Bericht über die 13. Tonmeistertagung München 1981, S. 218 ff.
5.24 H. W. Gierlich: „Aufbau und Anwendung eines elektronischen Kunstkopfs", in: Bericht über die 13. Tonmeistertagung München 1984, S. 103 ff.
5.25 G. Plenge: „Überlegungen zur Stabilität und Leistungsfähigkeit verschiedener stereofoner Übertragungsverfahren", in: Bericht über die 13. Tonmeistertagung München 1984, S. 158 ff.
5.26 Qualitätsunterschiede zwischen Stereoaufnahmen in X/Y- und M/S- Mikrophontechnik, Akustische Informationen 3.4.–2 des Instituts für Rundfunktechnik

5.27 Ortung der scheinbaren Schallquelle und Richtcharakteristiken bei Koinzidenzmikrophonen in XY- und MS-Schaltung, Akustische Information 3.4–3 des Instituts für Rundfunktechnik.
5.28 K. Bertram: „Über den Umgang mit Stereo-Koinzidenz-Mikrophonen", in: Telefunken-Zeitung 1965, S. 338 ff.
5.29 K. Bertram: „Die Richtungsmischung in der stereophonischen Aufnahmetechnik", in: Telefunken-Zeitung 1961, S. 13 ff.
5.30 G. Theile: „Hauptmikrofon und Stützmikrofone – neue Gesichtspunkte für ein bewährtes Aufnahmeverfahren", in: Bericht über die 13. Tonmeistertagung München 1984, S. 170 ff.
5.31 CCIR Draft New Recommendation (Doc. 10/1 1): Multi-channel stereophonic sound system with and without accompanying picture, Doc. 10BU3, May 1992
5.32 G. Theile: „The New Sound Format '3/2-Stereo'", in: Bericht 17. Tonmeistertagung Karlsruhe 1992, S. 294ff., München 1993, Saur
5.33 G. Spikowski, J. Pehrs, H. Rath, G. Theile: „Zur Darstellung der akustischen Atmosphäre mit dem 3/2- bzw. 3/4-Stereoformat", in: Bericht 17. Tonmeistertagung Karlsruhe 1992, S. 348ff., München 1993, Saur
5.34 G. Carter, J. Fisher: „Dolby-Surround-Ton, praktische Aspekte", in: Fernseh- und Kino-Technik, 5/1990
5.35 G. Theile: „Das Kugelflächenmikrofon", in: Bericht 14. Tonmeistertagung München 1986, S. 277ff., München 1987, Saur
5.36 J. Wuttke: „Zwei Jahre Kugelflächenmikrofon", in: Bericht 17. Tonmeistertagung Karlsruhe 1992, S. 832ff., München 1993, Saur

6. Geräte zur Klanggestaltung

6.1 Beeinflussung des Frequenzgangs

Die Möglichkeit der Beeinflussung des Frequenzgangs bzw. der Klangfarbe einer Aufnahme steht heute in jeder professionellen Tonregieanlage als Standardausrüstung zur Verfügung. Es gibt technische und gestalterische Gründe für die Veränderung des Frequenzgangs bzw. der Klangfarbe einer Aufnahme.

Technische Gründe für eine Frequenzgangkorrektur sind z. B. das Vorhandensein tieffrequenten Störschalls (Trittschall, Geräusche bei Kamerafahrten, Klimaanlagen, Verkehrslärm), übermäßiges Rauschen (alte Archivaufnahmen, versehentlich zu gering ausgesteuerte Aufnahmen), tieffrequente Raumresonanzen (stehende Wellen) besonders in kleineren Räumen und ungünstige Aufnahmebedingungen verschiedenster Art. In all diesen Fällen müssen die gestörten Frequenzbereiche im Pegel reduziert, ganz unterdrückt bzw. angehoben werden.

Der zweite wichtige Einsatzbereich für Frequenzgangveränderungen ist die künstlerisch-ästhetische Gestaltung der Klangfarbe. Dabei ist eine Klangveränderung in weiten Grenzen möglich. Bevorzugt wird die Klangfarbe von Einzelschallquellen verändert: dafür eignet sich in erster Linie das Einzelmikrofonverfahren, eventuell auch das Stützmikrofonverfahren. Künstlerisch-ästhetische Veränderungen werden hauptsächlich bei Aufnahmen von Popmusik u. ä. sowie beim Hörspiel und Feature vorgenommen. Bei den im Bereich der E-Musikaufnahmen bevorzugten Haupt- oder Stützmikrofonverfahren sind Klangfarbenkorrekturen aus gestalterischen Gründen weniger gebräuchlich. Schließlich können Instrumente, die Stimme oder Geräusche durch Geräte, die den Frequenzgang extrem verändern, verfremdet werden.

Frequenzgangverändernde Geräte stehen in unterschiedlichen Ausführungsformen zur Verfügung, sowohl in Standardausführungen für Tonregieanlagen als auch in speziellen Sonderausführungen als Zusatzgeräte für ganz bestimmte Anwendungsbereiche. In der Bezeichnung der Gerätetypen werden die folgenden Begriffe verwendet:

Filter: Dieser Begriff umfaßt alle Arten, insbesondere aber die Kombination mehrerer frequenzgangverändernder Übertragungsglieder, ebenso der Begriff Equalizer.

Entzerrer: Der Begriff hat dieselbe Bedeutung wie Filter. Er beinhaltet darüberhinaus die Funktion der Frequenzgangkorrektur.

Verzerrer: Auch dieser Begriff wird meist gleichbedeutend mit Filter gebraucht. Soll ein linearer Frequenzgang durch einen Filter verändert werden, so kann man dieses auch als Verzerrer bezeichnen.

Parametrisch und grafisch: Die Einstellmöglichkeiten eines Filters können parametrisch oder grafisch sein. Parametrisch sind sie, wenn alle Parameter des Filters einzeln und unabhängig voneinander im allgemeinen durch Drehregler einstellbar sind; grafisch sind Filter, wenn durch Schieberegler, die bestimmten Frequenzbändern zugeordnet sind, nur noch der Pegel dieser Bänder einstellbar ist. Bei parametrischen Filtern ist der eingestellte Frequenzgang nicht schnell ablesbar, während er beim grafischen Filter, für das auch oft der Begriff Equalizer gebraucht wird, der eingestellte Frequenzgang auf einen Blick überschaubar ist. Parametrische Filter benötigen wenig Platz und können deshalb in jeden Eingangskanal eines Mischpults integriert werden, die Einstellungen sind exakt reproduzierbar und genau definiert.

Das grafische Filter kann aufgrund seiner Größe nur als ein- oder zweikanaliges Zusatzgerät für einzelne Tonsignale verwendet werden; wegen seiner raschen und übersichtlichen Einstellbarkeit wird das grafische Filter z. B. zur Entzerrung von Beschallungsanlagen bevorzugt. Als paragrafisch wird gelegentlich eine Mischform zwischen beiden Filtertypen bezeichnet.

6.1.1 Frequenzgang und Typen von Entzerrern

Das Übertragungsmaß G eines Übertragungsglieds ist definiert als

$$G = 20 \lg \frac{U_2}{U_1}$$

G = Übertragungsmaß [dB]
U_1 = Eingangsspannung [V]
U_2 = Ausgangsspannung [V]

Der Frequenzgang ist die grafische Darstellung des Übertragungsmaßes für sinusförmige Eingangsspannungen in Abhängigkeit von ihrer Frequenz. Meist wird das Übertragungsmaß dabei auf 1000 Hz bezogen, d. h. es wird die Differenz des Übertragungsmaßes der jeweiligen Meßfrequenz und des Übertragungsmaßes bei 1000 Hz dargestellt; damit wird der Frequenzgang bezogen auf 1000 Hz direkt ablesbar.

An den Grenzen des Übertragungsbereichs sinkt das Übertragungsmaß ab. Als Grenzfrequenzen zwischen Durchlaß- und Sperrbereich sind im allgemeinen die Frequenzen definiert, bei denen das Übertragungsmaß, bezogen auf 1000 Hz, um 3 dB abgefallen ist. Bei Tonstudiogeräten findet man aber meist genauere Angaben, wobei vielfach auf eine grafische Darstellung verzichtet wird; sie können z. B. lauten: „Abweichungen vom geradlinigen Frequenzgang im Bereich 40 … 15 000 Hz $\leqq$ 0,5 dB, oberhalb dieses Bereiches stetiger Abfall, bei 100 kHz −20 dB".

Bei Geräten mit spezifischen Frequenzgängen, wie z. B. Mikrofone und Lautsprecher, werden vielfach die Toleranzen des Frequenzgangs grafisch angegeben. *Abb. 6/1* zeigt als Beispiel den Frequenzgang eines Mikrofons und seine Toleranzen.

Das Übertragungsmaß soll in der Regel unabhängig von der Frequenz sein. Ist das Übertragungsmaß aber frequenzabhängig, so entstehen lineare Verzerrungen; das

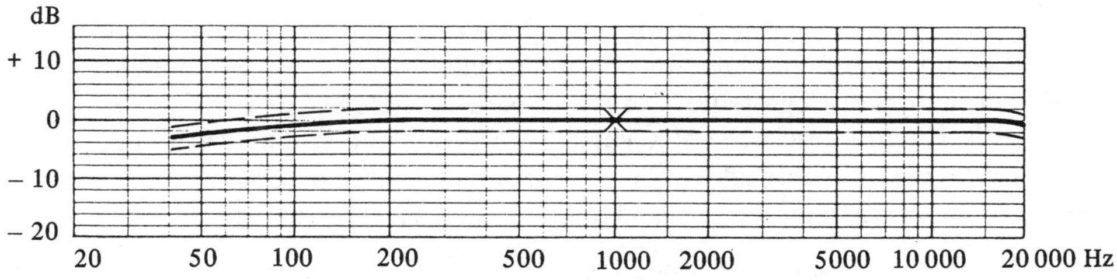

Abb. 6/1. Mikrofonfrequenzgang mit Toleranzschlauch.

Übertragungsmaß hat einen sog. Frequenzgang. Sie werden verursacht durch frequenzabhängig wirksame Bauelemente, vor allem Kondensatoren in Verbindung mit Widerständen. *Abb. 6/2* zeigt typische Formen einiger Frequenzgänge: Frequenzabfälle bei tiefen oder hohen Frequenzen und resonanzartige Überhöhungen oder Einbrüche.

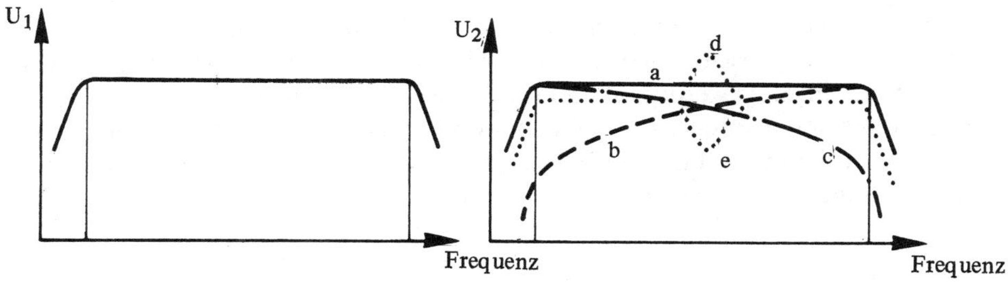

Abb. 6/2. Typischer Verlauf einiger Frequenzgänge (U_1 Spannung am Eingang, U_2 am Ausgang des Übertragungsglieds):
a. im Übertragungsbereich linearer Frequenzgang,
b. Abfall zu tiefen Frequenzen,
c. Abfall zu hohen Frequenzen,
d. resonanzartige Überhöhung (Präsenz),
e. resonanzartige Absenkung (Absenz).

Der Übertragungsbereich der Tonstudiotechnik beim Rundfunk liegt zwischen 40 Hz und 15 kHz. Frequenzen außerhalb dieses Bereichs müssen von der Übertragung ferngehalten werden. Tieffrequente Störungen stammen in erster Linie aus dem akustischen Signal bei der Mikrofonaufnahme, sie werden also am zweckmäßigsten am Eingang des Mikrofonverstärkers unterdrückt. Das ARD-Pflichtenheft fordert bei 15 Hz eine Dämpfung von mehr als 12 dB. Oberhalb 15 kHz soll das Signal so abfallen, daß bei 40 kHz eine Dämpfng von mindestens 20 dB erreicht wird.

In der Tonstudiotechnik wurden zunächst passive Filter mit einer Einschaltdämpfung von 34 dB verwendet. Heute benutzt man allgemein aktive Filter ohne Einschaltdämpfung. Schaltungstechnisch stellen sie meist Operationsverstärker mit bevorzugt RC-Gliedern als frequenzabhängige Gegenkopplung dar [6.4], [6.5].

In neuerer Zeit gewinnen digitale Filter an Bedeutung. Sie lassen sich mit hoher Genauigkeit und mit streng linearer Phase herstellen. Einstellungen können gespeichert und automatisch gesteuert werden. Das zu filternde Signal wird dabei zunächst digitalisiert, dann durch einen Rechner verarbeitet und schließlich wieder in ein analoges Signal rückverwandelt. Eine interessante Alternative stellen auch zentral programmierbare Filter dar; sie sind digital gesteuert, arbeiten analog oder digital.

Beim Einsatz von Filtern besteht die Gefahr von Übersteuerungen, weil sich auch Anhebungen in einzelnen Frequenzbereichen auf den Pegel auswirken. Filter sind deshalb oft mit Leuchtdioden (LEDs) zur Übersteuerungsanzeige ausgerüstet.

Parametrische Entzerrer

Tiefenentzerrer

Will man in einer Übertragungsanlage die tiefen Frequenzanteile der zugeführten Eingangsspannung abschwächen oder unterdrücken, muß in den Übertragungsweg ein Hochpaß eingefügt werden. Dieser läßt hohe Frequenzen unverändert passieren und sperrt die tiefen Frequenzen mehr oder weniger stark. Deshalb kann ein Tiefenentzerrer mit dieser Funktion auch Hochpaß genannt werden. Zwei Beispiele für Frequenzgänge eines Hochpasses zeigt *Abb. 6/3*.

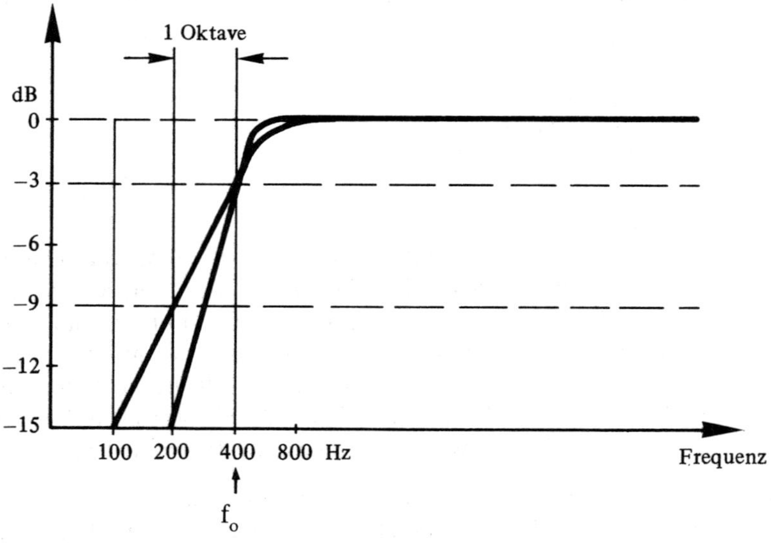

Abb. 6/3. Beispiele für Frequenzgänge eines Tiefenentzerrers mit Flankensteilheiten von 6 und 12 dB/Oktave.

Die Grenzfrequenz f_0, bei der die Sperrwirkung einsetzt, ist bei den meisten Entzerrern in Stufen, gelegentlich auch kontinuierlich einstellbar. Je nach Anforderung und schaltungstechnischem Aufwand kann der Frequenzgang im Dämpfungsbereich flach- oder steilflankig verlaufen; übliche Flankensteilheiten sind 6, 12, 18 oder 24 dB/Oktave. Steilflankige Tiefenentzerrer sind Trittschallfilter (low-cut), flachere Flanken haben sog. Kuhschwanzfilter (shelving).

Die Grundschaltung eines Hochpasses mit einem RC-Glied zeigt *Abb. 6/4*. Im allgemeinen werden Filter höherer Ordnung in verschiedenen Schaltungsprinzipien verwendet: das Butterworth-Filter hat bei der Eckfrequenz einen steileren Verlauf, das Bessel-Filter zeichnet sich durch besseres Phasenverhalten aus.

$$f_o = \frac{1}{2\pi \cdot RC}$$

gültig für hohen Lastwiderstand R_L

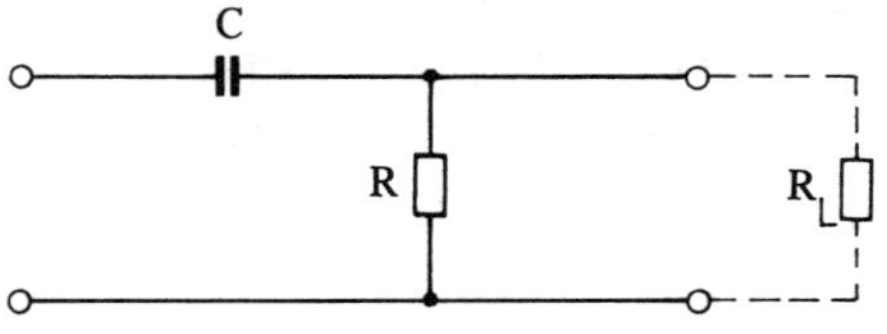

Abb. 6/4. RC-Kombination als Hochpaß.

Innerhalb des Sperrbereichs nimmt die Dämpfung bei diesem einfachen RC-Glied mit 6 dB/Oktave zu; es handelt sich um ein Filter 1. Ordnung. Werden n Glieder in Kette geschaltet, wird die Flankensteilheit n · 6 dB/Oktave; es entsteht ein Filter n-ter Ordnung, dabei verschiebt sich auch die Grenzfrequenz; spiegelbildlich zur Baßabsenkung bieten Tiefenentzerrer meist auch eine Baßanhebung. Schaltungstechnisch wird diese durch eine Höhenabsenkung verbunden mit einer Verstärkung realisiert.

In der Übertragungstechnik wird der Übertragungsbereich nach unten auf 40 Hz beschränkt. Oft ist es zweckmäßig, die untere Grenzfrequenz noch weiter nach oben zu verlegen, um störende tieffrequente Geräusche wie Trittschall, Luftbewegungen vor dem Mikrofon, Körperschall, Raumresonanzen, Netzbrummen oder auch an der unteren Hörgrenze liegende Nutzschwingungen, z. B. von einer Orgel oder großen Trommel, die oft mit großer Amplitude einfallen, abzusenken oder abzuschneiden. Solche Nutzschwingungen erhöhen den Pegel erheblich, ohne die Lautstärke wesentlich zu steigern. Für Klang- und Geräuscheffekte verlangt die Studiotechnik mitunter ebenfalls eine untere Grenzfrequenz bis hinauf in einen Bereich von 600 Hz *(Abb. 6/5)*. Trittschallfilter sind Tiefensperren großer Flankensteilheit mit Grenz-

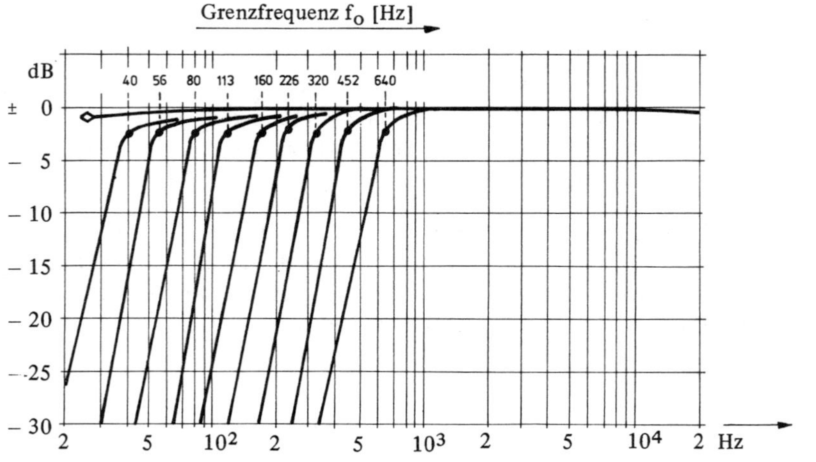

Abb 6/5. Beispiel einer steilflankigen Tiefensperre. Die untere Grenzfrequenz f_o ist in neun Stufen zwischen 40 und 640 Hz einstellbar, Sperrdämpfung ≧ 24 dB/Oktave.

frequenzen von etwa 40 bis 140 Hz, üblicherweise in konstruktiver Einheit mit dem Mikrofonverstärker oder/und dem Eingangsverstärker. Die eingestellte Grenzfrequenz f_o gibt die Frequenz an, bei der der Pegelabfall je nach Fabrikat 2 oder 3 dB beträgt.

Höhenentzerrer

Bei Höhenentzerrern werden die Frequenzen oberhalb der Grenzfrequenz f_o zunehmend bedämpft bzw. angehoben. Bei einer Höhendämpfung spricht man auch von Tiefpaß. *Abb. 6/6* zeigt zwei Beispiele mit Flankensteilheiten von 6 und 12 dB/Oktave.

Wie beim Tiefenentzerrer gibt es steilflankige Ausführungen, die als Höhensperre (high-cut) eine scharfe Begrenzung des Übertragungsbereichs ermöglichen, und Ausführungen mit geringerer Flankensteilheit (Kuhschwanzfilter).

Die Grundschaltung mit einem RC-Glied enthält *Abb. 6/7*.

$$f_o = \frac{1}{2\pi \cdot RC} \quad \text{gültig für hohen Lastwiderstand } R_L$$

Der Übertragungsbereich ist normalerweise nach oben auf 15 kHz begrenzt. Darüber hinaus möchte man oft Störgeräusche, wie Rauschen, Zischen, Knistern und andere im oberen Hörbereich, aber unterhalb 15 kHz liegende Geräusche absenken. In der Hörspieltechnik lassen sich Klangeffekte, wie die Nachahmung historischer Aufnahmen, Telefonstimme, große Entfernung der Schallquelle oder Laut-

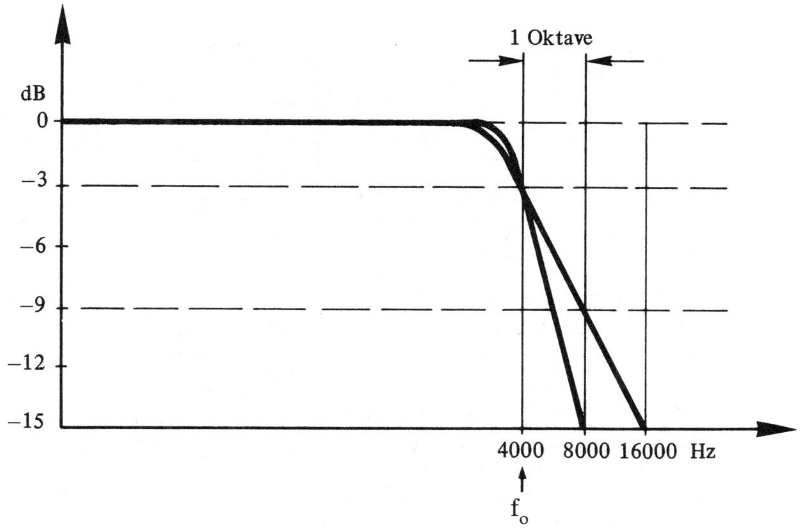

Abb. 6/6. Beispiele für Frequenzgänge eines Höhenentzerrers mit Flankensteilheiten von 6 und 12 dB/Oktave.

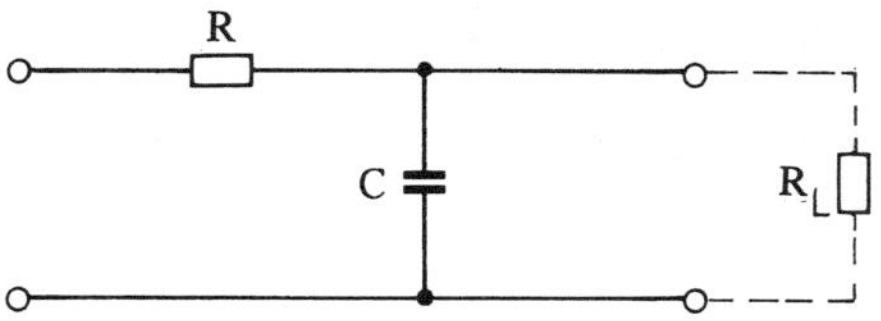

Abb. 6/7. RC-Kombination als Tiefpaß.

sprecherklang usw. erzielen. Tiefensperre und Höhensperre kombiniert ergeben einen scharf begrenzten Bandpaß mit einstellbarer Bandbreite und Mittenfrequenz. Es sind Flankensteilheiten bei Höhensperren von 12, 18 oder 24 dB gebräuchlich (*Abb. 6/8*).

Kombinierte Tiefen- und Höhenentzerrer

Mit Ausnahme der Tiefensperre (Trittschallfilter) werden Tiefen- und Höhenentzerrer immer zusammengefaßt, im allgemeinen auch mit einem oder mehreren Präsenz/Absenzfiltern (siehe unten) kombiniert. Während bei passiven Entzerrern älterer Bauart eine Reihe von Spezialentzerrern zur Verfügung stand, sind heutige Studioentzerrer so vielseitig, daß sich solche Spezialgeräte abgesehen von besonders steilflankigen Sperren weitgehend erübrigen. Solche Spezialfilter waren z. B. die Hörspielverzerrer und das Niveaufilter. *Abb. 6/9* zeigt am Beispiel eines kombinierten Höhen-Tiefenentzerrers mit einstellbaren Anhebungen/Absenkungen bei den Eckfrequenzen von 60 bzw. 10 000 Hz, wie sich die Einstellungen auch außerhalb

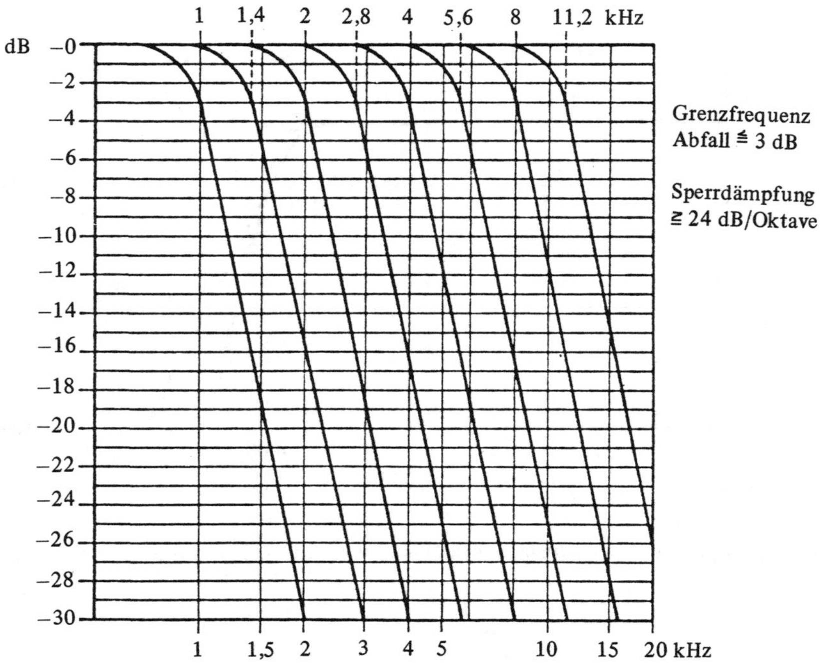

Abb. 6/8. Beispiel einer steilflankigen Höhensperre. Die obere Grenzfrequenz f_o ist in 8 Stufen einstellbar, Sperrdämpfung ≧ 24 dB/Oktave.

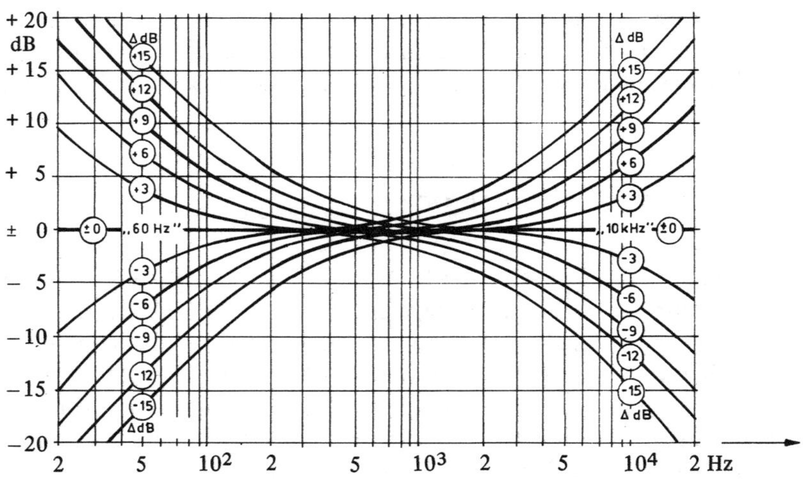

Abb. 6/9. Höhen-Tiefenentzerrer mit den Eckfrequenzen 60 Hz und 10 000 Hz mit Anhebung und Absenkung in 3 dB-Stufen bis ± 15 dB.

des tiefen bzw. hohen Frequenzbereichs auswirken. Anders als bei den Tiefen- und Höhensperren stellt die Eckfrequenz nicht eine Grenzfrequenz des Übertragungsbereichs dar, unterhalb bzw. oberhalb derer die Wirksamkeit des Entzerrers einsetzt; der eingestellte dB-Wert ist vielmehr die bei der Eckfrequenz erreichte Dämpfung bzw. Verstärkung.

Präsenz- und Absenzfilter

Mit einem Präsenzfilter oder Bandpaß kann der Frequenzgang in einem wählbaren Bereich resonanzartig überhöht werden. Das Absenzfilter (Bandsperre, Bandstop) schafft einen dazu spiegelbildlichen Frequenzgang. Mit dem Begriff Präsenzfilter oder auch Mittenfilter ist die Absenzfunktion im allgemeinen eingeschlossen. Üblicherweise können bei einem Filter bei mehreren Frequenzen, die oft im Verhältnis von etwa 1,4:1 aufeinanderfolgen, Frequenzgangüberhöhungen bzw. -absenkungen in Stufen von 2 oder 3 dB bis 10, 12, 15 oder 16 dB eingestellt werden. Präsenzfilter bei sehr tiefen oder sehr hohen Frequenzen wirken wie Tiefen- bzw. Höhenfilter. Meist sind in einem Gerät ein bis drei Präsenzfilter zusammengefaßt; sie überdecken verschiedene Frquenzbereiche, z. B. 50–500 Hz, 380–3800 Hz und 1,8–18 kHz. Damit können gleichzeitig mehrere Präsenzen gesetzt werden. Die Breite der Filterkurven ist teils fest, teils in zwei oder drei Stufen einstellbar; angegeben wird dabei als Bandbreite die Kurvenbreite bei halber Kurvenhöhe. Dieses Frequenzverhältnis wird als Intervall angegeben, üblich sind Filterbreiten von einer Oktave (Frequenzverhältnis 2:1), zwei Oktaven (4:1) und 3 Oktaven (8:1), aber auch unter einer Oktave.

Abb. 6/10 zeigt zwei Schaltungen, die mit RC-Gliedern, im allgemeinen in Verbindung mit Operationsverstärkern, Bandpässe darstellen. Die Wien-Brücke ergibt einen Bandpaß mit einer Dämpfung von 6 dB/Oktave im Sperrbereich, das Doppel-T-Filter eine Bandsperre mit hoher Sperrdämpfung, es wird gerne für grafische Entzerrer verwendet.

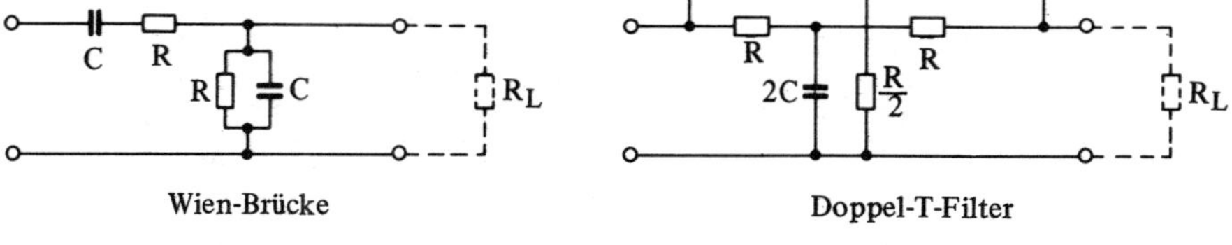

Abb. 6/10. RC-Kombination als Bandpaß (Wien-Brücke) und Bandsperre (Doppel-T-Filter)

Mit Gyratoren, Schaltungen, die sich wie ideale Spulen verhalten (künstliche Spulen), und Kondensatoren lassen sich ebenfalls Bandpässe und -sperren aufbauen. Das sog. „State-Variable-Filter" ist mit mehreren Operationsverstärkern, Widerständen und Kondensatoren ausgestattet, es bietet die Einstellbarkeit aller Parameter.

Abb. 6/11 zeigt an einem Beispiel die Einstellmöglichkeiten eines parametrischen Präsenzfilters.

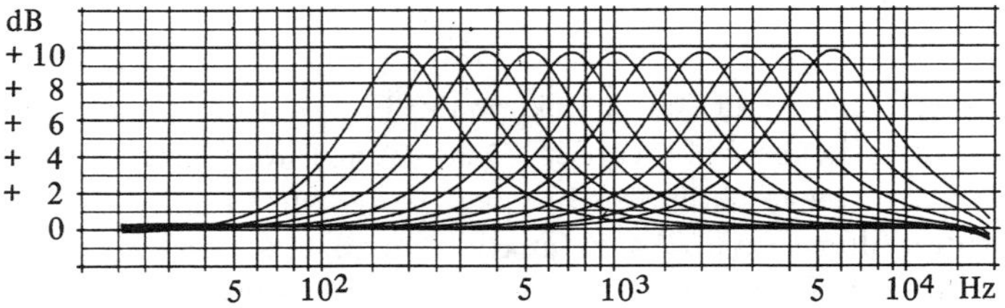

Veränderung der Frequenz

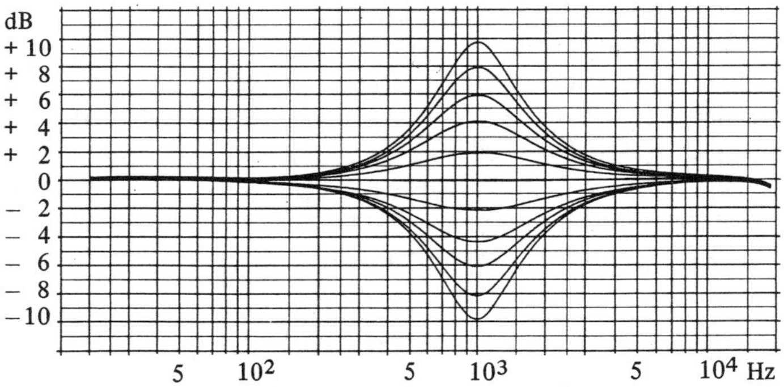

Veränderung der Anhebung/Dämpfung

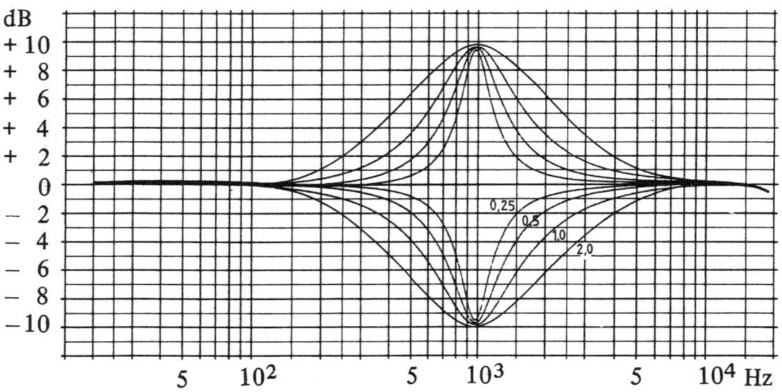

Veränderung der Filterbreite (2, 1, 0,5 und 0,25 Oktave)

Abb. 6/11. Einstellmöglichkeiten eines Präsenzfilters. Angegeben ist die Bandbreite in Oktaven bei halber Kurvenhöhe.

Bei der Verwendung von Präsenzfiltern ist zu bedenken, daß hierbei das Einschwingverhalten des Filters um so länger wird, je größer die Anhebung gewählt wird und je schmaler die Filterbandbreite ist. Filterbandbreiten unter 0,5 Oktaven müssen deshalb mit Bedacht eingesetzt werden.

Präsenzfilter finden insbesondere bei Musikaufnahmen Verwendung, um die Klangfarbe einzelner Instrumente zu verändern. Die Filter sind in ihrer akustischen Funktion vergleichbar der Erscheinung des Formanten bei Musikinstrumenten und bei der Stimme (siehe 2.3.1 und 2.3.2). Ein wesentlicher Unterschied besteht jedoch darin, daß die Formantbereiche von Stimme und Musikinstrumenten wesentlich schmälere Resonanzkurven darstellen als diejenigen der gängigen Präsenzfilter. Die hörbare Wirkung auf die Klangfarbe ist bei den Präsenzanhebungen wesentlich deutlicher wahrnehmbar als bei entsprechenden Absenzeinstellungen. Im mittleren Frequenzbereich wirkt eine Präsenz, wenn sie nicht vorsichtig eingesetzt wird, leicht „topfig", weil ein Hohlkörper einen vergleichbaren Einfluß auf den Klang ausübt, nämlich durch Resonanz einen Frequenzbereich anhebt.

Spezialfilter

Von verschiedenen Geräteherstellern werden Spezialfilter angeboten, die als Zusatzgeräte für bestimmte Aufgaben benutzt werden können. Hierzu gehören zunächst parametrische Filter mit erweiterten Einstellmöglichkeiten, mit höherer Filtergüte, mit integrierten Begrenzern usw. Andere Filter erfüllen Sonderaufgaben, etwa die Herstellung einer Telefonstimme.

Zu den Spezialfiltern gehört auch das Brummfilter („Hum-Killer"). Brummstörungen sind in der Tonaufnahmetechnik ein immer wieder auftretendes Problem, verursacht durch kapazitive oder induktive Einstreuungen aus dem Netz infolge von Erdungsschleifen, magnetischen Feldern, defekten Netzteilen von Geräten oder Lichtsteueranlagen. Tiefenfilter und Hochpaß sind für die Beseitigung dieser Störungen nur als Kompromiß zu bezeichnen, da durch die Breitbandigkeit üblicher Tiefenfilter und die notwendige Unterdrückung des gesamten Baßbereichs eine hörbare Beeinflussung des Klangbildes entsteht.

Beim Brummfilter werden die geradzahligen und die ungeradzahligen Harmonischen bis zur 13. Harmonischen über sehr schmalbandige Filter bedämpft. Da diese Filter einzeln zugeschaltet werden können, ist eine exakte Erfassung des Störsignals möglich. Die Filter, einschließlich des Filters für die 1. Harmonische, haben nur eine Bandbreite von 6 %. Für das 50-Hz-Filter bedeutet dies eine Frequenzbandbreite von 3 Hz. Zusätzlich wird durch eine Regelbarkeit des Dämpfungswertes jeweils gemeinsam für die gerad- und ungeradzahligen Harmonischen und die Gesamtfilterbank noch eine optimale Anpassung an das Störsignal ermöglicht.

Ein anderes Spezialfilter dient zur Unterdrückung von Rückkopplungen, die bei Darbietungen mit gleichzeitiger Beschallung in demselben Raum auftreten können.

Die Rückkopplung tritt hierbei zunächst bei einer bestimmten Frequenz ein, was als Pfeifen hörbar wird. Mit einem schmalbandigen Filter kann diese Frequenz bedämpft werden. Das Rückkopplungsfilter (Feedback Suppressor) enthält mehrere sehr schmalbandige Bandsperren, Notchfilter (notch = engl. Nut, Lochfilter, Fallenfilter) mit 1/6 Oktav Bandbreite, die auf die jeweiligen Rückkopplungsfrequenzen eingestimmt werden können.

Grafische Entzerrer

Grafische Entzerrer, oft auch Equalizer genannt, bestehen aus einer Filterbank parallel geschalteter Präsenz-/Absenzfilter mit fester Mittenfrequenz und festen Filterbreiten; verändert wird nur die Verstärkung bzw. Dämpfung der einzelnen Filter. Die Stellglieder sind dB-lineare Schieberegler, meist mit ± 12 oder ± 15 dB Regelbereich. Sie bieten – nebeneinander angeordnet – ein anschauliches Bild von der eingestellten Filterkurve. Filterbreite und Flankensteilheit sind so aufeinander abgestimmt, daß jeweils zwei nebeneinanderliegende Filter bei gleicher Einstellung einen linearen Frequenzgang in diesem Bereich abgeben. Grafische Filter werden als Zusatzgeräte in Mono- oder Stereoausführung benutzt. Bei hohen Anforderungen an Phasengang und Störabstand können die Geräte problematisch sein. Bevorzugter Einsatzbereich ist deshalb auch die Korrektur des Frequenzgangs von Beschallungsanlagen, d. h. die Korrektur des Frequenzgangs des Raumschalls durch einen entsprechenden Lautsprecherfrequenzgang. Daneben eignet sich der grafische Entzerrer für alle anderen Einsatzgebiete von Filtern: für die Gestaltung der Klangfarbe ebenso wie für eine verbesserte Trennung der Mikrofonsignale beim Einzel- oder Stützmikrofonverfahren.

Die relative Filterbreite ist für alle Einzelfilter dieselbe, d. h. das Verhältnis von oberer zu unterer Grenzfrequenz ist konstant, also dasselbe Intervall. Als Grenzfrequenzen gelten diejenigen Frequenzen, bei denen der Pegel −3 dB unter dem Pegel der Mittenfrequenz des jeweiligen Filters liegt. Übliche Filterbreiten sind 1/3 Oktave oder Terz und 1 Oktave, weniger üblich sind 2/3 Oktave. Die Beziehungen zwischen Mitten- und Grenzfrequenzen sind:

$$f_M = \sqrt{f_u \cdot f_o}$$

f_M Mittenfrequenz
f_u untere Grenzfrequenz
f_o obere Grenzfrequenz

Oktavfilter $f_o : f_u = 2 : 1$
Terzfilter: $f_o : f_u = \sqrt[3]{2} : 1 \approx 5 : 4$

Die meisten grafischen Filter sind mit Mittenfrequenzen nach ISO R.266 entsprechend DIN 45 651 und 45 652, jeweils Reihe b, aufgebaut. *Tab. 6/1* gibt die Mittenfrequenzen und Bandbreiten an. Terzfilter nach ISO enthalten meist 27 Einzelfilter für den Frequenzbereich von 35,5–18 000 Hz, Oktavfilter haben meist 10 Einzelfilter für den Frequenzbereich von 22,4–20 000 (22 400) Hz. Die genormten Bandbreiten sind gerundete Frequenzwerte. Drei Terzfilter-Durchlaßbereiche ergeben zusammen jeweils einen Oktavfilter-Durchlaßbereich. Grafische Entzerrer sind vielfach mit Tiefen- und Höhensperren kombiniert.

Tab. 6/1. Mittenfrequenzen und Bandbreiten von Oktav- und Terzfiltern nach ISO R.266 und DIN 45 651 und 45 652 (Reihen b).

Oktaven [Hz]	Terzen [Hz]	Bandbreite [Hz] der Terzfilter und Oktavfilter (= 3 Terzen)
	25	22,4 – 28
31,5	31,5	28 – 35,5
	40	35,5 – 45
	50	45 – 56
63	63	56 – 71
	80	71 – 90
	100	90 – 112
125	125	112 – 140
	160	140 – 180
	200	180 – 224
250	250	224 – 280
	315	280 – 355
	400	355 – 450
500	500	450 – 560
	630	560 – 710
	800	710 – 900
1000	1000	900 – 1120
	1250	1120 – 1400
	1600	1400 – 1800
2000	2000	1800 – 2240
	2500	2240 – 2800
	3150	2800 – 3550
4000	4000	3550 – 4500
	5000	4500 – 5600
	6300	5600 – 7100
8000	8000	7100 – 9000
	10000	9000 –11200
	12500	11200 –14000
16000	16000	14000 –18000
	20000	18000 –22400

Herkömmliche grafische Entzerrer können wegen ihres Platzbedarfs nicht als komplette Bestückung für alle Kanäle eines Tonmischpults vorgesehen werden. Aus diesem und anderen Gründen wurden Vielkanalfilter entwickelt, die über eine zentrale Bedieneinheit programmierbar sind. Die Filterparameter werden für alle Kanäle mit derselben Bedieneinheit eingestellt und dem gewünschten Kanal zugeordnet. Die Filter selbst sind in analoger Technik, die Steuerung in digitaler Technik aufgebaut. Dadurch können z.B. die Filterpositionen einer bestimmten Produktion gespeichert und zu einem späteren Zeitpunkt wieder abgerufen werden.

Dynamische Entzerrer

Für bestimmte Aufgaben in der Tontechnik stehen dynamische Entzerrer zur Verfügung, deren Filtereigenschaften sich in Abhängigkeit vom Signalpegel und Signalspektrum ändern. Zu diesen Geräten gehört der Filter-Begrenzer, der Übersteuerungen im höheren Frequenzbereich – verursacht z. B. durch die Zischlaute der Sprache – verhindert. Dazu gehört auch ein dynamisches, programmgesteuertes Geräuschfilter, das den Übertragungsbereich dem jeweiligen Signalspektrum anpaßt, Rauschanteile oberhalb des Nutzspektrums werden also unterdrückt.

Filter-Begrenzer

Der Filter-Begrenzer [6.1] wird da eingesetzt, wo die Gefahr besteht, daß hohe Frequenzen übersteuern. Diese Gefahr ergibt sich besonders, wenn bei Nahaufnahmen bei bestimmten Sprechern die hohen Frequenzkomponenten der Zischlaute (s, sch) den zulässigen Höchstpegel überschreiten. Dabei ist zu berücksichtigen, daß die Aussteuerungsgrenze im hohen Frequenzbereich nicht bei 0 dB liegt, sondern in Abhängigkeit der Preemphase nachfolgender Aufzeichnungs- und Übertragungsgeräte deutlich darunter (*Abb. 6/12*).

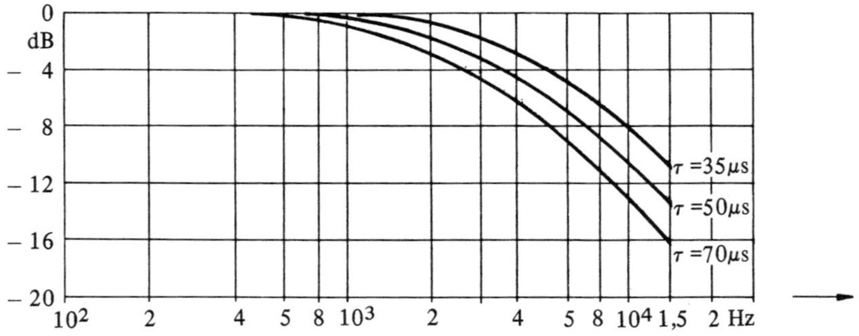

Abb. 6/12. Herabsetzung der Aussteuerungsgrenze bei Magnetbandgeräten (38 cm/s ≙ 35 μs, 19 cm/s ≙ 70 μs) und UKW-Sendern (50 μs).

Der Filter-Begrenzer, gelegentlich auch „De-Esser (De-Ser)“ genannt, wirkt nur auf hohe Frequenzkomponenten; er erlaubt eine programmspezifische Einstellung der Ansprech- und Rücklaufzeit (Attack und Release) und die Einstellung der Dämpfung hoher Frequenzen. Die Frequenz, oberhalb der der Begrenzer wirksam wird, kann ebenfalls eingestellt werden.

Der Filter-Begrenzer besteht schaltungstechnisch aus einem Verstärker, der mit einem Begrenzer über eine Frequenzweiche parallel geschaltet ist (*Abb. 6/13*). Der Verstärkerzweig erhält dadurch den Frequenzgang eines Tiefpasses, der Begrenzerzweig den Frequenzgang eines Hochpasses; als Summe ergibt sich wieder ein linearer Frequenzgang. Überschreiten hohe Frequenzen den eingestellten Grenzwert, so werden diese im Begrenzerzweig bedämpft, die Summe beider Zweige erhält einen in den Höhen korrigierten Frequenzgang (*Abb. 6/13*).

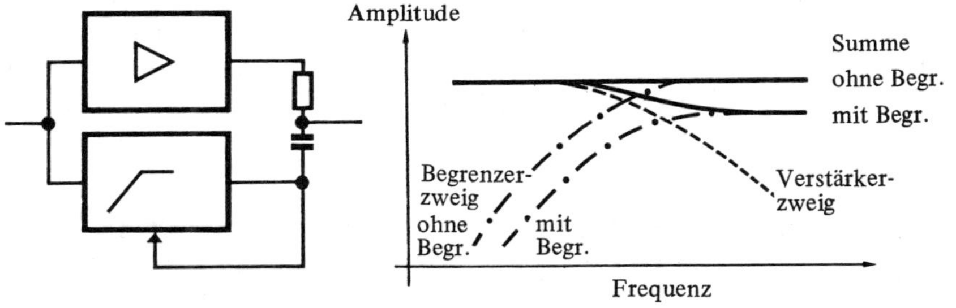

Abb. 6/13. Funktionsprinzip eines Filter-Begrenzers.

Die Aufgabe, Zischlaute im Pegel zu begrenzen, kann grundsätzlich auch ein üblicher Begrenzer übernehmen, wenn in seinen Regelzweig ein Hochpaß einschaltbar ist, der Frequenzkomponenten über etwa 4,5 kHz passieren läßt. Nachteilig bei diesem Verfahren ist jedoch, daß ein Regelvorgang, der nur für den hohen Frequenzbereich notwendig wäre, im gesamten Übertragungsbereich wirksam wird, also im allgemeinen hörbar ist.

Filter-Begrenzer werden auch als universelle Bearbeitungsgeräte für Sprech- und Singstimme in Kombinationen mit anderen Regelverstärkertypen angeboten, also zusammen mit Kompressor, Expander und Begrenzer, aber auch zusammen mit einem parametrischen Filter.

Programmgesteuertes Rauschfilter

Das programmgesteuerte Rauschfilter [6.2] analysiert den Frequenzumfang des Nutzsignals und begrenzt automatisch bei der jeweils höchsten Nutzfrequenz den

Durchlaßbereich eines Tiefpaßfilters. Der Pegel, der noch als zum Nutzsignal gehörig gewertet werden soll, ist einstellbar, ebenso die Rücklaufzeit der Grenzfrequenz. Die Wirksamkeit der Rauschsperre reicht bis zu 1000 Hz herab. Eine noch ausgedehntere Wirksamkeit zu tiefen Frequenzen hin würde die Klangfarbe des Hintergrundrauschens zu stark färben. Unterhalb 1000 Hz reduziert ein Expander störende Geräuschanteile. Der Expander ist vor das dynamische Höhen-Filter geschaltet, das somit das Pumpen des Hintergrundrauschens ausregelt.

Zur Lösung dieser einfach erscheinenden Aufgabe ist eine ziemlich komplexe Schaltung erforderlich. Auf den Eingangsverstärker folgt ein Expander mit Vorwärts-Regelung der Frequenzanteile unter 1000 Hz. Daran schließt sich eine Parallelschaltung eines Tief-, Band- und Hochpasses mit gemeinsamer, rasch variabler Grenz- bzw. Mittenfrequenz an. Vom Tiefpaßfilter führt das Signal an den Ausgangsverstärker. Die Ausgänge des Hoch- und Bandpaßfilters hingegen werden einem Komparator zugeführt, der ihre Signale durch Verschieben der gemeinsamen Grenz- und Mittenfrequenz auf gleichen Energieinhalt innerhalb 0,8 ms/Oktave regelt. Ist der Energieinhalt des Signals am Ausgang des Hochpasses größer als derjenige am Ausgang des Bandpasses, so wird die gemeinsame Grenzfrequenz der Filter nach oben verschoben; der Tiefpaß erweitert seinen Durchlaßbereich entsprechend. *Ab. 6/14* zeigt das Schaltungsprinzip.

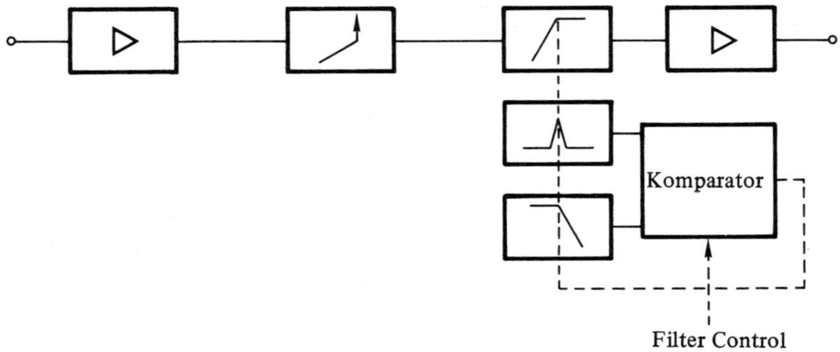

Abb. 6/14. Blockschaltbild eines dynamischen Rauschfilters.

Weit bessere Möglichkeiten als die analoge Filtertechnik mit dem damit verbundenen On line-Betrieb bieten spezielle Aufarbeitungsprogramme bei Workstations; diese Programme sind so effektiv, daß praktisch klick- und rauschfreie Versionen erstellt werden können, die oft an der Grenze der Glaubwürdigkeit liegen. In der Regel analysieren solche Systeme typische Geräuschspektren und rechnen sie dann im Off line-Betrieb aus der Aufnahme heraus. Singuläre störende Ereignisse wie Knacke können mehr oder weniger vollständig durch Interpolation mit Tonmaterial aus der unmittelbaren Umgebung ersetzt werden.

6.2 Effektgeräte

Für Produktionen von Pop- und Rockmusik, aber auch für Sprachverfremdungen, Geräuschmanipulationen u.a. sind eine Anzahl von Effektgeräten in Gebrauch, die als externe Geräte meist im 19-Format zur Verfügung stehen oder zur Geräteausrüstung der Studiomusiker gehören. Da weiterentwickelte Technologie gerade auf diesem Sektor immer neue Gerätevarianten hervorbringt, können hier nur die Prinzipien der wichtigsten Effekte besprochen werden. Neben Geräten mit einzelnen Effekten stehen auch Vielfacheffektgeräte zur Verfügung. Die Effektgeräte arbeiten teils in analoger Technik, neue Geräte meist aber digital [6.3], [6.22].

6.2.1 Phasing und Flanging

Phasing und Flanging bezeichnen im Grunde denselben Effekt, wobei Phasing für die einfacheren Realisierungen, Flanging für die in verschiedenen Parametern einstellbaren Realisierungen gilt. Der Effekt kann sowohl mit speziellen Phasern bzw. Flangern als auch mit entsprechend ausgestatteten digitalen Hallgeräten, Verzögerungsgeräten oder kombinierten Effektgeräten eingestellt werden.

Phasing, Flanging, als einmaliger Effekt auch Jeteffekt genannt, beruht auf einer Überlagerung des Signals mit sich selbst nach einer gewissen Zeitverzögerung. Dabei entsteht mit zunehmender Frequenz eine zunehmende Phasenverschiebung zwischen den beiden Signalen. Bei 180 ° Phasendifferenz und den ungeradzahligen Vielfachen davon löscht sich das Summensignal bei gleichen Pegeln der beiden überlagerten Signale ganz, bei ungleichen Pegeln teilweise aus. Bei den geradzahligen Vielfachen von 180 ° ergibt sich eine Pegelüberhöhung. So entsteht der typische Frequenzgang der sog. Kammfilterkurve (*Abb. 6/15*). Die Lage der Pegelmaxima und -minima hängt von der eingestellten Zeitverzögerung ab. Da die Frequenzen der Maxima ganzzahlige Vielfache einer Grundfrequenz sind, also wie die Teiltöne eines Klangs harmonisch liegen, gibt die Kammfilterkurve dem Signal einen Tonhöhencharakter.

Einen besonderen Effekt ergibt diese Kammfilterkurve allerdings erst dann, wenn die Verzögerungszeit dauernd geändert wird, wenn damit die Filterkurve also gestaucht bzw. breiter gezogen wird. Der Phasingeffekt kann in verschiedenen Parametern verändert werden: die obere und untere Grenze der Verzögerungszeit (z. B. zwischen 200 μs und 10 ms), das Mischungsverhältnis von direktem und verzögertem Signal (depth), zeitlicher Verlauf der Änderung der Verzögerungszeit; dieses Schwingen der Verzögerungszeit kann in seiner Periodendauer und Schwingungsform eingestellt werden, ist oft aber auch extern durch eine Fremdspannung, durch die Einhüllende des bearbeiteten Signals oder manuell steuerbar. Bei zweikanaligen Geräten kann der Effekt durch unterschiedliche Veränderungen in den beiden Kanälen noch weitergehend gestaltet werden.

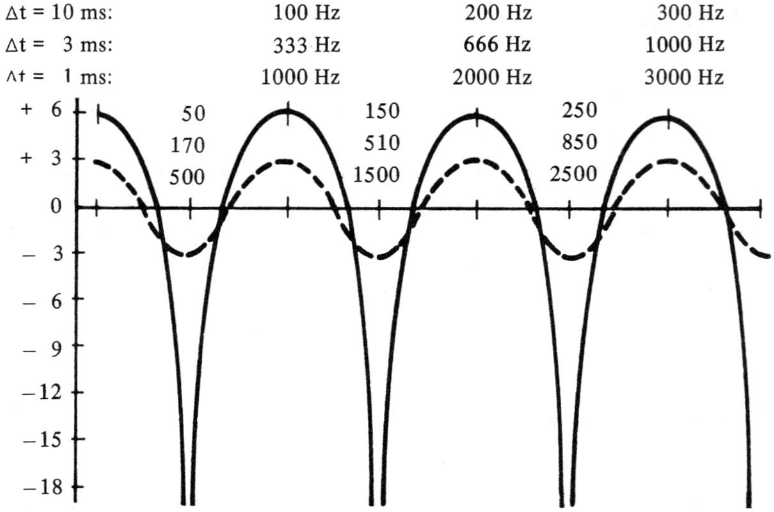

Abb. 6/15. Frequenzkurve beim Phasingeffekt für verschiedene Zeitverzögerungen und Pegelverhältnisse (—— gleiche Pegel mit 100 %, – – – 10 dB Pegeldifferenz bei 106 bzw. 35 %).

Der Phasingeffekt kann auch mit Hilfe von zwei gleichen Magnetbandgeräten erzeugt werden: Das zu phasende Signal wird parallel auf die Magnetbandgeräte gegeben und die Hinterbandsignale werden anschließend wieder mit gleichen oder etwas unterschiedlichen Pegeln gemischt. Eine der Maschinen wird dabei in ihrer Geschwindigkeit je nach gewünschtem Effekt periodisch oder einmalig manuell oder elektronisch (Variospeed) geringfügig verändert.

Mit dem Phasingeffekt dem Klang nach verwandt ist das Durchlauffilter, das bei Synthesizerproduktionen oft Verwendung findet und der Wah-Wah-Effekt, der bei elektrischen Musikinstrumenten – besonders bei den E-Gitarren – zum Einsatz kommt. Beim Wah-Wah wird eine Frequenzanhebung vom tiefen zum hohen Frequenzbereich hin verschoben oder umgekehrt. Ablaufgeschwindigkeit und Stärke dieses Effekts sind steuerbar und werden im allgemeinen durch ein Pedal ausgelöst (Touch Wah-Wah) oder laufen gesteuert durch den Klangeinsatz automatisch an.

6.2.2 Harmonizer und Zeitkompressor/-expander

Das erste Effektgerät auf dem Markt, dessen Grundfunktion der Tonhöhenversatz um ein wählbares Intervall war, trägt die Bezeichnung Harmonizer (geschützter Handelsname). Inzwischen bieten Geräte diesen Effekt unter den unterschiedlichsten Bezeichnungen (Pitch Transposer, Pitch Shifter, Pitch Changer u.a.). Neben speziellen Effektgeräten gibt es Universal-Effektgeräte unter Bezeichnungen wie Effektprozessor u.ä., die aufgrund ihrer digitalen Technologie auch die Funktion des Harmonizers beinhalten.

Der Harmonizer-Effekt besteht darin, daß z.B. bei einem Musikinstrument oder bei der Stimme die Tonhöhe um ein bestimmtes, wählbares Intervall (Frequenzverhältnis) versetzt wird. Dabei bleiben auch die Frequenzverhältnisse innerhalb eines Klangs unverändert. Das in seiner Tonhöhe transponierte Tonsignal kann allein weiterverwendet werden oder mit dem unveränderten Signal vermischt eine zweite Stimme bilden. Die Technik des Harmonizers ist digital; durch Wiederholung einzelner Codeworte und Herausnehmen ganzer Zeitabschnitte bzw. durch Auslassen einzelner Codeworte und Wiederholung ganzer Zeitabschnitte kann die Periodizität einer Schwingung stufenlos meist im Rahmen einer Oktave oberhalb und unterhalb der Originaltonhöhe verschoben werden.

Die Klangqualität nimmt systembedingt in dem Maß ab, wie sich das transponierte Intervall vergrößert. In jedem Einzelfall muß geprüft werden, ob die Klangqualität für den jeweiligen Zweck ausreichend ist. Eine solistische Verwendung des transponierten Signals dürfte in vielen Fällen außer Betracht bleiben.

Bei der Produktion einer zweiten Stimme mit dem Harmonizer ist zu beachten, daß bei einem Terz- oder Sextabstand zwischen den Stimmen im allgemeinen ein steter Wechsel von großen und kleinen Terzen bzw. Sexten stattfinden muß, so daß sich als Stimmverdopplung eher die Quarte oder Quinte eignet. Für von Ton zu Ton wechselnde Intervalle steht aber eine den Harmonizer steuernde Tastatur zur Verfügung, auf der die zweite Stimme dann gespielt werden kann. *Tab. 6/2* gibt die Frequenzverhältnisse für einige Intervalle an. Neben Geräten, die nur eine Zweitstimme produzieren können, gibt es auch polyfone Geräte, die über eine Tastatur gespielt werden.

Tab. 6/2. Frequenzverhältnisse wichtiger Intervalle.

Intervall	Frequenzverhältnis bei Transposition [%] nach oben		nach unten	
	rein	temperiert	rein	temperiert
kleine Terz	120	119	83	84
große Terz	125	126	80	79
Quarte	133	133	75	75
Quinte	150	150	66	67
kleine Sexte	160	159	62	63
große Sexte	166	168	60	59

Der Harmonizer kann in Verbindung mit einem Magnetbandgerät mit variabler Geschwindigkeit als Zeitkompressor oder Zeitexpander genutzt werden, soweit nicht mangelnde Tonqualität dies verbietet. Auf diesem Wege kann die Sprechgeschwindigkeit bei originaler Sprechtonhöhe verlangsamt oder beschleunigt werden. Soll z.B. die Sprechgeschwindigkeit um 20% erhöht sein, so läuft das Band mit einer Geschwindigkeit von 120%, die Tonhöhe wird auf 83,33% reduziert.

Neben weiteren Möglichkeiten – z.B. Flanging – ist die Stimmverdopplung wohl einer der am häufigsten benutzten Effekte des Harmonizers. Der Tonhöhenversatz beträgt hierbei etwa 1% oder weniger. Die Wirkung ist so, als ob zwei Musiker zusammenspielen oder singen, dabei sich in der Intonation wie beim realen Zusammenspiel stets etwas unterscheiden; durch externe Steuerung kann das Maß der gegenseitigen Verstimmung auch stetig variiert werden. Stimmverdopplung kann bei Instrumenten, die mit Vibrato gespielt werden oder bei der Stimme, auch durch zeitverzögerte Zumischung des Signals realisiert werden.

6.2.3 Vocoder

Der Vocoder wurde 1939 in den USA konstruiert mit dem Ziel, codierte Sprache über Leitungen zu übertragen. Er besteht aus dem Voder (voice coder), einem Generator für synthetische Sprache, und dem Coder, der Sprache analysiert und in eine Anzahl von Steuerspannungen umsetzt. Heute wird der Vocoder in der Tontechnik als Effektgerät verwendet, das vor allem bei Sprache interessante Manipulationen erlaubt.

Abb. 6/16 zeigt das Funktionsprinzip des Vocoders. Sprache, Geräusche oder Musik werden zunächst dem Coder zugeführt. Er besteht aus einer Filterbank, die den gesamten Übertragungsbereich erfaßt, zusammengesetzt aus einem Tiefpaß- und

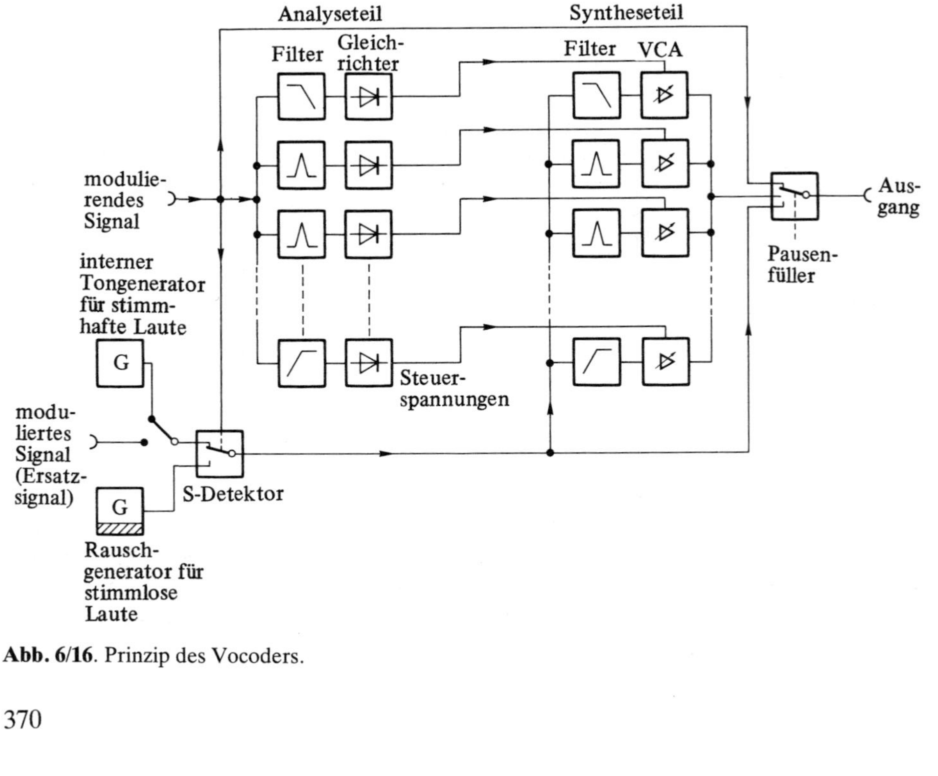

Abb. 6/16. Prinzip des Vocoders.

einem Hochpaßfilter sowie z.B. 20 Bandpaßfiltern mit einem Durchlaßbereich von ¼ Oktave. Die Ausgangssignale an den 22 Filtern werden durch Gleichrichtung in Steuersignale umgewandelt. Diese öffnen bzw. schließen spannungsgesteuerte Verstärker (VCAs), die entsprechend ausgelegten Filtern des Voders nachgeschaltet sind, an die aber ein anderes Signal gelegt wird (Ersatzsignal). Somit moduliert die Umhüllende und der zeitliche Verlauf des Spektrums eines Signals Umhüllende und Zeitverlauf eines anderen Signals. Durch Zumischung des Ausgangssignals kann somit z.B. Sprache kontinuierlich in ein durch die Sprachartikulation moduliertes Musikinstrument überführt werden. Dies eröffnet die Möglichkeit, Geräusche, Instrumente, ganze Orchester „sprechen" zu lassen, Wind z.B. kann wirklich flüstern, ein Löwe kann einen Namen brüllen, eine im Stadion brüllende Menschenmenge kann einen Produktnamen im Chor brüllen. Die Sprachverständlichkeit bleibt dabei in hohem Maße erhalten.

Wenn im modulierten Signal spektrale Komponenten zur Formung der Zischlaute fehlen, sinkt die Verständlichkeit des „sprechenden Signals" stark ab. Für diesen Fall entscheidet ein „S-Detektor", ob anstelle des modulierten Signals kurzzeitig der Geräuschgenerator des Vocoders Rauschen an den Syntheseteil des Vocoders liefert. Pausen in dem modulierenden oder im modulierten Signal führen auch zu Pausen im Ausgangssignal des Vocoders; solche Pausen können durch den Pausenfüller erkannt werden und durch das Ersatzsignal aufgefüllt werden. Vocoder gibt es in einfachen Versionen mit den beschriebenen Funktionen, aber auch in aufwendigen Ausführungen, die die beschriebenen Funktionen in vielfältiger Weise beeinflußbar machen.

6.2.4 Programmverdichter

Aus der beachtlichen Anzahl von Effektgeräten, die auf dem Markt für die unterschiedlichsten Anwendungen angeboten werden, soll der Exciter herausgegriffen werden, der eine interessante Veränderung der Klanggestalt ermöglicht und relativ weit verbreitet ist. Das Gerät wird nicht nur gezielt bei einzelnen Produktionen eingesetzt, sondern bei verschiedenen Sendern auch generell eingeschleift.

Die Wirkung des Geräts auf das Klangbild läßt sich etwa so kennzeichnen: erhöhte Präsenz und Durchsichtigkeit, bessere Sprachverständlichkeit, scheinbar höhere Lautstärke. Neben verschiedenen Anwendungen im U-Musikbereich ist die Verwendung bei Beschallungen u. U. vorteilhaft. Das Funktionsprinzip zeigt *Abb. 6/17*. Das Signal wird in zwei Wege aufgeteilt, einen Weg, der das Signal unverändert passieren läßt, und einen zweiten Weg, in dem die spezifischen Veränderungen vorgenommen werden; in diesem zweiten Weg kann der Eingangspegel (Drive) und der Zumischpegel (Mix) eingestellt werden. In einem einstellbaren Hochpaß werden zunächst die tiefen Spektralkomponenten ausgesiebt, da sie keine Änderung erfahren

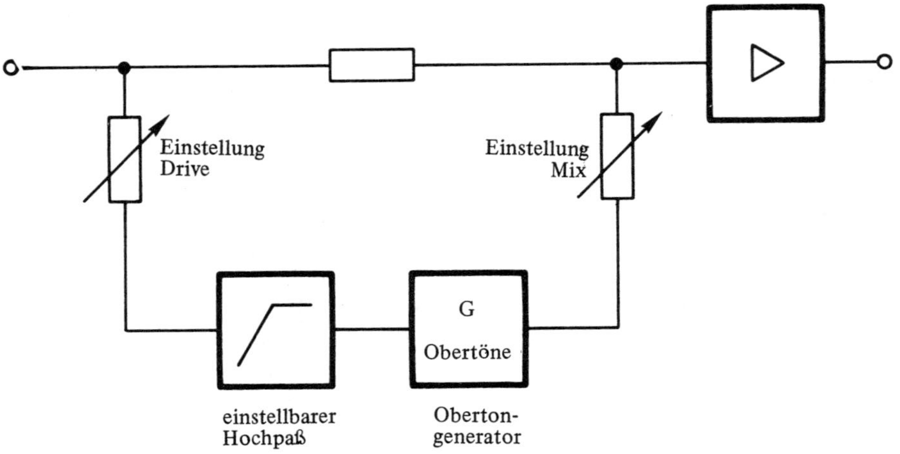

Abb. 6/17. Prinzipschaltbild des Aphex Aural Exciter.

sollen. In einem speziellen Generator werden sodann Obertöne erzeugt, die die jeweiligen Spektren zu höheren Frequenzen hin ausweiten. Ein Höhenfilter würde demgegenüber nur vorhandene Komponenten verstärken. Die tatsächliche spektrale Änderung ist relativ gering gemessen an der Wirkung auf den Klangeindruck.

6.3 Beeinflussung der Abbildungsrichtung

Zur Gestaltung eines stereofonen Klangbilds in Intensitätsstereofonie werden im allgemeinen mehrere Schallquellen, aufgenommen durch mehrere Mono- und/oder Stereomikrofone, in ein klangliches Gleichgewicht gebracht. Bei der Mischung sind zunächst die Verhältnisse der Lautstärken zueinander auszubalancieren. Hinzu kommt aber noch die sogenannte „Richtungsmischung"; hierbei sind die Richtungsmerkmale der einzelnen Schallquellen sinnvoll anzuordnen. Eine Schallquelle oder eine Gruppe von Schallquellen hat zwei Richtungsmerkmale:
- die Richtung, aus der die Schallquelle bei der Wiedergabe gehört werden soll
- die Basis, das ist die Breite, mit der die Schallquelle bzw. die Gruppe von Schallquellen bei der Wiedergabe gehört werden soll.

Für diese Richtungs- und Basiseinstellungen stehen Richtungsmischer und Panoramasteller oder Panoramapotentiometer zur Verfügung. Sie sind für Aufnahmen in Intensitätsstereofonie bestimmt. Das Panoramapotentiometer wird vorwiegend für Monomikrofone, also für nicht ausgedehnte Schallquellen verwendet. Der Richtungsmischer wird in Verbindung mit dem Stereomikrofon vorwiegend für ausgedehnte Schallquellen eingesetzt.

Die Richtungszuordnung der einzelnen Schallquellen soll möglichst identisch sein mit der räumlichen Anordnung der Schallquellen im Aufnahmeraum. Aber auch wenn diese Bedingung erfüllt ist, kommt es leicht zu Mehrfachabbildungen bei der Wiedergabe, die das Klangbild undurchsichtig machen. Die Mehrfachabbildung der Schallquellen entsteht durch die Verwendung mehrerer räumlich getrennter Mikrofone. Dabei wird eine Schallquelle außer über das ihr zugeordnete Mikrofon, das die Richtung richtig abbildet, auch noch über andere Mikrofone abgebildet, die in der Richtung anders eingeordnet sind. Solche Mehrdeutigkeiten beeinträchtigen die Klangqualität einer Aufnahme, besonders ihre Durchsichtigkeit. Sie können nur durch Veränderung der Mikrofonstandorte und/oder ihrer Richtcharakteristiken und/oder durch eine andere Anordnug der Schallquellen vermieden werden.

Die Einstellung der Basisbreite bezieht sich zunächst auf die Breite des gesamten Klangbildes bei der Wiedergabe. Im allgemeinen wird sie so breit wie möglich, d.h. bei der Wiedergabe von Lautsprecher zu Lautsprecher eingestellt. Das ist die Bedingung für die Übertragung einer guten Räumlichkeit und Durchsichtigkeit der Aufnahme. Weiterhin kann die Basisbreite jeder einzelnen Schallquelle oder Klanggruppe eingestellt werden. So wird eine Ansage zwar unter verschiedenen Richtungen erscheinen können, aber stets doch punktförmig lokalisierbar sein. Dagegen werden bestimmte Klanggruppen des Orchesters – z.B. Saxophon- oder Posaunensätze, Streichergruppen – oder Chöre vorteilhaft mit einer räumlichen Ausdehnung (Basis) auf der Stereobasis abgebildet, die in einem angemessenen Verhältnis zur Ausdehnung der gesamten Schallquelle steht. Die Abbildbarkeit der räumlichen Ausdehnung stellt allerdings auch an die Abhöranlage und an die Abhörbedingungen Anforderungen, nicht zuletzt auch an die Hörfähigkeit der Hörer.

Die Maßnahmen im Rahmen der Aufnahmetechnik und klangästhetische Gesichtspunkte hierzu werden in Kapitel 5.5.3 und 5.5.7 behandelt. Eine Beeinflussung der Abbildungsrichtung in der Tonregieanlage kann derzeit nur bei Intensitätsstereofonie erfolgen (Pan-Pot, Richtungsmischer); für die Richtungsbeeinflussung laufzeitstereofoner Aufnahmen wären Verzögerungsgeräte mit feingestuften Verzögerungszeiten unter 1 ms notwendig; sie stehen derzeit im allgemeinen noch nicht zur Verfügung. Die Geräte für die Beeinflussung der Abbildungsrichtung bei Intensitätsstereofonie, die in einer Tonregieanlage zur Verfügung stehen, und die zusätzlichen Gestaltungsmöglichkeiten werden im folgenden besprochen.

6.3.1 Panorama-Potentiometer (Pan-Pot)

Mit dem Pan-Pot, auch Panoramaregler oder Panoramasteller genannt, kann jedes monofon aufgenommene Tonsignal in jede beliebige Abbildungsrichtung zwischen den Lautsprechern gebracht werden, bei bestimmten Typen auch in den Überbasisbereich verschoben werden. Bei Stereosignalen kann die Abbildungsbreite mit einem Pan-Pot im linken und rechten Kanal eingeengt und in der Richtung verschoben werden. Das Gerät besitzt einen Eingang und zwei Ausgänge, die auf die Sammelschienen der Gruppenkanäle gelegt sind. In Mittenstellung (M) erhalten beide

Sammelschienen denselben Pegel, in den Seitenstellungen Links (L) und Rechts (R) wird das Signal nur auf die linke bzw. rechte Sammelschiene weitergeführt. In den Zwischenstellungen erzeugt das Pan-Pot Pegeldifferenzen, die den verschiedenen Positionen der Phantomschallquelle auf der Lautsprecherbasis entsprechen. *Abb. 6/18* zeigt das Pan-Pot, sein Schaltungssymbol und Schaltungsprinzip.

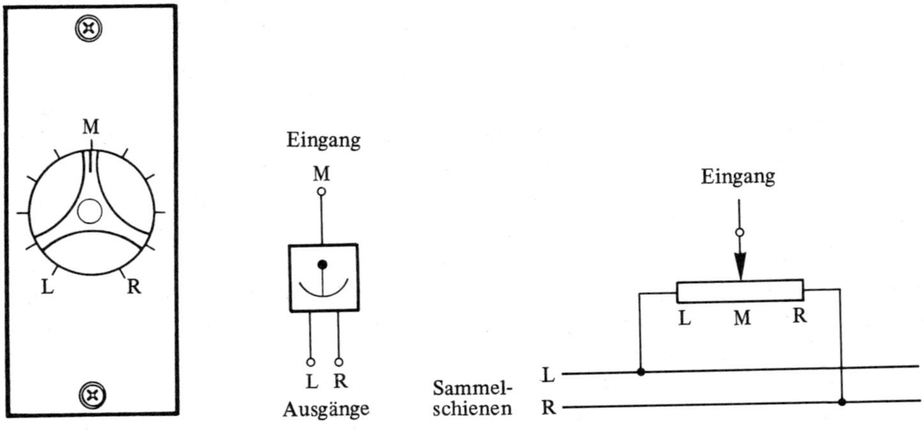

Abb. 6/18. Pan-Pot, Schaltungssymbol und -prinzip.

Abb. 6/19 ist der Dämpfungsverlauf von L- und R-Signal zu entnehmen. In Mittenstellung beträgt die Dämpfung in jedem Kanal 3 dB, durch die akustische Überlagerung entsteht dadurch derselbe Lautstärkeeindruck wie wenn nur ein Kanal in Stellung L oder R vorhanden ist. Zwischen L bzw. R und M sind jeweils 4 oder mehr Zwischenstellungen vorgesehen; bei jeder Schalterstellung ist die Summenlautstärke von L und R gleich. Die den Schalterstellungen entsprechenden Pegeldifferenzen sind von Fabrikat zu Fabrikat etwas unterschiedlich, sie folgen in etwa der von de Boer angegebenenen Kurve und teilen die Basis in gleich große Winkelbereiche ein.

Ist ein Überbasisbereich vorhanden, können damit Pegeldifferenzen mit gleichzeitiger Phasendrehung eines Kanals eingestellt werden. Dieser Effekt kann z.B. dazu benutzt werden, eine Stimme kreisen oder ins Unbestimmte entschwinden zu lassen.

Schaltungstechnisch sind die Pan-Pots der Tonstudiotechnik als passive oder aktive Geräte mit symmetrischem und erdfreiem Ein- und Ausgang aufgebaut. Bei Regietischen in „Stangentechnik“ sind Pan-Pots einfache Spannungsteiler; teils haben sie keine rastenden Stellungen, wodurch die Reproduktion bestimmter Einstellungen erschwert wird.

Für die in den sechziger Jahren teilweise verwendeten Regieanlagen in MS-Technik wurden zur Einordnung von Monoschallquellen sog. Richtungssteller entwickelt. Sie liefern nicht wie das Pan-Pot Stereosignale in LR-Technik, sondern in MS-Technik. Diese Regietischtechnik hat heute aber keine Bedeutung mehr.

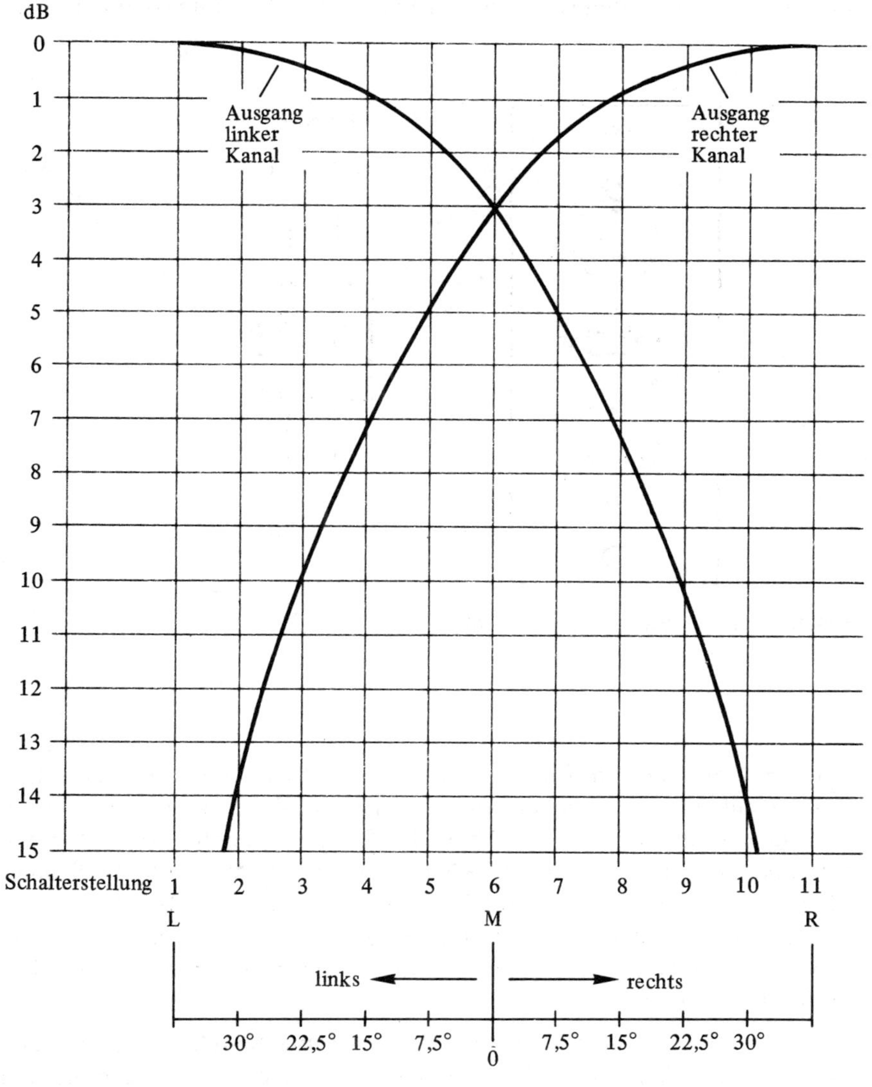

Abb. 6/19. Dämpfungsverlauf des linken und rechten Kanals eines Pan-Pots ohne Überbasisbereich und entsprechende Abbildungswinkel.

6.3.2 Richtungsmischer

Mit dem Richtungsmischer können die Stereosignale, die ein Stereomikrofon (Koinzidenzmikrofon), das in XY- oder MS-Technik arbeiten kann, in ihrer Richtung und in der Abbildungsbreite (Basis) eingestellt werden. Die erste Generation dieser Geräte waren passive Geräte mit 34 dB Einschaltdämpfung. Entsprechend dem Konzept heutiger Tonregieanlagen wurden die passiven Geräte durch aktive Geräte abgelöst. *Abb. 6/20* zeigt den Richtungsmischer und sein Schaltungssymbol [6.6].

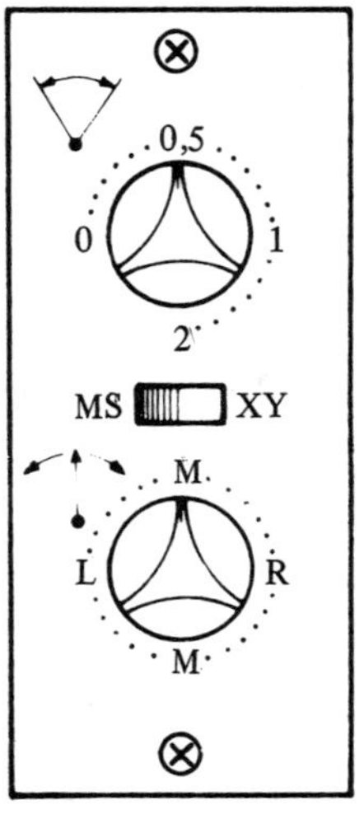

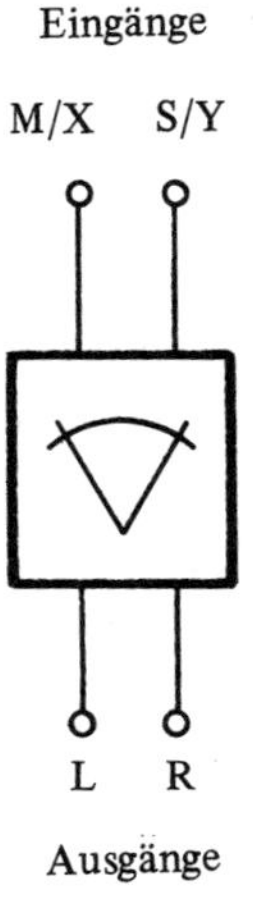

Abb. 6/20. Richtungsmischer, Schaltungssymbol.

Das Blockschaltbild zeigt am Eingang einen Ausgleichsverstärker, der das MS-Signal im Pegel anhebt. In der Umkehrstufe wird das (-S)-Signal gewonnen, das in der nun folgenden Additionsstufe zur Bildung des R-Signals benötigt wird. Hier wird über Entkopplungswiderstände aus M + S das L-Signal, aus M + (−S) das R-Signal abgeleitet. Über einen weiteren Ausgleichsverstärker werden sie dem Ausgang zugeführt. Nicht dargestellt in *Abb. 6/21* ist die Möglichkeit, den Ausgang auf MS umzulöten oder umzuschalten, da von dieser Möglichkeit in modernen Anlagen kein Gebrauch gemacht wird.

Die zentrale Funktionseinheit ist eine Brückenschaltung, bestehend aus mehreren einzelnen Widerständen, die an die Kontakte eines Stufenschalters geführt sind. Zwei miteinander gekoppelte, aber mechanisch versetzt angeordnete Schleifer tasten die Widerstandsketten bei Betätigen des Richtungsstellers (RSt) an zwei gegen-

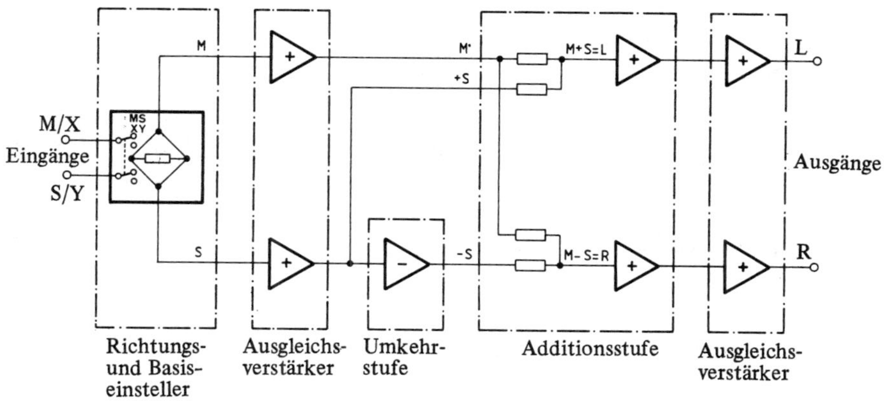

Abb. 6/21. Blockschaltbild des aktiven Richtungsmischers.

überliegenden Punkten ab. Da die Richtungs- und Basiseinstellung im Richtungsmischer nur mit einem MS-Signal vorgenommen wird, steht im senkrechten Brückenzweig zwischen den Punkten C und D das M-Signal, an den Punkten A und B des waagerechten Brückenzweiges das S-Signal. In der Einstellung „weiß M" (Grundeinstellung) des Richtungsstellers wird das volle S-Signal in den S-Kanal geführt (Ausgang „S-Signal a" an A, „S-Signal b" an B). Wird der Richtungssteller nach links gedreht, verkleinert sich das S-Signal, gleichzeitig erscheint das M-Signal mit gleicher Phasenlage im S-Kanal und vergrößert sich in dem Maß wie das S-Signal abnimmt. In der Endstellung „L" wird das volle M-Signal in den S-Kanal geführt. Da nun die Signale am M- und S-Ausgang gleichphasig und gleichpegelig sind, erfolgt durch die Umwandlung nach L und R die Wiedergabe im linken Lautsprecher ($L = M + M = 2\,M$, $R = M - M = 0$). In der Endeinstellung „R" des Richtungseinstellers wird das volle M-Signal gegenphasig in den S-Kanal geführt, so daß nach Umwandlung in LR-Signale die Wiedergabe im rechten Lautsprecher hörbar ist ($L = M + (-M) = 0$, $R = M - (-M) = 2\,M$).

Da der Richtungssteller je 8 Schalterstufen zwischen M und L bzw. M und R aufweist, kann in der Lautsprecherwiedergabe jede gewünschte Ortsabbildung eingestellt werden. Die den Schalterrasterstellungen entsprechenden Abbildungswinkel liegen in der Größenordnung der Lokalisationsunschärfe, so daß beim Verschieben der Schallquelle der Eindruck einer kontinuierlichen Bewegung entsteht. Schallquellen, die durch den Richtungsmischer in den Endstellungen L oder R eingeordnet sind, werden nur aus dem entsprechenden Lautsprecher punktförmig abgestrahlt. Eine Richtungsveränderung (Verstellung aus „weiß M") ergibt stets gleichzeitig eine Basisverkleinerung.

Wird der Richtungssteller in dem rot ausgelegten Bereich eingestellt, so werden die Seiten bei der Wiedergabe vertauscht, das Klangbild wird spiegelbildlich aufgenommen.

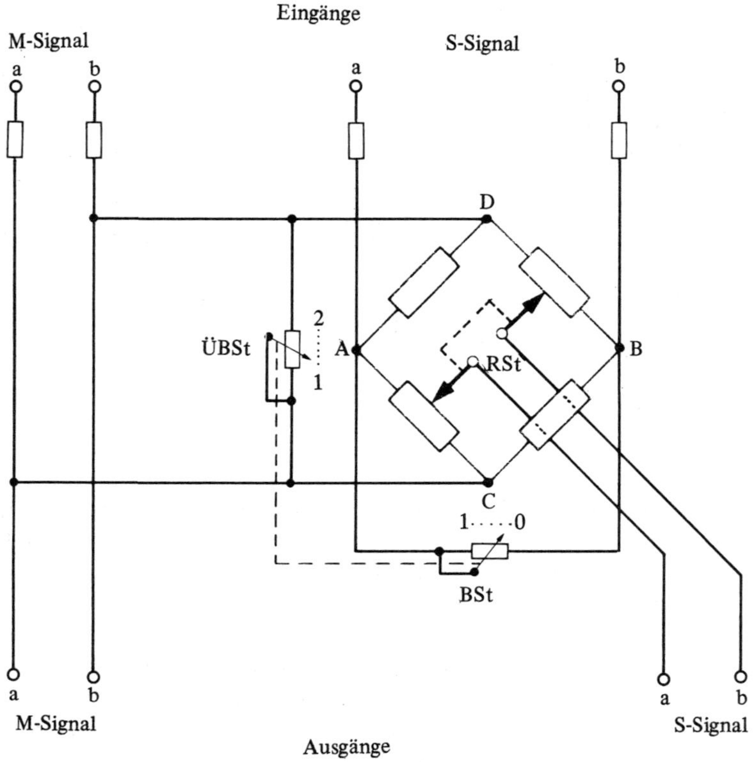

Abb. 6/22. Richtungs-, Basis- und Überbasiseinstellung im Richtungsmischer (RSt = Richtungssteller, BSt = Basissteller, ÜBSt = Überbasissteller).

Der Basissteller (BSt) liegt schaltungstechnisch parallel zum waagerechten Brükkenzweig und verkleinert das S-Signal. Mit der Basiseinstellung läßt sich die akustische Abbildungsbreite bis zu einer punktförmigen Abbildung reduzieren. Für diesen Fall wird das S-Signal zu Null.

Parallel zum senkrechten Brückenzweig ist der Überbasissteller (ÜBSt) angeschlossen, der das M-Signal um maximal 9 dB verkleinert. Das S-Signal erscheint dadurch – bezogen auf das M-Signal – um bis zu 9 dB größer. Dies verursacht eine scheinbare Vergrößerung der Abbildungsbreite über die Lautsprecherbasis hinaus. Damit ist außerdem eine Lautstärkenverringerung im Stereo- und noch mehr im Monosignal verbunden. Das sollte bei der Überbasiseinstellung bedacht werden. Basis- und Überbasissteller sind in einem Drehknopf auf der Frontplatte des Geräts zusammengefaßt. Bei der Einstellung „1“ bleibt die Basisbreite unbeeinflußt, bei Verstellung Richtung „0“ wird sie eingeengt, bei „0“ liefern beide Ausgänge ein M-Signal. Nur bei Einstellungen über „1“ wird der Überbasissteller wirksam.

6.3.3 Pseudostereofonie

Gelegentlich stellt sich die Aufgabe, eine vorhandene Monoaufnahme zu stereofonisieren. Wenngleich diese Forderung in den ersten Jahren nach Einführung der Stereofonie öfter zu bewältigen war, kann der Wunsch nach Stereofonisierung dann bestehen, wenn z.B. bei einer Hörspiel- oder Featureproduktion eine ältere Aufnahme mit verwendet werden soll. Der Wunsch, komplette Aufnahmen zu stereofonisieren, besteht heute im allgemeinen nicht mehr.

Es ist grundsätzlich nicht möglich, aus einer Monoaufnahme ein Stereosignal zu gewinnen, das mit einem wirklichen Stereosignal vergleichbar wäre. Durch einige Verfahren kann in geringerem oder größerem Maße ein Pseudostereosignal gewonnen werden. Dabei handelt es sich um Frequenzbeeinflussungen, Phasenverschiebungen, Verzögerung und Verhallung.

Eine Aufsplittung eines Monosignals in ein pseudostereofones L/R-Signal durch unterschiedliche Filterung des L- und des R-Signals kann nur dann erfolgreich sein, wenn Schallquellen mit deutlich unterschiedlichen Spektren vorhanden sind und sich auch ausreichend aus dem Klangbild herausheben. Je besser die Trennung der Schallquellen gelingt, um so stärkere lineare Verzerrungen müssen dabei hingenommen werden. Vorhandene starke Frequenzkomponenten werden durch die Filter jeweils verstärkt. Bei einem Sinfonie-Orchester z. B. kann der rechte Kanal in den Tiefen und im Bereich zwischen 2 und 3 kHz, der linke Kanal dagegen im Bereich um 1 kHz angehoben werden. Diese Einstellung bringt eine gewisse Trennung der Streicher, wird aber den Bläsern nicht gerecht. Grundsätzlich besteht bei diesem Verfahren die Gefahr des Wanderns auf der Basis bei sich ändernder Tonhöhe oder Klangfarbe.

Eine gewisse „Delokalisation“ kann durch eine frequenzunabhängige 90 °-Verschiebung der gesplitteten Kanäle zueinander erreicht werden. Durch Filterung kann diese auch auf einzelne Frequenzbereiche eingeschränkt werden. Eine Phasendrehung um 180 ° sollte wegen der bei Monowiedergabe sich ergebenden Auslöschungen nicht angewendet werden.

Eine diffuse Verbreiterung eines Monosignals kann auch durch Verzögerung erreicht werden: Das Tonsignal wird um etwa 3 bis 30 ms verzögert und als S-Signal betrachtet; zusammen mit dem unverzögerten Signal, das als M-Signal gilt, wird es in ein L/R-Signal umgesetzt. Es ergibt sich eine sich ständig ändernde Abbildungsrichtung für jede Frequenz und damit ein flächiger Eindruck des Klangbildes, in dem einzelne Schallquellen nicht mehr zu lokalisieren sind. Als kompatibles Monosignal bleibt das ursprüngliche Signal erhalten. Auch eine Zuordnung des ursprünglichen Signals zu einem Kanal, des um nur wenige ms verzögerten Signals zum anderen Kanal fächert das Klangbild diffus auf; die Monofassung weist allerdings starke Klangfarbenveränderungen auf (Kammfiltereffekt).

Ist das zu stereofonisierende Signal relativ trocken aufgenommen, so ergibt eine Verhallung eine gute Stereowirkung. Verhallung kann mit den oben genannten Verfahren kombiniert werden. Die Kombination der oben genannten Verfahren unter sich ist hingegen nicht sinnvoll, da Verzögerung und Phasenverschiebung die durch Filterung gewonnenen Unterschiede stark beeinflußt.

6.3.4 Monofonisierung

Bei der Monobildung aus Stereosignalen stellt sich zunächst die Frage nach der inhaltlichen und nach der übertragungstechnischen Kompatibilität (siehe Kapitel 5.4.2 und 5.2.2). Als Verfahren zur Monobildung stehen zwei Möglichkeiten zur Wahl: eine einfache Summierung oder Addition (Mischung) von L und R oder die Summierung über ein 90 °-Filter.

Die einfache Monobildung kann in einer speziellen Additionsstufe erfolgen oder in einem Knotenpunktverstärker. Die Additionsstufe kann aus der Zusammenschaltung von L und R über Entkopplungswiderstände mit nachfolgender Verstärkerstufe oder aus einem Summenübertrager bestehen; der Summenübertrager ist aus zwei gleichen Übertragern mit dem Wicklungsverhältnis 1:0.7 aufgebaut, an den Primärseiten liegen L und R, an den hintereinander geschalteten Sekundärseiten liegt die Summe L+R. Damit wird eine 3-dB-Dämpfung wirksam, die dafür sorgt, daß der Pegel des Monosignals dem Pegel des Stereosignals entspricht; die 3-dB-Dämpfung ist selbstverständlich auch bei der Additionsstufe mit Entkoppelungswiderständen vorgesehen.

Bei dieser Art der Monobildung werden grundsätzlich kohärente Signalanteile des Stereosignals, also Mittenschallquellen, gegenüber inkohärenten Schallquellen, also Seitenschallquellen, um 3 dB hervorgehoben (siehe Kapitel 5.4.2). Diesen Nachteil hat die Monobildung über das 90 °-Filter nicht.

90 °-Filter

Das 90 °-Filter ist mit dem Ziel entwickelt worden, bei der Monobildung von Stereosignalen die Anhebung der Mittenschallquellen zu vermeiden; die Bezeichnung 90 °-Filter entspricht nicht der Funktion des Geräts. *Abb. 6/23* zeigt das Schaltungssymbol.

Das wird erreicht durch eine frequenzunabhängige Phasendifferenz der beiden Stereokanäle vor der Summenbildung. Kohärente Signale ergeben so einen nur um 3 dB höheren Summenpegel, auf den Summenpegel inkohärenter Signale hat die Phasenverschiebung keinen Einfluß; inkohärente Signale haben keine feste Phasenbeziehung zueinander. Sind absichtlich oder unabsichtlich Phasendrehungen kohären-

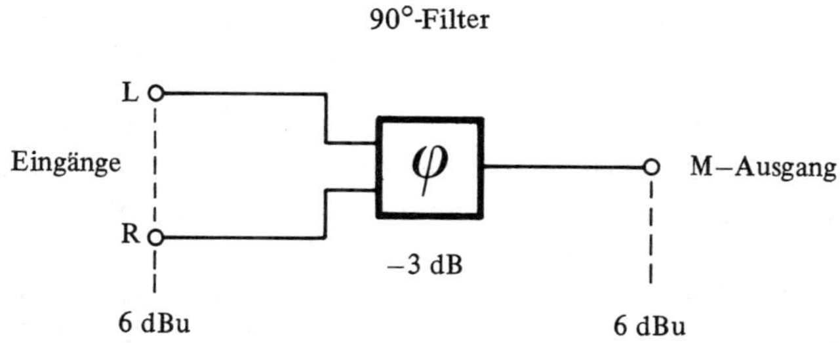

Abb. 6/23. Schaltungssymbol des 90 °-Filters.

STEREO–EINGANGSSIGNALE mit + 6 dBu u	PEGEL der MONO–AUSGANGSSIGNALE Additionsstufe (L, R → Σ → M, –3 dB)	90°-Filter (L, R → φ → M, –3 dB)
L, R 	+9 dBu	+6 dBu
L, R 	kein Signal	+6 dBu
L, R 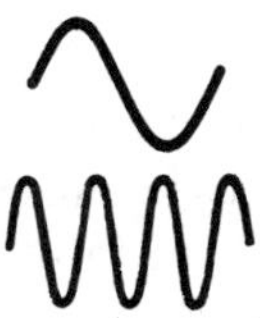	+6 dBu	+6 dBu
L, R 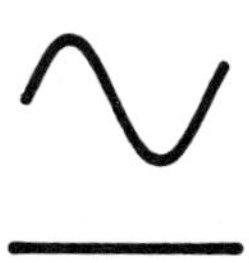	+3 dBu	+3 dBu

Abb. 6/24. Vergleich der Pegel der Monosignale, gewonnen mit Additionsstufe und 90 °-Filter.

ter Signale von 180 ° vorhanden, so können sie nicht mehr zu Auslöschungen führen *(Abb. 6/24)*.

Die Gegenüberstellung von Additionsstufe und 90 °-Filter läßt die Vorteile des 90 °-Filters deutlich werden. Dennoch sind seine Einsatzmöglichkeiten beschränkt. Nur da, wo ein echtes Monosignal zur Aufzeichnung oder Sendung gebraucht wird, kann das Gerät eingesetzt werden; auch nur in diesen Fällen darf über dieses Gerät abgehört werden. Es ist nicht richtig, die Kompatibilität einer Stereoaufnahme über 90 °-Filter zu beurteilen, da das Monosignal einer Stereosendung im Rundfunkempfänger über eine Additionsstufe gebildet wird. Auch bei der Schallplattenabtastung wird das Monosignal durch eine reine Addition gebildet.

Eine interessante Anwendung findet das 90 °-Filter in der Mikrofon-Aufnahmetechnik: es dient hier zur Bildung einer Richtcharakteristik, die sonst nicht zur Verfügung stehen würde. Bei der Torus-Richtcharakteristik werden zwei gekreuzte Achterrichtcharakteristiken über das 90 °-Filter zu einer Richtcharakteristik zusammengefaßt, die einem Kreisring entspricht. Damit können Nebengeräusche von unten und oben ausgeblendet werden; bei Diskussionsrunden bewährt sich diese Anordnung (siehe Kapitel 5.5.6).

6.4 Beeinflussung des Raumeindrucks

Unterschiedliche Abbildungsrichtungen und Entfernungen von Schallquellen in einer Stereoaufnahme stellen zwar die tatsächliche bzw. die elektrisch erstellte Position der Schallquellen bezüglich der Mikrofone dar und erhöhen damit die Durchsichtigkeit einer Aufnahme; ein Raumeindruck des Aufnahmeraums oder eines durch Hallgeräte simulierten Raums ist damit aber noch nicht geschaffen. Der Raumeindruck ist ein wesentlicher Bestandteil einer Aufnahme; seine Bedeutung für das Hörereignis ist deshalb so groß, weil er den optischen Eindruck ersetzen muß.

Der Raumeindruck ist die Hörempfindung, die man beim Erklingen eines Schallereignisses von dem Raum selbst empfängt. Der Raumeindruck ergänzt die akustische Information, die direkt von der Schallquelle kommt, um wesentliche Informationen über die Umgebung, über Größe und Beschaffenheit eines Raums. Der Raumeindruck besteht aus mehreren Komponenten: die Empfindung von der Breite und Tiefe eines Raums, von der Raumgröße also, die Empfindung der Halligkeit, die jedes Schallereignis verlängert und mit dem zeitlich folgenden verschmilzt, und die Empfindung der Räumlichkeit. Räumlichkeit ist die Empfindung, daß Schall aus einem größeren Raumbereich kommt als es der Ausdehnung der Schallquelle entspricht; diese Empfindung wird durch frühe Reflexionen mit einer Verzögerung von 10 bis 80 ms verursacht und kann nur bei größerer Lautstärke (75 bis 85 dB) beobachtet werden. Im Gegensatz zur Halligkeit gibt das Echo durch Wiederholung des Schallereignisses eine Information über Entfernung und Beschaffenheit reflektierender Wände in größerer Entfernung.

Eine Schallaufnahme, die im Freien, weitab von reflektierenden Hindernissen, oder in einem fast reflexionsfreien Meßraum oder in sehr geringem Abstand von der Schallquelle in einem beliebigen Raum gemacht wird, enthält fast nur direkten Schall. Sie klingt bei der Wiedergabe mit Kopfhörern oder in Lautsprechernähe in einem gedämpften Raum nicht räumlich und nicht hallig. Aufnahmen, die in Sprecherstudios gemacht werden, sollen diesen Charakter haben, was man durch eine besondere raumakustische Gestaltung erreicht. Soll aber z.B. bei Hörspielaufnahmen die Szene hörbar in einem Raum mit einem bestimmten Raumcharakter spielen, muß Raumschall zu dem direkten Schall hinzukommen.

Die wesentlichen akustischen Merkmale des Raumeindrucks sind enthalten in der Stärke, Verzögerung, Verteilung und Klangfärbung der ersten Reflexionen und des Nachhalls (siehe Kapitel 1.2). Eine Nachhallempfindung ensteht nur, wenn die Nachhallzeit der Studios oder der Einrichtung für zusätzlichen Nachhall größer als 0,6 s ist. Zur Simulierung großer, leerer Hallen und Kirchen muß die Nachhallzeit bis zu 4 oder 5 s betragen. Bei Musikaufnahmen ist das Vorhandensein von Raumschall aus einem Studio oder aus einem Nachhallgerät mit größerer Nachhallzeit eigentlich immer erforderlich, sei es, um die Aufnahmen natürlich zu machen, sei es, um Effekte zu erzielen. Die optimale Nachhallzeit hängt von der Stilart der Musik ab. Sie reicht von 1 s bis etwa 3 s (siehe Kapitel 1.2.4).

Die optimale Entfernung eines Zuhörers von einem Orchester oder der Bühne eines Opernhauses liegt in der Größenordnung von 10 m. Schallaufnahmen, die in dieser Entfernung gemacht werden, klingen – auch bei der Verwendung gerichteter Mikrofone – in der Regel zu hallig, da der Raumschallanteil gegenüber dem direkten Schall überwiegt oder jedenfalls zu groß ist. Zur Verringerung der Halligkeit und um Solisten und einzelne Instrumentengruppen bei Einsatz von Stützmikrofonen weitgehend unabhängig voneinander regeln oder auf getrennten Magnetbandspuren aufnehmen zu können, ist der Mikrofonabstand geringer – auch bei Verwendung von Hauptmikrofonverfahren – als beim direkten Hören üblich. Der dann fehlende Raumschall kann entweder durch natürlichen Hall aus dem Studio, aufgenommen durch Raummikrofone, oder durch „künstlichen Hall“ aus einem Hallraum, bevorzugt aber von Hallgeräten hinzugemischt werden.

6.4.1 Erzeugung künstlichen Raumschalls

Unter „künstlichem Raumschall“ soll hier jede Art von Raumschall verstanden werden, der nicht von den Mikrofonen stammt, die den Primärschall aufnehmen. Für die Erzeugung künstlichen Raumschalls gibt es die folgenden Möglichkeiten:

- Raummikrofone im Diffusfeld des Aufnahmeraums,
- Hallraum,
- mechanisch arbeitende Hallgeräte (Hallfeder, Hallplatte, Hallfolie),
- digital arbeitende Hallgeräte.

Am gebräuchlichsten sind für die künstliche Verhallung mittlerweile die digital arbeitenden Hallgeräte, gefolgt von Hallfolie und hochwertigen Hallfedern. Für besondere Sounds wird immer noch die Hallplatte oder zumindest elektronischer Hall mit den Klangeigenschaften der Nachhallplatte gewünscht. Während der Hallraum aus wirtschaftlichen, bei nicht optimaler Gestaltung auch aus qualitativen Gründen an Bedeutung verloren hat, stellen Raummikrofone im Aufnahmeraum immer noch eine einfache und zugleich gute Möglicheit der Verhallung dar, wenn der Aufnahmeraum die gewünschten akustischen Eigenschaften besitzt. In diesem Fall kann allerdings durch die Wahl eines geeigneten Hauptmikrofonverfahrens der Raumeindruck übermittelt werden; nur bei einem konsequent durchgeführten Einzelmikrofonverfahren sind dann Raummikrofone sinnvoll.

Raummikrofone

Die Verwendung von Raummikrofonen zur Gewinnung von Diffusschall, der der Aufnahme zugemischt wird, stellt im Grunde keine „künstliche" Verhallung dar, sondern bietet die Möglichkeit, den Anteil des vorhandenen, „natürlichen" Raumschalls besser kontrollieren zu können und unterschiedliche Diffusfeldanteile vergleichen zu können, ohne dabei die Mikrofone zu verändern; Raummikrofone bieten aber insbesondere die Möglichkeit, bei Aufnahmen in reiner Intensitätsstereofonie den Raumeindruck der Aufnahme zu verbessern, gute Präsenz mit gutem Raumeindruck zu verbinden und den Raumeindruck zu modifizieren. Bedingung für den Gebrauch von Raummikrofonen ist selbstverständlich, daß die Raumakustik des Aufnahmeraums den Ansprüchen gerecht wird. Raummikrofone erlauben allerdings keine unterschiedlichen Hallanteile für die Schallquellen.

Die Raummikrofone sollen ihren Aufgaben gemäß hauptsächlich Raumschall liefern; sie müssen deshalb mindestens den doppelten Abstand des tatsächlichen Hallradius besitzen. Da der tatsächliche Hallradius (siehe Kapitel 1.2.4) aber vor allem bei Blechblasinstrumenten unerwartet große Werte annehmen kann (siehe Kapitel 2.3.3), ist es in der Praxis nicht immer einfach, einen geeigneten Mikrofonort zu finden, bei dem ausgewogener Diffusschall zur Verfügung steht. Bei den stark bündelnden Blechblasinstrumenten ist darauf zu achten, daß die Raummikrofone nicht auf der Achse der Schallstürzen angeordnet sind, weil hier der Hallradius am größten ist.

Der Abstand zwischen dem Hauptmikrofon bzw. den Einzelmikrofonen und den Raummikrofonen bestimmt die Verzögerung, mit der der Direktschall auf die Raummikrofone trifft bzw. der Einsatz des Nachhalls verzögert wird. Die Verzögerung beträgt rund 3 ms/m; sie wird kritisch bei einem Abstand von mehr als 10 bis 15 m, weil dann die Gefahr von Echos besteht. Da sich das Diffusschallfeld im ganzen Raum etwa gleichzeitig aufbaut, erzeugt der Abstand zwischen Haupt- und Raummikrofonen den Eindruck einer zusätzlichen Reflexion, die den originalen Raumeindruck verändert. Zur Aufnahme des den Aufnahmeraum kennzeichnenden Raumeindrucks sollten die Raummikrofone also möglichst nahe beim Hauptmikrofon aufgestellt werden. Ausreichend Diffusschall kann dann aber nur noch durch Verwendung von Mikrofonen mit Nierenrichtcharakteristik und Ausrichtung vom Klangkörper weg erreicht werden. Oft ist aber diese Originalität der Raumakustik nicht gefordert, da ein großer Abstand der Raummikrofone den Raum vergrößern kann.

Da die Raummikrofone den Raumeindruck verstärken sollen, kommt für sie als Aufnahmeverfahren in erster Linie ein Verfahren, das Laufzeitunterschiede liefert, in Betracht, also das AB-Aufnahmeverfahren oder ein Verfahren der „gemischten" Stereofonie. Um den Raumeindruck bis zu tiefen Frequenzen hinunter zu erhalten, empfiehlt sich beim AB-Verfahren eine Mikrofonbasis nicht unter 1,5 m. Druckempfänger bieten eine besonders gute Wiedergabe tiefster Frequenzen des Diffusschallfelds.

Hallraum

Der Hallraum ist ein Raum mit relativ langer Nachhallzeit, in dem von einem Lautsprecher das zu verhallende Tonsignal abgestrahlt wird und gleichzeitig wieder mit zwei Mikrofonen aufgenommen wird. Der Hallraum bot vor der Entwicklung hochwertiger Nachhallgeräte die einzige Möglichkeit, zusätzlichen Nachhall zu gewinnen. Um hohe Eigenfrequenzdichte zu erhalten, muß das Volumen mindestens 50 m^3 betragen. Die notwendige Isolierung gegen störenden Luft- und Körperschall erfordert meistens eine allseitige, auf Federn ruhende, schwere innere Bauschale. Durch Klimatisierung muß u. U. eine allzu große Raumfeuchtigkeit vermieden werden, die dem Lautsprecher und den Mikrofonen schaden würde. Trotz dieser Erschwernisse und der im allgemeinen fehlenden Wandelbarkeit der Hallraumakustik wird der Hallraum noch heute teilweise genutzt.

Wegen der Gefahr von Flatterechos dürfen die Begrenzungsflächen nicht paarweise parallel stehen oder es müssen – wie in Meßhallräumen – mehrere schallzerstreuende Platten regellos aufgehängt werden. Der Abstand der Mikrofone voneinander sollte wie bei Raummikrofonen (siehe oben) mindestens 1,5 m betragen, um zwei Nachhallsignale zu erhalten, die bis zu tiefen Frequenzen hin nicht korreliert sind. Eine auch unterhalb 1000 Hz konstante Nachhallzeit von 2,5 s erfordert den Einbau sorgfältig geplanter, schallabsorbierender Anordnungen. Lautsprecher und die Mikrofone werden möglichst weit voneinander entfernt, mindestens mit 0,5 m Abstand von den Begrenzungsflächen angeordnet; der Lautsprecher strahlt am günstigsten gegen eine Wand oder in eine Ecke.

Hallplatte

Die Hallplatte gehört zu den Geräten, die heutigen Qualitätsanforderungen nur mehr bedingt genügen, aber sich dennoch in bestimmten Anwendungsbereichen behauptet haben, weil ihre objektiven technischen Mängel hier einen – subjektiv beurteilt – wünschenswerten Klangeffekt ermöglichen; ein solches Phänomen läßt sich z.B. auch bei den Gitarrenverstärkern mit Röhren beobachten. Bemerkenswert ist in diesem Zusammenhang auch, daß einige Hersteller programmierbarer digitaler Hallgeräte den „Hallplattensound" anbieten. Die Hallplatte war bis 1972 das einzige Hallgerät mit Studioqualität.

Eine 0,5 mm dicke, 2 m^2 große Stahlplatte ist an den vier Ecken durch stark gespannte Stahldrähte in einem starren Rahmen aufgehängt. Ein dynamischer Wandler regt die Platte zu Biegeschwingungen an, zwei piezoelektrische Wandler nehmen die Schwingungen ab und wandeln sie in elektrische Signale um. Die beiden Abnehmer sind in verschiedenem Abstand vom Erregersystem angeordnet, um wie beim Hallraum ein statistisch verteiltes Richtungssignal zu erhalten. Die Nachhallzeit wird durch Nähern und Entfernen einer porösen Dämpfungsplatte verändert (*Abb. 6/25*).

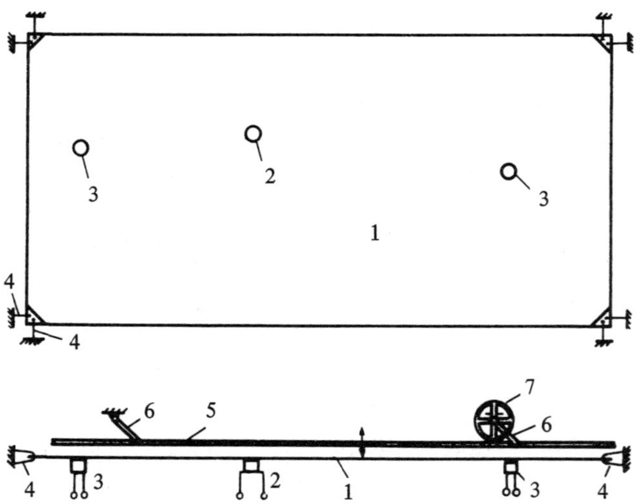

Abb. 6/25. Schematische Darstellung der Nachhallplatte.
1. Stahlblechplatte 1 m x 2 m, Dicke 0,5 mm
2. aufgeschweißte Schwingspule mit Zuleitung
3. Körperschallmikrofone mit Zuleitungen
4. gespannte Stahldrähte als Aufhängung
5. poröse Dämpfungsplatte
6. schwenkbare Lagerung der Dämpfungsplatte
7. Handrad zur Verstellung der Dämpfungsplatte

Die Dämmplatte hemmt die Bewegung der Luftteilchen, die durch die Schwingungen der Platte angeregt wird, und entzieht ihnen damit Bewegungsenergie. Dadurch wird auch der Platte Bewegungsenergie entzogen, ihre Schwingungen werden bedämpft, und zwar um so mehr, je näher die poröse Platte an die Hallplatte angenähert wird. Dieser Abstand kann von Hand oder durch Fernbedienung variiert werden; die Nachhallzeit ist dabei zwischen 1 s und 5 s einstellbar.

Die Nachhallzeiteinstellung bezieht sich auf 500 Hz; bis zu einer Nachhallzeit von etwa 2 s ist diese praktisch frequenzunabhängig, bei einer eingestellten Nachhallzeit von 4,5 s liegt die tatsächliche Nachhallzeit bei 100 Hz allerdings bei etwa 10 s. Ein Schalter am Gerät erlaubt, die Tiefen in 3 Stufen abzusenken. Diese Tiefenbetonung des Nachhalls war bei der Entwicklung durchaus gewollt. Ungünstiger ist die relativ geringe Eigenresonanzdichte, die dem Nachhall eine metallische, kleinräumig wirkende Klangfärbung gibt; wenn die Hallplatte heute wieder gewünscht wird, dann wegen dieses „nostalgischen“ Klangcharakters.

Der Störpegel im Aufstellungsraum darf etwa 50–55 dBA nicht überschreiten. Eine weitgehend erschütterungsfreie Aufstellung ist erforderlich. Der Störspannungsabstand beträgt bei alten Geräten um 54 dB, bei neueren Geräten ist er größer als 60 dB. [6.7], [6.8], [6.9]

Hallfolie

Die Nachhallfolie ist eine Weiterentwicklung der Nachhallplatte mit dem Ergebnis verbesserter Klangqualität und geringeren Gewichts und Volumens; das Gerät ist transportabel. Die elektroakustische Qualität konnte so weit verbessert werden, daß die Hallfolie auch zu den digital arbeitenden Hallgeräten eine interessante Alternative bleibt, zumindest wenn nicht besondere Halleffekte verlangt werden, wie sie viele digitale Hallgeräte bieten.

Das Konstruktionsprinzip entspricht demjenigen der Hallplatte, modifiziert durch die besonderen Anforderungen, die durch die Miniaturisierung gestellt werden. So konnte die Platte nicht einfach verkleinert werden, sie mußte dünner werden, es mußte mit Gold ein Material mit kleinerer Wellenlänge der Schallausbreitung gewählt werden, Geber- und Nehmersysteme waren der geringeren Wellenlänge anzupassen. Die Fläche der galvanisch hergestellten Goldfolie mit einer Dicke von 18 μm beträgt 27 x 29 cm. Die Luftschalldämmung von mehr als 50 dB ermöglicht im allgemeinen auch die Aufstellung des Geräts im Regieraum oder Ü-Wagen. Nur größere Körperschalleinwirkungen wie Stöße gegen das Gehäuse sind zu vermeiden.

Die Nachhallzeit kann auf Werte zwischen ca. 1 und 5 s bezogen auf eine Meßfrequenz von 500 Hz eingestellt werden. Der Frequenzgang der Nachhallzeit entspricht ungefähr dem Verlauf des natürlichen Halls, d.h. abnehmende Nachhallzeit bei höheren Frequenzen und zunehmende Nachhallzeit bei tieferen Frequenzen

(*Abb. 6/26*). Die Dichte der Eigenresonanzen (3,5/Hz) ist im Gegensatz zur Hallplatte ausreichend, um eine metallische Klangfärbung zu vermeiden. Der Störpegel kann nur in kritischen Fällen problematisch werden. Im Gegensatz zur Hallplatte verfügt die Folie über zwei unabhängige Gebersysteme, die mit den Signalen L und R oder M und S angesteuert werden können, selbstverständlich kann auch nur einer der Eingänge oder nach interner Parallelschaltung beide Eingänge mit der Hallsumme beliefert werden. Zum Schutz vor Übersteuerungen enthält der Aufsprechverstärker einen Begrenzer. Der Wiedergabeverstärker ist mit einem Expander ausgerüstet, der die tatsächliche Nachhallzeit der Folie um 10 % verkürzt und eigene und fremde Störpegel reduziert. [6.10], [6.11]

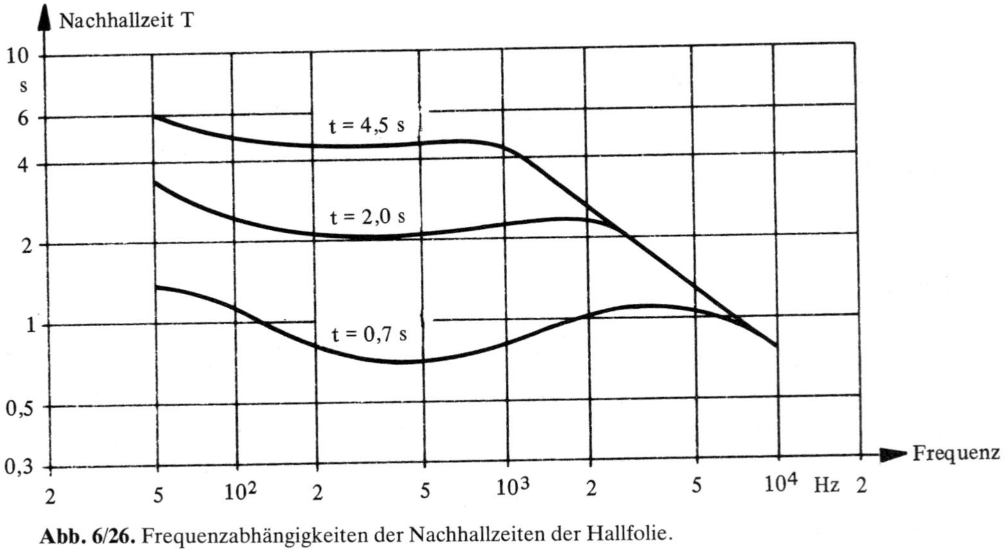

Abb. 6/26. Frequenzabhängigkeiten der Nachhallzeiten der Hallfolie.

Hallfeder

Federsysteme als schwingende Elemente in mechanisch arbeitenden Hallgeräten fanden schon vor der Entwicklung schwingender Platten und Folien Verwendung (Hammondfedern [6.12]). Noch heute werden sie in preiswerten, qualitativ anspruchslosen Hallgeräten als Nachhallerzeuger eingesetzt.

Aber auch für die Qualitätsforderungen der professionellen Tonstudiotechnik konnte ein Hallfedersystem entwickelt werden, das die Qualitätseinschränkungen einfacher Systeme, metallische Klangfärbung wegen zu geringer Eigenfrequenzdichte und Flatterechos, vermeidet.

Eine einfache Feder, die zu Torsionsschwingungen angeregt wird, liefert nur eine Serie von Einzelreflexionen mit abnehmendem Pegel, da das Signal die Feder durchläuft und am Ende jeweils reflektiert wird. Um einen dem natürlichen Nachhall ähnlichen Nachhallvorgang zu erzielen, muß zunächst die Zahl und zeitliche Dichte der Reflexionen ganz erheblich gesteigert werden. Das geschieht dadurch, daß auf der etwa 1,2 m langen Wendelfeder, die mehrfach umgelenkt ist, verschiedenartige Störstellen angebracht sind: Ätzstellen auf dem Federdraht, die vor allem bei höheren Frequenzen wirksam sind, Dellen, die im mittleren Frequenzbereich Reflexionen hervorrufen und Dämpfungsscheiben für den Bereich unter 200 Hz. Durch diese Maßnahmen entstehen zwischen den Flatterechos in dichter Folge weitere Reflexionen geringerer Stärke. Durch eine interessante Kompensationsschaltung werden nun die Flatterechos unterdrückt. An jedem Federende befinden sich je zwei gekreuzte, fest miteinander verbundene Drehspulen in einem Magnetfeld; sie sind elektrisch und magnetisch völlig entkoppelt. Jeweils eine dieser Spulen dient zur Anregung der Schwingungen, die andere als Empfänger. Die Veränderungen, die ein Signal beim Durchlaufen der Feder erfährt, sind unabhängig von der Durchlaufrichtung, d. h. daß die die Feder direkt durchlaufenden Signale identische Signale an den Empfangsspulen liefern, alle Reflexionen von den Störstellen hingegen stellen ungleiche Signale dar. Die Abnahmesysteme an den beiden Federenden werden nun gegenphasig zusammengeschaltet; gleiche Signale werden dadurch ausgelöscht, ungleiche nur unwesentlich beeinflußt. Damit liefert die Nachhallfeder nur noch diffusen Schall ohne Flatterechos. Die einzelnen Reflexionen sind dabei in ihren Spektren unterschiedlich, was wegen der dichten Abfolge aber unhörbar bleibt.

Eine interessante Lösung wurde auch für die Veränderbarkeit der Nachhallzeit entwickelt: Ausgangspunkt ist die Tatsache, daß eine Leitung, die mit ihrem Wellenwiderstand abgeschlossen wird, an ihren Enden keine Reflexionen erzeugt; für eine ideale Feder würde das bedeuten, daß die Nachhallzeit in diesem Fall zu 0 wird. Da die Hallfeder mit ihren sehr zahleichen Störstellen keine ideale Leitung darstellt, kann die Nachhallzeit durch eine Veränderung der mechanischen Abschlußimpedanz auch nur in einem gewissen Bereich variiert werden. Die Veränderung des mechanischen Widerstands wird dadurch bewirkt, daß den Aufsprechspulen durch Dämpfungsverstärker das abgenommene Signal phasenvertauscht zugeleitet wird. Die Wirkung des Dämpfungsverstärkers auf ein solch komplexes System kann allerdings nicht frequenzunabhängig sein; so ergeben sich selbst innerhalb kleinster Frequenzbereiche starke Streuungen der Nachhallzeit, was besonders bei unverdecktem Nachhall mit langer Nachhallzeit hörbar wird. *Abb. 6/27* zeigt das Blockschaltbild der Studio-Nachhallfeder. Die Studionachhallfeder wird auch mit einem integrierten digitalen Verzögerungsgerät geliefert, das eine Hallverzögerung und zusätzlich Einzelreflexionen gestattet.

Anders als Nachhallplatte, -folie und elektronische Hallgeräte besteht die Studionachhallfeder aus zwei völlig getrennten Nachhalleinheiten, die auch unabhängig voneinander betrieben werden können, wenn für verschiedene Instrumente z.B. unterschiedliche Nachhallzeiten erwünscht sind; in diesem Fall entsteht natürlich

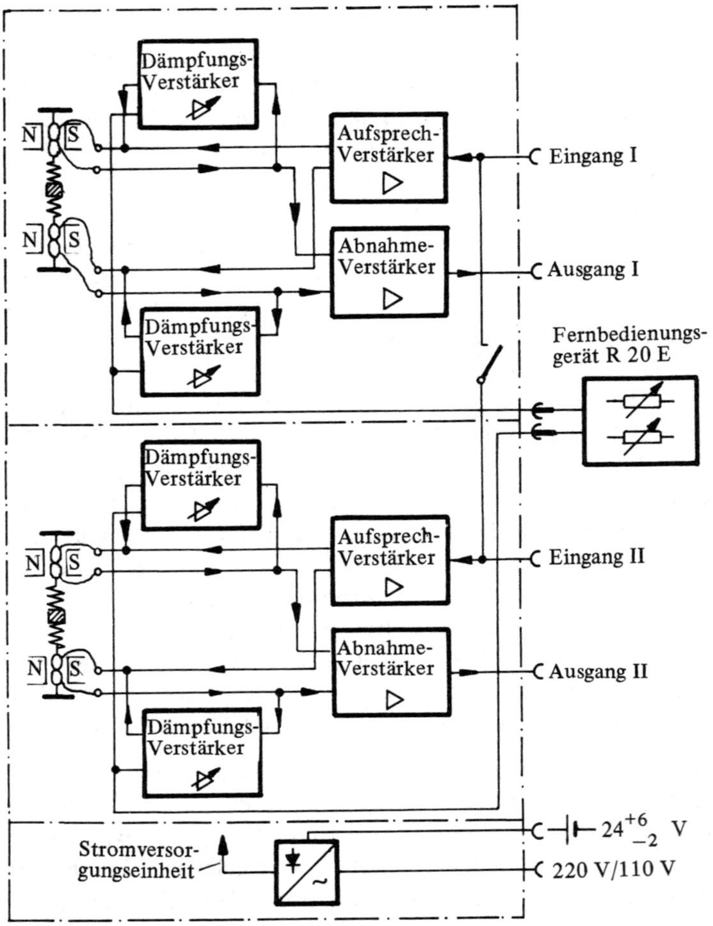

Abb. 6/27. Blockschaltbild der Studio-Nachhallfeder.

nur Monohall, der mit dem Panpot „hinter“ das betreffende Instrument gelegt werden kann. Da die Nachhallfeder bei Stereobetrieb zwei voneinander unabhängige, also nicht korrelierte Signale liefert, wird ihr Nachhall praktisch nur an den Seiten der Stereobasis abgebildet, nicht aber in der Mitte. Sofern dieser Effekt nicht erwünscht ist – er entspricht nicht den natürlichen Verhältnissen – muß dafür gesorgt werden, daß zusätzlich Mittenhall erzeugt wird. Das kann dadurch geschehen, daß die Summe der beiden Hallsignale zugemischt wird oder auch dadurch, daß die beiden Hallsignale als MS-Signale betrachtet werden, aus denen LR-Signale abgeleitet werden; in letzterem Fall muß aber auf die Monokompatibilität geachtet werden, da sich die S-Anteile der Monobildung auslöschen. [6.13], [6.14], [6,15], [6.16]

Digitale Hallgeräte

Die digitalen Hallgeräte stellen eine völlig neue Generation von Hallgeräten dar, deren Entwicklung in den siebziger Jahren begann. Heute sind diese Geräte Standardgeräte, die – eventuell neben herkömmlichen Hallerzeugern – in jedem Studio zu finden sind. Zusammen mit den digitalen Verzögerungsgeräten waren die digitalen Hallgeräte die ersten Geräte in Digitaltechnik, die Eingang in die Tonstudiotechnik gefunden haben. Für den Benutzer liegt der besondere Vorzug dieser Geräte darin, daß die Parameter des künstlichen Halls in weiten Grenzen einstellbar sind.

Digitale Hallgeräte sind im Prinzip Mikroprozessoren mit spezieller Programmierung, besonders großer Rechengeschwindigkeit und umfangreicher Speicherkapazität. Ihre Technologie wird an anderer Stelle (Kapitel Digitaltechnik, Band 2) genauer besprochen. Die erste Idee zu einem solchen Hallgerät bestand darin, das Tonsignal mit einer digitalen Verzögerungsleitung zu verzögern, dann geschwächt wieder dem Eingang zuzuführen, solange, bis diese Folge von Reflexionen ausgeklungen war; bei längerer Verzögerung war jedoch deutlich die Abfolge einzelner Reflexionen zu hören, bei geringer Verzögerungszeit aber die unangenehme Klangfärbung einer Kammfilterkurve. Eine wesentliche Verbesserung war zu erzielen durch die Parallelschaltung mehrerer solcher Verzögerungsleitungen mit unterschiedlichen Verzögerungszeiten und der Nachschaltung von ebenfalls verzögernden, rückgekoppelten Allpässen. In modernen Geräten sind die Schieberegister, die der Signalverzögerung dienen, weitgehend durch flüchtige Schreib-Lese-Speicher, durch sog. RAMs ersetzt, in denen die Codeworte vorübergehend gespeichert und dann über ihre Adresse wieder abgerufen werden. Ein zentraler Rechner führt die Operationen durch, das Programm hierfür ist in einem nichtflüchtigen Lese-Speicher, einem sog. ROM, gespeichert. [6.17], [6.18] Ein Prinzipschaltbild zeigt *Abb. 6/28*. Der NF-Eingang ist symmetrisch und hat studioübliche Eigenschaften. Auf die Eingangstufe folgt ein Tiefpaß, der die Bildung von Mischprodukten von Komponenten des Eingangssignals mit der Abtastfrequenz verhindert. Danach sind eine Integrate- und Holdschaltung (I & H) sowie der Analog/Digital-Wandler (A/D) angeordnet. Das gewandelte Signal gelangt nun digital an den eigentlichen Prozessor (CPU).

Die Art und Reihenfolge der Operationen wird durch das Read Only Memory (ROM) bestimmt. Zwischenergebnisse werden in einem Schreib/Lesespeicher (RAM) gelagert. Auf den Prozessor folgt der Digital/Analog-Wandler, aus dem zwei nicht korrelierte Signale entnommen werden. Sie gelangen über Sample & Hold-Schaltungen (S & H) und Tiefpässe an die Ausgangs-Leitungsverstärker. Gestrichelt eingezeichnet ist die Vierkanalausführung.

Da der Rechenvorgang, der zum Hallsignal führt, eine Frage der Programmierung ist, ergibt sich als ein besonderer Vorteil digitaler Hallgeräte die Möglichkeit, alle Parameter des Nachhalls in weiten Grenzen verändern zu können. Gerade in dieser Hinsicht sind die Geräte bzw. ihre Software in den letzten Jahren erheblich weiter-

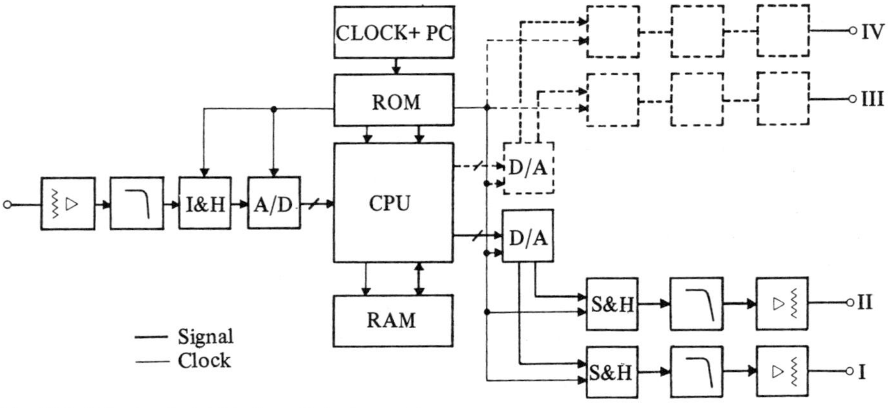

Abb. 6/28. Prinzipschaltbild eines digitalen Hallgeräts.

entwickelt worden, und darin unterscheiden sich im wesentlichen auch die verschiedenen Typen moderner Studiogeräte.

Digitale Hallgeräte in Studioqualität bieten im allgemeinen eine Anzahl vorprogrammierter Halleinstellungen, die vom Benutzer aber noch verändert werden können, weiterhin mehrere Speicherplätze für Hallprogramme, die der Benutzer sich eingestellt hat. Daneben besteht meist auch die Möglichkeit einfacher Verzögerung, weiterhin ist eine mehr oder weniger große Reihe von Effekten, die im folgenden noch erläutert werden, mit den Geräten darstellbar.

Der Hall gibt dem Hörer Auskunft über Größe und Ausstattung eines Raums in einem gewissen Unschärferahmen. Die einzelnen Parameter des Halls, die die Informationen vermitteln, werden dem Hörer nicht bewußt, für ihn ergibt sich ein Gesamteindruck. Aus dieser Erkenntnis heraus gibt es zwei verschiedene Philosophien, die Parameter bei den Hallgeräten zu verändern: Veränderung jedes einzelnen physikalischen Parameters des Halls oder Zusammenfassung verschiedener Parameter entsprechend ihrer Zusammengehörigkeit für die Wahrnehmung des Raumeindrucks. Einige Geräte sind in ihren Einstellbereichen der Parameter mehr an der Erzeugung von „natürlichem" Hall orientiert, andere Geräte bieten daneben durch erweiterte Einstellmöglichkeiten auch Hall- bzw. Raumeffekte, die physikalisch gesehen in einem „natürlichen" Raum kaum oder nicht denkbar wären. Darüberhinaus enthalten die meisten Hallgeräte Programme für weitere besondere Effekte.

Während mittlerweile Studiohallgeräte meist mit einer Codierung des Tonsignals in 16-Bit-Codeworten arbeiten, unterscheiden sie sich doch ganz erheblich in der Abtastrate und damit im Übertragungsbereich. Niedrige Abtastraten sind durch längere Rechenzeiten bedingt. Es gibt Geräte mit einem Übertragungsbereich von 8 kHz oder 10 kHz neben solchen mit 12 kHz oder 15 kHz Bandbreite. Der eingeschränkte Übertragungsbereich einiger Hallgeräte erhält seine Berechtigung aus den Eigenschaften des natürlichen Halls: allein wegen der unvermeidlichen Luftabsorption im höheren Frequenzbereich ist bei 10 kHz eine maximale Nachhallzeit von 1,2 s möglich; nimmt man die ungleich höhere Absorption der Raumbegrenzungen hinzu, so sind Hallanteile und Reflexionen mit Frequenzanteilen über 8 kHz praktisch nicht vorhanden. Für bestimmte Programme wie Stimmvervielfachung durch den Chorus-Effekt, reine Verzögerungsprogramme z.B. für Beschallung, Flanging u.a. ist ein größerer Frequenzumfang aber zweifellos erforderlich. Ein Qualitätskriterium ist auch die Anzahl der simulierten Reflexionen pro Sekunde, worüber allerdings die Herstellerunterlagen nicht immer Auskunft geben. Einige Geräte bieten zur Überprüfung ihrer Funktionen und zur Lokalisierung defekter Bauteile ein Programm zur Selbstdiagnose, das gegebenenfalls beim Einschalten des Geräts automatisch durchläuft.

Die einstellbaren Parameter an einem digitalen Hallgerät sind:

- Nachhallzeit: Die Nachhallzeit von Räumen liegt etwa zwischen 0,4 s (kleiner gedämpfter Raum, z.B. Wohnzimmer oder Regieraum) und 4,5 s (große Kirche), nur bei sehr großen Kirchen werden höhere Werte erreicht (Petersdom z.B. 12,5 s), für das Taj Mahall wird eine Nachhallzeit von 45 s genannt. Den Einstellbereich zwischen 0,4 und etwa 4,5 s bieten alle Geräte; einige Geräte sehen darüberhinaus Nachhallzeiten vor, die in einem natürlichen Raum nicht mehr möglich sind und bei z.B. 100 s nicht mehr als ein Ausklingen gehört werden, sondern als „eingefrorener“ Hall („Freeze-Programm“).
- Frequenzgang der Nachhallzeit: Die Absorptionswirkung der Raumbegrenzung ist in geringerem oder größerem Maße frequenzabhängig, die Absorption durch Luft nimmt mit der Frequenz zu; Räume mit überwiegend Mauerflächen haben z.B. im tiefen Frequenzbereich lange Nachhallzeiten, die zu hohen Frequenzen hin abnehmen, Räume mit großen Wandflächen aus mitschwingenden Paneelen haben dagegen im tiefen und mittleren Frequenzbereich einen relativ ausgeglichenen Frequenzgang. Gemeinsam ist aber allen Frequenzgängen ein Abfall zu hohen Frequenzen hin, verursacht durch die Luftabsorption, die mit der Nachhallzeit zunehmend wirksam wird (siehe Kapitel 1.2.4). Digitale Hallgeräte gestatten in mehr oder weniger großem Umfang eine Beeinflussung des Nachhallfrequenzgangs. Dabei kann durch Faktoren die eingestellte Grundnachhallzeit im tiefen und hohen, bei manchen Geräten auch im mittleren Frequenzbereich verändert werden. Die Grundnachhallzeit bezieht sich im allgemeinen auf 1 kHz, die Nachhallzeit bei den Tiefen auf 300 Hz, bei den Höhen auf 8 kHz.
- Verzögerung des Nachhalls: Der Nachhall setzt nicht sofort mit dem Direktschall ein. Das Schallfeld des Nachhalls muß sich zuerst aufbauen. Dabei müssen die zunächst noch einzeln eintreffenden ersten Reflexionen in eine dichte Reflexionsfolge übergegangen sein (siehe Kapitel 1.2). In größeren Räumen ist dieser zeitliche Aufbau (Anhall) länger, in kleinen Räumen kürzer. Die Nachhallverzögerung bestimmt also die empfundene Raumgröße ganz wesentlich mit. Entsprechend sehen die Hallgeräte eine einstellbare Hallverzögerung, meist bis etwa 200 ms, vor.

- Erste Reflexionen: Die vor der dichten Reflexionsfolge des Nachhalls eintreffenden Einzelreflexionen, die sog. ersten Reflexionen (siehe Kapitel 1.2.3) verbessern die Räumlichkeit einer Aufnahme (siehe Kapitel 1.2.2), sie erhöhen die Durchsichtigkeit und Deutlichkeit einer Aufnahme und bestimmen die empfundene Raumgröße mit. Digitale Hallgeräte verfügen deshalb über unterschiedliche Möglichkeiten, dem Nachhall erste Reflexionen hinzuzufügen. Die einfachste Möglichkeit stellen zwei Einzelreflexion dar, die in ihrer Verzögerung und in ihrem Pegel einstellbar sind und im linken und rechten Kanal abgebildet sind. Komfortablere Geräte bieten mehr einstellbare Einzelreflexionen, die auch in ihrer Richtungszuordnung veränderbar sind, bis hin zu ganzen Clustern von Reflexionen.

- Raumgröße: Die Verzögerung und Dichte der ersten Reflexionen und die Verzögerung und Anfangsstruktur des Nachhalls wird von der Raumgröße bestimmt. Die Zusammenhänge errechnet das Programm, es genügt, die Raumgröße entweder als Volumen oder als durchschnittliche Kantenlänge (size) einzugeben. Die statistische Verteilung der Raumresonanzen bezüglich Dichte und Pegelunregelmäßigkeiten ist ein weiteres Merkmal, das von der Raumgröße bestimmt wird. In kleinen Räumen treten besonders im tieferen Frequenzbereich einzelne Raumresonanzen stark hervor. Die Anzahl der Resonanzen pro Hz Bandbreite sinkt mit geringer werdendem Raumvolumen, die Klangfärbung des Nachhalls wird dabei zunehmend metallischer. Es gibt Hallgeräte, die diese besondere Eigenschaft kleiner Räume berücksichtigen.

Digitalhallgeräte bieten nicht nur Hall, sondern eine Reihe weiterer Effekte, die mit derselben Hardware mit speziellen Programmierungen möglich sind. Beispiele dieser Programme werden im folgenden genannt, einige Bezeichnungen sind herstellerspezifisch, einige Bezeichnungen werden allgemein verwendet:

- Space, Freeze: Es handelt sich um ungewöhnlich lange Nachhallzeiten, die bis unendlich lange dauern können; bei einigen Geräten sind entsprechende Programme auch über die Nachhallzeit einstellbar. Ein besonderer Effekt ergibt sich, wenn dieses „Einfrieren" von Tönen auf einzelne, vom Benutzer bestimmbare Frequenzen beschränkt wird, damit kann ein Nachhall mit dem Charakter eines Akkords unterlegt werden, ein „harmonischer" Hall also.

- Non-Lin, Sub-Reverb: Der gleichmäßige Abfall des Nachhallpegels kann z.B. mit dem Non-Lin-Programm zunächst für etwa 0,5 s hinausgezögert werden oder mit der Überlagerung einer anderen Nachhallkurve (Sub-Reverb) verändert werden.

- Doppler-Reverb: Bei diesem Programm wird der Tonhöheneindruck des Hallsignals ähnlich wie beim Doppler-Effekt verändert; es entsteht der Eindruck, als ob sich das Hallsignal im Raum bewege.

- Plate, Hallplatte: Hier wird der Klangcharakter der Hallplatte mit ihrem harten, dichten Klangeinsatz nachgebildet.

- Enhance: Mit diesem Programm kann die Raumgröße ohne bewußt hörbaren Nachhall wahrgenommen werden. Erreicht wird dies durch eine besondere zeitliche Staffelung von Einzelreflexionen.
- Echo: Beim Echoprogramm werden einzeln hörbare Reflexionen mit einstellbaren Verzögerungszeiten und Pegeln erzeugt.
- Chorus: Chorusprogramme dienen der Stimmvermehrung durch statistisch sich verändernde Verzögerungszeiten und Tonhöhenvariationen bei der Überlagerung eines Signals mit sich selbst.

6.4.2 Verzögerungsgeräte

Die Signalverzögerung hat im Bereich der Tonstudiotechnik und der Beschallungstechnik eine ganze Reihe interessanter Anwendungen. Deshalb gehören Verzögerungsgeräte zur Ausrüstung eines professionellen Studios.

Für die Signalverzögerung wurden zunächst rein akustisch wirkende, auf der Laufzeit des Schalls beruhende Anordnungen verwendet, dann aber vor allem Magnetband- und Magnetplattengeräte. Aus qualitativen Gründen kommen heute jedoch nur noch zwei Varianten in Betracht: die Verzögerung mit einem üblichen Studiomagnetbandgerät für bestimmte Anwendungsfälle und universell verwendbare digitale Verzögerungsgeräte.

Die Verzögerungszeiten, die mit üblichen Studiomagnetbandgeräten zu realisieren sind, hängen von der Bandgeschwindigkeit und vom Abstand Hörkopf-Sprechkopf ab. Es gilt die einfache Formel:

$$\Delta t = \frac{d}{v} \cdot 1000$$

Δt = Verzögerungszeit [ms]
d = Abstand Sprechkopf-Hörkopf [cm]
v = Bandgeschwindigkeit [cm/s]

Bei einem Abstand Sprechkopf-Hörkopf von 7 cm und einer Bandgeschwindigkeit von 38 cm/s beträgt die Verzögerung 185 ms, bei 19 cm/s 370 ms. Geräte mit einer auch bei der Aufnahme variablen Bandgeschwindigkeit erlauben die Verzögerungszeit stufenlos zwischen 90 und 275 ms (38 cm/s ± 50 %) bzw. 185 und 550 m (19 cm/s ± 50 %) einzustellen. Die in der Praxis wichtigen Verzögerungszeiten zwischen 0 und 90 ms können realisiert werden, indem das Signal parallel auf zwei Maschinen mit gleicher Bandgeschwindigkeit gegeben wird; eine der Maschinen wird nun in ihrer Geschwindigkeit über die variable Bandgeschwindigkeit etwas verändert. 10% Differenz der Geschwindigkeit bedeutet eine Zeitdifferenz von 18,5 ms (38 cm/s) bzw. 37 ms (19 cm/s).

Die erste Generation digitaler Verzögerungsgeräte (Digital Delay Line, DDL) war mit Schieberegistern als Verzögerungselemente aufgebaut [6.19], [6.20]; für den Benutzer nachteilig war die relativ grobstufige Verzögerungseinstellung. Bei der zweiten Generation der digitalen Verzögerungsgeräte [6.21] werden die Codeworte in einem Schreib-Lesespeicher mit wahlfreiem Zugriff (RAM) auf aufeinanderfolgenden Speicherplätzen abgelegt. Die Speicheradresse, die jedem Codewort mitgegeben wird, wird von einem Adreßzähler erzeugt; er beginnt mit der niedrigsten Adresse und zählt bis zur höchsten durch, dann beginnt er wieder mit der niedrigsten Adresse. Der Speicher kann deshalb als Speicher mit ringförmig gelagerten Speicherplätzen betrachtet werden. Da der Adreßzähler in der Darstellung eines Ringspeichers sinngemäß als Zeiger abgebildet werden kann, der auf den jeweils adressierten Speicherplatz weist, wird er oft als Adreßzeiger dargestellt. Die höchst mögliche Verzögerungszeit richtet sich u.a. nach der Speicherkapazität; die Umlaufzeit des Zeigers ist die maximal mögliche Verzögerungszeit. Bei vielen Geräten kann die Speicherkapazität wahlweise für ein Stereo- oder ein Monosignal genutzt werden; die Umlaufzeit des Schreibzeigers ist für Monosignale doppelt so hoch wie für Stereosignale. Dem Schreibzeiger folgt der Lesezeiger in einem festen Abstand, den die Verzögerungszeit bestimmt. Bei den meisten Geräten sind mehrere Lesezeiger vorhanden und damit mehrere Ausgänge mit unterschiedlichen Verzögerungszeiten.

Während für digitale Hallgeräte eine Einschränkung des Übertragungsbereichs bei hohen Frequenzen durchaus akzeptierbar ist, erfordern viele Anwendungen des Verzögerungsgeräts die volle Übertragungsbandbreite. Viele Geräte bieten wahlweise aber auch bei halber Übertragungsbandbreite eine verdoppelte Verzögerungszeit. Die Verzögerungszeit ist bei den Geräten mit RAM-Speicher fein abgestuft, in 1-ms-Schritten oder weniger, z. B. auch in 20-μs-Schritten. Damit sind auch Zeitdifferenzen zwischen Stereokanälen einstellbar, wie sie bei der Laufzeitstereofonie auftreten. Zur Technologie der Verzögerungsgeräte siehe auch Kapitel Digitaltechnik in Band 2.

Anwendungen der Verzögerungsgeräte

Verzögerungsgeräte bieten eine Reihe von Anwendungsmöglichkeiten in der Aufnahme- und Beschallungstechnik, außerdem für die Erzeugung von Effekten. Es sind unterschiedliche Geräte auf dem Markt; einzelne Geräte sind z.B. besonders geeignet für die Darstellung von Effekten, andere Geräte bieten z.B. für die Aufnahmetechnk oder die Beschallungstechnik größere Möglichkeiten.

Anwendungen in der Aufnahmetechnik und Beschallungstechnik

Bei Tonaufnahmen mit Haupt- und Stützmikrofonen sind die Signale des Hauptmikrofons gegenüber den Signalen der Stützmikrofone verzögert, weil der Abstand von den Schallquellen zum Hauptmikrofon größer ist als zu den Stützmikrofonen. Je nach dem Mischungsverhältnis der Pegel führt das zu einem Verlust an Tiefenstaffelung und damit zu einer gewissen Unnatürlichkeit der räumlichen Anordnung der Einzelschallquellen z.B. eines Orchesters. Durch Verzögerung der Stützmikrofonsignale können die Stützmikrofonsignale zeitgleich mit dem Hauptmikrofonsignal oder danach gelegt werden (siehe Kapitel 5.5.3); eine Delokalisation der Stütze kann dabei erreicht werden, wenn das Signal mit einigen ms Zeitunterschied auf den linken und rechten Kanal gegeben wird. Die notwendige Verzögerungszeit ist genau genommen für alle Stützmikrofone verschieden, kann aber in der Praxis meist für alle Mikrofone gemittelt gemeinsam hinzugefügt werden. Zur Feststellung der notwendigen Verzögerungszeit wird die Differenz zwischen dem Abstand der Schallquelle zum Hauptmikrofon und zum jeweiligen Stützmikrofon ermittelt. Pro m benötigt Schall rund 3 ms. Solisten können dabei bewußt hervorgehoben werden, indem ihr Stützmikrofonsignal weniger oder nicht verzögert wird.

Einige Verzögerungsgeräte gestatten die Einstellung von Zeitdifferenzen im μs-Bereich; mit solchen Verzögerungszeiten kann eine der Pan-Pot-Technik der Intensitätsstereofonie vergleichbare Technik für Stützmikrofone in reiner Laufzeitstereofonie geschaffen werden (siehe Kapitel 5.5.4). Da solche kurzen Verzögerungszeiten erst mit den Verzögerungsgeräten mit RAM-Speichern zur Verfügung stehen, fehlen bisher noch Erfahrungen in dieser Hinsicht.

Ein weiteres Einsatzgebiet von Verzögerungsgeräten ist die künstliche Verhallung (siehe 6.4.1). Während digitale Hallgeräte die Einstellbarkeit der Nachhallverzögerung und das Hinzufügen erster Reflexionen ermöglichen, bieten mechanische Hallerzeuger wie Hallraum, Hallplatte und Hallfeder diese Möglichkeit nicht. In diesen Fällen vergrößert eine Nachhallverzögerung von 30 bis etwa 100 ms den künstlichen Raum; mehrere erste Reflexionen mit einer Verzögerung von etwa 20 bis 50 ms verbessern die Räumlichkeit und Deutlichkeit der Aufnahme.

Verzögerungsgeräte werden zur Umgestaltung eines monofonen Klangbilds in ein pseudostereofones Klangbild benutzt (siehe 6.3.3).

In bestimmten Fällen kann auch eine Begrenzersteuerung durch ein Verzögerungsgerät von Interesse sein, nämlich dann, wenn auch das Überschwingen der Einschwingvorgänge (Transienten) innerhalb der Einschwingdauer des Regelsystems vermieden werden soll. *Abb. 6/29* zeigt die Schaltung; bei Monosignalen müssen zwei, bei Stereosignalen drei Begrenzer verkoppelt werden. Das zu begrenzende Signal wird entweder aus einem Kanal abgeleitet, besser aber aus einer Monobildung von L und R, und danach auf einen Begrenzer gegeben. Gleichzeitig geht das Signal über ein bzw. zwei Verzögerungsgeräte auf einen zweiten (Mono) bzw. zwei weitere Begrenzer (Stereo), alle Begrenzer sind gekoppelt. Der nicht verzögerte Begrenzer regelt also den bzw. die verzögerten Begrenzer bereits im Pegel zurück, bevor das Tonsignal eintrifft, Übersteuerungen sind mit absoluter Sicherheit ausgeschlossen. Die Signalverzögerung ist für das Klangbild ohne Einfluß. Damit kann die Wirkungsweise des Transientenbegrenzers erzielt werden (siehe Kapitel 6.5).

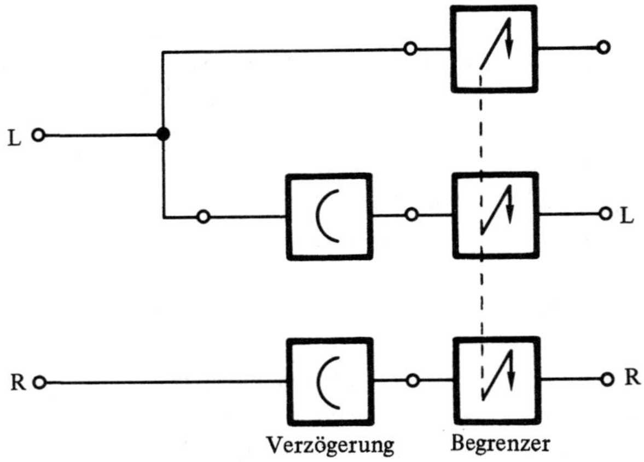

Abb. 6/29. Verwendung eines Verzögerungsgeräts zur Vermeidung von Übersteuerungen in einem Stereokanal.

Ein wichtiges Einsatzgebiet für Verzögerungsgeräte ist auch die Beschallungstechnik (siehe Kapitel 4.5.2). Bei Zentralbeschallung von der Bühne aus kann durch Verzögerung der Lautsprechersignale eine relativ unauffällige, natürlich wirkende Beschallung erreicht werden, bei Aufstellung verschiedener Lautsprechergruppen in einem Saal oder im Freien können Schallechos weitgehend vermieden werden.

Anwendungen bei Effekten der Aufnahmetechnik

Die digitale Hardware der Verzögerungsgeräte kann durch entsprechende Software zu verschiedenen Effekten der Aufnahmetechnik genutzt werden. So gibt es neben reinen Verzögerungsgeräten ein großes Angebot von Geräten, die zusätzlich Effekte wie Flanging, Phasing, Harmonizing, Zeitexpansion und -kompression, unendliche Wiederholung von Zeitsegmenten u. a. bieten (siehe Kapitel 6.2). Auch Hallgeräte ermöglichen teilweise solche Effekte.

Zu den Effekten mit Verzögerungsgeräten gehören auch zwei einander ähnliche Effekte: Stimmverdopplung (Voice doubling, ADT = Automatic Double Tracking) und Chorus. Bei der Stimmverdopplung wird das Signal um 20 bis 100 ms zeitversetzt mit etwa gleichem Pegel nochmals eingemischt. Wegen der ständigen geringen Änderung in Lautstärke, Tonhöhe und Klangfarbe bei der menschlichen Stimme und bei den akustischen Musikinstrumenten wirkt dieser Effekt so, als ob noch eine Stimme hinzugesetzt würde; dieser Effekt ist vor allem bei Sängern in der Popmusik weit verbreitet. Für Einzelstimmen sind kürzere Verzögerungszeiten besser, für Streicher längere. Der Choruseffekt beruht auf demselben Prinzip, modifiziert jedoch die Zweitstimme durch statistisch verteilte Tonhöhenschwankungen und Verzögerungszeiten.

6.5 Regelverstärker

Regelverstärker (Begrenzer, Kompressor, Expander, Kompander, Noise Gate) sind Verstärker, die ihre Verstärkung in Abhängigkeit von der Größe des Pegels des Eingangssignals bzw. Ausgangssignals selbst regeln. Sie haben – zumindest in bestimmten Pegelbereichen – also keine feste oder fest einstellbare Verstärkung wie die üblichen Studioverstärker, sondern eine sich pegel- und zeitabhängig verändernde Verstärkung. Die Pegelabhängigkeit der Verstärkung bzw. Dämpfung beschreibt das statische Verhalten (statische Kennlinie), die Zeitabhängigkeit das dynamische Verhalten des Regelverstärkers. In welcher Weise der Ausgangspegel vom Eingangspegel abhängt und wie die Regelung zeitlich reagiert, kann innerhalb bestimmter Grenzen eingestellt werden. Regelverstärker als selbständige Einheiten werden in der elektroakustischen Übertragungskette an den Punkten eingefügt, wo Normpegel herrscht. Sie sind studiotechnisch als Übertragungsglieder ohne Verstärkung zu betrachten. Regelverstärker übernehmen rein übertragungstechnische Funktionen – Schutzfunktion oder Optimierung der Übertragung – und dienen als Mittel zur Klanggestaltung. Sie können in Mikrofonwegen, Gruppenwegen, Hallsummen, Sende- und Aufnahmeleitungen eingesetzt werden; sie sind fest zugeordnet oder werden fallweise über Steckverbindungen oder Tasten eingeschleift. [6.23], [6.24]

6.5.1 Statisches Verhalten

Die Abhängigkeit des Ausgangspegels vom Eingangspegel, mithin also die Verstärkung, wird durch die sog. statische Kennlinie dargestellt. Sie hat Gültigkeit unter statischen Bedingungen, d.h. bei konstantem oder sich nur langsam änderndem Eingangspegel; bei schnellen Pegeländerungen gilt sie erst nach einer bestimmten Einschwingzeit. Die Grundtypen von Regelverstärkern mit den zugehörigen statischen Kennlinien zeigt *Abb. 6/30*. Die Kennlinie für einen Verstärker ohne Verstärkung (Verstärkungsfaktor 1, Verstärkungsmaß 0 dB) ist jeweils gestrichelt dargestellt.

Für die Praxis ist es hilfreich, neben Regelverstärkern mit nur einer Funktion Geräte mit mehreren Funktionen zur Verfügung zu haben. Das Anheben von Störgeräuschen in Modulationspausen bei Kompression des Tonsignals z.B. kann durch eine Kombination von Kompressor und Expander in einem Gerät vermieden werden; wird diesen Funktionen noch die Begrenzerfunktion hinzugefügt, so steht ein universeller Regelverstärker zur Verfügung. *Abb. 6/31* zeigt als Beispiel die statische Kennlinie sowie die Verstärkung eines solchen Regelverstärkers. In dem dargestellten Beispiel besteht eine Kompressionswirkung, d.h. eine Pegelanhebung, zwischen −40 und −2 dB relativer Eingangspegel. Zwischen −40 und −50 dB wirkt der Expander bezogen auf das komprimierte Signal, d.h. es findet eine tatsächliche Expandierung des Eingangssignals in diesem Pegelbereich auf die doppelte Dynamik statt;

für Pegel unter −50 dB bleibt das Eingangssignal unverändert. Bei dem dargestellten Regelverstärker setzt die Begrenzung, d.h. Dämpfung des Signals, oberhalb von −2 dB ein, bei 0 dB wird das Ausgangssignal dann konstant gehalten, also begrenzt.

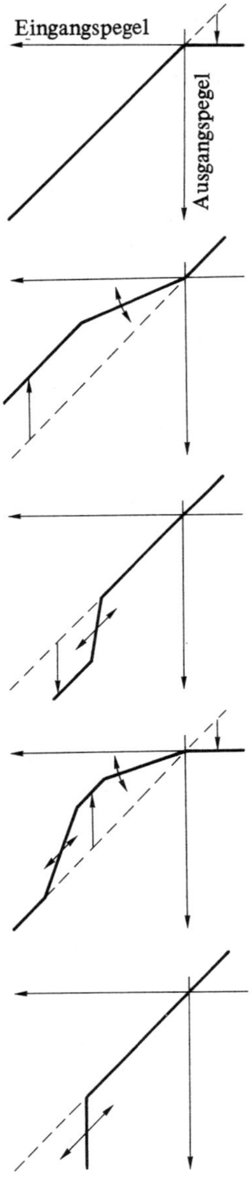

Begrenzer
Der Begrenzer läßt unterhalb eines einstellbaren Eingangspegels, dem Begrenzereinsatzpunkt, das Signal unbeeinflußt, darüber wird der Ausgangspegel auf einem konstanten Wert gehalten, das Signal also um den Pegelwert bedämpft, um den es den Begrenzereinsatzpegel überschreitet. Begrenzer werden zur Verhinderung von Übersteuerungen und zur Klanggestaltung verwendet.

Kompressor
Der Kompressor hebt kleine und mittlere Pegel an, für Pegel unterhalb der Aussteuerungsgrenze wird die Anhebung um so geringer, je mehr sich der Pegel der Aussteuerungsgrenze nähert. Der Kompressor wird zur Dynamikeinengung verwendet, einerseits also zu übertragungstechnischen Verbesserungen, andererseits zur Klanggestaltung. Einstellbar ist das Maß der Pegelanhebung für kleine und mittlere Pegel und die Steigung der Kennlinie für Pegel unterhalb der Aussteuerungsgrenze.

Expander
Der Expander senkt kleine Pegel ab, läßt aber größere Pegel unbeeinflußt. Er wird zur Unterdrückung von Störgeräuschen und zur Klanggestaltung verwendet. Einstellbar ist der Pegel, unterhalb dessen die Absenkung wirksam sein soll, und das Maß der Absenkung.

Kombinierter Regelverstärker
Die Kombination von Begrenzer, Kompressor und Expander ergibt einen vielseitig verwendbaren Regelverstärker, dessen Kennlinie in vielfacher Weise veränderbar ist. Während Kompressoren praktisch immer mit Begrenzern kombiniert sind, gibt es Geräte mit den Einzelfunktionen Begrenzen oder Expandieren.

Noise Gate (Tor)
Das Noise Gate sperrt unterhalb eines einstellbaren Pegels den Übertragungsweg, läßt ihn darüber aber unbeeinflußt. Das Gate schaltet einzelne Kanäle ab, wenn sie keine Nutzmodulation liefern, sondern z.B. bei einer Diskussionsrunde nur Nebengeräusche; es wird aber auch zur Klanggestaltung verwendet.

Abb. 6/30. Grundtypen der Regelverstärker und ihre statischen Kennlinien.

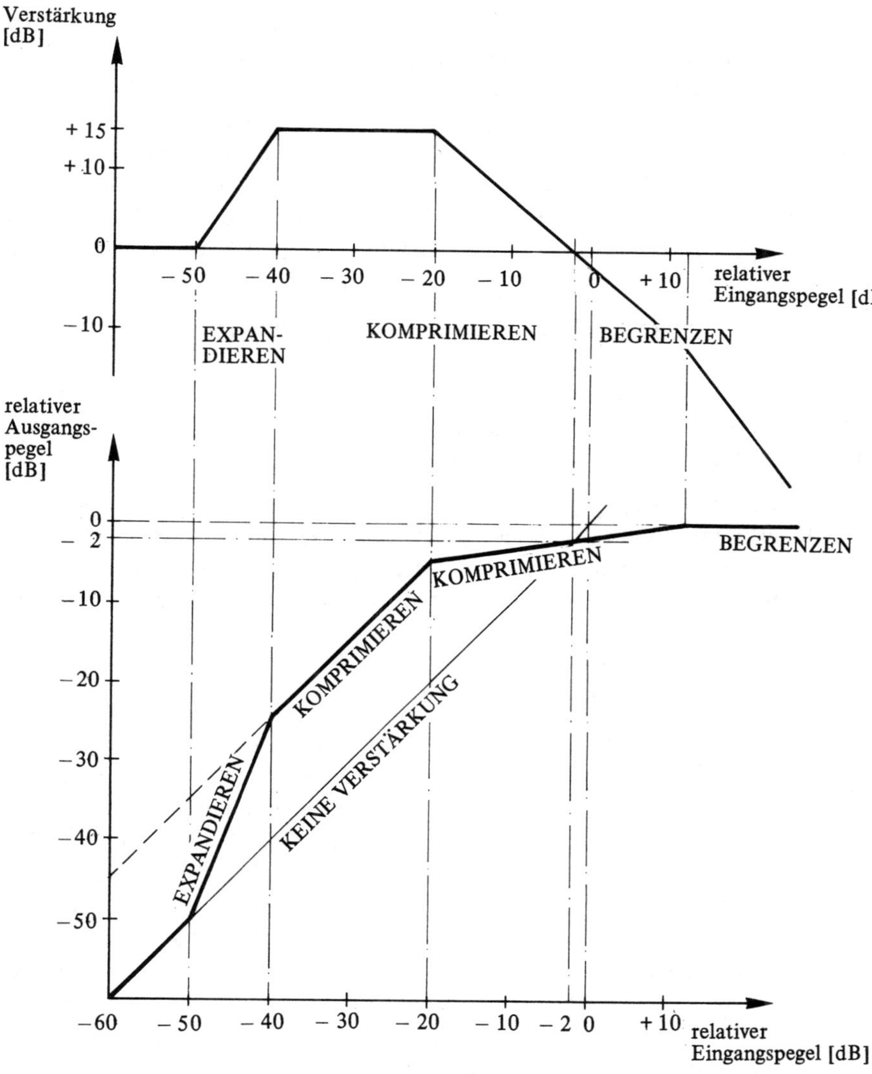

Abb. 6/31. Verstärkung und Kennlinie eines Regelverstärkers mit Begrenzer-, Kompressor- und Expanderfunktion.

6.5.2 Dynamisches Verhalten

Aus *Abb. 6/30* und *6/31* ist ersichtlich, daß das Verstärkungsmaß eines Regelverstärkers je nach Eingangspegel unterschiedlich ist. Ändert sich nun der Eingangspegel sprunghaft, so ändert sich das Verstärkungsmaß jedoch nicht ebenso sprunghaft, sondern kontinuierlich. Das ist notwendig, um den ursprünglichen Pegelverlauf nicht zu entstellen und hörbare Regelvorgänge, Verzerrungen, Knackgeräusche u.a. zu vermeiden. Nur bei sich langsam änderndem oder konstantem Eingangspegel gelten die statischen Kennlinien. Die Schnelligkeit, mit der ein Regelverstärker auf Pegelsprünge reagiert, wird durch die Ansprechzeit (Attack), auch Einschwingzeit genannt, und die Rücklaufzeit (Release, Recovery, Decay), auch Abklingzeit genannt, gekennzeichnet. Die Definitionen für die Ansprech- und Rücklaufzeit lauten für den Begrenzer wie folgt, für den Kompressor und Expander sinngemäß gleich:

Wird ein Übersteuerungspegel, der 10 dB über dem gewählten Begrenzereinsatzpegel liegt, an einen Begrenzer gelegt, so ist die Ansprechzeit diejenige Zeit, innerhalb der die Ausgangsspannung auf 37% (= 1/e · 100%) der Differenz zwischen der Übersteuerungsspannung und der Begrenzereinsatzspannung sinkt; das entspricht einem Absinken des Pegels um 8,7 dB (*Abb. 6/32*).

Wird ein Übersteuerungspegel, der 10 dB über dem Begrenzereinsatzpegel liegt, sprunghaft um 10 dB reduziert, so ist die Rücklaufzeit diejenige Zeit, innerhalb welcher die Ausgangsspannung auf 63 % der Differenz zwischen der zurückgenommenen Spannung und der eingeregelten Ausgangsspannung angestiegen ist *(Abb. 6/32)*. Das entspricht einem Pegelanstieg um 8,7 dB. Gelegentlich findet man auch eine Angabe der Rücklaufzeit in dB/ms oder dB/s. Sie muß also mal 6 genommen werden, um der obigen Definition zu entsprechen.

Die Angaben über Ansprech- und Rücklaufzeiten sind also stets kürzer als die Dauer des eigentlichen Regelvorgangs. Die Rücklaufzeiten sind immer, die Ansprechzeiten sind meist einstellbar. Für die Ansprechzeit sind sehr kurze Werte im Bereich von wenigen Millisekunden, für den Begrenzer und Expander vielfach sogar im Bereich unter 0,1 ms einstellbar oder fest vom Gerät vorgegeben. Die Ansprechzeit, insbesondere beim Kompressor, kann nicht beliebig verkürzt werden, weil einerseits die Regelvorgänge sonst als Knacke oder besonders bei tiefen Frequenzen als Verzerrungen hörbar werden und andererseits die Regelung dann im Rhythmus tiefer Frequenzen arbeitet. Für die Rücklaufzeiten sind im allgemeinen Zeiten zwischen etwa 0,1 s und etwa 10 s einstellbar. Die längeren Rücklaufzeiten werden gewählt, damit nicht durch kurze übersteuernde Signale kurzzeitige Pegeleinbrüche entstehen, die bei Sprache z. B. als „Schlucken“ empfunden werden. Außerdem verhindert man mit einer längeren Rücklaufzeit bei kurzen Übersteuerungen ein „Atmen“ oder „Pumpen“ von Hintergrundgeräuschen bzw. bei Musik auch von leisen Stellen und Nachhall. Kurze Zeiten werden vor allem bei Popmusik gewählt, um Klangeffekte zu erreichen.

Neben der Möglichkeit, eine bestimmte Ansprech- und Rücklaufzeit vorgeben zu können, bieten viele Regelverstärker auch die Möglichkeit einer automatischen, vom jeweiligen Programm selbst gesteuerten Ansprech- und Rücklaufzeit. Bei weniger aufwendigen Regelverstärkern hängt die Rücklaufzeit von Begrenzer und Kompressor von der Dauer der Pegelspitzen ab: kurzzeitige Spitzen bewirken ra-

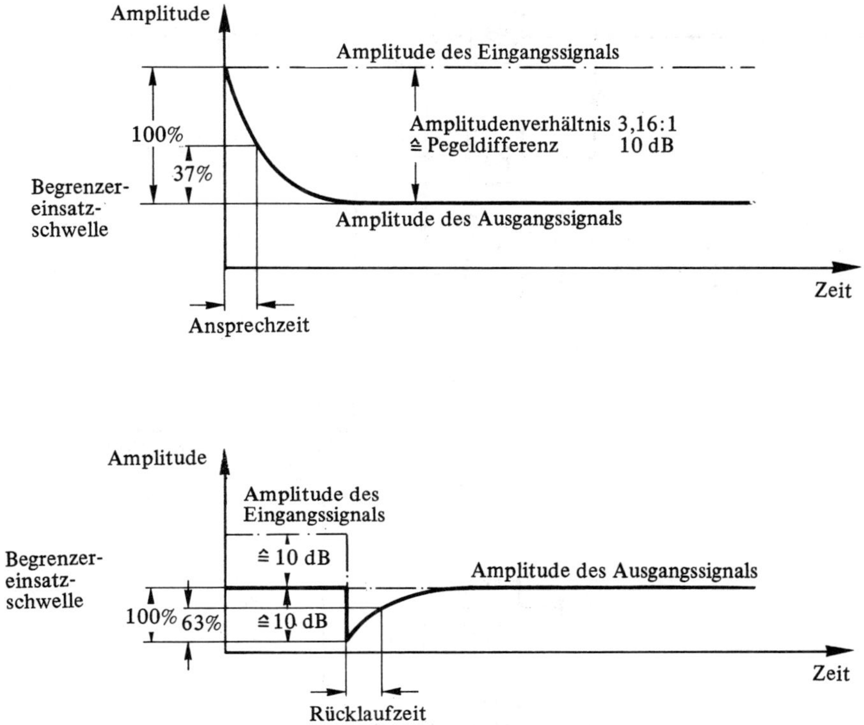

Abb. 6/32. Definition der Ansprechzeit und Rücklaufzeit beim Begrenzer.

sche Ausregelung, während längere Übersteuerungen zu einer längeren Rücklaufzeit führen. Bei aufwendigeren Regelverstärkern ist die Rücklaufzeit des Begrenzers abhängig davon, wie oft pro Zeiteinheit der Begrenzer anspricht und wieviele Spitzen knapp unterhalb der Ansprechschwelle bleiben; bei Kompressorbetrieb ist die Rücklaufzeit von der „Dichte“ des Programms, d. h. vom Verhältnis des mittleren Pegels zu den Spitzen am Eingang des Gerätes abhängig, bei hohem Durchschnittspegel sind die Rücklaufzeiten lang, bei geringem Durchschnittspegel kurz.

Stereokopplung

Beim Einsatz von einkanaligen Regelverstärkern in zusammengehörigen Stereokanälen darf die Balance und damit die Lokalisierung der Phantomschallquellen durch die Regelung nicht verändert werden. Daher müssen die Regelverstärker in den beiden Stereokanälen miteinander verkoppelt werden, und zwar so, daß jeweils der Kanal mit der größeren Pegelveränderung die Regelung beider Regelverstärker in gleicher Weise übernimmt *(Abb. 6/33)*. Alle gebräuchlichen Regelverstärker sind

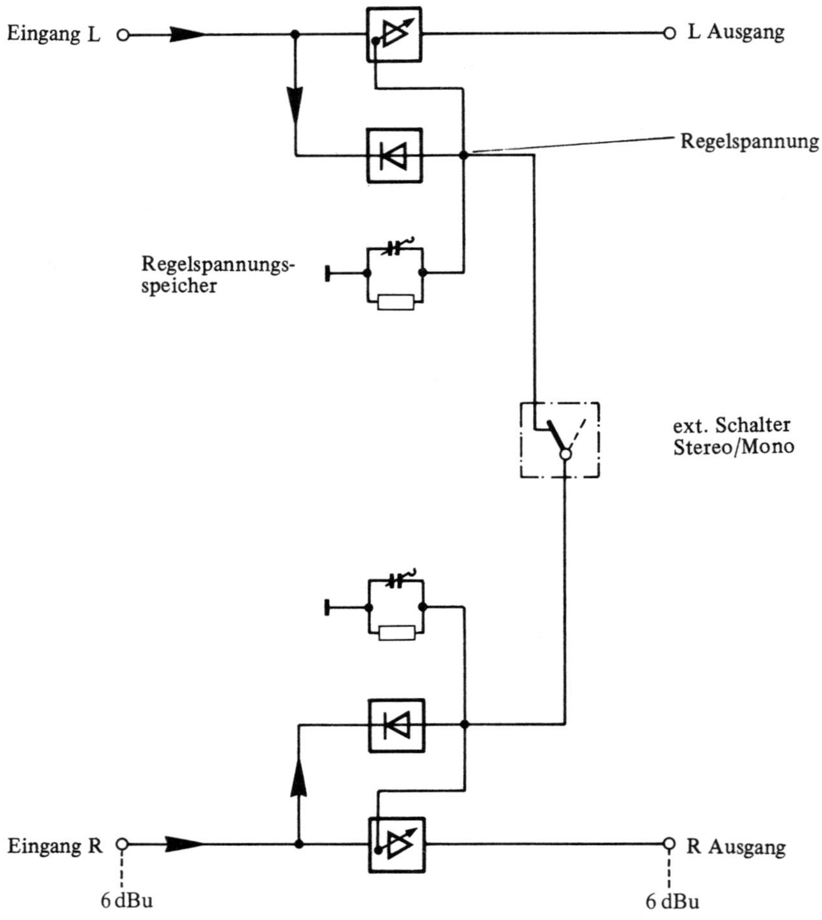

Abb. 6/33. Stereokopplung zweier Mono-Regelverstärker.

für eine solche Verkopplung eingerichtet. Stereogeräte besitzen eine interne Stereokopplung.

In der Produktion von Stereoaufnahmen kann eine Verkopplung auch von Nachteil sein. Eine Übersteuerungsspitze, z.B. hervorgerufen durch einen tieffrequenten Signalanteil im rechten Kanal, bewirkt bei Verkopplung, daß die im linken Kanal vorhandenen Signalanteile anderer Instrumentengruppen entsprechend zurückgenommen werden. In solchen Fällen muß die Verkopplung gelöst werden. Generell ist eine Verkopplung dann nicht sinnvoll, wenn keine Phantomschallquellen existieren, wenn also z. B. ein Sprecher ganz links, ein anderer ganz rechts abgebildet wird. Über die Stereokopplung kann für Effekte auch eine externe Steuerspannung zugeführt werden.

6.5.3 Begrenzer

Der Begrenzer oder Limiter begrenzt die Pegel, die die Begrenzerschwelle (Limiter Threshold) übersteigen, auf diesen Pegel; diese Schwelle liegt bei einigen Geräten fest bei −1 oder 0 dB, im allgemeinen ist sie einstellbar, z.B. zwischen −2 und +10 dB bezogen auf den Ausgangspegel. Pegel, die höher als der Schwellwert sind, werden auf den Schwellwertpegel zurückgeregelt.

Begrenzer kommen in der Hauptsache als Schutzbegrenzer zum Einsatz; sie sollen Leitungen und Sender vor Übersteuerungen schützen; in dieser Funktion sind sie in den Senderegien oder Schalträumen in den Programmweg geschaltet. Aber auch bei Produktionen und für die Beschallung werden sie für die Ausregelung unvorhersehbarer Übersteuerungen in einzelnen gefährdeten Mikrofonkanälen – z.B. bei Sängern – eingesetzt, weniger in Gruppen- oder Summenkanälen, um Pumpeffekte des Gesamtsignals zu vermeiden. Unvorhersehbare Pegelspitzen sind besonders bei Live-Aufnahmen und bei relativ geringem Mikrofonabstand (Popmusik, Interviews) zu erwarten; hier ist also der Einsatz der Begrenzer geboten.

Durch Begrenzereinsatz bei Sprache kann deren mittlere Lautheit bei gleichbleibendem Pegel erhöht werden, da der Pegel von den Spitzen bestimmt wird, diese aber durch den Begrenzer zurückgeregelt werden. So können die mittleren und niedrigeren Pegel höher ausgesteuert werden; damit erhöht sich Lautheit und Sprachverständlichkeit. Die Wirkung ist also zunächst derjenigen eines Kompressors vergleichbar; die Regelvorgänge des Begrenzers beziehen sich auf die Pegelspitzen, die des Kompressors auf kleine und mittlere Pegel. Begrenzer sind vielfach mit Kompressoren kombiniert. Die Einstellung erfordert einige Erfahrung.

Statisches Verhalten

Die Kennlinie eines Begrenzers verläuft zunächst auf der Geraden für Verstärkung 0 dB (*Abb. 6/34*). Beim Begrenzereinsatzpunkt geht die Kennlinie in eine waagrechte Gerade über, unabhängig vom Eingangspegel bleibt der Ausgangspegel dann konstant; der Einsatzpunkt ist einstellbar oder liegt fest bei ca. 0 dB (Limiter Threshold). Der Übergang der Kennlinie zum Begrenzerteil kann abgerundet sein, damit Pegelspitzen zunächst komprimiert und dann begrenzt werden. Verschiedene Begrenzer bieten die Möglichkeit, die Kennlinie stufenweise parallel zu verschieben (Hub, Gain), so daß der Begrenzer das Signal zunächst verstärkt (in *Abb. 6/34* Verschiebung nach links). Wenn diese Möglichkeit nicht vorhanden ist, kann durch eine entsprechende Übersteuerung des Begrenzers dieselbe Wirkung erzielt werden. Das Verschieben der Kennlinie entspricht einer Kompression des Signals.

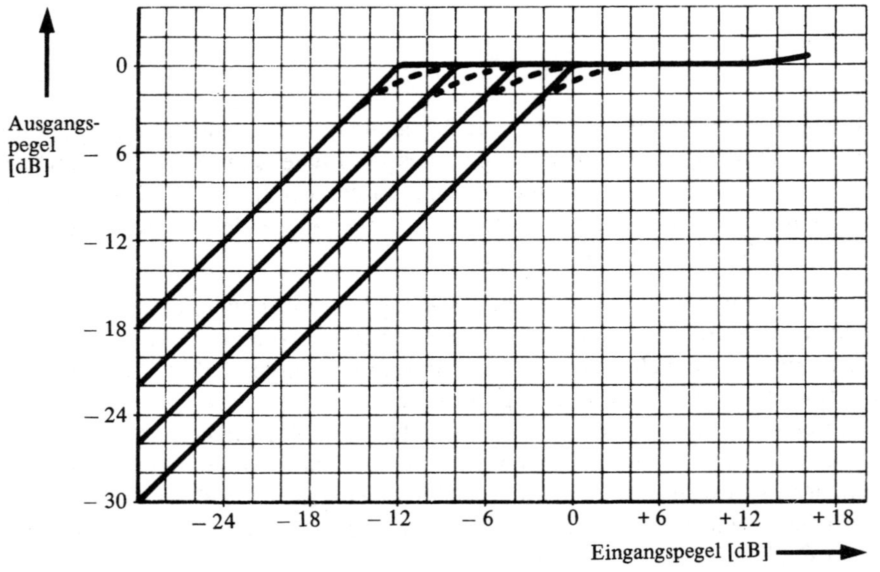

Abb. 6/34. Statische Kennlinie eines Begrenzers mit einstellbarem Hub.

Filter im Regelkreis

Die durchschnittlichen Spektren der Tonsignale zeigen als gemeinsames Merkmal einen fallenden Pegel mit zunehmender Frequenz. Bei der Tonaufzeichnung und Tonübertragung kann diese Eigenschaft für eine Verbesserung des Geräuschpegelabstands genutzt werden: Hohe Frequenzen werden durch eine lineare Vorverzerrung (Preemphasis) am Eingang des Übertragungsglieds oder -kanals angehoben, am Ausgang durch eine Nachentzerrung (Deemphasis) wieder in die ursprünglichen Pegelverhältnisse gebracht. Diese gerät- oder kanalinterne Pegelanhebung muß bei der Begrenzung berücksichtigt werden, indem der Begrenzereinsatzpunkt in derselben Weise frequenzabhängig gestaltet wird wie die jeweilige Vorverzerrung.

Abb. 6/35 zeigt die Vorverzerrung des UKW-Senders und die entsprechende Nachentzerrung, die zugleich die frequenzabhängige Ansprechschwelle des Begrenzers sein muß. Die meisten Begrenzer bieten die Möglichkeit, solche Vorverzerrungen zu berücksichtigen. Dabei wird ein entsprechendes Höhenfilter in den Regelzweig des Begrenzers eingeschaltet. Die wichtigsten Vorverzerrungen sind: Magnetbandgeräte 38 cm/s CCIR, DIN: 35 µs, 19 cm/s CCIR, DIN: 70 µs. FM-Sender (UKW): 50 µs und Verzögerungs- und Hallgeräte vielfach 75 µs *(siehe Abb. 6/12)*. Mit diesen

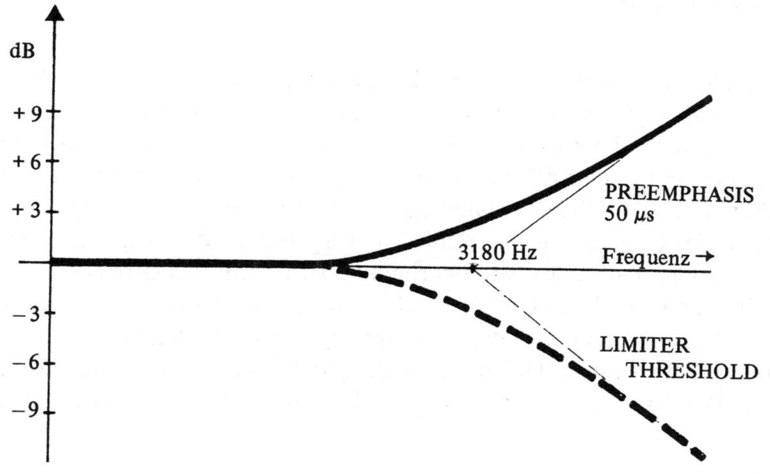

Abb. 6/35. Vorverzerrung beim UKW-Sender und frequenzabhängige Ansprechschwelle des Begrenzers.

Zeitkonstanten τ wird die Grenzfrequenz eines RC-Hoch- bzw. Tiefpasses definiert (siehe Kapitel 6.1.1):

$$f_{gr} = \frac{1}{2\pi \cdot \tau}$$

f = Grenzfrequenz [Hz]
τ = R · C [s]

Die Flankensteilheit beträgt 6 dB/Oktave.

Bei der Einfügung eines Filterwerks in den Regelzweig können Übersteuerungen verhindert werden, die starke Komponenten im oberen Teil des Signalspektrums verursachen; nachteilig ist, daß diese Komponenten zugleich mittlere und tiefe Signalkomponenten zurückregeln. Zweckmäßiger ist deshalb das kurzzeitige Verschieben der Preemphasis-Kennlinie zu höheren Frequenzen hin. Dadurch werden nur die hohen Komponenten begrenzt. Während der Regelzeit auftretende Spitzen werden durch einen Hochtonclipper abgeschnitten.

Viele Begrenzer verfügen auch über einschaltbare Tiefenfilter im Regelkreis; sie sollen das Ansprechen des Begrenzers bei starken Komponenten im tiefen Frequenzbereich verhindern, wodurch ein „Atmen" höherer Komponenten im Rhythmus tieferer Töne vermieden wird. Schließlich gibt es Geräte, die das Einschleifen eines beliebigen externen Filters zulassen.

Dynamisches Verhalten

Es gibt drei verschiedene Verfahren, den Signalpegel zu begrenzen *(Abb. 6/36)*: Konventionelle Begrenzer regeln das Signal in einer Rückwärtsregelung erst dann zurück, wenn die Übersteuerung bereits eingetreten ist. Je nach Ansprechzeit kommt es dabei zu einem kürzeren oder längerem Überschwingen. Es gibt zwei Möglichkeiten, dieses Überschwingen zu verhindern: Clippen oder Signalverzögerung. Damit das Clippen nur innerhalb der Ansprechzeit des Begrenzers wirksam wird, liegt die Clippschwelle etwas oberhalb, z. B. 1,5 dB über dem begrenzten Pegel. Bei abgerundeter Clippkennlinie sind mit diesem Verfahren gute Ergebnisse zu erzielen. Völlig vermieden wird das Überschwingen bei einer Signalverzögerung um den Wert der Ansprechzeit. Der Regelvorgang findet zeitlich bereits vor dem zu begrenzenden Pegelsprung statt und wird durch Rückverdeckung praktisch unhörbar.

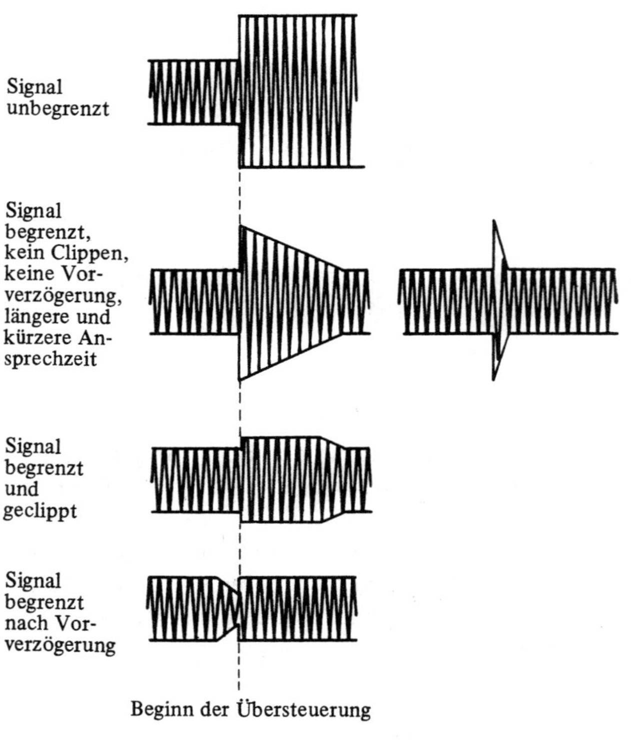

Abb. 6/36. Möglichkeiten der Signalbegrenzung.

Die Ansprechzeiten (Attack) der Begrenzer ohne Vorverzögerung sind bei einigen Geräten einstellbar – wobei es Geräte mit Ansprechzeiten im μs-Bereich, andere im ms-Bereich gibt – teilweise fest vorgegeben oder auch programmgesteuert; hierbei verlängert sich die Ansprechzeit automatisch mit sinkendem Eingangspegel. Clippende Begrenzer haben die längeren Ansprechzeiten. Eine für das jeweilige Progamm zu kurze Ansprechzeit führt zu einem Knacken zu Beginn der Pegelspitzen. Sprache hat mit ihren Explosivlauten sehr kurze Einschwingdauern und ist deshalb besonders empfindlich in der Begrenzereinstellung; Begrenzer mit abgerundeter Clippkennlinie zeigen hier gute Ergebnisse. Bei längeren Einschwingdauern, wie sie Musikinstrumente – mit Ausnahme der meisten Schlaginstrumente – haben, sind kurze Ansprechzeiten unter 0,5 ms weniger kritisch (siehe auch Kapitel 2.3.1). Bei Begrenzern mit Vorverzögerung findet der Regelvorgang innerhalb der Verzögerungszeit von z.B. 0,3 ms statt.

Wie für die Ansprechzeit gibt es auch für die Rücklaufzeit (Release, Recovery, Decay) drei Möglichkeiten: Nur bei einfachen Geräten ist eine feste Rücklaufzeit vorgegeben, die meisten Geräte bieten dagegen einmal die Einstellbarkeit, zum anderen eine Steuerung durch das Signal in Abhängigkeit von der zeitlichen Struktur des Pegelverlaufs (Einstellung „Auto"). Bei nur gelegentlich auftretenden kurzen Pegelspitzen wird die Rücklaufzeit kurz, bei häufigen und längeren Pegelspitzen länger eingestellt. Die einzelnen Geräte unterscheiden sich relativ stark in den möglichen Einstellungen, Zeiten vom ms-Bereich bis hin zu 20 s sind hier möglich. Wird ein möglichst hoher Durchschnittspegel angestrebt, so ist die Rücklaufzeit kurz einzustellen. Damit steigt aber auch die Gefahr der Hörbarkeit der Regelvorgänge, was bei Sprache zu einem „Schlucken" führt.

Bei der Tonübertragung kann es in unvorhersehbarer Weise zur Hintereinanderschaltung von zwei oder mehr Begrenzern kommen. Jede mit Begrenzer hergestellte Produktion, die über einen Sender ausgestrahlt wird, beinhaltet in ihrer Übertragungskette mindestens zwei Begrenzer. Ob das zu einer hörbaren Ausweitung der Regelvorgänge führt, hängt von der Art der Begrenzer ab und von den eingestellten dynamischen Eigenschaften. Im eingeregelten Zustand ergeben sich keine Beeinträchtigungen. Eine störende doppelte Ausregelung ergibt sich, wenn an den zweiten Begrenzer noch Pegelspitzen gelangen, die diesen zu Regelvorgängen veranlassen. Das führt dann im allgemeinen dazu, daß Übersteuerungen nicht nur um den Übersteuerungspegel, sondern um den zweifachen Übersteuerungspegel zurückgeregelt werden. Enthält der erste Begrenzer einen Clipper oder arbeitet er mit Zeitverzögerung, so gibt es keine Probleme, auch dann nicht, wenn er Pegelspitzen zum zweiten Begrenzer passieren läßt, die kürzer sind als dessen Ansprechzeit; die Ansprechschwelle des zweiten Begrenzers muß gleich oder höher als diejenige des ersten eingestellt sein.

6.5.4 Kompressor und Expander

Statisches Verhalten

Hauptsächliche Aufgabe des Kompressors ist, die Dynamik eines Programms einzuengen. Eine Einengung ist aus technischen Gründen wünschenswert, wenn die Übertragungskette selbst einen relativ hohen Störpegel hat; das ist z. B. bei Sendungen über Mittel-, Lang- oder Kurzwelle der Fall. Durch Kompression wird die Senderreichweite erhöht. Dynamikeinengung ist weiterhin da sinnvoll, wo eine höhere Aussteuerung des mittleren Pegels bei gleicher Aussteuerung der Pegelspitzen erreicht werden soll. Damit wird der Programmpegel „verdichtet", der Klangeindruck wird intensiver. Das führt bei Sprache ähnlich der Begrenzerwirkung zu einer besseren Verständlichkeit besonders bei Nebengeräuschen. Aus der modernen U-Musik- und Popmusikproduktion ist der Kompressor nicht wegzudenken, auch hier soll er das Klangbild intensivieren und verdichten. Bei anspruchsvollen Produktionen mit großer Dynamik (E-Musik, Hörspiel) hebt der Kompressor allerdings auch das Rauschen, vor allem der Mikrofone an und verringert so den Störpegelabstand.

Die Einstellmöglichkeiten sind beim Kompressor vielseitiger als beim Begrenzer. Während beim Begrenzer im wesentlichen nur auf die Einsatzschwelle, die Ansprech- und Rücklaufzeit Einfluß genommen wird, können bei aufwendigeren Kompressorverstärkern die einzelnen Abschnitte der statischen Kennlinie getrennt eingestellt werden, hinzu kommen noch die Einstellungen der Ansprech- und Rücklaufzeit. Die meisten Kompressoren sind mit einem Begrenzer, vielfach auch mit einem Expander kombiniert, wodurch weitere Einstellungen hinzukommen.

Zunächst zeigt *Abb. 6/37* die statischen Kennlinien eines einfacheren Kompressors mit Begrenzer. Hier sind im Kompressorbetrieb nur drei verschiedene Kennlinien einstellbar, die eine Verstärkung von 10, 15 und 20 dB bei kleinen und mittleren Eingangspegeln darstellen. Dieses Verstärkungsmaß wird auch Kompressionshub (compression gain) genannt. Mit wachsendem Eingangspegel geht das Verstärkungsmaß allmählich auf 0 dB zurück. Die Linie B zeigt die Kennlinie bei reinem Begrenzerbetrieb. Bei 0 dB gehen die Kompressorkennlinien in die Begrenzerkennlinie über.

Die statische Kennlinie eines modernen Kompressors, kombiniert mit einem Begrenzer und Expander, ist vielfältig einstellbar. Diese Geräte sind vor allem für die Produktion bestimmt. Im Kompressorbereich können drei Parameter, im Expanderbereich zwei Parameter verändert werden. Hinzu kommt noch die Einstellung der Begrenzereinsatzschwelle. Im einzelnen bestehen folgende Einstellmöglichkeiten, die *Abb. 6/38* und *6/39* an einem Beispiel darstellen.

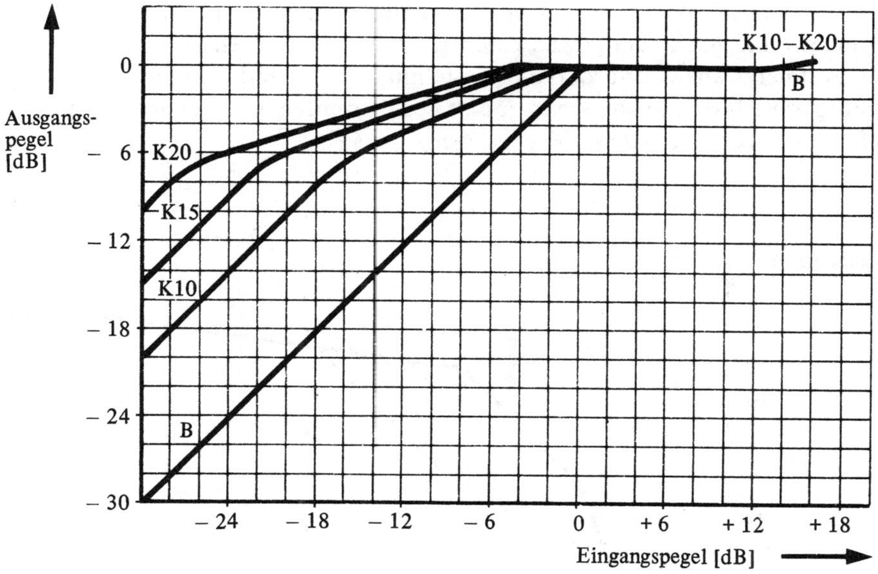

Abb. 6/37. Statische Kennlinien eines einfachen Kompressors mit Begrenzer (K 20, K 15, K 10 = Kompressoreinstellung mit 20, 15 und 10 dB Kompressionshub, B = Begrenzerlinie).

Die englischsprachigen Bezeichnungen haben sich hier generell durchgesetzt:

Compression gain: Dies ist der Kompressionshub oder das Verstärkungsmaß, um das die mittleren und kleinen Pegel angehoben werden, damit eine Kompression des Dynamikbereichs erzielt wird *(Abb. 6/38 a)*.

Compression ratio: Das Kompressionsverhältnis bestimmt, wie stark das Verstärkungsmaß mit zunehmendem Eingangspegel abnimmt *(Abb. 6/38 b)*.

Compression rotation point: Der Rotationspunkt ist der Drehpunkt, um den sich die Kompressionsgerade für größere Pegel drehen läßt. Er liegt auf der 0-dB-Geraden und kann auf ihr verschoben werden (*Abb. 6/38c*).

Expander ratio: Das Expanderverhältnis bestimmt, wie stark das Verstärkungsmaß bei kleinen Pegeln zunimmt (*Abb. 6/39a*).

Expander rotation point, Expander position: Der Rotationspunkt des Expanders bestimmt den Expandereinsatzpegel (*Abb. 6/39b*).

Vor amplitudenmodulierten Sendern (MW, LW, KW) werden stets Kompessorverstärker in Einheit mit den Schutzbegrenzern eingesetzt; Mittelwellensender werden mit einem solchen Kompressionshub betrieben, daß eine Dynamik von etwa 30 bis 35 dB, in einigen Fällen nur 20 bis 25 dB bleibt. Als Rücklaufzeit hat sich z.B. eine programmgesteuerte Zeit von 2,5 s bewährt. Dabei werden kurze Spitzen sehr rasch ausgeregelt, bei längeren Übersteuerungen wird die eingestellte Rücklaufzeit wirksam.

Die statischen Eigenschaften bei Kompressor und Expander werden je nach Art der Produktion und nach dem gewünschten Klangbild individuell nach Gehör eingestellt. Aufmerksamkeit erfordert die Einstellung des Expanders. Liegt ein konstantes Störgeräusch vor, so kann man dessen Pegel ermitteln und den Rotationspunkt des Expanders oberhalb dieses Pegels legen.

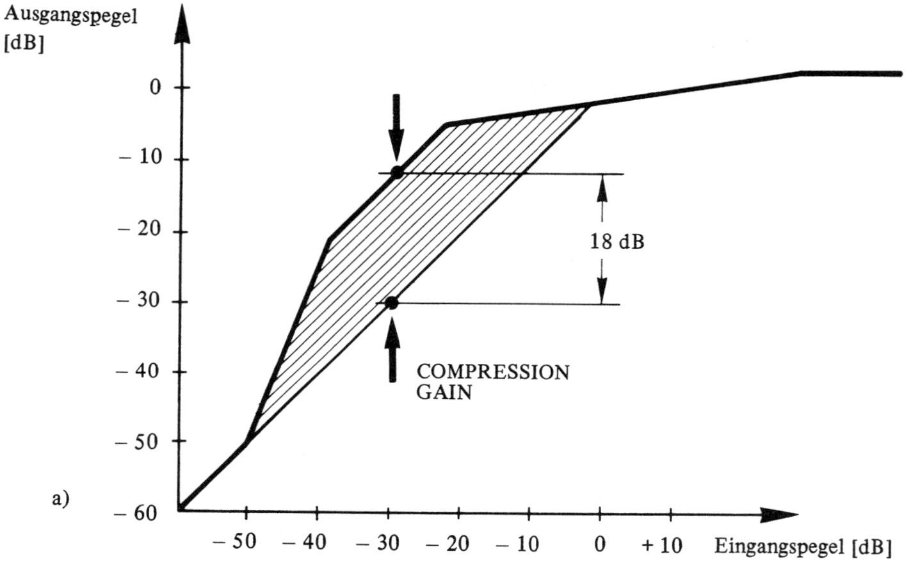

a)

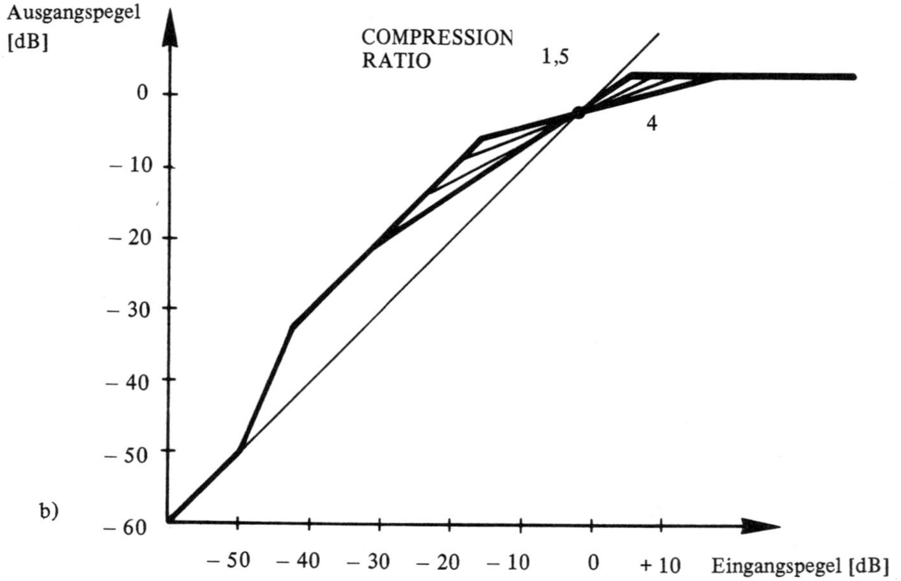

b)

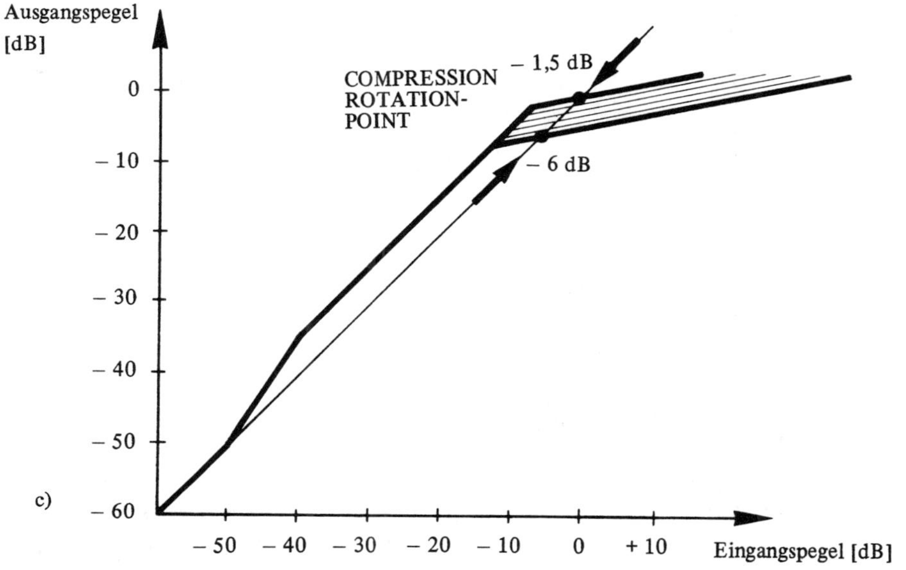

Abb. 6/38. Einstellung der Kennlinie eines Kompressors mit Expander und Begrenzer.

Dynamisches Verhalten

Kritischer als die Einstellungen des statischen Verhaltens sind im allgemeinen die Einstellungen des dynamischen Verhaltens. Kurze Ansprechzeiten – so vorteilhaft sie rein übertragungstechnisch sind – führen leicht zu Knackgeräuschen. Am kritischsten ist die Einstellung der Rücklaufzeit. Sie muß bei sorgfältigen Probeeinstellungen gefunden werden. Je nachdem, ob der Kompressorverstärker in einem Mikrofonkanal oder im Summenkanal liegt, wird man dabei anders verfahren. Die Modulation im Summenkanal repräsentiert ein fertig abgemischtes Klangbild, das in seiner Zusammensetzung nicht mehr verändert werden soll; der Kompressor soll hier lediglich die Gesamtdynamik einengen und das gesamte Klangbild „verdichten". Zu kurze Rücklaufzeiten sollen in diesem Anwendungsfall grundsätzlich vermieden werden, denn sie führen dazu, daß bestimmte Instrumente – wie Schlagzeug und Baß – die Regelung anstoßen, wodurch die übrige Modulation im Rhythmus dieser Instrumente ins „Pumpen" gerät. Das aber wird durch längere Rücklaufzeiten unterbunden. Günstig ist hier auch die automatische Einstellung der Rücklaufzeit durch das Gerät selbst. Der Effekt des „Pumpens", hervorgerufen durch starke Bässe, kann auch dadurch unterbunden werden, daß eine frequenzabhängige Bewertung des Pegels vorgenommen wird: bei vielen Kompressoren kann mit einem Baß-Schalter der Einfluß tiefer Frequenzen aufgehoben werden.

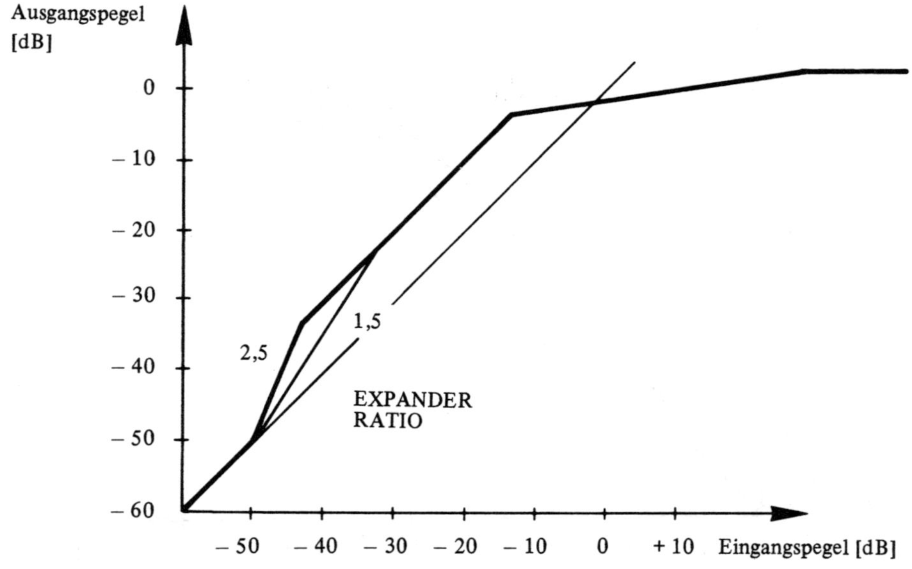

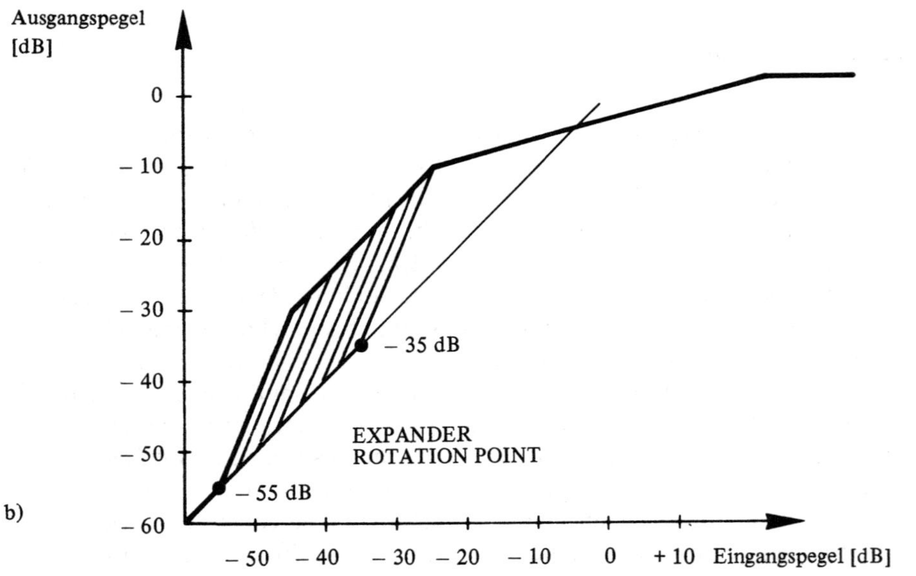

Abb. 6/39. Einstellung der Kennlinie eines Expanders in Verbindung mit einem Kompressor und einem Begrenzer.

Wird ein Kompressor nur einem einzelnen Instrument oder einer bestimmten Instrumentengruppe innerhalb eines Klangkörpers zugeordnet, sollen meist bewußt Eingriffe in die Klangcharakteristik des Instruments bzw. der Instrumente vorgenommen werden. Deshalb werden hier vielfach kurze Rücklaufzeiten eingestellt, z. B. 0,5 s, die den Klangablauf verdichten. Kurze Rücklaufzeiten verändern vor allem die Ausklingvorgänge; ein Beckenschlag z. B. wird nicht sofort leister, sondern klingt zunächst gleich laut weiter. Auch der Nachhall wird auf diese Weise hochgezogen. Soll bei künstlicher Verhallung dieser Effekt vermieden werden, muß der Kompressor nach der Hallauskopplung liegen, aber noch vor der Hallrückführung.

Durch Kompression am Beginn eines Übertragungsglieds und Expansion am Ende kann der Störpegelabstand dieses Übertragungsglieds vergrößert werden. Eine solche Kombination von Kompressor und Expander heißt Kompander. Solche Geräte werden in Band 2 besprochen.

6.5.5 Noise Gate und Effektregelverstärker

Das Noise Gate (Tor, Sprachtor, Schwellwertschalter) dient einerseits zur Unterdrückung von Nebengeräuschen in Modulationspausen, andererseits zur Klanggestaltung. Das Gate schaltet die Modulation ab, wenn der Pegel einen bestimten, einstellbaren Wert unterschreitet. Wie bei den anderen Regelverstärkern ist die Ansprech- und Rücklaufzeit einstellbar, bei einfachen Geräten auch fest vorgegeben. Es gibt auch Geräte, die eine einstellbare Dämpfung haben und damit Expander und Gate vereinen.

Als Schwellwertschalter findet das Gerät Verwendung, wenn mit einer größeren Zahl von Mikrofonen gearbeitet wird, die aber nicht ununterbrochen benutzt werden. Bei Diskussionsrunden z. B. werden die Mikrofone nur gebraucht, wenn die jeweiligen Teilnehmer auch sprechen, ansonsten übertragen sie nur Nebengeräusche. Mit Gates kann hierbei also der Geräuschpegel erheblich gesenkt werden. Wichtig ist allerdings, daß mindestens ein Mikrofon ohne Gate arbeitet, damit in Pausen, in denen niemand spricht, die Geräuschatmosphäre erhalten bleibt. Die Einstellung des Schaltpegels (Threshold) muß sorgfältig ermittelt werden; von den Sprechern muß eine gewisse Sprechdisziplin gefordert werden. Eine relativ lange Rücklaufzeit stellt sicher, daß das Gate nicht in kurzen Sprechpausen abschaltet. Eine ähnliche Situation bietet sich bei Mehrspuraufnahmen im Popmusiksektor. Hier setzt der Einsatz von Cates das hörbare akustische Übersprechen herab, besonders bei der Aufnahme des Schlagzeugs. Um z. B. einen ausklingenden Beckenschlag nicht abreißen zu lassen, wurden Gates mit unterschiedlich einstellbaren Pegeln für Öffnen und Schließen entwickelt.

Bei der Klaggestaltung erfüllt das Gate die Aufgabe, Ausklingvorgänge zu beschneiden, den Klang also besonders „trocken“ zu machen.

Neben den beschriebenen Regelverstärkertypen sind unter verschiedenen Bezeichnungen Regelverstärker auf dem Markt, die zusätzlich spezielle Regelkurven bieten: Bei der unendlichen Kompression (Infinite Compression) ist der Ausgangspegel unabhängig vom Eingangspegel konstant auf 0 dB; der Dynamikumkehrer (Dynamic Reversal) macht kleine Pegel zu großen und umgekehrt, ein extremer Eingriff in den Klang. Beide Effekte heben also kleine Pegel stark an, wodurch Nebengeräusche, instrumenteigenes Rauschen und andere Störungen sehr stark erhöht werden.

Normen

DIN 45 651	01.64	Oktavfilter für elektroakustische Messungen
DIN 45 652	01.64	Terzfilter für elektroakustische Messungen
DIN ISO 266	11.94	Akustik; Normfrequenzen

Literatur

6.1 K. O. Bäder: „Verzerrungen durch übersteuerte Zischlaute: Ursachen und Abhilfe", in: Fernseh- und Kino-Technik 1976, S. 45 ff.

6.2 K. O. Bäder und B. Blesser: „Programmgesteuertes Rauschfilter", in: Fernseh- und Kino-Technik 1974, S. 231 ff.

6.3 K. Hörmann und M. Kaiser: Effekte in der Rock- und Popmusik, Regensburg 1982, Bosse

6.4 „Entzerrer und Filter", in: Studio 1982, H. 1, S. 17 ff. und H. 2, S. 15 ff.

6.5 R. Feldtkeller: Einführung in die Siebschaltungstheorie der elektrischen Nachrichtentechnik, Stuttgart 1967, Hirzel

6.6 K. Bertram: „Die Richtungsmischung in der stereophonischen Aufnahmetechnik", in: Telefunken-Zeitung 1961, S. 139 ff.

6.7 K. O. Bäder: „Bestimmung der Eigenschaften von Nachhallerzeugern", in: Radio Mentor 1970, S. 346 ff.

6.8 W. Kuhl: „Notwendige Eigenfrequenzdichte zur Vermeidung der Klangfärbung von Nachhall", in Rep. 6th Internat. Congr. on Acoustics, Tokio 1968, E-2-8, auch als Akustische Information 3.3-2 (1968) des IRT-Hamburg

6.9 W. Kuhl: „Über die akustischen und technischen Eigenschaften der Nachhallplatte", in: Rundfunktechnische Mitteilungen 1958, S. 111 ff.

6.10 W. Kuhl: Eine kleine Nachhallplatte ohne Klangfärbung. Proc. 7th Internat. Congr. on Acoustics, Budapest 1971, 23 E 14, auch als Akustische Information 3.3-4 (1971) des IRT-Hamburg

6.11 P. Rother: „Nachhallplatte nur noch 800 cm^2 groß", in: Radio Mentor 1971, S. 593 ff.

6.12 Nachhalleinrichtung der Hammond Organ Co., Akustische Information 3.3-1 des IRT-Hamburg

6.13 W. Fidi: „Transportables Hallgerät für den Studiobetrieb", in: Funkschau 1971, S. 663 ff. und 703 ff.

6.14 AKG-Stuio-Nachhallgerät BX 20, Akustische Information 3.3-5 (1972) des IRT-Hamburg

6.15 W. Fidi: „Transportables Hallgerät für den Studiobetrieb", in: Fernseh- und Kino-Technik 1971, S. 272 ff.

6.16 W. Fidi: „Erfahrungen mit dem Studio-Nachhallgerät ‚BX 20'", in: Fernseh- und Kino-Technik 1973, S. 342 ff.

6.17 K. O. Bäder und K. Blesser: „Digitaltechnik im Studio: Ein elektronisches Nachhallgerät", in: Fernseh- und Kino-Technik 1977, S. 443 ff.

6.18 B. Braach: „EMT 250 – elektronisches Nachhallgerät", in: Studio 1978, H. 2, S. 20 ff.

6.19 H. Schießer: „Schallverzögerung", in: Fernseh- und Kino-Technik 1972, S. 75 ff.

6.20 B. Blesser und F. F. Lee: „Digitale Laufzeitverzögerung für Studioanwendung", in: Fernseh- und Kino-Technik 1971, S. 207 ff.

6.21 O. Diciol: „Digitales Tonsignal-Verzögerungsgerät EMT 444", in: Studio 1978, H. 9, S. 22 ff.

6.22 Bernd Enders: Lexikon Musikelektronik, Mainz 1985, Goldmann/Schott

6.23 R. Kratzsch: „Zur Problematik von Regelverstärkern", in: Technische Mitteilungen des RFZ 1976, H. 4, S. 96 ff.

6.24 K. O. Bäder und B. A. Blesser: „Ein Kompressorsystem mit variablen Eigenschaften und Pulsdauermodulation", in: Radio Mentor 1968, S. 865 ff. und 1969, S. 31 ff.

Sachregister